中国彩票年鉴编辑委员会

2013

Yearbook of the Chinese Lotteries

中国彩票年鉴 2013

中国财政经济出版社

图书在版编目（CIP）数据

中国彩票年鉴．2013/《中国彩票年鉴》编辑委员会编．—北京：中国财政经济出版社，2014.8

ISBN 978－7－5095－5467－8

Ⅰ.①中…　Ⅱ.①中…　Ⅲ.①彩票－中国－2013－年鉴　Ⅳ.①F832.5－54

中国版本图书馆 CIP 数据核字（2014）第 125617 号

责任编辑：陆宗祥　　　　责任校对：李　丽
封面设计：张德林　　　　版式设计：兰　波

中国财政经济出版社 出版

URL：http：//www.cfeph.cn

E－mail：cfeph@cfeph.cn

社址：北京市海淀区阜成路甲 28 号　邮政编码：100142

营销中心电话：88190406　北京财经书店电话：64033436　84041336

北京联兴盛业印刷股份有限公司印刷　各地新华书店经销

787×1092 毫米　16 开　35.25 印张　700 000 字

2014 年 9 月第 1 版　2014 年 9 月北京第 1 次印刷

定价：220.00 元

ISBN 978－7－5095－5467－8/F·4420

（图书出现印装问题，本社负责调换）

本社质量投诉电话：010－88190744

打击盗版举报热线：010－88190492　QQ：634579818

1. 国家彩票公益金重点资助红十字天使计划定点医院工作会议

2. 2012 年中央专项彩票公益金润雨计划幼儿教师资助项目贵州省岑巩县发放仪式

3. 2012 年中央专项彩票公益金润雨计划入学资助项目安徽省涡阳县发放现场

4. 2012 年中央专项彩票公益金滋蕙计划黑龙江省抚远县发放仪式

1. 中国红基会2012年度小天使基金、天使阳光基金彩票公益金项目评审会
2. 2012年中央专项彩票公益金励耕计划河南省潢川县发放仪式
3. 残疾人辅助器具流动服务车进广西
4. 广南县者太乡者太中心学校水池

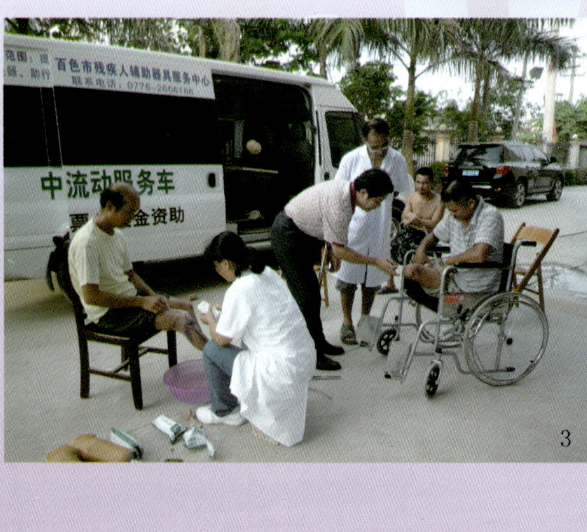

5. 山东省东营市残疾人家庭无障碍改造项目
6. 成人助听器项目——对救助对象进行听力检测
7. 吉林省残疾人康复中心多感官训练系统室。图为残疾儿童在家长陪同和老师指导下接受训练
8. 国家彩票公益金资助项目图书

5

6

7

8

1. 盲文印刷机
2. 江苏省大丰市万盈镇贫困精神病患者免费给药现场
3. 举办“十二五”智力残疾儿童抢救性康复项目业务管理培训班

4. 2012 年 2 月 9 日，全国福利彩票工作会议在山东济南召开（摄影：李佳）
5. 2012 年 4 月 24 日，民政部副部长窦玉沛视察广东省福利彩票发行中心（摄影：刘瑜峰）
6. 2012 年 5 月 28，民政部直属机关妇工委与中国福利彩票发行管理中心一行到北京市展望儿童关爱中心看望自闭症儿童并捐款。图为民政部副部长姜力和自闭症儿童亲切交谈（摄影：周亮）
7. 2012 年 3 月 5 日，安徽省福利彩票发行中心与安徽电视台《第一时间》联合启动“福彩·第一时间好人榜”（摄影：姚荣亭）
8. 2012 年 3 月 9 日，深圳市福彩中心为第四所“福彩学校”——坪山新区龙山学校挂牌（摄影：邓雪玲）

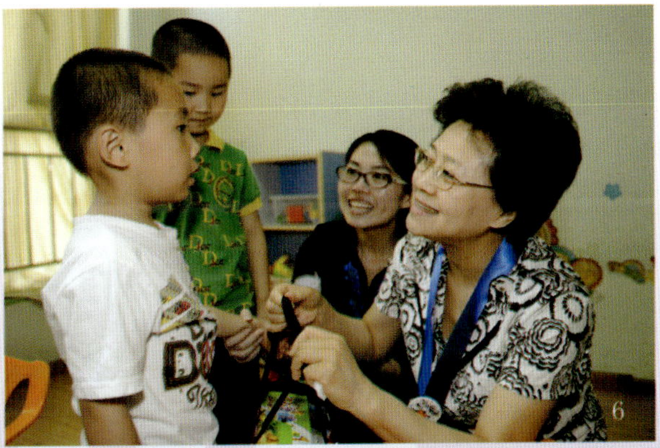

1. 2012 年 4 月 13 日，重庆市福利彩票发行中心召开优秀投注站表彰大会（摄影：李小多）

2. 2012 年 4 月 1 日，陕西福利彩票发行中心工作人员到西安星星天使家园开展关怀自闭症儿童活动（摄影：魏更辉）

3. 2012 年 4 月 17 日，华东六省一市电脑福利彩票联销研讨会召开（摄影：陈辉楠）

4.2012 年 5 月 25 日，青海省福利彩票大型公益宣传活动举行（摄影：杨榕）

5

6

5. 2012 年 5 月 29 日，甘肃省兰州市福彩中心开展"彰显福彩文化 关爱孤残儿童"主题活动（摄影：谭志伟）

6. 福建省福利彩票发行中心联合福建省海峡盲人按摩指导中心、福建新闻广播举办 2012 年"福利助残，彩绘人生"——福彩自助特困盲人按摩技能培训班（摄影：李庆平）

7. 2013 年 5 月 13 日，大连市福彩中心举行"2012 年大连市妇联·福彩关爱母亲行动"颁奖典礼。图为受表彰的母亲们（摄影：武剑平）

8. 2012 年 5 月 31 日，江西省福利彩票发行中心启动"福彩公益行 · 走近乡村教师"活动（摄影：郭丽云）

8

1

2

3

4

1. 2012 年 6 月 5 日，内蒙古自治区人大代表、政协委员和媒体记者代表团观摩福利彩票开奖(摄影：范艳鸿)

2. 2012 年 8 月 31 日，广东省创立的"福彩慈善班"举行开班典礼（摄影：赵子力）

3. 2012 年 10 月 24 日，举行辽宁省暨沈阳市重阳节"福彩助老行动"启动仪式(摄影：李晨毓)

4. 2012 年 11 月 25 日，江苏福彩助残"福康行"项目启动(摄影：赵军)

5. 2012 年 11 月 7 日，广西福利彩票发行中心向广西公安民警抚恤协会捐赠 100 万元公益基金　（摄影：王云涛）

6. 2012 年 11 月 26 日，在天津福彩文化节开幕式上，天津市福利彩票发行中心向天津市儿童福利院捐赠爱心基金　（摄影：高文娜）

7. 2012 年，黑龙江省福利彩票发行中心开展了“民政惠民生 · 福彩龙江行”公益巡演暨“公益福彩在龙江 · 记者看福彩”活动　（摄影：侯守炎）

1. 2012年2月21日，全国体彩工作会议在京召开
2. 广东深圳体彩支持全民健身日启动仪式
3. 广东体彩参展体博会
4. "公益体彩·快乐操场"走进广西

5. 海南体彩捐赠福利院健身器材
6. 江苏体彩希望小学集中签约仪式
7. 辽宁首家体彩希望小学落成
8. 江西“一注体彩 一份关爱”活动

1. 2012 年中国体育彩票全国新年群众登高健身活动

2. 山东青岛体彩为农村小学捐建爱心书屋

3. 2012-2013 赛季竞彩篮球游戏首发仪式在山西省太原市举办，活动现场启动了“三分球王”争霸赛主题活动

4

4. 浙江慰问体彩希望小学
5. 中国体育彩票年销量超千亿元座谈活动
6. 足彩发行 11 周年暨 2012 年风云球王争霸赛

5

6

公司简介

穗彩公司成立于2000年，是一家集彩票发行销售系统软件和投注终端设备研发、生产、销售、服务、业务营运于一体，并专注于彩票行业的解决方案提供商。穗彩是国家高新技术企业、国家规划布局内重点软件企业，世界彩票协会会员。

穗彩公司产品均通过中国国家彩票中心及国家检测机构的认证，获得中国福利彩票和体育彩票的应用许可证，是中国彩票行业最具实力的行业化解决方案提供商与技术服务商之一。

穗彩公司凭借强大技术实力及优质的售后服务，获准为中国18个省市区独立彩票销售机构及越南、哈萨克斯坦彩票发行机构提供彩票销售管理系统、投注机及相关软硬件产品与服务。穗彩公司在中国的彩票销售管理系统运行达十多年，在线运行的销售终端达7万台，累计为彩票机构提供了20万台各类销售终端设备。

产品体系

穗彩公司拥有为彩票发行和销售机构提供生产、销售、管理、服务、营销等全面业务支撑的完整产品体系，并已在中国众多省市以及部分国家得到成功应用，可以为客户提供基于业务的一体化解决方案。

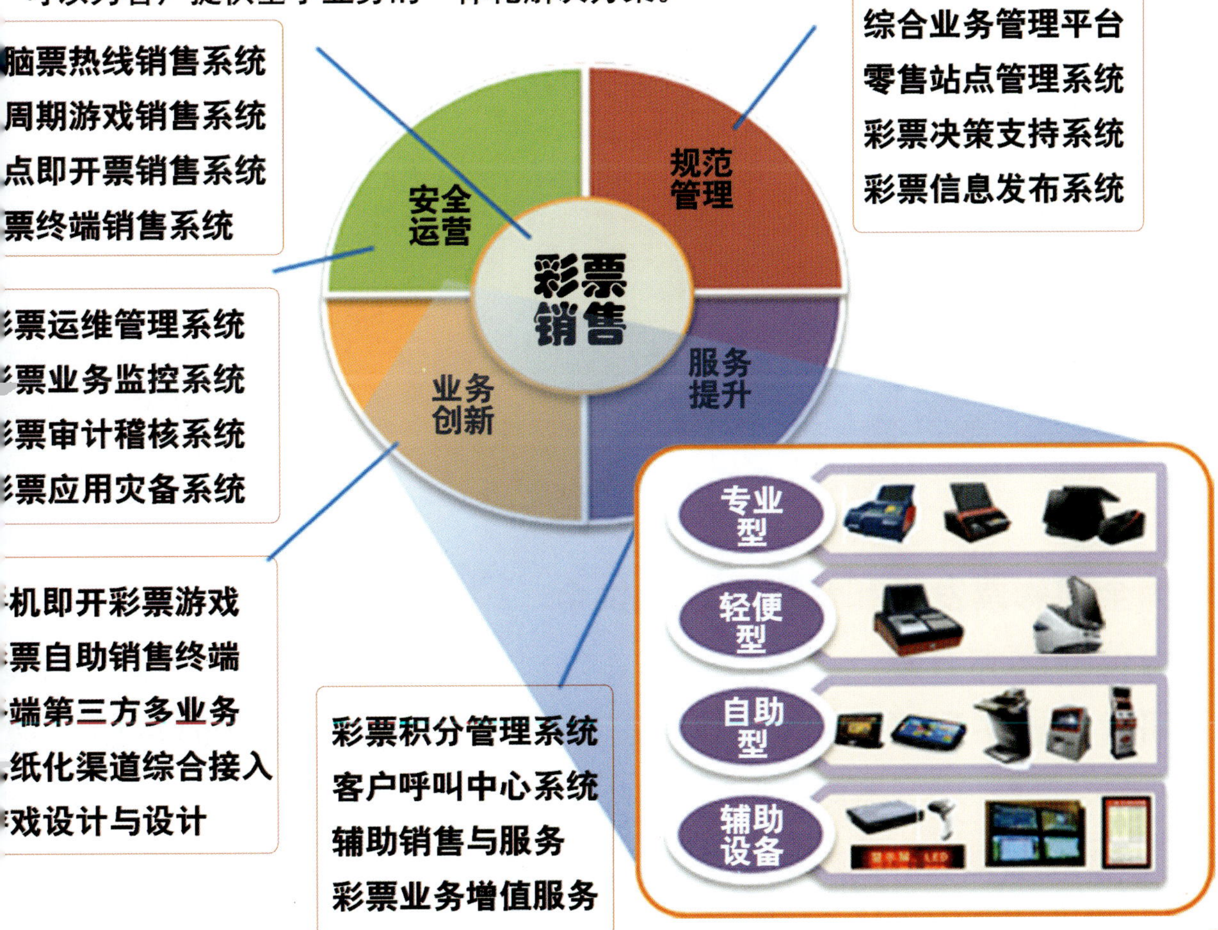

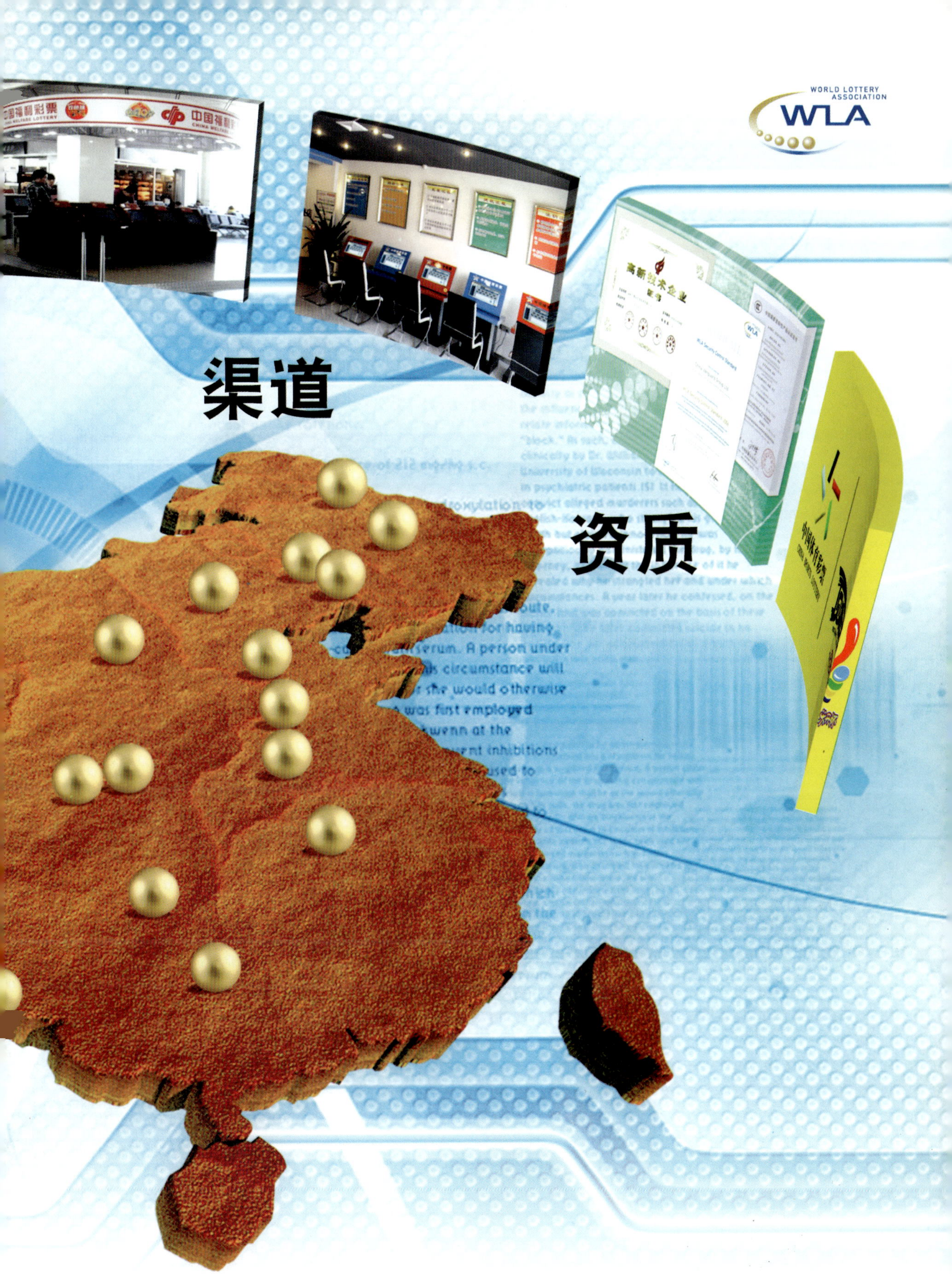
WORLD LOTTERY ASSOCIATION
WLA
渠道
资质

集太服务，非你莫属！

GTECH
Architects of C

适应

“我们的彩票销售网点需要一个快速、安全的方法解决方案，目的是跟踪其计费系统上的彩票销售额。这样，销售网点就可以准确地从其他销售收入中甄别出彩票的销售收入。集太公司设计并实现了条形码解决方案，让销售网点快速扫描，然后准确捕获收款机上的彩票购买额。**现在，我们的网点通过此解决方案对彩票销售额具备清晰、完整的了解。**同时，彩票中心也可以及时管控彩票的销售情况。”

爱尔兰国家彩票局，高级客户经理，吉姆·奥康纳
Jim O' Connor, Key Account Manager, The National Lottery, Ireland

满足

“我们彩票局拥有业界最高的网点销售人员比例，需要集太公司帮忙接手管理我们3000个小额的即开票网点。集太公司创建了一个临时的现场销售团队处理该项目，并且在六个月内，使这些网点的收入增长了20%。集太公司帮助我们验证了：我们彩票局确实需要更多的工作人员。因此，国家批准了21个新的工作岗位。**没有与集太的合作，我们绝不可能顺利地完成该项目。**”

密歇根州彩票局，销售副首席，特里·邦廷
Terry Bunting, Deputy Commissioner of Sales, Michigan Lottery

创新

“包括我们在内的许多彩票公司都在努力扩大经销商网点。在了解到各彩票公司的努力收效甚微后，集太公司与销售网点精心策划了一次会议，使得各销售网点可以以平等的机会代理各彩票中心的产品。经批准后，集太公司倾力培训经销商网点，确保无故障部署，并培训网点正确使用专用报告工具。由于集太公司的实力、专业和全国推广，佐治亚州彩票公司成功增加了一条新出路。**对于佐治亚州彩票公司来说，我们恐怕找不到一个比集太公司更好的合作伙伴了。**”

佐治亚州彩票公司，客户经理，比尔·詹姆斯
Bill James, Corporate Account Manager, Georgia Lottery Corporation

可靠

“我们让集太公司分析我们所有的网点和业务范围，然后我们决定如何将销售渠道的潜力最大化。集太递交了一份非常深入的报告，以及一份如何提高业绩和增加收入的指导。除了彩票网点外，集太甚至对区域内的一般业态网点也进行调研，帮助我们决定甄选网点的重点在哪里。集太公司交给我们调研结果，并在网点优化的业态选择上对我们进行培训。**集太公司帮助我们修改战略计划，我们很高兴能使用这些信息来提高销售额。**”

弗吉尼亚州彩票局，销售总监，罗布·韦斯利
Rob Wesley, Director of Sales, Virginia Lottery

GTECH®是注重社会责任游戏的倡导者。我们的业务解决方案可以使客户根据自身需要开发业务范围和业务实践，从而成为注重社会责任游戏计划的基础。

共同成长，共担风险——集太公司，具备社会责任感的彩票系统供应商

中国彩票年鉴2013

编辑委员会

中国彩票年鉴 2013

编辑出版工作人员

编辑工作小组

汪义达　邹立文　郭　梅　顾兆霞　王守刚　纪雪蕾　夏晓曦　刘　艺
伍景华　陆宗祥

责任编辑

陆宗祥

英文目录翻译

吴楚松

英文校订

陆宗祥

封面设计

张德林

版式设计

兰　波

责任校对

李　丽

印制监督

刘春年

广告代理

北京映氏辉煌广告有限公司

编辑部电话

010－88190975
88190969
88190906（传真）

编辑说明

一、《中国彩票年鉴》是财政部综合司组织中国福利彩票发行管理中心和国家体育总局体育彩票管理中心等单位共同编纂的有关中国彩票业年度发展基本情况的综合信息密集型工具书，自2002年起每年出版一卷，已成系列。现奉献给读者的是该系列中的第十二本。

二、《中国彩票年鉴》一般是以出版年号为卷次名称，2013卷主要收录从2012年1月1日到2012年12月31日间中国彩票业的发展概况，汇集这期间的相关资料。需要说明的是，为与内容吻合，同时也体现年鉴编纂本身所特有的连续性，故卷名中仍冠以“2013”年份。

三、《中国彩票年鉴》不仅收录了最新游戏规则、玩法说明，而且还汇集了按系统、按类型、分地区，或按年、按月等多重方式叠加的彩票游戏销售统计数字，便于读者从不同侧面深入了解全国彩票的发行销售结构。

四、自2011年卷开始，年鉴已把“统计资料”部分的“历年彩票销售统计资料”栏目中“历年”的时间跨度改为十年，本年卷即为“2003—2012年”，以后仍逐年递推，敬请读者留意。

五、本年卷主体分为七部分，包括彩票市场发展概况，大事记，彩票制度、政策和文献，统计资料，中央专项彩票公益金使用情况及附录和彩票票样等，其中彩票票样仍由中国福利彩票发行管理中心和国家体育总局体育彩票管理中心提供。

六、为扩大彩票公益金使用宣传，便于社会各界了解中央专项彩票公益金使用效果，自2012卷开始，增添“中央专项彩票公益金使用情况”栏目，以飨读者。

七、本年卷文字记述中，凡涉及数据的，一般满亿元的以亿元为单位，不足亿元的以万元为单位，保留两位小数，四舍五入；读者如采用数据，请以统计资料中的数字为准；凡未注明提供者的统计数据均由财政部综合司提供。

八、为进一步诠释国家彩票发行的“公益”理念，提高全书质量，增强可读性，在正文前设置了若干主要由中国红十字会总会、中国残疾人联合会及扶贫机构、教育机构，以及中国福利彩票发行管理中心、国家体育总局体育彩票管理中心等部门提供的专题彩色插页，力求生动、鲜活地反映 2012 年度彩票业的发展风貌。此外，也收录了部分为中国彩票事业健康发展作出突出贡献的相关企业的宣传图片。凡是来稿中注明摄影者的，本书采用时就予以署名，而其他图片不再一一注明供稿机构。

九、《中国彩票年鉴 2013》是集体协作的结晶，编辑过程中，特别得到了财政部综合司及两个彩票发行机构的支持，在此，谨向为本年鉴的编辑出版付出辛勤劳动、给予大力支持的个人和单位，致以最诚挚的谢意！

中国彩票年鉴编辑委员会

二〇一四年六月

目 录

一、2012 年彩票市场发展概况

二、2012 年彩票大事记

三、彩票制度、政策和文献

五、中央专项彩票公益金使用情况

六、附录

七、彩票票样

Contents

Ⅰ. Overview of Lottery Market Development in 2012

Ⅱ. Important Events of Chinese Lottery in 2012

Ⅲ. Regulations, Policies and Documents

Ⅳ. Statistical Data

Ⅴ. Overview of Central Special Public Welfare Fund

Ⅵ. Appendix

Ⅶ. Sample Lottery Tickets

一、2012年彩票市场发展概况

全国彩票市场发展概况

在党中央、国务院的坚强领导下，各级财政部门与民政、体育行政部门及彩票机构密切配合，开拓进取，扎实工作，推动实现我国彩票事业持续健康发展。

一、2012年彩票发行销售情况

2012年，全国销售彩票2 615.24亿元，比上年增加399.42亿元，增长18%。其中，福利彩票机构销售1 510.32亿元，比上年增加232.35亿元，增长18.2%；体育彩票机构销售1 104.92亿元，比上年增加167.07亿元，增长17.8%。

（一）全年彩票销量持续增长但增幅高位回落

2012年，全国彩票市场运行总体平稳，彩票销量比上年增长18%，增速同比下降15.3个百分点。全年彩票销量月度间增长呈现前高后低走势，1—5月增量持续走高，环比呈上升态势，同比平均增幅达31%；6—12月增速逐渐回落，同比平均增幅为11.5%。

（二）除即开型彩票外各类型彩票销量快速增长

2012年，乐透数字型彩票销售1 740.51亿元，比上年增加312.94亿元，增长21.9%，拉动全国彩票销量增长14.1个百分点；竞猜型彩票销售268.27亿元，比上年增加50.22亿元，增长23%，拉动全国彩票销量增长2.3个百分点；即开型彩票销售382.24亿元，比上年减少17.82亿元，下降4.5%，影响全国彩票销量增长-0.8个百分点；视频型彩票销售224.23亿元，比上年增加54.09亿元，增长31.8%，拉动全国彩票销量增长2.4个百分点。相应地，彩票品种结构出现微调，即开型彩票市场份额由2011年的18.1%下降到2012年的14.6%，其他类型彩票市场份额均略有上升。

（三）各省份彩票销量均实现增长

2012年，全国各省份彩票销量均有所增长，其中，广东、江苏、辽宁、河南和山东增加较多，比上年分别增加36.88亿元、36.22亿元、33.50亿元、24.34亿元和23.41亿元。江西、天津、广西、湖南和青海等省份福利彩票销量同比增速较快，海南、辽宁、吉林、黑龙江和甘肃等省份体育彩票销量增速较快。

分析2012年全国彩票市场运行情况，主要呈现以下几个特点：一是彩票市场安全平稳运行。各月彩票销量走势总体比较平稳，除1月份受春节假期休市影响外，其他各月销量均保持在200亿—240亿元之间。二是彩票机构市场份额保持稳定。2012年福利彩票机构销量和体育彩票机构销量的市场份额分别为57.8%和42.2%，与2011年基本持平。三是彩票公益金筹集量与彩票销量大体同步增长。2012年全国筹集彩票公益金比上年增长16.5%。由于彩票品种销量结构的变化，彩票公益金提取比例相对较高的乐透数字型彩票销量保持较快增长，使得2012年彩票公益金筹集量与彩票销量增幅差距由上年的3.5个百分点缩小为1.5个百分点。

二、2012年彩票公益金收入和分配使用情况

（一）全国彩票公益金收入和分配情况

2012年，全国彩票公益金收入741.31亿元，比上年增加112.26亿元，增长17.8%。其中，中央集中彩票公益金收入366.75亿元，地方留成彩票公益金收入374.56亿元。地方留成彩票公益金收入数额大于中央集中彩票公益金收入数额的原因是，根据2012年3月1日起施行的《彩票管理条例实施细则》规定，逾期未兑奖的奖金纳入彩票公益金，全部留归地方使用。2012年逾期未兑奖奖金数额为7.81亿元。中央集中彩票公益金收入，分配给全国社会保障基金、中央专项彩票公益金、民政部和国家体育总局；地方留成彩票公益金收入，由省级财政部门商民政、体育等有关部门研究确定分配原则。

（二）中央集中彩票公益金收支情况

2012年，中央集中彩票公益金可用收入471.91亿元，其中，当年收入366.75亿元，上年结转收入105.16亿元。中央集中彩票公益金安排支出386.16亿元，包括：全国社会保障基金241.26亿元，中央专项彩票公益金104.7亿元，民政部20.1亿元，国家体育总局20.1亿元。收支相抵，结余85.75亿元。

（三）中央专项彩票公益金使用情况

2012年，中央专项彩票公益金支出104.7亿元，包括：未成年人校外教育事业支出38.4亿元，用于未成年人校外活动场所能力提升、校外活动保障、示范性综合实践基地建设和乡村学校少年宫等项目；教育助学支出8亿元，用于资助特殊困难学生、教师，以及教育发展中遇到的特殊困难或突发紧急事件；红十字事业支出2.97亿元，用于红十字人道救助救援、生命健康安全教育、造血干细胞捐献者资料库建设、贫困患儿救助，以及人体器官捐献；残疾人事业支出11.25亿元，用于残疾人康复、教育、农村贫困残疾人危房改造，以及家庭无障碍改造；农村医疗救助支出10亿元，用于资助贫困农民参加新型农村合作医疗保险并补助医疗费用；城市医疗救助支出6亿元，用于资助城镇困难居民参加城镇居民基本医疗保险并补助医疗费用；扶贫支出11亿元，用于革命老区贫困村实施整村推进项目和支持开展小额信贷扶贫试点工作；文化支出4.5亿元，用于城市社区文化中心（活动室）设备购置补助支出，资助艺术作品创作和艺术人才培养；法律援助支出1亿元，用于开展农民工、残疾人、老年人、妇女和未成年人的法律援助工作；农村贫困母亲两癌救助支出0.5亿元，用于资助患宫颈癌、乳腺癌的农村贫困妇女的医疗费用；新疆社会福利设施建设支出8.07亿元，

用于新疆维吾尔自治区老年社会福利设施和孤残儿童服务设施建设项目；西藏社会公益事业建设支出 3.01 亿元，用于建设为老年人、残疾人、流浪未成年人和孤残儿童服务的社会福利机构，促进发展高原特色体育事业和开展全民健身活动。

三、2012 年彩票市场管理情况

（一）建立健全彩票管理制度体系

一是经国务院批准，财政部会同民政部、国家体育总局联合发布《彩票管理条例实施细则》（财政部、民政部、国家体育总局令第 67 号），自 2012 年 3 月 1 日起施行。二是修订印发彩票管理配套制度。根据《彩票管理条例》和《彩票管理条例实施细则》有关规定，财政部及时修订印发了《彩票公益金管理办法》、《彩票机构财务管理办法》、《彩票发行销售管理办法》等配套管理制度。基本形成了以《彩票管理条例》为核心，《彩票管理条例实施细则》为纽带，相关管理制度为配套的彩票监督管理法规制度体系。

（二）积极支持彩票市场健康发展

一是挖掘乐透数字型彩票市场潜力。提高部分地方快速开奖彩票游戏的返奖比例；适时适度开展派奖活动；调整完善彩票游戏规则。二是优化即开型彩票游戏结构。根据彩票市场运行情况，新增发行销售一些文化、体育、地方特色等主题即开型彩票游戏；部署彩票发行机构梳理分析历年批准的即开型彩票游戏上市销售情况，提高彩票管理政策的执行力。三是促进视频型彩票稳定发展。稳步扩大部分中福在线彩票游戏试点销售范围；着手研究完善中福在线彩票游戏结构，适当降低单次游戏投注金额及累积奖额。四是积极发展竞猜型彩票。发行销售 2012 年奥运竞猜彩票游戏；常规化发行冠军竞猜彩票游戏和冠亚军竞猜彩票游戏；增加混合过关投注方式。五是支持彩票发行销售渠道建设。督促彩票发行机构稳步推进电话、互联网销售彩票有关工作。

（三）切实加强彩票市场监督管理

一是定期召开彩票管理工作会商和彩票市场形势分析会议。根据彩票市场发展形势，及时研究分析彩票发展中出现的新情况，加强彩票管理工作的协调与合作。二是进一步提高彩票管理的科学化专业化水平。研究建立彩票专家咨询和评审工作机制，着手建立彩票专家库，积极推进彩票发行、销售和资金管理信息系统项目建设。三是切实加强彩票发行机构财务管理。审核批复彩票发行机构 2012 年财务收支计划，按时核拨经费，支持彩票发行销售工作。四是维护彩票市场秩序。配合公安部等有关机构清理打击擅自利用互联网销售彩票行为，净化彩票市场环境。

（四）管好、用好彩票公益金

一是做好彩票公益金预算管理和执行工作。组织中央专项彩票公益金支持社会公益事业项目管理和实施工作。二是会同有关部门和单位，研究拓展彩票公益金使用范围。报经国务院批准同意，2013 年至 2015 年安排中央专项彩票公益金 95.5 亿元，加大对未成年人校外教育事业、扶贫事业和残疾人事业的支持力度，将农村养老服务和婴幼儿营养补助等社会公益事业项目纳入支持范围。三是会同有关部门和地方，研究制定中央专项彩票公益金支持西藏社会公益事业建设项目安排，报经国务院批准后组织实施。四是健全彩票公益金公告制度。以财政部公告的形式向社会发布2011年全国彩票公益金筹集、分配和使用情况，并敦促彩票公益金使用部门和单位发布彩票公益金使用情况公告，进一步完善彩票事业与社会公益事业良性互动发展机制。

四、2013年彩票事业发展政策措施

《彩票管理条例》和《彩票管理条例实施细则》相继颁布实施，为我国彩票事业发展提供了重要制度保障，对进一步加强彩票监督管理，促进彩票市场持续健康发展，支持社会公益事业协调发展和提升国家彩票公信力具有非常重要的意义。2013年，将在全面贯彻落实《彩票管理条例》和《彩票管理条例实施细则》的基础上，积极做好以下工作：

（一）全面贯彻落实各项彩票管理制度

切实做好《彩票公益金管理办法》、《彩票机构财务管理办法》和《彩票发行销售管理办法》的实施和宣传培训工作。根据彩票管理制度的新规定、新要求，全面清理并完善包括彩票游戏规则在内的现行各项彩票管理制度和政策。进一步健全彩票发行销售、彩票资金管理等各个环节的工作规范和操作规程，形成系统完备、运行有效的彩票管理制度体系。

（二）积极支持彩票市场持续健康发展

优化乐透数字型彩票游戏结构，巩固和增强全国性重点彩票游戏。推动即开型彩票创新发展，支持研发文化、体育、地方特色等主题即开型彩票新游戏，稳步开拓新的即开型彩票销售渠道。规范发展视频型彩票，合理把握中福在线彩票游戏销售厅和销售终端机布局，研究适当调整部分游戏发行费比例、单次投注额度和累积奖额。稳步发展竞猜型彩票，研究调整优化部分竞猜型彩票游戏规则，支持加强销售网点建设。督促彩票机构做好电话、互联网销售彩票有关工作。

（三）切实加强彩票市场监督管理

坚持和完善彩票管理工作会商和彩票市场形势分析会议制度，加强彩票管理工作沟通与协调；建立健全彩票专家库，适时组织开展彩票专家咨询和评审工作，提高彩票管理的科学化专业化水平。会同民政部、国家体育总局推进彩票设备和技术服务标准制定工作，夯实彩票管理工作基础。继续做好彩票发行、销售和资金管理信息系统建设工作。配合公安部等部门研究建立查处非法彩票部际联席会议制度。

（四）继续强化彩票资金管理

建立健全科学的彩票公益金分配使用机制，适当拓展彩票公益金使用范围，进一步提高彩票公益金的使用效益。研究制定中央专项彩票公益金支持赣南等原中央苏区、贵州省社会公益事业建设及其他社会公益事业项目安排。落实好国务院已经批复的中央专项彩票公益金支持社会公益事业项目的组织实施工作；切实有效规范彩票机构财务管理，健全彩票公益金公告报告制度，不断提高彩票资金管理科学化精细化水平。

（财政部综合司供稿）

全国福利彩票市场发展概况

2012年，在各级民政部门的正确领导和各级财政部门的大力支持下，全国福彩系统认真贯彻落实《彩票管理条例》及其《实施细则》和《中国福利彩票“十二五”发展规划纲要》，扎实推进各项工作，在实现销量平稳、较快增长的同时，保持福利彩票事业安全运行、健康发展。

一、2012年全国福利彩票市场销售情况

全年福利彩票共销售1 510.32亿元，同比增加232.35亿元，增长18.18%，筹集公益金约446.05亿元。其中，乐透型和数字型彩票销售1 079.84亿元，同比增长19.75%；即开型彩票销售202.03亿元，同比增长0.79%；视频型彩票销售224.23亿元，同比增长31.79%；基诺型彩票开乐彩游戏销售4.22亿元，同比下降25.62%。

2012年，全国福利彩票共有29个省（市、区）销量创历史新高。在销售总量上，广东、江苏、山东、浙江4个省超过100亿元，其中，广东连续三年，江苏、山东连续两年超百亿元，分别达到169.56亿元、134.01亿元和122.36亿元，浙江首次超百亿元，达到102.4亿元；辽宁、湖北、四川、河南、河北、湖南、北京、陕西8个省（市）超过50亿元，其中，辽宁近80亿元，湖北超过60亿元；云南、安徽、广西、上海、重庆、福建、黑龙江、江西8个省（市、区）突破30亿元；内蒙古、新疆、吉林、山西、甘肃、天津6个省（市、区）超过20亿元；贵州接近20亿元；海南接近15亿元；宁夏、青海接近10亿元；西藏也超过了3亿元。在数量上，广东增加28.85亿元，辽宁、江苏增加超过16亿元，山东、江西、湖南、河南、四川、广西、陕西7个省增加超过10亿元。在增长幅度上，江西达52.48%，天津达41.87%，广西达36.3%，湖南、青海、辽宁、河南、黑龙江、陕西、甘肃、吉林、新疆、安徽、四川、海南、广东13个省也都超过20%。在人均纯收入购票率上，青海、海南、西藏、新疆、宁夏居全国前列。

二、2012年全国福利彩票市场主要特点

（一）年销量总体增长，但增速放缓

2012年全国福利彩票年销量同比增长18.18%，与2011年32.02%的增幅相比，下降近14个百分点。各月份销量环

比增速呈现前高后低的走势，1—5月份增速持续走高，月平均增幅达9.1%；6—12月份增速逐渐回落，月平均增幅为3.1%，增速逐渐放缓。

（二）三大票种均有增长，但并不均衡

从增长幅度看，2012年，乐透型和数字型彩票首次突破1 000亿元，同比增加178.12亿元，增长19.75%；即开型彩票同比增加1.59亿元，增长0.79%；视频型彩票同比增加54.09亿元，增长31.79%。从市场份额看，三大票种占全国福彩年销量的份额分别为71.5%、13.38%和14.85%。正在试点的基诺型彩票开乐彩游戏受返奖率低和高返奖快开游戏大面积上市等因素的影响，销量下滑严重，同比减少1.46亿元，销量仅占总年销量的0.27%。

（三）游戏产品强者恒强，但后续缺乏

在乐透型和数字型彩票中，双色球游戏继续发挥强大的品牌优势，年销售548.77亿元，同比增加61.31亿元，增长12.58%，占全国福彩年销量的36.33%；3D游戏销售209.61亿元，同比减少5.6亿元，下降2.6%，但销量仍占全国福彩年销量的13.88%。这两款游戏占乐透型和数字型彩票销量的70.23%，占全国福彩年销量的50.21%。在即开型彩票中，"好运十倍"、"百发百中"、"争分夺秒"等10款游戏依然是市场主力，销量占即开型彩票销量的49.89%，占全国福彩年销量的6.67%。在视频型彩票中，"连环夺宝"游戏一枝独秀，销售223.54亿元，销量占视频型彩票销量的99.69%，占全国福彩年销量的14.8%。目前销售的329款游戏中，双色球、3D、连环夺宝、好运十倍、争分夺秒、百发百中六款游戏的销量达到1 033.57亿元，占福彩年销量的68.43%。

（四）高返奖快开游戏发展迅速，但风险增大

2012年，全国有24个省（市）上市高返奖快开游戏，共销售250.49亿元，同比增加127.83亿元，增长104.21%，占乐透型与数字型彩票销量的23.2%，占全国福彩年销量的16.59%。从2012年各地高返奖快开游戏上市情况看，主要呈现出以下三个特点：一是销量不稳，部分快开游戏上市之初销量迅速增长，但一段时间后就大幅回落；二是游戏数量迅速增加，大量通过现有渠道销售，对其他彩票游戏形成了一定冲击；三是与其他彩票游戏相比具有较强的刺激性，消费速度较快，部分购彩者投入较多，可能产生一定的负面影响。随着高返奖快开游戏发行范围和发行规模的扩大，市场风险增大。

三、2012年全国福利彩票发行管理工作情况

（一）制度建设

中福彩中心积极配合民政部、财政部参与修订《彩票机构财务管理办法》和《彩票发行销售管理办法》，目前这两办法已经下发执行；配合民政部参与修订了《中国福利彩票代销合同示范文本》，2012年8月30日已正式下发；制定《中国福利彩票销售场所管理办法》和《中国福利彩票视频票销售厅管理办法》等

规章制度，已上报民政部；制定下发《关于规范大奖宣传工作管理办法》，为进一步规范各地大奖宣传工作提供指导。各地围绕市场管理、财务管理、技术安全、开奖兑奖管理、新闻发布等业务制定、完善了一批规章制度。

（二）福彩文化建设

全国福彩系统继续深入贯彻落实李立国部长关于加强福彩文化建设的重要讲话精神，从文化研究、平台建设和公益活动入手，结合创先争优、行风建设活动，开展文化建设工作。2012年4月12日，窦玉沛副部长在安徽主持召开“福利彩票文化研讨会”，布置了福彩文化理论课题研究工作。中福彩中心与民政部政策研究中心合作开展的福彩文化理论课题研究、中福彩中心的“福彩文化建设专项调研课题”都取得了阶段性成果。各地福彩销售机构以福利彩票发行25周年为契机，广泛开展形式多样的文化宣传活动，推进福彩文化建设。如，湖北举办了“福彩论坛”，对福彩理论和实践创新进行了探讨，得到了窦玉沛副部长的肯定；浙江组织开展了“阳光福彩”工程；黑龙江组织开展了“民政惠民生，福彩龙江行”公益文化巡演活动；北京在“公益北京”频道组织“爱心雨花”首届老年人才艺大赛，并成立“爱心雨花”艺术团进行巡回演出；天津举办了“善行天下，爱心无限”福彩文化节；江苏和四川举办了“福彩文化年”活动；广西完成了1.4万个公益金资助项目标识挂牌工作；新疆组织开展了“福彩公益万里行——公益金使用成果采访报道”活动；安徽举办了“彩民走进公益金资助示范项目现场”活动；广东、山西创新福彩助学模式，成立“福彩慈善班”和“福彩慈爱阳光班”，定向资助困难学生完成学业。2012年，全系统在文化建设和行风建设方面涌现出一大批先进典型，各级福彩机构共有56个单位、个人和服务项目获得了民政部授予的“群众满意窗口”、“优秀服务标兵”和“优质服务品牌”荣誉称号。

（三）销售渠道建设

中福彩中心起草《关于中国福利彩票销售场所实行分类分级管理的指导意见》；即开型彩票销售网络体系得到了进一步完善；视频彩票销售厅规范管理工作进一步加强，搭建了视频监控、管理考核和信息管理“三位一体”的管理平台。在提升销售渠道质量和标准的同时，销售渠道规模进一步拓展，网点即开型彩票站点发展到16.5万个，增加了1.5万个；乐透型和数字型彩票站点达到15.6万个，增加了6 400个；视频型彩票销售厅达到900个，增加了30个。各省级销售机构投入大量的人力、财力和物力支持销售渠道建设，山东投入7 000多万元，黑龙江、江苏、陕西、四川等地分别投入1 000多万元支持投注站规范化、标准化建设。同时，各省认真贯彻《关于停止违规利用电话、互联网销售福利彩票行为的紧急通知》，积极配合公安、工商等有关部门，严厉打击非法彩票，及时遏制非法利用电话、互联网销售彩票行为，清理整顿了销售渠道。

（四）营销宣传

中福彩中心和各省根据市场需要，把握时机，积极运作，组织开展一系列主题性营销宣传活动，收到了较好的市场效果。中福彩中心组织的“走近双色球”活动继续发挥品牌效应，全年共接待参观人员3 000多人次，有力提升了双色球乃至整个福利彩票的社会认知度和认可度；双色球“回馈彩民、回报爱心”两亿元派奖活动和七乐彩“2 000万元派奖活动”持续开展，促进了销量增长；即开型彩票“代销费让利政策”激发销售机构特别是代销者的积极性，有效拉动了市场销量。各地福彩机构结合本地市场实际，针对不同的游戏品种，也推出了不少各具特色的营销宣传活动。如，江苏省市联动开展了“‘刮刮乐’、‘双色球’感恩回馈对对送”活动，重庆开展了“三色魔方——智动全城”系列营销活动，这些活动的开展有力地提升了福彩的品牌形象，扩大了福彩的社会影响力。

（五）服务工作

在服务基层方面，福彩系统着力完善中福彩中心服务省级机构，省级机构服务市、县基层的服务体系，将服务能力建设融入业务工作的各个方面。中福彩中心进一步严格制度，规范流程，指导销售机构做好开奖工作，双色球、3D和七乐彩等全国联销游戏全年开奖661期，区域和省级游戏全年开奖6 240期，做到安全运行无事故。中福彩中心进一步加强彩票运输监督管理，提高配送效率、服务质量和运输车辆的安全防护能力，全年为各地配送彩票80多万箱，运输里程近百万公里。中福彩中心还与法国游戏集团合作组织开展第一届中法彩票业务培训班，从全系统选派学员参加，提升业务水平的同时，增进了国际交流。各省销售机构结合工作实际，积极为地市彩票机构和投注站服务，加强业务培训，全年共开展业务培训1.14万场，累计培训79.35万人次，提高了基层机构从业人员的业务能力和销售终端的服务能力。辽宁、湖南等地在全省部署运用了精细化管理系统和信息管理系统，提高服务效率。河北、内蒙古、安徽、福建、湖北、四川等地在抓好本级业务设施和技术保障建设的同时，积极指导推动地市级福彩机构加强业务设施建设，并在政策和资金等方面给予支持。在服务销售网点方面，中福彩中心在全国29个发行视频型彩票的省份建立了技术维修维护服务分支机构，为销售厅的安全运行提供了优质高效的服务保障和技术支持，提供4 000多万元资金用于支持省级福彩销售机构销售厅视频监控系统建设。在服务购彩者方面，全国福彩服务热线全年接受购彩者咨询、查询服务2 590多万人次；中福彩中心组织开展了积分服务回馈活动，产生有效奖券3 380多万张；山东建成了集合互联网、呼叫中心和手机短信等多种信息交互的信息服务平台和彩友虚拟社区平台；浙江、天津邀请心理专家进行培训，让从业人员了解购彩者心理特征、心理误区和深层次需求，掌握心理引导的方法，更好地为购彩者服务；福建以五星级站点、骨干站点为依托建立购彩者俱乐部；山西开展“便民服务进站点”活动，为购彩者提供增值服务。

（六）基础设施建设

中福彩中心在民政部领导的关怀下，在财政部和国家发展改革委的支持下，克服困难，完成了综合业务楼主体工程，主数据中心、开奖演播厅等项目正在紧张建设之中。各地福彩机构基础设施建设也取得了明显成效，如，内蒙古、上海的业务楼已经投入使用；天津、河北、浙江、湖北、湖南、甘肃业务楼正在建设中；西藏新建办公场所项目已经获批。在技术设施建设上，许多省级福彩销售机构有新进展。黑龙江开奖节目制作、远程培训、数据、客服四个中心已投入运行；陕西数据中心已建成；河南、广西数据中心，新疆福利彩票销售基地和销售数据中心工程正在积极建设；广东数据中心项目已经完成立项。目前全国绝大部分省级福彩销售机构和不少地市级福彩机构都拥有了自己的业务楼、数据中心，为福彩事业的长远发展打下了良好基础。

（中国福利彩票发行管理中心供稿）

全国体育彩票市场发展概况

2012 年在国家体育总局（以下简称“总局”）的正确领导下，在财政部的关心和支持下，在各级体育行政部门的高度重视下，全国体彩系统紧紧围绕“十二五”规划，深入贯彻落实《彩票管理条例》和《彩票管理条例实施细则》，扎实工作，锐意进取，把握要点、抓住重点、突破难点，圆满完成了 2012 年的各项工作任务。

一、2012 年体育彩票市场基本情况

2012 年，全国体育彩票共销售 1 104 亿元，再创历史新高，比上年同期增加 167 亿元，增长 17.8%，市场份额为 42.25%，较上年的 42.33% 下降 0.08 个百分点，共筹集公益金 294 亿元，为国家公益事业和体育事业的发展做出了突出贡献。

乐透型彩票 2012 年的销售规模达到 656 亿元，占体彩总销量的 59.4%，比上年同期增加 136 亿元，增长 26.2%。2012 年，乐透型彩票以超级大乐透和高频游戏为工作重点，全面加强基础性建设。在超级大乐透方面，研究制定《超级大乐透三年发展规划》，启动网点宣传“五个一”规范，强化日常宣传工作；同时，开展派奖促销活动，不断巩固大盘游戏的战略地位。但是超级大乐透全年仅销售 137.27 亿元，较上年同期的 140.56 亿元减少了 3.29 亿元，下降 2.3%。高频游戏以提高返奖率和增机扩点为抓手，着力加强上市筹备、市场分析和骨干培养，全面提升管理能力，优化网点结构，继续保持市场竞争优势，全年共销售 356.48 亿元，较上年同期的 197.22 亿元增加 159.26 亿元，增长 80.8%。排列 3 销售 70.76 亿元，较上年同期的 82.98 亿元减少 12.21 亿元，下降 14.7%。排列 5 销售 30.66 亿元，较上年同期的 31.55 亿元减少 0.89 亿元，减少 2.8%。七星彩销售 25.70 亿元，较上年同期的 28.31 亿元减少 2.61 亿元，下降 9.2%。22 选 5 销售 6.24 亿元，较上年同期的 7.24 亿元减少 1.00 亿元，下降 13.9%。地方游戏销售 29.25 亿元，较上年同期的 32.24 亿元减少 2.99 亿元，下降 9.3%。

竞猜型彩票 2012 年共销售 268 亿元，占体彩总销量的 24.3%，比上年同期增加 50 亿元，增长 23%。2012 年，竞猜型彩票以竞彩网点的标准化经营建设为重点，通过量化检查考核工作，进一步完善表彰激励机制，提升渠道管理水平和经营服务水平，搭建立体化营销培训平台，开展竞彩普及日、欧洲杯、奥运会、新赛季

等宣传营销活动，推动市场持续发展，竞彩的投注运营管理更加规范，风险控制水平日益提高，全年共销售173.16亿元，较上年同期的123.96亿元增加49.20亿元，增长39.7%。传统单场竞猜在欧洲杯及奥运会等赛事的推动下，全年共销售29.55亿元，较上年同期的28.60亿元增加0.95亿元，增长3.3%。传统足彩采取了增加奖期数量的策略，效果也十分明显，全年共销售65.59亿元，较上年同期的65.49亿元增加0.09亿元，增长了0.1%。

即开型彩票2012年共销售180亿元，占体彩总销量的16%，较上年同期的199.59亿元下降了19.38亿元，下降9.7%，全国有21个省（区、市）的销量较上年相比有不同程度的下降。2012年，即开型彩票以安全管理体系建设和电彩网点“一站一枪”项目为重点，进一步夯实发展基础。全年共上市41款新游戏，推出NBA、伦敦奥运会等主题即开票，但各价位游戏的表现都比较平淡，中高价游戏的亮点不足，低价位票也表现不佳，均未能带动整体销量增长。从各价位票种贡献率来看，10元以上的游戏合计占销量的67%。10元票销量与上年基本持平，20元票有一定幅度的下降，30元票小幅增长。2元票、3元票和5元票均较上年有不同程度的下滑。

2012年，全国有29个省（市）的销量实现同比增长。江苏销量达到161亿元，山东、广东突破100亿元，浙江、辽宁、福建、河南等省销量超过50亿元。销量保持两位数增长的省份达到21个，海南、甘肃、辽宁、吉林、黑龙江增长率超过40%以上，湖南、河南、湖北增长率超过30%，上海、河北、江西、云南、浙江增长率都达到20%以上，超过了全国平均增长水平。福建、天津、江苏、黑龙江、江西5个省份的市场份额继续保持领先，16个省份市场份额有所提高。

二、2012年体育彩票主要工作情况

网点的形象改造工作取得显著进展。截至2012年底全国已完成近7.5万个网点的门头改造任务，网点形象改造率由2011年的24%提高至59%，全国有76%的单彩店已经完成了改造任务。《代销证使用管理规范》、《五星级网点评定实施办法》和《全国优秀网点评定办法》等网点管理制度陆续出台，网点基础信息管理系统的建设也已进入实施阶段。互联网技术系统开发工作按计划推进，相关的管理制度基本形成。同时，开发建设电话销售监控系统，组建了电话销售监控中心，在山东省首先开通了体育彩票电话投注业务。

围绕安全运营和规范管理，体彩系统的应急处理和信息安全保障工作显著加强。全年重点推进以下四个方面的工作：一是加强技术系统的运行与维护，完善软件和硬件更新机制，全面排查安全隐患，完善应急处理预案，组织应急模拟演练，全热线、高频、竞彩三个交易系统的可用性指标分别达到了99.986%、99.996%和99.92%，全年未发生因人为因素导致的技术系统故障。二是制定完成了信息安全管理体系建设的总体计划，明确了对省（市）中心信息安全管理的要求，开展了信息安全培训。三是履行市场监察的职

责，开展了销售网点安全运营专项治理。针对非法网络代购行为，总局中心与各省（市）中心、省市中心与代销者均签署了书面责任承诺，截至2012年底未再发现省（市）中心与网络代购公司直接签约销售体育彩票的行为。四是扎实开展廉政风险防控工作，狠抓思想教育，集中解决在思想、纪律等方面存在的问题，深入排查岗位的廉政风险点，摸清权力底数，制定防控措施，初步建立起廉政风险防控的长效机制。

技术体系建设的重点项目均取得一定进展。国家主数据中心的各项施工进入收尾阶段，预计2013年3月底可正式投入使用；第二数据中心的前期准备工作也已基本就绪；新一代游戏管理平台和乐透交易系统的建设基本完成，为体育彩票各项业务的快速发展打下了坚实的基础；新一代终端机的选型测评工作圆满结束，为省（市）中心采购高性价比的终端机打下了良好基础。在技术管理上，着力研究调动省（市）资源来增强技术保障能力的政策措施，明确销售机构自建系统的管理规范，技术管理制度得到进一步完善。

品牌建设管理体系不断健全，品牌宣传工作不断加强。截至2012年底，初步形成了统筹协调、上下联动、层次清晰、执行有力、反馈到位的宣传工作格局。坚持主题化、系统化、专业化的工作思路，以年度销量突破千亿元为节点，营造了中央媒体深度报道、省（市）合作媒体配合跟进的宣传态势，提升了体育彩票的社会公信力和影响力。抓住体彩新长城助学、公益体彩快乐操场、体彩公益音乐课堂等品牌宣传活动，进一步扩大了体彩公益宣传的范围。主动引导舆论和危机传播管理能力不断增强，总局中心与省（市）中心共享舆情监测信息，通过新闻发言人队伍建设，共同加强危机传播管理的演练和应对协调，最大限度地扩大了正面信息的传播。

开奖管理工作的规范化水平进一步提高。现有摇奖省（市）全年稳定运行均无事故，总局中心的摇奖管理流程通过了ISO9001质量管理体系的认证，摇奖大厅累计接待彩民近1.2万人次，摇奖场地、设施的安全保障水平不断提升，网络直播更加稳定。积极倡导理性投注理念，建设完成了95086全国统一客服体系，体育彩票的品牌建设和阳光开奖工作得到了社会各界的高度认可，极大地提升了体育彩票的公信力。

各级体彩机构继续加强队伍建设，深入践行“责任、诚信、团结、创新”的体彩精神，持续完善培训体系，贯彻落实重心下移的工作方针，基层管理力量得到进一步充实。总局中心编制《地市体彩中心主任培训大纲》，丰富培训内容，在北京体育大学、新疆体彩中心挂牌设立了两个“中国体育彩票培训基地”，丰富业务培训平台，扩充培训师队伍数量。省（市）中心分层次、分阶段、有针对性地进行大量培训，共组织开展了1.5万场次57.8万人次的业务讲座和营销训练。全国专管员队伍的规模达到2 600多人，比2011年增加332人，县域市场的管理人员也达到2 400多人，极大地改善并强化了县域体彩市场的管理状况。

（国家体育总局体育彩票管理中心供稿）

二、2012年彩票大事记

2012年

1月

1日，“中国体育彩票杯”元旦群众登高健身活动举行。

4日，广西壮族自治区上市销售福彩跑跑彩游戏。

9日至10日，全国福利彩票工作会议在山东省济南市召开。

11日，辽宁省上市销售福彩快乐12游戏。

12日，2012年山东省体育彩票工作会议召开，国家体育总局体彩中心王卫东主任参加。

18日，公布《彩票管理条例实施细则》（财政部　民政部　国家体育总局令第67号）。

22日0：00至28日24：00，除网点即开型彩票外，全国其他各类彩票游戏休市。

2月

1日，印发《财政部关于贯彻落实〈彩票管理条例实施细则〉的通知》（财综［2012］6号）。

2日，财政部综合司、民政部社会福利和慈善事业促进司、国家体育总局体育经济司、中国福利彩票发行管理中心、国家体育总局体育彩票管理中心在北京进行了2012年第一季度彩票管理工作定期会商。

3日，财政部综合司在北京组织召开了彩票市场形势分析会议，财政部综合司、民政部社会福利和慈善事业促进司、国家体育总局体育经济司、中国福利彩票发行管理中心、国家体育总局体育彩票管理中心，以及部分地方财政、民政、体育部门和福利彩票、体育彩票销售机构有关负责同志参加了会议。

16日，双色球上市九周年。九年来双色球累计销量达到2 137亿多元，筹集公益金748亿多元。

21日至22日，2012年全国体育彩票工作会议在北京召开，国家体育总局刘鹏局长到会并发表讲话。

22日至24日，2012年全国即开型体育彩票工作培训在北京举行。

24日，开展“福彩好新闻”评奖活动。

3月

1日，《彩票管理条例实施细则》正

式实施。

1 日，竞彩游戏推出历时 3 个月的“普及日”活动。

2 日，印发《财政部关于印发〈彩票公益金管理办法〉的通知》（财综［2012］15 号），于印发之日起施行。

5 日至 14 日，《人民日报》、《人民政协报》、《经济日报》专题宣传福利彩票的发行管理情况和公益金使用情况。

6 日，贯彻落实《彩票管理条例实施细则》专项工作会议在北京召开，国家体育总局晓敏局长助理参加。

12 日，国家体育总局体彩中心召开体育彩票系统廉政风险防控体系建设试点工作动员大会。

20 日，体彩开奖质量管理体系认证证书颁发暨“阳光开奖”抽奖旅游活动举行启动仪式。

21 日至 23 日，财政部综合司、干部教育中心在云南昆明举办了“财政系统彩票管理条例实施细则培训班”。财政部综合司、干部教育中心相关负责同志，各省、自治区、直辖市财政厅（局）负责彩票管理工作的相关处室分管负责同志和经办人员参加了培训。

26 日至 30 日，全国体育彩票宣传工作培训在广西举行。

4 月

10 日，中福彩中心“福彩文化建设专项调研课题”正式启动。

10 日，北京市“赛事之都”主题即开型彩票举行首发式。

10 日至 11 日，中福彩中心在北京市召开部分省市《电脑福利彩票投注站管理办法》研讨会。

10 日至 13 日，95086 客户服务热线培训在四川成都举行。

10 日至 14 日，2012 年全国乐透型体育彩票工作培训在湖北武汉举行。

11 日，陕西省上市返奖率 59% 的高频游戏 11 选 5。

12 日，全国福利彩票文化研讨会在安徽召开。

25 日至 26 日，中福彩中心在河南省开封市召开 2012 年全国即开型福利彩票业务暨 2011 年度销售十强及销售亿元城市表彰会议。

5 月

3 日，财政部综合司、民政部社会福利和慈善事业促进司、国家体育总局体育经济司、中国福利彩票发行管理中心、国家体育总局体育彩票管理中心在北京进行了 2012 年第二季度彩票管理工作定期会商。

14 日，国家体育总局体彩中心召开超级大乐透全国视频工作会。

17 日，福彩双色球（第 2012057 期）奖池资金首次突破 8 亿元，达到 8.14 亿多元。

20 日，国家体育总局体彩中心针对超级大乐透开展 14 期的“一注彩票兑三次”派奖活动。

26 日，足彩竞猜欧洲杯首发活动在江苏南京举行。

27 日，福彩双色球（第 2012061 期）奖池资金首次突破 10 亿元，达到 10.21

亿多元。

28 日，福彩七乐彩游戏从第 2012061 期开始利用调节基金组织开展 2 000 万元派奖活动，连续 20 期设立特别奖，每期加奖 100 万元，由当期特别奖投注中奖者获得。

28 日至 6 月 2 日，国家体育总局体彩中心在苏州召开"2012 年全国城市体育彩票工作交流会暨地市中心主任培训班"，这是国家体育总局体彩中心重心下移，提高基层工作水平的重要举措。

31 日，中福彩中心发布《中国福利彩票 2011 年发行销售有关情况公告》。

6 月

1 日，天津市停止销售福彩 15 选 5 及其小组合游戏。

4 日，福彩视频票第三代投注终端机正式上线运行。

12 日，福彩双色球第 2012068 期共中出一等奖 117 注，创双色球单期一等奖中奖注数新高，其中北京一彩民独中 110 注，共中得一等奖奖金 5.7 亿多元，成为双色球单期中奖金额最高的人。

13 至 15 日，2012 年全国福利彩票财务工作暨专题研讨会在内蒙古自治区呼和浩特市召开。

14 日至 15 日，国家体育总局体彩中心为适应《实施细则》实施后的需要，在山东召开财务座谈会。

7 月

3 日，中福彩中心提出《关于福利彩票销售机构业务费实行省级集中统一管理的初步意见》。

18 日至 20 日，全国福利彩票工作年中分析会在贵州省贵阳市召开。

22 日，"顶呱刮"奥运主题即开票"中国奥运军团"和"携手奥运"正式上市销售。

24 日至 25 日，2012 年上半年体育彩票工作会议在吉林省召开，国家体育总局晓敏局长助理出席会议并做重要讲话。

8 月

22 日上午，财政部综合司、民政部社会福利和慈善事业促进司、国家体育总局体育经济司、中国福利彩票发行管理中心、国家体育总局体育彩票管理中心在北京进行了 2012 年第三季度彩票管理工作定期会商。

22 日下午，财政部综合司在北京组织召开了彩票市场形势分析会议，财政部综合司、民政部社会福利和慈善事业促进司、国家体育总局体育经济司、中国福利彩票发行管理中心、国家体育总局体育彩票管理中心，以及部分地方财政、民政、体育部门和福利彩票、体育彩票销售机构有关负责同志参加了会议。

22 日，财政部向社会公告 2011 年全国彩票公益金筹集分配情况和中央专项彩票公益金安排使用情况。

30 日，中福彩中心印发《中国福利彩票大奖兑付和宣传工作暂行规定》。

31 日，中福彩中心出台《中福彩中心加强日常公用支出审批管理暂行办法》。

9月

4日，湖北省上市返奖率59%的高频游戏11选5。

8日，新疆维吾尔自治区停止销售福彩趣味偶数游戏。

17日，吉林省高频游戏11选5的返奖率提高至59%。

18日，新疆维吾尔自治区上市销售福彩喜乐彩游戏。

20日，浙江省上市返奖率59%的高频游戏11选5。

24日，浙江省上市返奖率59%的高频游戏11选5。

24日，上海市上市销售福彩快3游戏，停止销售时时彩游戏。

27日，中福彩中心召开专题会议，研究论证内蒙古自治区、宁夏回族自治区、青海省网点即开票区域联销可行性及实施方案。

28日，广东省和上海市停售36选7游戏。

10月

1日，浙江省福彩加入全国福彩积分服务活动。

16日，福彩双色球从第2012122期开始组织开展2亿元大派奖活动，每期加奖500万元，连续40期。

18日，贵州省上市返奖率59%的高频游戏11选5。

20日，湖北省上市销售福彩快3游戏。

22日，国家体育总局体彩中心在全国开展“体彩在我身边”征文活动。

28日，安徽省上市返奖率59%的高频游戏11选5。

29日至11月2日，国家体育总局体彩中心在山东台儿庄召开2012年体育彩票战略研讨会，国家体育总局晓敏局长助理出席会议并发表重要讲话。

30日，贵州省上市销售福彩快3游戏。

11月

4日，吉林省上市销售福彩快3游戏。

6日，中福彩中心下发《关于促进2012年底即开型福利彩票发行销售工作的通知》。

8日，中福彩中心组织召开预算编制培训交流会。

10日，陕西省调整福彩快乐十分游戏规则。

27日，福彩双色球年销量（截至2012年140期）首次超越500亿元，达到501.71亿元。

28日，福彩视频票年销量首次突破200亿元。

28日，河北省上市销售福彩快3游戏。

28日，河北省上市返奖率59%的高频游戏11选5。

29日，财政部综合司、民政部社会福利和慈善事业促进司、国家体育总局体育经济司、中国福利彩票发行管理中心、国家体育总局体育彩票管理中心在北京进行了 2012 年第四季度彩票管理工作定期会商。

12 月

4 日，体育彩票年销量首次突破千亿元，进入“千亿时代”。

7 日，浙江省上市销售福彩快乐 12 游戏。

8 日，福彩乐透数字型游戏年销量首次突破千亿元，达到 1 001.48 亿元。

12 日，国家体育总局体彩中心在北京举办“深入贯彻落实党的十八大精神，全面推动体彩事业科学发展”中国体育彩票超千亿座谈会，国家体育总局杨树安副局长、晓敏局长助理，国家体育总局原副局长于再清、王钧，财政部综合司副司长汪义达出席。

18 日，竞彩混合过关投注方式正式上线销售。

28 日，印发《财政部关于印发〈彩票发行销售管理办法〉的通知》（财综［2012］102 号），于 2013 年 1 月 1 日起施行。

三、彩票制度、政策和文献

（一）国家彩票监督管理制度、政策和文献

中华人民共和国财政部公告

（2012 年 8 月 22 日　2012 年第 59 号）

2011 年，在党中央、国务院的坚强领导下，各级财政部门与民政、体育等部门密切配合，开拓进取，推动我国彩票事业平稳较快健康发展，彩票公益金筹集分配使用工作进展顺利。现将 2011 年彩票公益金筹集分配情况和中央专项彩票公益金安排使用情况公告如下：

一、2011 年全国彩票公益金筹集情况

2011 年，全国发行销售彩票 22 158 184 万元（见附件 1）。分机构看，福利彩票机构发行销售彩票 12 779 720 万元，体育彩票机构发行销售彩票 9 378 464 万元。分类型看，全年发行销售乐透数字型彩票 14 275 681 万元，即开型彩票 4 000 574 万元，视频型彩票 1 701 388 万元，竞猜型彩票 2 180 541 万元，占彩票销售总量的比重分别为 64%、18%、8% 和 10%。

根据现行彩票管理政策规定，各种彩票游戏均应按其销售量的一定比例分别提取彩票奖金、彩票公益金和彩票发行费。按彩票公益金提取比例划分，有以下 4 种类型：一是以双色球、超级大乐透、3D、排列三等为主的乐透数字型彩票，其中绝大部分彩票游戏的彩票公益金提取比例为 35%，彩票奖金和彩票发行费的提取比例分别为 50% 和 15%，2011 年筹集乐透数字型彩票公益金 4 778 133 万元。二是即开型彩票，彩票公益金的提取比例为 20%，彩票奖金和彩票发行费的提取比例分别为 65% 和 15%，2011 年筹集即开型彩票公益金 800 115 万元。三是以中福在线为主的视频型彩票，彩票公益金的提取比例为 20%，彩票奖金和彩票发行费的提取比例分别为 65% 和 15%，2011 年筹集视频型彩票公益金 340 277 万元。四是

以足球彩票为主的竞猜型彩票，其中，大部分彩票游戏的彩票公益金提取比例为18%，彩票奖金和彩票发行费的提取比例分别为69%和13%，2011年筹集竞猜型彩票公益金430 136万元。2011年共筹集彩票公益金6 348 661万元（见附件2）。

二、2011年全国彩票公益金分配情况

根据国务院批准的彩票公益金分配政策，彩票公益金在中央和地方之间按50∶50的比例分配，专项用于社会福利、体育等社会公益事业，按政府性基金管理办法纳入预算，实行“收支两条线”管理，专款专用，结余结转下年继续使用。中央集中彩票公益金，在全国社会保障基金、中央专项彩票公益金、民政部和国家体育总局之间分别按60%、30%、5%和5%的比例分配。地方留成的彩票公益金，由省级财政部门商民政、体育等有关部门研究确定分配原则。

2011年中央财政当年收缴入库彩票公益金3 174 492万元，加上2010年结转收入724 358万元，共3 898 850万元。按上述分配政策，考虑结余结转因素，经全国人大审议批准，2011年安排彩票公益金支出2 847 222万元。其中，分配给全国社会保障基金理事会1 716 285万元，用于补充全国社会保障基金；分配给中央专项彩票公益金844 889万元，用于国务院批准的社会公益事业项目，由使用彩票公益金的部门或单位向财政部提出申请，经财政部审核报国务院批准后，组织实施和管理；分配给民政部143 024万元，按照“扶老、助残、救孤、济困、赈灾”的宗旨，由民政部安排用于资助为老年人、残疾人、孤儿、有特殊困难等人群服务的社会福利设施建设和受助对象直接受益的项目；分配给国家体育总局143 024万元，由国家体育总局安排用于落实《全民健身计划纲要》和《奥运争光计划》等体育事业项目。彩票公益金收支相抵，结余1 051 628万元。

三、2011年中央专项彩票公益金安排使用情况

2011年，中央专项彩票公益金844 889万元的具体支出安排如下：

（一）汶川地震灾后恢复重建72 823万元。该部分资金列入中央财政地震灾后恢复重建基金，用于公共服务、防灾减灾和基础设施建设等灾后恢复重建项目。

（二）农村医疗救助100 000万元（见附件3）。该项目由民政部组织实施，主要用于资助贫困农民参加新型农村合作医疗和对医疗救助对象符合规定的医疗费用给予资助。

（三）城市医疗救助60 000万元（见附件4）。该项目由民政部组织实施，主要用于资助城镇困难居民参加城镇居民基本医疗保险和对医疗救助对象符合规定的医疗费用给予资助。

（四）教育助学80 000万元（见附件5）。该项目由中国教育发展基金会组织实施，主要用于资助特困学生（滋蕙计划），特困教师（励耕计划），以及救助教育发展中遇到的特殊困难或突发紧急事件（润雨计划）。

（五）未成年人校外教育事业252 000万元（见附件6）。该项目由中央文明办、教育部等部门组织实施，主要用于校外教

育活动保障、未成年人校外活动场所能力提升、示范性综合实践基地建设和乡村学校少年宫建设项目。

（六）残疾人事业86 729万元（见附件7）。该项目由中国残疾人联合会组织实施，主要用于康复、教育、农村危房改造和家庭无障碍改造项目。

（七）红十字事业23 837万元。该项目由中国红十字会总会组织实施，主要用于人道救助救援6 367万元，生命健康安全教育1 310万元，中国造血干细胞资料库10 425万元，贫困患儿救助5 000万元和人体器官捐献735万元。

（八）文化45 000万元（见附件8）。该项目由文化部组织实施，主要用于补助全国城市社区文化中心的设备购置和开展活动，以及繁荣文艺创作。

（九）扶贫52 500万元（见附件9）。该项目由国务院扶贫开发领导小组办公室组织实施，主要用于贫困革命老区贫困村基础设施建设、环境改善和产业发展。

（十）法律援助10 000万元（见附件10）。该项目由中国法律援助基金会组织实施，主要用于资助办理农民工、残疾人、老年人、妇女和未成年人等方面的法律援助工作。

（十一）农村贫困母亲两癌救助5 000万元（见附件11）。该项目由中国妇女发展基金会组织实施，主要用于救助患有乳腺癌和宫颈癌的农村贫困妇女。

（十二）新疆社会福利设施建设57 000万元。该项目主要用于支持新疆维吾尔自治区孤残儿童、流浪未成年人和老年人等的社会福利设施建设项目。

特此公告。

附件：1. 2011年全国彩票销售情况表

2. 2011年全国彩票公益金筹集情况表

3. 2011年中央专项彩票公益金支持农村医疗救助项目资金分配表

4. 2011年中央专项彩票公益金支持城市医疗救助项目资金分配表

5. 2011年中央专项彩票公益金支持教育助学项目资金分配表

6. 2011年中央专项彩票公益金支持未成年人校外教育项目资金分配表

7. 2011年中央专项彩票公益金支持残疾人事业项目资金分配表

8. 2011年中央专项彩票公益金支持文化事业项目资金分配表

9. 2011年中央专项彩票公益金支持扶贫项目资金分配表

10. 2011年中央专项彩票公益金支持法律援助项目资金分配表

11. 2011年中央专项彩票公益金支持农村贫困妇女两癌救助项目资金分配表

附件 1

2011 年全国彩票销售情况表

单位：万元

地 区	全国销售量	分机构		分类型			
		福利彩票	体育彩票	乐透数字型	即开型	视频型	竞猜型
北 京	889 972	503 554	386 418	485 200	195 027		209 744
天 津	418 625	160 714	257 911	189 005	43 544	24 641	161 436
河 北	717 543	471 189	246 354	471 490	167 438	57 172	21 442
山 西	309 904	213 702	96 202	200 693	54 429	28 855	25 927
内蒙古	404 820	258 554	146 266	262 515	107 785	25 778	8 741
辽 宁	986 036	627 740	358 296	647 323	156 345	98 206	84 162
吉 林	369 347	208 014	161 333	242 177	72 679	32 111	22 379
黑龙江	555 525	285 501	270 024	411 112	101 831	8 598	33 984
上 海	590 816	383 410	207 406	401 201	103 285	18 722	67 608
江 苏	2 596 181	1 178 830	1 417 351	1 704 656	470 435	149 503	271 587
浙 江	1 533 861	927 216	606 645	926 703	257 967	243 660	105 531
安 徽	585 612	355 627	229 984	327 255	89 375	87 412	81 570
福 建	805 928	329 025	476 904	566 386	154 437	52 620	32 484
江 西	523 226	231 095	292 131	343 250	31 515	23 980	124 480
山 东	2 049 366	1 097 297	952 069	1 324 189	359 552	179 813	185 812
河 南	841 837	452 936	388 901	537 042	192 341	61 313	51 141
湖 北	711 837	510 549	201 287	472 631	71 057	118 474	49 676
湖 南	645 304	409 435	235 869	405 301	83 262	85 108	71 633
广 东	2 354 382	1 407 034	947 347	1 475 841	461 723	118 929	297 889
广 西	354 742	282 296	72 445	204 854	53 696	57 411	38 781
海 南	145 997	118 815	27 182	129 351	5 338	6 886	4 422
重 庆	491 888	345 860	146 028	325 294	69 750	53 837	43 007
四 川	819 856	486 887	332 969	573 097	171 797	25 838	49 124
贵 州	277 969	160 218	117 751	209 850	49 513	1 801	16 805
云 南	738 867	396 465	342 402	523 043	146 182	28 090	41 551
西 藏	57 271	33 106	24 165	32 159	24 064		1 048
陕 西	561 823	401 326	160 497	354 416	131 517	51 705	24 185
甘 肃	260 379	182 711	77 667	166 552	42 927	40 938	9 962
青 海	90 663	58 202	32 462	54 133	19 764	8 527	8 239
宁 夏	122 955	77 055	45 900	82 637	26 318	11 460	2 540
新 疆	345 657	225 357	120 300	226 324	85 681		33 651
合 计	**22 158 184**	**12 779 720**	**9 378 464**	**14 275 681**	**4 000 574**	**1 701 388**	**2 180 541**

附件 2

2011 年全国彩票公益金筹集情况表

单位：万元

地区	彩票公益金	分类型			
		乐透数字型	即开型	视频型	竞猜型
北京	254 969	169 820	39 005		46 144
天津	110 129	64 641	8 709	4 928	31 852
河北	214 252	165 021	33 488	11 434	4 308
山西	91 809	70 242	10 886	5 771	4 910
内蒙古	120 398	91 880	21 557	5 156	1 805
辽宁	286 381	219 129	31 269	19 641	16 342
吉林	110 070	84 762	14 536	6 422	4 350
黑龙江	166 192	137 706	20 366	1 720	6 400
上海	178 127	140 420	20 657	3 744	13 306
江苏	720 640	546 686	94 087	29 901	49 966
浙江	445 038	324 346	51 593	48 732	20 366
安徽	165 988	114 539	17 875	17 482	16 091
福建	233 289	185 433	30 887	10 524	6 444
江西	148 123	111 572	6 303	4 796	25 452
山东	553 371	411 149	71 910	35 963	34 348
河南	245 032	184 617	38 468	12 263	9 684
湖北	213 174	165 421	14 211	23 695	9 847
湖南	184 957	137 052	16 652	17 022	14 231
广东	655 847	478 510	92 345	23 786	61 207
广西	101 531	71 699	10 739	11 482	7 611
海南	36 391	33 070	1 068	1 377	876
重庆	139 954	107 059	13 950	10 767	8 177
四川	245 454	196 169	34 359	5 168	9 758
贵州	87 037	73 447	9 903	360	3 326
云南	222 485	179 701	29 236	5 618	7 929
西藏	16 272	11 256	4 813		203
陕西	165 514	124 046	26 303	10 341	4 824
甘肃	76 986	58 293	8 585	8 188	1 920
青海	26 118	18 946	3 953	1 705	1 513
宁夏	37 000	28 923	5 264	2 292	521
新疆	96 136	72 577	17 136		6 423
合计	**6 348 661**	**4 778 133**	**800 115**	**340 277**	**430 136**

附件 3

2011 年中央专项彩票公益金支持农村医疗救助项目资金分配表　　单位：万元

地　区	金　　额	地　区	金　　额
北　京	90	湖　北	3 839
天　津	107	湖　南	6 400
河　北	3 555	广　东	1 178
山　西	2 133	广　西	4 343
内蒙古	2 292	海　南	927
辽　宁	1 617	重　庆	2 559
吉　林	2 542	四　川	9 936
黑龙江	3 128	贵　州	7 018
上　海	66	云　南	7 696
江　苏	1 114	西　藏	1 084
浙　江	635	陕　西	5 314
安　徽	4 789	甘　肃	6 917
福　建	1 013	青　海	1 660
江　西	4 429	宁　夏	1 269
山　东	2 501	新　疆	2 864
河　南	6 985	**合　计**	**100 000**

附件 4

2011 年中央专项彩票公益金支持城市医疗救助项目资金分配表　　单位：万元

地　区	金　　额	地　区	金　　额
北　京	181	湖　北	3 286
天　津	291	湖　南	4 357
河　北	1 871	广　东	514
山　西	1 814	广　西	1 271
内蒙古	2 087	海　南	953
辽　宁	1 988	重　庆	2 031
吉　林	4 086	四　川	5 046
黑龙江	4 706	贵　州	1 504
上　海	192	云　南	2 193
江　苏	610	西　藏	872
浙　江	189	陕　西	2 565
安　徽	1 737	甘　肃	2 523
福　建	330	青　海	1 385
江　西	3 302	宁　夏	1 148
山　东	1 073	新　疆	3 295
河　南	2 600	**合　计**	**60 000**

附件5

2011年中央专项彩票公益金支持教育助学项目资金分配表

单位：万元

地　区	滋蕙计划	励耕计划	润雨计划	合计
中央本级			12 763	12 763
北　京			50	50
天　津				
河　北			563	563
山　西			344	344
内蒙古			694	694
辽　宁		304	48	352
吉　林			598	598
黑龙江			1 406	1 406
上　海				
江　苏				
浙　江			300	300
安　徽			531	531
福　建				
江　西			313	313
山　东			180	180
河　南	138		781	920
湖　北		1 077	563	1 640
湖　南			438	438
广　东				
广　西			1 098	1 098
海　南			63	63
重　庆			780	780
四　川			2 230	2 230
贵　州	6 488		635	7 123
云　南	6 607		2 365	8 972
西　藏		2 208	61	2 269
陕　西			1 271	1 271
甘　肃	6 767		681	7 449
青　海		2 927	216	3 143
宁　夏		4 504	193	4 697
新　疆		15 032	736	15 768
新疆生产建设兵团		3 948	101	4 049
合　计	**20 000**	**30 000**	**30 000**	**80 000**

附件6

2011年中央专项彩票公益金支持未成年人校外教育项目资金分配表

单位：万元

地　区	合计	地　区	合计
北　京	2 286	湖　南	11 658
天　津	5 054	广　东	10 130
河　北	12 493	广　西	9 645
山　西	9 083	海　南	1 908
内蒙古	5 346	重　庆	6 689
辽　宁	5 928	四　川	15 833
吉　林	6 450	贵　州	8 953
黑龙江	9 043	云　南	10 267
上　海	2 307	西　藏	1 918
江　苏	11 113	陕　西	6 834
浙　江	9 158	甘　肃	8 526
安　徽	8 886	青　海	2 219
福　建	9 541	宁　夏	1 675
江　西	10 052	新　疆	8 108
山　东	12 433	新疆生产建设兵团	1 296
河　南	16 358	**合　计**	**252 000**
湖　北	10 810		

附件7

2011年中央专项彩票公益金支持残疾人事业项目资金分配表

单位：万元

地　区	康复	教育	危房改造	家庭无障碍改造	合计
中央本级	6 920	2 900			9 820
北　京	460	234			694
天　津	476	150			626
河　北	1 814	180	1 440	210	3 644
山　西	1 339	78	1 380	350	3 147
内蒙古	656	48	1 200	210	2 114
辽　宁	1 551	250	600	280	2 681
吉　林	1 141	245	1 320	210	2 916
黑龙江	1 316	96	1 560	263	3 235
上　海	558	54			612

续表

地　区	康复	教育	危房改造	家庭无障碍改造	合计
江　苏	1 751	490			2 241
浙　江	534	280			814
安　徽	1 694	250	1 380	350	3 674
福　建	1 297	120	600	175	2 192
江　西	1 320	90	1 380	210	3 000
山　东	1 615	515	1 200	210	3 540
河　南	1 949	289	1 380	210	3 828
湖　北	1 694	190	1 440	280	3 604
湖　南	1 802	320	1 440	350	3 912
广　东	1 178	305	360		1 843
广　西	1 577	120	1 140	280	3 117
海　南	315	24	600	140	1 079
重　庆	827	80	900	175	1 982
四　川	1 496	210	1 260	280	3 246
贵　州	907	78	930	175	2 090
云　南	1 309	198	1 290	140	2 937
西　藏	235	9	300	70	614
陕　西	1 569	160	1 200	280	3 209
甘　肃	1 016	45	1 500	280	2 841
青　海	777	21	1 020	140	1 958
宁　夏	487	18	840	140	1 485
新　疆	1 048	210	1 800	140	3 198
新疆生产建设兵团	235	9	540	52	836
合　计	**42 863**	**8 266**	**30 000**	**5 600**	**86 729**

附件8

2011年中央专项彩票公益金支持文化事业项目资金分配表

单位：万元

地　区	城市社区文化中心设备购置和活动补助	繁荣文艺创作	合　计
中央本级		20 000	20 000
河　北	1 588		1 588
山　西	1 557		1 557
内蒙古	1 190		1 190
辽　宁	400		400
吉　林	802		802
黑龙江	755		755
安　徽	370		370
福　建	500		500
江　西	947		947
山　东	437		437
河　南	2 199		2 199
湖　北	2 863		2 863
湖　南	2 149		2 149
广　西	146		146
海　南	94		94
重　庆	1 537		1 537
四　川	2 443		2 443
贵　州	760		760
云　南	450		450
陕　西	1 932		1 932
甘　肃	430		430
青　海	12		12
宁　夏	178		178
新　疆	1 261		1 261
合　计	**25 000**	**20 000**	**45 000**

附件 9

2011 年中央专项彩票公益金支持扶贫项目资金分配表

单位：万元

地 区	金 额	地 区	金 额
河 北	4 500	广 西	4 500
山 西	4 500	海 南	1 500
内蒙古	1 500	重 庆	3 000
吉 林	1 500	四 川	3 000
黑龙江	1 500	贵 州	1 500
安 徽	1 500	云 南	1 500
江 西	3 000	陕 西	4 500
河 南	4 500	甘 肃	1 500
湖 北	4 500	宁 夏	1 500
湖 南	3 000	**合 计**	**52 500**

附件 10

2011 年中央专项彩票公益金支持法律援助项目资金分配表

单位：万元

地 区	金 额	地 区	金 额
中央本级	300	湖 北	400
北 京	580	湖 南	480
天 津	150	广 东	150
河 北	400	广 西	300
山 西	220	海 南	120
内蒙古	160	重 庆	120
辽 宁	480	四 川	430
吉 林	400	贵 州	300
黑龙江	400	云 南	430
上 海	100	西 藏	120
江 苏	150	陕 西	430
浙 江	100	甘 肃	300
安 徽	480	青 海	200
福 建	300	宁 夏	200
江 西	400	新 疆	200
山 东	480	新疆生产建设兵团	240
河 南	480	**合 计**	**10 000**

附件 11

2011 年中央专项彩票公益金支持农村贫困妇女两癌救助项目资金分配表 单位：万元

地　区	金　额	地　区	金　额
中央本级	50	湖　北	269
北　京	133	湖　南	247
天　津	33	广　东	145
河　北	90	广　西	121
山　西	120	海　南	61
内蒙古	138	重　庆	290
辽　宁	408	四　川	222
吉　林	81	贵　州	174
黑龙江	190	云　南	100
上　海	30	西　藏	44
江　苏	265	陕　西	203
浙　江	68	甘　肃	236
安　徽	124	青　海	36
福　建	96	宁　夏	85
江　西	299	新　疆	89
山　东	360	新疆生产建设兵团	23
河　南	170	**合　计**	**5 000**

中华人民共和国财政部　中华人民共和国民政部　国家体育总局令

（2012 年 1 月 18 日　2012 年第 67 号）

《彩票管理条例实施细则》已经财政部、民政部、国家体育总局部（局）务会议通过，并已经国务院批准，现予公布，自 2012 年 3 月 1 日起施行。

财政部部长　谢旭人　民政部部长　李立国　国家体育总局局长　刘　鹏

2012 年 1 月 18 日

附件：彩票管理条例实施细则

附件

彩票管理条例实施细则

第一章　总　　则

第一条　根据《彩票管理条例》（以下简称“条例”），制定本细则。

第二条　条例第二条所称特定规则，是指经财政部批准的彩票游戏规则。

条例第二条所称凭证，是指证明彩票销售与购买关系成立的专门凭据，应当记载彩票游戏名称，购买数量和金额，数字、符号或者图案，开奖和兑奖等相关信息。

第三条　财政部负责全国的彩票监督管理工作，主要职责是：

（一）制定彩票监督管理制度和政策；

（二）监督管理全国彩票市场以及彩票的发行和销售活动，监督彩票资金的解缴和使用；

（三）会同民政部、国家体育总局等有关部门提出彩票公益金分配政策建议；

（四）审批彩票品种的开设、停止和有关审批事项的变更；

（五）会同民政部、国家体育总局制定彩票设备和技术服务标准；

（六）审批彩票发行机构财务收支计划，监督彩票发行机构财务管理活动；

（七）审批彩票发行机构的彩票销毁方案。

第四条　民政部、国家体育总局按照各自的职责分别负责全国的福利彩票、体育彩票管理工作，主要职责是：

（一）制定全国福利彩票、体育彩票事业的发展规划和管理制度；

（二）设立福利彩票、体育彩票发行机构；

（三）制定民政部门、体育行政部门彩票公益金使用管理办法，指导地方民政部门、体育行政部门彩票公益金的使用和管理；

（四）审核福利彩票、体育彩票品种的开设、停止和有关审批事项的变更；

（五）监督福利彩票、体育彩票发行机构的彩票销毁工作；

（六）制定福利彩票、体育彩票的代销合同示范文本。

第五条　省级财政部门负责本行政区域的彩票监督管理工作，主要职责是：

（一）制定本行政区域的彩票监督管理具体实施办法，审核本行政区域的彩票销售实施方案；

（二）监督管理本行政区域彩票市场以及彩票的销售活动，监督本行政区域彩票资金的解缴和使用；

（三）会同省级民政部门、体育行政部门制定本行政区域的彩票公益金管理办法；

（四）审批彩票销售机构财务收支计划，监督彩票销售机构财务管理活动。

第六条 省级民政部门、体育行政部门按照各自的职责分别负责本行政区域的福利彩票、体育彩票管理工作，主要职责是：

（一）设立本行政区域的福利彩票、体育彩票销售机构；

（二）批准建立本行政区域福利彩票、体育彩票的销售网络；

（三）制定本行政区域民政部门、体育行政部门彩票公益金使用管理办法，指导省以下民政部门、体育行政部门彩票公益金的使用和管理；

（四）监督本行政区域彩票代销者的代销行为。

第七条 条例第五条所称非法彩票，是指违反条例规定以任何方式发行、销售以下形式的彩票：

（一）未经国务院特许，擅自发行、销售福利彩票、体育彩票之外的其他彩票；

（二）在中华人民共和国境内，擅自发行、销售的境外彩票；

（三）未经财政部批准，擅自发行、销售的福利彩票、体育彩票品种和彩票游戏；

（四）未经彩票发行机构、彩票销售机构委托，擅自销售的福利彩票、体育彩票。

县级以上财政部门、民政部门、体育行政部门，以及彩票发行机构、彩票销售机构，应当积极配合公安机关和工商行政管理机关依法查处非法彩票，维护彩票市场秩序。

第二章 彩票发行和销售管理

第八条 福利彩票发行机构、体育彩票发行机构，按照统一发行、统一管理、统一标准的原则，分别负责全国的福利彩票、体育彩票发行和组织销售工作，主要职责是：

（一）制定全国福利彩票、体育彩票发行销售的发展规划、管理制度、工作规范和技术标准等；

（二）建立全国福利彩票、体育彩票的发行销售系统、市场调控机制、激励约束机制和监督管理机制；

（三）组织彩票品种的研发，申请开设、停止彩票品种或者变更彩票品种审批事项，经批准后组织实施；

（四）负责组织管理全国福利彩票、体育彩票的销售系统数据、资金归集结算、设备和技术服务、销售渠道和场所规划、印制和物流、开奖兑奖、彩票销毁；

（五）负责组织管理全国福利彩票、体育彩票的形象建设、彩票代销、营销宣传、业务培训、人才队伍建设等工作。

第九条 福利彩票销售机构、体育彩票销售机构，在福利彩票发行机构、体育彩票发行机构的统一组织下，分别负责本行政区域的福利彩票、体育彩票销售工作，主要职责是：

（一）制定本行政区域福利彩票、体育彩票销售管理办法和工作规范；

（二）向彩票发行机构提出停止彩票品种或者变更彩票品种审批事项的建议；

（三）向同级财政部门提出本行政区域彩票销售实施方案，经审核后组织实施；

（四）负责本行政区域福利彩票、体育彩票销售系统的建设、运营和维护；

（五）负责实施本行政区域福利彩

票、体育彩票的销售系统数据管理、资金归集结算、销售渠道和场所规划、物流管理、开奖兑奖；

（六）负责组织实施本行政区域福利彩票、体育彩票的形象建设、彩票代销、营销宣传、业务培训、人才队伍建设等工作。

第十条 各省、自治区、直辖市福利彩票、体育彩票的销售网络，由福利彩票销售机构、体育彩票销售机构提出方案，分别报省级民政部门、体育行政部门批准后建立。

第十一条 条例第七条所称彩票品种，是指按照彩票游戏机理和特征划分的彩票类型，包括乐透型、数字型、竞猜型、传统型、即开型、视频型、基诺型等。

条例第七条所称开设，是指在已发行销售的彩票品种之外，增加新的品种。

条例第七条所称变更，是指在已发行销售的彩票品种之内，对彩票游戏规则、发行方式、发行范围等事项进行调整。

第十二条 彩票发行机构申请开设彩票品种，或者申请变更彩票品种审批事项涉及对技术方案进行重大调整的，应当委托专业检测机构进行技术检测。

第十三条 对彩票发行机构申请开设彩票品种的审查，按照以下程序办理：

（一）彩票发行机构将拟开设彩票品种的申请材料报民政部或者国家体育总局进行审核；

（二）民政部或者国家体育总局审核同意后，彩票发行机构向财政部提交申请材料；

（三）财政部自收到申请材料之日起10个工作日之内，对申请材料进行初步审核，并出具受理或者不予受理意见书；

（四）受理申请后，财政部通过专家评审、听证会等方式听取社会意见；

（五）财政部自受理申请之日起90个工作日内，根据条例、有关彩票管理的制度规定以及社会意见作出书面决定。

第十四条 彩票发行机构申请变更彩票品种审批事项的，应当向财政部提交下列申请材料：

（一）申请书；

（二）拟变更彩票品种审批事项的具体内容，包括对彩票游戏规则、发行方式、发行范围等的具体调整方案；

（三）对变更彩票品种审批事项的市场分析报告；

（四）财政部要求报送的其他材料。

第十五条 对彩票发行机构申请变更彩票品种审批事项的审查，按照以下程序办理：

（一）彩票发行机构将拟变更彩票品种审批事项的申请材料报民政部或者国家体育总局进行审核；

（二）民政部或者国家体育总局审核同意后，彩票发行机构向财政部提交申请材料；

（三）财政部自收到申请材料之日起10个工作日之内，对申请材料进行初步审核，并出具受理或者不予受理意见书；

（四）财政部自受理申请之日起45个工作日内，根据条例、有关彩票管理的制度规定作出书面决定。

第十六条 彩票发行机构申请停止彩票品种或者彩票游戏，应当向财政部报送拟停止彩票品种或者彩票游戏上市以来的销售情况、奖池和调节基金余额、停止发行销售的理由等相关材料。

第十七条 对彩票发行机构申请停止彩票品种或者彩票游戏的审查，按照以下程序办理：

（一）彩票发行机构将拟停止彩票品种或者彩票游戏的申请材料报民政部或者国家体育总局进行审核；

（二）民政部或者国家体育总局审核同意后，彩票发行机构向财政部提交申请材料；

（三）财政部自收到申请材料之日起5个工作日之内，对申请材料进行初步审核，并出具受理或者不予受理意见书；

（四）财政部自受理申请之日起10个工作日内，根据条例、有关彩票管理的制度规定作出书面决定。

第十八条 彩票销售机构认为本行政区域内需要停止彩票品种或者彩票游戏、变更彩票品种审批事项的，经省级财政部门提出意见后可以向彩票发行机构提出书面申请建议。

第十九条 经批准开设彩票品种或者变更彩票品种审批事项的，彩票发行机构、彩票销售机构应当制定销售实施方案，报同级财政部门审核同意后组织上市销售。

第二十条 彩票发行机构、彩票销售机构开展派奖活动，由负责管理彩票游戏奖池的彩票发行机构或者彩票销售机构向同级财政部门提出申请，经批准后组织实施。

第二十一条 条例第十三条所称彩票设备和技术服务，根据彩票发行销售业务的专业性、市场性特点和彩票市场发展需要，分为专用的彩票设备和技术服务与通用的彩票设备和技术服务。

专用的彩票设备和技术服务包括：彩票投注专用设备，彩票开奖设备和服务，彩票发行销售信息技术系统的开发、集成、测试、运营及维护，彩票印制、仓储和运输，彩票营销策划和广告宣传，以及彩票技术和管理咨询等。

通用的彩票设备和技术服务包括：计算机、网络设备、打印机、复印机等通用硬件产品，数据库系统、软件工具等商业软件产品，以及工程建设等。

第二十二条 彩票发行机构、彩票销售机构采购彩票设备和技术服务，依照政府采购法及相关规定，以公开招标作为主要采购方式。经同级财政部门批准，彩票发行机构、彩票销售机构采购专用的彩票设备和技术服务，可以采用邀请招标、竞争性谈判、单一来源采购、询价或者国务院政府采购监督管理部门认定的其他采购方式。

第二十三条 彩票代销者应当具备以下条件：

（一）年满18周岁且具有完全民事行为能力的个人，或者具有独立法人资格的单位；

（二）有与从事彩票代销业务相适应的资金；

（三）有满足彩票销售需要的场所；

（四）近五年内无刑事处罚记录和不良商业信用记录；

（五）彩票发行机构、彩票销售机构规定的其他条件。

第二十四条 彩票发行机构、彩票销售机构向社会征召彩票代销者和设置彩票销售场所，应当遵循以下原则：

（一）统筹规划，合理布局；

（二）公开公正，规范透明；

（三）从优选择，兼顾公益。

第二十五条 彩票发行机构、彩票销售机构应当根据民政部、国家体育总局制定的彩票代销合同示范文本，与彩票代销者签订彩票代销合同。彩票代销合同应当包括以下内容：

（一）委托方与受托方的姓名或者名称、住所及法定代表人姓名；

（二）合同订立时间、地点、生效时间和有效期限；

（三）委托方与受托方的权利和义务；

（四）彩票销售场所的设立、迁移、暂停销售、撤销；

（五）彩票投注专用设备的提供与管理；

（六）彩票资金的结算，以及销售费用、押金或者保证金的管理；

（七）不得向未成年人销售彩票和兑奖的约定；

（八）监督和违约责任；

（九）其他内容。

委托方与受托方应当遵守法律法规、规章制度和有关彩票管理政策，严格履行彩票代销合同。

第二十六条 签订彩票代销合同后，彩票发行机构、彩票销售机构应当向彩票代销者发放彩票代销证。福利彩票代销证、体育彩票代销证的格式分别由福利彩票发行机构、体育彩票发行机构制定。

彩票代销证应当置于彩票销售场所的显著位置。

彩票代销证是彩票代销者代理销售彩票的合法资格证明，不得转借、出租、出售。

第二十七条 彩票代销证应当记载以下事项：

（一）彩票代销证编号；

（二）彩票代销者的姓名或者名称、住所及法定代表人姓名；

（三）彩票销售场所地址；

（四）彩票代销证的有效期限；

（五）彩票发行机构规定的其他事项。

第二十八条 彩票发行机构、彩票销售机构应当对从事彩票代销业务的人员进行专业培训。

第二十九条 纸质即开型彩票的废票、尾票，应当定期销毁。

销毁彩票应当采用粉碎、打浆等方式。

第三十条 彩票发行机构申请销毁纸质即开型彩票的废票、尾票的，应当向财政部提出书面申请并提交拟销毁彩票的名称、面值、数量、金额，以及销毁时间、地点、方式等材料。

财政部应当自受理申请之日起10个工作日内，对申请进行审查并作出书面决定。

彩票发行机构应当自财政部作出书面决定之日起30个工作日内分别在民政部、国家体育总局的监督下销毁彩票，并于销毁后20个工作日内向财政部报送销毁情况报告。

第三十一条 彩票发行机构、彩票销售机构、彩票代销者在难以判断彩票购买者或者兑奖者是否为未成年人的情况下，可以要求彩票购买者或者兑奖者出示能够证明其年龄的有效身份证件。

第三十二条 彩票市场实行休市制度。休市期间，停止彩票的销售、开奖和兑奖。休市的彩票品种和具体时间由财政部向社会公告。

第三十三条 彩票发行机构、彩票销售机构应当于每年5月31日前，向社会公告上年度各彩票品种的销售量、中奖金额、奖池资金余额、调节基金余额等情况。

第三章 彩票开奖和兑奖管理

第三十四条 彩票发行机构、彩票销售机构应当向社会公告彩票游戏的开奖方式、开奖时间、开奖地点。

第三十五条 条例第二十二条所称开奖活动结束，是指彩票游戏的开奖号码全部摇出或者开奖结果全部产生。

通过专用摇奖设备确定开奖号码的，应当在当期彩票销售截止时封存彩票销售原始数据；通过专用电子摇奖设备或者根据体育比赛项目确定开奖号码的，应当定期封存彩票销售原始数据。

彩票销售原始数据保存期限，自封存之日起不得少于60个月。

第三十六条 民政部、国家体育总局和省级民政部门、体育行政部门应当制定福利彩票、体育彩票的开奖监督管理办法，加强对彩票开奖活动的监督。

第三十七条 彩票发行机构、彩票销售机构应当统一购置、直接管理开奖设备。

彩票发行机构、彩票销售机构不得将开奖设备转借、出租、出售。

第三十八条 彩票发行机构、彩票销售机构使用专用摇奖设备或者专用电子摇奖设备开奖的，开始摇奖前，应当对摇奖设备进行检测。摇奖设备进入正式摇奖程序后，不得中途暂停或者停止运行。

因设备、设施故障等造成摇奖中断的，已摇出的号码有效。未摇出的剩余号码，应当尽快排除故障后继续摇出；设备、设施故障等无法排除的，应当启用备用摇奖设备、设施继续摇奖。

摇奖活动结束后，彩票发行机构、彩票销售机构负责摇奖的工作人员应当对摇奖结果进行签字确认。签字确认文件保存期限不得少于60个月。

第三十九条 根据体育比赛结果进行开奖的彩票游戏，体育比赛裁定的比赛结果经彩票发行机构或者彩票销售机构依据彩票游戏规则确认后，作为开奖结果。

体育比赛因各种原因提前、推迟、中断、取消或者被认定为无效场次的，其开奖和兑奖按照经批准的彩票游戏规则执行。

第四十条 未按照彩票游戏规则和开奖操作规程进行的开奖活动及开奖结果无效。

因自然灾害等不可抗力事件导致不能按期开奖的，应当及时向社会公告后延期开奖；导致开奖中断的，已开出的号码有效，应当及时向社会公告后延期开出剩余号码。

第四十一条 彩票发行机构、彩票销售机构应当及时、准确、完整地向社会公告当期彩票销售和开奖情况，公告内容包括：

（一）彩票游戏名称、开奖日期或者

期号；

（二）当期彩票销售金额；

（三）当期彩票开奖结果；

（四）奖池资金余额；

（五）兑奖期限。

第四十二条 彩票售出后出现下列情况的，不予兑奖：

（一）彩票因受损、玷污等原因导致无法正确识别的；

（二）纸质即开型彩票出现兑奖区覆盖层撕刮不开、无兑奖符号、保安区裸露等问题的。

不予兑奖的彩票如果是因印制、运输、仓储、销售原因造成的，彩票发行机构、彩票销售机构应当予以收回，并按彩票购买者意愿退还其购买该彩票所支付的款项或者更换同等金额彩票。

第四十三条 彩票中奖者应当自开奖之日起60个自然日内兑奖。最后一天为《全国年节及纪念日放假办法》规定的全体公民放假的节日或者彩票市场休市的，顺延至全体公民放假的节日后或者彩票市场休市结束后的第一个工作日。

第四十四条 彩票中奖奖金不得以人民币以外的其他货币兑付，不得以实物形式兑付，不得分期多次兑付。

第四十五条 彩票发行机构、彩票销售机构、彩票代销者及其工作人员不得违背彩票中奖者本人意愿，以任何理由和方式要求彩票中奖者捐赠中奖奖金。

第四章 彩票资金管理

第四十六条 条例第二十八条所称彩票资金，是指彩票销售实现后取得的资金，包括彩票奖金、彩票发行费、彩票公益金。

条例第二十八条所称彩票资金构成比例，是指彩票奖金、彩票发行费、彩票公益金占彩票资金的比重。

条例第二十八条所称彩票资金的具体构成比例，是指在彩票游戏规则中规定的，按照彩票销售额计提彩票奖金、彩票发行费、彩票公益金的具体比例。

第四十七条 彩票发行机构、彩票销售机构应当开设彩票资金专用账户，包括彩票资金归集结算账户、彩票投注设备押金或者保证金账户。

第四十八条 彩票奖金应当按照彩票游戏规则的规定支付给彩票中奖者。

彩票游戏单注奖金的最高限额，由财政部根据彩票市场发展情况在彩票游戏规则中规定。

第四十九条 彩票发行机构、彩票销售机构应当按照彩票游戏规则的规定设置奖池和调节基金。奖池和调节基金应当按照彩票游戏规则的规定分别核算和使用。

彩票发行机构、彩票销售机构应当设置一般调节基金。彩票游戏经批准停止销售后的奖池和调节基金结余，转入一般调节基金。

第五十条 经同级财政部门审核批准后，彩票发行机构、彩票销售机构开展彩票游戏派奖活动所需资金，可以从该彩票游戏的调节基金或者一般调节基金中支出。

不得使用奖池资金、业务费开展派奖活动。

第五十一条 条例第三十二条所称业务费，是指彩票发行机构、彩票销售机构按照彩票销售额一定比例提取的，专项用于彩票发行销售活动的经费。

第五十二条 彩票发行机构、彩票销售机构的业务费提取比例，由彩票发行机构、彩票销售机构根据彩票市场发展需要提出方案，报同级民政部门或者体育行政部门商同级财政部门核定后执行。

第五十三条 彩票发行机构、彩票销售机构的业务费由彩票发行机构、彩票销售机构按月缴入中央财政专户和省级财政专户，实行收支两条线管理。

彩票代销者的销售费用，由彩票发行机构、彩票销售机构与彩票代销者按照彩票代销合同的约定进行结算。

第五十四条 彩票发行机构、彩票销售机构应当根据彩票市场发展情况和发行销售业务需要，编制年度财务收支计划，报同级财政部门审核批准后执行。

财政部和省级财政部门应当按照国家有关规定审核批准彩票发行机构、彩票销售机构的年度财务收支计划，并根据其业务开支需要和业务费缴纳情况及时拨付资金。

未拨付的彩票发行机构、彩票销售机构的业务费，用于弥补彩票发行机构、彩票销售机构的收支差额，不得用于平衡财政一般预算或者其他支出。

第五十五条 彩票销售机构的业务费实行省级集中统一管理，由福利彩票销售机构、体育彩票销售机构按照省级财政部门审核批准的年度财务收支计划，分别统筹安排用于本行政区域内福利彩票、体育彩票的销售工作。

第五十六条 彩票发行机构、彩票销售机构应当在业务费中提取彩票发行销售风险基金、彩票兑奖周转金。

彩票发行销售风险基金专项用于因彩票市场变化或者不可抗力事件等造成的彩票发行销售损失支出。彩票兑奖周转金专项用于向彩票中奖者兑付奖金的周转支出。

第五十七条 彩票公益金按照政府性基金管理办法纳入预算，实行收支两条线管理，专项用于社会福利、体育等社会公益事业，结余结转下年继续使用，不得用于平衡财政一般预算。

第五十八条 彩票公益金按照国务院批准的分配政策在中央与地方之间分配，由彩票销售机构分别上缴中央财政和省级财政。

上缴中央财政的彩票公益金，由财政部驻各省、自治区、直辖市财政监察专员办事处就地征收；上缴省级财政的彩票公益金，由省级财政部门负责征收。

第五十九条 逾期未兑奖的奖金纳入彩票公益金，由彩票销售机构结算归集后上缴省级财政，全部留归地方使用。

第六十条 中央和省级彩票公益金的管理、使用单位，应当会同同级财政部门制定彩票公益金资助项目实施管理办法。

彩票公益金的管理、使用单位，应当及时向社会进行公告或者发布消息，依法接受财政部门、审计部门和社会公众的监督。

彩票公益金资助的基本建设设施、设备或者社会公益活动，应当以显著方式标明彩票公益金资助标识。

第六十一条 财政部应当每年向社会公告上年度全国彩票公益金的筹集、分配和使用情况。省级财政部门应当每年向社会公告上年度本行政区域彩票公益金的筹集、分配和使用情况。

中央和地方各级彩票公益金的管理、使用单位，应当每年向社会公告上年度彩票公益金的使用规模、资助项目和执行情况等。

第五章　法律责任

第六十二条　彩票发行机构、彩票销售机构有下列行为之一的，由财政部门责令改正；对直接负责的主管人员和其他直接责任人员，建议所在单位或者主管部门给予相应的处分：

（一）违反彩票销售原始数据、彩票开奖设备管理规定的；

（二）违反彩票发行销售风险基金、彩票兑奖周转金或者彩票游戏的奖池资金、调节基金以及一般调节基金管理规定的；

（三）未按批准的销毁方式、期限销毁彩票的；

（四）未按规定向社会公告相关信息的；

（五）使用奖池资金、业务费开展派奖活动的；

（六）未以人民币现金或者现金支票形式一次性兑奖的。

第六十三条　彩票代销者有下列行为之一的，由民政部门、体育行政部门责令改正；情节严重的，责成彩票发行机构、彩票销售机构解除彩票代销合同：

（一）转借、出租、出售彩票代销证的；

（二）未以人民币现金或者现金支票形式一次性兑奖的。

第六章　附　　则

第六十四条　本细则自2012年3月1日起施行。

财政部关于贯彻落实《彩票管理条例实施细则》的通知

（2012年2月1日　财政部　财综［2012］6号）

各省、自治区、直辖市财政厅（局），中国福利彩票发行管理中心，国家体育总局体育彩票管理中心：

《彩票管理条例实施细则》（财政部　民政部　国家体育总局令第67号，以下简称《实施细则》）已于2012年1月18日公布，自2012年3月1日起施行。这是继《彩票管理条例》（国务院令第554号，以下简称《条例》）公布施行后我国彩票发展进程中的又一件大事。为贯彻落实好《实施细则》，促进我国彩票持续稳定健康发展，现就有关事项通知如下：

一、充分认识贯彻落实《实施细则》的重要意义

《实施细则》是经国务院批准，由财政部、民政部、国家体育总局共同制定的部门联合规章，共六章64条。《实施细则》依据《条例》的规定，充分吸收我国彩票发展和管理的成功做法，合理借鉴国际彩票管理的成熟经验，进一步细化了《条例》内容，对彩票监督管理职责、彩票发行销售、彩票开奖兑奖、彩票资金管理等作出了明确规定。制定并施行《实施细则》，对进一步加强彩票监督管理、规范彩票市场运行、保障彩票参与者合法权益、维护彩票市场秩序、支持社会公益事业协调发展和提升国家彩票公信力具有非常重要的意义，是我国彩票发展和管理的重要制度保障。

各级财政部门和彩票发行机构、彩票销售机构，要充分认识贯彻落实《实施细则》的重要意义，切实增强贯彻落实《实施细则》的使命感和责任感，抓紧抓好《实施细则》的贯彻落实工作，准确把握《实施细则》的精神实质及基本内容，搞好配套制度建设，加大宣传和培训力度，确保《实施细则》完整全面贯彻落实。

二、抓紧建立健全各项配套管理制度和规范

（一）抓紧完善彩票监督管理制度。财政部将及时修订发布《彩票公益金管理办法》、《彩票机构财务管理办法》、《彩票发行和销售管理办法》，形成以《条例》为核心、《实施细则》为纽带、相关管理办法为配套的彩票监督管理法规制度体系，为促进彩票事业持续健康发展提供有效的制度保障。省级财政部门要根据《条例》、《实施细则》规定的职责，及时制定完善本行政区域的彩票监督管理实施办法，形成中央与地方相互衔接的彩票监督管理制度体系。要研究建立彩票发行机构、彩票销售机构及时向财政部门报告彩票发行和销售情况的工作制度。

（二）抓紧健全彩票发行和销售管理制度和工作规范。彩票发行机构、彩票销售机构要对照《条例》、《实施细则》及监督管理制度，进一步完善彩票发行和销售、开奖和兑奖、彩票资金管理、宣传与培训等各个环节的管理制度、工作规范和操作规程，把《实施细则》规定的各项政策措施和要求落到实处，做到用制度管人、管事，切实防范彩票风险。

（三）抓紧清理现行彩票管理政策和调整彩票游戏规则。财政部将根据《条例》、《实施细则》的相关规定，清理现行彩票管理政策，与《条例》、《实施细则》规定不符的，要加以调整完善。彩票发行机构要按照统一的格式和内容，全面调整完善彩票游戏规则，报财政部审核后向社会公布。财政部将按照《条例》规定，随着彩票发行规模的扩大和彩票品种的增加，适度降低彩票发行费比例。

（四）抓紧建设彩票管理信息系统和发行销售系统。财政部门要根据《条例》规定，抓紧建立彩票发行、销售和资金管理信息系统。彩票发行机构、彩票销售机构要按照统一发行、统一管理、统一标准的原则，抓紧健全福利彩票、体育彩票的彩票发行销售系统，确保统一、高效、

安全。

（五）抓紧完善彩票合同和代销证管理机制。彩票发行机构、彩票销售机构要根据有关部门制定的彩票代销合同示范文本，与彩票代销者签订彩票代销合同，当事双方都要严格遵守法律法规、规章制度和有关彩票管理政策，切实履行彩票代销合同。彩票发行机构要尽快制定福利彩票代销证、体育彩票代销证格式，彩票销售机构要按照规定及时发放彩票代销证，切实维护彩票参与者的合法权益。

（六）抓紧健全彩票公益金管理使用报告和宣传制度。各级财政部门要督促彩票公益金的管理、使用单位，建立健全彩票公益金报告和宣传制度，及时向社会进行公告或者发布消息，依法接受财政部门、审计部门和社会公众的监督。彩票公益金资助的基本建设设施、设备或社会公益活动，要以显著方式标明彩票公益金资助标识。彩票发行机构、彩票销售机构要牢固树立起责任彩票和社会责任理念，减少大奖宣传，突出公益宣传，提升国家彩票的公信力。

三、认真做好相关政策衔接工作

（一）做好彩票发行和销售政策调整衔接工作。彩票发行机构、彩票销售机构要按照《实施细则》的规定，申请开设彩票品种，或者申请变更彩票品种审批事项涉及对技术方案进行重大调整的，必须委托专业检测机构进行技术检测。开设的彩票资金专用账户，应当包括彩票资金归集结算账户、彩票投注设备押金或者保证金账户。要在每年 5 月 31 日前，向社会公告上年度各彩票品种的销售量、中奖金额、奖池资金余额、调节基金余额等情况。

（二）做好彩票发行费政策调整衔接工作。彩票发行机构、彩票销售机构要根据《实施细则》有关规定和彩票市场发展需要，抓紧研究提出业务费提取比例方案，报同级民政部门或者体育行政部门商财政部门核定后执行。

彩票发行机构、彩票销售机构要按照有关规定，在业务费中提取彩票发行销售风险基金和彩票兑奖周转金。彩票发行销售风险基金专项用于因彩票市场变化或者不可抗力事件等造成的彩票发行销售损失支出，彩票兑奖周转金专项用于向彩票中奖者兑付奖金的周转支出。

彩票销售机构业务费实行省级集中统一管理后，彩票销售机构要抓紧调整完善业务费使用管理机制，要按照省级财政部门审核批准的年度财务收支计划，统筹安排用于本行政区域内的福利彩票、体育彩票销售工作，确保彩票销售工作稳定健康运行。

（三）做好逾期未兑奖奖金政策调整衔接工作。2012 年 2 月 29 日前，逾期未兑奖的奖金纳入彩票公益金，按现行彩票公益金分配政策执行。其中，上缴中央财政的彩票公益金，由财政部驻各省、自治区、直辖市财政监察专员办事处就地征收；上缴省级财政的彩票公益金，由省级财政部门负责征收。自 2012 年 3 月 1 日起，逾期未兑奖的奖金纳入彩票公益金，由彩票销售机构结算归集后上缴省级财政，全部留归地方使用。

四、确保彩票市场安全平稳运行

各级财政部门要认真履行彩票监督管

理职责，完善监管手段，细化监管内容，加强彩票监督管理，依法严肃查处违反《条例》、《实施细则》的行为。要加强与民政、体育行政部门的沟通协调，不断完善彩票管理定期会商制度，共同促进彩票事业稳定健康发展。要积极配合公安机关和工商行政管理机关依法查处非法彩票，严厉打击非法彩票活动，净化彩票市场环境，切实维护彩票市场正常秩序。

各级财政部门要积极支持彩票发行机构、彩票销售机构进一步优化彩票品种结构，提高彩票市场运行效率，保持彩票市场稳定健康发展。要继续支持彩票发行机构、彩票销售机构加强基础设施建设，强化发行销售系统安全管理，规范销售网点建设，夯实发展基础。

彩票发行机构、彩票销售机构要对照《条例》和《实施细则》，自查自纠彩票销售机构、彩票代销者擅自利用电话、互联网销售彩票行为；要严格按照财政部制定的电话、互联网销售彩票管理规定，稳步开展电话、互联网销售彩票业务有关工作，经财政部审查批准后组织实施。未经财政部批准，任何彩票品种及彩票游戏不得利用电话、互联网销售。

《实施细则》执行中有什么问题和建议，请及时向财政部报告。

财政部关于印发《彩票公益金管理办法》的通知

（2012 年 3 月 2 日　财政部　财综［2012］15 号）

各省、自治区、直辖市财政厅（局），财政部驻各省、自治区、直辖市财政监察专员办事处：

根据《彩票管理条例》（国务院令第 554 号）和《彩票管理条例实施细则》（财政部　民政部　国家体育总局令第 67 号）有关规定，财政部修订了《彩票公益金管理办法》，现印发给你们，请遵照执行。

附件：彩票公益金管理办法

附件

彩票公益金管理办法

第一章 总 则

第一条 为了规范和加强彩票公益金筹集、分配和使用管理，健全彩票公益金监督机制，提高资金使用效益，根据《彩票管理条例》（国务院令第554号）和《彩票管理条例实施细则》（财政部 民政部 国家体育总局令第67号）有关规定，制定本办法。

第二条 彩票公益金是按照规定比例从彩票发行销售收入中提取的，专项用于社会福利、体育等社会公益事业的资金。

逾期未兑奖的奖金纳入彩票公益金。

第三条 彩票公益金纳入政府性基金预算管理，专款专用，结余结转下年继续使用。

第二章 收缴管理

第四条 彩票公益金由各省、自治区、直辖市彩票销售机构（以下简称“彩票销售机构”）根据国务院批准的彩票公益金分配政策和财政部批准的提取比例，按照每月彩票销售额据实结算后分别上缴中央财政和省级财政。

逾期未兑奖的奖金由彩票销售机构上缴省级财政，全部留归地方使用。

第五条 上缴中央财政的彩票公益金，由财政部驻各省、自治区、直辖市财政监察专员办事处（以下简称“专员办”）负责执收。具体程序为：

（一）彩票销售机构于每月5日前向驻在地专员办报送“上缴中央财政的彩票公益金申报表”（见附1）及相关材料，申报上月彩票销售金额和应上缴中央财政的彩票公益金金额；

（二）专员办于每月10日前完成申报资料的审核工作，核定缴款金额，并向彩票销售机构开具“非税收入一般缴款书”；

（三）彩票销售机构于每月15日前，按照“非税收入一般缴款书”载明的缴款金额上缴中央财政。

西藏自治区应上缴中央财政的彩票公益金，由西藏自治区财政厅负责执收。具体程序按照第一款执行。

第六条 专员办、西藏财政厅应当于每季度终了后15日内、年度终了后30日内，向财政部报送“上缴中央财政的彩票公益金统计报表”（见附2），相关重大问题应随时报告。

第七条 上缴省级财政的彩票公益金，由各省、自治区、直辖市人民政府财政部门（以下简称省级财政部门）负责执收，具体收缴程序按照省级财政部门的有关规定执行。

省级财政部门应当于年度终了后30日内，向财政部报送“彩票公益金统计报表”（见附3）。

第八条 专员办和省级财政部门应当

于年度终了后30日内，完成对上一年度应缴中央财政和省级财政彩票公益金的清算及收缴工作。

第三章　分配和使用

第九条　上缴中央财政的彩票公益金，用于社会福利事业、体育事业、补充全国社会保障基金和国务院批准的其他专项公益事业，具体使用管理办法由财政部会同民政部、国家体育总局等有关部门制定。

第十条　中央财政安排用于社会福利事业和体育事业的彩票公益金，按照以下程序审批执行：

（一）财政部每年根据国务院批准的彩票公益金分配政策核定用于社会福利事业和体育事业的彩票公益金预算支出指标，分别列入中央本级支出以及中央对地方转移支付预算；

（二）列入中央本级支出的彩票公益金，由民政部和国家体育总局提出项目支出预算，报财政部审核后在部门预算中批复；民政部和国家体育总局根据财政部批准的预算，组织实施和管理；

（三）列入中央对地方转移支付预算的彩票公益金，由民政部和国家体育总局会同财政部确定资金分配原则，并提出分地区建议数，报财政部审核下达。

第十一条　中央财政安排用于补充全国社会保障基金的彩票公益金，由财政部每年根据国务院批准的彩票公益金分配政策核定预算支出指标，并按照有关规定拨付全国社会保障基金理事会。

第十二条　中央财政安排用于其他专项公益事业的彩票公益金，按照以下程序审批执行：

（一）申请使用彩票公益金的部门、单位，应当向财政部提交彩票公益金项目申报材料，财政部提出审核意见后报国务院审批；

（二）经国务院批准后，财政部向申请使用彩票公益金的部门、单位批复项目资金使用计划，并根据彩票公益金年度收入和项目进展情况，分别列入中央本级支出和中央对地方转移支付预算；

（三）申请使用彩票公益金的部门、单位，根据财政部批复的项目资金使用计划和预算，在项目管理办法制定后组织实施和管理。项目资金使用计划因特殊原因需要进行调整的，应当报财政部审核批准。

第十三条　上缴省级财政的彩票公益金，按照国务院批准的彩票公益金分配政策，坚持依照彩票发行宗旨使用，由省级财政部门商民政、体育行政等有关部门研究确定分配原则。

第十四条　省级以上民政、体育行政等有关部门、单位，申请使用彩票公益金时，应当向同级财政部门提交项目申报材料。项目申报材料应当包括以下内容：

（一）项目申报书；

（二）项目可行性研究报告；

（三）项目实施方案；

（四）同级财政部门要求报送的其他材料。

第十五条　彩票公益金项目资金使用计划和预算批准后，应当严格执行，不得擅自调整。因特殊原因形成的项目结余资金，经财政部门批准后可以结转下一年度继续使用。

第十六条　彩票公益金资金支付按照

财政国库管理制度有关规定执行。

第十七条 省级以上民政、体育行政等彩票公益金使用部门、单位，应当于每年3月底前向同级财政部门报送上一年度彩票公益金使用情况。具体包括：

（一）项目组织实施情况；

（二）项目资金使用和结余情况；

（三）项目社会效益和经济效益；

（四）同级财政部门要求报送的其他材料。

第十八条 省级以上民政、体育行政等彩票公益金使用部门、单位，应当建立彩票公益金支出绩效评价制度，将绩效评价结果作为安排彩票公益金预算的依据。

第四章 宣传公告

第十九条 彩票公益金资助的基本建设设施、设备或者社会公益活动等，应当以显著方式标明“彩票公益金资助——中国福利彩票和中国体育彩票”标识。

第二十条 省级财政部门应当于每年4月底前，向省级人民政府和财政部提交上一年度本行政区域内彩票公益金的筹集、分配和使用情况报告；每年6月底前，向社会公告上一年度本行政区域内彩票公益金的筹集、分配和使用情况。

财政部应当于每年6月底前，向国务院提交上年度全国彩票公益金的筹集、分配和使用情况报告；每年8月底前，向社会公告上一年度全国彩票公益金的筹集、分配和使用情况。

第二十一条 省级以上民政、体育行政等彩票公益金使用部门、单位，应当于每年6月底前，向社会公告上一年度本部门、单位彩票公益金的使用规模、资助项目、执行情况和实际效果等。

第五章 监督检查

第二十二条 彩票销售机构应当严格按照本办法的规定缴纳彩票公益金，不得拒缴、拖欠、截留、挤占、挪用彩票公益金。

第二十三条 彩票公益金的使用部门、单位，应当按照同级财政部门批准的项目资金使用计划和预算执行，不得挤占挪用彩票公益金，不得改变彩票公益金使用范围。

第二十四条 省级以上财政部门应当加强对彩票公益金筹集、分配、使用的监督检查，保证彩票公益金及时、足额上缴财政和专款专用。

第二十五条 违反本办法规定，拒缴、拖欠、截留、挤占、挪用彩票公益金，以及改变彩票公益金使用范围的，依照《财政违法行为处罚处分条例》（国务院令第427号）和《彩票管理条例》（国务院令第554号）等有关规定处理。

第六章 附 则

第二十六条 省级财政部门应当根据本办法规定，结合本地实际，制定本行政区域的彩票公益金使用管理办法，报财政部备案。

第二十七条 本办法自印发之日起施行。财政部2007年12月25日发布的《彩票公益金管理办法》（财综［2007］83号）同时废止。

附：1. 上缴中央财政的彩票公益金申报表

2. 上缴中央财政的彩票公益金

统计报表

3. ________省（自治区、直辖市）________年度彩票公益金统计报表

附 1

上缴中央财政的彩票公益金申报表

所属期：____年__月

填报日期：____年__月__日 金额单位：万元

<table>
<tr><td>申报单位</td><td colspan="6">省（自治区、直辖市）彩票销售机构</td><td>联系人</td><td></td></tr>
<tr><td>地　　址</td><td colspan="6"></td><td>联系电话</td><td></td></tr>
<tr><td>项目
彩票游戏</td><td>行次</td><td>彩票销售金额</td><td>彩票公益金提取比例（%）</td><td>彩票公益金金额</td><td>上缴中央财政比例（%）</td><td>上缴中央财政金额</td><td colspan="2">备注</td></tr>
<tr><td></td><td>1</td><td></td><td></td><td></td><td></td><td></td><td colspan="2"></td></tr>
<tr><td></td><td>2</td><td></td><td></td><td></td><td></td><td></td><td colspan="2"></td></tr>
<tr><td></td><td>3</td><td></td><td></td><td></td><td></td><td></td><td colspan="2"></td></tr>
<tr><td></td><td>4</td><td></td><td></td><td></td><td></td><td></td><td colspan="2"></td></tr>
<tr><td></td><td>5</td><td></td><td></td><td></td><td></td><td></td><td colspan="2"></td></tr>
<tr><td></td><td>6</td><td></td><td></td><td></td><td></td><td></td><td colspan="2"></td></tr>
<tr><td></td><td>7</td><td></td><td></td><td></td><td></td><td></td><td colspan="2"></td></tr>
<tr><td></td><td>8</td><td></td><td></td><td></td><td></td><td></td><td colspan="2"></td></tr>
<tr><td></td><td>9</td><td></td><td></td><td></td><td></td><td></td><td colspan="2"></td></tr>
<tr><td></td><td>……</td><td></td><td></td><td></td><td></td><td></td><td colspan="2"></td></tr>
<tr><td>合　计</td><td></td><td></td><td></td><td></td><td></td><td></td><td colspan="2"></td></tr>
<tr><td colspan="5">申报单位签章：

年　月　日</td><td colspan="4">专员办审核意见：

年　月　日</td></tr>
</table>

注：此表一式两联。第一联由审核单位留存；第二联报送财政部综合司。

附 2

上缴中央财政的彩票公益金统计报表

填报单位：　　省（自治区、直辖市）专员办　　所属期：　　金额单位：万元

<table>
<tr><td rowspan="2">项　　目</td><td rowspan="2">行次</td><td colspan="3">本期数</td><td colspan="3">累计数</td><td rowspan="2">备　　注</td></tr>
<tr><td>合计</td><td>福利彩票</td><td>体育彩票</td><td>合计</td><td>福利彩票</td><td>体育彩票</td></tr>
<tr><td>彩票销售金额</td><td>1</td><td></td><td></td><td></td><td></td><td></td><td></td><td></td></tr>
<tr><td>彩票公益金金额</td><td>2</td><td></td><td></td><td></td><td></td><td></td><td></td><td></td></tr>
<tr><td>应上缴中央财政金额</td><td>3</td><td></td><td></td><td></td><td></td><td></td><td></td><td></td></tr>
<tr><td>已上缴中央财政金额</td><td>4</td><td></td><td></td><td></td><td></td><td></td><td></td><td></td></tr>
</table>

填表人：　　联系电话：　　填报日期：　年　月　日

附 3

______省（自治区、直辖市）______年度彩票公益金统计报表

填报单位：　　　　省（自治区、直辖市）财政厅（局）　　　　金额单位：万元

项　　目	行次	合计	福利彩票	体育彩票	备注
彩票销售金额	1				
彩票公益金总额	2				
其中：按彩票销售量提取的彩票公益金	3				
逾期未兑奖奖金金额	4				

填表人：　　　　联系电话：　　　　填报日期：　年　月　日

财政部关于印发《彩票机构财务管理办法》的通知

（2012 年 11 月 6 日　财政部　财综［2012］89 号）

中国福利彩票发行管理中心、国家体育总局体育彩票管理中心，各省、自治区、直辖市财政厅（局）：

根据《彩票管理条例》（国务院令第 554 号）、《彩票管理条例实施细则》（财政部　民政部　国家体育总局令第 67 号）、《事业单位财务规则》（财政部令第 68 号）的有关规定，财政部修订了《彩票机构财务管理办法》，现印发给你们，请遵照执行。

附件：彩票机构财务管理办法

附件

彩票机构财务管理办法

第一章　总　　则

第一条　为了规范彩票机构财务行为，加强彩票机构财务管理和监督，提高资金使用效益，保障彩票事业健康发展，根据《彩票管理条例》（国务院令第 554

号)、《彩票管理条例实施细则》(财政部 民政部 国家体育总局令第67号)和《事业单位财务规则》(财政部令第68号)等规定，结合彩票发行销售业务特点，制定本办法。

第二条 依法设立的彩票机构的财务活动适用本办法。本办法所称彩票机构是指福利彩票发行机构、体育彩票发行机构(以下简称“彩票发行机构”)和福利彩票销售机构、体育彩票销售机构(以下简称“彩票销售机构”)。

第三条 彩票机构财务管理的基本原则是：执行国家有关法律、法规和财务规章制度；遵循彩票市场发展客观规律和彩票发行销售业务特点；坚持勤俭办事业的方针；正确处理事业发展需要和资金供给的关系，社会效益和经济效益的关系，国家、单位和个人三者利益的关系。

第四条 彩票机构财务管理的主要任务是：合理编制彩票机构年度预算，真实反映其财务状况；按照规定归集、结算、解缴、划拨彩票资金，保证彩票发行销售正常进行；依法组织收入，努力节约支出，切实降低彩票发行销售成本；建立健全财务制度，加强经济核算，实施绩效评价，提高资金使用效益；加强资产管理，合理配置和有效利用国有资产，防止资产流失；加强对彩票发行销售和彩票机构经济活动的财务控制及监督，防范财务风险；参与本单位重大经济决策和对外签订经济合同等事项。

第五条 彩票机构的财务活动在单位负责人的领导下，由单位财务部门统一管理。

第二章 彩票资金归集与分配

第六条 彩票资金是指彩票销售实现后取得的资金，包括彩票奖金、彩票发行费和彩票公益金，具体提取比例按照彩票游戏规则的有关规定执行。

第七条 彩票机构应当按照彩票品种和游戏、彩票发行销售方式归集彩票资金。

第八条 彩票奖金是指彩票机构按彩票游戏规则确定的比例从彩票销售额中提取，用于支付给彩票中奖者的资金，包括当期返奖奖金和调节基金。

彩票机构应当将彩票奖金存放到指定的银行账户，确保资金安全。

彩票奖金的管理按照彩票发行销售管理办法的有关规定执行。

第九条 彩票发行费应当专项用于彩票发行机构、彩票销售机构的业务费用支出以及彩票代销者的销售费用支出。

第十条 彩票发行机构、彩票销售机构的业务费，由彩票发行机构、彩票销售机构按照彩票销售额的一定比例提取，专项用于彩票发行销售活动。

彩票发行机构、彩票销售机构的业务费提取比例，由彩票发行机构、彩票销售机构根据彩票市场发展需要提出方案，报同级民政部门或者体育行政部门商同级财政部门核定后执行。

彩票发行机构、彩票销售机构应当于每月15日前，将上月提取的业务费按规定分别上缴中央财政专户和省级财政专户，实行“收支两条线”管理，不得隐瞒、滞留、截留、挤占和挪用。

第十一条 彩票销售机构业务费实行

省级集中统一管理，具体管理方式由各省（自治区、直辖市）财政部门根据本地区实际情况确定。

第十二条 彩票代销者销售费用，由彩票机构与彩票代销者按彩票代销合同的约定进行结算，可以按彩票销售额的一定比例，从彩票代销者缴交的彩票销售资金中直接抵扣。

第十三条 彩票公益金专项用于社会福利、体育等社会公益事业，不用于平衡公共财政预算。彩票公益金的上缴、分配和使用管理按照彩票公益金管理办法的有关规定执行。

第十四条 彩票机构报经同级财政部门批准后，开设彩票资金专用账户，包括彩票资金归集、结算账户，以及彩票投注设备押金或者保证金账户。

第三章 预决算管理

第十五条 彩票机构预算是指彩票机构根据彩票事业发展目标和计划编制的年度财务收支计划，包括收入预算和支出预算。

彩票机构决算是指彩票机构根据预算执行结果编制的年度报告。

第十六条 彩票机构作为一级预算单位管理，单位预算和决算不纳入其行政主管部门的部门预算和决算，直接报同级财政部门审批。其中，彩票发行机构预算和决算报财政部审批；彩票销售机构预算和决算报所在地省、自治区、直辖市人民政府财政部门审批。

第十七条 彩票机构应当根据上一年度预算执行情况、预算年度业务费收入增减因素和措施，以及上一年度收入结余情况等，测算编制收入预算；根据彩票事业发展需要、财力可能、资产状况等，测算编制支出预算。

彩票机构年度预算应当全面反映本单位所有收入和支出情况。

第十八条 彩票发行机构应当按照财政部预算编制的要求，于每年 11 月底前报送下一年度预算，并经财政部审核批准后执行。财政部根据下一年度彩票发行销售业务开展需要以及中央财政专户彩票发行机构业务费结余等情况，在批复预算之前可以下达部分预算指标。

彩票销售机构编报年度预算，应当按照省（自治区、直辖市）财政部门的有关规定执行。

第十九条 财政部在上缴中央财政专户的彩票发行机构业务费中安排部分资金，专项用于彩票市场调控方面的省际之间彩票市场均衡发展以及优化彩票品种及游戏结构等支出。

彩票发行机构在报送下一年度预算时，应当根据彩票市场运行调控需要，结合中央财政专户彩票发行机构业务费结余等情况，提出本机构安排的彩票市场调控资金数额及其分配方案申请。财政部批准后，通过中央财政专户将该项资金下达至有关省（自治区、直辖市）财政部门。

第二十条 财政部门应当根据批准的预算，以及彩票机构业务费上缴情况，按照财政国库管理制度等有关规定向彩票机构拨付资金。

根据彩票发行销售业务需要，彩票发行机构在年度预算批复前，可以按照财政部提前下达的预算指标编报用款计划，向财政部提出用款申请。

第二十一条 彩票机构应当严格执行财政部门批准的预算，年度预算一般不予调整。根据彩票事业发展需要或者国家有关政策调整，需要增加或者减少支出的，彩票机构应当按规定于每年 9 月底前，提出调整当年预算申请，报财政部门审核批复后执行。

第二十二条 中央财政和省级财政未拨付的彩票机构业务费，专项用于支持彩票发行机构、彩票销售机构以后年度彩票事业发展，不得用于平衡公共财政预算或者其他支出。

第二十三条 彩票机构应当按照财政部门规定，真实准确地编制年度决算，加强决算分析和管理，并在年度终了后 3 个月内，经会计师事务所审计后，报同级财政部门审核批复。

第四章 收入管理

第二十四条 收入是指彩票机构为开展彩票发行销售业务及其他活动依法取得的非偿还性资金。

第二十五条 彩票机构收入包括：

（一）事业收入，即财政部门核拨给彩票机构用于开展彩票发行销售业务活动及其辅助活动的业务费收入。

（二）上级补助收入，即彩票机构从主管部门取得的非财政补助收入。

（三）附属单位上缴收入，即彩票机构附属独立核算单位按照有关规定上缴的收入。

（四）经营收入，即彩票机构在彩票发行销售业务活动及其辅助活动之外开展非独立核算经营活动取得的收入，包括广告收入、租赁收入等。

（五）其他收入，即上述规定范围以外的各项收入，包括投资收益、利息收入、捐赠收入等。

第二十六条 彩票机构应当将各项收入全部纳入单位预算，统一核算，统一管理。

第二十七条 彩票机构应当加强收入管理，按照国家规定合理组织各项收入，及时分类入账，严禁坐收坐支。

第五章 支出管理

第二十八条 支出是指彩票机构开展彩票发行销售业务及其他活动发生的资金耗费和损失。

（一）事业支出，即彩票机构开展彩票发行销售业务及其辅助活动发生的基本支出和项目支出。

基本支出主要包括：

1. 人员支出，包括工资福利支出以及对个人和家庭的补助支出，不包括应当在“经营支出”中列支的相关人员经费。

工资福利支出，即彩票机构为在职职工和编制外长期聘用人员开支的各类劳动报酬、缴纳的各项社会保险费等，包括基本工资、津贴补贴、奖金、绩效工资、社会保障缴费、伙食补助费、其他工资福利支出等。

对个人和家庭补助支出，即彩票机构用于对个人和家庭的补助支出，包括离休费、退休费、退职费、抚恤金、生活补助、医疗费、住房公积金、提租补贴、购房补贴、其他对个人和家庭的补助支出等。

2. 日常公用支出，即彩票机构购买商品和服务的支出，包括办公费、印刷费、咨询费、手续费、水费、电费、邮电费、取暖费、交通费、物业管理费、差旅费、维修（护）费、会议费、招待费、培训费、专用材料费、一般办公设备购置费、一般专用设备购置费、一般交通工具购置费、专用燃料费、劳务费、工会经费、福利费、其他商品和服务支出等。

项目支出主要包括：

1. 基本建设支出，即彩票机构用于购置大型固定资产和设备、大型修缮等发生的支出，包括房屋建筑物购建、大型办公设备购置、大型专用设备购置、业务用交通工具、大型修缮、信息网络购建等。

2. 发行销售业务支出，即彩票机构开展彩票发行销售业务所需的费用，包括彩票研发费、彩票销售渠道建设费、彩票印制费、彩票物流管理费、检验检测费、广告费、市场营销费、市场宣传推广费、彩票销售系统建设和运行维护费、技术服务费、专线通讯费、开奖费、公证费、市场调研费、彩票销毁费、彩票兑奖周转金、彩票发行销售风险基金、其他业务支出等。

（二）经营支出，即彩票机构在彩票业务活动及其辅助活动以外开展非独立核算经营活动发生的支出。

（三）对附属单位补助支出，即彩票机构用财政补助收入之外的收入对附属单位补助发生的支出。

（四）其他支出，即上述规定范围以外的各项支出，包括查处非法彩票支出、捐赠支出等。

第二十九条 彩票机构应当将各项支出全部纳入单位预算，建立健全各项支出管理制度。

第三十条 彩票机构应当执行政府采购制度有关规定。

第三十一条 彩票机构应当加强支出的绩效管理，提高资金使用的有效性。

第三十二条 彩票机构应当依法加强各类票据管理，确保票据来源合法、内容真实、使用正确，不得使用虚假票据。

第六章 结转和结余管理

第三十三条 结转和结余是指彩票机构年度收入与支出相抵后的余额。结转资金是指彩票机构当年预算已执行但未完成，或者因故未执行，下一年度需要按照原用途继续使用的资金。结余资金是指彩票机构当年预算工作目标已经完成，或者因故终止，当年剩余的资金。

彩票机构结转和结余包括财政专户核拨资金结转和结余，以及财政专户核拨资金之外的其他资金结转和结余。

第三十四条 彩票机构财政专户核拨资金形成的结转资金包括基本支出结转资金、项目支出结转资金。基本支出结转资金原则上结转下年继续使用，用于增人增编等人员经费和日常公用经费支出，但在人员经费和日常公用经费间不得挪用，不得擅自用于提高人员经费开支标准。项目支出结转资金结转下年按原用途继续使用，确需调整结转资金用途的，需报财政部门审批。

彩票机构财政专户核拨资金形成的结余资金是彩票机构在年度预算执行结束后形成的项目支出结余资金，应当全部统筹用于编制以后年度预算，按照有关规定用于相关支出。

第三十五条 财政专户核拨资金之外

的其他资金结转按照规定结转下一年度继续使用。

财政专户核拨资金之外的其他资金结余可以按照一定比例提取职工福利基金，剩余部分作为事业基金；国家另有规定的，从其规定。

第三十六条 事业基金是非限定用途的资金，用于弥补以后年度收支差额，支持彩票事业发展。彩票机构应当加强事业基金管理，统筹安排，合理使用。

第三十七条 彩票机构应当加强结转结余资金管理，按照国家规定正确计算与分配结余资金。

第七章 专用基金管理

第三十八条 专用基金是指彩票机构按照规定提取或设置的有专门用途的资金。

第三十九条 专用基金包括：

（一）职工福利基金，即彩票机构从财政专户核拨资金之外的其他资金结余中提取，或按照相关规定转入，专项用于彩票机构职工的集体福利设施、集体福利待遇的资金。

（二）彩票兑奖周转金，即从彩票机构业务费中计提，专项用于彩票游戏奖池、当期返奖奖金、调节基金不足以兑付或弥补彩票中奖者奖金时的垫支周转资金。

（三）彩票发行销售风险基金，即按不超过上年度彩票机构业务费收入的10%提取，专项用于弥补因彩票市场变化导致的坏账损失，或因不可抗力事件等造成的彩票发行销售损失的资金。

（四）其他基金，即按照国家有关规定提取和设置的其他专用资金。

第四十条 职工福利基金的提取比例按照国家统一规定执行。彩票机构应当加强职工福利基金的管理，不得擅自改变提取比例和开支范围。

第四十一条 彩票机构应当综合考虑彩票发行销售量，当期返奖奖金、奖池资金和调节基金的规模，以及奖金兑付情况等因素，提出彩票兑奖周转金提取、垫支和返还方案，报同级财政部门批准。

彩票机构应当加强对彩票兑奖周转金的管理，严格按照规定垫支并及时返还。

第四十二条 彩票发行销售风险基金年末余额超过当年彩票机构业务费收入的10%时，下年度不再计提。同级财政部门可以根据彩票市场变化以及彩票发行销售风险基金使用等情况，调整彩票发行销售风险基金提取比例或者暂停提取。

彩票机构使用彩票发行销售风险基金时，应当编制详细的使用计划，报同级财政部门审批后，由财政专户核拨资金。

第四十三条 彩票兑奖周转金、彩票发行销售风险基金计提时，应当冲减彩票机构业务费收入，在财政专户中专账核算，并在《政府收支分类科目》“彩票发行机构和彩票销售机构的业务费用”、“彩票发行销售机构业务费安排的支出”科目下单独列示。

第八章 资产管理

第四十四条 资产是指彩票机构占有或者使用的能以货币计量的经济资源，包括各种财产、债权和其他权利。

第四十五条 彩票机构资产包括流动资产、固定资产、在建工程、无形资产和对外投资等。

第四十六条 流动资产是指可以在一年以内变现或者耗用的资产，包括现金、各种存款、应收及预付款项、库存彩票、存货等。

库存彩票是指彩票机构购进的已验收入库的彩票，按实际支付价款计价。

存货是指彩票机构在开展彩票发行销售业务活动及其他活动中为耗用而储存的资产，包括材料、燃料、包装物和低值易耗品等。材料是指彩票机构库存的物资材料、电脑投注单和热敏纸，以及达不到固定资产标准的工具、器具等。

第四十七条 彩票机构应当建立健全现金及各种存款的内部管理制度。应收款项和预付款项应当按时清理结算，不得长期挂账。

库存彩票应当按彩票品种分别核算。彩票机构应当严格执行彩票出入库制度，按彩票游戏建立库存彩票明细账和台账，定期或不定期盘点，定期核对库存彩票明细账、台账与总账，年度终了前应当进行全面盘点清查。对于盘盈、盘亏及毁损、报废的库存彩票，彩票机构应当及时查明原因，经同级财政部门审核，在分清责任的基础上区分不同情况进行处理。

第四十八条 固定资产是指使用期限超过一年，单位价值在 1 000 元以上（其中：专用设备单位价值在 1 500 元以上），并在使用过程中基本保持原有物质形态的资产。单位价值虽未达到规定标准，但耐用时间在一年以上的大批同类物资，作为固定资产管理。

固定资产一般分为六类：房屋及构筑物；专用设备；通用设备；文物和陈列品；图书、档案；家具、用具、装具及动植物。

第四十九条 彩票机构应当对固定资产进行定期或不定期的清查盘点。年度终了前应当进行全面的清查盘点，保证账实相符。

第五十条 彩票机构可以根据固定资产性质，在预计使用年限内，采用合理的方法计提折旧。

第五十一条 在建工程是指已经发生必要支出，但尚未达到交付使用状态的建设工程。

在建工程达到交付使用状态时，应当按照规定办理工程竣工财务决算和资产交付使用。

第五十二条 无形资产是指不具有实物形态而能为使用者提供某种权利的资产，包括专利权、商标权、著作权、土地使用权、非专利技术、商誉以及其他财产权利。无形资产可以按规定进行摊销。

彩票机构转让无形资产，应当按照有关规定进行资产评估，取得的收入按照国家有关规定处理。

第五十三条 对外投资是指彩票机构依法利用货币资金、实物、无形资产等方式向其他单位的投资。

彩票机构应当严格控制对外投资。在保证单位正常运转和事业发展的前提下，按照国家有关规定可以对外投资的，应当履行相关审批程序。彩票机构对外投资必须是与彩票发行销售业务有关的项目，不得从事股票、期货、基金、企业债券等投资，国家另有规定的除外。

彩票机构以非货币性资产对外投资的，应当按照国家有关规定进行资产评估，合理确定资产价值。

第五十四条 彩票机构出租、出借资产，应当按国家有关规定经主管部门审核同意后报同级财政部门审批。

第五十五条 彩票机构流动资产、固定资产、无形资产、对外投资等国有资产管理，应当严格按照《事业单位国有资产管理暂行办法》（财政部令第36号）等相关规定执行。

第九章 负债管理

第五十六条 负债是指彩票机构所承担的能以货币计量，需要以资产或者劳务偿还的债务。

第五十七条 彩票机构的负债包括借入款项、应付款项、暂存款项、应缴款项、预收款项等。

借入款项是彩票机构借入的有偿使用款项，包括短期借款和长期借款。

应付款项包括应付账款、应付彩票奖金、应付彩票代销者的销售费用以及其他应付款等。

暂存款项包括彩票投注专用设备押金或者保证金等。

应缴款项包括彩票机构收取的应当上缴财政的彩票公益金、彩票机构业务费、应缴税费以及其他按照国家有关规定应当上缴的款项。

预收款项包括彩票代销者预交的彩票款项、彩票购买者购彩预存款等。

第五十八条 彩票机构应当对不同性质的负债分类管理，及时清理并按照规定办理结算，保证各项负债在规定期限内归还。

第五十九条 彩票机构应当建立健全财务风险控制机制，规范和加强借入款项管理，严格执行审批程序，不得违反规定举借债务和提供担保。

第十章 财务监督与法律责任

第六十条 彩票机构财务监督主要包括对预算管理、收入管理、支出管理、结转和结余管理、专用基金管理、资产管理、负债管理等的监督。

第六十一条 彩票机构财务监督应当实行事前监督、事中监督、事后监督相结合，日常监督与专项监督相结合。

第六十二条 彩票机构应当建立健全内部控制制度、经济责任制度、财务信息披露制度等监督制度。

第六十三条 彩票机构应当建立健全内部财务审计制度，自觉接受财政、审计部门以及主管部门的监督检查，如实提供相关财务收支情况和资料。

第六十四条 对违反本办法规定的行为，依照《中华人民共和国预算法》、《财政违法行为处罚处分条例》（国务院令第427号）、《彩票管理条例》（国务院令第554号）等国家有关规定处理。

第十一章 附 则

第六十五条 各省、自治区、直辖市人民政府财政部门可根据本办法，结合本地区实际情况制定实施办法或补充规定，并报财政部备案。

第六十六条 本办法自2013年1月1日起执行。2001年12月9日财政部发布的《彩票发行与销售机构财务管理办法》同时废止。

财政部关于印发《彩票发行销售管理办法》的通知

（2012 年 12 月 28 日　财政部　财综［2012］102 号）

中国福利彩票发行管理中心，国家体育总局体育彩票管理中心，各省、自治区、直辖市财政厅（局）：

根据《彩票管理条例》（国务院令第 554 号）、《彩票管理条例实施细则》（财政部　民政部　国家体育总局令第 67 号）的有关规定，财政部修订了《彩票发行销售管理办法》，现印发给你们，请遵照执行。

附件：彩票发行销售管理办法

附件

彩票发行销售管理办法

第一章　总　　则

第一条　为加强彩票管理，规范彩票发行销售行为，保护彩票参与者的合法权益，促进彩票事业健康发展，根据《彩票管理条例》（以下简称《条例》）、《彩票管理条例实施细则》（以下简称《实施细则》）的相关规定，制定本办法。

第二条　彩票发行机构按照统一发行、统一管理、统一标准的原则，负责全国的彩票发行和组织销售工作。

彩票销售机构在彩票发行机构的统一组织下，负责本行政区域的彩票销售工作。

第三条　发行销售彩票应当遵循公开、公平、公正和诚实信用、自愿购买的原则。不得采取摊派或者变相摊派等手段销售彩票，不得溢价或者折价销售彩票，不得以赊销或者信用方式销售彩票，不得向未成年人销售彩票和兑奖。

第二章　彩票发行与销售管理

第四条　彩票发行机构开设彩票品种、变更彩票品种审批事项、停止彩票品种或者彩票游戏，应当按照《条例》、《实施细则》的规定，报民政部或者国家体育总局审核同意后向财政部提出申请，经财政部审查批准后组织实施。

第五条 《条例》第八条所称发行方式，是指发行销售彩票所采用的形式和手段，包括实体店销售、电话销售、互联网销售、自助终端销售等。

《条例》第八条所称发行范围，是指发行销售彩票所覆盖的区域，以省级行政区域为单位，分为全国区域、两个或者两个以上省级行政区域、省级行政区域。

第六条 《实施细则》第十二条所称专业检测机构，是指经批准成立或者设立，国家有关部门认定并取得相关资质证明，从事计算机系统和软件的测试、检测或者评测，具有独立法人资格的单位。

第七条 《实施细则》第十二条所称变更彩票品种审批事项涉及对技术方案进行重大调整，包括以下情形：

（一）在彩票发行销售系统中增加新的彩票游戏；

（二）增加或者减少彩票游戏的奖级；

（三）调整彩票游戏的开奖方式；

（四）增加新的彩票发行方式；

（五）其他变更彩票品种审批事项涉及对技术方案进行的重大调整。

第八条 开设的彩票品种、变更审批事项的彩票品种上市销售前，彩票发行机构或者彩票销售机构应当将销售实施方案报同级财政部门核准。销售实施方案应当包括拟上市销售日期、营销宣传计划、风险控制办法等内容。

第九条 彩票发行范围为全国区域的，销售实施方案由彩票发行机构报财政部核准。彩票发行范围为两个或者两个以上省级行政区域的，销售实施方案由负责管理彩票游戏奖池、数据汇总等工作的彩票发行机构或者彩票销售机构报同级财政部门核准，其他参与销售的彩票销售机构应当将核准的销售实施方案报同级财政部门备案。彩票发行范围为省级行政区域的，销售实施方案由彩票销售机构报同级财政部门核准。

第十条 经批准开设的彩票品种，彩票发行机构、彩票销售机构应当自批准之日起6个月内上市销售。经批准变更审批事项的彩票品种，彩票发行机构、彩票销售机构应当自批准之日起4个月内变更后上市销售。

开设的彩票品种、变更审批事项的彩票品种上市销售未满6个月的，原则上不得变更或者停止。

第十一条 财政部应当按照合理规划彩票市场和彩票品种结构、严格控制彩票风险的原则，综合考虑彩票销售量、奖池资金结余、调节基金结余以及彩票发行销售费用等情况，对彩票发行机构停止彩票品种或者彩票游戏的申请进行审查。

经批准停止的彩票品种或者彩票游戏，彩票发行机构、彩票销售机构应当自批准之日起2个月内向社会发布公告。自公告之日起满60个自然日后，彩票发行机构、彩票销售机构可以停止销售。

第十二条 彩票发行机构、彩票销售机构应当按照《条例》、《实施细则》等彩票管理规定，以及彩票代销合同示范文本的要求，与彩票代销者签订彩票代销合同。彩票代销者应当按照彩票代销合同的约定代理销售彩票，不得委托他人代销彩票。

第十三条 彩票销售机构、彩票代销者应当按照彩票发行机构的统一要求，建设彩票销售场所，设置彩票销售标识，张贴警示标语，突出彩票的公益性。

彩票发行机构、彩票销售机构应当根据不同彩票品种的特性，制定相应的彩票销售场所设置标准和管理规范。

第十四条 彩票发行机构、彩票销售机构可以利用业务费、经营收入等资金购买商品或者服务开展促销活动，回馈符合一定条件的彩票购买者或者彩票代销者。

开展彩票促销活动所需经费，由彩票发行机构、彩票销售机构在财务收支计划中提出申请，经同级财政部门审核批准后安排支出。

第十五条 《实施细则》第二十条所称派奖，是指通过彩票游戏的调节基金或者一般调节基金设立特别奖，对符合特定规则的彩票中奖者增加中奖金额。

第十六条 彩票发行机构、彩票销售机构开展派奖活动，应当符合以下规定：

（一）销售周期长于1天（含1天）的彩票游戏，每年开展派奖活动不得超过一次，派奖资金安排不得超过40期；

（二）销售周期短于1天（不含1天）的彩票游戏，每年开展派奖活动不得超过两次，每次派奖资金安排不得超过5天；

（三）派奖资金仅限彩票游戏的调节基金或者一般调节基金，不得使用奖池资金、业务费开展派奖活动。

（四）单注彩票的派奖金额，不得超过彩票游戏规则规定的相应奖级的设奖金额或者封顶限额。

（五）派奖活动的最后一期派奖奖金有结余的，顺延至派奖奖金用完为止。派奖活动尚未到期，但彩票游戏的调节基金和一般调节基金已用完的，应当停止派奖。

第十七条 彩票发行机构、彩票销售机构开展派奖活动，应当由负责管理彩票游戏奖池的彩票发行机构或者彩票销售机构向同级财政部门提出申请，经审核批准后组织实施。

派奖申请材料应当包括开展派奖活动的必要性分析、派奖方案、派奖预计总金额、派奖资金来源等内容。

第十八条 对符合规定的派奖申请，财政部门应当自收到申请材料之日起20个工作日之内，向彩票发行机构或者彩票销售机构批复派奖方案。派奖方案应当包括派奖起止期、派奖规则、单期派奖金额或者派奖总金额，以及派奖活动的最后一期派奖奖金有结余或者派奖活动尚未到期但彩票游戏的调节基金和一般调节基金已用完的处理等内容。

省级财政部门审核批复彩票销售机构的派奖方案，应当由省级财政部门、彩票销售机构分别报财政部、彩票发行机构备案。

第十九条 彩票发行机构、彩票销售机构应当在派奖开始5个自然日前，向社会公告派奖方案，并在公告中注明财政部门的批准文件名称及文号。

第二十条 在兑奖有效期内，彩票中奖者提出兑奖要求，经验证确认后，彩票发行机构、彩票销售机构或者彩票代销者应当及时兑付，不得拖延。

第三章 彩票品种管理

第二十一条 彩票品种包括传统型、即开型、乐透型、数字型、竞猜型、视频型、基诺型等。

传统型、即开型彩票的游戏规则包括名称、面值、玩法规则和奖级构成表等内容。乐透型、数字型、竞猜型、视频型、基诺型彩票的游戏规则包括总则、投注、设奖、开奖、中奖、兑奖、附则等内容，名称为“中国福利（体育）彩票×××游戏规则”。

第二十二条 彩票可以实行固定设奖或者浮动设奖。

固定设奖的，所有奖级的设奖金额均为固定金额。浮动设奖的，低奖级的设奖金额为固定金额，高奖级的设奖金额需要根据计提奖金、低奖级中奖总额和高奖级中奖注数等因素计算确定。

第二十三条 传统型、即开型彩票由彩票发行机构根据彩票市场需要统一印制。彩票发行机构应当制定传统型、即开型彩票的版式、规格、制作形式、防伪、包装等印制标准和管理规范。

第二十四条 传统型、即开型彩票的使用期限为自印制完成之日起 60 个月，使用期限到期后，应当停止销售。严禁销售超过使用期限的传统型、即开型彩票。

使用期限到期前的 60 个自然日内，彩票发行机构应当向社会公告该批次彩票的停止销售日期，停止销售的日期为使用期限到期的日期。尚未到期但需要停止销售的，彩票发行机构应当至少提前 60 个自然日向社会公告该批次彩票的停止销售日期。

第二十五条 传统型、即开型彩票应当实行出入库登记制度，建立库存彩票实物明细账（台账）。出入库记录单的保存期限不得少于 60 个月。

彩票发行机构、彩票销售机构应当定期盘点库存彩票实物，将库存彩票实物与库存明细账（台账）及财务账进行核对，确保账物相符。

第二十六条 传统型、即开型彩票应当采用铁路、公路等方式运输，实行专人负责，确保安全。

第二十七条 传统型、即开型彩票的废票、尾票以及超过使用期限的彩票，应当按照《实施细则》第二十九条、第三十条的规定销毁。

实施销毁前，负责销毁彩票和负责监督销毁的工作人员，应当将经批准销毁彩票的名称、面值、数量、金额与现场待销毁彩票实物进行核对，清点零张票，抽点整本票。核对无误后，出具销毁确认单并签字、盖章。核对中发现问题的，应当立即停止销毁工作，查明原因并处置后再行销毁。

第二十八条 传统型彩票的中奖者，应当自开奖之日起 60 个自然日内兑奖。即开型彩票的中奖者，可以自购买之时起兑奖，兑奖的截止日期为该批彩票停止销售之日起的第 60 个自然日。逾期不兑奖的视为弃奖。最后一天为全体公民放假的节日或者彩票市场休市的，按照《实施细则》第四十三条的规定执行。

第二十九条 乐透型、数字型、竞猜型、基诺型彩票应当符合以下规定：

（一）单张彩票的投注注数不得超过 10 000 注；

（二）设置多倍投注的，每注彩票的投注倍数不得超过 100 倍；

（三）实行浮动设奖的，奖池资金仅限用于高奖级；

（四）实行固定设奖的，应当设置投

注号码或者投注选项的限制注数。

第三十条 视频型彩票应当符合以下规定：

（一）单次投注的总金额不得超过10元；

（二）专用投注卡单日充值金额实行额度控制；

（三）销售厅经营时间实行时段控制。

第三十一条 基诺型彩票和销售周期短于1天（不含1天）的乐透型、数字型彩票，应当通过专用电子摇奖设备确定开奖号码。

销售周期长于1天（含1天）的乐透型、数字型彩票，通过专用摇奖设备确定开奖号码。在摇奖前，摇奖号码球及摇奖器具必须进行检查。摇奖应当全程录像，录像保存期限不得少于36个月。摇奖结束后，摇奖号码球应当封存保管。

体育比赛裁定的比赛结果经彩票机构依据彩票游戏规则确认后，作为竞猜型彩票的开奖结果。体育比赛因各种原因提前、推迟、中断、取消或者被认定为无效场次的，按照彩票游戏规则的规定确定开奖结果。

第三十二条 基诺型彩票和销售周期短于1天（不含1天）的乐透型、数字型、竞猜型彩票，应当在每期销售截止时刻自动封存彩票销售原始数据，并按日将彩票销售原始数据刻录在不可改写的储存介质上。开奖检索由彩票发行销售系统根据开奖号码或者开奖结果自动完成。

第三十三条 销售周期长于1天（含1天）的乐透型、数字型、竞猜型彩票，应当在每期销售截止时封存彩票销售原始数据，并将当期彩票销售原始数据刻录在不可改写的储存介质上。开奖检索应当在封存的彩票销售原始数据中和刻录的备份储存介质中同步进行，检索结果一致后方可制作开奖公告。

第四章 彩票设施设备和技术服务

第三十四条 彩票发行机构、彩票销售机构应当按照国家有关标准，组织建设彩票发行销售系统专用机房和灾备机房。专用机房和灾备机房应当配置彩票发行销售系统双机备份服务器、机房专用空调、不间断电源、发电机、消防设施设备等。彩票发行机构、彩票销售机构应当制定完备的机房管理制度、工作日志制度和应急处置预案。

第三十五条 彩票发行机构、彩票销售机构应当建立彩票发行销售系统，并负责组织管理彩票发行销售系统的开发、集成、测试、维护及运营操作。彩票发行销售系统应当具备完善的数据备份、数据恢复、防病毒、防入侵等安全措施，确保系统安全运行。

第三十六条 彩票发行机构、彩票销售机构应当对彩票发行销售系统的开发、集成、测试、维护及运营操作等岗位人员实行分离管理，确保安全操作。

彩票发行销售系统的运营操作应当由彩票发行机构、彩票销售机构的专业技术人员直接负责，彩票发行销售系统的开发、集成、测试和维护人员，不得以任何方式参与运营操作。

第三十七条 彩票发行机构、彩票销售机构应当建设专门的彩票开奖场所和兑奖服务场所，制定彩票开奖操作规程和兑奖服务流程，统一购置、直接管理彩票开奖设备。开奖场所和兑奖服务场所应当具备完善的安保措施和突发事件应急处置预案。

第三十八条 彩票销售机构应当为彩票代销者配置彩票投注专用设备。彩票投注专用设备属于彩票销售机构所有，彩票代销者不得转借、出租、出售。

彩票代销者应当按照彩票代销合同的约定，向彩票销售机构交纳彩票投注专用设备押金或者保证金。

第三十九条 传统型、即开型彩票应当使用专用仓库储存。储存专用仓库应当配备专人管理，具备防火、防水、防盗、防潮、防虫等安全功能，不得存放与彩票业务无关的物品。

第四十条 彩票发行机构、彩票销售机构应当设立服务热线，负责受理社会公众的咨询、投诉等。

第四十一条 彩票发行机构、彩票销售机构应当定期对彩票销售数据管理专用机房和灾备机房、彩票发行销售系统、彩票开奖场所和兑奖服务场所、彩票开奖设备、彩票存储专用仓库等设施设备进行检查、检修和维护。

第五章 彩票奖金管理

第四十二条 彩票奖金是指彩票发行机构、彩票销售机构按照彩票游戏规则确定的比例从彩票销售额中提取，用于支付彩票中奖者的资金。

彩票游戏设置调节基金的，彩票奖金包括当期返奖奖金和调节基金。当期返奖奖金应当按照彩票游戏规则规定的比例在当期全额计提。调节基金包括按照彩票销售额的一定比例提取的资金、逾期未退票的票款和浮动奖取整后的余额，应当专项用于支付各种不可预见的奖金风险支出和开展派奖。调节基金的提取比例根据不同彩票游戏的特征和彩票市场发展需要确定，并在彩票游戏规则中规定，提取比例最高不得超过彩票销售额的2%。

彩票游戏未设置调节基金的，彩票奖金应当按照彩票游戏规则规定的比例在当期全额计提。

第四十三条 彩票游戏设置奖池的，奖池用于归集彩票游戏计提奖金与实际中出奖金的资金余额。彩票游戏的奖池资金达到一定额度后，超过部分可以转入该彩票游戏的调节基金，具体额度在彩票游戏规则中规定。

固定设奖的彩票游戏，当期计提奖金超过当期实际中出奖金时，余额进入奖池；当期计提奖金小于当期实际中出奖金时，差额先由奖池资金支付。

浮动设奖的彩票游戏，当期计提奖金扣除当期实际中出奖金后的余额进入奖池；奖池资金只用于支付以后各期彩票高奖级的奖金，不得挪作他用。

第四十四条 首次上市销售的彩票游戏，可以安排一定额度的业务费注入奖池作为奖池资金。具体金额由彩票发行机构或者彩票销售机构在上市销售前提出申请，报同级财政部门审核批准。上市销售后，彩票发行机构或者彩票销售机构不得用业务费向奖池注入资金，不得设置奖池保底奖金。

第四十五条 彩票游戏的当期计提奖金、调节基金、奖池资金，应当按照彩票游戏规则的规定核算和使用。

第四十六条 彩票奖金实行单注奖金

上限封顶。彩票游戏的封顶金额，由财政部根据彩票市场发展情况、彩票游戏机理和特征、具体彩票游戏的奖组规模等因素设置，并在彩票游戏规则中规定。

彩票游戏的封顶金额按不高于500万元设置。其中，即开型彩票的封顶金额按不高于100万元设置。

第四十七条 停止销售的彩票游戏兑奖期结束后，奖池资金和调节基金有结余的，转为一般调节基金，用于不可预见情况下的奖金风险支出或者开展派奖；奖池资金和调节基金的余额为负数的，从彩票发行销售风险基金中列支。

第四十八条 彩票游戏的当期计提奖金、奖池资金不足以兑付彩票中奖者奖金时，先由该彩票游戏的调节基金弥补，不足部分从彩票兑奖周转金中垫支。当该彩票游戏的调节基金出现余额后，应当及时从调节基金将垫支资金调回至彩票兑奖周转金。

第四十九条 单注奖金在1万元以上（不含1万元）的彩票兑奖后，应当保留中奖彩票或者投注记录凭证的原件、彩票中奖者的有效身份证件复印件，并编制奖金兑付登记表，汇总装订成册，存档备查。其中，单注奖金在100万元及以上的彩票兑奖后，应当将中奖彩票或者投注记录凭证的原件和奖金兑付登记表作为原始凭证，按照会计档案管理制度规定的期限进行保管。

第六章 报告公告与监督检查

第五十条 彩票发行机构、彩票销售机构应当建立健全彩票发行销售的报告制度。彩票发行机构、彩票销售机构应当于每年1月31日前，向同级财政部门报送上年度彩票发行销售情况。

彩票发行销售过程中出现的新情况或者重要事件，彩票发行机构、彩票销售机构应当及时向同级财政部门报告。

第五十一条 经批准开设的彩票品种、变更审批事项的彩票品种上市销售前，彩票发行机构、彩票销售机构应当向社会发布公告。公告内容包括财政部批准文件的名称及文号、同级财政部门核准文件的名称及文号、上市销售的日期、财政部批准的彩票游戏规则等。上市销售满1个月后，彩票发行机构、彩票销售机构应当向同级财政部门提交上市销售情况的书面报告。

第五十二条 经批准的彩票品种或者彩票游戏停止销售前，彩票发行机构、彩票销售机构应当向社会发布公告。公告内容包括财政部的批准文件名称及文号、停止销售日期、兑奖截止日期等。

兑奖期结束后，彩票发行机构、彩票销售机构应当在60个自然日内向同级财政部门提交书面报告，报告内容包括彩票销售、彩票奖金提取与兑付、奖池资金和调节基金结余与划转等情况。

第五十三条 彩票发行机构、彩票销售机构应当参照所在地人民政府的工作时间规定，确定兑奖时间和办法，并向社会公告。

第五十四条 彩票发行机构、彩票销售机构在彩票销售中遇有重大风险和重大安全事件，应当按照相关管理制度和应急处置预案妥善处理并及时报告。

第五十五条 财政部门可以根据工作需要对彩票发行机构、彩票销售机构的彩票发行销售行为进行监督检查，彩票发行机构、彩票销售机构应当积极配合。

第五十六条 经批准开设的彩票品种或者经批准变更审批事项的彩票品种逾期未上市销售的，自到期之日起，已作出的批复文件自动终止。已列入财务收支计划的相关项目支出，应当在本年度或者下一年度予以扣除、扣减。

第五十七条 彩票发行机构、彩票销售机构对外发布信息、进行市场宣传时，应当遵守国家有关法律、法规和制度规定，不得含有虚假性、误导性内容，不得鼓动投机，不得隐含对同业者的排他性、诋毁性内容。

第七章 附 则

第五十八条 彩票发行机构、彩票销售机构应当根据《条例》、《实施细则》及本办法的规定，结合彩票发行销售工作实际制定具体的管理规范、操作规程，并报同级财政部门备案。

第五十九条 本办法自2013年1月1日起施行。财政部2002年3月1日发布的《彩票发行与销售管理暂行规定》、2003年11月13日发布的《即开型彩票发行与销售管理暂行规定》同时废止。

关于调整争分夺秒等25种网点即开型福利彩票的通知

（2012年1月12日 财政部 财办综［2012］2号）

中国福利彩票发行管理中心：

你中心《关于2011年申报变更25款刮刮乐即开型中国福利彩票游戏品种的请示》（中彩发字［2011］100号）收悉。根据《彩票管理条例》（国务院令第554号）、《财政部关于印发〈彩票发行与销售管理暂行规定〉的通知》（财综［2002］13号）、《财政部关于印发〈即开型彩票发行与销售管理暂行规定〉的通知》（财综［2003］78号）和《财政部关于调整足球彩票和网点即开型彩票资金构成比例的通知》（财综［2005］27号）等规定，现将有关事项通知如下：

一、为了适应即开型彩票市场需求，同意你中心调整“争分夺秒”等25种网点即开型福利彩票，具体游戏规则见附件。调整后“争分夺秒”等25种网点即开型福利彩票按销售总额的65%、15%和20%分别计提彩票奖金、彩票发行费和彩票公益金。

二、你中心向各省、自治区、直辖市福利彩票管理中心分配彩票游戏时，应将彩票游戏、数量和金额等具体分配方案报财政部备案，并按月报送全国销售情况。

各省、自治区、直辖市福利彩票管理中心领取彩票游戏后，应及时将领取游戏、数量和金额等明细情况报同级财政部门备案，并按月报送具体的销售情况。

三、“争分夺秒”等25种网点即开型福利彩票调整销售前，你中心应及时向社会发布公告，并在公告中注明财政部的批准文件名称及文号。

四、你中心应严格按照各项彩票管理制度规定，建立健全风险防控机制和应急机制；督促各省、自治区、直辖市福利彩票管理中心加强彩票销售的风险控制和安全管理，切实做好本行政区域内网点即开型福利彩票的销售工作。

附件：“争分夺秒”等网点即开型福利彩票游戏规则

附件

“争分夺秒”等网点即开型福利彩票游戏规则

一、争分夺秒

（一）面值：2元

（二）奖组：50万张

（三）玩法：刮开覆盖膜，如果“你的时间”比“标准时间”短，即可获得该“你的时间”下方所对应的奖金；如果“你的时间”比“标准时间”长，则该“你的时间”下方所对应的奖金无效。共有四次中奖机会，中奖奖金兼中兼得。

（四）奖级结构：

奖级	单奖金额（元）	中奖个数	中奖率	奖金小计（元）
1	50 000	1	1/500 000	50 000
2	1 000	60	1/8 333.33	60 000
3	500	50	1/10 000	25 000
4	100	250	1/2 000	25 000
5	50	800	1/625	40 000
6	20	3 000	1/166.67	60 000
7	10	7 500	1/66.67	75 000
8	4	28 750	1/17.39	115 000
9	2	100 000	1/5	200 000
合计		**140 411**	**1/3.56**	**650 000**

二、发奖金

（一）面值：2元

（二）奖组：25万张

（三）玩法：刮开覆盖膜，如果出现三个相同的奖金金额，即中该单一奖金。

（四）奖级结构：

奖级	单奖金额（元）	中奖个数	中奖率	奖金小计（元）
1	30 000	1	1/250 000	30 000
2	1 000	25	1/10 000	25 000
3	100	300	1/833.33	30 000
4	50	325	1/769.23	16 250
5	10	5 800	1/43.1	58 000
6	8	6 700	1/37.31	53 600
7	5	6 000	1/41.67	30 000
8	4	8 000	1/31.25	32 000
9	2	25 075	1/9.97	50 150
合计		**52 226**	**1/4.79**	**325 000**

三、美梦成真

（一）面值：2元

（二）奖组：100万张

（三）玩法：刮开覆盖膜，如果任意一个数字与票面左侧比对区内的数字相同，即可获得比对区内该数字下方所对应的奖金，共有三次机会，中奖奖金兼中兼得。如果刮开后没有找到相同的数字，这些比对区内的数字下方所对应的奖金无效。

（四）奖级结构：

奖级	单奖金额（元）	中奖个数	中奖率	奖金小计（元）
1	80 000	1	1/1 000 000	80 000
2	8 000	1	1/1 000 000	8 000
3	800	125	1/8 000	100 000
4	100	500	1/2 000	50 000
5	50	4 000	1/250	200 000
6	20	500	1/2 000	10 000
7	10	20 000	1/50	200 000
8	5	800	1/1 250	4 000
9	4	100 000	1/10	400 000
10	2	124 000	1/8.06	248 000
合计		**249 927**	**1/4**	**1 300 000**

四、勇士闯关5

（一）面值：2元

（二）奖组：50万张

（三）玩法：刮开覆盖膜，找到第一关至第五关的数字，从“起点”开始，第一关的数字是几，就在闯关图上走几步，如果停到中奖金额上，即中该金额奖金；在第一关的基础上，第二关的数字是几，向前再走几步，如果停到中奖金额上，即中该金额奖金，以此类推。按顺序走完五关的数字后，将所有中奖金额相加，即为我中的奖金。

（四）奖级结构：

奖级	单奖金额（元）	中奖个数	中奖率	奖金小计（元）
1	50 000	1	1/500 000	50 000
2	1 000	50	1/10 000	50 000
3	500	40	1/12 500	20 000
4	100	75	1/6 666.67	7 500
5	50	500	1/1 000	25 000
6	20	3 875	1/129.03	77 500
7	10	6 000	1/83.33	60 000
8	4	37 500	1/13.33	150 000
9	2	105 000	1/4.76	210 000
合计		**153 041**	**1 /3.27**	**650 000**

五、神笔马良

（一）面值：2元

（二）奖组：100万张

（三）玩法：刮开覆盖膜，如果任意一幅“马良的画”与“我要的画”相同，即可获得该幅“马良的画”下方所对应的奖金，中奖奖金兼中兼得；其他不相同的画幅下方所对应的奖金无效。

（四）奖级结构：

奖级	单奖金额（元）	中奖个数	中奖率	奖金小计（元）
1	50 000	1	1/1 000 000	50 000
2	500	100	1/10 000	50 000
3	100	400	1/2 500	40 000
4	50	2 500	1/400	125 000
5	20	10 000	1/100	200 000
6	10	20 000	1/50	200 000
7	4	65 000	1/15.38	260 000
8	2	187 500	1/5.33	375 000
合计		**285 501**	**1 /3.5**	**1 300 000**

六、富贵有余2

（一）面值：2元

（二）奖组：20万张

（三）玩法：刮开覆盖膜，如果刮出的图符与《奖级构成表》中相对应的图符相同，即可赢得相对应的奖金。

（四）奖级结构：

奖级	单奖金额（元）	中奖个数	中奖率	奖金小计（元）
1	30 000	1	1/200 000	30 000
2	1 000	20	1/10 000	20 000
3	100	400	1/500	40 000
4	10	5 000	1/40	50 000
5	5	8 000	1/25	40 000
6	2	40 000	1/5	80 000
合计		**53 421**	**1 /3. 74**	**260 000**

七、奇兵夺宝

（一）面值：5 元

（二）奖组：100 万张

（三）玩法：刮开覆盖膜，如果在某行、某列或对角线方向上出现五个相同的“”骑兵图符，即可获得该方向对应奖金或该方向对应宝箱内刮开后显示的奖金；若有多行、列或对角线满足中奖条件，中奖奖金兼中兼得。如果在行、列或对角线方向上未出现五个相同的“”骑兵图符，该方向所对应奖金或宝箱内奖金无效。

（四）奖级结构：

奖级	单奖金额（元）	中奖个数	中奖率	奖金小计（元）
1	100 000	1	1/1 000 000	100 000
2	9 990	1	1/1 000 000	9 990
3	1 000	10	1/100 000	10 000
4	500	310	1/3 225. 81	155 000
5	100	2 500	1/400	250 000
6	70	2 500	1/400	175 000

续表

奖级	单奖金额（元）	中奖个数	中奖率	奖金小计（元）
7	50	7 500	1/133. 33	375 000
8	20	25 000	1/40	500 000
9	15	5 000	1/200	75 000
10	10	65 000	1/15. 38	650 000
11	5	190 002	1/5. 26	950 010
合计		**297 824**	**1/3. 36**	**3 250 000**

八、福寿有余

（一）面值：5 元

（二）奖组：60 万张

（三）玩法：本彩票共有两个玩法，两个玩法区内的中奖奖金兼中兼得。

玩法一：刮开覆盖膜，如果任意一个“我的图符”与任意一个“中奖图符”相同，即可获得该“我的图符”下方所对应的奖金，中奖奖金兼中兼得；其他不相同的图符下方所对应的奖金无效。

玩法二：刮开覆盖膜，共有两局游戏。在任意一局游戏中，如果出现三个相同的奖金金额，即中该单一奖金。中奖奖金兼中兼得。

（四）奖级结构：

奖级	单奖金额（元）	中奖个数	中奖率	奖金小计（元）
1	100 000	1	1/600 000	100 000
2	5 000	1	1/600 000	5 000
3	500	24	1/25 000	12 000
4	100	600	1/1 000	60 000
5	70	900	1/666. 67	63 000
6	50	3 000	1/200	150 000
7	20	8 400	1/71. 43	168 000
8	15	21 600	1/27. 78	324 000
9	10	46 800	1/12. 82	468 000
10	5	120 000	1/5	600 000
合计		**201 326**	**1 /2. 98**	**1 950 000**

九、百发百中

（一）面值：5 元

（二）奖组：120 万张

（三）玩法：本彩票共有两个玩法，两个玩法区内的中奖奖金兼中兼得。

玩法一：刮开覆盖膜，如果“我猜的球数”与“比赛结果”球数相同，即可获得“比赛结果”球数下方所对应的奖金。

玩法二：刮开覆盖膜，在每一场游戏中，如果“我进的球数”大于“对手进的球数”，即可获得“我进的球数”下方所对应的奖金。共有四场游戏。

（四）奖级结构：

奖级	单奖金额（元）	中奖个数	中奖率	奖金小计（元）
1	200 000	1	1/1 200 000	200 000
2	1 000	1	1/1 200 000	1 000
3	500	10	1/120 000	5 000
4	100	3 000	1/400	300 000
5	50	7 240	1/165.75	362 000
6	40	2 600	1/461.54	104 000
7	30	12 000	1/100	360 000
8	20	24 000	1/50	480 000
9	10	81 600	1/14.71	816 000
10	5	254 400	1/4.72	1 272 000
合计		**384 852**	**1/3.12**	**3 900 000**

十、指动金来

（一）面值：5 元

（二）奖组：100 万张

（三）玩法：本彩票共有两个玩法，两个玩法区内的中奖奖金兼中兼得。

玩法一：刮开覆盖膜，如果任意一个“我的数字”与任意一个“中奖数字”相同，即可获得该“我的数字”下方所对应的奖金，中奖奖金兼中兼得；其他不相同的数字下方所对应的奖金无效。

玩法二：刮开覆盖膜，如果出现“”钻石图符，即可获得 20 元奖金。

（四）奖级结构：

奖级	单奖金额（元）	中奖个数	中奖率	奖金小计（元）
1	150 000	1	1/1 000 000	150 000
2	5 000	1	1/1 000 000	5 000
3	500	100	1/10 000	50 000
4	100	2 550	1/392.16	255 000
5	50	5 000	1/200.00	250 000
6	40	6 000	1/166.67	240 000
7	30	6 000	1/166.67	180 000
8	20	14 000	1/71.43	280 000
9	15	20 000	1/50.00	300 000
10	10	74 000	1/13.51	740 000
11	5	160 000	1/6.25	800 000
合计		**287 652**	**1 /3.48**	**3 250 000**

十一、对对碰

（一）面值：5 元

（二）奖组：200 万张

（三）玩法：本彩票共有两个玩法，两个玩法区内的中奖奖金兼中兼得。

玩法一：刮开覆盖膜，如果“我的牌”中任意一对牌与“碰的牌”中任意一张牌相同，即可中得该对牌右方所对应的奖金，中奖奖金兼中兼得。如果“我的牌”中任意一对牌与“碰的牌”均不相同，则该对牌右方所对应的奖金无效。

玩法二：刮开覆盖膜，如果刮出两张相同的牌，即可中得这两张牌右方所对应的奖金。

（四）奖级结构：

奖级	单奖金额（元）	中奖个数	中奖率	奖金小计（元）
1	200 000	1	1/2 000 000	200 000
2	5 000	5	1/400 000	25 000
3	1 000	100	1/20 000	100 000
4	500	100	1/20 000	50 000
5	200	600	1/3 333	120 000
6	100	6 000	1/333.33	600 000
7	50	10 100	1/198	505 000
8	25	24 000	1/83.33	600 000
9	20	34 000	1/58.82	680 000
10	15	40 000	1/50	600 000
11	10	100 000	1/20	1 000 000
12	5	404 000	1/4.95	2 020 000
合计		**618 906**	**1/3.23**	**6 500 000**

十二、金色土地

（一）面值：5 元

（二）奖组：120 万张

（三）玩法：本彩票共有两个玩法，两个玩法区内的中奖奖金兼中兼得。

玩法一：刮开覆盖膜，在任意一次机会中，如果刮出三个相同的奖金金额，即中该单一奖金。共有七次机会，中奖奖金兼中兼得。

玩法二：刮开覆盖膜，如果右侧刮出的三个图符均能在玩法一中找到与之相同的图符，即可获得玩法二中左侧所示的奖金。如果右侧的三个图符不能在玩法一中全部找到，则玩法二中左侧所示的奖金无效。

（四）奖级结构：

奖级	单奖金额（元）	中奖个数	中奖率	奖金小计（元）
1	150 000	1	1/1 200 000	150 000
2	10 000	1	1/1 200 000	10 000
3	1 000	62	1/19 355	62 000
4	300	420	1/2 857	126 000
5	100	2 400	1/500	240 000
6	50	6 000	1/200	300 000
7	30	12 000	1/100	360 000
8	20	24 000	1/50	480 000
9	15	24 000	1/50	360 000
10	10	88 800	1/13.51	888 000
11	5	184 800	1/6.49	924 000
合计		**342 484**	**1/3.5**	**3 900 000**

十三、马到功成

（一）面值：5 元

（二）奖组：200 万张

（三）玩法：刮开覆盖膜，如果在游戏区 1、5、10 的任意一个位置出现“炮”的符号，即可中得该符号下方所对应的奖金；如果在游戏区 3、4、7、8 的任意一个位置出现“馬”的符号，即可中得该符号下方所对应的奖金；如果在游戏区 2、6、9 的任意一个位置出现“車”的符号，即可中得该符号下方所对应的奖金；如果在游戏区 6 的位置出现“卒”的符号，即可中得该符号下方所对应的奖金；中奖奖金兼中兼得。

（四）奖级结构：

奖级	单奖金额（元）	中奖个数	中奖率	奖金小计（元）
1	200 000	1	1/2 000 000	200 000
2	5 000	10	1/200 000	50 000
3	1 000	100	1/20 000	100 000
4	500	100	1/20 000	50 000
5	200	1 100	1/1 818.18	220 000
6	100	4 400	1/454.55	440 000
7	50	8 000	1/250	400 000
8	40	10 000	1/200	400 000
9	30	10 000	1/200	300 000
10	20	28 000	1/71.43	560 000
11	15	40 000	1/50	600 000
12	10	148 000	1/13.51	1 480 000
13	5	340 000	1/5.88	1 700 000
合计		**589 711**	**1 /3.39**	**6 500 000**

十四、五福临门

（一）面值：5 元

（二）奖组：60 万张

（三）玩法：刮开覆盖膜，如果出现“”福字图符，即可获得该图符下方所对应的奖金，中奖奖金兼中兼得；如果出现“”倒福字图符，即可获得该图符下方所对应奖金的两倍。其余图符下方所对应的奖金无效。

（四）奖级结构：

奖级	单奖金额（元）	中奖个数	中奖率	奖金小计（元）
1	150 000	1	1/600 000	150 000
2	9 990	3	1/200 000	29 970
3	1 000	120	1/5 000	120 000
4	500	120	1/5 000	60 000
5	100	1 200	1/500	120 000

续表

奖级	单奖金额（元）	中奖个数	中奖率	奖金小计（元）
6	50	3 000	1/200	150 000
7	20	6 000	1/100	120 000
8	15	6 000	1/100	90 000
9	10	30 003	1/20	300 030
10	5	162 000	1/3.7	810 000
合计		**208 447**	**1 /2.88**	**1 950 000**

十五、财富之旅

（一）面值：10 元

（二）奖组：100 万张

（三）玩法：刮开坐标区，根据出现的字母和数字，找到对奖区中相应的方格，如果该方格内显示任何金额，即可获得该金额奖金。中奖奖金兼中兼得。（不同方格之间可兼中兼得，同一方格可多次中奖。）

（四）奖级结构：

奖级	单奖金额（元）	中奖个数	中奖率	奖金小计（元）
1	300 000	1	1/1 000 000	300 000
2	9 990	20	1/50 000	199 800
3	1 000	100	1/10 000	100 000
4	500	800	1/1 250	400 000
5	200	1 000	1/1 000	200 000
6	100	5 000	1/200	500 000
7	50	10 000	1/100	500 000
8	20	75 000	1/13.33	1 500 000
9	15	150 000	1/6.67	2 250 000
10	10	55 020	1/18.18	550 200
合计		**296 941**	**1 /3.37**	**6 500 000**

十六、国泰民安

（一）面值：10 元

（二）奖组：100 万张

（三）玩法：本彩票共有三个玩法，三个玩法区内的中奖奖金兼中兼得。

玩法一：刮开覆盖膜，如果刮出三个相同的指定图符，即可获得玩法一《奖金对照表》所对应的奖金。中奖奖金兼中兼得。

玩法二：刮开覆盖膜，如果出现三个相同的奖金金额，即中该单一奖金。

玩法三：刮开覆盖膜，如果刮出和彩票背面的《奖金对照表》中相同的四字短语，即可获得所对应的奖金。

（四）奖级结构：

奖级	单奖金额（元）	中奖个数	中奖率	奖金小计（元）
1	300 000	1	1/1 000 000	300 000
2	9 990	1	1/1 000 000	9 990
3	5 000	1	1/1 000 000	5 000
4	1 000	20	1/50 000	20 000
5	500	1 80	1/5 555.56	90 000
6	200	1 000	1/1 000	200 000
7	100	10 000	1/100	1 000 000
8	50	10 000	1/100	500 000
9	30	20 000	1/50	600 000
10	20	90 000	1/11.11	1 800 000
11	10	197.501	1/5.06	1 975 010
合计		**328 704**	**1/3.04**	**6 500 000**

十七、好运十倍

（一）面值：10 元

（二）奖组：100 万张

（三）玩法：刮开覆盖膜，如果任意一个“我的号码”与“中奖号码”相同，即可获得该“我的号码”所在行对应的奖金；如果在“我的号码”区刮出号码“10”，即可获得该号码所在行对应奖金的十倍。中奖奖金兼中兼得。

（四）奖级结构：

奖级	单奖金额（元）	中奖个数	中奖率	奖金小计（元）
1	400 000	1	1/100 000	400 000
2	5 000	10	1/100 000	50 000
3	1 000	50	1/20 000	50 000
4	500	600	1/1 666.67	300 000
5	200	800	1/1 250	160 000
6	100	7 000	1/142.86	700 000
7	60	2 000	1/500	120 000
8	50	8 000	1/125	400 000
9	40	10 000	1/100	400 000
10	30	20 000	1/50	600 000
11	20	78 000	1/12.82	1 560 000
12	10	176 000	1/5.68	1 760 000
合计		**302.461**	**1 /3.31**	**6 500 000**

十八、圣诞快乐

（一）面值：10 元

（二）奖组：80 万张

（三）玩法：本彩票共有两个玩法，两个玩法区内的中奖奖金兼中兼得。

玩法一：刮开覆盖膜，如果任意一个“我的号码”与任意一个“中奖号码”相同，即可获得该“我的号码”下方所对应的奖金，中奖奖金兼中兼得；其他不相同的号码下方所对应的奖金无效。

玩法二：刮开覆盖膜，如果刮出任何奖金金额，即中该奖金。

（四）奖级结构：

奖级	单奖金额（元）	中奖个数	中奖率	奖金小计（元）
1	250 000	1	1/800 000	250 000
2	5 000	3	1/266 666.67	15 000
3	2 000	20	1/40 000	40 000
4	500	81	1/9 876.54	40 500
5	150	750	1/1 066.67	112 500
6	100	8 000	1/100	800 000
7	50	20 000	1/40	1 000 000
8	30	6 400	1/125	192 000
9	15	50 000	1/16	750 000
10	10	200 000	1/4	2 000 000
合计		**285 255**	**1/2.8**	**5 200 000**

十九、中华名人 3

（一）面值：10 元

（二）奖组：50 万张

（三）玩法：本彩票共有三个玩法，三个玩法区内的中奖奖金兼中兼得。

玩法一：刮开覆盖膜，如果在成行、成列或成斜线方向上出现三个相同的"兵"图符，即可获得该行、该列或该斜线所指示的奖金。

玩法二：刮开覆盖膜，如果出现三个相同的奖金金额，即中该单一奖金。

玩法三：刮开覆盖膜，如果刮出和彩票背面的《奖金对照表》中相同的四字成语，即可获得相对应的奖金。

（四）奖级结构：

奖级	单奖金额（元）	中奖个数	中奖率	奖金小计（元）
1	250 000	1	1/500 000	250 000
2	5 000	12	1/41 666.67	60 000
3	1 000	100	1/5 000	100 000
4	500	280	1/1 785.71	140 000

续表

奖级	单奖金额（元）	中奖个数	中奖率	奖金小计（元）
5	100	3 000	1/166.67	300 000
6	50	10 000	1/50	500 000
7	20	20 000	1/25	400 000
8	10	150 000	1/3.33	1 500 000
合计		**183.393**	**1/2.73**	**3 250 000**

二十、欢乐嘉年华

（一）面值：10 元

（二）奖组：100 万张

（三）玩法：本彩票共有三个玩法，三个玩法区内的中奖奖金兼中兼得。

玩法一：刮开覆盖膜，如果任意一个动物名称与画面上的动物名称相同，即可获得该动物名称所对应的奖金，中奖奖金兼中兼得。如果刮出六个""套圈图符或六个""章鱼图符，即可获得 100 元奖金。

玩法二：刮开覆盖膜，如果出现任何奖金金额，即中该奖金。

玩法三：刮开覆盖膜，在任意一局游戏中，如果"我的环数"大于"对手环数"，即可获得该局游戏右侧所对应的奖金。共有八局游戏，中奖奖金兼中兼得。

（四）奖级结构：

奖级	单奖金额（元）	中奖个数	中奖率	奖金小计（元）
1	250 000	1	1/1 000 000	250 000
2	5 000	1	1/1 000 000	5 000
3	1 000	10	1/100 000	10 000
4	800	12	1/83 333.33	9 600
5	400	55	1/18 181.82	22 000
6	200	912	1/1 096.49	182 400
7	100	4 810	1/207.90	481 000

续表

奖级	单奖金额（元）	中奖个数	中奖率	奖金小计（元）
8	50	22 000	1/45.45	1 100 000
9	30	24 000	1/41.67	720 000
10	25	8 000	1/125	200 000
11	20	80 000	1/12.50	1 600 000
12	10	192 000	1/5.21	1 920 000
合计		**331 801**	**1/3.01**	**6 500 000**

二十一、节大欢喜 5

（一）面值：10 元

（二）奖组：200 万张

（三）玩法：刮开覆盖膜，如果任意一个“我的号码”与任意一个“中奖号码”相同，即可获得该“我的号码”下方所对应的奖金，其他不相同的号码下方所对应的奖金无效；如果刮出一个“”礼盒图符，即可获得该图符下方对应奖金的两倍；如果刮出一个“”灯笼图符，即可获得 100 元奖金。中奖奖金兼中兼得。

（四）奖级结构：

奖级	单奖金额（元）	中奖个数	中奖率	奖金小计（元）
1	600 000	1	1/2 000 000	600 000
2	50 000	1	1/2 000 000	50 000
3	1 000	10	1/200 000	10 000
4	500	200	1/10 000	100 000
5	200	2 000	1/1 000	400 000
6	100	20 000	1/100	2 000 000
7	50	40 000	1/50	2 000 000
8	20	200 000	1/10	4 000 000
9	10	384 000	1/5.21	3 840 000
合计		**646 212**	**1/3.09**	**13 000 000**

二十二、红楼探秘 2

（一）面值：20 元

（二）奖组：100 万张

（三）玩法：本彩票共有三个玩法，三个玩法区内的中奖奖金兼中兼得。

玩法一：刮开覆盖膜，出现第一步至第五步的数字，从“起点”开始，第一步的数字是几，就在图上走几步，如果停到中奖金额上，即中该金额奖金；在第一步的基础上，第二步的数字是几，向前再走几步，如果停到中奖金额上，即中该金额奖金；以此类推。如果停到“前进到 15”则走到第 15 步，在第 15 步的基础上，下一步刮出数字是几，再向前走几步。按顺序走完五步的数字后，将所有中奖金额相加，即为我中的奖金。

玩法二：刮开覆盖膜，在任意一局游戏中，如果刮出三个相同的图符即可获得该局游戏右侧所对应的奖金。共有六局游戏，中奖奖金兼中兼得。

玩法三：刮开覆盖膜，如果刮出任何奖金金额，即中该奖金。

（四）奖级结构：

奖级	单奖金额（元）	中奖个数	中奖率	奖金小计（元）
1	1 000 000	1	1/1 000 000	1 000 000
2	100 000	1	1/1 000 000	100 000
3	9 980	1	1/1 000 000	9 980
4	1 000	200	1/5 000	200 000
5	500	500	1/2 000	250 000
6	200	1 600	1/625	320 000
7	100	10 000	1/100	1 000 000
8	50	28 000	1/35.71	1 400 000
9	40	80 000	1/12.5	3 200 000
10	30	20 000	1/50	600 000
11	20	246 001	1/4.07	4 920 020
合计		**386 304**	**1/2.59**	**13 000 000**

二十三、灌篮高手

（一）面值：20 元

（二）奖组：150 万张

（三）玩法：本彩票共有三个玩法，三个玩法区内的中奖奖金兼中兼得。

玩法一：刮开覆盖膜，如果任意一个“我的数字”与任意一个“中奖数字”相同，即可获得该“我的数字”下方所对应的奖金，其他不相同的数字下方所对应的奖金无效；如果刮出“”篮球图符，即可获得 20 元奖金；中奖奖金兼中兼得。如果刮出“”球入篮筐图符，即可获得“我的数字”区所有奖金之和。

玩法二：刮开覆盖膜，在任意一局游戏中，如果“我的分数”大于“对手分数”，即可获得该局游戏右侧所对应的奖金。共有八局游戏，中奖奖金兼中兼得。

玩法三：刮开覆盖膜，如果出现两个相同的图符，即可获得 60 元奖金。

（四）奖级结构：

奖级	单奖金额（元）	中奖个数	中奖率	奖金小计（元）
1	1 000 000	1	1/1 500 000	1 000 000
2	10 000	1	1/1 500 000	10 000
3	5 000	1	1/1 500 000	5 000
4	1 000	310	1/4 838.71	310 000
5	800	550	1/2 727.27	440 000
6	500	600	1/2 500	300 000
7	200	3 000	1/500	600 000
8	100	14 750	1/101.69	1 475 000
9	80	12 000	1/125	960 000
10	60	36 000	1/41.67	2 160 000
11	40	102 000	1/14.71	4 080 000
12	20	408 000	1/3.68	8 160 000
合计		**577 213**	**1/2.60**	**19 500 000**

二十四、中状元

（一）面值：20 元

（二）奖组：100 万张

（三）玩法：本彩票共有七个玩法，七个玩法区内的中奖奖金兼中兼得。

考状元：刮开覆盖膜，在任意一级考试中，如果“我的考分”大于“标准分数”，即可获得“我的考分”右侧所对应的奖金。共有四级考试，中奖奖金兼中兼得。

状元花：刮开覆盖膜，如果任意一个“我的图符”与任意一个“中奖图符”相同，即可获得该“我的图符”下方所对应的奖金，中奖奖金兼中兼得；其他不相同的图符下方所对应的奖金无效。

状元榜：刮开覆盖膜，如果任意一个“我的分数”与“榜上分数”相同，即可获得该“我的分数”下方所对应的奖金，中奖奖金兼中兼得；其他不相同的分数下方所对应的奖金无效。

状元路：刮开覆盖膜，从“起点”开始，按箭头方向前进，如果到达奖金区，即中该区奖金金额；如果刮出“×”止步图符，则该奖金区所对应的奖金无效。

中状元：刮开覆盖膜，如果刮出“状元”字符，即可获得该字符下方所对应的奖金。

状元奖：刮开覆盖膜，如果出现三个相同的奖金金额，即中该单一奖金。

附加玩法：如果在玩法区中出现一个“

”状元帽图符、两个“

”状元帽图符、三个“

”状元帽图符，即可分别获得 20 元、50 元、100 元的奖金；中奖奖金不兼中兼得。

（四）奖级结构：

奖级	单奖金额（元）	中奖个数	中奖率	奖金小计（元）
1	1 000 000	1	1/1 000 000	1 000 000
2	100 000	1	1/1 000 000	100 000
3	10 000	6	1/166 666.67	60 000
4	1 000	100	1/10 000	100 000
5	500	2 000	1/500	1 000 000
6	200	2 000	1/500	400 000
7	100	12 000	1/83.33	1 200 000
8	50	30 000	1/33.33	1 500 000
9	30	80 000	1/12.5	2 400 000
10	20	262 000	1/3.82	5 240 000
合计		**388 108**	**1/2.58**	**13 000 000**

二十五、淘金者 2

（一）面值：20 元

（二）奖组：250 万张

（三）玩法：本彩票共有五个玩法，五个玩法区内的中奖奖金兼中兼得。

玩法一：刮开覆盖膜，如果在任意一个红包中刮出任何奖金金额，即可获得该奖金。中奖奖金兼中兼得。

玩法二：刮开覆盖膜，如果任意一个“我的字符”与任意一个“中奖字符”相同，即可获得该“我的字符”下方所对应的奖金，中奖奖金兼中兼得；其他不相同的字符下方所对应的奖金无效。

玩法三：刮开覆盖膜，在三个中国结中，如果在“中国结 1”中刮出三个相同的奖金金额，即中该单一奖金；如果在“中国结 2”中刮出三个相同的奖金金额，即中该单一奖金的两倍；如果在“中国结 3”中刮出三个相同的奖金金额，即中该单一奖金的四倍。中奖奖金兼中兼得。

玩法四：刮开覆盖膜，如果在成行或成列方向上刮出两个“6”符号，即可获得该方向所对应的奖金。中奖奖金兼中兼得（对角线位置不中奖）。

玩法五：刮开“我的祝福”区的覆盖膜，根据刮出的字符刮开“幸运符”区中所对应的字符，如果刮出任何奖金金额，即可获得该奖金，中奖奖金兼中兼得；其他没有出现在“我的祝福”区中的“幸运符”所对应的奖金无效。

（四）奖级结构：

奖级	单奖金额（元）	中奖个数	中奖率	奖金小计（元）
1	1 000 000	1	1/2 500 000	1 000 000
2	50 000	1	1/2 500 000	50 000
3	10 000	10	1/250 000	100 000
4	5 000	10	1/250 000	50 000
5	1 000	1 350	1/1 851.85	1 350 000
6	500	5 000	1/500	2 500 000
7	200	2 000	1/1 250	400 000
8	100	26 500	1/94.34	2 650 000
9	80	40 000	1/62.50	3 200 000
10	60	20 000	1/125	1 200 000
11	50	80 000	1/31.25	4 000 000
12	40	50 000	1/50	2 000 000
13	30	100 000	1/25	3 000 000
14	20	550 000	1/4.55	11 000 000
合计		**874 872**	**1/2.86**	**32 500 000**

关于停止销售吉林、湖北、宁夏 4 项 13 选 1 彩票游戏的通知

（2012 年 2 月 6 日　财政部　财办综［2012］6 号）

国家体育总局体育彩票管理中心：

你中心《关于停止销售部分省份高频开奖游戏 4 项 13 选 1 的请示》（体彩字［2012］12 号）收悉。经研究，根据《彩票管理条例》（国务院令第 554 号）、《彩票发行与销售管理暂行规定》（财综［2002］13 号），以及《关于彩票停止销售后奖池资金和调节基金余额处理办法的通知》（财办综［2003］238 号）等规定，现就有关事项通知如下：

一、鉴于吉林省、湖北省、宁夏回族自治区 4 项 13 选 1 电脑体育彩票销量持续下滑，难以维持开奖等费用支出，决定在吉林省、湖北省、宁夏回族自治区停止销售 4 项 13 选 1 电脑体育彩票。自本通知发布之日起一个月内停止销售。

二、4 项 13 选 1 电脑体育彩票停止销售后，在兑奖期内，上述体育彩票销售机构应当按照规定兑付奖金。兑奖期结束后，奖池资金和调节基金若有结余，转为一般调节基金，用于正在销售彩票的奖金支出、不可预见情况下的奖金支出风险及设立特别奖。若奖池资金和调节基金余额为负数，不足部分只能从发行费中列支。

三、停止销售的 10 个自然日前，吉林、湖北、宁夏三省（自治区）体育彩票销售机构应当及时向社会发布公告，并在公告中注明财政部的批准文件名称及文号。

关于同意印制发行激情亚沙会　快乐在一起即开型体育彩票的通知

（2012 年 2 月 27 日　财政部　财办综［2012］12 号）

国家体育总局体育彩票管理中心：

你中心《关于印制发行第三届亚洲沙滩运动会主题即开型体育彩票的请示》（体彩字［2012］31 号）收悉。根据《彩票管理条例》（国务院令第 554 号）、《彩票管理条例实施细则》（财政部　民政部　国家体育总局令第 67 号）、《财政部关于印发〈彩票发行与销售管理暂行规定〉的通知》（财综［2002］13 号）、《财政部关于印发〈即开型彩票发行与销售管理暂行规定〉的通知》（财综［2003］78 号）和《财政部关于调整足球彩票和网点即开型彩票资金构成比例的通知》（财综［2005］27 号）等规定，现将有关事项通知如下：

一、为了完善彩票市场结构，丰富彩票游戏，同意你中心印制第三届亚洲沙滩运动会主题即开型彩票“激情亚沙会　快乐在一起”，在全国发行，具体游戏规则见附件。“激情亚沙会　快乐在一起”即开型体育彩票按销售总额的 65%、15% 和 20% 分别计提彩票奖金、彩票发行费和彩票公益金。

二、你中心向各省、自治区、直辖市体育彩票管理中心分配彩票游戏时，应当将彩票游戏、数量和金额等具体分配方案报财政部备案，并按月报送全国印制和销售情况。各省、自治区、直辖市体育彩票管理中心领取彩票游戏后，应当及时将领取彩票游戏、数量和金额等明细情况报同级财政部门备案，并按月报送具体销售情况。

三、第三届亚洲沙滩运动会主题即开型彩票“激情亚沙会　快乐在一起”发行销售前，你中心应当及时向社会发布公告，并在公告中注明财政部的批准文件名称及文号。

四、你中心应当严格按照各项彩票管理制度规定，建立健全风险防控制度和应急机制；督促各省、自治区、直辖市体育彩票管理中心切实加强彩票安全管理，做好本行政区域内即开型体育彩票的销售工作。

附件：第三届亚洲沙滩运动会主题即开型彩票游戏规则

附件

第三届亚洲沙滩运动会主题即开型彩票游戏规则

激情亚沙会　快乐在一起

（一）面值：10 元。

（二）奖组：60 万张（600 万元）。

（三）游戏规则：游戏一：刮开覆盖膜，如果在任一竖线、横线或对角线刮出三个“X”或三个“0”标志，即中得右方所示的金额；游戏二：刮开覆盖膜，如果同一个金额出现三次，即中得该单一金额；游戏三：刮开覆盖膜，如果你的号码中的任意一个号码与中奖号码之一相同，即中得该号码下方所示的金额。兼中兼得。

（四）设奖方案：

奖级	中奖金额（元）	中奖个数	中奖小计（元）
1	30 000	2	60 000
2	3 000	10	30 000
3	1 000	50	50 000
4	100	8 600	860 000
5	50	16 000	800 000
6	20	30 000	600 000
7	10	150 000	1 500 000
合计		**204 662**	**3 900 000**

关于开展中国福利彩票七乐彩派奖活动有关事项的通知

（2012 年 4 月 1 日　财政部　财办综［2012］22 号）

中国福利彩票发行管理中心：

你中心《关于中国福利彩票七乐彩游戏开展派奖活动的请示》（中彩发字［2012］27 号）收悉。为了优化福利彩票游戏结构，提升中国福利彩票七乐彩（以下简称“七乐彩”）的品牌影响力，经研究，根据《彩票管理条例》（国务院令第 554 号）和《彩票管理条例实施细则》（财政部　民政部　国家体育总局令第 67 号）等有关规定，现就有关事项通知如下：

一、同意你中心自 2012 年 5 月 4 日起，对七乐彩开展连续 20 期派奖。具体方案是：派奖活动期间，每期安排 100 万元，由当期特别奖投注中奖者获得。特别奖是复式投注选中七个基本号码和一个特别号码。中奖者除按照常规设奖方案获得应得奖金外，额外获得特别奖奖金。当期如果有多注中得特别奖，特别奖按中奖注数均分；当期如果无人中得特别奖，则该特别奖奖金滚入下一期，与下一期特别奖奖金合并派发，并按下一期特别奖中奖注数均分，以此类推。单注复式投注中得特别奖的奖金最高限额为500万元，超出限额部分滚入下一期特别奖。如果最后一期特别奖没有中出，或者特别奖奖金按中奖注数均分后单注特别奖奖金超过500万元，则派奖活动往后顺延，直至派完为止，但不再增加新的派奖奖金。

二、本次派奖资金2 000万元从七乐彩的调节基金中支出。

三、派奖活动开始10个自然日前，你中心应当及时向社会公告七乐彩派奖方案，并在公告中注明财政部的批准文件名称及文号。派奖活动结束后，你中心应当及时向财政部报告七乐彩派奖活动开展情况。

四、你中心应当严格按照彩票管理制度规定，加强彩票发行销售的风险控制和安全管理；督促各省、自治区、直辖市福利彩票销售机构组织适度彩票宣传，切实做好中国福利彩票的发行和销售工作。

关于常规化发行冠军竞猜彩票游戏和冠亚军竞猜彩票游戏的通知

（2012年4月5日　财政部　财办综［2012］23号）

国家体育总局体育彩票管理中心：

你中心《关于常规化发行冠军竞猜游戏和冠亚军竞猜游戏的请示》（体彩字［2012］25号）收悉。为了完善体育彩票游戏结构，满足彩票市场需要，经研究，根据《彩票管理条例》（国务院令第554号）和《彩票管理条例实施细则》（财政部　民政部　国家体育总局令第67号）等相关规定，现就有关事项通知如下：

一、同意你中心选择国际重要足球、篮球比赛作为竞猜对象，常规化发行冠军竞猜彩票游戏和冠亚军竞猜彩票游戏，具体游戏规则见附件《中国体育彩票冠军竞猜彩票游戏规则》和《中国体育彩票冠亚军竞猜彩票游戏规则》。

二、上市销售10个自然日前，你中心应当将所选国际重要足球、篮球比赛赛事、广告宣传、上市销售日期等发行和销售方案报我部备案后组织实施。同时，你中心应当及时向社会发布公告，公告内容包括财政部的批准文件名称及文号、《中国体育彩票冠军竞猜彩票游戏规则》和

《中国体育彩票冠亚军竞猜彩票游戏规则》。

三、你中心应当按月向我部报送上述彩票游戏的发行和销售情况。

四、你中心应当严格遵守各项彩票管理制度规定，切实加强彩票发行和销售的风险控制和安全管理；督促各地体育彩票销售机构做好本行政区域内的彩票销售工作。

附件：1. 中国体育彩票冠军竞猜彩票游戏规则

2. 中国体育彩票冠亚军竞猜彩票游戏规则

附件 1

中国体育彩票冠军竞猜彩票游戏规则

第一章　总　　则

第一条　根据《彩票管理条例》（国务院令第 554 号）、《彩票管理条例实施细则》（财政部　民政部　国家体育总局令第 67 号）等有关规定，制定本规则。

第二条　中国体育彩票冠军竞猜彩票游戏（以下简称“冠军竞猜游戏”）由国家体育总局体育彩票管理中心组织发行，各省级体育彩票管理中心在所辖区域内承销。

第三条　冠军竞猜游戏采用计算机网络系统发行销售。

第四条　冠军竞猜游戏实行自愿购买，凡购买该彩票者即被视为同意并遵守本规则。

第五条　不得向未成年人出售彩票或兑付奖金。

第二章　投　　注

第六条　冠军竞猜游戏以国家体育总局体育彩票管理中心选定的国际重要足球、篮球赛事为竞猜对象，由购票者对指定竞猜赛事的冠军归属结果进行投注，每项竞猜赛事设置特定数量的结果选项。

结果选项包括两种：

（一）“某队伍”：某队伍获得该项竞猜赛事的冠军。

（二）“其他”：任意未包含在“某队伍”范围内的队伍获得该项竞猜赛事的冠军。

第七条　冠军竞猜游戏投注方式包括单式投注、复式投注，可多倍投注。

购票者对所选竞猜赛事选择 1 种投注结果为单式投注，选择 2 种或 2 种以上投注结果为复式投注。

购票者可对其选定的结果进行多倍投注，投注倍数范围为 2 至 99 倍。

第八条　冠军竞猜游戏每注金额人民币 2 元。单张彩票最大投注金额不得超过人民币 20 000 元。

第九条　如果因销售终端故障、通讯线路故障或彩票代销者销售额度受限等原因造成投注不成功，应当退还购票者投注金额。

第十条 冠军竞猜游戏投注单只用于辅助购票者投注，不作为兑奖凭证，也不作为购票者投注结果的间接证明。

第三章 设 奖

第十一条 冠军竞猜游戏按销售总额的69%、13%和18%分别计提彩票奖金、彩票发行费和彩票公益金。彩票奖金中，68%为返奖奖金，1%为调节基金。

第十二条 奖金分配办法如下：

冠军竞猜游戏设置固定奖金。该固定奖金为相对固定奖金，在销售过程中根据投注额和其他相关因素调整变动，购票者在完成某一投注时所对应的固定奖金额即为该投注中奖后的奖金额，不受之后的调整变动影响。

每个有效投注的固定奖金由国家体育总局体育彩票管理中心在该项竞猜赛事开始销售前，通过专用计算机分析系统设定。

固定奖金的设定和调整变化情况通过销售系统和其他指定方式予以公布。

第十三条 冠军竞猜游戏设置调节基金，调节基金由销售总额的1%和逾期未退票的票款组成，专项用于支付不可预见的奖金支出风险、补充奖池和开展派奖。

第十四条 冠军竞猜游戏设置奖池，奖池由竞猜赛事的应计提返奖奖金与实际中出奖金的差额累计而成。当某个赛事的应计提返奖奖金大于其实际中出奖金时，余额滚入奖池；当某个赛事的应计提返奖奖金小于其实际中出奖金时，差额用奖池补足；若奖池不足时，用调节基金补足，调节基金不足时，从彩票兑奖周转金中垫支。在出现彩票兑奖周转金垫支的情况下，当其调节基金有资金滚入时优先偿还彩票兑奖周转金垫支部分。

第十五条 冠军竞猜游戏的奖池、调节基金按竞猜对象分类管理。足球赛事冠军竞猜游戏与足球单场竞猜游戏的奖池、调节基金统一管理，相互间可调剂使用；篮球赛事冠军竞猜游戏与篮球单场竞猜游戏的奖池、调节基金统一管理，相互间可调剂使用。

第四章 开 奖

第十六条 冠军竞猜游戏在该项竞猜赛事结束后，根据实际赛事结果进行开奖。实际赛事结果以竞猜赛事组织机构正式公布结果为准，其后对赛事结果的各类更改不影响原先确认的开奖结果。销售情况、开奖结果等信息，通过销售网点和指定的互联网网站以及其他媒体等信息渠道向社会公布。

第五章 中 奖

第十七条 每注冠军竞猜游戏有效投注与对应开奖结果对照，与开奖结果一致即为中奖。

第十八条 在冠军竞猜游戏销售过程中，如果发生以下情形，则特别规定如下：

（一）如果某个竞猜赛事的开赛时间提前或推迟，则相应更改该项竞猜赛事冠军竞猜游戏的开始销售时间和截止销售时间。如果某个竞猜赛事长时间延期或整体取消赛事，则停止该项竞猜赛事冠军竞猜游戏的销售工作，所有已售出投注按照退票处理。

（二）在某个竞猜赛事开始销售后，如果该项竞猜赛事因故中断，且无法产生有效开奖结果，则在冠军竞猜游戏中，所有已售出投注，除已确定不能中奖的之外，其余按退票处理。

（三）在某个竞猜赛事开始销售后，如果某队伍因故退出，且其退出时未进行任何一场该项竞猜赛事的比赛，则在冠军竞猜游戏中，涉及该队伍的已售出投注按退票处理。

在某个竞猜赛事开始销售后，如果某队伍因故退出，且其退出时已进行至少一场该项竞猜赛事的比赛（含中断比赛退出），则认定在冠军竞猜游戏中，涉及该队伍的已售出投注不能中奖。

（四）所有退票投注于 60 个自然日内在指定地点办理退票手续。

（五）在冠军竞猜游戏销售过程中，国家体育总局体育彩票管理中心可根据投注额、突发事件等因素，拒绝某些大额投注，暂停或提前停止针对某个结果选项的投注，暂停或提前停止针对该项竞猜赛事的所有投注。

第十九条 每注彩票只有一次中奖机会，不兼中兼得。

第六章 兑 奖

第二十条 冠军竞猜游戏中奖者应在赛事开奖结果公布后次日起 60 个自然日内，到指定地点兑奖。逾期未兑视为弃奖，纳入彩票公益金。

第二十一条 中奖彩票为唯一兑奖凭证，中奖彩票因玷污、损坏等原因不能正确识别的，不能兑奖。

第二十二条 兑奖机构有权查验中奖者的中奖彩票及有效身份证件，兑奖者应予配合。

第二十三条 凡伪造、变造中奖彩票，冒领奖金者，按照《彩票管理条例》相关规定依法追究法律责任。

第七章 附 则

第二十四条 本规则自批准之日起执行。

附件 2

中国体育彩票冠亚军竞猜彩票游戏规则

第一章 总 则

第一条 根据《彩票管理条例》（国务院令第 554 号）、《彩票管理条例实施细则》（财政部 民政部 国家体育总局令第 67 号）等有关规定，制定本规则。

第二条 中国体育彩票冠亚军竞猜彩票游戏（以下简称“冠亚军竞猜游戏”）由国家体育总局体育彩票管理中心组织发行，各省级体育彩票管理中心在所辖区域内承销。

第三条 冠亚军竞猜游戏采用计算机网络系统发行销售。

第四条 冠亚军竞猜游戏实行自愿购买，凡购买该彩票者均被视为同意并遵守本规则。

第五条 不得向未成年人出售彩票或兑付奖金。

第二章 投 注

第六条 冠亚军竞猜游戏以国家体育总局体育彩票管理中心选定的国际重要足球、篮球赛事为竞猜对象，由购票者对指定竞猜赛事的冠亚军归属结果进行投注，每项竞猜赛事设置特定数量的结果选项。

结果选项包括两种：

（一）“某队伍 A－某队伍 B”：某队伍 A 和某队伍 B 以任意顺序获得该项竞猜赛事的冠亚军。

（二）“其他”：任意未包含在“某队伍 A－某队伍 B”范围内的队伍获得该项竞猜赛事的冠亚军。

第七条 冠亚军竞猜游戏投注方式包括单式投注、复式投注，可多倍投注。

购票者对所选竞猜赛事选择 1 种投注结果为单式投注，选择 2 种或 2 种以上投注结果为复式投注。

购票者可对其选定的结果进行多倍投注，投注倍数范围为 2 至 99 倍。

第八条 冠亚军竞猜游戏每注金额人民币 2 元。单张彩票最大投注金额不得超过人民币 20 000 元。

第九条 如果因销售终端故障、通讯线路故障或彩票代销者销售额度受限等原因造成投注不成功，应当退还购票者投注金额。

第十条 冠亚军竞猜游戏投注单只用于辅助购票者投注，不作为兑奖凭证，也不作为购票者投注结果的间接证明。

第三章 设 奖

第十一条 冠亚军竞猜游戏按销售总额的 69%、13% 和 18% 分别计提彩票奖金、彩票发行费和彩票公益金。彩票奖金中，68% 为返奖奖金，1% 为调节基金。

第十二条 奖金分配办法如下：

冠亚军竞猜游戏设置固定奖金。该固定奖金为相对固定奖金，在销售过程中根据投注额和其他相关因素调整变动，购票者在完成某一投注时所对应的固定奖金额即为该投注中奖后的奖金额，不受之后的调整变动影响。

每个有效投注的固定奖金由国家体育总局体育彩票管理中心在该项竞猜赛事开始销售前，通过专用计算机分析系统设定。

固定奖金的设定和调整变化情况通过销售系统和其他指定方式予以公布。

第十三条 冠亚军竞猜游戏设置调节基金，调节基金由销售总额的 1% 和逾期未退票的票款组成，专项用于支付不可预见的奖金支出风险、补充奖池和开展派奖。

第十四条 冠亚军竞猜游戏设置奖池，奖池由竞猜赛事的应计提返奖奖金与实际中出奖金的差额累计而成。当某个赛事的应计提返奖奖金大于其实际中出奖金时，余额滚入奖池；当某个赛事的应计提返奖奖金小于其实际中出奖金时，差额用奖池补足；若奖池不足时，用调节基金补足，调节基金不足时，从彩票兑奖周转金中垫支。在出现彩票兑奖周转金垫支的情况下，当其调节基金有资金滚入时优先偿还彩票兑奖周转金垫支部分。

第十五条 冠亚军竞猜游戏的奖池、调节基金按竞猜对象分类管理。足球赛事冠军竞猜游戏与足球单场竞猜游戏的奖池、调节基金统一管理，相互间可调剂使用；篮球赛事冠军竞猜游戏与篮球单场竞猜游戏的奖池、调节基金统一管理，相互间可调剂使用。

第四章 开 奖

第十六条 冠亚军竞猜游戏在该项竞猜赛事结束后，根据实际赛事结果进行开奖。实际赛事结果以竞猜赛事组织机构正式公布结果为准，其后对赛事结果的各类更改不影响原先确认的开奖结果。销售情况、开奖结果等信息，通过销售网点和指定的互联网网站以及其他媒体等信息渠道向社会公布。

第五章 中 奖

第十七条 每注冠亚军竞猜游戏有效投注与对应开奖结果对照，与开奖结果一致即为中奖。

第十八条 在冠亚军竞猜游戏销售过程中，如果发生以下情形，则特别规定如下：

（一）如果某个竞猜赛事的开赛时间提前或推迟，则相应更改该项竞猜赛事冠亚军竞猜游戏的开始销售时间和截止销售时间。如果某个竞猜赛事长时间延期或整体取消赛事，则停止该项竞猜赛事冠亚军竞猜游戏的销售工作，所有已售出投注按照退票处理。

（二）在某个竞猜赛事开始销售后，如果该项竞猜赛事因故中断，且无法产生有效开奖结果，则在冠亚军竞猜游戏中，所有已售出投注，除已确定不能中奖的之外，其余按退票处理。

（三）在某个竞猜赛事开始销售后，如果某队伍因故退出，且其退出时未进行任何一场该项竞猜赛事的比赛，则在冠亚军竞猜游戏中，涉及该队伍的已售出投注按退票处理，但不包括选择“其他”结果选项的投注。

在某个竞猜赛事开始销售后，如果某队伍因故退出，且其退出时已进行至少一场该项竞猜赛事的比赛（含中断比赛退出），则认定在冠亚军竞猜游戏中，涉及该队伍的已售出投注不能中奖，但不包括选择“其他”结果选项的投注。

（四）所有退票投注于 60 个自然日内在指定地点办理退票手续。

（五）在冠亚军竞猜游戏销售过程中，国家体育总局体育彩票管理中心可根据投注额、突发事件等因素，拒绝某些大额投注，暂停或提前停止针对某个结果选项的投注，暂停或提前停止针对该项竞猜赛事的所有投注。

第十九条 每注彩票只有一次中奖机会，不兼中兼得。

第六章 兑 奖

第二十条 冠军竞猜游戏中奖者应在赛事开奖结果公布后次日起 60 个自然日内，到指定地点兑奖。逾期未兑视为弃奖，纳入彩票公益金。

第二十一条 中奖彩票为唯一兑奖凭

证，中奖彩票因玷污、损坏等原因不能正确识别的，不能兑奖。

第二十二条 兑奖机构有权查验中奖者的中奖彩票及有效身份证件，兑奖者应予配合。

第二十三条 凡伪造、变造中奖彩票，冒领奖金者，按照《彩票管理条例》相关规定依法追究法律责任。

第七章 附 则

第二十四条 本规则自批准之日起执行。

关于开展中国体育彩票超级大乐透五周年派奖活动有关事项的通知

（2012 年 5 月 16 日 财政部 财办综［2012］34 号）

国家体育总局体育彩票管理中心：

你中心《关于开展中国体育彩票超级大乐透五周年派奖活动的请示》（体彩字［2012］149 号）收悉。为了优化体育彩票游戏结构，提升中国体育彩票超级大乐透（以下简称超级大乐透）的品牌影响力，经研究，根据《彩票管理条例》（国务院令第 554 号）和《彩票管理条例实施细则》（财政部 民政部 国家体育总局令第 67 号）等有关规定，现就有关事项通知如下：

一、同意你中心自 2012 年 5 月 19 日（第 12058 期）至 2012 年 6 月 20 日（第 12071 期），对中国体育彩票超级大乐透开展连续 14 期派奖。具体方案是：派奖活动期间，每期超级大乐透设置“宝石号码”和“钻石号码”两组活动号码，“宝石号码”由当期开奖号码加 1 生成，“钻石号码”由当期开奖号码减 1 生成。“宝石号码”和“钻石号码”各设 4 个奖级，一等奖为“5＋2”，单注奖金 10 000 元，二等奖为“5＋1”或“5＋0”，单注奖金 100 元，三等奖为“4＋2”或“4＋1”，单注奖金为 6 元，四等奖为“4＋0”、“3＋2”、“3＋1”、“2＋2”任意一种，单注奖金为 2 元。常规奖、宝石奖、钻石奖三个奖项可兼中兼得，但同一奖项的各奖级之间不得兼中兼得，仅获得最高奖项。

二、本次派奖资金从超级大乐透的调节基金中支出，若调节基金不足，从体育彩票一般调节基金中支出。

三、派奖活动开始前，你中心应当及时向社会公告超级大乐透五周年派奖方案，并在公告中注明财政部的批准文件名称及文号。派奖活动结束后，你中心应当及时向财政部报告超级大乐透五周年派奖活动开展情况。

四、你中心应当严格按照彩票管理制度规定，加强彩票发行销售的风险控制和安全管理；督促各省、自治区、直辖市体育彩票销售机构适度宣传，切实做好中国体育彩票的发行和销售工作。

关于发行销售2012年奥运竞猜彩票的通知

（2012年6月14日　财政部　财办综［2012］40号）

国家体育总局体育彩票管理中心：

你中心《关于发行2012年奥运竞猜彩票的请示》（体彩字［2012］90号）收悉。经研究，根据《彩票管理条例》（国务院令第554号）、《彩票管理条例实施细则》（财政部　民政部　国家体育总局令第67号）等有关规定，现就有关事项通知如下：

一、同意你中心在北京、天津和广东地区发行和组织销售2012年奥运竞猜彩票“第一名过关”游戏、“胜负过关”游戏和“金银铜牌竞猜”游戏，具体游戏规则见附件1、附件2和附件3。2012年奥运竞猜彩票“第一名过关”游戏、“胜负过关”游戏和“金银铜牌竞猜”游戏按销售总额的65%、13%和22%分别计提彩票奖金、彩票发行费和彩票公益金。

二、2012年奥运竞猜彩票“第一名过关”游戏、“胜负过关”游戏和“金银铜牌竞猜”游戏在第30届伦敦奥运会开幕日至闭幕日期间发行销售。

三、2012年奥运竞猜彩票“第一名过关”游戏、“胜负过关”游戏和“金银铜牌竞猜”游戏上市销售前，北京市体育彩票销售机构应当将上述彩票游戏的销售实施方案，包括涉及的奥运竞猜场次、技术系统、广告宣传、上市销售日期、风险控制等报北京市财政局审核，经核准后上市销售。天津市、广东省体育彩票销售机构应将销售实施方案报同级财政部门备案。同时，应及时向社会发布公告，内容包括财政部的批准文件名称及文号、北京市财政局的核准文件名称及文号等。

四、你中心应当严格遵守各项彩票管理制度规定，督促相关省（市）体育彩票销售机构加强彩票销售的风险控制和安全管理，切实做好对外宣传等工作，确保彩票市场平稳健康发展。

附件：1. 2012年奥运竞猜彩票“第一名过关”游戏规则

2. 2012年奥运竞猜彩票“胜负过关”游戏规则

3. 2012年奥运竞猜彩票“金银铜牌竞猜”游戏规则

附件 1

2012 年奥运竞猜彩票“第一名过关”游戏规则

第一章　总　　则

第一条　根据《彩票管理条例》（国务院令第 554 号）、《彩票管理条例实施细则》（财政部　民政部　国家体育总局令第 67 号）等有关规定，制定本规则。

第二条　奥运竞猜彩票第一名过关游戏（以下简称“第一名过关游戏”）由国家体育总局体育彩票管理中心组织发行，在北京、天津和广东地区中国足球彩票单场竞猜游戏销售终端销售。

第三条　第一名过关游戏采用计算机网络系统发行销售。

第四条　第一名过关游戏实行自愿购买，凡购买该彩票者即被视为同意并遵守本规则。

第五条　不得向未成年人出售彩票或兑付奖金。

第二章　投　　注

第六条　第一名过关游戏以国家体育总局体育彩票管理中心选定的第 30 届伦敦奥林匹克运动会短跑、游泳、赛艇等分道竞速类比赛场次为竞猜对象，由购票者对指定比赛的第一名归属结果进行投注。每场比赛设置 8 或 9 个结果选项：

（一）“1”：表示第一道选手为第一名；

（二）“2”：表示第二道选手为第一名；

（三）“3”：表示第三道选手为第一名；

（四）“4”：表示第四道选手为第一名；

（五）“5”：表示第五道选手为第一名；

（六）“6”：表示第六道选手为第一名；

（七）“7”：表示第七道选手为第一名；

（八）“8”：表示第八道选手为第一名；

（九）“9”：表示第九道选手为第一名。

购买第一名过关游戏时，由购票人对指定的比赛中至少 1 场、至多 6 场的结果做出选择，方构成有效投注。

第七条　第一名过关游戏投注方式包括单式投注、复式投注，可多倍投注。

购票者对所选竞猜比赛选择 1 种投注结果为单式投注，选择 2 种或 2 种以上投注结果为复式投注。

购票者可对其选定的结果进行多倍投注，投注倍数范围为 2 至 99 倍。

购买者可进行串关投注，具体方式与投注注数的分配如下表：

	过关投注	一关	两关	三关	四关	五关	六关
1.	单场	1					
2.	2*1		1				
3.	2*3	2	1				
4.	3*1			1			
5.	3*4		3	1			
6.	3*7	3	3	1			
7.	4*1				1		
8.	4*5			4	1		
9.	4*11		6	4	1		
10.	4*15	4	6	4	1		

续表

	过关投注	一关	两关	三关	四关	五关	六关
11.	5 * 1					1	
12.	5 * 6				5	1	
13.	5 * 16			10	5	1	
14.	5 * 26		10	10	5	1	
15.	5 * 31	5	10	10	5	1	
16.	6 * 1						1
17.	6 * 7					6	1
18.	6 * 22				15	6	1
19.	6 * 42			20	15	6	1
20.	6 * 57		15	20	15	6	1
21.	6 * 63	6	15	20	15	6	1
22.	任意两关						
23.	任意三关						

第八条 第一名过关游戏每注金额人民币 2 元。单张彩票最大投注金额不得超过人民币 20 000 元。

第九条 若因销售终端故障、通讯线路故障或彩票代销者销售额度受限等原因造成投注不成功，应当退还购票者投注金额。

第十条 第一名过关游戏投注单只用于辅助购票者投注，不作为兑奖凭证，也不作为购票者投注结果的间接证明。

第三章 设 奖

第十一条 第一名过关游戏按销售总额的 65%、13% 和 22% 分别计提彩票奖金、彩票发行费和彩票公益金。

第十二条 奖金分配办法如下：

（一）选择单场时，设一个奖级，为浮动奖。

单注奖金 = 单注本金 × SP × 65%

（二）当选择 2 关及 2 关以上时，设一个奖级，为浮动奖：

单注奖金 = 单注本金 × 所选场次的单场 SP 值连乘 × 65%。

例如：选择 1、2、5、6 场比赛竞猜，按 4 * 1 方式进行过关投注，如四场比赛全部竞猜正确，则中奖奖金 = 2 元 × SP1 × SP2 × SP5 × SP6 × 65%。

再如：选择 1、2、5、6 场比赛竞猜，按 4 * 5 方式进行过关投注，如第 1，2，5 场竞猜正确，第 6 场竞猜错误，则只有 1 注过三关的投注中奖，中奖奖金 = 2 元 × SP1 × SP2 × SP5 × 65%。

第十三条 第一名过关游戏单注彩票中奖奖金最高限额人民币 500 万元。

第十四条 第一名过关游戏发行结束后，浮动奖奖金取整后的余额、未中出转入、逾期未退票的票款和超出单注封顶限额部分的奖金，转入一般调节基金。

第十五条 第一名过关游戏单场投注单注奖金不足人民币 2 元的补足至人民币 2 元，补足部分从一般调节基金支出。

第四章 开 奖

第十六条 第一名过关游戏在竞猜比赛结束后，根据实际比赛结果进行开奖。实际比赛结果以奥运会组委会相关机构正式公布的比赛结果为准，其后对比赛结果的各类更改不影响原确认的开奖结果。销售情况、开奖结果等信息，通过销售网点和指定的互联网网站以及其他媒体等信息渠道向社会公布。

第五章 中 奖

第十七条 每注第一名过关游戏有效投注与对应开奖结果对照，与开奖结果一致即为中奖。

第十八条 在第一名过关游戏销售过程中，如遇以下情形发生，则特别规定如下：

（一）如果某场竞猜比赛的开赛时间提前或推迟，则相应更改该场竞猜比赛第一名过关游戏的开始销售时间和截止销售时间。如果某场竞猜比赛长时间延期或整体取消比赛，则停止该场竞猜比赛第一名过关游戏的销售工作，认定该比赛场次为无效场次。

（二）在某场竞猜比赛开始销售后，如果该场竞猜比赛因故中断，且无法产生有效开奖结果，则认定该比赛场次为无效场次。

（三）在某场竞猜比赛开始销售后，如果某道次的运动员因故退出比赛，则涉及该道次的投注不能中奖。

（四）如果某场比赛第一名出现并列，则投注并列者中任意一个均为猜中。

（五）如果投注中的所有场次均为无效场次，则该投注按照退票处理。如果串关投注中部分场次为无效场次，则无效场次的所有选项均视为猜中，SP 值为 1。

（六）所有退票投注于 60 个自然日内在指定地点办理退票手续。

第十九条 每注彩票只有一次中奖机会，不兼中兼得。

第六章 兑 奖

第二十条 中奖者应自比赛开奖结果公布后次日起 60 个自然日内，到指定地点兑奖。逾期未兑视为弃奖，纳入彩票公益金。

第二十一条 中奖彩票为唯一兑奖凭证，中奖彩票因玷污、损坏等原因不能正确识别的，不能兑奖。

第二十二条 兑奖机构有权查验中奖者的中奖彩票及有效身份证件，兑奖者应予配合。

第二十三条 凡伪造、变造中奖彩票，冒领奖金者，按照《彩票管理条例》相关规定依法追究法律责任。

第七章 附 则

第二十四条 本规则自批准之日起执行。

附件 2

2012 年奥运竞猜彩票“胜负过关”游戏规则

第一章 总 则

第一条 根据《彩票管理条例》（国务院令第 554 号）、《彩票管理条例实施细则》（财政部 民政部 国家体育总局令第 67 号）等有关规定，制定本规则。

第二条 奥运竞猜彩票“胜负过关”游戏（以下简称“胜负过关游戏”）由国家体育总局体育彩票管理中心组织发行，在北京、天津和广东地区中国足球彩票单场竞猜游戏销售终端销售。

第三条 胜负过关游戏采用计算机网络系统发行销售。

第四条 胜负过关游戏实行自愿购买，凡购买该彩票者即被视为同意并遵守本规则。

第五条 不得向未成年人出售彩票或兑付奖金。

第二章 投 注

第六条 胜负过关游戏以国家体育总局体育彩票管理中心选定的第 30 届伦敦奥林匹克运动会拳击、击剑、手球、曲棍球等对抗竞胜类比赛为竞猜对象，由购票者对指定比赛的胜负结果进行投注。每场比赛设置 2 个结果选项：

（一）“胜”：表示主队胜，客队负；

（二）“负”：表示主队负，客队胜。

购买胜负过关游戏时，由购票人对指定的比赛中至少 3 场、至多 15 场的结果做出选择，方构成有效投注。

第七条 当进行比赛的两支队伍强弱悬殊较大时，由国家体育总局体育彩票管理中心根据实际比赛情况采用让球（分）方式确定胜负关系。具体让球（分）情况和竞猜赛程一同公布。

第八条 胜负过关游戏投注方式包括单式投注、复式投注，可多倍投注。

购票者对所选竞猜比赛选择 1 种投注结果为单式投注，选择 2 种或 2 种以上投注结果为复式投注。

购票者可对其选定的结果进行多倍投注，投注倍数范围为 2 至 99 倍。

购买者可进行串关投注，具体方式与投注注数的分配如下表：

	过关投注	三关	四关	五关	六关	七关	八关	九关	十关	十一关	十二关	十三关	十四关	十五关
1.	3 * 1	1												
2.	4 * 1		1											
3.	4 * 5	4	1											
4.	5 * 1			1										
5.	5 * 6		5	1										
6.	5 * 16	10	5	1										
7.	6 * 1				1									
8.	6 * 7			6	1									
9.	6 * 22		15	6	1									
10.	6 * 42	20	15	6	1									
11.	7 * 1					1								
12.	8 * 1						1							
13.	9 * 1							1						
14.	10 * 1								1					
15.	11 * 1									1				
16.	12 * 1										1			
17.	13 * 1											1		
18.	14 * 1												1	
19.	15 * 1													1
20.	任意三关													

第九条 胜负过关游戏每注金额人民币 2 元。单张彩票最大投注金额不得超过人民币 20 000 元。

第十条 若因销售终端故障、通讯线路故障或彩票代销者销售额度受限等原因造成投注不成功，应当退还购票者投注金额。

第十一条 胜负过关游戏投注单只用于辅助购票者投注，不作为兑奖凭证，也不作为购票者投注结果的间接证明。

第三章 设 奖

第十二条 胜负过关游戏按销售总额的 65%、13% 和 22% 分别计提彩票奖金、彩票发行费和彩票公益金。

第十三条 奖金分配办法如下：

胜负过关游戏设一个奖级，为浮动奖：

单注奖金 = 单注本金 × 所选场次的单场 SP 值连乘 ×65%。

例如：选择 1、2、5、6 场比赛竞猜，按 4*1 方式进行过关投注，如四场比赛全部竞猜正确，则中奖奖金 =2 元 × SP1 × SP2 × SP5 × SP6 ×65%。

再如：选择 1、2、5、6 场比赛竞猜，按 4*5 方式进行过关投注，如第 1，2，5 场竞猜正确，第 6 场竞猜错误，则只有 1 注过三关的投注中奖，中奖奖金 =2 元 × SP1 × SP2 × SP5 ×65%。

第十四条 胜负过关游戏单注彩票中奖奖金最高限额人民币 500 万元。

第十五条 胜负过关游戏发行结束后，浮动奖奖金取整后的余额、未中出转入、逾期未退票的票款和超出单注封顶限额部分的奖金，转入一般调节基金。

第四章 开 奖

第十六条 胜负过关游戏在竞猜比赛结束后，根据实际比赛结果进行开奖。实际比赛结果以奥运会组委会相关机构正式公布的比赛结果为准，其后对比赛结果的各类更改不影响原确认的开奖结果。销售情况、开奖结果等信息，通过销售网点和指定的互联网网站以及其他媒体等信息渠道向社会公布。

第五章 中 奖

第十七条 每注胜负过关游戏有效投注与对应开奖结果对照，与开奖结果一致即为中奖。

第十八条 在胜负过关游戏销售过程中，如遇以下情形发生，则特别规定如下：

（一）如果某场竞猜比赛的开赛时间提前或推迟，则相应更改该场竞猜比赛胜负过关游戏的开始销售时间和截止销售时间。如果某场竞猜比赛长时间延期或整体取消比赛，则停止该场竞猜比赛胜负过关游戏的销售工作，认定该比赛场次为无效场次。

（二）在某场竞猜比赛开始销售后，如果该场竞猜比赛因故中断，且无法产生有效开奖结果，则认定该比赛场次为无效场次。

（三）如果投注中的所有场次均为无效场次，则该投注按照退票处理。如果串关投注中部分场次为无效场次，则无效场次的所有选项均视为猜中，SP 值为 1。

（四）所有退票投注于 60 个自然日内在指定地点办理退票手续。

第十九条 每注彩票只有一次中奖机

会，不兼中兼得。

第六章　兑　　奖

第二十条　中奖者应自比赛开奖结果公布后次日起60个自然日内，到指定地点兑奖。逾期未兑视为弃奖，纳入彩票公益金。

第二十一条　中奖彩票为唯一兑奖凭证，中奖彩票因玷污、损坏等原因不能正确识别的，不能兑奖。

第二十二条　兑奖机构有权查验中奖者的中奖彩票及有效身份证件，兑奖者应予配合。

第二十三条　凡伪造、变造中奖彩票，冒领奖金者，按照《彩票管理条例》相关规定依法追究法律责任。

第七章　附　　则

第二十四条　本规则自批准之日起执行。

附件3

2012年奥运竞猜彩票“金银铜牌竞猜”游戏规则

第一章　总　　则

第一条　根据《彩票管理条例》（国务院令第554号）、《彩票管理条例实施细则》（财政部　民政部　国家体育总局令第67号）等有关规定，制定本规则。

第二条　奥运竞猜彩票金银铜牌竞猜游戏（以下简称“金银铜牌竞猜游戏”）由国家体育总局体育彩票管理中心组织发行，在北京、天津和广东地区中国足球彩票单场竞猜游戏销售终端销售。

第三条　金银铜牌竞猜游戏采用计算机网络系统发行销售。

第四条　金银铜牌竞猜游戏实行自愿购买，凡购买该彩票者即被视为同意并遵守本规则。

第五条　不得向未成年人出售彩票或兑付奖金。

第二章　投　　注

第六条　金银铜牌竞猜游戏以国家体育总局体育彩票管理中心选定的第30届伦敦奥林匹克运动会体操、举重、跳水、射击等角逐金银铜牌类比赛场次为竞猜对象，由购票者对指定比赛的金银铜牌归属结果进行投注，每项竞猜比赛依据参赛选手数量设置特定数量的结果选项。

第七条　金银铜牌竞猜游戏投注方式包括单式投注、复式投注，可多倍投注。

购票者对所选竞猜比赛选择1种投注结果为单式投注，选择2种或2种以上投注结果为复式投注。

购票者可对其选定的结果进行多倍投注，投注倍数范围为2至99倍。

第八条　金银铜牌竞猜游戏每注金额人民币2元。单张彩票最大投注金额不得超过人民币 20 000 元。

第九条 若因销售终端故障、通讯线路故障或彩票代销者销售额度受限等原因造成投注不成功，应退还购票者投注金额。

第十条 金银铜牌竞猜游戏投注单只用于辅助购票者投注，不作为兑奖凭证，也不作为购票者投注结果的间接证明。

第三章 设　　奖

第十一条 金银铜牌竞猜游戏按销售总额的 65%、13% 和 22% 分别计提彩票奖金、彩票发行费和彩票公益金。

第十二条 奖金分配办法如下：

金银铜牌竞猜游戏设一个奖级，为浮动奖，奖金为当期奖金额的 100%，由所有中奖投注均分。

第十三条 金银铜牌竞猜游戏单注彩票中奖奖金最高限额人民币 500 万元。

第十四条 金银铜牌竞猜游戏发行结束后，浮动奖奖金取整后的余额、未中出转入、逾期未退票的票款和超出单注封顶限额部分的奖金，转入一般调节基金。

第十五条 金银铜牌竞猜游戏单注奖金不足人民币 2 元的补足至人民币 2 元，补足部分从一般调节基金支出。

第四章 开　　奖

第十六条 金银铜牌竞猜游戏在竞猜比赛结束后，根据实际比赛结果进行开奖。实际比赛结果以奥运会组委会相关机构正式公布的比赛结果为准，其后对比赛结果的各类更改不影响原确认的开奖结果。销售情况、开奖结果等信息，通过销售网点和指定的互联网网站以及其他媒体等信息渠道向社会公布。

第五章 中　　奖

第十七条 每注金银铜牌竞猜游戏有效投注与对应开奖结果对照，与开奖结果一致即为中奖。

第十八条 在金银铜牌竞猜游戏销售过程中，如遇以下情形发生，则特别规定如下：

（一）如果某项竞猜赛事的开赛时间提前或推迟，则相应更改该项竞猜赛事金银铜牌竞猜游戏的开始销售时间和截止销售时间。如果某项竞猜赛事长时间延期或整体取消比赛，则停止该项竞猜赛事金银铜牌竞猜游戏的销售工作，所有已售出投注按退票处理。

（二）在某项竞猜赛事开始销售后，如果该项竞猜赛事因故中断，且无法产生有效开奖结果，则该项竞猜赛事金银铜牌竞猜游戏所有已售出投注，除在比赛中断前已确知不能中奖的，其余按退票处理。

（三）在某项竞猜赛事开始销售后，如果某选手因故退出比赛，则涉及该选手的投注不能中奖。

（四）如果某项竞猜赛事出现奖牌并列情况，则符合下表中竞猜结果所列情况的投注均为中奖，具体为：

比赛结果			竞猜结果（按金银铜牌排列）
金牌	银牌	铜牌	
A、B	—	C	ABC、BAC
A、B	—	C、D	ABC、BAC、ABD、BAD
A	B、C	—	ABC、ACB
A	B	C、D	ABC、ABD

（五）所有退票投注于 60 个自然日内在指定地点办理退票手续。

第十九条 每注彩票只有一次中奖机会，不兼中兼得。

第六章 兑 奖

第二十条 中奖者应自比赛开奖结果公布后次日起60个自然日内，到指定地点兑奖。逾期未兑视为弃奖，纳入彩票公益金。

第二十一条 中奖彩票为唯一兑奖凭证，中奖彩票因玷污、损坏等原因不能正确识别的，不能兑奖。

第二十二条 兑奖机构有权查验中奖者的中奖彩票及有效身份证件，兑奖者应予配合。

第二十三条 凡伪造、变造中奖彩票，冒领奖金者，按照《彩票管理条例》相关规定依法追究法律责任。

第七章 附 则

第二十四条 本规则自批准之日起执行。

关于调整湖南省体育彩票幸运赛车游戏规则的通知

（2012年6月14日 财政部 财办综［2012］41号）

国家体育总局体育彩票管理中心：

你中心《关于调整湖南省幸运赛车游戏规则的请示》（体彩字［2012］176号）收悉。为了完善体育彩票游戏结构，挖掘彩票市场潜力，经研究，根据《彩票管理条例》（国务院令第554号）和《彩票管理条例实施细则》（财政部 民政部 国家体育总局令第67号）等有关规定，现就有关事项通知如下：

一、同意你中心调整湖南省体育彩票幸运赛车游戏规则，调整后的游戏规则见附件。湖南省销售体育彩票幸运赛车，每期按彩票销售额的59%、13%和28%，分别计提彩票奖金、彩票发行费和彩票公益金。自调整后的游戏上市销售之日起，《关于提高部分地方体育彩票快速开奖游戏返奖比例的通知》（财办综［2011］49号）中的附件3《中国体育彩票湖南省幸运赛车游戏规则》同时废止。

二、调整后的湖南省体育彩票幸运赛车游戏上市销售前，湖南省体育彩票销售机构应将广告宣传、上市销售日期、风险控制等销售实施方案报同级财政部门审核，经核准后上市销售。同时，应及时向社会发布公告，公告内容包括财政部的批准文件名称及文号、同级财政部门的核准文件名称及文号等。

三、你中心应严格遵照各项彩票管理

制度规定，督促湖南省体育彩票销售机构加强对彩票销售的风险控制和安全管理，切实做好对外宣传等工作，确保彩票市场平稳健康发展。

附件：中国体育彩票湖南省幸运赛车游戏规则

附件

中国体育彩票湖南省幸运赛车游戏规则

第一章　总　　则

第一条　根据《彩票管理条例》（国务院令第 554 号）和《彩票管理条例实施细则》（财政部　民政部　国家体育总局令第 67 号）等有关规定，制定本规则。

第二条　中国体育彩票湖南省幸运赛车游戏（以下简称“幸运赛车”）由国家体育总局体育彩票管理中心发行和组织销售，由湖南省体育彩票销售机构（以下称“湖南体彩机构”）在所辖区域内销售。

第三条　幸运赛车采用计算机网络系统发行，在湖南体彩机构设置的销售网点销售，定期开奖。

第四条　幸运赛车实行自愿购买，凡购买该彩票均被视为同意并遵守本规则。

第五条　不得向未成年人出售彩票或兑付奖金。

第二章　投　　注

第六条　幸运赛车以电子虚拟汽车竞速赛为竞猜对象。每场虚拟竞赛中有十二辆赛车参赛，赛车号码分别用 01—12 个号码代表，其中，1、3、5 定性为小奇，2、4、6 定性为小偶，7、9、11 定性为大奇，8、10、12 定性为大偶。此外，将十二辆赛车划分成六组，每组由两辆颜色相近的赛车组成。购买者通过预测比赛中的获胜赛车号码组成一注彩票进行单式投注，分为单场投注和过关投注。每注金额人民币 2 元。购买者可对其选定的投注号码进行多倍投注，投注倍数范围为 2—99 倍。单张彩票的投注金额最高不得超过 20 000 元。

第七条　购买者可在湖南体彩机构设置的销售网点投注。投注号码经投注机打印出兑奖凭证，交购买者保存，此兑奖凭证即为幸运赛车彩票。

第八条　幸运赛车每期由系统随机生成返奖奖金。购买者可以根据销售网点公告的每场比赛返奖金额表进行比赛成绩预测和投注，具体规定如下：

（一）单场投注

1. 前一投注：对当期十二辆赛车中可能获得第一名的赛车号码进行投注。

2. 前二投注：对当期十二辆赛车中按顺序可能获得前两名的赛车号码进行投注。

3. 前三投注：对当期十二辆赛车中

按顺序可能获得前三名的赛车号码进行投注。

4. 位置投注：对当期十二辆赛车中可能进入前三名的某一辆赛车号码进行投注。

5. 颜色前一投注：对十二辆赛车中获得第一名的赛车颜色进行投注。

6. 颜色前二投注：对十二辆赛车中按顺序获得前两名的赛车颜色进行投注。

7. 颜色前三投注：对十二辆赛车中按顺序获得前三名的赛车颜色进行投注。

8. 组选前二投注：对十二辆赛车中获得前两名的赛车号码（不排序）进行投注。

9. 组选前三投注：对十二辆赛车中获得前三名的赛车号码（不排序）进行投注。

10. 双车位置投注：对十二辆赛车获得前三名赛车中的任意两辆赛车号码（不排序）进行投注。

11. 大小奇偶投注：对十二辆赛车中获得第一名的赛车号码大小奇偶定性进行投注。

（二）过关投注

1. 过两关投注：对连续两期十二辆赛车中可能获得第一名的赛车号码进行投注。

2. 过三关投注：对连续三期十二辆赛车中可能获得第一名的赛车号码进行投注。

购买者进行过关投注时，不能包含已开奖的比赛，且仅限当日投资，不得跨日投注。

第九条 购买者可选择机选号码投注、自选号码投注。机选号码投注是指由投注机随机产生投注号码进行投注，自选号码投注是指将购买者选定的号码输入投注机进行投注。

第十条 购买者可选择复式投注、胆拖投注、多期投注。复式投注是指所选号码个数超过单式投注的号码个数，所选号码可组合为每一种单式投注方式的多注彩票的投注。胆拖投注是指先选取少于单式投注号码个数的号码作为胆码（即每注彩票均包含的号码），再选取除胆码以外的号码作为拖码，胆码与托码个数之和必须多于单式投注号码个数，由胆码与拖码的每一种组合按单式投注方式组成多注彩票的投注。多期投注是指购买从当期起连续若干期的彩票，仅限在当日投注，不得跨日投注。

第十一条 幸运赛车每期销售时间为10分钟。销售期号以销售日按每期开奖顺序编排。

第十二条 幸运赛车每期全部投注号码的可投注数量实行限量销售，若投注号码受限，则不能投注。若因销售终端故障、通讯线路故障和投注站信用额度受限等原因造成投注不成功，应退还购买者投注金额。

第三章 设 奖

第十三条 幸运赛车按每期销售额的59%、13%、28%分别计提彩票奖金、彩票发行费和彩票公益金。彩票奖金分为当期奖金和调节基金，58%为当期奖金，1%为调节基金。

第十四条 幸运赛车按单场投注和过关投注设奖，具体如下：

（一）单场投注。通过专用计算机分

析系统，预先对每期赛事的每种有效投注组合设置一个固定奖金。奖金金额通过销售系统或其他方式予以公布。

（二）过关投注。通过专用计算机分析系统，预先对连续两期或三期第一名赛车的每种有效投注组合设置一个固定奖金。奖金金额通过销售系统或其他方式予以公布。

第十五条 幸运赛车设置单注彩票最高奖金限额，具体如下：

（一）单场投注

1. 前一投注，单注最高奖金限额为110 元。

2. 前二投注，单注最高奖金限额为5 000元。

3. 前三投注，单注最高奖金限额为50 000 元。

4. 位置投注，单注最高奖金限额为36 元。

5. 颜色前一投注，单注最高奖金限额为 10 元。

6. 颜色前二投注，单注最高奖金限额为 470 元。

7. 颜色前三投注，单注最高奖金限额为 3 852 元。

8. 组选前二投注，单注最高奖金限额为 3 344 元。

9. 组选前三投注，单注最高奖金限额为 27 774 元。

10. 双车位置投注，单注最高奖金限额为 1 012 元。

11. 大小奇偶投注，单注最高奖金限额为 8 元。

（二）过关投注

1. 过两关投注，单注最高奖金限额为 10 000 元；

2. 过三关投注，单注最高奖金限额为 50 万元。

第十六条 幸运赛车设置调节基金。调节基金包括按销售总额 1% 提取部分、逾期未退票的票款。调节基金用于支付不可预见的奖金支出风险，以及设立特别奖。动用调节基金设立特别奖，应报同级财政部门审核批准。

第十七条 幸运赛车设置奖池。奖池资金由当期计提奖金与实际中出奖金的差额组成。当期实际中出奖金小于计提奖金时，余额计入奖池；当期实际中出奖金大于计提奖金时，差额由奖池资金补足。当奖池资金总额不足时，由调节基金补足，调节基金不足时，用彩票机构业务费垫支。在出现业务费垫支的情况下，当调节基金有资金滚入时优先偿还垫支的业务费。

第四章 开　奖

第十八条 幸运赛车采用专用电子开奖设备开奖，每期开出各种投注相应的赛车号码作为当期开奖号码，开奖号码通过与数据中心连接的视频设备显示。幸运赛车每期开奖时间为 2 分钟。

第十九条 每期开奖后，湖南体彩机构应向社会公布开奖号码、当期销售总额、各奖级中奖情况及奖池资金余额等信息，并将开奖结果通知销售网点。

第五章 中　奖

第二十条 所购彩票与当期开奖结果对照，符合以下情况即为中奖：

（一）单场投注

1. 前一投注：选中当期十二辆赛车中获得第一名的赛车号码，即中得公布的奖金。

2. 前二投注：选中当期十二辆赛车中按顺序获得前两名的赛车号码，即中得公布的奖金。

3. 前三投注：选中当期十二辆赛车中按顺序获得前三名的赛车号码，即中得公布的奖金。

4. 位置投注：选中当期十二辆赛车中某一辆赛车进入前三名，即中得公布的奖金。

5. 颜色前一投注：选中当期十二辆赛车中获得第一名的赛车颜色，即中得公布的奖金。

6. 颜色前二投注：选中当期十二辆赛车中获得前两名的赛车颜色，即中得公布的奖金。

7. 颜色前三投注：选中当期十二辆赛车中获得前三名的赛车颜色，即中得公布的奖金。

8. 组选前二投注：选中当期十二辆赛车中获得前两名的赛车号码（不排序），即中得公布的奖金。

9. 组选前三投注：选中当期十二辆赛车中获得前三名的赛车号码（不排序），即中得公布的奖金。

10. 双车位置投注：选中当期十二辆赛车获得前三名赛车中的任意两辆赛车号码（不排序），即中得公布的奖金。

11. 大小奇偶投注：选中当期十二辆赛车中获得第一名的赛车号码大小奇偶定性，即中得公布的奖金。

（二）过关投注

1. 过两关投注：选中连续两场比赛中获得第一名的赛车号码，即中得公布的奖金。

2. 过三关投注：选中连续三场比赛中获得第一名的赛车号码，即中得公布的奖金。

第二十一条 当期每注投注号码只有一次中奖机会，不能兼中兼得，特别设奖除外。

第六章 兑　奖

第二十二条 幸运赛车兑奖当期有效。中奖者应当自开奖之日起60个自然日内，持中奖彩票到指定的地点兑奖。逾期未兑视为弃奖，弃奖奖金纳入彩票公益金。

第二十三条 中奖彩票为中奖唯一凭证，中奖彩票因玷污、损坏等原因不能正确识别的，不能兑奖。

第二十四条 兑奖机构可以查验中奖者的中奖彩票及有效身份证件，中奖者兑奖时应予配合。

第七章 附　则

第二十五条 本规则自批准之日起执行。

关于在新疆维吾尔自治区停止销售福利彩票趣味偶数游戏和上市销售喜乐彩游戏的通知

（2012年6月14日　财政部　财办综［2012］42号）

中国福利彩票发行管理中心：

你中心《关于停销新疆维吾尔自治区电脑福利彩票趣味偶数10选7游戏、上市销售喜乐彩游戏的请示》（中彩发字［2012］61号）收悉。为了完善福利彩票游戏结构，挖掘彩票市场潜力，经研究，根据《彩票管理条例》（国务院令第554号）和《彩票管理条例实施细则》（财政部　民政部　国家体育总局令第67号）等有关规定，现就有关事项通知如下：

一、同意你中心在新疆维吾尔自治区销售福利彩票喜乐彩，具体游戏规则见附件。新疆维吾尔自治区销售福利彩票喜乐彩，每期按彩票销售额的50%、15%和35%，分别计提彩票奖金、彩票发行费和彩票公益金。

二、喜乐彩游戏上市销售前，新疆维吾尔自治区福利彩票销售机构应将广告宣传、上市销售日期、风险控制等销售实施方案报同级财政部门审核，经核准后上市销售。新疆维吾尔自治区福利彩票销售机构应及时向社会发布公告，公告内容包括财政部的批准文件名称及文号、同级财政部门的核准文件名称及文号等。

三、福利彩票喜乐彩可设置新的投注站点销售，也可选择部分条件较好的现有投注站点销售，但原则上不得在福利彩票、体育彩票双机店销售，不得利用互联网销售。

四、同意你中心在新疆维吾尔自治区停止销售福利彩票趣味偶数。趣味偶数停止销售前，应及时向社会公告，并在公告中注明财政部的批准文件名称及文号。趣味偶数停止销售后，在兑奖期内，应当按照规定兑付奖金。兑奖期结束后，奖池资金和调节基金若有结余，转为一般调节基金。若奖池资金和调节基金的余额为负数，不足部分从发行费中列支。

五、你中心应严格遵照各项彩票管理制度规定，督促新疆维吾尔自治区福利彩票销售机构加强彩票销售的风险控制和安全管理，切实做好对外宣传等工作，确保彩票市场平稳健康发展。

附件：中国福利彩票新疆维吾尔自治区喜乐彩游戏规则

附件

中国福利彩票新疆维吾尔自治区喜乐彩游戏规则

第一章 总 则

第一条 根据《彩票管理条例》（国务院令第554号）和《彩票管理条例实施细则》（财政部 民政部 国家体育总局令第67号）有关规定，制定本规则。

第二条 中国福利彩票新疆维吾尔自治区喜乐彩游戏（以下称“喜乐彩”）由中国福利彩票发行管理中心发行和组织销售，新疆维吾尔自治区福利彩票销售机构（以下称“新维福彩机构”）在所辖区域内销售。

第三条 喜乐彩采用计算机网络系统发行，在新疆福彩机构设置的销售网点销售，定期开奖。

第四条 喜乐彩实行自愿购买，凡购买者均被视为同意并遵守本规则。

第五条 不得向未成年人出售彩票或兑付奖金。

第二章 投 注

第六条 喜乐彩包括组合投注和包围投注两种投注方式。组合投注是从01—27共二十七个号码中任意选择七个号码组合为一注彩票进行投注。包围投注是从01—27共二十七个号码中任意选择八至二十三个号码组合为一注彩票进行投注，选择八个号码的投注称“八码包围”，选择九个号码的投注称“九码包围”，以此类推。每注金额人民币2元。购买者可对其选定的投注号码进行多倍投注，投注倍数范围为2—99倍。单张彩票的投注金额最高不得超过20 000元。

第七条 购买者可在新疆福彩机构设置的销售网点投注。投注号码经投注机打印出对奖凭证，交购买者保存，此对奖凭证即为喜乐彩彩票。

第八条 购买者可选择机选号码投注、自选号码投注。机选号码投注是指由投注机随机产生投注号码进行投注，自选号码投注是指将购买者选定的号码输入投注机进行投注。

第九条 购买者可选择复式投注、胆拖投注、多期投注。复式投注是指所选号码个数超过单式投注的号码个数，所选号码可组合为每一种单式投注方式的多注彩票的投注。胆拖投注是指先选取少于单式投注号码个数的号码作为胆码（即每注彩票均包含的号码），再选取除胆码以外的号码作为拖码，胆码与拖码个数之和必须多于单式投注号码个数，由胆码与拖码的每一种组合按单式投注方式组成多注彩票的投注。多期投注是指购买从当期起连续若干期的彩票，仅限在当日投注，不得跨日投注。

第十条 喜乐彩每期销售时间为58分

钟。销售期号以销售日按每期开奖顺序编排。

第十一条 喜乐彩每期全部投注号码的可投注数量实行限量销售，若投注号码受限，则不能投注。若因销售终端故障、通讯线路故障和投注站信用额度受限等原因造成投注不成功，应退还购买者投注金额。

第三章 设　　奖

第十二条 喜乐彩按当期销售额的50%、15%和35%分别计提彩票奖金、彩票发行费和彩票公益金。彩票奖金分为当期奖金和调节基金，其中，49%为当期奖金，1%为调节基金。

第十三条 喜乐彩按不同单式投注方式设奖。奖金规定如下：

（一）组合投注

组合投注设置浮动奖和固定奖。一等奖为浮动奖，二、三等奖为固定奖。

一等奖：奖金总额为当期计提奖金减去当期组合投注固定奖奖金和包围投注固定奖奖金后的余额与奖池累积资金之和，单注奖金按中奖注数均分，单注奖金最高限额50万元。

二等奖：单注奖金固定为1 000元。

三等奖：单注奖金固定为20元。

（二）包围投注

1. 八码包围：

一等奖：单注奖金固定为8 000元。

二等奖：单注奖金固定为500元。

三等奖：单注奖金固定为20元。

四等奖：单注奖金固定为5元。

2. 九码包围：

一等奖：单注奖金固定为2 000元。

二等奖：单注奖金固定为200元。

三等奖：单注奖金固定为10元。

四等奖：单注奖金固定为5元。

3. 十码包围：

一等奖：单注奖金固定为1 000元。

二等奖：单注奖金固定为100元。

三等奖：单注奖金固定为5元。

4. 十一码包围：

一等奖：单注奖金固定为500元。

二等奖：单注奖金固定为50元。

三等奖：单注奖金固定为2元。

5. 十二码包围：

一等奖：单注奖金固定为200元。

二等奖：单注奖金固定为20元。

三等奖：单注奖金固定为2元。

6. 十三码包围：

一等奖：单注奖金固定为100元。

二等奖：单注奖金固定为10元。

三等奖：单注奖金固定为2元。

7. 十四码包围：

一等奖：单注奖金固定为80元。

二等奖：单注奖金固定为8元。

8. 十五码包围：

一等奖：单注奖金固定为50元。

二等奖：单注奖金固定为5元。

9. 十六码包围：

十六码包围：单注奖金固定为50元。

10. 十七码包围

十七码包围：单注奖金固定为30元。

11. 十八码包围

十八码包围：单注奖金固定为20元。

12. 十九码包围

十九码包围：单注奖金固定为15元。

13. 二十码包围

二十码包围：单注奖金固定为10元。

14. 二十一码包围

二十一码包围：单注奖金固定为7元。

15. 二十二码包围

二十二码包围：单注奖金固定为5元。

16. 二十三码包围

二十三码包围：单注奖金固定为3元。

第十四条 喜乐彩设置调节基金。调节基金包括按销售总额1%提取部分、逾期未退票的票款和奖池资金转入部分。调节基金用于支付不可预见的奖金支出风险，以及设立特别奖。动用调节基金设立特别奖，应报同级财政部门审核批准。

第十五条 喜乐彩设置奖池。奖池资金由未中出的组合投注浮动奖奖金、超出组合投注一等奖单注限额部分的奖金组成。当期实际中出的固定奖奖金超过计提奖金时，差额由奖池资金补足。当奖池资金总额不足时，由调节基金补足，调节基金不足时，用彩票机构业务费垫支。在出现业务费垫支的情况下，当调节基金有资金滚入时优先偿还垫支的业务费。当奖池资金超过2 000万元时，超出部分转入调节基金。

第十六条 若组合投注当期一等奖的单注奖金额低于二等奖单注奖金额的五倍时，补足至五倍。补足资金从奖池资金中支出，当奖池资金总额不足时，从调节基金支出，调节基金不足时，用彩票机构业务费垫支。在出现业务费垫支的情况下，当调节基金有资金滚入时优先偿还垫支的业务费。

第四章　开　　奖

第十七条 喜乐彩采用专用电子开奖设备开奖，每期从01—27共二十七个号码中随机依次生成七个不同号码，作为当期开奖号码。每期开奖时间为2分钟。

第十八条 每期开奖后，新疆福彩机构应向社会公布开奖号码、当期销售总额、各奖级中奖情况及奖池资金余额等信息，并将开奖结果通知销售网点。

第五章　中　　奖

第十九条 根据购买者选择的喜乐彩的投注号码和投注方式，与当期开奖号码的相符情况，确定相应的中奖资格。具体规定如下：

（一）组合投注

一等奖：投注号码与当期开奖号码全部相符（顺序不限，下同），即中奖。

二等奖：投注号码中的任意六个号码与当期开奖号码中的任意六个号码相符，即中奖。

三等奖：投注号码中的任意五个号码与当期开奖号码中的任意五个号码相符，即中奖。

（二）包围投注

1. 八码包围：

一等奖：投注号码中的任意七个号码与当期开奖号码相符，即中奖。

二等奖：投注号码中的任意六个号码与当期开奖号码中的任意六个号码相符，即中奖。

三等奖：投注号码中的任意五个号码与当期开奖号码中的任意五个号码相符，即中奖。

四等奖：投注号码与当期开奖号码全部不相符，即中奖。

2. 九码包围：

一等奖：投注号码中的任意七个号码与当期开奖号码相符，即中奖。

二等奖：投注号码中的任意六个号码

与当期开奖号码中的任意六个号码相符，即中奖。

三等奖：投注号码中的任意五个号码与当期开奖号码中的任意五个号码相符，即中奖。

四等奖：投注号码与当期开奖号码全部不相符，即中奖。

3. 十码包围：

一等奖：投注号码中的任意七个号码与当期开奖号码相符，即中奖。

二等奖：投注号码中的任意六个号码与当期开奖号码中的任意六个号码相符，即中奖。

三等奖：投注号码中的任意五个号码与当期开奖号码中的任意五个号码相符，即中奖。

4. 十一码包围：

一等奖：投注号码中的任意七个号码与当期开奖号码相符，即中奖。

二等奖：投注号码中的任意六个号码与当期开奖号码中的任意六个号码相符，即中奖。

三等奖：投注号码中的任意五个号码与当期开奖号码中的任意五个号码相符，即中奖。

5. 十二码包围：

一等奖：投注号码中的任意七个号码与当期开奖号码相符，即中奖。

二等奖：投注号码中的任意六个号码与当期开奖号码中的任意六个号码相符，即中奖。

三等奖：投注号码中的任意五个号码与当期开奖号码中的任意五个号码相符，即中奖。

6. 十三码包围：

一等奖：投注号码中的任意七个号码与当期开奖号码相符，即中奖。

二等奖：投注号码中的任意六个号码与当期开奖号码中的任意六个号码相符，即中奖。

三等奖：投注号码中的任意五个号码与当期开奖号码中的任意五个号码相符，即中奖。

7. 十四码包围：

一等奖：投注号码中的任意七个号码与当期开奖号码相符，即中奖。

二等奖：投注号码中的任意六个号码与当期开奖号码中的任意六个号码相符，即中奖。

8. 十五码包围：

一等奖：投注号码中的任意七个号码与当期开奖号码相符，即中奖。

二等奖：投注号码中的任意六个号码与当期开奖号码中的任意六个号码相符，即中奖。

9. 十六码包围：

十六码包围：投注号码中的任意七个号码与当期开奖号码相符，即中奖。

10. 十七码包围

十七码包围：投注号码中的任意七个号码与当期开奖号码相符，即中奖。

11. 十八码包围

十八码包围：投注号码中的任意七个号码与当期开奖号码相符，即中奖。

12. 十九码包围

十九码包围：投注号码中的任意七个号码与当期开奖号码相符，即中奖。

13. 二十码包围

二十码包围：投注号码中的任意七个号码与当期开奖号码相符，即中奖。

14. 二十一码包围

二十一码包围：投注号码中的任意七个号码与当期开奖号码相符，即中奖。

15. 二十二码包围

二十二码包围：投注号码中的任意七个号码与当期开奖号码相符，即中奖。

16. 二十三码包围

二十三码包围：投注号码中的任意七个号码与当期开奖号码相符，即中奖。

第二十条 当期每注投注号码按其投注方式只有一次中奖机会，不能兼中兼得，特别设奖除外。

第六章 兑 奖

第二十一条 喜乐彩兑奖当期有效。中奖者应当自开奖之日起60个自然日内，持中奖彩票到指定的地点兑奖。逾期未兑奖视为弃奖，弃奖奖金纳入彩票公益金。

第二十二条 中奖彩票为中奖唯一凭证，中奖彩票因玷污、损坏等原因不能正确识别的，不能兑奖。

第二十三条 兑奖机构可以查验中奖者的中奖彩票及有效身份证件，中奖者兑奖时应予配合。

第七章 附 则

第二十四条 本规则自批准之日起执行。

关于同意印制发行“三江源”等9款即开型体育彩票的通知

（2012年6月20日 财政部 财办综［2012］43号）

国家体育总局体育彩票管理中心：

你中心《关于印制发行“三江源”等即开型体育彩票的请示》（体彩字［2012］193号）收悉。根据《彩票管理条例》（国务院令第554号）、《彩票管理条例实施细则》（财政部 民政部 国家体育总局令第67号）等有关规定，现就有关事项通知如下：

一、为了完善体育彩票市场结构，丰富彩票游戏，同意你中心印制并在全国发行“三江源”等9款即开型体育彩票。具体游戏规则见附件。“三江源”等即开型体育彩票按销售总额的65%、15%和20%分别计提彩票奖金、彩票发行费和彩票公益金。

二、你中心向各省、自治区、直辖市体育彩票管理中心分配彩票游戏时，应当将彩票游戏、数量和金额等具体分配方案报财政部备案，并按月报送全国印制和发行情况。各省、自治区、直辖市体育彩票管理中心领取彩票游戏后，应当及时将领取的彩票游戏、数量和金额等明细情况报同级财政部门备案，并按月报送具体销售情况。

三、“三江源”等即开型体育彩票上市销售前，你中心应当及时向社会发布公告，并在公告中注明财政部的批准文件名称及文号。

四、你中心应当严格按照各项彩票管理制度规定，建立健全彩票发行和销售风险防控制度和应急机制；督促各省、自治区、直辖市体育彩票管理中心切实加强彩票安全管理，做好本行政区域内即开型体育彩票的销售工作。

附件：“三江源”等即开型体育彩票游戏规则

附件

“三江源”等即开型体育彩票游戏规则

一、三江源

（一）面值：10元。

（二）奖组：30万张（300万元）。

（三）玩法规则：刮开覆盖膜，如果你的号码中的任意一个号码与中奖号码之一相同，即中得该号码下方所示的金额；如果出现“雪山”标志，即中得该标志下方所示金额的两倍。兼中兼得。

（四）设奖方案：

奖级	中奖金额（元）	中奖个数	中奖小计（元）
1	250 000	1	250 000
2	1 000	10	10 000
3	500	30	15 000
4	100	2 500	250 000
5	50	2 500	125 000
6	30	10 000	300 000
7	20	20 000	400 000
8	10	60 000	600 000
合计		**95 041**	**1 950 000**

二、宠物乐

（一）面值：2元。

（二）奖组：60万张（120万元）。

（三）玩法规则：刮开覆盖膜，如果在任意一场游戏中，出现两个相同的标志，即中得该场游戏右方所示的金额。兼中兼得。

（四）设奖方案：

奖级	中奖金额（元）	中奖个数	中奖小计（元）
1	15 000	1	15 000
2	1 000	15	15 000
3	100	650	65 000
4	50	1 700	85 000
5	20	3 000	60 000
6	10	8 000	80 000
7	5	42 000	210 000
8	2	125 000	250 000
合计		**180 366**	**780 000**

三、三只猴子

（一）面值：2元。

（二）奖组：60 万张（120 万元）。

（三）玩法规则：刮开覆盖膜，如果在任意一场游戏中，出现三个“猴子”标志，即中得该场游戏右方所示的金额。兼中兼得。

（四）设奖方案：

奖级	中奖金额（元）	中奖个数	中奖小计（元）
1	15 000	1	15 000
2	3 000	5	15 000
3	300	60	18 000
4	100	520	52 000
5	30	2 000	60 000
6	15	8 000	120 000
7	10	10 000	100 000
8	5	28 000	140 000
9	2	130 000	260 000
合计		**178 586**	**780 000**

四、欧洲风云

（一）面值：5 元。

（二）奖组：60 万张（300 万元）。

（三）玩法规则：刮开覆盖膜，如果在任意一场比赛中你的进球数多于对手的进球数，即中得该场比赛右方所示的金额；如果出现“奖杯”标志，即中得该场比赛右方所示金额的两倍。如果在最佳射手区内出现“金靴”标志，即中得 100 元。兼中兼得。

（四）设奖方案：

奖级	中奖金额（元）	中奖个数	中奖小计（元）
1	100 000	1	100 000
2	1 600	5	8 000
3	800	100	80 000
4	400	400	160 000
5	100	770	77 000

续表

奖级	中奖金额（元）	中奖个数	中奖小计（元）
6	40	2 500	100 000
7	20	12 500	250 000
8	10	55 000	550 000
9	5	125 000	625 000
合计		**196 276**	**1 950 000**

五、NBA

（一）面值：20 元。

（二）奖组：4 500 万张(90 000 万元)。

（三）玩法规则：刮开覆盖膜，如果你的号码中的任意一个号码与中奖号码之一相同，即中得该号码下方所示的金额；如果出现“篮板”标志，即中得该标志下方所示金额的五倍；如果出现“球鞋”标志，即中得该标志下方所示金额的十倍；如果出现“奖杯”标志，即中得刮开区内所示的 20 个金额之和。兼中兼得。

（四）设奖方案：

奖级	中奖金额（元）	中奖个数	中奖小计（元）
1	1 000 000	11	11 000 000
2	150 000	29	4 350 000
3	8 000	335	2 680 000
4	800	39 750	31 800 000
5	400	222 375	88 950 000
6	100	562 500	56 250 000
7	80	140 250	11 220 000
8	60	937 500	56 250 000
9	40	2 625 000	105 000 000
10	20	10 875 000	217 500 000
合计		**15 402 750**	**585 000 000**

六、大富豪

（一）面值：20 元。

（二）奖组：4 500 万张(90 000 万元)。

（三）玩法规则：刮开覆盖膜，如果你的号码中的任意一个号码与中奖号码之一相同，即中得该号码下方所示的金额；如果出现一个“轿车”标志，即中得该标志下方所示金额的五倍；如果出现一个“别墅”标志，即中得刮开区内所示的20个金额之和。兼中兼得。

（四）设奖方案：

奖级	中奖金额（元）	中奖个数	中奖小计（元）
1	1 000 000	16	16 000 000
2	500 000	10	5 000 000
3	50 000	77	3 850 000
4	5 000	280	1 400 000
5	1 000	45 000	45 000 000
6	500	150 000	75 000 000
7	100	262 500	26 250 000
8	60	375 000	22 500 000
9	40	3 750 000	150 000 000
10	20	12 000 000	240 000 000
合计		**16 582 883**	**585 000 000**

七、点石成金Ⅱ

（一）面值：30元。

（二）奖组：3 000万张（90 000万元）。

（三）玩法规则：刮开覆盖膜，如果你的号码中的任意一个号码与中奖号码之一相同，即中得该号码下方所示的金额；如果出现一个“元宝”标志，即中得该标志下方所示的金额；如果出现一个“宝石”标志，即中得该标志下方所示金额的五倍；如果出现一个“宝箱”标志，即中得该标志下方所示金额的十倍；如果出现一个“宝盆”标志，即中得刮开区内所示的30个金额之和。兼中兼得。

（四）设奖方案：

奖级	中奖金额（元）	中奖个数	中奖小计（元）
1	1 000 000	12	12 000 000
2	250 000	89	22 250 000
3	50 000	10	500 000
4	20 000	30	600 000
5	5 000	3 000	15 000 000
6	1 000	54 500	54 500 000
7	300	69 250	20 775 000
8	100	1 687 500	168 750 000
9	50	1 312 500	65 625 000
10	30	7 500 000	225 000 000
合计		**10 626 891**	**585 000 000**

八、好彩头

（一）面值：30元。

（二）奖组：3 000万张(90 000万元)。

（三）玩法规则：刮开覆盖膜，如果你的号码中的任意一个号码与中奖号码之一相同，即中得该号码下方所示的金额；如果出现一个“钱袋”标志，即中得该标志下方所示金额的五倍；如果出现一个“金砖”标志，即中得该标志下方所示金额的十倍；如果出现一个“元宝”标志，即中得刮开区内所示的30个金额之和。兼中兼得。

（四）设奖方案：

奖级	中奖金额（元）	中奖个数	中奖小计（元）
1	1 000 000	30	30 000 000
2	100 000	10	1 000 000
3	4 000	500	2 000 000
4	1 000	27 500	27 500 000
5	500	115 250	57 625 000
6	150	937 500	140 625 000
7	60	1 687 500	101 250 000
8	30	7 500 000	225 000 000
合计		**10 268 290**	**585 000 000**

九、至尊宝钻

（一）面值：50 元。

（二）奖组：1 500 万张（75 000 万元）。

（三）玩法规则：刮开覆盖膜，如果你的号码中的任意一个号码与中奖号码之一相同，即中得该号码下方所示的金额；如果出现一个“项链”标志，即中得该标志下方所示金额的五倍；如果出现一个“手镯”标志，即中得该标志下方所示金额的十倍；如果出现一个“钻戒”标志，即中得刮开区内所示的 35 个金额之和。兼中兼得。

（四）设奖方案：

奖级	中奖金额（元）	中奖个数	中奖小计（元）
1	1 000 000	10	10 000 000
2	500 000	5	2 500 000
3	100 000	35	3 500 000
4	20 000	825	16 500 000
5	5 000	125	625 000
6	1 000	18 750	18 750 000
7	500	38 750	19 375 000
8	300	43 750	13 125 000
9	200	375 000	75 000 000
10	150	468 750	70 312 500
11	100	468 750	46 875 000
12	50	4 218 750	210 937 500
合计		**5 633 500**	**487 500 000**

关于停止销售天津市电脑福利彩票 15 选 5 及其小组合游戏的通知

（2012 年 6 月 22 日　财政部　财办综［2012］47 号）

中国福利彩票发行管理中心：

你中心《关于停止销售天津市电脑福利彩票 15 选 5 及其小组合游戏的请示》（中彩发字［2012］56 号）收悉。经研究，根据《彩票管理条例》（国务院令第 554 号）、《彩票管理条例实施细则》（财政部　民政部　国家体育总局令第 67 号）等有关规定，现就有关事项通知如下：

一、鉴于天津市电脑福利彩票 15 选 5 及其小组合游戏销量持续下滑，难以支付摇奖设备维护和开奖等费用支出，同意你中心在天津市停止销售电脑福利彩票 15 选 5 及其小组合游戏。

二、天津市电脑福利彩票 15 选 5 及其小组合游戏停止销售前，天津市福利彩票销售机构应当及时向社会发布公告，并在公告中注明财政部的批准文件名称及文号。

三、天津市电脑福利彩票 15 选 5 及其小组合游戏停止销售后，在兑奖期内，应当按照规定兑付奖金。兑奖期结束后，奖池资金和调节基金若有结余，转为一般调节基金。若奖池资金和调节基金的余额为负数，不足部分从发行费中列支。

关于同意印制发行“中国奥运军团”等五款即开型体育彩票的通知

（2012年6月23日　财政部　财办综［2012］48号）

国家体育总局体育彩票管理中心：

你中心《关于印制发行“中国奥运军团”等即开型体育彩票的请示》（体彩字［2012］178号）收悉。根据《彩票管理条例》（国务院令第554号）、《彩票管理条例实施细则》（财政部　民政部　国家体育总局令第67号）等有关规定，现就有关事项通知如下：

一、为了完善体育彩票市场结构，丰富彩票游戏，同意你中心印制并在全国发行“中国奥运军团”等五款即开型体育彩票，具体游戏规则见附件。“中国奥运军团”等即开型体育彩票按销售总额的65%、15%和20%分别计提彩票奖金、彩票发行费和彩票公益金。

二、你中心向各省、自治区、直辖市体育彩票管理中心分配彩票游戏时，应当将彩票游戏、数量和金额等具体分配方案报财政部备案，并按月报送全国印制和发行情况。各省、自治区、直辖市体育彩票管理中心领取彩票游戏后，应当及时将领取的彩票游戏、数量和金额等明细情况报同级财政部门备案，并按月报送具体销售情况。

三、“中国奥运军团”等即开型体育彩票上市销售前，你中心应当及时向社会发布公告，并在公告中注明财政部的批准文件名称及文号。

四、你中心应当严格按照各项彩票管理制度规定，建立健全彩票发行和销售风险防控制度和应急机制；督促各省、自治区、直辖市体育彩票管理中心切实加强彩票安全管理，做好本行政区域内即开型体育彩票的销售工作。

附件：“中国奥运军团”等即开型体育彩票游戏规则

附件

“中国奥运军团”等即开型体育彩票游戏规则

一、中国奥运军团

（一）面值：10元。

（二）奖组：30万张（300万元）。

（三）玩法规则：刮开覆盖膜，如果你的号码中的任意一个号码与中奖号码之一相同，即中得该号码下方所示的金额。如果在幸运奖区内出现“顶呱刮”标志，即中得100元。兼中兼得。

（四）设奖方案：

奖级	中奖金额（元）	中奖个数	中奖小计（元）
1	250 000	1	250 000
2	5 000	1	5 000
3	1 000	20	20 000
4	500	300	150 000
5	100	1 000	100 000
6	50	2 500	125 000
7	20	35 000	700 000
8	10	60 000	600 000
合计		**98 822**	**1 950 000**

二、携手奥运

（一）面值：5元。

（二）奖组：30万张（150万元）。

（三）玩法规则：刮开覆盖膜，如果你的号码中的任意一个号码与中奖号码之一相同，即中得该号码下方所示的金额；如果出现“和平鸽”标志，即中得该标志下方所示金额的两倍。兼中兼得。

（四）设奖方案：

奖级	中奖金额（元）	中奖个数	中奖小计（元）
1	100 000	1	100 000
2	1 000	2	2 000
3	300	200	60 000
4	100	550	55 000
5	50	1 410	70 500
6	20	10 000	200 000
7	10	20 000	200 000
8	5	57 500	287 500
合计		**89 663**	**975 000**

三、草原那达慕

（一）面值：10元。

（二）奖组：60万张（600万元）。

（三）玩法规则：刮开覆盖膜，如果你的号码中的任意一个号码与中奖号码之一相同，即中得该号码下方所示的金额；如果出现“奔马”标志，即中得该标志下方所示金额的两倍。兼中兼得。

（四）设奖方案：

奖级	中奖金额（元）	中奖个数	中奖小计（元）
1	250 000	1	250 000
2	5 000	5	25 000
3	1 000	25	25 000
4	500	200	100 000
5	200	1 000	200 000
6	100	3 000	300 000
7	50	10 000	500 000
8	20	60 000	1 200 000
9	10	130 000	1 300 000
合计		**204 231**	**3 900 000**

四、东海明珠

（一）面值：10 元。

（二）奖组：30 万张（300 万元）。

（三）玩法规则：①游戏一：刮开覆盖膜，如果你的号码中的任意一个号码与中奖号码之一相同，即中得该号码下方所示的金额。如果出现一个“明珠”标志，即中得该标志下方所示的金额；②游戏二：刮开覆盖膜，如果在幸运奖中出现“黄鱼”标志，即中得该标志下方所示的金额。兼中兼得。

（四）设奖方案：

奖级	中奖金额（元）	中奖个数	中奖小计（元）
1	50 000	1	50 000
2	1 000	50	50 000
3	100	4 000	400 000
4	50	5 000	250 000
5	20	30 000	600 000
6	10	60 000	600 000
合计		**99 051**	**1 950 000**

五、铁人夺金

（一）面值：10 元。

（二）奖组：60 万张（600 万元）。

（三）玩法规则：刮开覆盖膜，如果你的号码中的任意一个号码与中奖号码之一相同，即中得该号码下方所示的金额。如果幸运奖中出现“金牌”标志，即中 100 元。兼中兼得。

（四）设奖方案：

奖级	中奖金额（元）	中奖个数	中奖小计（元）
1	250 000	1	250 000
2	1 000	5	5 000
3	500	60	30 000
4	100	4 300	430 000
5	50	5 700	285 000
6	20	60 000	1 200 000
7	10	170 000	1 700 000
合计		**240 066**	**3 900 000**

关于同意印制发行“巍巍井冈”等 14 款即开型福利彩票的通知

（2012 年 7 月 27 日　财政部　财办综［2012］62 号）

中国福利彩票发行管理中心：

你中心《关于申报中国福利彩票即开型彩票游戏的请示》（中彩发字［2012］79 号）收悉。根据《彩票管理条例》（国务院令第 554 号）、《彩票管理条例实施细则》（财政部　民政部　国家体育总局令第 67 号）、《财政部关于印发〈彩票发行与销售管理暂行规定〉的通知》（财综［2002］13 号）、《财政部关于印发〈即开型彩票发行与销售管理暂行规定〉的通知》（财综［2003］78 号）和《财政部关于调整足球彩票和网点即开型彩票资金构成比例的通知》（财综［2005］27号）等有关规定，现就有关事项通知如下：

一、为完善福利彩票市场结构，丰富彩票游戏，同意你中心印制并在全国发行“巍巍井冈”等14款即开型福利彩票，具体游戏规则见附件。“巍巍井冈”等即开型福利彩票按销售总额的65%、15%和20%分别计提彩票奖金、彩票发行费和彩票公益金。

二、你中心向各省、自治区、直辖市福利彩票管理中心分配彩票游戏时，应当将彩票游戏、数量和金额等具体分配方案报财政部备案，并按月报送全国印制和发行情况。各省、自治区、直辖市福利彩票管理中心领取彩票游戏后，应当及时将领取的彩票游戏、数量和金额等明细情况报同级财政部门备案，并按月报送具体销售情况。

三、“巍巍井冈”等即开型福利彩票上市销售前，你中心应当及时向社会发布公告，并在公告中注明财政部的批准文件名称及文号。

四、你中心应当严格按照各项彩票管理制度规定，建立健全彩票发行和销售风险防控制度和应急机制；督促各省、自治区、直辖市福利彩票管理中心切实加强彩票安全管理，做好本行政区域内即开型福利彩票的销售工作。

附件：“巍巍井冈”等即开型福利彩票游戏规则

附件

“巍巍井冈”等即开型福利彩票游戏规则

一、巍巍井冈

（一）奖组：100万张

（二）面值：2元

（三）玩法规则：

刮开覆盖膜，如果任意一个“我的号码”与“中奖号码”相同，即可获得该“我的号码”下方所对应的奖金，中奖奖金兼中兼得。

（四）设奖方案：

奖级	单奖金额（元）	中奖个数	中奖率	奖金小计（元）
1	300 000	1	1/1 000 000	300 000
2	50 000	2	1/500 000	100 000
3	5 000	20	1/50 000	100 000
4	1 000	100	1/10 000	100 000
5	50	4 000	1/250	200 000
6	2	250 000	1/4	500 000
合计		**254 123**	**1/3.94**	**1 300 000**

二、打地鼠

（一）面值：5元

（二）奖组：60万张

（三）玩法规则：

刮开覆盖膜，如果刮出“”锤子

打地鼠图符，即可获得该图符下方所对应的奖金，中奖奖金兼中兼得；其他不相同的图符下方所对应的奖金无效。

（四）设奖方案：

奖级	单奖金额（元）	中奖个数	中奖率	奖金小计（元）
1	120 000	1	1/600 000	120 000
2	1 000	100	1/6 000	100 000
3	500	100	1/6 000	50 000
4	100	1 200	1/500	120 000
5	50	4 800	1/125	240 000
6	30	6 000	1/100	180 000
7	20	6 600	1/90.91	132 000
8	15	10 200	1/58.82	153 000
9	10	18 000	1/33.33	180 000
10	5	135 000	1/4.44	675 000
合计		**182 001**	**1/3.3**	**1 950 000**

三、7 乐无穷

（一）面值：5 元

（二）奖组：100 万张

（三）玩法规则：

刮开覆盖膜，在任意一局游戏中，如果出现三个相同的图符（其中出现“7”可代表该局的任意图符），即可获得该局游戏右侧所对应的奖金；如果在任意一局游戏中出现三个“7”，即可获得该局游戏右侧所对应奖金的两倍。共有七局游戏，中奖奖金兼中兼得。

（四）设奖方案：

奖级	单奖金额（元）	中奖个数	中奖率	奖金小计（元）
1	100 000	1	1/1 000 000	100 000
2	1 000	5	1/200 000	5 000
3	500	145	1/6 896.55	72 500
4	150	550	1/1 818.18	82 500
5	100	1 200	1/833.33	120 000

续表

奖级	单奖金额（元）	中奖个数	中奖率	奖金小计（元）
6	50	6 800	1/147.06	340 000
7	30	10 000	1/100	300 000
8	20	40 000	1/25	800 000
9	10	52 000	1/19.23	520 000
10	5	182 000	1/5.49	910 000
合计		**292 701**		**3 250 000**

四、招财纳福

（一）面值：5 元

（二）奖组：100 万张

（三）玩法规则：

对数字玩法：刮开覆盖膜，如果任意一个“中奖号码”与左、右两侧刮开区中任意一个“我的号码”相同，即可获得该“我的号码”下方所对应的奖金，中奖奖金兼中兼得；其他不相同的号码下方所对应的奖金无效。

附加玩法：在“我的号码”区中，如果刮出一个“”财神图符，即可获得 10 元奖金；如果刮出两个“”财神图符，即可获得 50 元奖金；如果刮出三个“”财神图符，即可获得 100 元奖金。不可兼中兼得。

（四）设奖方案：

奖级	单奖金额（元）	中奖个数	中奖率	奖金小计（元）
1	150 000	1	1/1 000 000	150 000
2	10 000	1	1/1 000 000	10 000
3	1 000	10	1/100 000	10 000
4	500	100	1/10 000	50 000
5	200	200	1/5 000	40 000
6	100	2 000	1/500	200 000

续表

奖级	单奖金额（元）	中奖个数	中奖率	奖金小计（元）
7	50	7 000	1/142.86	350 000
8	40	2 000	1/500	80 000
9	30	7 000	1/142.86	210 000
10	20	26 000	1/38.46	520 000
11	10	70 000	1/14.29	700 000
12	5	186 000	1/5.38	930 000
合计		**300 312**	**1/3.33**	**3 250 000**

五、黄河魂

（一）面值：5 元

（二）奖组：100 万张

（三）玩法规则：

刮开覆盖膜，如果任意一个“我的号码”与任意一个“中奖号码”相同，即可获得该“我的号码”下方所对应的奖金，其他不相同的号码下方所对应的奖金无效；如果刮出“ ”浪花图符，即可获得该图符下方所对应的奖金。中奖奖金兼中兼得。

（四）设奖方案：

奖级	单奖金额（元）	中奖个数	中奖率	奖金小计（元）
1	100 000	1	1/1 000 000	100 000
2	5 000	1	1/1 000 000	5 000
3	1 000	200	1/5 000	200 000
4	100	4 000	1/250	400 000
5	50	10 000	1/100	500 000
6	20	12 000	1/83.33	240 000
7	10	60 000	1/16.67	600 000
8	5	241 000	1/4.15	1 205 000
合计		**327 202**	**1/3.06**	**3 250 000**

六、敦煌韵

（一）面值：10 元

（二）奖组：100 万张

（三）玩法规则：

本彩票共有两个玩法，两个玩法区内的中奖奖金兼中兼得。

玩法一：刮开覆盖膜，如果任意一个“我的号码”与任意一个“中奖号码”相同，即可获得该“我的号码”下方所对应的奖金，其他不相同的号码下方所对应的奖金无效；如果刮出“ ”祥云图符，即可获得该图符下方所对应的奖金。中奖奖金兼中兼得。

玩法二：刮开覆盖膜，如果刮出“ ”琵琶图符，即可获得 20 元奖金。

（四）设奖方案：

奖级	单奖金额（元）	中奖个数	中奖率	奖金小计（元）
1	300 000	1	1/1 000 000	300 000
2	10 000	1	1/1 000 000	10 000
3	1 000	100	1/10 000	100 000
4	500	160	1/6 250	80 000
5	100	13 500	1/74.07	1 350 000
6	50	15 000	1/66.67	750 000
7	20	75 000	1/13.33	1 500 000
8	10	241 000	1/4.15	2 410 000
合计		**344 762**	**1/2.9**	**6 500 000**

七、花好月圆

（一）面值：10 元

（二）奖组：100 万张

（三）玩法规则：

本彩票共有三个玩法，三个玩法区内的中奖奖金兼中兼得。

玩法一：刮开覆盖膜，如果出现三个相同的奖金金额，即中该单一奖金。

玩法二：刮开覆盖膜，如果在成行、成列或成斜线方向上出现三个“”元宝图符，即可获得玩法二奖金区中所对应的奖金。

玩法三：刮开覆盖膜，如果刮出“”牡丹图符，即可获得该图符下方所对应的奖金，中奖奖金兼中兼得。

（四）设奖方案：

奖级	单奖金额（元）	中奖个数	中奖率	奖金小计（元）
1	250 000	1	1/1 000 000	250 000
2	5 000	1	1/1 000 000	5 000
3	1 000	10	1/100 000	10 000
4	500	50	1/20 000	25 000
5	200	1 000	1/1 000	200 000
6	100	5 000	1/200	500 000
7	50	24 000	1/41.67	1 200 000
8	30	22 000	1/45.45	660 000
9	20	70 000	1/14.29	1 400 000
10	15	22 000	1/45.45	330 000
11	10	192 000	1/5.21	1 920 000
合计		**336 062**	**1/2.98**	**6 500 000**

八、网鱼高手

（一）面值：10 元

（二）奖组：100 万张

（三）玩法规则：

刮开覆盖膜，如果刮出与《奖金对照表》中相同的图符和文字，即可获得《奖金对照表》中该图符和文字所对应的奖金，中奖奖金兼中兼得。

幸运区：刮开覆盖膜，如果刮出“”金币图符，即可获得 100 元奖金。

（四）设奖方案：

奖级	单奖金额（元）	中奖个数	中奖率	奖金小计（元）
1	250 000	1	1/1 000 000	250 000
2	5 000	2	1/500 000	10 000
3	1 000	10	1/100 000	10 000
4	800	15	1/66 666.67	12 000
5	400	85	1/11 764.71	34 000
6	200	1 000	1/1 000	200 000
7	100	6 040	1/165.56	604 000
8	50	22 000	1/45.45	1 100 000
9	30	28 000	1/35.71	840 000
10	20	80 000	1/12.5	1 600 000
11	10	184 000	1/5.43	1 840 000
合计		**321 153**	**1/3.11**	**6 500 000**

九、幸福来电

（一）面值：10 元

（二）奖组：100 万张

（三）玩法规则：

彩票共有三个玩法，三个玩法区内的中奖奖金兼中兼得。

玩法一：刮开覆盖膜，如果任意一个“我的号码”与任意一个“中奖号码”相同，即可获得该“我的号码”下方所对应的奖金，中奖奖金兼中兼得；其他不相同的号码下方所对应的奖金无效。

玩法二：刮开覆盖膜，如果出现“”手机图符，即可获得该图符右侧所对应的奖金。中奖奖金兼中兼得。

玩法三：刮开覆盖膜，如果出现任何奖金金额，即中该奖金。

（四）设奖方案：

奖级	单奖金额（元）	中奖个数	中奖率	奖金小计（元）
1	300 000	1	1/1 009 000	300 000
2	10 000	1	1/1 000 000	10 000
3	1 000	20	1/50 000	20 000
4	500	120	1/8 333.33	60 000
5	200	1 250	1/800.00	250 000
6	100	2 400	1/416.67	240 000
7	80	3 000	1/333.33	240 000
8	50	12 000	1/83.33	600 000
9	30	46 000	1/21.74	1 380 000
10	20	84 000	1/11.90	1 680 000
11	10	172 000	1/5.81	1 720 000
合计		**320 792**		**6 500 000**

十、巅峰对决

（一）面值：10 元

（二）奖组：60 万张

（三）玩法规则：

本彩票共有两个玩法，两个玩法的中奖奖金兼中兼得。

玩法一：刮开覆盖膜，在任意一局游戏中，如果“我的得分”大于“对手得分”，即可获得该局游戏右方所对应的奖金。共有十局游戏，中奖奖金兼中兼得。

玩法二：刮开覆盖膜，如果找到两个相同的图符，即可获得下方所对应的奖金。

（四）设奖方案：

奖级	单奖金额（元）	中奖个数	中奖率	奖金小计（元）
1	300 000	1	1/600 000	300 000
2	10 000	1	1/600 000	10 000
3	2 000	10	1/60 000	20 000
4	1 000	156	1/3 846.15	156 000
5	500	300	1/2 000	150 000
6	100	2 400	1/250	240 000

续表

奖级	单奖金额（元）	中奖个数	中奖率	奖金小计（元）
7	50	3 600	1/166.67	180 000
8	30	2 400	1/250	72 000
9	20	99 600	1/6.02	1 992 000
10	10	78 000	1/7.69	780 000
合计		**186 468**	**1/3.22**	**3 900 000**

十一、森林探宝

（一）面值：10 元

（二）奖组：100 万张

（三）玩法规则：

本彩票共有三个玩法，三个玩法区内的中奖奖金兼中兼得。

玩法一：刮开覆盖膜，如果在枯木、湖泊、沼泽、山洞处刮出任何奖金金额，即中该奖金。

玩法二：刮开覆盖膜，如果刮出“”铲子图符，即可获得该图符下方所对应的奖金；如果刮出“”镐图符，即可获得该图符下方所对应奖金的两倍。

玩法三：刮开覆盖膜，如果任意一个“我的图符”与任意一个“中奖图符”相同，即可获得该“我的图符”下方所对应的奖金，中奖奖金兼中兼得；其他不相同的图符下方所对应的奖金无效。

（四）设奖方案：

奖级	单奖金额（元）	中奖个数	中奖率	奖金小计（元）
1	300 000	1	1/1 000 000	300 000
2	10 000	1	1/1 000 000	10 000
3	5 000	10	1/100 000	50 000
4	1 000	310	1/3 225.81	310 000

续表

奖级	单奖金额（元）	中奖个数	中奖率	奖金小计（元）
5	500	500	1/2 000	250 000
6	200	500	1/2 000	100 000
7	100	8 000	1/125	800 000
8	50	16 000	1/62.5	800 000
9	20	80 000	1/12.5	1 600 000
10	10	228 000	1/439	2 280 000
合计		**333 322**	**1/3**	**6 500 000**

十二、喜从天降

（一）面值：20 元

（二）奖组：250 万张

（三）玩法规则：

刮开覆盖膜，如果任意一个“我的号码”与任意一个“中奖号码”相同，即可获得该“我的号码”下方所对应的奖金；如果在我的号码区中刮出“”元宝图符，即可获得该图符下方所对应奖金乘以中奖倍数区内所示倍数后的金额，其他情况中奖倍数区无效。中奖奖金兼中兼得。

（四）设奖方案：

奖级	单奖金额（元）	中奖个数	中奖率	奖金小计（元）
1	1 000 000	1	1/2 500 000	1 000 000
2	50 000	1	1/2 500 000	50 000
3	10 000	5	1/500 000	50 000
4	2 000	50	1/50 000	100 000
5	1 000	2 000	1/1 250	2 000 000
6	500	6 000	1/416.67	3 000 000
7	200	3 000	1/833.33	600 000
8	100	20 000	1/125	2 000 000
9	80	10 000	1/250	800 000
10	60	30 000	1/83.33	1 800 000

续表

奖级	单奖金额（元）	中奖个数	中奖率	奖金小计（元）
11	50	40 000	1/62.5	2 000 000
12	40	50 000	1/50	2 000 000
13	30	150 000	1/16.67	4 500 000
14	20	630 000	1/3.97	12 600 000
合计		**941 057**	**1/2.66**	**32 500 000**

十三、龙腾盛世

（一）面值：20 元

（二）奖组：100 万张

（三）玩法规则：

本彩票共有五个玩法，五个玩法区内的中奖奖金兼中兼得。

玩法一：刮开覆盖膜，如果在成行、成列或成斜线方向上刮出三个相同图符，即可获得该行、该列或该斜线所指示的奖金。

玩法二：刮开覆盖膜，如果在任意一局游戏中找到两个相同图标，即可获得该局游戏右方所对应的奖金；共有三局游戏，中奖奖金兼中兼得。

玩法三：刮开覆盖膜，如果在任意一场游戏中，“我跃的高度”高于“标准高度”，即可获得该场游戏右方所对应的奖金；共有三场游戏，中奖奖金兼中兼得。

玩法四：走步中奖，规则详见彩票背面。

刮开覆盖膜，找到第一步至第四步的数字，从“起点”开始，第一步的数字是几，就在路线图上走几步，如果停到中奖金额上，即中该金额奖金；在第一步的基础上，第二步的数字是几，向前再走几步，如果停到中奖金额上，即中该金额奖金，以此类推。按顺序走完四步的数字后，将所有中奖金额相加，即为我中的奖金。

玩法五：刮开覆盖膜，如果刮出“福星高照”短语，即可获得50元奖金。

（四）设奖方案：

奖级	单奖金额（元）	中奖个数	中奖率	奖金小计（元）
1	1 000 000	1	1/1 000 000	1 000 000
2	100 000	1	1/1 000 000	100 000
3	20 000	1	1/1 000 000	20 000
4	2 000	10	1/100 000	20 000
5	1 000	460	1/2 173. 91	460 000
6	500	2 000	1/500	1 000 000
7	100	6 000	1/166. 67	600 000
8	60	16 000	1/62. 5	960 000
9	50	16 000	1/62. 5	800 000
10	40	56 000	1/17. 86	2 240 000
11	20	290 000	1/3. 45	5 800 000
合计		**386 473**	**1/2. 59**	**13 000 000**

十四、七彩盛世

（一）面值：20元

（二）奖组：200万张

（三）玩法规则：

本彩票共有三个玩法，三个玩法区内的中奖奖金兼中兼得。

玩法一：刮开覆盖膜，如果刮出数字“60”，即可获得60元奖金。

玩法二：刮开覆盖膜，如果前面两数相加之和等于93，即可获得右侧奖金。

玩法三：刮开覆盖膜，如果刮出“”吉祥物图符或“”龙图符，即可获得该图符下方所对应的奖金；如果在“九月菊俊”区域中刮出以上两个中奖图符之一，即可获得该图符下方所对应奖金的两倍。中奖奖金兼中兼得。

（四）设奖方案：

奖级	单奖金额（元）	中奖个数	中奖率	奖金小计（元）
1	1 000 000	1	1/2 000 000	1 000 000
2	10 000	1	1/2 000 000	10 000
3	5 000	5	1/400 000	25 000
4	1 000	285	1/7 017. 54	285 000
5	600	400	1/5 000	240 000
6	400	500	1/4 000	200 000
7	200	4 000	1/500	800 000
8	100	8 000	1/250	800 000
9	80	24 000	1/83. 33	1 920 000
10	60	56 000	1/35. 71	3 360 000
11	40	140 000	1/14. 29	5 600 000
12	20	588 000	1/3. 4	11 760 000
合计		**821 192**	**1/2. 44**	**26 000 000**

关于在浙江省销售体育彩票11选5游戏的通知

（2012年8月13日　财政部　财办综［2012］63号）

国家体育总局体育彩票管理中心：

你中心《关于提高浙江省高频游戏返奖率的请示》（体彩字［2012］245号）收悉。为完善浙江省体育彩票游戏结构，促进彩票市场平稳健康发展，经研究，根据《彩票管理条例》（国务院令第554号）和《彩票管理条例实施细则》（财政部　民政部　国家体育总局令第67号）等相关规定，现就有关事项通知如下：

一、同意你中心在浙江省销售体育彩票11选5游戏，具体游戏规则见附件。浙江省销售体育彩票11选5游戏，每期按彩票销售额的59%、13%和28%，分别计提彩票奖金、彩票发行费和彩票公益金。

二、体育彩票11选5游戏上市销售前，浙江省体育彩票销售机构应将广告宣传、上市销售日期、风险控制等销售实施方案报同级财政部门审核，经核准后上市销售。浙江省体育彩票销售机构应及时向社会发布公告，公告内容包括财政部的批准文件名称及文号、同级财政部门的核准文件名称及文号等。

三、浙江省体育彩票快速开奖游戏终端数量应严格执行财政部核定的控制数。体育彩票11选5游戏可设置新的投注站点销售，也可选择部分条件较好的现有投注站点销售，但原则上不得在福利彩票、体育彩票双机店销售，不得利用互联网销售。

四、你中心应严格遵照各项彩票管理制度规定，督促浙江省体育彩票销售机构加强彩票销售的风险控制和安全管理，切实做好对外宣传等工作，确保彩票市场平稳健康发展。

附件：中国体育彩票11选5游戏规则

附件

中国体育彩票 11 选 5 游戏规则

第一章 总 则

第一条 根据《彩票管理条例》（国务院令第 554 号）和《彩票管理条例实施细则》（财政部 民政部 国家体育总局令第 67 号）等有关规定，制定本规则。

第二条 中国体育彩票 11 选 5（以下简称“11 选 5”）由国家体育总局体育管理中心发行和组织销售，由经财政部批准的体育彩票销售机构（以下称“相关省体彩机构”）在所辖区域内销售。

第三条 11 选 5 采用计算机网络系统发行，在相关省体彩机构设置的销售网点销售，定期开奖。

第四条 11 选 5 实行自愿购买，凡购买者均被视为同意并遵守本规则。

第五条 不得向未成年人出售彩票或兑付奖金。

第二章 投 注

第六条 11 选 5 是指从 1—11 共十一个号码中任意选择一至八个号码进行投注，一组一至八个号码的组合称为一注。每注金额人民币 2 元。购买者可对其选定的投注号码进行多倍投注，投注倍数范围为 2—99 倍。单张彩票的投注金额最高不得超过 20 000 元。

第七条 购买者可在相关省体彩机构设置的销售网点投注。投注号码经投注机打印出对奖凭证，交购买者保存，此对奖凭证即为 11 选 5 彩票。

第八条 11 选 5 根据投注号码个数分为“任选一”至“任选八”投注，以及“选前二”、“选前三”投注，具体规定如下：

任选一：从十一个号码中任选一个号码投注；

任选二：从十一个号码中任选两个号码投注；

任选三：从十一个号码中任选三个号码投注；

任选四：从十一个号码中任选四个号码投注；

任选五：从十一个号码中任选五个号码投注；

任选六：从十一个号码中任选六个号码投注；

任选七：从十一个号码中任选七个号码投注；

任选八：从十一个号码中任选八个号码投注。

选前二、选前三：从十一个号码中选择两个或者三个号码分别对应当期开奖号码的前两个或者前三个号码投注，具体分为：

直选投注：所选两个或者三个号码与当期开奖号码的前两个或者前三个号码按先后顺序一一对应投注；

组选投注：所选两个或者三个号码与当期开奖号码的前两个或者前三个号码不按先后顺序一一对应投注。

第九条 购买者可选择机选号码投注、自选号码投注。机选号码投注是指由投注机随机产生投注号码进行投注，自选号码投注是指将购买者选定的号码输入投注机进行投注。

第十条 购买者可选择复式投注、胆拖投注。复式投注是指所选号码个数超过单式投注的号码个数，所选号码可组合为每一种单式投注方式的多注彩票的投注。胆拖投注是指先选取少于单式投注号码个数的号码作为胆码（即每注彩票均包含的号码），再选取除胆码以外的号码作为拖码，胆码与拖码个数之和必须多于单式投注号码个数，由胆码与拖码的每一种组合按单式投注方式组成多注彩票的投注。

第十一条 11 选 5 每期销售时间为 10 分钟。销售期号以销售日按每期开奖顺序编排。

第十二条 11 选 5 每期全部投注号码的可投注数量实行限量销售，若投注号码受限，则不能投注。若因销售终端故障、通讯线路故障和投注站信用额度受限等原因造成投注不成功，应退还购买者投注金额。

第三章 设　奖

第十三条 11 选 5 按当期销售额的 59%、13% 和 28% 分别计提彩票奖金、彩票发行费和彩票公益金。彩票奖金分为当期奖金和调节基金，其中，58% 为当期奖金，1% 为调节基金。

第十四条 11 选 5 按不同单式投注方式设奖，均为固定奖。奖金规定如下：

任选一中一：单注奖金固定为 13 元；

任选二中二：单注奖金固定为 6 元；

任选三中三：单注奖金固定为 19 元；

任选四中四：单注奖金固定为 78 元；

任选五中五：单注奖金固定为 540 元；

任选六中五：单注奖金固定为 90 元；

任选七中五：单注奖金固定为 26 元；

任选八中五：单注奖金固定为 9 元。

选前二直选：单注奖金固定为 130 元；

选前二组选：单注奖金固定为 65 元；

选前三直选：单注奖金固定为 1 170 元；

选前三组选：单注奖金固定为 195 元。

第十五条 11 选 5 设置调节基金。调节基金包括按销售总额 1% 提取部分、逾期未退票的票款。调节基金用于支付不可预见的奖金支出风险，以及设立特别奖。动用调节基金设立特别奖，应报同级财政部门审核批准。

第十六条 11 选 5 设置奖池。奖池资金由当期计提奖金与实际中出奖金的差额组成。当期实际中出奖金小于计提奖金时，余额进入奖池；当期实际中出奖金超过计提奖金时，差额由奖池资金补足。当奖池资金总额不足时，由调节基金补足，调节基金不足时，用彩票机构业务费垫支。在出现业务费垫支的情况下，当调节基金有资金滚入时优先偿还垫支的业务费。当奖池资金总额超过 200 万元时，超过部分转入调节基金。

第四章 开　奖

第十七条 11 选 5 采用专用电子开奖设备开奖，每期从 1—11 共十一个号码中随机依次生成五个不同号码，作为当期开奖号码。开奖号码的顺序不能颠倒。每期开奖时间为 1 分钟。

第十八条 每期开奖后，相关省体彩机构应向社会公布开奖号码、当期销售总额、各奖级中奖情况及奖池资金余额等信息，并将开奖结果通知销售网点。

第五章 中 奖

第十九条 根据购买者选择的 11 选 5 的投注号码和投注方式，与当期开奖号码按数位顺序的相符情况，确定相应的中奖资格。具体规定如下：

任选一中一：投注的一个号码与当期开奖号码的第一个号码相同，即中奖；

任选二中二：投注的两个号码与当期开奖号码任意两个号码相同，即中奖；

任选三中三：投注的三个号码与当期开奖号码任意三个号码相同，即中奖；

任选四中四：投注的四个号码与当期开奖号码任意四个号码相同，即中奖；

任选五中五：投注的五个号码与当期开奖号码相同，即中奖。

任选六中五：投注的六个号码有任意五个号码与当期开奖号码相同，即中奖；

任选七中五：投注的七个号码有任意五个号码与当期开奖号码相同，即中奖；

任选八中五：投注的八个号码有任意五个号码与当期开奖号码相同，即中奖。

选前二直选：投注的两个号码与当期开奖号码前两个号码相同且先后顺序一致，即中奖；

选前二组选：投注的两个号码与当期开奖号码前两个号码相同（先后顺序不限），即中奖；

选前三直选：投注的三个号码与当期开奖号码前三个号码相同且先后顺序一致，即中奖；

选前三组选：投注的三个号码与当期开奖号码前三个号码相同（先后顺序不限），即中奖。

第二十条 当期每注投注号码只有一次中奖机会，不能兼中兼得，特别设奖除外。

第六章 兑 奖

第二十一条 11 选 5 兑奖当期有效。中奖者应当自开奖之日起 60 个自然日内，持中奖彩票到指定的地点兑奖。逾期未兑奖视为弃奖，弃奖奖金纳入彩票公益金。

第二十二条 中奖彩票为中奖唯一凭证，中奖彩票因玷污、损坏等原因不能正确识别的，不能兑奖。

第二十三条 兑奖机构可以查验中奖者的中奖彩票及有效身份证件，中奖者兑奖时应予配合。

第七章 附 则

第二十四条 本规则自批准之日起执行。

关于调整湖北省体育彩票11选5游戏规则的通知

（2012年8月13日　财政部　财办综［2012］64号）

国家体育总局体育彩票管理中心：

你中心《关于提高湖北省高频游戏返奖率的请示》（体彩字［2012］244号）收悉。为完善湖北省体育彩票游戏结构，促进彩票市场平稳健康发展，经研究，根据《彩票管理条例》（国务院令第554号）和《彩票管理条例实施细则》（财政部　民政部　国家体育总局令第67号）等相关规定，现就有关事项通知如下：

一、同意你中心调整湖北省体育彩票11选5游戏规则，调整后的游戏规则见附件。湖北省销售体育彩票11选5游戏，每期按彩票销售额的59%、13%和28%，分别计提彩票奖金、彩票发行费和彩票公益金。

二、调整后的体育彩票11选5游戏上市销售前，湖北省体育彩票销售机构应将广告宣传、上市销售日期、风险控制等销售实施方案报同级财政部门审核，经核准后上市销售。湖北省体育彩票销售机构应及时向社会发布公告，公告内容包括财政部的批准文件名称及文号、同级财政部门的核准文件名称及文号等。

三、湖北省体育彩票快速开奖游戏终端数量应严格执行财政部核定的控制数。体育彩票11选5游戏可设置新的投注站点销售，也可选择部分条件较好的现有投注站点销售，但原则上不得在福利彩票、体育彩票双机店销售，不得利用互联网销售。

四、你中心应严格遵照各项彩票管理制度规定，督促湖北省体育彩票销售机构加强彩票销售的风险控制和安全管理，切实做好对外宣传等工作，确保彩票市场平稳健康发展。

附件：中国体育彩票11选5游戏规则（略）

关于调整陕西省体育彩票 11 选 5 游戏规则的通知

（2012 年 8 月 13 日　财政部　财办综［2012］65 号）

国家体育总局体育彩票管理中心：

你中心《关于提高陕西省高频游戏返奖率的请示》（体彩字［2012］241 号）收悉。为完善陕西省体育彩票游戏结构，促进彩票市场平稳健康发展，经研究，根据《彩票管理条例》（国务院令第 554 号）和《彩票管理条例实施细则》（财政部　民政部　国家体育总局令第 67 号）等相关规定，现就有关事项通知如下：

一、同意你中心调整陕西省体育彩票 11 选 5 游戏规则，调整后的游戏规则见附件。陕西省销售体育彩票 11 选 5 游戏，每期按彩票销售额的 59%、13% 和 28%，分别计提彩票奖金、彩票发行费和彩票公益金。

二、调整后的体育彩票 11 选 5 游戏上市销售前，陕西省体育彩票销售机构应将广告宣传、上市销售日期、风险控制等销售实施方案报同级财政部门审核，经核准后上市销售。陕西省体育彩票销售机构应及时向社会发布公告，公告内容包括财政部的批准文件名称及文号、同级财政部门的核准文件名称及文号等。

三、陕西省体育彩票快速开奖游戏终端数量应严格执行财政部核定的控制数。体育彩票 11 选 5 游戏可设置新的投注站点销售，也可选择部分条件较好的现有投注站点销售，但原则上不得在福利彩票、体育彩票双机店销售，不得利用互联网销售。

四、你中心应严格遵照各项彩票管理制度规定，督促陕西省体育彩票销售机构加强彩票销售的风险控制和安全管理，切实做好对外宣传等工作，确保彩票市场平稳健康发展。

附件：中国体育彩票 11 选 5 游戏规则（略）

关于调整吉林省体育彩票11选5游戏规则的通知

（2012年8月13日　财政部　财办综［2012］66号）

国家体育总局体育彩票管理中心：

你中心《关于提高吉林省高频游戏返奖率的请示》（体彩字［2012］243号）收悉。为完善吉林省体育彩票游戏结构，促进彩票市场平稳健康发展，经研究，根据《彩票管理条例》（国务院令第554号）和《彩票管理条例实施细则》（财政部　民政部　国家体育总局令第67号）等相关规定，现就有关事项通知如下：

一、同意你中心调整吉林省体育彩票11选5游戏规则，调整后的游戏规则见附件。吉林省销售体育彩票11选5游戏，每期按彩票销售额的59%、13%和28%，分别计提彩票奖金、彩票发行费和彩票公益金。

二、调整后的体育彩票11选5游戏上市销售前，吉林省体育彩票销售机构应将广告宣传、上市销售日期、风险控制等销售实施方案报同级财政部门审核，经核准后上市销售。吉林省体育彩票销售机构应及时向社会发布公告，公告内容包括财政部的批准文件名称及文号、同级财政部门的核准文件名称及文号等。

三、吉林省体育彩票快速开奖游戏终端数量应严格执行财政部核定的控制数。体育彩票11选5游戏可设置新的投注站点销售，也可选择部分条件较好的现有投注站点销售，但原则上不得在福利彩票、体育彩票双机店销售，不得利用互联网销售。

四、你中心应严格遵照各项彩票管理制度规定，督促吉林省体育彩票销售机构加强彩票销售的风险控制和安全管理，切实做好对外宣传等工作，确保彩票市场平稳健康发展。

附件：中国体育彩票11选5游戏规则（略）

关于调整上海市体育彩票 11 选 5 游戏规则的通知

（2012 年 8 月 13 日　财政部　财办综［2012］67 号）

国家体育总局体育彩票管理中心：

你中心《关于提高上海市高频游戏返奖率的请示》（体彩字［2012］242 号）收悉。为完善上海市体育彩票游戏结构，促进彩票市场平稳健康发展，经研究，根据《彩票管理条例》（国务院令第 554 号）和《彩票管理条例实施细则》（财政部　民政部　国家体育总局令第 67 号）等相关规定，现就有关事项通知如下：

一、同意你中心调整上海市体育彩票 11 选 5 游戏规则，调整后的游戏规则见附件。上海市销售体育彩票 11 选 5 游戏，每期按彩票销售额的 59%、13% 和 28%，分别计提彩票奖金、彩票发行费和彩票公益金。

二、调整后的体育彩票 11 选 5 游戏上市销售前，上海市体育彩票销售机构应将广告宣传、上市销售日期、风险控制等销售实施方案报同级财政部门审核，经核准后上市销售。上海市体育彩票销售机构应及时向社会发布公告，公告内容包括财政部的批准文件名称及文号、同级财政部门的核准文件名称及文号等。

三、上海市体育彩票快速开奖游戏终端数量应严格执行财政部核定的控制数。体育彩票 11 选 5 游戏可设置新的投注站点销售，也可选择部分条件较好的现有投注站点销售，但原则上不得在福利彩票、体育彩票双机店销售，不得利用互联网销售。

四、你中心应严格遵照各项彩票管理制度规定，督促上海市体育彩票销售机构加强彩票销售的风险控制和安全管理，切实做好对外宣传等工作，确保彩票市场平稳健康发展。

附件：中国体育彩票 11 选 5 游戏规则（略）

关于停止在上海市和广东省销售体育彩票36选7游戏的通知

（2012年8月13日　财政部　财办综［2012］68号）

国家体育总局体育彩票管理中心：

你中心《关于停售中国体育彩票上海市和广东省36选7的请示》（体彩字［2012］237号）收悉。经研究，根据《彩票管理条例》（国务院令第554号）和《彩票管理条例实施细则》（财政部　民政部　国家体育总局令第67号）等有关规定，现就有关事项通知如下：

一、鉴于上海市、广东省体育彩票36选7游戏销量持续下滑，难以维持开奖等费用支出，同意你中心停止在上海市、广东省销售体育彩票36选7游戏。

二、上海市、广东省体育彩票36选7游戏停止销售前，上海市、广东省体育彩票销售机构应及时向社会公告，并在公告中注明财政部的批准文件名称及文号。

三、上海市、广东省体育彩票36选7游戏停止销售后，在兑奖期内，应当按照规定兑付奖金。兑奖期结束后，奖池资金和调节基金若有结余，转为一般调节基金。若奖池资金和调节基金的余额为负数，不足部分从发行费中列支。

关于调整福建省体育彩票36选7游戏开奖时间的通知

（2012年8月22日　财政部　财办综［2012］73号）

国家体育总局体育彩票管理中心：

你中心《关于调整中国体育彩票福建省36选7开奖时间的请示》（体彩字［2012］253号）收悉。经研究，根据《彩票管理条例》（国务院令第554号）和《彩票管理条例实施细则》（财政部　民政部　国家体育总局令第67号）等有关规定，现就有关事项通知如下：

一、为促进福建省体育彩票36选7游戏发展，优化福建省体育彩票游戏结构，同意你中心将福建省体育彩票36选7游戏的开奖时间由每周二、四、六调整为每周二、四、日。

二、福建省体育彩票销售机构调整36选7游戏的开奖时间，应当提前向社会公告，并在公告中注明财政部的批准文件名称及文号。

三、你中心应严格遵照各项彩票管理制度规定，督促福建省体育彩票销售机构加强彩票销售的风险控制和安全管理，切实做好对外宣传等工作，确保彩票市场平稳健康发展。

关于在上海市上市销售中国福利彩票快3游戏和停止销售时时彩游戏的通知

（2012年8月31日　财政部　财办综［2012］74号）

中国福利彩票发行管理中心：

你中心《关于上海市上市销售中国福利彩票快3游戏并停销时时彩游戏的请示》（中彩发字［2012］84号）收悉。为了完善福利彩票游戏结构，经研究，根据《彩票管理条例》（国务院令第554号）和《彩票管理条例实施细则》（财政部　民政部　国家体育总局令第67号）等有关规定，现就有关事项通知如下：

一、同意你中心在上海市销售福利彩票快3游戏，具体游戏规则见附件。上海市销售福利彩票快3游戏，每期按彩票销售额的59%、13%和28%，分别计提彩票奖金、彩票发行费和彩票公益金。

二、福利彩票快3游戏上市销售前，上海市福利彩票销售机构应将广告宣传、上市销售日期、风险控制等销售实施方案报同级财政部门审核，经核准后上市销售。上海市福利彩票销售机构应及时向社会发布公告，公告内容包括财政部的批准文件名称及文号、同级财政部门的核准文件名称及文号等。

三、上海市福利彩票快速开奖游戏终端数量应严格执行财政部核定的控制数。福利彩票快3游戏可设置新的投注站点销售，也可选择部分条件较好的现有投注站点销售，但原则上不得在福利彩票、体育彩票双机店销售，不得利用互联网销售。

四、同意你中心停止在上海市销售福利彩票时时彩游戏。时时彩游戏停止销售前，上海市福利彩票销售机构应及时向社会公告，并在公告中注明财政部的批准文件名称及文号。时时彩游戏停止销售后，在兑奖期内，应当按照规定兑付奖金。兑奖期结束后，奖池资金和调节基金若有结余，转为一般调节基金。若奖池资金和调节基金的余额为负数，不足部分从发行费中列支。

五、你中心应严格遵照各项彩票管理制度规定，督促上海市福利彩票销售机构加强彩票销售的风险控制和安全管理，切实做好对外宣传等工作，确保彩票市场平稳健康发展。

附件：中国福利彩票上海市快 3 游戏规则

附件

中国福利彩票上海市快 3 游戏规则

第一章　总　　则

第一条　根据《彩票管理条例》（国务院令第 554 号）和《彩票管理条例实施细则》（财政部　民政部　国家体育总局令第 67 号）等有关规定，制定本规则。

第二条　中国福利彩票上海市快 3 游戏（以下简称“快 3 游戏”）由中国福利彩票发行管理中心发行和组织销售，上海市福利彩票销售机构（以下简称“上海福彩机构”）在所辖区域内销售。

第三条　快 3 游戏采用计算机网络系统发行，在上海福彩机构设置的销售网点销售，定期开奖。

第四条　快 3 游戏实行自愿购买，凡购买者均被视为同意并遵守本规则。

第五条　不得向未成年人出售彩票或兑付奖金。

第二章　投　　注

第六条　快 3 游戏是指以三个号码组合为一注进行单式投注，每个投注号码为 1—6 共六个自然数中的任意一个，一组三个号码的组合称为一注。每注金额人民币 2 元。购买者可对其选定的投注号码进行多倍投注，投注倍数范围为 2—99 倍。单张彩票的投注金额最高不得超过 20 000 元。

第七条　购买者可在上海福彩机构设置的销售网点投注。投注号码经投注机打印出兑奖凭证，交购买者保存，此兑奖凭证即为快 3 游戏彩票。

第八条　快 3 游戏根据号码组合共分为“和值”、“三同号”、“二同号”、“三不同号”、“二不同号”、“三连号通选”投注方式，具体规定如下：

（一）和值投注：是指对三个号码的和值进行投注，包括“和值 4”至“和值 17”投注。

（二）三同号投注：是指对三个相同的号码进行投注，具体分为：

1. 三同号通选：是指对所有相同的三个号码（111，222，…，666）进行投注。

2. 三同号单选：是指从所有相同的三个号码（111，222，…，666）中任意选择一组号码进行投注。

（三）二同号投注：是指对两个指定的相同号码进行投注，具体分为：

1. 二同号复选：是指对三个号码中两个指定的相同号码和一个任意号码进行投注。

2. 二同号单选：是指对三个号码中两个指定的相同号码和一个指定的不同号码进行投注。

（四）三不同号投注：是指对三个各不相同的号码进行投注。

（五）二不同号投注：是指对 3 个号码中 2 个指定的不同号码和 1 个任意号码进行投注。

（六）三连号通选投注：是指对所有 3 个相连的号码（仅限：123，234，345，456）进行投注。

第九条 购买者可选择机选号码投注、自选号码投注。机选号码投注是指由投注机随机产生投注号码进行投注，自选号码投注是指将购买者选定的号码输入投注机进行投注。

第十条 购买者可选择多期投注。多期投注是指购买从当期起 2—10 期的彩票。

第十一条 快 3 游戏每期销售时间为 10 分钟。销售期号以销售日按每期开奖顺序编排。

第十二条 快 3 游戏每期全部投注号码的可投注数量实行限量销售，若投注号码受限，则不能投注。若因销售终端故障、通讯线路故障和投注站信用额度受限等原因造成投注不成功，应退还购买者投注金额。

第三章 设 奖

第十三条 快 3 游戏按当期销售额的 59%、13% 和 28% 分别计提彩票奖金、彩票发行费和彩票公益金。彩票奖金分为当期奖金和调节基金，其中，58% 为当期奖金，1% 为调节基金。

第十四条 快 3 游戏按不同单式投注方式设奖，均为固定奖。奖金规定如下：

（一）和值投注

1. 和值 4：单注奖金固定为 80 元。
2. 和值 5：单注奖金固定为 40 元。
3. 和值 6：单注奖金固定为 25 元。
4. 和值 7：单注奖金固定为 16 元。
5. 和值 8：单注奖金固定为 12 元。
6. 和值 9：单注奖金固定为 10 元。
7. 和值 10：单注奖金固定为 9 元。
8. 和值 11：单注奖金固定为 9 元。
9. 和值 12：单注奖金固定为 10 元。
10. 和值 13：单注奖金固定为 12 元。
11. 和值 14：单注奖金固定为 16 元。
12. 和值 15：单注奖金固定为 25 元。
13. 和值 16：单注奖金固定为 40 元。
14. 和值 17：单注奖金固定为 80 元。

（二）三同号投注

1. 三同号通选：单注奖金固定为 40 元。
2. 三同号单选：单注奖金固定为 240 元。

（三）二同号投注

1. 二同号复选：单注奖金固定为 15 元。
2. 二同号单选：单注奖金固定为 80 元。

（四）三不同号投注

三不同号：单注奖金固定为 40 元。

（五）二不同号投注

二不同号：单注奖金固定为 8 元。

（六）三连号通选投注

三连号通选：单注奖金固定为10元。

第十五条 快3游戏设置调节基金。调节基金包括按销售总额1%提取部分、逾期未退票的票款。调节基金用于支付不可预见的奖金支出风险，以及设立特别奖。动用调节基金设立特别奖，应报同级财政部门审核批准。

第十六条 快3游戏设置奖池。奖池资金由当期计提奖金与实际中出奖金的差额组成。当期实际中出奖金小于计提奖金时，余额进入奖池；当期实际中出奖金超过计提奖金时，差额由奖池资金补足。当奖池资金总额不足时，由调节基金补足，调节基金不足时，用彩票机构业务费垫支。在出现业务费垫支的情况下，当调节基金有资金滚入时优先偿还垫支的业务费。当奖池资金超过200万元时，超出部分转入调节基金。

第四章　开　　奖

第十七条 快3游戏采用专用电子开奖设备开奖，每期随机生成三个号码，作为当期中奖号码，每个号码为1—6共六个自然数中的任意一个。每期开奖时间为1分钟。

第十八条 每期开奖后，上海福彩机构应向社会公布开奖号码、当期销售总额、各奖级中奖情况及奖池资金余额等信息，并将开奖结果通知销售网点。

第五章　中　　奖

第十九条 根据购买者选择的快3游戏的投注号码和投注方式，与当期开奖号码的相符情况，确定相应的中奖资格。具体规定如下：

（一）和值投注

和值：投注号码与当期开奖号码的三个号码的和值相符，即中奖。

（二）三同号投注

1. 三同号通选：当期开奖号码的三个号码相同，即中奖。

2. 三同号单选：当期开奖号码的三个号码相同，且投注号码与当期开奖号码相符，即中奖。

（三）二同号投注

1. 二同号复选：当期开奖号码中有两个号码相同，且投注号码中的两个相同号码与当期开奖号码中两个相同号码相符，即中奖。

2. 二同号单选：当期开奖号码中有两个号码相同，且投注号码与当期开奖号码中两个相同号码和一个不同号码分别相符，即中奖。

（四）三不同号投注

三不同号投注：当期开奖号码的三个号码各不相同，且投注号码与当期开奖号码全部相符，即中奖。

（五）二不同号投注

二不同号投注：当期开奖号码中有两个号码不相同，且投注号码中的两个不同号码与当期开奖号码中的两个不同号码相符，即中奖。

（六）三连号通选投注

三连号通选：当期开奖号码为三个相连的号码（仅限：123，234，345，456），即中奖。

第二十条 当期每注投注号码按其投注方式只有一次中奖机会，不能兼中兼得，特别设奖除外。

第六章 兑 奖

第二十一条 快3游戏兑奖当期有效。中奖者应当自开奖之日起60个自然日内，持中奖彩票到指定的地点兑奖。逾期未兑奖视为弃奖，弃奖奖金纳入彩票公益金。

第二十二条 中奖彩票为中奖唯一凭证，中奖彩票因玷污、损坏等原因不能正确识别的，不能兑奖。

第二十三条 兑奖机构有权查验中奖者的中奖彩票及有效身份证件，中奖者兑奖时应予配合。

第七章 附 则

第二十四条 本规则自批准之日起执行。

关于调整贵州省体育彩票11选5游戏规则的通知

（2012年9月26日 财政部 财办综［2012］79号）

国家体育总局体育彩票管理中心：

你中心《关于提高贵州省高频游戏返奖率的请示》（体彩字［2012］270号）收悉。为完善贵州省体育彩票游戏结构，促进彩票市场平稳健康发展，经研究，根据《彩票管理条例》（国务院令第554号）和《彩票管理条例实施细则》（财政部 民政部 国家体育总局令第67号）等相关规定，现就有关事项通知如下：

一、同意你中心调整贵州省体育彩票11选5游戏规则，调整后的游戏规则见附件。贵州省销售体育彩票11选5游戏，每期按彩票销售额的59%、13%和28%，分别计提彩票奖金、彩票发行费和彩票公益金。

二、调整后的体育彩票11选5游戏上市销售前，贵州省体育彩票销售机构应将广告宣传、上市销售日期、风险控制等销售实施方案报同级财政部门审核，经核准后上市销售。贵州省体育彩票销售机构应及时向社会发布公告，公告内容包括财政部的批准文件名称及文号、同级财政部门的核准文件名称及文号等。

三、贵州省体育彩票快速开奖游戏终端数量应严格执行财政部核定的控制数。体育彩票11选5游戏可设置新的投注站点销售，也可选择部分条件较好的现有投注站点销售，但原则上不得在福利彩票、体育彩票双机店销售，不得利用互联网销售。

四、你中心应严格遵照各项彩票管理制度规定，督促贵州省体育彩票销售机构加强彩票销售的风险控制和安全管理，切实做好对外宣传等工作，确保彩票市场平稳健康发展。

附件：中国体育彩票11选5游戏规则（略）

关于调整安徽省体育彩票11选5游戏规则的通知

（2012年9月26日　财政部　财办综［2012］80号）

国家体育总局体育彩票管理中心：

你中心《关于提高安徽省高频游戏返奖率的请示》（体彩字［2012］268号）收悉。为完善安徽省体育彩票游戏结构，促进彩票市场平稳健康发展，经研究，根据《彩票管理条例》（国务院令第554号）和《彩票管理条例实施细则》（财政部　民政部　国家体育总局令第67号）等相关规定，现就有关事项通知如下：

一、同意你中心调整安徽省体育彩票11选5游戏规则，调整后的游戏规则见附件。安徽省销售体育彩票11选5游戏，每期按彩票销售额的59%、13%和28%，分别计提彩票奖金、彩票发行费和彩票公益金。

二、调整后的体育彩票11选5游戏上市销售前，安徽省体育彩票销售机构应将广告宣传、上市销售日期、风险控制等销售实施方案报同级财政部门审核，经核准后上市销售。安徽省体育彩票销售机构应及时向社会发布公告，公告内容包括财政部的批准文件名称及文号、同级财政部门的核准文件名称及文号等。

三、安徽省体育彩票快速开奖游戏终端数量应严格执行财政部核定的控制数。体育彩票11选5游戏可设置新的投注站点销售，也可选择部分条件较好的现有投注站点销售，但原则上不得在福利彩票、体育彩票双机店销售，不得利用互联网销售。

四、你中心应严格遵照各项彩票管理制度规定，督促安徽省体育彩票销售机构加强彩票销售的风险控制和安全管理，切实做好对外宣传等工作，确保彩票市场平稳健康发展。

附件：中国体育彩票11选5游戏规则（略）

关于开展中国福利彩票双色球派奖活动有关事项的通知

（2012 年 9 月 27 日　财政部　财办综［2012］81 号）

中国福利彩票发行管理中心：

你中心《关于开展中国福利彩票双色球两亿元派奖活动的请示》（中彩发字［2012］88 号）收悉。为了进一步提升中国福利彩票双色球品牌形象，挖掘彩票市场潜力，经研究，根据《彩票管理条例》（国务院令第 554 号）和《彩票管理条例实施细则》（财政部　民政部　国家体育总局令第 67 号）等相关规定，现就有关事项通知如下：

一、同意你中心自 2012 年 10 月 16 日起，对中国福利彩票双色球开展 40 期派奖，具体方案是：派奖活动期间，每期安排 500 万元用于一等奖派奖。若中奖者中得当期一等奖，则同时中得一等奖派奖，派奖奖金由当期所有一等奖中奖者按中奖注数均分。若当期一等奖未中出，派奖奖金滚入下一期，与下一期派奖奖金合并派发一等奖奖金，按下一期一等奖中奖注数均分，依此类推。单注派奖奖金最高限额 500 万元，当期派奖奖金按中奖注数均分后，若单注派奖奖金超过 500 万元，超过部分滚入下一期，与下一期派奖奖金合并后派奖。若最后一期一等奖未中出，或者最后一期派奖奖金按中奖注数均分后单注派奖奖金超过 500 万元，则派奖活动往后顺延，直至派奖奖金派发完毕为止，但不再增加新的派奖奖金。本次派奖活动所需资金从中国福利彩票双色球调节基金中支出。

二、派奖活动开始前，你中心应及时向社会公告中国福利彩票双色球派奖方案，并在公告中注明财政部的批准文件名称及文号。

三、你中心应严格按照现行彩票管理制度规定，督促各省、自治区、直辖市福利彩票销售机构认真组织对外宣传，加强彩票销售的风险控制和安全管理，切实做好中国福利彩票双色球的销售工作。

关于扩大中福在线即开型彩票“趣味高尔夫”和“连环夺宝”两款游戏试点销售范围的通知

（2012 年 10 月 17 日　财政部　财办综［2012］84 号）

中国福利彩票发行管理中心：

你中心《关于申请中国福利彩票视频型彩票（原中福在线即开型彩票）销售厅销售“连环夺宝”和“趣味高尔夫”两款游戏的请示》（中彩发字［2012］99 号）收悉。经研究，现就有关事项通知如下：

一、为推进中福在线即开型彩票平稳健康发展，同意你中心扩大“趣味高尔夫”和“连环夺宝”两款游戏试点销售范围。批准试点销售的销售厅名单及配备的终端机数量见附件。

二、为规范销售管理，确保“趣味高尔夫”和“连环夺宝”两款游戏的发行销售工作平稳推进，你中心应认真做好“趣味高尔夫”和“连环夺宝”两款游戏扩大试点销售范围的组织实施工作，督促各有关省、自治区、直辖市福利彩票销售机构切实完善管理制度，健全工作机制，拟定相关工作预案和应对措施，特别是要做好舆论正面引导和政策解释说明工作，维护社会稳定。

三、“趣味高尔夫”和“连环夺宝”两款游戏扩大试点销售范围前，你中心应及时向社会公告批准扩大试点销售范围的地区和游戏规则。你中心和各省、自治区、直辖市福利彩票销售机构应严格执行销售情况和资金缴纳情况月报告制度，按规定在每月 10 日前，分别向财政部、民政部和各省、自治区、直辖市财政、民政部门报送上月中福在线即开型彩票发行销售情况，以及彩票发行费、彩票公益金的上缴情况。

四、有关省、自治区、直辖市福利彩票销售机构应认真抓好本地区“趣味高尔夫”和“连环夺宝”两款游戏的试点销售工作，加强销售厅的日常管理，切实做好风险控制和安全管理工作，维护正常销售秩序，营造良好市场环境。

附件：中福在线即开型彩票游戏扩大试点销售厅名单

附件

中福在线即开型彩票游戏扩大试点销售厅名单

序号	地区	试点销售厅地址	试点销售厅数量合计	配备终端机数量	配备终端机数量合计
1	天津市	天津市海滨新区	3	30	90
		天津市红桥区		30	
		大津市蓟县		30	
2	河北省	河北省衡水深州市汽车站	16	20	320
		河北省霸州市胜芳镇		20	
		河北省昌黎县三街爱民路		20	
		河北省张家口市蔚县光明大街		20	
		河北省邯郸永年县健康路		20	
		河北省秦皇岛市山海关南海西路		20	
		河北省黄骅市建设大街		20	
		河北省保定涞源县团结路		20	
		河北省保定清苑县天桥		20	
		河北省保定高碑店市白沟镇府前街		20	
		河北省邢台沙河市站前大街		20	
		河北省定州市中山路		20	
		河北省三河市建兴南路		20	
		河北省沧州市维明路		20	
		河北省廊坊市新开路天域花园		20	
		河北省辛集市建设大街		20	
3	山西省	山西省太原清徐县环兴路	9	20	200
		山西省运城闻喜县东湖路		20	
		山西省太原市双塔北路		20	
		山西省阳泉市盂县新建东路		30	
		山西省晋中灵石县新建路		20	
		山西省晋中寿阳县南关街		20	
		山西省临汾市鼓楼南大街		30	
		山西省临汾洪洞县洪古路莲花嘉园		20	
		山西省临汾霍州市大众路		20	

续表

序号	地区	试点销售厅地址	试点销售厅数量合计	配备终端机数量	配备终端机数量合计
4	内蒙古	内蒙古自治区鄂尔多斯市	2	30	60
		内蒙古自治区通辽市		30	
5	辽宁省	辽宁省大连瓦房店市水果街	4	30	110
		辽宁省本溪市消防高胜街		20	
		辽宁省抚顺市		30	
		辽宁省铁岭市		30	
6	吉林省	吉林省白山市抚松县灵芝街	4	20	80
		吉林省吉林市南山街		20	
		吉林省延边州敦化市长白路		20	
		吉林省延边州珲春市河沿西街		20	
7	黑龙江省	黑龙江省哈尔滨市	4	30	120
		黑龙江省齐齐哈尔市		30	
		黑龙江省双鸭山市		30	
		黑龙江省鸡西市		30	
8	上海市	上海市长宁区仙霞路	18	20	390
		上海市长宁区紫云西路		20	
		上海市闵行区都市路		20	
		上海市嘉定区伊宁路		20	
		上海市普陀区曹安路		20	
		上海市浦东新区妙境路		20	
		上海市松江区叶新公路		20	
		上海市杨浦区四平路		20	
		上海市浦东新区浦东南路		20	
		上海市浦东新区川沙		30	
		上海市浦东新区惠南		30	
		上海市浦东新区周康		30	
		上海市闵行区古方路		20	
		上海市宝山区牡丹江路		20	
		上海市虹口区七浦路		20	
		上海市静安区安远路		20	
		上海市闸北区共和新路		20	
		上海市卢湾区淮海中路 1 号		20	

续表

序号	地区	试点销售厅地址	试点销售厅数量合计	配备终端机数量	配备终端机数量合计
9	江苏省	江苏省徐州丰县人民西路	15	20	350
		江苏省南通如东县友谊东路		30	
		江苏省南通海门市商业步行街		30	
		江苏省南通启东市民乐中路		20	
		江苏省南通海安县明珠城		20	
		江苏省南通市崇川区虹桥路		30	
		江苏省连云港东海县利民路		20	
		江苏省连云港赣榆县东关路		20	
		江苏省盐城阜宁县园林路		20	
		江苏省镇江丹阳市灯笼巷		30	
		江苏省泰州靖江市上海城		20	
		江苏省宿迁沭阳县学府路		20	
		江苏省宿迁泗洪县步行街		20	
		江苏省盐城大丰市人民南路		20	
		江苏省无锡市		30	
10	浙江省	浙江省杭州建德市严洲大道	9	20	240
		浙江省湖州市同心路		20	
		浙江省湖州市长兴县		30	
		浙江省嘉兴海宁市		30	
		浙江省宁波象山县象山港路		20	
		浙江省宁波市鄞州区		30	
		浙江省绍兴嵊州市四海北路		30	
		浙江省绍兴诸暨市望江一路		30	
		浙江省金华市		30	
11	安徽省	安徽省合肥市沿河中路	14	30	330
		安徽省合肥市濉溪东路		30	
		安徽省合肥市宁国南路		30	
		安徽省合肥市		20	
		安徽省合肥市		20	
		安徽省滁州市		30	
		安徽省黄山市		30	
		安徽省宣城广德县桃州南路		20	
		安徽省六安市梅山北路		20	
		安徽省六安舒城县文化广场		20	
		安徽省六安霍邱县双湖西路		20	
		安徽省巢湖无为县人民广场		20	
		安徽省亳州市站前路		20	
		安徽省巢湖市世纪大道		20	

续表

序号	地区	试点销售厅地址	试点销售厅数量合计	配备终端机数量	配备终端机数量合计
12	福建省	福建省南平邵武市八一路	14	20	310
		福建省福州市六一路		30	
		福建省福州市国货东路		30	
		福建省福州市北环中路		30	
		福建省福州市朝阳南路		20	
		福建省宁德福安市解放路		20	
		福建省宁德福鼎市桐城路		20	
		福建省宁德霞浦县文化广场		20	
		福建省泉州石狮市南洋路		20	
		福建省泉州惠安县八二三东街		20	
		福建省泉州南安市溪美街		20	
		福建省泉州安溪县站前路		20	
		福建省泉州晋江市和平中路		20	
		福建省龙岩市西安南路		20	
13	江西省	江西省鹰潭贵溪市擂鼓岭	13	20	260
		江西省九江永修县新城大道		20	
		江西省九江市都昌县白洋路		20	
		江西省鹰潭市余江县		20	
		江西省上饶婺源县文公南路		20	
		江西省宜春丰城市人民路		20	
		江西省宜春上高县建设路		20	
		江西省吉安遂川县东路小区		20	
		江西省赣州市东阳山路		20	
		江西省赣州瑞金市绵水路时代广场		20	
		江西省赣州南康市金赣路		20	
		江西省赣州定南县宝金路		20	
		江西省景德镇乐平市珠海东路		20	
14	山东省	山东省青岛市人民一路	11	25	265
		山东省青岛市刘公岛路		30	
		山东省淄博市白虎山路		20	
		山东省日照市万斛路		20	
		山东省德州市东方红路		20	
		山东省济南市二七南路		30	
		山东省潍坊昌乐县孤山路		20	
		山东省青岛平度市红旗路		30	
		山东省烟台莱阳市五龙南路		20	
		山东省威海市公园路		20	
		山东省威海市		30	

续表

序号	地区	试点销售厅地址	试点销售厅数量合计	配备终端机数量	配备终端机数量合计
15	河南省	河南省郑州市新建街	14	20	310
		河南省郑州市顺河路		20	
		河南省郑州市黄河北街		20	
		河南省郑州市黄河路		20	
		河南省郑州市经七路		20	
		河南省郑州市兴华南街		20	
		河南省郑州市政通路		20	
		河南省郑州新密市青屏大街		20	
		河南省驻马店市雪松路		20	
		河南省洛阳偃师市华夏路		20	
		河南省商丘永城市		20	
		河南省鹤壁市山城		30	
		河南省郑州荥阳市		30	
		河南省焦作市		30	
16	湖北省	湖北省孝感汉川市大兴路	5	20	110
		湖北省武汉市三义街		20	
		湖北省武汉市桥口路		30	
		湖北省咸宁市城区		20	
		湖北省孝感市城区		20	
17	湖南省	湖南省郴州嘉禾县中华路	3	20	60
		湖南省益阳沅江市琼湖路		20	
		湖南省怀化市武陵路		20	
18	广东省	广东省广州市赤岗路	12	20	290
		广东省广州市员村风粟园		20	
		广东省广州市海珠区江南中路		30	
		广东省清远连州市沿江路		20	
		广东省清远市城北二路		20	
		广东省潮州市福安路		30	
		广东省江门市		30	
		广东省梅州兴宁市文化广场		30	
		广东省揭阳市流沙大道		20	
		广东省惠州市陈江金茂商业广场		20	
		广东省肇庆高要市连江路		20	
		广东省肇庆市人民中路		30	

续表

序号	地区	试点销售厅地址	试点销售厅数量合计	配备终端机数量	配备终端机数量合计
19	广西	广西百色田东县百通世界金穗时代	8	25	165
		广西桂林荔浦县西风路		20	
		广西玉林市玉洲路		20	
		广西崇左凭祥市北大路 172 号		20	
		广西河池南丹县民行街		20	
		广西百色市中山二路		20	
		广西贵港桂平市沙岗路		20	
		广西桂林全州县中心北路		20	
20	海南省	海南省万宁市	2	20	40
		海南省文昌市		20	
21	四川省	四川省峨眉山市万年西路	8	20	160
		四川省南充阆中市公园路		20	
		四川省遂宁市大英县		20	
		四川省宜宾市柏溪花园		20	
		四川省资阳简阳市正中街		20	
		四川省眉山仁寿县奎星街		20	
		四川省德阳什邡市蓥峰北路		20	
		四川省内江隆昌县滨江路		20	
22	贵州省	贵州省黔南都匀市	1	20	20
23	云南省	云南省红河州弥勒县冉翁西路	2	20	40
		云南省红河州个旧市江川巷		20	
24	陕西省	陕西省西安市东新街	3	30	80
		陕西省榆林市		30	
		陕西省渭南市东风大街		20	
25	甘肃省	甘肃省兰州榆中县一梧路	1	20	20
26	青海省	青海省玉树州民主路	1	20	20
27	宁夏	宁夏回族自治区银川市石油城商业街	2	30	50
		宁夏回族自治区灵武市		20	
合　计			198	4 490	4 490

关于在浙江省销售福利彩票快乐 12 游戏的通知

（2012 年 10 月 19 日　财政部　财办综［2012］86 号）

中国福利彩票发行管理中心：

你中心《关于浙江省上市销售中国福利彩票快乐 12 游戏的请示》（中彩发字［2012］107 号）收悉。为完善浙江省福利彩票游戏结构，促进彩票市场平稳健康发展，经研究，根据《彩票管理条例》（国务院令第 554 号）和《彩票管理条例实施细则》（财政部　民政部　国家体育总局令第 67 号）等相关规定，现就有关事项通知如下：

一、同意你中心在浙江省销售福利彩票快乐 12 游戏，具体游戏规则见附件。浙江省销售福利彩票快乐 12 游戏，每期按彩票销售额的 59%、13% 和 28%，分别计提彩票奖金、彩票发行费和彩票公益金。

二、福利彩票快乐 12 游戏上市销售前，浙江省福利彩票销售机构应将广告宣传、上市销售日期、风险控制等销售实施方案报同级财政部门审核，经核准后上市销售。浙江省福利彩票销售机构应及时向社会发布公告，公告内容包括财政部的批准文件名称及文号、同级财政部门的核准文件名称及文号等。

三、浙江省福利彩票快速开奖游戏终端数量应严格执行财政部核定的控制数。福利彩票快乐 12 游戏可设置新的投注站点销售，也可选择部分条件较好的现有投注站点销售，但原则上不得在福利彩票、体育彩票双机店销售，不得利用互联网销售。

四、你中心应严格遵照各项彩票管理制度规定，督促浙江省福利彩票销售机构加强彩票销售的风险控制和安全管理，切实做好对外宣传等工作，确保彩票市场平稳健康发展。

附件：中国福利彩票快乐 12 游戏规则

附件

中国福利彩票快乐12游戏规则

第一章　总　　则

第一条　根据《彩票管理条例》（国务院令第554号）和《彩票管理条例实施细则》（财政部　民政部　国家体育总局令第67号）等有关规定，制定本规则。

第二条　中国福利彩票快乐12游戏（以下简称“快乐12游戏”）由中国福利彩票发行管理中心发行和组织销售，由经财政部批准的福利彩票销售机构（以下称“相关省福彩机构”）在所辖区域内销售。

第三条　快乐12游戏采用计算机网络系统发行，在相关省福彩机构设置的销售网点销售，定期开奖。

第四条　快乐12游戏实行自愿购买，凡购买者均被视为同意并遵守本规则。

第五条　不得向未成年人出售彩票或兑付奖金。

第二章　投　　注

第六条　快乐12游戏是从01至12共十二个号码中选择一个至八个号码组成一注彩票进行单式投注，一组一至八个号码的组合称为一注。每注金额人民币2元。购买者可对其选定的投注号码进行多倍投注，投注倍数范围为2—99倍。单张彩票的投注金额最高不得超过20 000元。

第七条　购买者可在相关省福彩机构设置的销售网点投注。投注号码经投注机打印出对奖凭证，交购买者保存，此对奖凭证即为快乐12游戏彩票。

第八条　根据投注号码个数分为“选一”至“选八”投注，具体规定如下：

选一个号码的投注为“选前一”；

选两个号码的投注分为“任选二”、“选前二”；

选三个号码的投注分为“任选三”、“选前三”；

选四个号码的投注为“任选四”；

选五个号码的投注为“任选五”；

选六个号码的投注为“任选六”；

选七个号码的投注为“任选七”；

选八个号码的投注为“任选八”。

其中，“选前二”、“选前三”投注分为直选投注和组选投注。

直选投注：是指所选两个或三个号码，对当期的五个开奖号码中的前两个或前三个号码按先后顺序一一对应进行的投注。

组选投注：是指所选两个或三个号码，对当期的五个开奖号码中的前两个或前三个号码按任意顺序，均作为一注投注号码进行的投注。

第九条　购买者可选择机选号码投注、自选号码投注。机选号码投注是指由投注机随机产生投注号码进行投注，自选号码投注是指将购买者选定的号码输入投注机进行投注。

第十条 购买者可选择复式投注、胆拖投注、多期投注。复式投注是指所选号码个数超过单式投注的号码个数，所选号码可组合为每一种单式投注方式的多注彩票的投注。胆拖投注是指先选取少于单式投注号码个数的号码作为胆码（即每注彩票均包含的号码），再选取除胆码以外的号码作为拖码，胆码与拖码个数之和必须多于单式投注号码个数，由胆码与拖码的每一种组合按单式投注方式组成多注彩票的投注。多期投注是指购买从当期起连续十期内的彩票。

第十一条 快乐12游戏每期销售时间为10分钟。销售期号以销售日按每期开奖顺序编排。

第十二条 快乐12游戏每期全部投注号码的可投注数量实行限量销售，若投注号码受限，则不能投注。若因销售终端故障、通讯线路故障和投注站信用额度受限等原因造成投注不成功，应退还购买者投注金额。

第三章 设 奖

第十三条 快乐12游戏按当期销售额的59%、13%和28%分别计提彩票奖金、彩票发行费和彩票公益金。彩票奖金分为当期奖金和调节基金，其中，58%为当期奖金，1%为调节基金。

第十四条 快乐12游戏按不同单式投注方式设奖，均为固定奖。奖金规定如下：

选前一：单注奖金固定为14元。

任选二：单注奖金固定为7元；

选前二组选：单注奖金固定为77元；

选前二直选：单注奖金固定为155元。

任选三：单注奖金固定为25元；

选前三组选：单注奖金固定为255元；

选前三直选：单注奖金固定为1 550元。

任选四：单注奖金固定为115元。

任选五：单注奖金固定为930元。

任选六：单注奖金固定为155元。

任选七：单注奖金固定为44元。

任选八：单注奖金固定为16元。

第十五条 快乐12游戏设置调节基金。调节基金包括按销售总额1%提取部分、逾期未退票的票款。调节基金用于支付不可预见的奖金支出风险，以及设立特别奖。动用调节基金设立特别奖，应报同级财政部门审核批准。

第十六条 快乐12游戏设置奖池。奖池资金由当期计提奖金与实际中出奖金的差额组成。当期实际中出奖金小于计提奖金时，余额进入奖池；当期实际中出奖金超过计提奖金时，差额由奖池资金补足。当奖池资金总额不足时，由调节基金补足，调节基金不足时，用彩票机构业务费垫支。在出现业务费垫支的情况下，当调节基金有资金滚入时优先偿还垫支的业务费。

第四章 开 奖

第十七条 快乐12游戏采用专用电子开奖设备开奖。每期从01至12共十二个号码中，按第一、第二、第三、第四和第五的顺序开出五个号码，作为当期开奖号码。开奖号码的顺序不能颠倒。每期开奖时间为2分钟。

第十八条 每期开奖后，相关省福彩机构应将开奖号码、当期销售总额、各奖级中奖情况及奖池资金余额等信息，通过新闻媒体向社会公布，并将开奖结果通知销售网点。

第五章　中　　奖

第十九条　购买者所购彩票的投注号码与当期开奖号码对照，符合以下情况即为中奖。

选前一：投注号码与当期开奖号码的第一个号码相同，即中奖。

任选二：投注号码与当期开奖号码的任意两个号码相同（顺序不限），即中奖。

选前二组选：投注号码与当期开奖号码的前两个号码相同（顺序不限），即中奖。

选前二直选：投注号码与当期开奖号码的前两个号码按位相同，即中奖。

任选三：投注号码与当期开奖号码任意三个号码相同（顺序不限），即中奖。

选前三组选：投注号码与当期开奖号码的前三个号码相同（顺序不限），即中奖。

选前三直选：投注号码与当期开奖号码的前三个号码按位相同，即中奖。

任选四：投注号码与当期开奖号码任意四个号码相同（顺序不限），即中奖。

任选五：投注号码与当期开奖号码相同（顺序不限），即中奖。

任选六：投注号码中任意五个号码与当期开奖号码相同（顺序不限），即中奖。

任选七：投注号码中任意五个号码与当期开奖号码相同（顺序不限），即中奖。

任选八：投注号码中任意五个号码与当期开奖号码相同（顺序不限），即中奖。

第二十条　当期每注投注号码只有一次中奖机会，不能兼中兼得，特别设奖除外。

第六章　兑　　奖

第二十一条　快乐 12 游戏兑奖当期有效。中奖者应当自开奖之日起 60 个自然日内，持中奖彩票到指定的地点兑奖。逾期未兑奖视为弃奖，弃奖奖金纳入彩票公益金。

第二十二条　中奖彩票为中奖唯一凭证，中奖彩票因玷污、损坏等原因不能正确识别的，不能兑奖。

第二十三条　兑奖机构可以查验中奖者的中奖彩票及有效身份证件，中奖者兑奖时应予配合。

第七章　附　　则

第二十四条　本规则自批准之日起执行。

关于在吉林省销售福利彩票快 3 游戏的通知

（2012 年 10 月 19 日　财政部　财办综［2012］87 号）

中国福利彩票发行管理中心：

你中心《关于吉林省上市销售中国福利彩票快 3 游戏的请示》（中彩发字［2012］73 号）收悉。为完善吉林省福利彩票游戏结构，促进彩票市场平稳健康发展，经研究，根据《彩票管理条例》（国务院令第 554 号）和《彩票管理条例实施细则》（财政部　民政部　国家体育总局令第 67 号）等相关规定，现就有关事项通知如下：

一、同意你中心在吉林省销售福利彩票快 3 游戏，具体游戏规则见附件。吉林省销售福利彩票快 3 游戏，每期按彩票销售额的 59%、13% 和 28%，分别计提彩票奖金、彩票发行费和彩票公益金。

二、福利彩票快 3 游戏上市销售前，吉林省福利彩票销售机构应将广告宣传、上市销售日期、风险控制等销售实施方案报同级财政部门审核，经核准后上市销售。吉林省福利彩票销售机构应及时向社会发布公告，公告内容包括财政部的批准文件名称及文号、同级财政部门的核准文件名称及文号等。

三、吉林省福利彩票快速开奖游戏终端数量应严格执行财政部核定的控制数。福利彩票快 3 游戏可设置新的投注站点销售，也可选择部分条件较好的现有投注站点销售，但原则上不得在福利彩票、体育彩票双机店销售，不得利用互联网销售。

四、你中心应严格遵照各项彩票管理制度规定，督促吉林省福利彩票销售机构加强彩票销售的风险控制和安全管理，切实做好对外宣传等工作，确保彩票市场平稳健康发展。

附件：中国福利彩票快 3 游戏规则

附件

中国福利彩票快3游戏规则

第一章　总　　则

第一条　根据《彩票管理条例》（国务院令第554号）和《彩票管理条例实施细则》（财政部　民政部　国家体育总局令第67号）等有关规定，制定本规则。

第二条　中国福利彩票快3游戏（以下简称“快3游戏”）由中国福利彩票发行管理中心发行和组织销售，由经财政部批准的福利彩票销售机构（以下称“相关省福彩机构”）在所辖区域内销售。

第三条　快3游戏采用计算机网络系统发行，在相关省福彩机构设置的销售网点销售，定期开奖。

第四条　快3游戏实行自愿购买，凡购买者均被视为同意并遵守本规则。

第五条　不得向未成年人出售彩票或兑付奖金。

第二章　投　　注

第六条　快3游戏是指以三个号码组合为一注进行单式投注，每个投注号码为1—6共六个自然数中的任意一个，一组三个号码的组合称为一注。每注金额人民币2元。购买者可对其选定的投注号码进行多倍投注，投注倍数范围为2—99倍。单张彩票的投注金额最高不得超过20 000元。

第七条　购买者可在相关省福彩机构设置的销售网点投注。投注号码经投注机打印出对奖凭证，交购买者保存，此对奖凭证即为快3游戏彩票。

第八条　快3游戏根据号码组合共分为“和值”、“三同号”、“二同号”、“三不同号”、“二不同号”、“三连号通选”投注方式，具体规定如下：

（一）和值投注：是指对三个号码的和值进行投注，包括“和值4”至“和值17”投注。

（二）三同号投注：是指对三个相同的号码进行投注，具体分为：

1. 三同号通选：是指对所有相同的三个号码（111，222，…，666）进行投注。

2. 三同号单选：是指从所有相同的三个号码（111，222，…，666）中任意选择一组号码进行投注。

（三）二同号投注：是指对两个指定的相同号码进行投注，具体分为：

1. 二同号复选：是指对三个号码中两个指定的相同号码和一个任意号码进行投注。

2. 二同号单选：是指对三个号码中两个指定的相同号码和一个指定的不同号码进行投注。

（四）三不同号投注：是指对三个各不相同的号码进行投注。

（五）二不同号投注：是指对三个号码中两个指定的不同号码和一个任意号码进行投注。

（六）三连号通选投注：是指对所有三个相连的号码（仅限：123，234，345，456）进行投注。

第九条 购买者可选择机选号码投注、自选号码投注。机选号码投注是指由投注机随机产生投注号码进行投注，自选号码投注是指将购买者选定的号码输入投注机进行投注。

第十条 购买者可选择多期投注。多期投注是指购买从当期起连续若干期的彩票。

第十一条 快 3 游戏每期销售时间为 10 分钟。销售期号以销售日按每期开奖顺序编排。

第十二条 快 3 游戏每期全部投注号码的可投注数量实行限量销售，若投注号码受限，则不能投注。若因销售终端故障、通讯线路故障和投注站信用额度受限等原因造成投注不成功，应退还购买者投注金额。

第三章 设 奖

第十三条 快 3 游戏按当期销售额的 59%、13% 和 28% 分别计提彩票奖金、彩票发行费和彩票公益金。彩票奖金分为当期奖金和调节基金，其中，58% 为当期奖金，1% 为调节基金。

第十四条 快 3 游戏按不同单式投注方式设奖，均为固定奖。奖金规定如下：

（一）和值投注

1. 和值 4：单注奖金固定为 80 元。
2. 和值 5：单注奖金固定为 40 元。
3. 和值 6：单注奖金固定为 25 元。
4. 和值 7：单注奖金固定为 16 元。
5. 和值 8：单注奖金固定为 12 元。
6. 和值 9：单注奖金固定为 10 元。
7. 和值 10：单注奖金固定为 9 元。
8. 和值 11：单注奖金固定为 9 元。
9. 和值 12：单注奖金固定为 10 元。
10. 和值 13：单注奖金固定为 12 元。
11. 和值 14：单注奖金固定为 16 元。
12. 和值 15：单注奖金固定为 25 元。
13. 和值 16：单注奖金固定为 40 元。
14. 和值 17：单注奖金固定为 80 元。

（二）三同号投注

1. 三同号通选：单注奖金固定为 40 元。
2. 三同号单选：单注奖金固定为 240 元。

（三）二同号投注

1. 二同号复选：单注奖金固定为 15 元。
2. 二同号单选：单注奖金固定为 80 元。

（四）三不同号投注

三不同号：单注奖金固定为 40 元。

（五）二不同号投注

二不同号：单注奖金固定为 8 元。

（六）三连号通选投注

三连号通选：单注奖金固定为 10 元。

第十五条 快 3 游戏设置调节基金。调节基金包括按销售总额 1% 提取部分、逾期未退票的票款。调节基金用于支付不可预见的奖金支出风险，以及设立特别奖。动用调节基金设立特别奖，应报同级财政部门审核批准。

第十六条 快 3 游戏设置奖池。奖池资金由当期计提奖金与实际中出奖金的差额组成。当期实际中出奖金小于计提奖金时，余额进入奖池；当期实际中出奖金超过计提奖金时，差额由奖池资金补足。当奖池资金总额不足时，由调节基金补足，调节基金不足时，用彩票机构业务费垫支。在出现业务费垫支的情况下，当调节基金有资金滚入时优先偿还垫支的业务费。当奖池资金超过200万元时，超出部分转入调节基金。

第四章　开　　奖

第十七条　快3游戏采用专用电子开奖设备开奖，每期随机生成三个号码，作为当期中奖号码，每个号码为1—6共六个自然数中的任意一个。每期开奖时间为1分钟。

第十八条　每期开奖后，相关省福彩机构应向社会公布开奖号码、当期销售总额、各奖级中奖情况及奖池资金余额等信息，并将开奖结果通知销售网点。

第五章　中　　奖

第十九条　根据购买者选择的快3游戏的投注号码和投注方式，与当期开奖号码的相符情况，确定相应的中奖资格。具体规定如下：

（一）和值投注

和值：投注号码与当期开奖号码的三个号码的和值相符，即中奖。

（二）三同号投注

1. 三同号通选：当期开奖号码的三个号码相同，即中奖。

2. 三同号单选：当期开奖号码的三个号码相同，且投注号码与当期开奖号码相符，即中奖。

（三）二同号投注

1. 二同号复选：当期开奖号码中有两个号码相同，且投注号码中的两个相同号码与当期开奖号码中两个相同号码相符，即中奖。

2. 二同号单选：当期开奖号码中有两个号码相同，且投注号码与当期开奖号码中两个相同号码和一个不同号码分别相符，即中奖。

（四）三不同号投注

三不同号投注：当期开奖号码的三个号码各不相同，且投注号码与当期开奖号码全部相符，即中奖。

（五）二不同号投注

二不同号投注：当期开奖号码中有两个号码不相同，且投注号码中的两个不同号码与当期开奖号码中的两个不同号码相符，即中奖。

（六）三连号通选投注

三连号通选：当期开奖号码为三个相连的号码（仅限：123，234，345，456），即中奖。

第二十条　当期每注投注号码按其投注方式只有一次中奖机会，不能兼中兼得，特别设奖除外。

第六章　兑　　奖

第二十一条　快3游戏兑奖当期有效。中奖者应当自开奖之日起60个自然日内，持中奖彩票到指定的地点兑奖。逾期未兑奖视为弃奖，弃奖奖金纳入彩票公益金。

第二十二条　中奖彩票为中奖唯一凭证，中奖彩票因玷污、损坏等原因不能正确识别的，不能兑奖。

第二十三条　兑奖机构可以查验中奖者的中奖彩票及有效身份证件，中奖者兑奖时应予配合。

第七章　附　　则

第二十四条　本规则自批准之日起执行。

关于在河北省销售福利彩票快 3 游戏的通知

（2012 年 10 月 19 日　财政部　财办综［2012］88 号）

中国福利彩票发行管理中心：

你中心《关于河北省上市销售中国福利彩票快 3 游戏的请示》（中彩发字［2012］72 号）收悉。为完善河北省福利彩票游戏结构，促进彩票市场平稳健康发展，经研究，根据《彩票管理条例》（国务院令第 554 号）和《彩票管理条例实施细则》（财政部　民政部　国家体育总局令第 67 号）等相关规定，现就有关事项通知如下：

一、同意你中心在河北省销售福利彩票快 3 游戏，具体游戏规则见附件。河北省销售福利彩票快 3 游戏，每期按彩票销售额的 59%、13% 和 28%，分别计提彩票奖金、彩票发行费和彩票公益金。

二、福利彩票快 3 游戏上市销售前，河北省福利彩票销售机构应将广告宣传、上市销售日期、风险控制等销售实施方案报同级财政部门审核，经核准后上市销售。河北省福利彩票销售机构应及时向社会发布公告，公告内容包括财政部的批准文件名称及文号、同级财政部门的核准文件名称及文号等。

三、河北省福利彩票快速开奖游戏终端数量应严格执行财政部核定的控制数。福利彩票快 3 游戏可设置新的投注站点销售，也可选择部分条件较好的现有投注站点销售，但原则上不得在福利彩票、体育彩票双机店销售，不得利用互联网销售。

四、你中心应严格遵照各项彩票管理制度规定，督促河北省福利彩票销售机构加强彩票销售的风险控制和安全管理，切实做好对外宣传等工作，确保彩票市场平稳健康发展。

附件：中国福利彩票快 3 游戏规则（略）

关于在贵州省销售福利彩票快3游戏的通知

（2012年10月19日　财政部　财办综［2012］89号）

中国福利彩票发行管理中心：

你中心《关于贵州省上市销售中国福利彩票快3游戏的请示》（中彩发字［2012］74号）收悉。为完善贵州省福利彩票游戏结构，促进彩票市场平稳健康发展，经研究，根据《彩票管理条例》（国务院令第554号）和《彩票管理条例实施细则》（财政部　民政部　国家体育总局令第67号）等相关规定，现就有关事项通知如下：

一、同意你中心在贵州省销售福利彩票快3游戏，具体游戏规则见附件。贵州省销售福利彩票快3游戏，每期按彩票销售额的59%、13%和28%，分别计提彩票奖金、彩票发行费和彩票公益金。

二、福利彩票快3游戏上市销售前，贵州省福利彩票销售机构应将广告宣传、上市销售日期、风险控制等销售实施方案报同级财政部门审核，经核准后上市销售。贵州省福利彩票销售机构应及时向社会发布公告，公告内容包括财政部的批准文件名称及文号、同级财政部门的核准文件名称及文号等。

三、贵州省福利彩票快速开奖游戏终端数量应严格执行财政部核定的控制数。福利彩票快3游戏可设置新的投注站点销售，也可选择部分条件较好的现有投注站点销售，但原则上不得在福利彩票、体育彩票双机店销售，不得利用互联网销售。

四、你中心应严格遵照各项彩票管理制度规定，督促贵州省福利彩票销售机构加强彩票销售的风险控制和安全管理，切实做好对外宣传等工作，确保彩票市场平稳健康发展。

附件：中国福利彩票快3游戏规则（略）

关于在湖北省销售福利彩票快 3 游戏的通知

（2012 年 10 月 19 日　财政部　财办综［2012］90 号）

中国福利彩票发行管理中心：

你中心《关于湖北省上市销售中国福利彩票快 3 游戏的请示》（中彩发字［2012］83 号）收悉。为完善湖北省福利彩票游戏结构，促进彩票市场平稳健康发展，经研究，根据《彩票管理条例》（国务院令第 554 号）和《彩票管理条例实施细则》（财政部　民政部　国家体育总局令第 67 号）等相关规定，现就有关事项通知如下：

一、同意你中心在湖北省销售福利彩票快 3 游戏，具体游戏规则见附件。湖北省销售福利彩票快 3 游戏，每期按彩票销售额的 59%、13% 和 28%，分别计提彩票奖金、彩票发行费和彩票公益金。

二、福利彩票快 3 游戏上市销售前，湖北省福利彩票销售机构应将广告宣传、上市销售日期、风险控制等销售实施方案报同级财政部门审核，经核准后上市销售。湖北省福利彩票销售机构应及时向社会发布公告，公告内容包括财政部的批准文件名称及文号、同级财政部门的核准文件名称及文号等。

三、湖北省福利彩票快速开奖游戏终端数量应严格执行财政部核定的控制数。福利彩票快 3 游戏可设置新的投注站点销售，也可选择部分条件较好的现有投注站点销售，但原则上不得在福利彩票、体育彩票双机店销售，不得利用互联网销售。

四、你中心应严格遵照各项彩票管理制度规定，督促湖北省福利彩票销售机构加强彩票销售的风险控制和安全管理，切实做好对外宣传等工作，确保彩票市场平稳健康发展。

附件：中国福利彩票快 3 游戏规则（略）

关于调整陕西省福利彩票快乐十分游戏规则的通知

（2012 年 10 月 19 日　财政部　财办综［2012］91 号）

中国福利彩票发行管理中心：

你中心《关于陕西省提高中国福利彩票快乐十分游戏返奖比例的请示》（中彩发字［2012］76 号）收悉。为完善陕西省福利彩票游戏结构，促进彩票市场平稳健康发展，经研究，根据《彩票管理条例》（国务院令第 554 号）和《彩票管理条例实施细则》（财政部　民政部　国家体育总局令第 67 号）等相关规定，现就有关事项通知如下：

一、同意你中心调整陕西省福利彩票快乐十分的游戏规则，调整后的规则见附件。陕西省销售福利彩票快乐十分游戏，每期按彩票销售额的 59%、13% 和 28%，分别计提彩票奖金、彩票发行费和彩票公益金。

二、福利彩票快乐十分游戏上市销售前，陕西省福利彩票销售机构应将广告宣传、上市销售日期、风险控制等销售实施方案报同级财政部门审核，经核准后上市销售。陕西省福利彩票销售机构应及时向社会发布公告，公告内容包括财政部的批准文件名称及文号、同级财政部门的核准文件名称及文号等。

三、陕西省福利彩票快速开奖游戏终端数量应严格执行财政部核定的控制数。福利彩票快乐十分游戏可设置新的投注站点销售，也可选择部分条件较好的现有投注站点销售，但原则上不得在福利彩票、体育彩票双机店销售，不得利用互联网销售。

四、你中心应严格遵照各项彩票管理制度规定，督促陕西省福利彩票销售机构加强彩票销售的风险控制和安全管理，切实做好对外宣传等工作，确保彩票市场平稳健康发展。

附件：中国福利彩票快乐十分游戏规则

附件

中国福利彩票快乐十分游戏规则

第一章 总 则

第一条 根据《彩票管理条例》（国务院令第554号）和《彩票管理条例实施细则》（财政部 民政部 国家体育总局令第67号）等有关规定，制定本规则。

第二条 中国福利彩票快乐十分游戏（以下简称“快乐十分游戏”）由中国福利彩票发行管理中心发行和组织销售，经财政部批准的福利彩票销售机构（以下称“相关省福彩机构”）在所辖区域内销售。

第三条 快乐十分游戏采用计算机网络系统发行，在相关省福彩机构设置的销售网点销售，定期开奖。

第四条 快乐十分游戏实行自愿购买，凡购买者均被视为同意并遵守本规则。

第五条 不得向未成年人出售彩票或兑付奖金。

第二章 投 注

第六条 快乐十分游戏是指从01—20共二十个号码中任意选择一至五个号码进行投注，一组一至五个号码的组合称为一注。每注金额人民币2元。购买者可对其选定的投注号码进行多倍投注，投注倍数范围为2—99倍。单张彩票的投注金额最高不得超过20 000元。

第七条 购买者可在相关省福彩机构设置的销售网点投注。投注号码经投注机打印出对奖凭证，交购买者保存，此对奖凭证即为快乐十分游戏彩票。

第八条 快乐十分游戏根据投注号码个数分为选一、选二、选三、选四、选五投注，具体规定如下：

（一）选一投注：是指从01—20中任意选择一个号码进行投注，规定01至18为数字号码，19和20为红色号码，分为如下两种投注方式：

1. 选一数投，是指从01—18中任意选择一个数字号码，对开奖号码中按开奖顺序出现的第一个位置的投注。

2. 选一红投，是指任意选择一个红色号码，对开奖号码中按开奖顺序出现的第一个位置的投注。

（二）选二投注：是指从01—20中任意选择两个号码进行投注，具体分为：

1. 选二任选，是指对开奖号码中任意两个位置的投注。

2. 选二连组，是指对开奖号码中按开奖顺序出现的两个连续位置的投注。

3. 选二连直，是指对开奖号码中按开奖顺序出现的两个连续位置按位相符的投注。

（三）选三投注：是指从01—20中任意选择三个号码进行投注，具体分为：

1. 选三任选，是指对开奖号码中任

意三个位置的投注。

2. 选三前组，是指对开奖号码中按开奖顺序出现的前三个连续位置的投注。

3. 选三前直，是指对开奖号码中按开奖顺序出现的前三个连续位置按位相符的投注。

（四）选四投注：是指从 01—20 中任意选择四个号码，对开奖号码中任意 4 个位置的投注。

（五）选五投注：是指从 01—20 中任意选择五个号码，对开奖号码中任意 5 个位置的投注。

第九条 购买者可选择机选号码投注、自选号码投注。机选号码投注是指由投注机随机产生投注号码进行投注，自选号码投注是指将购买者选定的号码输入投注机进行投注。

第十条 购买者可选择复式投注、胆拖投注、多期投注。复式投注是指所选号码个数超过单式投注的号码个数，所选号码可组合为每一种单式投注方式的多注彩票的投注。胆拖投注是指先选取少于单式投注号码个数的号码作为胆码（即每注彩票均包含的号码），再选取除胆码以外的号码作为拖码，胆码与拖码个数之和必须多于单式投注号码个数，由胆码与拖码的每一种组合按单式投注方式组成多注彩票的投注。多期投注是指购买从当期起连续若干期的彩票。

第十一条 快乐十分游戏每期销售时间为 10 分钟。销售期号以销售日按每期开奖顺序编排。

第十二条 快乐十分游戏每期全部投注号码的可投注数量实行限量销售，若投注号码受限，则不能投注。若因销售终端故障、通讯线路故障和投注站信用额度受限等原因造成投注不成功，应退还购买者投注金额。

第三章 设　奖

第十三条 快乐十分游戏按当期销售额的 59%、13% 和 28% 分别计提彩票奖金、彩票发行费和彩票公益金。彩票奖金分为当期奖金和调节基金，其中，58% 为当期奖金，1% 为调节基金。

第十四条 快乐十分游戏按不同单式投注方式设奖，均为固定奖。奖金规定如下：

（一）选一投注

1. 选一数投中一：单注奖金固定为 24 元。

2. 选一红投中一：单注奖金固定为 8 元。

（二）选二投注

1. 选二任选中二：单注奖金固定为 8 元。

2. 选二连组中二：单注奖金固定为 31 元。

3. 选二连直中二：单注奖金固定为 62 元。

（三）选三投注

1. 选三任选中三：单注奖金固定为 24 元。

2. 选三前组中三：单注奖金固定为 1 300 元。

3. 选三前直中三：单注奖金固定为 8 000 元。

（四）选四投注

选四任选中四：单注奖金固定为 80 元。

（五）选五投注

选五任选中五：单注奖金固定为320元。

第十五条 快乐十分游戏设置调节基金。调节基金包括按销售总额1%提取部分、逾期未退票的票款。调节基金用于支付不可预见的奖金支出风险，以及设立特别奖。动用调节基金设立特别奖，应报同级财政部门审核批准。

第十六条 快乐十分游戏设置奖池。奖池资金由当期计提奖金与实际中出奖金的差额组成。当期实际中出奖金小于计提奖金时，余额进入奖池；当期实际中出奖金超过计提奖金时，差额由奖池资金补足。当奖池资金总额不足时，由调节基金补足，调节基金不足时，用彩票机构业务费垫支。在出现业务费垫支的情况下，当调节基金有资金滚入时优先偿还垫支的业务费。

第四章 开　　奖

第十七条 快乐十分游戏采用专用电子开奖设备开奖，每期从01—20共二十个号码中随机依次生成八个不同号码，作为当期开奖号码。开奖号码的顺序不能颠倒。每期开奖时间为1分钟。

第十八条 每期开奖后，相关省福彩机构应向社会公布开奖号码、当期销售总额、各奖级中奖情况及奖池资金余额等信息，并将开奖结果通知销售网点。

第五章 中　　奖

第十九条 根据购买者选择的快乐十分游戏的投注号码和投注方式，与当期开奖号码按数位顺序的相符情况，确定相应的中奖资格。具体规定如下：

（一）选一投注

1. 选一数投中一：投注号码与当期开奖号码中按开奖顺序出现的第一个位置数字号码相符，即中奖。

2. 选一红投中一：投注号码与当期开奖号码中按开奖顺序出现的第一个位置为红色号码，即中奖。

（二）选二投注

1. 选二任选中二：投注号码与当期开奖号码中任意两个位置的号码相符，即中奖。

2. 选二连组中二：投注号码与当期开奖号码中按开奖顺序出现的两个连续位置的号码相符（顺序不限），即中奖。

3. 选二连直中二：投注号码与当期开奖号码中按开奖顺序出现的两个连续位置的号码按位相符，即中奖。

（三）选三投注

1. 选三任选中三：投注号码与当期开奖号码中任意三个位置的号码相符，即中奖。

2. 选三前组中三：投注号码与当期开奖号码中按开奖顺序出现的前三个连续位置的号码相符（顺序不限），即中奖。

3. 选三前直中三：投注号码与当期开奖号码中按开奖顺序出现的前三个连续位置的号码按位相符，即中奖。

（四）选四投注

选四任选中四：投注号码与当期开奖号码中任意四个位置的号码相符，即中奖。

（五）选五投注

选五任选中五：投注号码与当期开奖号码中任意五个位置的号码相符，即中奖。

第二十条 当期每注投注号码只有一

次中奖机会，不能兼中兼得，特别设奖除外。

第六章　兑　　奖

第二十一条　快乐十分游戏兑奖当期有效。中奖者应当自开奖之日起60个自然日内，持中奖彩票到指定的地点兑奖。逾期未兑奖视为弃奖，弃奖奖金纳入彩票公益金。

第二十二条　中奖彩票为中奖唯一凭证，中奖彩票因玷污、损坏等原因不能正确识别的，不能兑奖。

第二十三条　兑奖机构可以查验中奖者的中奖彩票及有效身份证件，中奖者兑奖时应予配合。

第七章　附　　则

第二十四条　本规则自批准之日起执行。

关于在河北省销售体育彩票11选5游戏的通知

（2012年10月19日　财政部　财办综［2012］92号）

国家体育总局体育彩票管理中心：

你中心《关于提高河北省高频游戏返奖率的请示》（体彩字［2012］271号）收悉。为完善河北省体育彩票游戏结构，促进彩票市场平稳健康发展，经研究，根据《彩票管理条例》（国务院令第554号）和《彩票管理条例实施细则》（财政部　民政部　国家体育总局令第67号）等相关规定，现就有关事项通知如下：

一、同意你中心在河北省销售体育彩票11选5游戏，具体游戏规则见附件。河北省销售体育彩票11选5游戏，每期按彩票销售额的59%、13%和28%，分别计提彩票奖金、彩票发行费和彩票公益金。

二、体育彩票11选5游戏上市销售前，河北省体育彩票销售机构应将广告宣传、上市销售日期、风险控制等销售实施方案报同级财政部门审核，经核准后上市销售。河北省体育彩票销售机构应及时向社会发布公告，公告内容包括财政部的批准文件名称及文号、同级财政部门的核准文件名称及文号等。

三、河北省体育彩票快速开奖游戏终端数量应严格执行财政部核定的控制数。体育彩票11选5游戏可设置新的投注站点销售，也可选择部分条件较好的现有投注站点销售，但原则上不得在福利彩票、体育彩票双机店销售，不得利用互联网销售。

四、同意你中心停止在河北省销售体育彩票运动生肖游戏。运动生肖游戏停止销售前，河北省体育彩票销售机构应及时向社会公告，并在公告中注明财政部的批准文件名称及文号。运动生肖游戏停止销售后，在兑奖期内，应当按照规定兑付奖金。兑奖期结束后，奖池资金和调节基金若有结余，转为一般调节基金。若奖池资金和调节基金的余额为负数，不足部分从发行费中列支。

五、你中心应严格遵照各项彩票管理制度规定，督促河北省体育彩票销售机构加强彩票销售的风险控制和安全管理，切实做好对外宣传等工作，确保彩票市场平稳健康发展。

附件：中国体育彩票 11 选 5 游戏规则（略）

关于调整内蒙古自治区体育彩票 11 选 5 游戏规则的通知

（2012 年 11 月 15 日　财政部　财办综［2012］101 号）

国家体育总局体育彩票管理中心：

你中心《关于内蒙古自治区高频游戏返奖率的请示》（体彩字［2012］275 号）收悉。为完善内蒙古自治区体育彩票游戏结构，促进彩票市场平稳健康发展，经研究，根据《彩票管理条例》（国务院令第 554 号）和《彩票管理条例实施细则》（财政部　民政部　国家体育总局令第 67 号）等相关规定，现就有关事项通知如下：

一、同意你中心调整内蒙古自治区体育彩票 11 选 5 游戏规则，调整后的游戏规则见附件。内蒙古自治区销售体育彩票 11 选 5 游戏，每期按彩票销售额的 59%、13% 和 28%，分别计提彩票奖金、彩票发行费和彩票公益金。

二、调整后的体育彩票 11 选 5 游戏上市销售前，内蒙古自治区体育彩票销售机构应将广告宣传、上市销售日期、风险控制等销售实施方案报同级财政部门审核，经核准后上市销售。内蒙古自治区体育彩票销售机构应及时向社会发布公告，公告内容包括财政部的批准文件名称及文号、同级财政部门的核准文件名称及文号等。

三、内蒙古自治区体育彩票快速开奖游戏终端数量应严格执行财政部核定的控制数。体育彩票 11 选 5 游戏可设置新的投注站点销售，也可选择部分条件较好的现有投注站点销售，但原则上不得在福利彩票、体育彩票双机店销售，不得利用互联网销售。

四、你中心应严格遵照各项彩票管理制度规定，督促内蒙古自治区体育彩票销售机构加强彩票销售的风险控制和安全管理，切实做好对外宣传等工作，确保彩票市场平稳健康发展。

附件：中国体育彩票11选5游戏规则（略）

关于在内蒙古自治区销售福利彩票快3游戏的通知

（2012年11月15日　财政部　财办综［2012］102号）

中国福利彩票发行管理中心：

你中心《关于内蒙古自治区上市销售中国福利彩票快3游戏的请示》（中彩发字［2012］126号）收悉。为完善内蒙古自治区福利彩票游戏结构，促进彩票市场平稳健康发展，经研究，根据《彩票管理条例》（国务院令第554号）和《彩票管理条例实施细则》（财政部　民政部　国家体育总局令第67号）等相关规定，现就有关事项通知如下：

一、同意你中心在内蒙古自治区销售福利彩票快3游戏，具体游戏规则见附件。内蒙古自治区销售福利彩票快3游戏，每期按彩票销售额的59%、13%和28%，分别计提彩票奖金、彩票发行费和彩票公益金。

二、福利彩票快3游戏上市销售前，内蒙古自治区福利彩票销售机构应将广告宣传、上市销售日期、风险控制等销售实施方案报同级财政部门审核，经核准后上市销售。内蒙古自治区福利彩票销售机构应及时向社会发布公告，公告内容包括财政部的批准文件名称及文号、同级财政部门的核准文件名称及文号等。

三、内蒙古自治区福利彩票快速开奖游戏终端数量应严格执行财政部核定的控制数。福利彩票快3游戏可设置新的投注站点销售，也可选择部分条件较好的现有投注站点销售，但原则上不得在福利彩票、体育彩票双机店销售，不得利用互联网销售。

四、你中心应严格遵照各项彩票管理制度规定，督促内蒙古自治区福利彩票销售机构加强彩票销售的风险控制和安全管理，切实做好对外宣传等工作，确保彩票市场平稳健康发展。

附件：中国福利彩票快3游戏规则（略）

关于同意印制发行“金铃铛”等15款即开型体育彩票的通知

（2012年11月19日　财政部　财办综［2012］105号）

国家体育总局体育彩票管理中心：

你中心《关于印制发行“金铃铛”等即开型体育彩票的请示》（体彩字［2012］263号）收悉。根据《彩票管理条例》（国务院令第554号）、《彩票管理条例实施细则》（财政部　民政部　国家体育总局令第67号）等有关规定，现就有关事项通知如下：

一、为了完善体育彩票市场结构，丰富彩票游戏，同意你中心印制并在全国发行“金铃铛”等15款即开型体育彩票，具体游戏规则见附件。“金铃铛”等即开型体育彩票按销售总额的65%、15%和20%分别计提彩票奖金、彩票发行费和彩票公益金。

二、你中心向各省、自治区、直辖市体育彩票销售机构分配彩票游戏时，应当将彩票游戏、数量和金额等具体分配方案报财政部备案，并按月报送全国印制和发行情况。各省、自治区、直辖市体育彩票销售机构领取彩票游戏后，应当及时将领取的彩票游戏、数量和金额等明细情况报同级财政部门备案，并按月报送具体销售情况。

三、“金铃铛”等即开型体育彩票上市销售前，你中心应当及时向社会发布公告，并在公告中注明财政部的批准文件名称及文号。

四、你中心应当严格按照各项彩票管理制度规定，建立健全彩票发行和销售风险防控制度及应急机制；督促各省、自治区、直辖市体育彩票销售机构切实加强彩票安全管理，做好本行政区域内即开型体育彩票的销售工作。

附件：“金铃铛”等网点即开型体育彩票游戏规则

附件

“金铃铛”等网点即开型体育彩票游戏规则

一、金铃铛

（一）面值：2元。

（二）奖组：60万张。

（三）玩法规则：刮开覆盖膜，如果出现一个“蝴蝶结”标志，即中得该标志下方所示的金额。兼中兼得。

（四）设奖方案：

奖级	中奖金额（元）	中奖个数	中奖小计（元）
1	15 000	1	15 000
2	2 000	10	20 000
3	200	530	106 000
4	60	1 550	93 000
5	30	1 000	30 000
6	15	6 000	90 000
7	5	34 000	170 000
8	2	128 000	256 000
合计		171 091	780 000

二、富贵鱼

（一）面值：2 元。

（二）奖组：60 万张。

（三）玩法规则：刮开覆盖膜，如果同一个金额出现三次，即中得该单一金额。兼中兼得。

（四）设奖方案：

奖级	中奖金额（元）	中奖个数	中奖小计（元）
1	15 000	1	15 000
2	1 000	15	15 000
3	500	60	30 000
4	100	350	35 000
5	50	1 500	75 000
6	15	4 000	60 000
7	10	12 000	120 000
8	5	34 000	17 000
9	2	130	260 000
合计		181 926	780 000

三、采蘑菇

（一）面值：5 元。

（二）奖组：60 万张。

（三）玩法规则：刮开覆盖膜，如果出现“蘑菇”标志，即中得该标志下方所示的金额；如果出现“篮子”标志，即中得刮开区内所示的 8 个金额之和。兼中兼得。

（四）设奖方案：

奖级	中奖金额（元）	中奖个数	中奖小计（元）
1	100 000	1	100 000
2	8 000	1	8 000
3	2 000	10	20 000
4	800	50	40 000
5	500	250	125 000
6	100	1 820	182 000
7	50	2 500	125 000
8	30	5 000	150 000
9	20	10 000	200 000
10	10	30 000	300 000
11	5	140 000	700 000
合计		189 632	1 950 000

四、棋

（一）面值：5 元。

（二）奖组：60 万张。

（三）玩法规则：刮开覆盖膜，如果出现“棋手”标志，即中得该标志下方所示的金额；如果出现“高手”标志，即中得该标志下方所示金额的两倍；如果出现“国手”标志，即中得刮开区内所示的 8 个金额之和。兼中兼得。

（四）设奖方案：

奖级	中奖金额（元）	中奖个数	中奖小计（元）
1	100 000	1	100 000
2	1 000	7	7 000
3	500	20	10 000
4	200	315	63 000
5	100	1 105	110 500

续表

奖级	中奖金额（元）	中奖个数	中奖小计（元）
6	50	3 190	159 500
7	20	27 500	550 000
8	10	40 000	400 000
9	5	110 000	550 000
合计		182 138	1 950 000

五、过大年 I

（一）面值：5 元。

（二）奖组：30 万张。

（三）玩法规则：刮开覆盖膜，如果出现“筷子”标志，即中得该标志下方所示的金额；如果出现“铜钱”标志，即中得该标志下方所示金额的两倍。兼中兼得。

（四）设奖方案：

奖级	中奖金额（元）	中奖个数	中奖小计（元）
1	100 000	1	100 000
2	9 000	1	9 000
3	1 000	1	1 000
4	500	50	25 000
5	100	800	80 000
6	50	1 200	60 000
7	30	1 250	37 500
8	15	12 500	187 500
9	10	17 500	175 000
10	5	60 000	300 000
合计		93 303	975 000

六、剪子包袱锤

（一）面值：10 元。

（二）奖组：60 万张。

（三）玩法规则：“剪子”胜“包袱”；“包袱”胜“锤”；“锤”胜“剪子”。刮开覆盖膜，在任意一场游戏中，如果你的手势胜过对手手势，即中得该场游戏右方所示的金额；如果在奖金位置出现“握手”标志，则按照刮开区中“握手”标志的总数中得下表中相应的金额。兼中兼得。

1 个“握手”= 10 元；2 个“握手”= 20 元；

3 个“握手”= 50 元；4 个“握手”= 100 元。

（四）设奖方案：

奖级	中奖金额（元）	中奖个数	中奖小计（元）
1	50 000	1	50 000
2	1 000	200	200 000
3	100	7 000	700 000
4	50	15 000	750 000
5	20	35 000	700 000
6	10	150 000	1 500 000
合计		207 201	3 900 000

七、打黑 8

（一）面值：10 元。

（二）奖组：60 万张。

（三）玩法规则：刮开覆盖膜，如果在任意一个球中出现“中’标志，即中得该球下方所示的金额；如果在 8 号球中出现“赢”标志，即中得刮开区内所示的 15 个金额之和。兼中兼得。

（四）设奖方案：

奖级	中奖金额（元）	中奖个数	中奖小计（元）
1	250 000	1	250 000
2	50 000	1	50 000
3	5 000	10	50 000
4	1 000	250	250 000
5	500	500	250 000

续表

奖级	中奖金额（元）	中奖个数	中奖小计（元）
6	100	3 500	350 000
7	50	10 000	500 000
8	20	35 000	700 000
9	10	150 000	1 500 000
合计		199 262	3 900 000

八、砸金蛋

（一）面值：10元。

（二）奖组：180万张。

（三）玩法规则：刮开覆盖膜，如果你的号码中的任意一个号码与中奖号码之一相同，即中得该号码下方所示的金额；如果出现“金砖”标志，即中得刮开区内所示的12个金额之和。兼中兼得。

（四）设奖方案：

奖级	中奖金额（元）	中奖个数	中奖小计（元）
1	250 000	1	250 000
2	5 000	7	35 000
3	1 200	10	12 000
4	800	240	192 000
5	400	450	180 000
6	100	12 060	1 206 000
7	50	19 500	975 000
8	20	240 000	4 800 000
9	10	405 000	4 050 000
合计		677 268	11 700 000

九、魔法师

（一）面值：10元。

（二）奖组：180万张。

（三）玩法规则：刮开覆盖膜，如果你的号码中的任意一个号码与中奖号码之一相同，即中得该号码下方所示的金额；如果出现“魔杖”标志，即中得刮开区内所示的12个金额之和。兼中兼得。

（四）设奖方案：

奖级	中奖金额（元）	中奖个数	中奖小计（元）
1	250 000	1	250 000
2	5 000	4	20 000
3	1 200	10	12 000
4	800	240	192 000
5	400	435	174 000
6	100	16 200	1 620 000
7	50	26 640	1 332 000
8	20	240 000	4 800 000
9	10	330 000	3 300 000
合计		613 530	11 700 000

十、幸福99

（一）面值：10元。

（二）奖组：30万张。

（三）玩法规则：刮开覆盖膜，如果出现“9”标志，即中得该标志下方所示的金额；如果出现“99”标志，即中得该标志下方所示金额的九倍。如果在幸运奖区出现“心”标志，即中得100元。兼中兼得。

（四）设奖方案：

奖级	中奖金额（元）	中奖个数	中奖小计（元）
1	250 000	1	250 000
2	9 000	1	9 000
3	1 000	5	5 000
4	500	200	100 000
5	100	900	90 000
6	50	1 920	96 000
7	30	10 000	300 000
8	20	25 000	500 000
9	10	60 000	600 000
合计		98 027	1 950 000

十一、金蛇添财

（一）面值：10 元。

（二）奖组：60 万张。

（三）玩法规则：刮开覆盖膜，如果在任意一场游戏中出现两个“金蛇”标志，即中得该场游戏右方所示的金额。兼中兼得。

（四）设奖方案：

奖级	中奖金额（元）	中奖个数	中奖小计（元）
1	250 000	1	250 000
2	5 000	5	25 000
3	1 000	25	25 000
4	500	500	250 000
5	300	500	150 000
6	100	2 500	250 000
7	50	15 000	750 000
8	20	40 000	800 000
9	10	140 000	1 400 000
合计		198 531	3 900 000

十二、过大年 II

（一）面值：10 元。

（二）奖组：30 万张。

（三）玩法规则：刮开覆盖膜，如果你的号码中的任意一个号码与中奖号码之一相同，即中得该号码下方所示的金额；如果出现“鞭炮”标志，即中得刮开区内所示的 12 个金额之和。兼中兼得。

（四）设奖方案：

奖级	中奖金额（元）	中奖个数	中奖小计（元）
1	250 000	1	250 000
2	8 000	2	16 000
3	2 000	3	6 000
4	800	50	40 000
5	400	85	34 000
6	100	350	35 000

续表

奖级	中奖金额（元）	中奖个数	中奖小计（元）
7	80	900	72 000
8	50	1 940	97 000
9	20	45 000	900 000
10	10	50 000	500 000
合计		98 331	1 950 000

十三、过大年 III

（一）面值：20 元。

（二）奖组：1 500 万张。

（三）玩法规则：①除夕：刮开覆盖膜，如果你的号码中的任意一个号码与中奖号码之一相同，即中得该号码下方所示的金额。②初一：刮开覆盖膜，如果在任意一场游戏中出现两个相同的号码，即中得该场游戏右方所示的金额。③初二：刮开覆盖膜，如果出现“葫芦”标志，即中得该标志下方所示的金额；如果出现“禄”标志，即中得该标志下方所示金额的两倍。④初三：刮开覆盖膜，如果你的符号中的任意一个符号与中奖符号之一相同，即中得该符号下方所示的金额。兼中兼得。

（四）设奖方案：

奖级	中奖金额（元）	中奖个数	中奖小计（元）
1	1 000 000	10	10 000 000
2	250 000	5	1 250 000
3	40	10	400 000
4	8 000	100	800 000
5	3 000	1 250	3 750 000
6	800	12 500	10 000 000
7	300	37 500	11 250 000
8	100	75 500	7 550 000
9	80	250 000	20 000 000
10	40	1 500 000	60 000 000
11	20	3 500 000	70 000 000
合计		5 376 875	195 000 000

十四、黑旋风

（一）面值：20 元。

（二）奖组：600 万张。

（三）玩法规则：刮开覆盖膜，如果你的号码中的任意一个号码与中奖号码之一相同，即中得该号码下方所示的金额；如果出现“凤蝶”标志，即中得该标志下方所示金额的两倍；如果出现“明珠”标志，即中得该标志下方所示金额的五倍；如果出现“赤金”标志，即中得该标志下方所示金额的十倍；如果出现“名钻”标志，即中得刮开区内所示的 20 个金额之和。兼中兼得。

（四）设奖方案：

奖级	中奖金额（元）	中奖个数	中奖小计（元）
1	1 000 000	1	1 000 000
2	100 000	1	100 000
3	10 000	10	100 000
4	2 000	50	100 000
5	1 000	1 600	1 600 000
6	500	10 200	5 100 000
7	100	200 000	20 000 000
8	50	200 000	10 000 000
9	30	600 000	18 000 000
10	20	1 100 000	22 000 000
合计		2 111 862	78 000 000

十五、富贵多多

（一）面值：30 元。

（二）奖组：3 000 万张。

（三）玩法规则：①游戏一：刮开覆盖膜，如果出现黑色的“宝箱”标志，即中得该标志下方所示的金额；如果出现红色的“宝箱”标志，即中得该标志下方所示金额的两倍。②游戏二：刮开覆盖膜，如果每出现一个金额，即中得该金额。③游戏三：刮开覆盖膜，如果每出现一个黑色的“钻石”标志，即中得 100 元；如果每出现一个红色的“钻石”标志，即中得 500 元。④游戏四：刮开覆盖膜，如果你的号码中的任意一个号码与中奖号码之一相同，即中得该号码下方所示的金额。兼中兼得。

（四）设奖方案：

奖级	中奖金额（元）	中奖个数	中奖小计（元）
1	1 000 000	26	26 000 000
2	200 000	11	2 200 000
3	40 000	51	2 040 000
4	5 000	202	1 010 000
5	1 000	25 000	25 000 000
6	500	150 000	75 000 000
7	100	1 012 500	101 250 000
8	50	1 875 000	93 750 000
9	30	8 625 000	258 750 000
合计		11 687 790	585 000 000

关于同意印制发行“金雀报喜”等20款即开型福利彩票的通知

（2012年11月19日　财政部　财办综［2012］106号）

中国福利彩票发行管理中心：

你中心《关于申报2012年第二批中国福利彩票即开型彩票游戏的请示》（中彩发字［2012］116号）收悉。根据《彩票管理条例》（国务院令第554号）、《彩票管理条例实施细则》（财政部　民政部　国家体育总局令第67号）等有关规定，现就有关事项通知如下：

一、为了完善福利彩票市场结构，丰富彩票游戏，同意你中心印制并在全国发行“金雀报喜”等20款即开型福利彩票，具体游戏规则见附件。“金雀报喜”等即开型福利彩票按销售总额的65%、15%和20%分别计提彩票奖金、彩票发行费和彩票公益金。

二、你中心向各省、自治区、直辖市福利彩票销售机构分配彩票游戏时，应当将彩票游戏、数量和金额等具体分配方案报财政部备案，并按月报送全国印制和发行情况。各省、自治区、直辖市福利彩票销售机构领取彩票游戏后，应当及时将领取的彩票游戏、数量和金额等明细情况报同级财政部门备案，并按月报送具体销售情况。

三、“金雀报喜”等即开型福利彩票上市销售前，你中心应当及时向社会发布公告，并在公告中注明财政部的批准文件名称及文号。

四、你中心应当严格按照各项彩票管理制度规定，建立健全彩票发行和销售风险防控制度及应急机制；督促各省、自治区、直辖市福利彩票销售机构切实加强彩票安全管理，做好本行政区域内即开型福利彩票的销售工作。

附件：“金雀报喜”等网点即开型福利彩票游戏规则

附件

“金雀报喜”等网点即开型福利彩票游戏规则

一、金雀报喜

（一）面值：2元。

（二）奖组：100万张。

（三）玩法规则：

刮开覆盖膜，如果刮出“”喜鹊

图符，即可获得该图符下方所对应的奖金，中奖奖金兼中兼得；其他图符下方所对应的奖金无效。

（四）设奖方案：

奖级	单奖金额（元）	中奖个数	中奖小计（元）
1	50 000	1	50 000
2	500	200	100 000
3	100	1 200	120 000
4	50	1 800	90 000
5	10	24 000	240 000
6	8	27 000	216 000
7	4	66 000	264 000
8	2	110 000	220 000
合计		230 201	1 300 000

二、向日葵

（一）面值：2 元。

（二）奖组：100 万张。

（三）玩法规则：

刮开覆盖膜，如果出现两个相同的奖金金额，即中该单一奖金。如果刮出“”向日葵图符，即可获得 10 元奖金。

（四）设奖方案：

奖级	单奖金额（元）	中奖个数	奖金小计（元）
1	30 000	1	30 000
2	1 000	30	30 000
3	100	1 000	100 000
4	50	4 000	200 000
5	20	8 000	160 000
6	10	14 000	140 000
7	4	76 000	304 000
8	2	168 000	336 000
合计		271 031	1 300 000

三、伏羲定姓氏

（一）面值：5 元。

（二）奖组：80 万张。

（三）玩法规则：

刮开覆盖膜，如果在任意一局游戏中找到两个相同姓氏，即可获得该局游戏下方所对应的奖金；如果在任意一局游戏中刮出两个“”太极图符，即可获得该局游戏下方所对应奖金的两倍。共有八局游戏，中奖奖金兼中兼得。

（四）设奖方案：

奖级	单奖金额（元）	中奖个数	奖金小计（元）
1	10 000	1	10 000
2	200	270	54 000
3	100	2 000	200 000
4	50	4 000	200 000
5	35	4 800	168 000
6	25	4 800	120 000
7	20	14 400	288 000
8	15	16 000	240 000
9	10	68 000	680 000
10	5	128 000	640 000
合计		242 271	2 600 000

四、群岛之彩

（一）面值：5 元。

（二）奖组：60 万张。

（三）玩法规则：

本彩票共有两个玩法，两个玩法区内的中奖奖金兼中兼得。

玩法一：刮开覆盖膜，如果任意一个“我的号码”与任意一个“中奖号码”相同，即可获得该“我的号码”下方所对应的奖金，中奖奖金兼中兼得；其他不相同的号码下方所对应的奖金无效。

玩法二：刮开覆盖膜，如果刮出“”古船图符，即可获得50元奖金。

（四）设奖方案：

奖级	单奖金额（元）	中奖个数	奖金小计（元）
1	50 000	1	50 000
2	1 000	100	100 000
3	100	3 000	300 000
4	50	6 000	300 000
5	10	30 000	300 000
6	5	180 000	900 000
合计		219 101	1 950 000

五、生肖一蛇

（一）面值：5元。

（二）奖组：80万张。

（三）玩法规则：

刮开覆盖膜，如果出现三个相同的奖金金额，即中该单一奖金。如果同时出现一个“”笑脸蛇图符，即中该单一奖金的两倍；如果同时出现两个“”笑脸蛇图符，即中该单一奖金的四倍。

（四）设奖方案：

奖级	单奖金额（元）	中奖个数	奖金小计（元）
1	100 000	1	100 000
2	5 000	6	30 000
3	1 000	42	42 000
4	320	300	96 000
5	160	700	112 000
6	80	4 000	320 000
7	40	8 500	340 000
8	20	16 000	320 000
9	10	48 000	480 000
10	5	152 000	760 000
合计		229 549	2 600 000

六、黄山风光

（一）面值：5元。

（二）奖组：40万张。

（三）玩法规则：

本彩票共有两个玩法，两个玩法区内的中奖奖金兼中兼得。

玩法一：刮开覆盖膜，如果任意一个“我的号码”与任意一个“中奖号码”相同，即可获得该“我的号码”下方所对应的奖金，中奖奖金兼中兼得；其他不相同的号码下方所对应的奖金无效。

玩法二：刮开覆盖膜，如果刮出任何奖金金额，即中该奖金。

（四）设奖方案：

奖级	单奖金额（元）	中奖个数	奖金小计（元）
1	60 000	1	60 000
2	1 000	2	2 000
3	50	2 560	128 000
4	20	20 500	410 000
5	5	140 000	700 000
合计		163 063	1 300 000

七、闹新春

（一）面值：5元。

（二）奖组：100万张。

（三）玩法规则：

刮开覆盖膜，如果任意一个“我的号码”与任意一个“幸运号码”相同，即可获得该“我的号码”下方所对应的奖金，中奖奖金兼中兼得；其他不相同的号码下方所对应的奖金无效。如果“我的号码”区域出现“”蛇图符，即可获得20元奖金。

（四）设奖方案：

奖级	单奖金额（元）	中奖个数	奖金小计（元）
1	100 000	1	100 000
2	10 000	1	10 000
3	1 000	55	55 000
4	500	200	100 000
5	100	2 000	200 000
6	50	10 000	500 000
7	20	38 000	760 000
8	15	15 000	225 000
9	10	45 000	450 000
10	5	170 000	850 000
合计		280 257	3 250 000

八、探险家

（一）面值：5 元。

（二）奖组：100 万张。

（三）玩法规则：

刮开覆盖膜，如果任意一个“我的图符”与任意一个“中奖图符”相同，即可获得该“我的图符”下方所对应的奖金，中奖奖金兼中兼得。其他不相同的图符下方所对应的奖金无效。

（四）设奖方案：

奖级	单奖金额（元）	中奖个数	奖金小计（元）
1	150 000	1	150 000
2	5 000	1	5 000
3	800	20	16 000
4	200	120	24 000
5	100	650	65 000
6	50	20 000	1 000 000
7	20	20 000	400 000
8	10	61 000	610 000
9	5	196 000	980 000
合计		297 792	3 250 000

九、小鸡快跑

（一）面值：5 元。

（二）奖组：100 万张。

（三）玩法规则：

本彩票共有两个玩法，两个玩法区内的中奖奖金兼中兼得。

玩法一：刮开覆盖膜，在任意一局游戏中，如果“小鸡的速度”快于“老鹰的速度”，即可获得该局游戏右侧所对应的奖金。共有五局游戏，中奖奖金兼中兼得。

玩法二：刮开覆盖膜，如果刮出“”虫子图符的个数与《玩法二奖金对照表》中所示的个数相同，即可获得相对应的奖金。

（四）设奖方案：

奖级	单奖金额（元）	中奖个数	奖金小计（元）
1	100 000	1	100 000
2	1 000	1	1 000
3	500	12	6 000
4	100	180	18 000
5	60	5 000	300 000
6	50	7 000	350 000
7	30	10 000	300 000
8	25	15 000	375 000
9	20	20 000	400 000
10	10	60 000	600 000
11	5	160 000	800 000
合计		277 194	3 250 000

十、快乐生肖 10 元

（一）面值：10 元。

（二）奖组：100 万张。

（三）玩法规则：

本彩票共有六个玩法，六个玩法区内的中奖奖金兼中兼得。

玩法一：刮开覆盖膜，在任意一局游

戏中，如果刮出三个相同的图符，即可获得该局游戏右方所对应的奖金；如果在任意一局游戏中刮出三个“当年生肖”图符，即可获得该局游戏右方所对应奖金的两倍。共有十局游戏，中奖奖金兼中兼得。

玩法二：刮开覆盖膜，在任意一次游戏中，如果刮出数字“8”，即可获得该数字右方所对应的奖金。共有两次游戏，中奖奖金兼中兼得。

玩法三（好运生肖）：刮开覆盖膜，如果刮出“￥20 元”符号，即可获得 20 元奖金。

玩法四（幸运生肖）：刮开覆盖膜，如果刮出“￥50 元”符号，即可获得 50 元奖金。

玩法五（福运生肖）：刮开覆盖膜，如果刮出“￥100 元”符号，即可获得 100 元奖金。

玩法六（财运生肖）：刮开覆盖膜，如果刮出“￥200 元”符号，即可获得 200 元奖金。

（四）设奖方案：

奖级	单奖金额（元）	中奖个数	奖金小计（元）
1	300 000	1	300 000
2	10 000	1	10 000
3	2 000	5	10 000
4	1 000	40	40 000
5	500	200	100 000
6	200	1 000	200 000
7	100	6 000	600 000
8	50	16 000	800 000
9	30	10 000	300 000
10	20	66 000	1 320 000
11	15	60 000	900 000
12	10	192 000	1 920 000
合计		351 247	6 500 000

十一、中国节

（一）面值：10 元。

（二）奖组：100 万张。

（三）玩法规则：

刮开覆盖膜，如果任意一个“我的号码”与任意一个“中奖号码”相同，即可获得该“我的号码”下方所对应的奖金，其他不相同的号码下方所对应的奖金无效；如果刮出“ ”中国节图符，即可获得该图符下方所对应奖金的两倍。中奖奖金兼中兼得。

（四）设奖方案：

奖级	单奖金额（元）	中奖个数	奖金小计（元）
1	300 000	1	300 000
2	10 000	1	10 000
3	1 000	30	30 000
4	500	400	200 000
5	100	7 000	700 000
6	80	7 000	560 000
7	50	10 000	500 000
8	30	20 000	600 000
9	20	84 000	1 680 000
10	10	192 000	1 920 000
合计		320 432	6 500 000

十二、博爱中山

（一）面值：10 元。

（二）奖组：100 万张。

（三）玩法规则：

本彩票共两个玩法，两个玩法区内的中奖奖金兼中兼得。

玩法一：刮开覆盖膜，如果刮开区中的数字与中奖区中的任意一个数字相同，即可赢得该数字下面所示奖金。

玩法二：刮开“博爱”覆盖膜，若出现任何奖金金额，即获得该奖金。

（四）设奖方案：

奖级	单奖金额（元）	中奖个数	奖金小计（元）
1	500 000	1	500 000
2	50 000	1	50 000
3	1 000	100	100 000
4	500	1 000	500 000
5	100	2 000	200 000
6	50	5 000	250 000
7	30	20 000	600 000
8	15	100 000	1 500 000
9	10	280 000	2 800 000
合计		408 102	6 500 000

十三、中华名人—孟子

（一）面值：10 元。

（二）奖组：50 万张。

（三）玩法规则：

本彩票共有三个玩法，三个玩法区内的中奖奖金兼中兼得。

玩法一：刮开覆盖膜，如果刮出三个相同的指定图符，即可获得《玩法一奖金对照表》所对应的奖金，中奖奖金兼中兼得。

玩法二：刮开覆盖膜，如果任意一个“我的号码”与任意一个“中奖号码”相同，即可获得该“我的号码”下方所对应的奖金，中奖奖金兼中兼得；其他不相同的号码下方所对应的奖金无效。

玩法三：刮开覆盖膜，如果刮出和彩票背面的《玩法三奖金对照表》中相同的四字短语，即可获得所对应的奖金。

（四）设奖方案：

奖级	单奖金额（元）	中奖个数	奖金小计（元）
1	250 000	1	250 000
2	5 000	12	60 000
3	1 000	100	100 000
4	500	280	140 000
5	100	3 000	300 000
6	50	10 000	500 000
7	20	20 000	400 000
8	10	150 000	1 500 000
合计		183 393	3 250 000

十四、民俗文化

（一）面值：10 元。

（二）奖组：200 万张。

（三）玩法规则：

本彩票共有三个玩法，三个玩法区内的中奖奖金兼中兼得。

玩法一：刮开覆盖膜，出现第一步至第五步的数字，从“起点”开始，第一步的数字是几，就在路线图上走几步，如果停到中奖金额上，即中该金额奖金；在第一步的基础上，第二步的数字是几，向前再走几步，如果停到中奖金额上，即中该金额奖金，以此类推。按顺序走完五步的数字后，将所有中奖金额相加，即为所中的奖金。中奖奖金兼中兼得。

玩法二：刮开覆盖膜，如果出现三个相同的奖金金额，即中该单一奖金。

玩法三：刮开覆盖膜，如果任意一个“我的图符”与任意一个“中奖图符”相同，即可获得该“我的图符”下方所对应的奖金，中奖奖金兼中兼得；其他不相同的图符下方所对应的奖金无效。

（四）设奖方案：

奖级	单奖金额（元）	中奖个数	奖金小计（元）
1	300 000	1	300 000
2	9 990	2	19 980
3	1 000	200	200 000
4	300	400	120 000
5	200	1 800	360 000
6	100	16 000	1 600 000
7	50	40 000	2 000 000
8	30	40 000	1 200 000
9	20	112 000	2 240 000
10	10	496 002	4 960 020
合计		706 405	13 000 000

十五、花神

（一）面值：10 元。

（二）奖组：150 万张。

（三）玩法规则：

本彩票共有两个玩法，两个玩法区内的中奖奖金兼中兼得。

玩法一：刮开覆盖膜，如果任意一个“我的号码”与任意一个“中奖号码”相同，即可获得该“我的号码”右方所对应的奖金。中奖奖金兼中兼得。其他不相同的号码右方所对应的奖金无效。

玩法二：如果刮出字符“花神”，即可获得该字符下方所对应的奖金。中奖奖金兼中兼得。

（四）设奖方案：

奖级	单奖金额（元）	中奖个数	奖金小计（元）
1	400 000	1	400 000
2	5 000	10	50 000
3	1 000	100	100 000
4	500	1 500	750 000
5	200	1 000	200 000
6	100	7 800	780 000
7	80	3 000	240 000

续表

奖级	单奖金额（元）	中奖个数	奖金小计（元）
8	60	3 000	180 000
9	50	12 000	600 000
10	40	15 000	600 000
11	30	15 000	450 000
12	20	120 000	2 400 000
13	10	300 000	3 000 000
合计		478 411	9 750 000

十六、爱我家园

（一）面值：10 元。

（二）奖组：60 万张。

（三）玩法规则：

本彩票共有三个玩法，三个玩法区内的中奖奖金兼中兼得。

玩法一：刮开覆盖膜，如果刮出任何奖金金额，即中该奖金。

玩法二：刮开覆盖膜，如果出现三个相同的奖金金额，即中该单一奖金。

玩法三：刮开覆盖膜，如果刮出“”树木图符，即可获得该图符下方所对应的奖金，中奖奖金兼中兼得。

（四）设奖方案：

奖级	单奖金额（元）	中奖个数	奖金小计（元）
1	250 000	1	250 000
2	5 000	2	10 000
3	1 000	40	40 000
4	200	300	60 000
5	100	4 800	480 000
6	50	13 200	660 000
7	30	12 000	360 000
8	20	24 000	480 000
9	15	36 000	540 000
10	10	102 000	1 020 000
合计		192 343	3 900 000

十七、昆曲

（一）面值：10 元。

（二）奖组：150 万张。

（三）玩法规则：

本彩票共有两个玩法，两个玩法区内的中奖奖金兼中兼得。

玩法一：刮开覆盖膜，如果在成行、成列方向上出现五个相同的号码，即可获得该方向所对应的奖金；若有多行、多列满足中奖条件，中奖奖金兼中兼得。如果在成行、成列方向上未出现五个相同的号码，该方向所对应的奖金无效。

玩法二：刮开覆盖膜，如果刮出任何奖金金额，即可获得该奖金。中奖奖金兼中兼得。

（四）设奖方案：

奖级	单奖金额（元）	中奖个数	奖金小计（元）
1	250 000	1	250 000
2	10 000	1	10 000
3	2 000	10	20 000
4	1 000	110	110 000
5	500	1 400	700 000
6	200	1 400	280 000
7	100	12 250	1 225 000
8	50	24 000	1 200 000
9	30	18 000	540 000
10	20	120 000	2 400 000
11	10	300 000	3 000 000
12	5	3 000	15 000
合计		480 172	9 750 000

十八、幸运双色球

（一）面值：20 元。

（二）奖组：200 万张。

（三）玩法规则：

本彩票共有四个玩法，四个玩法区内的中奖奖金兼中兼得。

玩法一：刮开覆盖膜，在任意一局游戏中，比对我的号码与开奖结果中刮出的红球、蓝球号码，根据对中的红球、蓝球号码的个数（不按顺序），即可获得彩票背面《玩法一奖金对照表》中所对应的奖金。共有五局游戏，中奖奖金兼中兼得。

玩法二：刮开覆盖膜，如果在成行、成列或成斜线方向上刮出五个相同图符，即可获得 10 元奖金。中奖奖金兼中兼得。

玩法三：刮开覆盖膜，如果刮出“”幸运双色球图符，即可获得 60 元奖金。

玩法四：刮开覆盖膜，如果任意一个“红球号码”与中间的“蓝球号码”相同，即可获得奖金区内所对应的奖金。

（四）设奖方案：

奖级	单奖金额（元）	中奖个数	奖金小计（元）
1	1 000 000	1	1 000 000
2	10 000	1	10 000
3	5 000	5	25 000
4	1 000	285	285 000
5	600	400	240 000
6	400	1 000	400 000
7	200	8 000	1 600 000
8	100	12 400	1 240 000
9	80	40 000	3 200 000
10	60	48 000	2 880 000
11	40	16 000	6 400 000
12	20	432 000	8 640 000
13	10	8 000	80 000
合计		710 092	26 000 000

十九、幸运殿堂

（一）面值：20 元。

（二）奖组：150 万张。

（三）玩法规则：

刮开覆盖膜，如果任意一个“我的号码”与任意一个“中奖号码”相同，即可获得该“我的号码”下方所对应的奖金，其他不相同的号码下方所对应的奖金无效；如果刮出“”幸运草图符，即可获得该图符下方所对应的奖金；如果刮出“”奖杯图符，即可获得该图符下方所对应奖金的五倍。中奖奖金兼中兼得。

幸运区：刮开覆盖膜，如果刮出“”皇冠图符，即可获得 100 元奖金。

（四）设奖方案：

奖级	单奖金额（元）	中奖个数	奖金小计（元）
1	1 000 000	1	1 000 000
2	50 000	1	50 000
3	10 000	2	20 000
4	2 000	5	10 000
5	1 000	1 200	1 200 000
6	500	3 000	1 500 000
7	100	12 000	1 200 000
8	80	6 000	480 000
9	60	30 000	1 800 000
10	40	120 000	4 800 000
11	20	372 000	7 440 000
合计		544 209	19 500 000

二十、桃园三结义

（一）面值：20 元。

（二）奖组：100 万张。

（三）玩法规则：

本彩票共有三个玩法，三个玩法区内的中奖奖金兼中兼得。

玩法一：刮开覆盖膜，在任意一个三国故事中，如果刮出三个相同的数字，即可获得该故事中所对应的奖金。共有五个故事，中奖奖金兼中兼得。

玩法二：刮开覆盖膜，如果刮出“刘备”“关羽”“张飞”任意一位三国人物的名称，即可获得 20 元奖金。中奖奖金兼中兼得。

玩法三：刮开覆盖膜，如果任意一个“我的图符”与任意一个“中奖图符”相同，即可获得该“我的图符”下方所对应的奖金，中奖奖金兼中兼得；其他不相同的图符下方所对应的奖金无效。

（四）设奖方案：

奖级	单奖金额（元）	中奖个数	奖金小计（元）
1	1 000 000	1	1 000 000
2	100 000	1	100 000
3	10 000	1	10 000
4	1 000	630	630 000
5	500	1 000	500 000
6	200	2 000	400 000
7	100	8 000	800 000
8	70	12 000	840 000
9	50	24 000	1 200 000
10	30	80 000	2 400 000
11	20	256 000	5 120 000
合计		383 633	13 000 000

关于同意中国足球彩票单场竞猜游戏和中国篮球彩票单场竞猜游戏增加混合过关投注方式的通知

（2012 年 11 月 26 日　财政部　财办综［2012］108 号）

国家体育总局体育彩票管理中心：

你中心《关于中国足球彩票单场竞猜游戏和中国篮球彩票单场竞猜游戏增加混合过关投注方式的请示》（体彩字［2012］204 号）收悉。经研究，根据《彩票管理条例》（国务院令第 554 号）、《彩票管理条例实施细则》（财政部　民政部　国家体育总局令第 67 号）等有关规定，现就有关事项通知如下：

一、同意你中心在中国足球彩票单场竞猜游戏和中国篮球彩票单场竞猜游戏中增加混合过关投注方式。在中国足球彩票单场竞猜游戏和中国篮球彩票单场竞猜游戏各游戏规则中，增加“在过关投注中，前后比赛场次均选择同一种彩票游戏进行投注的为一般过关投注，前后比赛场次选择同一运动项目不同彩票游戏进行投注的为混合过关投注。同一比赛场次不同彩票游戏不能混合过关投注，不同运动项目不能混合过关投注”的内容。

二、中国足球彩票单场竞猜游戏和中国篮球彩票单场竞猜游戏增加混合过关投注方式之前，你中心应当及时向社会公告财政部的批准文件名称及文号。

三、你中心应当严格遵守各项彩票管理制度规定，督促相关省（市）体育彩票销售机构加强彩票销售的风险控制和安全管理，切实做好对外宣传等工作，确保彩票市场平稳健康发展。

关于在安徽省销售福利彩票快 3 游戏的通知

（2012 年 12 月 25 日　财政部　财办综［2012］114 号）

中国福利彩票发行管理中心：

你中心《关于安徽省上市销售中国福利彩票快 3 游戏的请示》（中彩发字［2012］138 号）收悉。为完善安徽省福利彩票游戏结构，促进彩票市场平稳健康发展，经研究，根据《彩票管理条例》（国务院令第 554 号）和《彩票管理条例实施细则》（财政部　民政部　国家体育总局令第 67 号）等相关规定，现就有关事项通知如下：

一、同意你中心在安徽省销售福利彩票快 3 游戏，具体游戏规则见附件。安徽省销售福利彩票快 3 游戏，每期按彩票销售额的 59%、13% 和 28%，分别计提彩票奖金、彩票发行费和彩票公益金。

二、福利彩票快 3 游戏上市销售前，安徽省福利彩票销售机构应将广告宣传、上市销售日期、风险控制等销售实施方案报同级财政部门审核，经核准后上市销售。安徽省福利彩票销售机构应及时向社会发布公告，公告内容包括财政部的批准文件名称及文号、同级财政部门的核准文件名称及文号等。

三、安徽省福利彩票快速开奖游戏终端数量应严格执行财政部核定的控制数。福利彩票快 3 游戏可设置新的投注站点销售，也可选择部分条件较好的现有投注站点销售，但原则上不得在福利彩票、体育彩票双机店销售，不得利用互联网销售。

四、你中心应严格遵照各项彩票管理制度规定，督促安徽省福利彩票销售机构加强彩票销售的风险控制和安全管理，切实做好对外宣传等工作，确保彩票市场平稳健康发展。

附件：中国福利彩票快 3 游戏规则（略）

关于调整山西省体育彩票 11 选 5 游戏规则的通知

（2012 年 12 月 25 日　财政部　财办综［2012］115 号）

国家体育总局体育彩票管理中心：

你中心《关于提高山西省高频游戏返奖率的请示》（体彩字［2012］269 号）收悉。为完善山西省体育彩票游戏结构，促进彩票市场平稳健康发展，经研究，根据《彩票管理条例》（国务院令第 554 号）和《彩票管理条例实施细则》（财政部　民政部　国家体育总局令第 67 号）等相关规定，现就有关事项通知如下：

一、同意你中心调整山西省体育彩票 11 选 5 游戏规则，调整后的游戏规则见附件。山西省销售体育彩票 11 选 5 游戏，每期按彩票销售额的 59%、13% 和 28%，分别计提彩票奖金、彩票发行费和彩票公益金。

二、调整后的体育彩票 11 选 5 游戏上市销售前，山西省体育彩票销售机构应将广告宣传、上市销售日期、风险控制等销售实施方案报同级财政部门审核，经核准后上市销售。山西省体育彩票销售机构应及时向社会发布公告，公告内容包括财政部的批准文件名称及文号、同级财政部门的核准文件名称及文号等。

三、山西省体育彩票快速开奖游戏终端数量应严格执行财政部核定的控制数。体育彩票 11 选 5 游戏可设置新的投注站点销售，也可选择部分条件较好的现有投注站点销售，但原则上不得在福利彩票、体育彩票双机店销售，不得利用互联网销售。

四、你中心应严格遵照各项彩票管理制度规定，督促山西省体育彩票销售机构加强彩票销售的风险控制和安全管理，切实做好对外宣传等工作，确保彩票市场平稳健康发展。

附件：中国体育彩票 11 选 5 游戏规则（略）

（二）福利彩票管理制度和文献

关于贯彻落实《彩票管理条例实施细则》有关工作的通知

（2012 年 2 月 24 日　中国福利彩票发行管理中心　中彩发字［2012］18 号）

各省、自治区、直辖市福利彩票发行中心，深圳市福利彩票发行中心：

《彩票管理条例实施细则》（财政部 民政部 国家体育总局部（局）令第 67 号，以下简称《实施细则》）即将于 2012 年 3 月 1 日起施行。近日，财政部下发了《关于贯彻落实〈彩票管理条例实施细则〉的通知》（财综［2012］6 号），对贯彻落实《实施细则》提出了具体要求。为做好《实施细则》的贯彻落实工作，现就有关事项通知如下：

一、要充分认识贯彻落实《实施细则》的重要意义。《实施细则》进一步细化了《彩票管理条例》的内容，对彩票监督管理职责、发行销售、开奖兑奖、资金管理等作出了明确规定，是我国彩票市场管理重要的政策法规，将对福利彩票工作产生重要而深远的影响。福利彩票机构要高度重视，广泛开展宣传，加大培训力度，深入学习领会《实施细则》的精神实质和基本内容，创造贯彻落实《实施细则》的良好环境和氛围。要抓紧建立健全各项配套制度，做好政策衔接，确保福利彩票市场运行安全稳定。

二、要抓紧调整完善彩票游戏规则。根据《实施细则》的有关规定，彩票发行机构要按照统一的格式和内容，全面调整完善彩票游戏规则，报财政部审核后向社会公布。按照奖池管理归属的原则，由福利彩票各游戏奖池的实际管理机构负责该游戏规则的调整完善工作。对于中福在线票、开乐彩和双色球、七乐彩游戏的规则，由中国福利彩票发行管理中心（以下简称“中福彩中心”）调整完善。对于区域联销游戏的规则，由牵头省份的省级福利彩票机构会同参与联销省份的省级福利彩票机构调整完善。对于在省级行政区域内发行销售的地方游戏规则，由本行政区域的省级福利彩票机构调整完善。

三、要认真做好社会公告工作。根据《实施细则》的有关规定，彩票发行机构、彩票销售机构应当于每年5月31日前，向社会公告上年度各彩票品种的销售量、中奖金额、奖池资金余额和调节基金余额等情况。中国福利彩票所有彩票品种和游戏，由中福彩中心全面进行社会公告。对于区域联销游戏，由牵头省份的省级福利彩票机构会同参与联销省份的省级福利彩票机构在联销区域内进行社会公告。对于在省级行政区域内发行销售的地方游戏，由各省级福利彩票机构在本行政区域内进行社会公告。

四、要切实自查自纠擅自利用电话、互联网销售福利彩票的行为。要认真对照《彩票管理条例》及《实施细则》，自查自纠福利彩票销售机构、福利彩票代销者擅自利用电话、互联网销售彩票的行为。对于福利彩票销售机构存在的擅自利用电话、互联网销售彩票的行为，要切实纠正，立即停止相关业务。对于福利彩票代销者擅自利用电话、互联网销售福利彩票的行为，福利彩票销售机构要及时采取措施，责令其停止违规行为，并根据实际情况追究其他相关责任。对于一些公司等冒用福利彩票机构名义利用电话、互联网销售福利彩票的行为，要立即上报同级财政部门、民政部门，并积极配合公安机关、工商行政管理机关采取措施予以查处。各省级福利彩票销售机构要于2012年3月10日前将电话、互联网销售福利彩票自查自纠情况和处理结果以正式文件的形式（要由主要负责人签发）报中福彩中心。

五、要着力研究解决贯彻落实过程中面临的困难和问题。要将贯彻落实《实施细则》和全面实施《中国福利彩票“十二五”发展规划纲要》有机地结合起来，针对存在的薄弱环节和困难问题，加快基础建设，提升保障能力，为贯彻落实《实施细则》创造良好条件。要结合本地实际，着力加强对省级销售组织体系建设、业务费省级集中统一管理和福利彩票市场运行管理机制等问题的研究与探讨，及时提出建议和意见，报中福彩中心。中福彩心将择时召开贯彻落实《实施细则》专题研讨会，对贯彻落实《实施细则》进行深入研究和部署安排。

以上通知，请遵照执行。

附件：财政部关于贯彻落实《彩票管理条例实施细则》的通知（略）

关于印发全国福利彩票工作会议李立国部长和窦玉沛副部长的讲话及鲍学全主任工作报告的通知

（2012年2月28日　中国福利彩票发行管理中心　中彩发字［2012］23号）

各省、自治区、直辖市福利彩票发行中心：

现将全国福利彩票工作会议李立国部长、窦玉沛副部长的讲话及中彩中心鲍学全主任的工作报告印发给你们，请认真贯彻执行。

在福利彩票高位发行中坚持科学发展

——在2012年全国福利彩票工作会议上的讲话

李立国

（2012年2月9日）

同志们：

这次会议是在全国福利彩票年销量跨上千亿元新阶段、进入高位发行新起点的形势下召开的，又恰逢《彩票管理条例实施细则》颁布，很有意义。在这里，我代表民政部，对去年全国福彩发行量突破千亿元表示热烈的祝贺，向财政部等有关部门多年来给予福彩事业的关心支持表示衷心的感谢，向为全国福彩事业发展付出心血和辛勤劳动的民政系统的同志们、福彩战线的同志们表示亲切的慰问！

2011年是福彩事业发展历程中具有特殊意义的一年。全年福利彩票发行1 277.97亿元，比上年增加310亿元，增长32%，实现了历史性的跨越，取得了“十二五”时期的精彩开局。在发行量跨越式增长的同时，福利彩票的社会效益更加彰显，福彩公益金筹集数额显著增加，达到约390亿元，必将为促进全国社会福利事业和规定用途的社会公益事业发展做出新的贡献。一年来，福彩文化建设成效显著，福彩“十二五”规划纲要颁布实施，发行市场安全有序发展，基础建设持续加强，福彩品牌价值和形象进一步提升，社会影响更加广泛深入。福利彩票日益成为社会公众奉献爱心、快乐行善的重要载体，进一步丰富了人们的文化娱乐生活，为促进社会主义精神文明建设、构建和谐社会、维护社会稳定发挥了积极作用。

联想福彩事业20多年来的发展，是一个不断探索创新和发展壮大的历程，也是福彩事业在发展观上坚持正确方向、理念，坚持以科学发展观统领福彩工作的过程。福利彩票在初创时期，就鲜明地提出了“扶老、助残、救孤、济困”的发行宗旨、“取之于民、用之于民”的社会承诺和“公平、公正、公开”的发行原则，把公益作为福彩的立业之本，把诚信作为福彩的兴业之基，为福彩事业的健康发展奠定了扎实的基础。随着福彩发行规模不断扩大，民政部适时提出了“安全运行、健康发展”的方针，并形成了公益、安全、责任、诚信、创新、品牌等一批发展理念，在福彩事业中认真贯彻科学发展观。民政部对福彩工作实行“一把手”工程，把努力扩大发行、加快改革发展作为第一要务，有力地推动了福彩事业加快发展的进程。迈入“十二五”规划时期，为不断实现福利彩票为国家筹集公益资金的基本功能，实现彩票发行安全发展的根本要求，民政部从福彩事业发展全局和战略高度出发，着眼于增强精神动力、内在支撑和社会责任绩效，提出了发展“公益、慈善、健康、快乐、创新”的福彩文化，推动福彩事业上档次、提水平。在科学发展观的引领下，福彩管理制度日趋完善，运行活力不断增强，服务能力不断提升；发行规模不断扩大，为国家筹集公益金数额持续大幅度增长；彩票品种不断丰富，形成了电脑票、即开票、中福在线票和基诺等票种体系；发行方式和销售渠道不断拓展，销售网络遍布城乡；福彩技术长足发展，保障能力不断增强；福彩队伍不断扩大，人员素质逐步提高；公益金使用管理制度逐步完善，跟踪问效机制初步建立，社会公示持续进行，社会影响更加广泛，品牌形象越来越深入人心。

同时，我们也必须清醒地看到，虽然福彩事业发展取得了很大成就，但与科学发展观的要求仍有差距，与经济社会发展需要和人民群众要求还存在着一些不适应的因素。总体上，存在着基础保障条件、技术手段和专业人才队伍建设相对滞后的问题，彩票内部运行体制机制尚不完善；少数地方的销售机构仍不同程度存在重销售轻管理、重规模轻基础的现象，有的甚至急功近利、安全意识淡薄；理性投注的宣传和约束不够有力，出现了个别彩民过于沉迷、投入过多，影响了正常家庭生活的苗头。对福彩事业中存在的这些问题，我们必须高度重视，及时解决，保证福彩事业全面、协调、可持续发展。

在福利彩票上千亿元高位发行中，仍有较大持续增长空间。到2011年底，我国城镇居民人均可支配收入达到21 810元，比上年增长14.1%；农民人均纯收入达到6 977元，比上年增长17.9%；城乡居民储蓄额达到35.79万亿元，比上年增长16.5%。城乡居民中成年人约10.7亿人，上年人均购买彩票（按两种彩票合计）约207元，如按16.5%的增长幅度估算，彩票年销量有可能增长360多亿元。在2010年国际社会彩票发行比较中，我国大陆地区彩票发行量居世界第3位，占国内生产总值比重为0.4%；排列在前五位的国家有美国、意大利、中国、西班牙和法国，其彩票发行量分别占国内生产总值的 0.38%、1.3%、0.4%、1.1%、0.5%；如按提高 0.1 个百分点估算，彩票发行量有可能增长 470 亿元。

在福彩公益金达到 390 亿元以上规模后，仍然难以适应社会福利事业多方面发展需求，仍然需要扩大发行增加公益金筹集数量。按照国家“十二五”规划及相关的专项规划，仅实施社会养老服务体系建设，将机构床位从 320 万张增加到 660 万张，就需投入 2 500 亿元，其中需各级政府投入（含彩票公益金）1 260 亿元；按照民政部会同国务院医改办、财政、卫生、人社等部门刚刚制定的城乡困难群众重特大疾病医疗救助政策，如达到个人自付费用救助 80%，仅白血病、尿毒症、恶性肿瘤、先心病，就需要政府投入（含上缴中央财政的彩票公益金）638 亿元。面对不断增长的需求，福彩发行工作有不竭的动力；满足这类需求，主要靠财政收入和社会投入，同时要不断增加福彩公益金的助力作用、拉动作用。

在福利彩票上千亿元高位发行中，风险增加了，诚信要求更高了。如果技术、设备有丝毫缺陷，就可能导致发行销售系统和网络“崩盘”；如果抽奖、开奖环节有丝毫不够公正透明，就可能引起广泛的质疑；如果在口号和宣传上有稍许投注刺激，出现个别问题彩民现象，就可能招致舆论批评；如果制度和管理存有漏洞，就可能发生事故，影响品牌形象。因此，在新的高位运行起点上，我们必须居安思危、未雨绸缪，牢固地树立科学发展观，坚持不懈地贯彻科学发展观。

推进福彩事业科学发展，要坚持以人为本、公益为先，把支持公益、服务彩民作为福彩事业发展的出发点和落脚点，自觉地服从和服务于国家经济社会发展大局，更好地践行“扶老、助残、救孤、济困”的发行宗旨，更好地适应发展社会福利公益事业的需要和彩民的消费需求。要坚持全面协调可持续发展的基本要求，遵循彩票事业发展规律，全面落实福利彩票“十二五”发展规划纲要，立足当前，着眼长远，统筹福彩发行、管理与建设，合理配置资源，完善品种结构，夯实发展基础，优化发展环境。要坚持以转变发展方式为主线，切实把工作重心转移到科学管理和技术进步上，深入贯彻“安全运行、健康发展”方针，继续推进福彩文化建设，着力解决影响和制约福彩事业科学发展的“瓶颈”问题，增强创新能力，创新发展方式，强化风险防控，全面提升科学管理和服务水平。为此，要着力做好以下几项工作：

一是坚持以人为本，加强彩民服务和自身建设。福彩事业的发展离不开稳定的和不断扩大的彩民队伍，彩民是福彩事业生存和发展的基础。作为彩票市场组织者和管理者的福彩机构，在发行工作中践行以人为本核心理念，主要是为彩民做好服务工作。一方面，福彩机构要在游戏产品和渠道建设上加强服务，满足彩民的合理消费需要。要根据不同彩民群体的需求，有针对性地加强游戏产品开发和销售网点建设，提高游戏的娱乐性和网点质量，改善投注环境，提供便捷优质服务，不断稳定和扩大彩民队伍，尤其要吸引更多的中等收入以上居民加入到经常性购彩行列中。另一方面，福彩机构和福彩从业人员要通过经常性营销宣传，切实加强对彩民的正确引导，积极营造寓募于乐、重玩轻博、多人少买的市场环境，引导彩民理性消费，增强彩民的参与感、体验感，使福利彩票真正成为广大人民群众奉献爱心、享受精神愉悦的重要平台。同时，各级民政部门和福彩机构要不断加强自身建设和队伍建设，提高营销人员和发行管理人员素质，与广大彩民积极互动，从听取彩民意见或对彩民信息反馈中适应彩民的合理要求，适应引导彩民理性投注的要求，适应树立福利彩票良好品牌形象的要求。

二是坚持发展是第一要务，努力实现发行量的最佳增长。发展是科学发展观的第一要义，发展速度是福彩事业发展的主要象征，是衡量福彩事业发展能力的主要指标，但发展速度一定要建立在改进发行管理工作、不断提高各项保障能力、改善各项支撑条件的基础之上。发展速度与支撑条件的关系，实质上可以归结为人与物的关系，也就是主观因素和客观因素的关系，体现在人的主观能动性和尊重客观规律两个方面，两者辩证统一、相互作用。对于彩票这一特殊行业来讲，既要从认识规律上发挥人的主观能动性，透过纷繁复杂的发行现象、心理动机，认识和发现反映发行工作内在必然联系的客观规律；又要遵循发行规律来发挥人的主观能动性，实现发行量的最佳增长。福彩返奖率总体超过50%，中奖面不低，但中大奖几率较低，对大多数彩民而言，购彩的动力在于其娱乐性、公益性。因此，不要刻意追求发行量的增长，要争取实现自然而然的增长。所说最佳增长、自然增长，就是集合彩民理性投注的增长，依靠文化内涵和环境吸引的增长。要端正福彩营销宣传，坚持贯彻“多人少买、奉献爱心、量力而行、理性投注”的购彩理念；杜绝“一夜暴富”、“改变命运”的刺激性宣传和不良营销行为。要把发行支撑条件和保障能力建设放在更加突出的位置，加强统筹规划，加大投入力度。要加强人才队伍建设，为福彩发展提供主体保障。要加快推进技术系统统一，建立全国统一、分级负责、安全高效的先进技术系统，为福彩事业发展提供更加安全可靠的技术保障。要加快基础设施建设步伐，建设和完善功能齐全、适应业务发展需要的基础设施，使福彩事业的发展更有依托、更有保障。

三是坚持搞好福彩文化建设，不断增强发展的内在动力和精神支撑。“公益、慈善、健康、快乐、创新”的福彩文化，是福彩事业的灵魂，是福彩发行的内在动力、精神支撑，加强福彩文化建设才能更好地实现科学发展。去年民政部提出加强福彩文化建设以来，各地民政部门和福彩机构广泛认同，高度重视，积极响应，扎实推进，文化建设内容丰富、形式多样、特色鲜明、广泛传播，福彩核心价值、品牌形象和社会影响力得到新的提升，有力地推动了福彩事业的新发展。党的十七届六中全会审议通过的《中共中央关于深化文化体制改革推动社会主义文化大发展大繁荣若干重大问题的决定》，把我国文化建设与发展放在全局和战略上进行部署，对文化建设的认识提升到新的高度，具有很强的思想性、战略性和指导性。我们要认真学习，深刻领会，进一步提高对文化建设重要性的认识，从福彩事业发展战略高度，加强福彩文化建设，充分发挥文化的支撑和引领作用。要在总结经验的基础上，继续坚持福彩文化建设的正确方向，坚持福彩文化的核心价值，提高文化自觉，增强文化自信，突出文化引领，推动福彩事业科学发展。

四是坚持履行社会责任，使福彩事业增益于社会进步。履行社会责任是福彩机构的当然职责，是做好福彩工作的应有之义，是提升福彩形象、增强核心竞争力的重要内容，也是社会公众对福彩事业发展的必然要求。要切实增强社会责任意识，全面加强以发行责任、公益责任、安全责任、诚信责任和道义责任为重点的福利彩票社会责任体系建设，明确责任目标和要求，落实工作责任制，全面提升履行社会责任的能力和水平。各级民政部门和福彩机构要进一步提高认识，严格恪守并自觉践行社会责任要求，把社会责任建设落实到发行销售、市场营销、游戏设计、渠道建设和资金使用等各环节，使福彩工作的每一环节、每一方面都有益于社会、无害于社会。要推广湖北省发布福利彩票社会责任报告的做法，健全福利彩票社会责任报告制度，进一步彰显福利彩票的公益属性和社会责任，使福彩事业发展更有益于和谐社会、全面小康社会建设。

五是坚持做好公益金使用的公开和宣传工作，增进与福彩发行的良性互动。彩票发行与公益金使用是福彩事业两个紧密关联的组成部分，彩票发行是手段，公益金使用是目的，两者紧密依存，相互促进，要继续统筹做好福彩发行和公益金使用管理。福彩机构在彩票发行中要大力宣传福利彩票的宗旨和发行目的，为国家筹集更多的公益金。民政部门或其他使用部门、单位在使用福彩公益金时，要做到科学严谨、公开透明，自觉接受社会监督；要向社会宣传公益金来源渠道，在公益金建设和资助的项目中标记中国福利彩票资助字样和标识，让福彩成果广为民众尤其是困难群众分享，实现良性互动。在当前社会公众对公益慈善事业越来越关注、社会舆论监督越来越严格的情况下，管好、用好福彩公益金，做好公益金使用公开工作对于促进福彩事业科学发展更具重要意义。各级民政部门要保持清醒认识，坚持取之于民、用之于民的社会承诺，建立健全公益金使用管理制度和绩效评估制度，努力提高福彩公益金管理使用水平，更好地发挥公益金使用效能，不断提高福彩事业发展的社会效益。

同志们！

以福彩年发行量超过千亿元为标志，福彩事业进入了新的高位发行阶段，福利彩票在国家经济社会发展，特别是在改善和保障民生、构建和谐社会中将肩负更加厚重的历史使命；福利彩票与人民群众利益更加息息相关，福彩发行管理工作将更加被社会关注。推进福彩事业科学发展，既是贯彻落实科学发展观的要求，更是福彩事业又好又快发展的必然选择。各级民政部门和福彩机构要进一步认清形势，把握机遇，以高度的责任感和扎实有力的工作，不断开创福彩事业科学发展新局面，以优异的成绩迎接党的十八大胜利召开！

充分履行社会责任　再创福利彩票新辉煌

——在2012年全国福利彩票工作会议上的总结讲话

窦玉沛

（2012年2月10日）

同志们：

在福利彩票实现年销量超千亿元的新跨越，再创历史新高的重要时刻，我们召开这次会议，总结过去，表彰先进，展望未来，具有里程碑意义。李立国部长亲临会议，就如何在福利彩票高位发行中坚持科学发展发表了重要讲话。李立国部长的讲话高屋建瓴，内涵深刻，意义深远，为福彩事业在高位发行新起点上实现新发展指明了方向。各级民政部门和福彩系统要认真学习，深刻领会，抓好落实。学全同志作了一个很好的工作报告，系统总结了2011年的福利彩票发行管理工作，就贯彻落实《规划纲要》作了全面部署，并对2012年工作提出了具体要求。会议还表彰了先进单位和个人，播放了32个省级福利彩票机构的视频资料，有亮点、有创新、有成绩，极大地鼓舞了士气、振奋了精神。

昨天下午，大家围绕如何实现福利彩票高位运行下的科学发展进行了热烈讨论，提出了许多建设性的意见和建议。归纳大家的发言和讨论，主要涉及如何贯彻《彩票管理条例实施细则》、加强福利彩票的规范管理、促进福利彩票发行与公益金使用的良性互动、加强福彩文化建设等，有些还是影响和制约我们福利彩票事业发展的根本性问题。对于这些问题，我们一定要高度重视，认真研究，在今后工作中予以妥善解决。

下面，结合大家的讨论，我就深入贯彻李立国部长重要讲话精神，集中谈谈福利彩票的社会责任问题。

社会责任概念的提出由来已久，最早公开提出的是美国学者谢尔顿。1924年，他在《管理哲学》一书中主张，应该把企业社会责任与企业经营者满足产业内外、各种人类需要的责任联系起来，企业社会责任应含有道德因素。近年来，社会责任问题越来越受到全球的广泛关注。2000年，联合国启动了“全球契约”计划，对包括企业履行社会责任等项内容提出了十项原则；2010年，国际标准化组织正式发布了社会责任的国际标准；一些跨国公司也纷纷制订社会责任生产守则，发布社会责任报告。尽管国际上对社会责任的定义各有侧重，但相同的一点是，社会责任反映的是一个组织对社会应承担的责任和义务，在开展活动时要考虑对社会和环境的影响，符合社会道德标准，并满足社会和可持续发展的需要。在我国，党的十六大以来，在贯彻落实党中央提出的科学发展观和构建社会主义和谐社会的进程中，越来越多的企业重视承担社会责任，将其视为转变发展方式、实现可持续发展的重要抓手，参与社会建设并借此作为公益慈善榜样，成为推动公益慈善事业发展的中坚力量。2011 年，我国各类企业发布社会责任报告达到近千份。

作为国家特许发行的福利彩票，既是公益慈善事业，又包含市场行为，履行社会责任责无旁贷。多年来，各级民政部门和福彩机构自觉履行社会责任，将责任理念贯穿于发行销售、市场营销、游戏设计、渠道建设和资金使用各环节，取得了明显成效。2011 年年底，湖北省在全国率先发布福利彩票社会责任报告。李立国部长在 2012 年全国民政工作会议上提出要总结推广湖北的做法，在这次会议上，李立国部长又突出强调了这个问题。随着福利彩票进入高位运行的新阶段，社会影响越来越大，社会关注度越来越高，突出强调福利彩票履行社会责任势在必行。

一是履行社会责任是福利彩票生存和发展的应有之义。社会责任是福利彩票的社会属性和天然使命。大家知道，1987 年，为缓解社会福利事业发展和投入不足的矛盾，首发了社会福利有奖募捐券。可以说，发行福利彩票，是国家为发展社会福利事业制定的一项特殊政策，也是民政部门的重要职责，筹集公益金、造福于民，也就成为福利彩票与生俱来的使命，是伴随始终的重大社会责任。

社会责任是福利彩票的生存之基和立业之本。“扶老、助残、救孤、济困”的宗旨意味着福利彩票负有聚集众人的爱心与善心，帮助广大社会弱势群体的责任。正是这种社会责任，使它与一般的博彩行为相区别，赢得了广大彩民和社会的信任与支持。

社会责任是福利彩票的核心价值和发展动力。多年来，我们先后提出“安全运行、健康发展”的指导方针，“公平、公正、公开、公信”的诚信原则，“公益、安全、责任、诚信、创新、品牌”的工作理念和“公益、慈善、健康、快乐、创新”的文化理念。实践证明，这些原则和理念是福利彩票拥有巨大感召力的根本原因，也是福利彩票事业生存的根基、发展的动力和不竭源泉，更是福利彩票承担社会责任的具体体现。

二是履行社会责任是提升福利彩票社会形象的根本要求。1987—2011 年，福利彩票累计发行 6 300 亿元，筹集福彩公益金 2 020 亿元，其中，各级民政部门利用福彩公益金，配合地方各级政府的投入，资助设施类项目 16.72 万个，新增建筑面积 2.06 亿平方米，新增床位 289.87 万张；资助非设施类项目 7.74 万个，主要用于残疾孤儿手术康复和特殊教育、伤残军人更换假肢、贫困家庭助医和助学等，直接资助近 6 000 万人，间接受益达 1.6 亿多人。

此外，福利彩票还筹集上缴中央集中公益金 900 多亿元，广泛用于青少年学生校外活动场所建设和维护、教育助学、城乡医疗救助、红十字事业、残疾人事业、文化、扶贫、法律援助、北京奥运会相关项目等社会公益事业以及汶川地震灾后恢复重建和补充社会保障基金。福利彩票创造了近 40 万个就业岗位、数百亿元的税收，对社会、经济、文化发展产生了不可替代的作用，为发展社会福利和社会公益事业，保障困难群众基本权益，构建社会主义和谐社会做出了重要贡献。正是福利彩票积极履行兑现“取之于民、用之于民、造福于民”庄严承诺的社会责任，使福利彩票的社会形象与日俱升，成为发展我国社会福利和社会公益事业不可或缺的重要力量。

三是履行社会责任是建立适度普惠型社会福利制度的迫切需要。促进社会福利事业发展是福利彩票最核心的社会责任，从根本上体现了福利彩票的使命与存在价值。当前，国际经济复苏乏力，欧债危机尚未缓解，我国经济也面临着下行的压力，保障社会弱势群体，发展社会福利事业任务艰巨，挑战巨大。

当前，我国社会福利事业正处于从补缺型向适度普惠型转型期，社会福利事业面临巨大的社会需求。国际经验表明，人均年收入 3 000—4 000 美元是建立普惠型社会福利制度的有利时期。2011 年我国城镇居民人均总收入 3 500 多美元，社会福利制度应该朝着保障范围更加全面，保障群体逐步扩展，保障标准稳步提高的方向发展。可以说，“十二五”时期将是我国全面建立适度普惠型社会福利制度的关键机遇期。发展社会福利事业，切实提高困难人群的生存生活质量，使他们共享改革开放和社会文明进步的成果，需要筹措大量的资金，需要福利彩票承担更大的社会责任。

特别是人口快速老龄化给社会福利事业带来了巨大压力。我国 60 周岁以上老年人口现已达到 1.78 亿，占总人口的 13.28%，且呈现规模大、增速快、高龄化、空巢化趋势明显等特点。为了积极应对人口老龄化，国家“十二五”规划纲要明确提出到“十二五”末期，实现每千名老人拥有养老床位数达到 30 张的目标。要实现这一目标，养老床位总数要达到 660 万张，预计总投入将超过 2 500 亿元。民政部决定，从 2012 年起开展“社会养老服务体系建设推进年”活动，并实施“敬老爱老助老工程”，从民政部本级到地方，每年拿出 50% 以上的福彩公益金，用于建设社会养老服务体系。福彩公益金将成为实现国家“十二五”养老服务规划目标的重要补充。

四是履行社会责任是实现福利彩票规范管理的必然要求。规范管理是福利彩票的生命线，也是福利彩票履行社会责任的重要保障。当前，在年销量突破 1 000 亿元的形势下，既要在高位运行上实现持续平稳增长，更要确保安全运行提高社会形象，促进发行与公益金使用的良性互动；既要增强游戏的吸引力，不断扩大彩民队伍，又要维护健康平和的投注娱乐环境。为实现福利彩票的可持续发展，要进一步加强福利彩票的规范管理，积极探索引入福利彩票社会责任标准，完善以发行责任、公益责任、安全责任、诚信责任和道义责任为重点的福利彩票社会责任工作体系。

因此，各级民政部门和福彩机构要以科学发展观为统揽，进一步统一思想，提高认识，把自觉履行社会责任提上日程，切实做到以下“六个始终坚持”。

（一）要始终坚持以科学发展为主题

科学发展是福利彩票的第一要务，也是履行社会责任的第一要求。李立国部长的重要讲话对福利彩票坚持科学发展提出了新的更高要求，我们一定要把思想和行动统一到李立国部长的讲话精神上来，认清形势、奋发进取，在坚持科学发展中充分履行好社会责任，努力实现科学发展和履行社会责任的有机统一、相互促进。即：要在进一步努力扩大发行的同时，逐步转变福彩发展方式，切实把工作重心转移到科学管理和技术进步上来；要按照福彩事业科学发展的总体要求，认真研究和解决当前制约福彩全面协调可持续发展所面临的突出问题；要完善体制机制，全面推进发行销售体系、管理制度、技术保障、人才队伍、基础设施建设，确保福利彩票社会责任落到实处。

（二）要始终坚持以《规划纲要》为引领

2011 年印发的《中国福利彩票“十二五”发展规划纲要》，是经过民政部部务会议审定的，科学分析了“十二五”时期福利彩票发展的环境与形势，确定了福利彩票发展的指导思想、基本原则、目标任务和保障措施，是指导福利彩票事业未来发展的重要纲领性文件。各级民政部门和福彩机构一定要认真学习规划、切实落实规划，细化各项目标，分解各项任务，明确各级责任，落实各项措施，建立评估和督查督办机制，确保规划得到有效贯彻实施。要在规划的引领下，坚持从实际出发，把发展的速度、推进的力度、能力支撑的程度，与市场承受的限度，尤其是与充分履行社会责任有机统一起来，确保福利彩票安全运行、健康发展。

（三）要始终坚持以政策法规为保障

加强政策法规体系建设是福利彩票履行社会责任的重要内容。经国务院批准，《彩票管理条例实施细则》已于 1 月 18 日发布，这是继《彩票管理条例》之后我国彩票发展和管理的又一个重要制度保障。《实施细则》进一步明确了各部门职责，规范了彩票发行和销售管理，细化了彩票开奖和兑奖管理，完善了彩票资金管理，明晰了法律责任，进一步丰富了福利彩票社会责任的内涵，也为福利彩票履行社会责任提供了重要的法制保障。各级民政部门和福彩机构要认真对照《实施细则》各项要求，逐条予以落实。并以此为契机，进一步加强福利彩票制度建设，建立健全福利彩票技术、服务与设备标准体系，努力实现福利彩票工作的规范化、标准化、制度化和法制化。

（四）要始终坚持以能力建设为支撑

能力建设是福利彩票安全运行、健康发展的重要保障，也是福利彩票承担社会责任的重要支撑。近年来，福利彩票的基础设施建设逐步得到加强，约半数省级福利彩票机构对基础设施进行了新建和改造，中福彩中心新业务楼也已经封顶。但从全国看，部分地区仍不同程度地存在设施落后、设备老化等问题，与福利彩票当前的发展速度、发展水平不相适应，给福利彩票事业的全面协调可持续发展留下了隐患。各级民政部门和福彩机构，要站在履行社会责任、推动福利彩票长远发展的高度，按照适度超前、功能完善、设施齐全的原则，着力提升福利彩票基础设施水平。

能力建设的另一个重点是人才队伍建设。这个我已多次讲过。各级民政部门和福彩机构一定要把人才队伍建设作为推动福利彩票科学发展的第一要素，确立起人才队伍优先建设的战略布局，以高层次、高技能人才为重点，切实做到人才资源优先开发、人才结构优先调整、人才制度优先创新，努力造就一支规模适应、结构优化、布局合理、素质优良的人才队伍。各级民政部门要为福彩机构人才队伍建设提供良好的政策环境，进一步加强领导，做好规划。各级福彩机构要创新人才引进、使用、培训、激励机制，做到人尽其才，才尽其用，人才辈出。

（五）要始终坚持以改革创新为动力

创新是推动福利彩票科学发展的根本动力，也是福利彩票履行社会责任的不竭源泉。各级民政部门和福彩机构要努力在运行机制、发行渠道、公益宣传创新中履行好社会责任。

一是实现运行机制新突破。《彩票管理条例》及其《实施细则》，确定了福利彩票由财政部门监管、民政部门主管、发行销售机构发行的管理体制，对福彩发行管理工作起到了积极的促进作用。但随着形势发展，福利彩票的具体运行机制还存在一些障碍，需要变革创新。2012 年，中央编办将中福彩中心纳入了事业单位法人治理结构改革试点单位，重点解决用人、用钱、办事的机制问题，这是一个积极的信号。各级民政部门和福彩机构要抓住当前事业单位改革的契机，进一步加大改革创新力度，探索建立充满活力、富有效率、更加包容的福利彩票事业运行机制。

二是实现销售渠道新突破。渠道建设关系到彩票发行的效果，关系到能否更好地满足广大彩民的需求。目前，福利彩票已经形成了相对分布合理、结构优化、覆盖城乡、运作高效的销售网络和销售渠道。2010 年，财政部发布了《互联网销售彩票暂行办法》和《电话销售彩票暂行办法》，为通过两种新渠道销售彩票提供了制度保障。目前，中福彩中心正在开展前期相关准备工作。各级民政部门和福彩机构要加强研究，抓紧筹备，为通过新渠道销售福利彩票创造条件。

三是实现公益形象新突破。良好的公众形象是福利彩票承担社会责任的信誉保证。福利彩票发行 25 年来，赢得了社会各界和广大彩民的信任，树立了良好的公益形象。近年来，民政部门和福彩系统加强了对福利彩票的全方位宣传。2011 年，民政部专门召开新闻通报会，发布了 1987 年以来福利彩票发行销售和公益金使用管理情况，对 106 个全国优秀福利彩票公益金项目进行了命名，并委托中民慈善捐助信息中心发布了《中国福利彩票公益金使用情况报告（1987—2009）》和《2010 年度中国福利彩票公益金使用情况报告》，以后每年都将持续发布年度福利彩票公益金使用情况报告。中福彩中心和中国网络电视台合作开辟了专门宣传福彩公益性和传播福彩文化的专区。当前，要认真研究新形势下社会思潮、宣传受众、媒体方式的新变化，积极探索以新形式、新载体和新内容来提升福利彩票公益形象。

（六）要始终坚持以诚信建设为根本

人无信不立，业无信不兴。诚信是福利彩票社会责任的重要内容，也是福利彩票持续发展的根本保证。多年来，各级民政部门和福彩机构通过改进技术系统，防范了风险，规范了操作，减少了失误，提高了福彩发行的公信度、透明度和开放度，取得了有目共睹的成效。2012 年，各级民政部门和福彩机构要更加重视诚信建设。

一是提高技术水平，确保游戏公平。彩票是一种人人平等、机会均等的游戏，公平至关重要。只有游戏公平了，才能切实保护彩民的利益，才能消除公众的疑虑并赢得信任。因此，要科学设计游戏方案，严格把关，确保彩票游戏中奖机会均等。

二是加强机构自律，确保操作公正。彩票机构的自律是自觉践行诚信、履行社会责任的重要内容，发挥着外部监督无法取代的作用。发行机构要依法行事，依规办事，落实好各项管理制度，同时要积极传播对彩民负责的科学理念，引导彩民认识到购买彩票是奉献爱心、帮助困难群体的一种途径，也是寓募于乐的一种休闲娱乐方式，不能片面夸大彩票的中奖功能。

三是接受各方监督，确保过程公开。诚信离不开监督。监督既来自系统内部，也来自财政部门和其他政府部门，还来自新闻媒体和社会公众。各级民政部门和福彩机构要继续加强诚信建设，加大信息披露力度，推行阳光操作，做到公开透明，彻底将福利彩票置于社会各界、新闻媒体和公众的监督之下。

四是要加强人员自律，确保行风良好。彩票诚信形象有赖于彩票从业人员的自律。彩票机构要把诚信教育作为员工培训的重要内容，通过制定诚信规范、加强诚信管理、严肃诚信纪律、完善奖惩机制，帮助从业人员提高诚信意识、培养诚信道德，从而树立诚信、公正、廉明、守规的行风。

此外，要加强廉洁自律，确保风清气正。福彩系统的廉洁自律教育，不仅关系到福彩的形象，也是对从业人员的爱护。要着力加强以预防、教育、惩治为重点的党风廉政教育，特别要发挥案例的警示教育作用，做到警钟长鸣。要切实加强制度建设，堵塞漏洞，防微杜渐，让福利彩票远离腐败，充满阳光。

为了使充分履行社会责任落到实处，中福彩中心要研究编制福利彩票社会责任报告规范标准和样本，各地要学习借鉴湖北省的做法，力争每年公开发布社会责任报告，向社会交出一份满意的答卷。

同志们！

2012 年是实施“十二五”规划承上启下的关键一年，也是福利彩票在高位运行下坚持科学发展的崭新起点。在这样一个历史节点上，我们要抓住机遇，砥砺奋进，开拓创新，科学发展，全力实施福利彩票“十二五”发展规划，承担起神圣的社会责任，以优异成绩迎接党的十八大胜利召开！

谢谢大家。

认真贯彻落实规划纲要 努力推进福利彩票事业科学发展

——2012年全国福利彩票工作会议工作报告

鲍学全

（2012年2月9日）

各位领导，同志们：

现在我代表中福彩中心向大家汇报中国福利彩票2011年的工作情况，并就贯彻落实李立国部长讲话精神，做好今后一段时期福彩工作，谈几点思考和要求。

一、2011年发行销售和工作情况

2011年，在民政部的正确领导下，在财政部等有关部门的大力支持下，在各地民政部门和财政部门的重视关心下，在社会各界的理解支持下，全国福彩系统以科学发展观为统领，认真贯彻《彩票管理条例》，坚持“安全运行、健康发展”的工作方针，弘扬福彩文化，推进科学管理，强化保障能力，克服各种困难，努力扩大发行，实现了福彩事业的又好又快发展。

（一）发行销售情况

2011年，福彩市场安全运行，发行销售实现跨越式增长，呈现出以下显著特点：

1. 年销量跨上千亿元新台阶。全年销量达1 277.9亿元，首次跨上千亿元台阶，与2010年相比销量净增310亿元，增长了32%；筹集公益金约390亿元，公益金筹集率约30%，福彩公益金占全国彩票公益金的60%多；代缴奖金所得税32亿多元。

2. 各票种销量全面增长。电脑票、即开票、中福在线票与开乐彩全面增长，年销量均创历史最高水平。电脑票稳步增长，销量达到901.7亿元，同比增长24.2%。其中，双色球游戏销售487.5亿元，同比增加98.7亿元，增长25.4%；3D游戏销售215.2亿元，同比增长9.4%；快速开奖游戏销售154.2亿元，同比增长77%。即开票快速增长，销量达到200.4亿元，同比增长38.9%。中福在线票市场进一步恢复，年销量达到170.1亿元，同比增长82.5%。开乐彩销售5.68亿元，同比增长36.9%。这样各票种全面增长的局面是福彩发行销售历史上少有的。

3. 全国销售形势良好。全国有30个省级机构年销量创历史新高。广东、江苏、山东销量超越百亿元，位列三甲。广东在2010年销量率先突破百亿元后，不懈努力，百尺竿头更进一步，年销量达到140多亿元；江苏努力创新游戏，积极开拓市场，销量一举实现117亿元；山东锐意进取，全面推进，销售109亿元，跨上了百亿元新台阶；浙江深化管理，稳扎稳打，销量突破90亿元；辽宁攻坚克难，拼搏前行，销量超过60亿元；湖北、北京增长显著，销量双双突破50亿元；四川、河北、河南、湖南、陕西销量都突破了40亿元；云南、上海、安徽、重庆、福建销量均超过30亿元；黑龙江、广西、内蒙古、江西、新疆、山西、吉林销量都在20亿元以上；甘肃、天津、贵州、海南销量达到10多亿元；宁夏、青海、西藏也取得了明显进步。

4. 各省、市、自治区销量全部实现正增长。全国32个省级机构共同进步、协调发展。增量上，江苏最大，达到45.5亿元；广东增加了27亿多元；山东、浙江、湖南、陕西、河南、重庆、河北、北京、四川、安徽、湖北都在10亿元以上；上海、福建、江西、辽宁、广西、云南、内蒙古、山西超过5亿元；黑龙江、天津、深圳、甘肃、海南、新疆、吉林、贵州、宁夏、青海、西藏也实现了新的增长。增幅上，江苏、江西超过60%；重庆、陕西、湖南超过50%；海南、安徽、河南、福建、河北、广西、山西、四川均超过全国平均增长率；北京、西藏超过30%；上海、天津、内蒙古、青海、浙江、湖北、广东、甘肃、山东、宁夏、云南超过20%；吉林、黑龙江、新疆、深圳、辽宁、贵州也达到10%以上。人均收入购票率上，西藏、海南、新疆、青海、宁夏等地居于全国领先位置。

（二）主要工作情况

过去这一年，既是发行销售突破千亿元，实现历史新跨越的一年，也是深化管理、强化保障、文化建设等工作稳步推进，取得明显成效的一年。

1. 发行销售工作创造新业绩。全国福彩系统坚持以保障安全为前提，不断强化市场管理，加大游戏创新，开拓销售渠道，提升服务能力，发行销售在高位运行中，继续保持较快增长的良好态势。

电脑票立足原有基础，发挥品牌优势，主要采取了以下措施：优化游戏结构，整合地方游戏资源，稳步推进快速开奖游戏；强化游戏品牌效应，开展了双色球游戏“回馈彩民·回报爱心”两亿元加奖活动，提升“走近双色球”活动组织管理水平，扩大市场影响；加强投注站标准化建设和规范管理，提高销售能力，提升服务水平。即开票固本强基，坚持不懈培育市场，主要开展了以下工作：优化品种结构，推出50款以中高面值为主的新品种，打造品牌游戏；拓宽销售渠道，抓好网点建设，提升形象和服务能力；积极推进“一点一枪”工作，提高市场效率；建立彩票申领、尾票处理和退市机制；优化仓储、调拨和物流配送。中福在线票完成整改任务，不断深化管理，基本完成第三批游戏扩大试点工作，投入运行试点销售厅达860个；强化销售厅规范化建设，加强人员培训，推进精细化管理；开展新型投注终端机及柜员一体机的研发测试和试点工作，实现了年初的发行管理目标。开乐彩积极争取政策支持，拓宽销售渠道，完善技术系统。

各地围绕游戏创新、技术保障、营销宣传、资金管理、人员培训、销售渠道建设、物流配送等方面工作，与中福彩中心紧密配合，采取了有力措施，创造了新的业绩。

2. 福彩文化建设取得新推进。2011

年初，李立国部长在全国福利彩票工作会议上总结提出了“公益、慈善、健康、快乐、创新”的福彩文化，指出要通过福彩文化建设，引领福彩科学发展。窦玉沛副部长十分重视，要求全国福彩系统认真贯彻落实。全国福彩系统按照李立国部长、窦玉沛副部长的要求，深入领会福彩文化内涵，制订实施方案，多措并举，全力推进福彩文化建设。

高度重视，精心部署。民政部下发了《关于加强福彩文化建设引领福彩事业科学发展有关工作的通知》（以下简称《通知》），从规划编制、体制机制创新、游戏研发、渠道建设、风险防范和保障措施等方面进一步明确了福彩文化建设的重点、要求，指导福彩系统开展福彩文化建设。中福彩中心认真研究，精心安排，贯彻落实《通知》精神。河北、江西、湖北、广东等地结合实际，根据《通知》出台了本地区福彩文化建设的规划、指导意见和工作安排，对福彩文化建设起到了积极推动作用。

打造平台，加大宣传。全国福彩系统坚持公益为本，加大宣传力度，拓宽宣传渠道，打造有影响、有实效的福彩文化传播平台，扩大福彩的社会影响。中福彩中心在中央电视台、人民日报、新华社等重要媒体组织策划重点报道20余次，与中国网络电视台合作建立了福彩公益频道，在中国社会报、中国老年报等合作媒体开设了福彩文化专栏；抓住福彩年发行量超千亿元契机，配合民政部新闻办和有关司局召开了福彩发行销售和公益金使用情况新闻通报会。北京开通了“公益北京”电视频道，山西、内蒙古、黑龙江、安徽、湖南、重庆、贵州、青海等地与电视台或电台合作开办福彩公益栏目，广东“福彩爱心助学子”、内蒙古“福彩草原情”、安徽“福彩天使爱帮忙”、贵州“温暖贵州”、湖南“福泽潇湘”已经成为颇具影响力的福彩公益品牌项目。安徽、四川、深圳等地创新福彩文化传播形式，开通了官方微博。各地也都开展了内容丰富、各具特色的宣传活动，有效地促进了福彩文化的传播。

彰显公益，提升形象。全国福彩系统开展了形式多样的公益活动，提高了福彩的知名度、美誉度。积极配合民政部福利司，对福利彩票24年来公益金使用情况进行全面普查并向社会公示，评选100个优秀福利彩票公益金项目，彰显福彩公益形象。在全国福彩机构和销售网点，组织开展了以“公益福彩·优质服务”为主题的“为民服务、创先争优”活动。湖北举办“福利彩票公益金资助项目集中挂牌和发布社会责任报告活动”，将福彩公益金筹集、管理和使用情况集中宣传；江西开展“走近老党员老功臣”活动，受到了中宣部新闻局等部门的高度评价；广东举办了“福彩夏令营”活动，黑龙江开展了“福彩六·一特别关爱”活动；辽宁、重庆分别举办了“感动民心十大人物”和“感动重庆十大人物”颁奖盛典；陕西开展了“福彩与劳模同行”活动。北京、安徽、福建、湖北、广西、四川等地通过社区巡回演出，举办摄影、书法、征文大赛等形式，大力弘扬福彩文化。各地还积极开展了福彩助学、兴建福彩村和福彩学校、慰问公安英烈和劳动模范、资助孤残儿童和空巢老人、向老区献爱心等多种多样的公益活动。这一系列活动的开展，充分体现了福彩的公益属性，展示了福彩文化的核心价值，对引领公众奉献爱心、弘扬美德、传播慈善发挥了积极的作用。

3. 福彩科学规划获得新成果。遵照2011年全国福彩工作会议上李立国部长和窦玉沛副部长的讲话精神，根据国家和民政部对规划编制的总体部署和要求，中福彩中心成立了规划纲要编制领导小组和工作小组，在窦玉沛副部长亲自指导下，全面总结了二十多年来特别是“十一五”时期福彩工作的成就和经验，查找发展中的薄弱环节和制约因素，系统分析新时期福彩面临的形势和任务，广泛开展调研，多方充分论证，反复修改完善，完成了《中国福利彩票“十二五”发展规划纲要》（以下简称《规划纲要》）的起草工作，在全国福彩年中分析会研究讨论后，又征求了民政部有关司局和财政部综合司的意见，经民政部部务会议审议批准，于2011年12月12日正式颁布实施。

《规划纲要》确立了福彩事业未来五年发展的指导思想和总体目标，明确了福彩工作的主题、主线和着力点，提出了今后一段时期福彩系统要重点加强4项能力建设、实现7个发展目标、完成10项主要任务和23项重点建设项目，引导各级福彩机构把注意力和工作重心放到强化保障和发展能力上来，着力解决制约发展的瓶颈问题，追求福彩事业全面、协调、可持续的发展。

目前，中福彩中心正对《规划纲要》提出的任务进行分解，细化到具体工作计划，明确实施进程，认真抓好《规划纲要》的实施。各地也在组织力量，积极推进《规划纲要》的实施。天津、浙江、河南、湖南、四川等地编制了与《规划纲要》配套的本地规划或专项规划。《规划纲要》是福彩第一个五年发展规划，在福彩发展史上具有重要的里程碑意义。《规划纲要》的实施，将对加快福彩事业科学发展进程发挥重要作用。

4. 规制创立工作取得新突破。全国福彩系统历来重视制度建设。《彩票管理条例》颁布后，中福彩中心对所有规章制度进行了全面清理，通过起草、完善、废止，形成了70多项业务管理和40多项内部管理的制度架构，建立了涵盖市场管理、财务管理、技术安全、开奖兑奖、文化建设、新闻宣传、应急预案等方面的制度体系，一批重要的管理制度已经或即将出台。各地福彩机构也都根据《条例》的要求，结合本地实际，梳理并修订完善了现有制度，陆续出台投注站、销售厅管理办法、紧急情况应急预案和处理流程等规章制度。上海、安徽、湖北、四川、新疆等地推出了动态考核、综合百分制考评和绩效薪酬挂钩等考核办法；北京、河北完善出台了销售网点管理、工资改革等一批规章制度；广西制定了以提高执行力为核心的首问负责制度，实现了对各项工作的全程跟踪监控。通过坚持不懈的制度建设，福彩系统的规范管理得到不断深化。

5. 安全保障工作得到新强化。李立国部长和窦玉沛副部长多次对安全保障工作作出重要指示，特别强调要将保障安全放在更加突出的重要位置。面对福彩高位运行的形势，各级福彩机构始终保持清醒的头脑，不断强化责任意识，积极采取措施，防范化解风险，确保运行安全。资金管理方面，以“管好资金、用好资金”为目标，不断完善资金归集模式和渠道，及时收付各类款项，增强缴款的实时监控，认真做好资金归集结算和稽核，确保资金安全。加强预算编制和执行工作，全面推行项目支出管理制度，提高资金使用效益。技术管理方面，中福彩中心完善了技术系统日常管理制度和应急预案，加强了对彩票交易数据的实时汇总、稽核、存储和监控。下发了《关于进一步加强彩票销售系统安全管理和技术人员配备的通知》，就销售系统建设、设备配置、数据管理和技术人员配备等方面提出了明确要求。吉林自主研发了入侵检测系统，实现了对网络侵害的预警；湖南、广东等地建立了全省中福在线销售厅视频监控系统；湖南对投注机拨号账户与通讯线路进行了唯一性绑定，解决了销售站点私自移动的问题；新疆等地对投注站设备进行更新，保障销售安全。开奖管理方面，中福彩中心加强开奖制度建设，完善应急预案，强化应急演练和开奖设施安全管理，妥善处理了地铁施工引起通讯故障导致的直播延误事件，克服了强暴雨造成交通瘫痪的极大困难，保证了开奖直播准时进行。各地在开奖管理工作上也积极采取措施，规范开奖流程，加强安全管理。全国联销游戏开奖664期、区域联销及省级开奖6598期，全部安全规范。彩票印制与运输管理方面，中福彩中心规范彩票印制业务流程和安全机制，加强彩票检测及防伪测试，指导督促合作印制企业进行技术改造，进一步提升印制质量。全年共印制彩票48亿张，实现了安全可靠的管理目标。彩票仓储运输管理得到加强，实时监控彩票运输全过程。全年运送彩票80多万箱，运输里程一百多万公里，实现了安全无事故。

6. 人才队伍建设取得新成效。全国福彩系统继续引进人才充实力量，积极探索内部管理运行机制。中福彩中心在民政部人事司的指导帮助下，根据业务需要，陆续引进人才，调整机构设置，探索绩效管理，完善薪酬激励约束机制。《中国福利彩票系统教育培训管理暂行办法》研制工作正在推进，《销售员培训大纲》和《市场管理员培训大纲》已完成审核，福彩系统的培训体系正逐步建立健全。各地结合实际，建立完善人才引进、培训、管理、激励等机制。广西打破员工身份限制，施行了岗位轮换、竞争上岗制度；河南、湖南、四川建立了分级分类培训机制；内蒙古建立了投注站远程实时视频培训系统。福彩系统有针对性、分层次地开展了投注站业主、销售员、市场管理员、机构从业人员的培训工作，组织了政策法规、财务、技术、宣传、市场营销、游戏玩法等业务培训9558场次，受训人员超过68万人次，福彩人才队伍结构进一步优化，职业素质和业务水平得到显著提高。

7. 业务设施建设取得新进展。在各级民政部门和财政部门的支持下，福彩机构业务设施建设的步伐明显加快。中福彩中心业务楼购置审批工作取得了实质进展，主体施工已经封顶。天津、内蒙古、黑龙江、江苏、浙江、云南等地完成了业务楼的购置和建设；北京、辽宁、安徽、福建、江西、山东、湖南、广东、海南、重庆、贵州、陕西、青海、宁夏、深圳等地完成了部分业务用房的购置；四川在完成省中心业务楼建设后，又投入数千万元为市州分中心购置了业务用房；河北综合业务楼主体已完工，部分地市也购置了必要的业务设施；山西综合业务楼主体工程已基本完成；湖北业务楼项目正在建设，同时全面启动市州营运场所建设工作；新疆销售基地和数据机房、河南综合研发中心、甘肃综合业务楼立项审批工作已经完成；上海仓储用房购置申请已得到市财政局批准；吉林灾备机房、广西数据中心机房建设前期准备工作已基本完成；西藏对原有机房进行了改扩建。各地把有限的资金投入到提高福彩基础保障能力上，改善了硬件环境，提升了安全保障，为福彩事业的长远发展打下了坚实的基础。

8. 行风建设工作取得新实效。全国福彩系统认真贯彻民政部关于加强行风建设的要求，坚持以福彩文化为引领，将创先争优、学习教育与行风建设紧密结合起来，进一步树立了“诚信、公正、廉明、守规”的行业风气。根据民政部统一部署，在部有关司局的指导下，全国福彩系统启动了“为民服务创先争优”活动，推出了《福利彩票优质服务公约》，广泛开展了“三亮三比三评”和“走进福彩一线”、“岗位建功立业”活动。各级福彩机构及销售站点人员积极争创群众满意窗口、优质服务品牌、优秀服务标兵。辽宁、安徽等地“文明服务窗口”、“示范窗口”创建工作成绩突出，得到了民政部肯定和社会好评。

为纪念建党90周年，各级福彩机构普遍开展了学习先进、唱红歌、主题党日等活动。中福彩中心坚持“五型”单位建设，组织了“学党史、强党性、讲奉献”系列学习教育活动；北京、山西、吉林、福建等地开展了“永远跟党走”、“共产党员献爱心”活动，陕西、深圳等地评选了共产党员示范站、示范岗。通过学习、教育，进一步增强了福彩从业人员的责任感和使命感。

全国福彩系统继续贯彻落实2010年行风建设工作会议精神，大力推动行风建设示范单位创建工作。北京组织了“爱民月”和“开放日”活动，河南制定了《行风基本准则》和《投注站服务准则》，湖北建立了廉政风险预警防控管理机制，宁夏开展了“行风示范点”建设。北京、天津、河北、辽宁、黑龙江、浙江、江西、河南、湖北、湖南、广东、重庆、四川、贵州、云南、西藏、陕西、宁夏、新疆等省级福彩机构，以及山西临汾、内蒙古鄂尔多斯、上海长宁、江西抚州、山东烟台、广西南宁、海南海口等地市级福彩机构，被民政部命名为首批全国民政系统行风建设示范单位。

过去的一年，福彩发行销售一举突破千亿元迈上新台阶，取得了经济效益和社会效益的双丰收。回顾总结福彩的成绩，我们深深地感到，这些成绩的取得，主要靠：

一是民政部门的领导与呵护。福利彩票由民政部门努力而创设。民政部门始终高度重视福彩工作，把握方向，制定战略方针，为福彩发展提供了坚实的政治保障和组织保障；在具体工作上，争取条件，创造环境，给予了悉心的指导。福彩事业发展历程中，每一个困难的克服，每一个难题的破解，每一项工作的进步，每一点成绩的取得，民政部门的领导都倾注了大量的心血。比如，在中福彩中心综合业务楼的购置上，民政部党组和部领导非常重视，李学举部长、李立国部长、姜力副部长、窦玉沛副部长、曲淑辉组长等部领导，不辞辛劳，千方百计，积极协调争取；规财司的领导们在全过程参与指导。在《规划纲要》编制工作上，李立国部长多次做出重要指示和批示，窦玉沛副部长亲自领导和指导，民政部办公厅、福利司、规财司等司局提供了许多具体指导。在中福彩中心的队伍建设工作上，窦玉沛副部长、民政部人教司领导多次到中编办汇报说明，为中心争取增加了180个事业编制。在中福在线票的恢复工作上，民政部领导亲自沟通协调，福利司积极争取。在行风建设、党风廉政建设方面，监察局和民政部机关党委都给予了很多的指导。各司局和各单位为福彩事业发展也都提供了直接或间接的帮助。

各地民政部门都把福彩工作作为一把手工程，在设施改善、人才培养、技术建设、激励机制等方方面面，开展了艰苦细致并卓有成效的工作，为福彩事业发展创造了良好的条件和环境。可以说，没有各级民政部门的高度重视、把握方向和悉心呵护，就没有福利彩票事业发展的今天，也不可能取得年销量突破千亿元的跨越。

二是有关部门的支持与关心。一直以来，财政、公安、工商、审计、中编办等部门非常关心和支持福彩工作，为促进福彩事业健康发展发挥了重要作用。在财政部综合司、民政部福利司和政法司等部门的积极努力下，《彩票管理条例实施细则》颁布实施。在业务工作中，财政部给予了很多指导和政策支持。在中福在线票整改中，财政、民政、公安等部门深入调研，检查指导。在福彩业务设施的建设上，财政部综合司领导积极为我们出主意、想办法。今年，财政部把打击非法彩票列入重要议程，正在与公安部门协商组织开展打击非法彩票的工作。对制约福彩发展的一些问题，如3D奖池亏损、开乐彩返奖、中福在线票的营业时间和投注额度等，财政部正在逐一研究，寻找解决办法。财政部综合司领导本要出席此次会议，因重要调研任务而不能出席，彩票处邹立文处长等代表财政部出席会议指导工作。欧文汉司长让我转达他的问候，对福彩系统在各级民政部门领导下和地方财政部门支持下取得的优异成绩表示祝贺，向各级民政部门、地方财政部门领导和福彩系统同志们表示感谢，希望福彩系统按照科学发展观的要求，全面做好发行、管理和建设工作，推进福彩事业又好又快发展。工商部门在维护市场秩序、审计部门在规范管理、中编办在人员编制和指导福彩系统事业单位改革试点方面给予了有力的支持和帮助。

三是社会各界的理解与帮助。近年来，福彩发行规模不断扩大，社会影响力日益提升，吸引了一些专家学者、知名人士以及研究单位的关注，一些科研院所成立了彩票专业研究机构，也有不少专家学者和知名人士投身到福彩理论研究之中，初步形成了关注福彩、研究彩票的社会氛围。新闻媒体为福彩做了大量正面的宣传报道，有力地提升了福彩形象；客观的批评也对福彩事业发展发挥了监督和促进作用。通过宣传，更多的人了解、理解、参与、喜爱上了福彩。特别是亿万彩民朋友，他们钟爱福彩、热情支持、广泛参与、奉献爱心，这是福彩事业不断发展的坚实基础，也是福彩事业日益壮大的力量所在。

四是福彩人的拼搏与奉献。福利彩票从无到有、从小到大、由弱到强，是几代福彩人坚持不懈、努力拼搏的结果。过去，福彩白手起家，福彩人艰苦创业，负重前行，锐意进取，不断创新，为福彩事业奠定了基础。如今，福彩高位运行，风险增大，备受关注，福彩人承受着保障安全、扩大发行的双重责任和压力。正如同事们所说，在福彩岗位上，每天都像坐在火山口上，不敢有丝毫的懈怠，容不得有任何的疏忽和纰漏。同时，我们还面临着体制机制不匹配、基础设施不完善、市场划分不明晰等问题。面对这些压力和困难，福彩人在不畏艰难地前行、默默无闻地奉献，在艰难探索和开拓创新中不断推进福彩事业发展。可以说，没有几代福彩人奠定的基础，就不会有福彩事业发展的今天；没有当前福彩人的攻坚克难、不断攀登新高峰的勇气、智慧和辛劳，就没有福彩事业的快速发展，更不会有今天千亿元的成绩。

面对成绩，我们每一位福彩员工必须要有清醒的认识，成绩归功于民政部门的领导与关怀，归功于有关部门的关心与支持，归功于社会各界的理解与帮助，归功于亿万彩民的钟爱和奉献。我代表福彩系统向各级民政部门的领导、各级财政等部门的领导，向社会各界的朋友们表示崇高的敬意和衷心的感谢！向广大彩民朋友们表示崇高的敬意和衷心的感谢！在此，我也代表中福彩中心向福彩系统全体员工表示崇高的敬意和衷心的感谢！面对民政部门给予的荣誉和奖励，我们更要清醒地认识到，荣誉不仅是某一个机构和某一个个人的，荣誉属于整个福彩系统，属于过去和现在为福彩发展做出贡献的每一名福彩人！我们一定要将荣誉转化为责任和力量，戒骄戒躁，更加奋发努力，恪尽职守，不辱使命与荣誉。

二、2012 年及今后一个时期的工作和思路

2012 年，是实施福彩“十二五”规划纲要承上启下的重要一年，也是贯彻落实《彩票管理条例实施细则》的关键一年。刚才，李立国部长就福彩年销量超越千亿元的新形势下如何坚持科学发展发表了重要讲话，特别强调了要把科学发展作为第一要务，坚持以人为本，加强彩民服务和自身建设；坚持搞好福彩文化建设，不断增强发展的内在动力；坚持履行社会责任，使福彩事业增益于社会进步，努力实现福彩事业在超千亿新起点上的又好又快发展。李立国部长的讲话高瞻远瞩，具有很强的思想性、战略性和指导性，为福彩事业的发展指明了方向。会议总结时窦玉沛副部长还要就福彩履行社会责任作重要讲话。全国福彩系统在 2012 年及今后一个时期的工作重点，就是要认真学习、贯彻和落实好李立国部长、窦玉沛副部长的讲话精神。为此，我再强调几项重点工作：

（一）大力推进福彩文化建设

福彩文化是福彩的精神和灵魂，对福彩发展起着重要的引领和支撑作用。全国福彩系统要深入贯彻十七届六中全会精神，充分认识到福彩文化建设在福彩事业发展中的重要意义，继续深入学习贯彻李立国部长讲话要求，建设好、宣传好、运用好福彩文化，将福彩文化建设推向深入。

一是加强福彩文化研究。中福彩中心将联合民政部政策研究中心、福利司与中国社会报社开展福彩文化专题调研，设立福彩文化理论研究课题，挖掘福彩文化的深刻内涵，交流推广福彩文化建设的经验，推进福彩文化理论研究。二是打造福彩文化传播平台。中福彩中心将进一步完善上下联动、协调一致、整体宣传的工作机制，加大福彩系统宣传资源整合，筹建全国性的宣传资料库，建设好中国网络电视台福彩公益频道，利用央视福彩开奖节目平台，扩大福彩文化的传播和影响；各地也要充分利用各种媒介，创新宣传渠道和方式，构建福彩文化的宣传网络。三是积极开展文化建设活动。2012 年是福彩发行二十五周年，福彩系统应抓住契机，进一步创新形式，拓展宣传营销活动的广度和深度，加强公益宣传和品牌宣传。中福彩中心将制定宣传工作指导意见，组织全国联动的公益宣传活动。各地也要结合本地实际，加大宣传，扩大福彩的社会影响力。四是发挥福彩文化引领作用。要增强运用福彩文化的自觉性和主动性，把福彩文化和福彩的核心价值理念，融入福彩事业全局，融入发行、管理各项工作中，融入从业人员的行为举止，充分发挥福彩文化的引领和支撑作用，促进销量的最佳增长和福彩事业的科学发展。

（二）认真贯彻《条例》和《实施细则》

《实施细则》将于 3 月 1 日实施，各级福彩机构要认真学习，制定贯彻落实工作方案，强化责任主体和进度安排，确保贯彻落实工作及时到位。

一是准确把握、切实履行彩票机构的各项职责。《实施细则》进一步明确了彩票机构的主要职责，我们要切实增强责任感和使命感，尽心尽力，尽职尽责，努力为我国彩票事业发展做出应有的贡献。二是有效落实、严格执行各项规定。《实施细则》对彩票发行销售、开奖兑奖、资金管理等做出更加明确的规定。我们要做好与《实施细则》相配套的工作部署与实施，按照《实施细则》逐条对照检查，完成制度衔接，有矛盾的要废止，不符合的要完善，空缺的要制订。要继续推进制度建设的进度，进一步完善各项规章制度。中福彩中心业务管理制度建设框架中尚未完成的，要抓紧完成起草、征求意见，争取及早出台实施；各地福彩机构也应不断完善制度，重点强化《实施细则》的有效执行。借学习和贯彻《实施细则》的契机，进一步提升福彩系统制度化、标准化、规范化管理水平。三是研究建立符合事业发展需要的省级福彩销售组织体系。按照《条例》和《实施细则》要求，各省级福彩机构应尽快调整或建立本行政区域内销售组织体系和运行机制。《实施细则》要求彩票销售机构的业务费实行省级集中统一管理，省级福彩机构要在人员配备、制度安排等方面依此调整管理模式和运行机制。四是积极探索、努力建立适合彩票市场运行的管理机制。《实施细则》要求建立全国福彩发行销售系统、市场调控机制、激励约束机制和监督管理机制。彩票机构也面临事业单位改革的任务，中编办已经将中福彩中心列为事业单位改革试点，全系统要积极配合，努力推动建立符合彩票市场运行特点的管理机制，重点解决各级福彩机构用人难、用钱难、办事难的机制问题，加强福彩系统资源整合，提升市场运行效率，更好地发挥福彩机构的职能，推动福彩事业的科学发展。

（三）全面实施《规划纲要》

各级福彩机构要根据民政部批转《规划纲要》通知的要求，全面推进《规划纲要》的贯彻实施工作。要充分认识制定和实施《规划纲要》的重要意义，把实施《规划纲要》作为“十二五”期间福彩工作的中心任务，深刻领会《规划纲要》的指导思想和总体要求，准确把握福彩事业发展的主题和主线，明确发展任务和目标，结合实际，研究落实《规划纲要》的措施和实施方案，制定科学的工作进度表，有计划、有步骤地推进 10 项主要任务和 23 项重点建设项目的完成，推进福彩事业又好又快发展。

（四）着力提升保障能力

各级福彩机构一定要立足当前、着眼长远，着力在制度、技术、人才和业务设施等关键环节，加强建设，强化基础，提升能力，确保安全，促进发展。

一是强化制度保障。各级福彩机构要特别注重抓住影响安全运行的重点部位、薄弱环节，认真查找市场、财务、技术、开奖等方面的安全风险点，制定针对性强的安全管理制度，完善危机管理机制，健全突发事件应急预案，强化应急体系建设，严格执行工作规则和操作流程，确保制度的有效执行。中福彩中心将适时地在福彩系统开展安全检查工作，督促安全管理制度执行。二是切实推进技术建设。要完善细化销售系统软件统一技术需求和实施方案，重点推进销售系统软件统一工作。中福彩中心将加快制订电话和互联网发行销售管理规范、技术标准，搭建技术平台；筹建游戏、技术检验检测中心和技术与产品研发中心；初步建成数据挖掘和分析决策系统。各地福彩机构要进一步完善制度、制定标准，健全技术管理体系；要千方百计保障数据机房、开奖场所等重要部位的人员和设备配置，及时更新投注设备；规范操作，各类管理或销售系统上线运行之前必须经过严格测试，关键系统设备确保双机热备。三是加快人才队伍建设。福彩机构要抓住事业单位改革契机，进一步完善人事管理制度，建立健全岗位设置和聘用制度，探索建立绩效考核制度和与之相适应的薪酬体系。要创新人力资源管理体制机制，引进急需人才，优化人才结构；深入开展学习型单位和行风建设，加强学习和培训，提升员工素质，为福彩事业发展提供智力保障。四是继续推进业务设施建设。基础业务设施薄弱是福彩系统发展的瓶颈之一，必须下大力气尽快解决。中福彩中心要争取早日完成综合业务楼的建设，尽快建设主数据中心和开奖演播中心，同时，积极规划筹建同城备份数据中心和异地灾备数据中心。各地福彩机构要继续改善、完善业务设施条件，完成数据中心、研发测试中心、灾备机房、开奖演播场所、仓储物流等业务设施建设。条件尚未改善的，更要加大沟通协调力度，争取各方支持，尽快建设适应事业发展需要的业务设施。福彩系统要加强办公自动化系统建设，加快建设福彩综合信息资料中心，增强信息交流、资源共享和协同作业的能力。

（五）努力扩大发行销售

福彩系统要按照李立国部长实现销量自然增长、最佳增长的要求，优化各票种游戏结构，创新游戏和渠道，加强终端建设，提升服务质量，保持福彩发行销售平稳发展。

一是巩固发展电脑票。对现有游戏进行优化完善，研发推出新游戏，培育持续发展的增长点；做好双色球游戏回馈彩民活动；完善3D游戏设奖，解决奖池亏损问题；细化快速开奖游戏的管理；深化投注站分类分级管理，实施新修订的《电脑票投注站管理暂行办法》和《中国福利彩票代销证管理暂行办法》；继续推进投注站标准化建设，争创文明服务窗口。二是大力发展即开票。优化品种结构，打造品牌游戏；积极稳妥推进二次开奖试点工作；扩大网点规模，加强网点规范化建设，加快推进“一点一枪”工作，提升服务水平；优化渠道配置和物流系统功能，开发新的销售渠道。三是平稳发展中福在线票。加强游戏研发，推出2—3款新游戏，退市不适合市场的游戏；实施销售厅综合管理考评；稳步推进视频监控系统全国联网工作；扩大试点游戏范围；推进投注机、柜员机等硬件设备的更新。四是积极发展开乐彩。争取政策支持，提高返奖率，使之走上正常发展道路，开拓新的市场。五是创新销售渠道与方式。筹建产品研发中心和游戏检验检测中心，抓紧制订管理规范和技术标准，搭建电话和互联网销售平台。配合彩票主管部门、监管部门整顿互联网销售彩票违规行为，创造良好的市场环境。

为了贯彻落实好部长讲话要求，做好上述工作，我再强调几点，与大家共勉：

一要始终坚持科学发展的主题。这些年来，我们一直强调福彩要科学发展，把科学发展作为福彩工作的主题，努力推进，但福彩工作还有不少不符合、不适合科学发展的方面，距离科学发展的要求还有不小的距离。各级福彩机构要始终牢固树立科学发展的理念，尤其是要处理好发行与管理和建设、速度与质量、销量与安全、当前与长远的关系，追求规范管理和可靠保障基础上的可持续增长，追求确保质量基础上的发展速度，追求安全运行基础上的销量提升。要立足当前，着眼长远，找准制约发展的瓶颈问题和薄弱环节，抓紧时间、下大力气解决。设施滞后的要加快建设，管理薄弱的要努力改进，人才短缺的要尽力引进，全面提升各级福彩机构的能力，打牢发展基础，实现福利彩票全面协调可持续发展。

二要始终坚持服从维护大局。福彩事业是国家社会经济工作和民政事业的一个部分，因此我们始终强调，福彩机构要自觉服从和服务于国家和民政事业发展大局。全国福利彩票是一个整体，任何一个机构、一个销售网点乃至一名工作人员，都是整体中的重要组成部分，紧密相连、密切相关。任何一个地方或者一个环节出了问题都会影响大局。我们要牢固树立大局意识和全国一盘棋的思想，工作中处处事事想到大局，服从大局，维护大局。目前，全国福彩系统总体上具有较强的大局意识，工作中能够以大局为重，形成了相互支持、相互配合的良好局面。但是极个别地方也在规定执行、工作落实等方面存在着对大局思考不够、过分追求局部利益的行为，新技术新手段运用上存在盲目性，营销宣传上追求刺激性，甚至在本行政区域之外销售辖区内的游戏，不仅影响了与兄弟省市的关系，影响了福彩工作的整体部署，更损害了福利彩票的整体形象。希望从大局出发，自觉纠正，共同维护福彩良好形象。

三要始终坚持责任优先的原则。福彩系统要始终坚持社会责任优先原则，将责任理念落实到发行管理建设各项工作之中。要努力扩大发行，筹集更多的公益金，为社会福利事业和社会公益事业做出更大的贡献。要确保安全，始终坚持“安全运行，健康发展”的工作方针，把安全运行摆在更加突出的位置，继续强化防范风险的意识，切实增强防范风险的能力，完善制度规范体系，加强技术保障，确保安全运行。要坚持正确的购彩引导，在营销宣传上，要继续倡导“多人少买、奉献爱心、量力而行、理性投注”的购彩理念，不过分渲染中大奖，坚决杜绝“一夜暴富”类的宣传，营造健康的购彩氛围。要坚持诚信原则，在发行销售各个环节，坚持“公平、公正、公开、公信”原则，维护彩票信誉，促进全社会诚信建设。要注重防范可能的负面影响，在游戏设计上，注重增加趣味性，降低博弈性；在机理上，建立风险防范机制，防止和限制非理性投注；在彩民服务上，尽快建立彩民服务体系；在对未成年人保护上，严禁向未成年人销售彩票和兑付奖金。各级福彩机构、销售站点、每一位从业人员，都要把履行社会责任切实作为自己神圣的职责，落在实处。

四要始终坚持服务兴业的理念。服务的深入细化是事业发展的核心竞争力，是始终都必须要强化的。要把提升服务作为增强福彩核心竞争力的重要手段，以服务固本，以服务兴业。各级福彩机构要继续强化服务社会、服务彩民的理念，把满足彩民合理消费和文化娱乐需求、维护彩民利益，促进销量自然增长和最佳增长，作为一切工作的出发点和落脚点。中福彩中心要进一步加强政策研究，积极争取更多更好的政策支持，为福彩事业发展创造更好的条件；地方各级福彩机构要强化服务站点的理念，加强服务平台和服务渠道建设，努力为销售站点提供周到、细致、及时的服务；销售站点要强化服务彩民的理念，不断改进服务方式，提升服务能力，提高服务水平，获得彩民认同。通过服务，提升形象，增强能力，推动发展。

五要始终坚持开拓创新的精神。福彩的创设就是创新，福彩发展的历史就是一部勇于创新、善于创新的历史。创新是推动福彩事业可持续发展的不竭动力。新形势下，福彩事业发展仍然面临着各种困难和问题，福彩事业的体制机制需要积极探索，游戏需要完善，销售渠道需要拓展，技术和管理也需要创新。要解决这些问题，克服这些困难，就必须始终坚持实事求是、开拓创新的精神，通过不断的创新来推动福彩事业的发展。我们要坚持实事求是，深入实际调查研究，解放思想，大胆探索。要充分利用现代管理和科技成果，科学论证，使创新符合客观规律，并能取得良好的实际效果。创新成果运用不能盲目或擅自运用，有的还需要按规定按程序报批。要始终坚持开拓创新的精神，推进创新，有效创新，用创新解难题，用创新促发展。

同志们，新的一年，福彩工作既有许多有利的条件，也面临着不少困难和问题，任务依然非常艰巨。站在新的起点上，我们必须保持清醒的头脑，认清形势，找准目标，以更加坚定的信念，更加饱满的热情，更加扎实的作风，更加有力的措施，吃苦耐劳，顽强拼搏，努力做好福利彩票的发行管理工作，推动福彩事业在科学发展的道路上再创佳绩，为社会福利和社会公益事业做出新的贡献，以优异的成绩迎接党的十八大胜利召开！

关于区域联销游戏、地方游戏加奖活动实行报备制度的通知

（2012 年 5 月 2 日　中国福利彩票发行管理中心　中彩发字［2012］48 号）

各省、自治区、直辖市福利彩票发行中心：

中国福利彩票发行管理中心为了更好地统筹管理区域联销游戏、地方游戏，了解掌握市场情况，决定对区域联销游戏、地方游戏加奖活动实行报备制度，各福利彩票销售机构在开展区域联销游戏、地方游戏加奖活动时，经同级财政部门批准后、组织实施前，由负责管理区域联销游戏奖池、管理地方游戏奖池的福利彩票销售机构将加奖活动实施方案（包括游戏名称、加奖时间、加奖金额、加奖规则、预期市场效果、风险控制方案以及活动开展前的组织准备工作等）及同级财政部门批文等向中国福利彩票发行管理中心报备。

请各福利彩票销售机构开展区域联销游戏、地方游戏加奖活动时严格按照《彩票管理条例实施细则》的规定及本通知要求执行。

关于印发《中国福利彩票大奖兑付和宣传工作暂行规定》的通知

（2012 年 8 月 30 日　中国福利彩票发行管理中心　中彩发字［2012］95 号）

各省、自治区、直辖市福利彩票发行中心：

近年来，中国福利彩票各类游戏大奖频出，福彩销售机构在大奖兑付和宣传方面作出了很多有益的尝试，为进一步规范大奖产生后的兑付和宣传工作，更好地保护中奖者的合法权益，指导福彩销售机构积极引导社会舆论、增强宣传效果，树立福利彩票的良好形象，提升福利彩票的知名度和美誉度，特根据《彩票管理条例》及《彩票管理条例实施细则》，制定了《中国福利彩票大奖兑付和宣传工作暂行规定》，现印发给你们，请遵照执行。

附件：中国福利彩票大奖兑付和宣传工作暂行规定

附件

中国福利彩票大奖兑付和宣传工作暂行规定

第一条　为进一步规范福利彩票大奖产生后的兑付和宣传工作，更好地保护中奖者的合法权益，树立福利彩票的良好形象，根据《彩票管理条例》及《彩票管理条例实施细则》，特制定本规定。

第二条　本规定所称大奖，是指福利彩票游戏开奖后，单人一次中奖金额超过 5 000 万元或单人一次中奖金额刷新省级行政区域内福利彩票中奖金额纪录的情况。

第三条　省级福利彩票销售机构须成立由主要负责人担任组长，相关人员参加的常设兑奖小组，组织大奖兑付及宣传工作。

第四条　大奖中出后，福利彩票销售机构应依照有关规定，及时提醒并严格要求彩票代销者及其他因职务或者业务便利知悉中奖者个人信息的人员，对中奖者个人信息予以保密。必要时，可根据当地情况与相关人员签署保密协议，协议至少应包括《彩票管理条例》第二十七条之内容及违约责任等。

第五条　大奖中出后，省级福利彩票销售机构应及时发布新闻通稿。新闻通稿应在中奖公告的基础上增加如下内容：中奖金额、投注方式、站点具体地址等。

第六条 大奖中出后，省级福利彩票销售机构应及时以书面形式向中福彩中心报告有关情况，并将大奖中出后的应对方案及宣传方案报中福彩中心备案。

第七条 大奖中出后30天仍无中奖者联系的，省级福利彩票销售机构应发布公告提醒中奖者彩民及时兑奖；距兑奖截止日期仅剩10天仍无中奖者联系的，销售机构应在更大范围内多次发布公告；产生弃奖的，应发布新闻通稿，是否需要组织召开新闻通报会，由省级福彩销售机构视情况自行决定。

第八条 省级福利彩票销售机构应与当地银行、税务、公安等部门协调奖金兑付事宜，并为中奖者提供周到细致的服务，保证中奖者安全、顺利兑奖。兑奖时，可邀请当地民政、财政部门见证奖金兑付过程，参加兑付奖金的组织及服务人员必须承诺对中奖者个人信息予以保密。

第九条 大奖中奖者与省级福利彩票销售机构取得联系或兑付奖金时，工作人员应告知并详尽解释《彩票管理条例》和《彩票管理条例实施细则》有关保密内容，并主动询问中奖者是否愿意公布个人相关信息或接受媒体采访。

第十条 大奖兑付后省级福利彩票销售机构应及时召开新闻通报会，可邀请当地民政、财政、税务等部门及媒体记者参加。新闻通稿须事先报中福彩中心审核后方可发布。通报会的主要内容包括：中奖金额、游戏名称、中奖期号、投注方式及金额、大奖中出站点具体地址、中奖者兑奖及捐赠情况、中奖者是否愿意公布个人信息或接受媒体采访，以及中奖者明确表示可以公布的个人其他内容。

第十一条 如大奖中奖者明确表示愿意公开个人信息，经中奖者本人书面签字确认后，省级福利彩票销售机构应根据其请求组织召开新闻发布会，安排记者采访。

第十二条 未经福彩销售机构核实确认和授权发布的信息，任何单位及个人不得以任何方式向社会发布。如遇特殊情况应及时向中福彩中心报告。

第十三条 大奖中出后，省级福利彩票销售机构应根据相关规定，采取有效形式，利用当地媒体尽量解答社会公众提出的问题，普及福利彩票知识，宣传福利彩票的诚信原则，提升福利彩票良好形象。

第十四条 省级福利彩票销售机构可根据本规定并结合本地区实际情况制定本地的大奖兑付和宣传工作的具体实施办法。

第十五条 本规定自颁布之日起施行。

关于加快做好中国福利彩票视频票销售厅视频监控系统建设工作的通知

（2012 年 11 月 14 日　中国福利彩票发行管理中心　中彩发字［2012］131 号）

各省、自治区、直辖市福利彩票发行中心：

2009 年 7 月，中国福利彩票视频票（以下简称“福彩视频票”）市场恢复后，按照民政部、财政部和公安部有关建立福彩视频票销售厅视频监控系统（以下简称“视频监控系统”）的要求，全国所有销售厅都建立了视频监控系统，大部分地市级福彩中心及少部分省级福彩中心也建立了视频监控系统，在福彩视频票销售厅的管理中发挥了非常重要的作用。但目前有少数地市级福彩中心和大部分省级福彩中心尚未建立市级和省级视频监控系统。为了加快视频监控系统建设，进一步提升福彩视频票销售厅的管理水平，确保福彩视频票“安全运行、健康发展”，现将有关问题通知如下：

一、视频监控系统的构成及主要功能

福彩视频票销售厅视频监控系统是运用视频和网络等相关技术，实现中福彩中心、省级福彩中心、地市级福彩中心和销售厅对福彩视频票销售厅管理运营情况的音频和视频信息进行采集、传输、控制、显示、存储和处理的综合性视频监控系统。该系统由中福彩中心视频监控中心、省级视频监控中心、地市级视频监控中心和销售厅视频监控系统四部分组成；采取统一技术标准，分级组织建设、最终全国联网的建设方式；该系统建成后将为各级福彩中心及销售厅自身提供一个可以实时视频监控销售厅管理运营情况的平台。同时，根据需要，中福彩中心和省级视频监控中心还应为有关部门提供视频监控功能。

（一）中福彩中心视频监控中心

中福彩中心视频监控中心视频监控系统的主要功能有：能对全国所有福彩视频票销售厅的管理运营情况进行实时监控；能对图像进行轮巡显示，并可任意设置图像显示方式；能通过时间、地点等多种条件对 60 天内的视频监控录像进行检索和回放；能满足多用户同时对同一路视频进行监控；能实现视频双向对讲。

（二）省级视频监控中心

省级视频监控中心视频监控系统的主要功能有：能对本省所有福彩视频票销售厅的管理运营情况进行实时监控；能对图像进行轮巡显示，并可任意设置图像显示方式；能通过时间、地点等多种条件对 60 天内的视频监控录像进行检索和回放；能满足多用户同时对同一路视频进行监控；能实现视频双向对讲；能将音频和视频监控信息安全、清晰、流畅地输出至中福彩中心视频监控中心的监控设备上。

省级视频监控中心的主要设备一般包括：SIP 路由/分发服务器、视频网关、硬件服务器、视频监控系统软件、数字视频矩阵及矩阵管理软件；辅助设备一般包括：客户端 PC、电视墙、机柜和操作台、网络交换机等。

（三）地市级监控中心

地市级视频监控中心视频监控系统的主要功能有：能对本地市所有福彩视频票销售厅的管理运营情况进行实时监控；能对图像进行轮巡显示，并可任意设置图像显示方式；能通过时间、地点等多种条件对 60 天内的视频监控录像进行检索和回放；能满足多用户同时对同一路视频进行监控；能实现视频双向对讲；能将音频和视频监控信息安全、清晰、流畅地输出至省级视频监控中心的监控设备上。

省级福彩中心直接管理运营福彩视频票销售厅的，地市级福彩中心可以不设视频监控中心。

地市级视频监控中心的主要设备一般包括：SIP 路由/分发服务器、视频网关、视频监控系统软件；辅助设备一般包括：网络交换机、客户端 PC 等。

（四）销售厅视频监控系统

销售厅视频监控系统的主要功能有：监控镜头对销售厅管理运营区域监控全覆盖、无死角；能对本销售厅的管理运营情况进行实时监控；能对图像进行轮巡显示，并可任意设置图像显示方式；视频监控画面要能够显示录像时点的年、月、日、时、分、秒以及销售厅名称、监控点位置等信息；能对本销售厅保存的 60 天以内的视频监控录像通过时间、地点等多种条件进行检索和回放；能满足多用户同时对同一路视频进行监控；能够实现视频双向对讲；能将至少 8 路实时的音频和视频监控信息安全、清晰、流畅地输出至上级视频监控中心的监控设备上。

销售厅视频监控系统的主要设备一般包括：摄像头、硬盘、硬盘录像机（全省统一品牌）、视频流媒体服务器、视频监控系统软件；辅助设备一般包括：网络交换机、客户端 PC 等。

二、视频监控系统的主要技术标准

1. 为保障视频监控系统的运行稳定，同时满足今后扩展和全国联网的需要，各级视频监控中心的建设要采取开放式的结构配置系统硬件和软件，统一采用 SIP 协议作为设备互联、管理、视频调用及传输的标准协议。不允许用互联网公网作为通讯传输介质，通讯传输须是专网专线。各省视频监控系统设备应具备扩展性，支持后期监控系统扩容，支持不同品牌不同厂商的接入，支持多级级联。

2. 视频监控系统的网络结构、联网协议、功能要求、用户及设备管理要求、主要技术指标应严格执行《安全防范工程技术规范》（GB50348－2004）、《视频安防监控数字录像设备》（GB20815－2006）、《视频安防监控系统工程设计规范》（GB50395－2007）及《安全防范视频监控联网系统信息传输/交换/控制技术》（GB/T28181－2011）中的规定的技术标准。

三、视频监控系统建设组织工作要求

（一）加强组织领导

省级视频监控系统在全国视频监控系统的建设中具有承上启下的重要作用，建设的快慢直接影响全国视频监控系统联网的工作进度，各省级福彩中心要高度重视此项工作，切实加强组织领导，落实好工作责任，保证全省视频监控系统按时完成。各省级视频监控系统要在2013年8月底前完成，全国视频监控系统的建设将同步进行，建成一个省连接一个省。

（二）合理安排经费

视频监控系统建设经费原则上采取分级负责的办法，哪一级系统哪一级负责。但为了减轻省级福彩中心的经费负担，中福彩中心按照每个省级视频监控中心人民币60万元，每个销售厅人民币2万元的标准给予补助。补助经费由北京中彩在线科技有限责任公司提供，发放方法为：在省级视频监控系统建设方案经中福彩中心批准且招标完成后下发50%，省级视频监控系统建设完成并验收合格后下发剩余50%。补助经费由省级福彩中心统一安排使用，其他建设费用及日常运营维护费用由省级福彩中心、地市级福彩中心及销售厅自行承担。补助经费要专款专用，不得挪用，中福彩中心将组织相关部门监察补助经费使用情况。

（三）保证建设质量

各省级福彩中心要精心组织、周密安排，严格按照本通知的技术标准和建设要求，确保视频监控系统的建设质量，条件好的地方可以高于规定的标准建设。为了加强这方面的工作，中福彩中心将成立视频监控系统建设技术指导小组，对各地给予及时的技术指导与支持。

特此通知。

（三）体育彩票管理制度和文献

弘扬体彩精神，坚持科学发展，推动体育彩票事业再创新局面

——国家体育总局局长刘鹏在2012年全国体育彩票工作会议上的讲话

（2012年2月21日）

同志们：

早春二月，万物生发。在这生机盎然的季节，我们召开2012年全国体育彩票工作会议。首先，我代表国家体育总局，向各省、区、市体育部门担负体育彩票管理工作的同志、向长年奋斗在体育彩票发行销售工作一线的同志表示亲切的问候！向大家为体育事业和社会公益事业做出的重要贡献表示崇高的敬意！向财政部领导和同志们对体育彩票工作的正确领导和全力支持表示诚挚的感谢！

2011年，是“十二五”的开局之年，是体育战线努力奋进、体育事业取得新成绩、体育强国建设迈出新步伐的一年。全国体彩系统团结拼搏、奋勇争先，抓住机遇，迎难而上，全年总销量达到937.8亿元的历史新高，年增长量首次突破200亿元，年增长率达到35%，创造了“十一五”以来的最好成绩，实现了高效、安全、快速、健康发展，为“十二五”实现了精彩的开局，也为体育事业和国家公益事业做出了出色的贡献。

党的十七届六中全会以文化改革发展为主题，吹响了建设社会主义文化强国的进军号。这次全国体育彩票工作会议的主题是：全面贯彻党的十七大和十七届三中、四中、五中、六中全会精神，以科学发展观为统领，围绕《彩票管理条例》及《彩票管理条例实施细则》的各项要求，认真总结2011年、全面部署2012年体育彩票工作，促进体育彩票事业沿着“十二五”规划的既定目标，全面、协调、可持续发展，为体育事业和国家公益事业的发展再立新功，以优异成绩迎接党的十八大召开。

下面，我着重讲两点意见。

一、2011 年体育彩票工作坚持科学发展、取得新突破的经验弥足珍贵

2011 年，是体育彩票事业发展中值得浓墨重彩地书写和留下难忘记忆的一年。伴随着国民经济和社会发展新阶段到来，体育彩票服务于国家经济社会发展的使命更加突出，责任更加重大。《中华人民共和国国民经济和社会发展第十二个五年规划纲要》明确提出，要“扩大彩票发行等渠道充实全国社会保障基金，积极、稳妥地推进养老基金投资运营。”《中国农村扶贫开发纲要》提出，要“加大中央集中彩票公益金支持扶贫开发事业的力度”。党的十七届六中全会做出《关于深化文化体制改革 推动社会主义文化大发展大繁荣若干重大问题的决定》提出，要“提高各级彩票公益金用于文化事业比重。”党和国家的这些重大决策，充分肯定了体育彩票事业多年来服务于国民经济和社会发展、服务于社会公益事业所做出的重要贡献，也指明了新时期体育彩票工作的发展方向，对我们的工作提出新的更高的期望和要求。

2011 年，中共中央政治局委员、国务委员刘延东同志对体育彩票工作做出两次重要批示，对多年来体育彩票为我国体育事业和社会公益事业发展做出的积极贡献给予了充分肯定，要求全国体育界学习推介以江苏经验为代表的科学发展经验。充分体现了中央领导对体育彩票工作的高度重视和关心，也是对全国体彩工作者的巨大鼓舞和激励。

回首 2011 年的体育彩票工作，我们欣喜地看到，全国体彩工作者面对新的挑战和新的目标，继续坚持“十一五”以来经过实践证明行之有效的科学发展经验，进一步把握科学发展的内涵，立足长远，统筹全局，扎实工作，努力创新，注重政策研究和战略规划，全面完善各项制度和管理流程，稳步实施了网点标准化管理，技术系统运行平稳，安全体系更加完善，队伍建设扎实推进，品牌形象整体提升，电话、互联网销售筹备工作积极稳妥推进，市场监管和风险控制更加有力，取得了来之不易、又好又快的成绩和发展。江苏、山东、广东等省，从全局出发，从大局着眼，坚决执行全国一盘棋的发展战略，坚持精细化、专业化管理，推动了体育彩票的科学发展。特别是江苏，不仅取得了全国体彩销售“六连冠”的可喜成绩，而且在全国率先突破发行百亿并成为全国彩票省级销量第一。江苏体彩取得的优异成绩，既是江苏坚持科学管理、不断奋发进取的成果，也是全国体彩系统总结发展经验、把握发展规律、坚持创新发展的集中体现，是中华体育精神在体彩工作中的生动展现，是全国体彩的宝贵财富。

2011 年体彩工作取得的巨大成绩，使我们进一步深刻认识到，必须坚持 18 年来、特别是“十一五”以来所确立的科学发展道路。要始终对以下两个问题有清醒认识：

（一）要牢牢把握体育彩票作为国家公益彩票的基本定位和促进公共体育服务体系建设的发展方向，坚持科学发展不动摇

18 年来，体育彩票出色履行了国家赋予的光荣职责，累计发行 4 584 亿元，筹集公益金 1 388 亿元。体彩公益金受益

项目和人群不断扩大。目前，中央集中部分的彩票公益金已广泛用于补充社会保障基金、支持红十字事业、补充城市和农村医疗救助基金、支持教育助学、青少年学生校外场所建设以及残疾人、法律援助、小天使基金等社会公益事业。体育系统通过做好体育彩票工作，拓宽了体育工作服务于经济社会发展大局的道路，体现了体育工作的多元社会价值和综合功能。

“十二五”时期是我国全面建设小康社会的关键时期，加强社会建设、促进社会事业发展、建立健全基本公共服务体系、完善社会保障的任务依然艰巨。2011年，党和国家在一些重大的关系国计民生的领域中，都对彩票工作给予了肯定，提出了要求。我们体育工作者，要充分认识到发行体育彩票是国家从经济社会发展战略高度所采取的一项重大举措，是构建公共体育服务体系、建设体育强国和推动公益事业发展的一项重要政策，是国家交给体育部门的一项光荣使命。我们要倍加珍视来之不易的大好局面，牢牢把握国家公益彩票的定位和促进公共体育服务体系建设的发展方向，举全系统之力，推动体育彩票事业在法制化、规范化的轨道上健康发展。

科学发展是体育彩票发展实践的必然选择。历史的经验告诉我们，发展是硬道理，科学发展是统领。“十二五”时期，既是发展的重要战略机遇期，也是矛盾凸显期，我们面临思想观念、体制机制、社会利益冲突等方面的新挑战、新问题。这就要求我们对科学发展的内涵和要求要有更加全面的认识和把握，正确处理好整体与局部、长期与短期、快速与安全、创新与巩固等方面的关系，进一步提高科学管理水平和发展质量与效益，更加全面、协调、安全、可持续的谋发展，强基础。

（二）要始终坚持从体育事业发展“生命线”的高度加强对彩票工作的领导，把“一把手工程”落到实处

18年来体育事业发展的实践证明，体育彩票公益金已成为体育事业发展的重要资金保障，成为促进公共体育服务体系建设的重要经费来源。从全国的体育经费支出情况看，体育彩票公益金已经占到事业支出的1/3之多，有些地方甚至超50%，市县一级绝大多数地区体育彩票公益金在事业费中的比例超过2/3。正是因为有了彩票公益金，基层体育工作才有了设施改善、组织健全、活动丰富的蓬勃发展局面。“十二五”时期，我们在全民健身事业发展中所面临的突出矛盾和问题仍然是广大人民群众日益增长的体育需求与社会体育资源相对不足的矛盾。我们要牢牢把握体育彩票作为体育事业发展“生命线”的地位和作用，充分认识做好体育彩票工作的重大意义，切实加强对彩票工作的领导。

切实加强领导就要体现三个“到位”：认识到位、行动到位、措施到位。要从贯彻落实科学发展观的高度，从推动社会主义文化大发展大繁荣的高度，从保障体育事业发展“生命线”的高度，把体彩工作摆到重要工作议程。各级体育部门的一把手要高度重视体彩工作，做到组织研究体彩工作，科学管理体彩工作，部署落实体彩工作，为体彩工作开辟“绿色通道”，创造协调顺畅的发展机制和条件。各省区市体育局领导班子和职能部门

的同志，要按照职能分工，认真学习贯彻《彩票管理条例》和《实施细则》，依法依规、科学规范地开展管理工作；要根据总局与各地签署的体育彩票管理责任书，逐章逐条检查落实，完善各项制度和工作程序。要加强对彩票机构的指导、监督和管理，特别是对发展规划、科学决策、工作绩效、对外合作等重点工作的监督和管理。要充分重视体育彩票人才队伍的建设和培养。各级体育部门不仅要选派精兵强将到彩票工作实践中去锻炼能力、锤炼作风、培养人才，也要通过体制创新选拔引进人才，充实各级管理人员特别是基层工作队伍。体育部门的同志，不仅要成为彩票具体业务的专家，更要成为彩票发展的规划者、管理者。总之要尽一切可能创造条件，使体育彩票在科学发展的轨道上不断创造新业绩，实现又好又快的发展。

多年来的实践经验表明，凡是体育局领导班子重视彩票工作的地方，体制机制优势就发挥得充分，体育彩票发展提升得就快。以江苏为例，各级体育行政部门以自身的不懈努力，取得了各级政府的领导对体育彩票工作的高度重视。江苏省体育局把体育彩票作为体育强市、体育强县创建工作中一票否决的考核指标，突出了体育彩票工作的重要地位，充分发挥了目标管理的杠杆作用。各市、县体育部门本着“大发展，大受益”的全局观念，按照省体育局的统一部署，积极主动帮助体彩机构开展工作。各级体育部门认识统一、步调一致，共同打造上下联动的工作模式，已经成为江苏体彩的管理优势、体制优势。全国向江苏学习，很重要的方面就是要学习江苏对体育彩票“一把手工程”的全面贯彻和坚决落实。

二、弘扬体彩精神，坚持依法治彩，勇于开拓创新，促进体育彩票事业持续健康快速发展

2012 年是“十二五”承上启下的关键一年。全国体彩系统要认真贯彻党的十七届六中全会精神，认真落实《体育彩票管理条例》和《实施细则》，大力弘扬体彩精神，以改革创新为动力，按照“十二五”规划的既定目标，再接再厉，继续推动体育彩票事业持续健康快速发展。在此，我重点强调几个问题。

（一）深入贯彻落实党的十七届六中全会精神，弘扬体彩精神，在社会主义核心价值体系建设中发挥独特作用

党的十七届六中全会发出了建设社会主义文化强国的号召，为体育事业发展既带来了新的重大机遇，也赋予了神圣使命。体育是文化的重要组成部分，体育彩票是体育事业中具有独特文化功能的一项重要工作，从产品、品牌、渠道、队伍等各方面都与文化活动、生活方式、价值观念有着紧密联系，在推进社会主义核心价值体系建设、建立覆盖全社会的公共文化服务体系、促进文化产业发展中发挥着独特作用。

多年来，体育彩票在发展中形成了“责任、诚信、团结、创新”的体彩精神，这朴素的八个字，凝练了体育彩票多年发展实践的宝贵经验。责任是“体彩精神”的基石，作为国家公益彩票，体育彩票承担着国家赋予的光荣使命和社会责任，必须坚定信念，兢兢业业，牢记使命，不畏艰辛。诚信是“体彩精神”的

灵魂。公信力是体彩事业持续发展的命脉，安全与廉洁是体彩事业的生命线，诚实守信、依法治彩是体育彩票的立业之本。团结是“体彩精神”的核心。体育彩票的发展历程，既有辉煌，也曾经历低谷，但团结的精神始终伴随发展过程，团结使体育彩票不断创造辉煌，也使体育彩票在低谷时重新奋起。创新是“体彩精神”的精髓。全国体彩人以科学发展观为统领，发扬中华体育精神，积极进取、超越自我，为国家公益事业和体育事业不断做出新贡献。

“体彩精神”是体彩文化的核心价值观，是体彩人的精神价值与共同追求，也是展示体育彩票形象、引领体育彩票健康发展的一面旗帜。18 年来，体育彩票秉承“来之于民，用之于民”的发行宗旨，倡导“公益体彩，乐善人生”的公益理念，突出“公益、公信、健康、快乐”的核心内涵，通过宣传健康的体彩文化，引导和培养了人们热心社会公益的意识，满足了人民群众日益增长的多元文化娱乐需求，为人们参与社会公益提供了便利渠道。体育系统通过做好彩票工作，拓宽了体育服务于社会主义文化大发展大繁荣的道路。要通过持续宣传贯彻和弘扬实践体彩精神，凝聚队伍，打造内生发展动力。要积极倡导健康理性的彩票文化，提升社会对体育彩票公益属性的认识。要以高度的文化自觉，在更高的层面上、更广的范围内推动体彩文化的建设和发展，更好地承担起体育彩票作为国家彩票的社会责任。

（二）认真贯彻落实《彩票管理条例》和《实施细则》，确保体育彩票健康发展

《彩票管理条例》是我国第一部全面规范彩票发行、销售、管理的专门性行政法规，为彩票事业健康发展提供了法治基础。《条例》施行以来，全国体彩系统开展了广泛深入的学习宣传活动，取得了良好效果，依法管理和发行彩票的水平有了显著提升。前不久刚刚颁布的《实施细则》将于今年 3 月 1 日正式施行，这是继《条例》之后我国彩票法制化建设和规范化管理的又一个重要成果，是我国彩票发行和管理的重要制度保障。它的公布施行，对于进一步加强彩票管理、规范市场发展、维护参与者合法权益、提升公信力和促进社会公益事业健康发展具有十分重要的意义。全国体育系统要深刻认识《条例》及《实施细则》的重要意义，增强依法治彩的主动性和自觉性，将深入贯彻落实《条例》和《实施细则》作为一项长期的基础性工作，融会贯通到每一项工作中去。省级体育部门要以《条例》和《实施细则》为依据，进一步梳理、细化管理职责。要根据法规要求和本地区体育彩票事业发展需求，统筹发展规划，加强市场监管。要把握彩票市场发展规律，及时制定、适时调整本地区彩票机构设置和销售网络布局。体育彩票发行机构要根据《实施细则》明确的职能定位，按照统一发行、统一管理、统一标准的原则，确保体育彩票发行销售系统运转安全，建立并逐步完善体育彩票市场调控机制、激励约束机制和监督管理机制。体彩销售机构要在现有工作的基础上，制定完善本行政区域的体育彩票销售管理办法和工作规范。各级体育部门和体彩机构要积

极配合公安和工商行政管理机关依法查处非法彩票和违规行为，维护彩票市场秩序。

（三）以改革创新为动力，做实做强发展基础，努力提高发展质量和效益

2011年体育彩票工作取得的突出成绩，标志着体育彩票发展达到了一个新的高度，也反映出体育彩票拥有相当基础，潜力巨大，具备了向更高目标迈进的有利条件。但是，我们也要清醒地认识到，体育彩票发展仍然存在一些制约发展的突出矛盾和问题。体育彩票发展水平与人民群众对公益事业和体育事业日益增长的需求之间的矛盾；体育彩票区域发展不平衡的矛盾；体育彩票管理运营机制、激励机制还不能完全适应安全运行和市场发展的矛盾；一些地方体育彩票基础仍然薄弱、体育彩票的公信力建设亟待提升等。面对这些矛盾和问题，要求我们必须转变思想观念，以改革创新的新思路和科学发展的新举措，用全局的眼光和战略思维，驾驭复杂形势，破解发展难题。

要抓住发展机遇，转变发展方式。转变发展方式不是一句空话、一句口号，而是实实在在的实践，转变发展方式也不是一时之功、一年之力，而是一项长期、艰巨、复杂的系统工程。

加强系统管理是转变发展方式、推动科学发展的重要措施和现实需要。系统管理是立足于整个系统的整体性和关联性，各环节相互联系、相互影响的视角，在整体上来统筹协调安排各项工作。随着体育彩票销售规模的不断扩大，产品、营销、技术、队伍、渠道等各项工作的联系越来越紧密，要求我们必须从整体着眼，从全局出发，统筹协调，前后左右相衔接，做精做细做实各项工作。同时，各级体育部门要将体育彩票工作与体育事业的其他工作整体考虑，系统规划，有效整合，充分发挥管理体制优势和资源优势，使彩票工作与群众体育、竞技体育、体育产业等各项工作有机结合，达到资源共享、互相借力、相互促进的目的。

强化战略思维，提高科学决策的水平是转变发展方式、推动科学发展的重要保证。决策正确，成事之始，决策失误，败事之趋。科学决策是事业成败的关键。提高科学决策的水平，就要强化战略思维。战略思维是一种全局性思维，也是一种系统性、前瞻性及创造性思维。强化战略思维，就要以发展规划为指导，把握发展的方向和目标，解决发展中的重点、难点问题。2011年，我们集中全国智慧，研究制定了《体育彩票“十二五”规划》。要按照既定的目标，把当前的问题放在长远过程中去思考，把局部的问题放在整体中去考虑，做到既有战略又有策略，既有规划又有计划，既有执行又有检查。

把握彩票发展规律、夯实发展基础是转变发展方式、推动科学发展的重要条件。18年来，特别是“十一五”以来，我们对体育彩票规律的认识不断深化，逐渐清晰，要以科学发展为中心、坚持打牢基础、坚持团结统一已成为共识。当前，体育彩票的发行销售规模不断扩大，就更要头脑清醒，决不能背离发展规律，决不能放松夯实基础，基础不牢、地动山摇。近年来，科学管理水平持续提升，内外环境有效改善，各项基础工作不断充实，社会认知度不断提高，具备了进一步夯实基

础的条件。还有看到，新的挑战和机遇也对我们的驾驭能力提出了更高的要求，进一步根据彩票发展规律、持续做强体育彩票发展基础的任务更重了。通过强化体育部门的监管能力，强化各级发行销售机构的管控能力，不断打牢渠道、队伍、产品、技术等各项基础，使之适应事业健康快速发展的需要。

（四）以安全运营为基石，以作风建设和廉政建设为保障，持续提升体育彩票公信力

体育彩票是国家公益彩票，公信力就是体育彩票的生命力，是体育彩票生存和发展的基础。“公信力”的核心是社会和公众的信任、信赖。近年来，体育彩票全面加强安全管理，积极开展品牌建设，极大地提升了体育彩票公益、公信的社会形象。当前，我国仍处于经济和社会发展的转型期，社会矛盾明显增多。随着体育彩票的销售规模不断扩大，社会关注度持续提高，我们的工作时刻处于聚光灯下，对体育彩票的公信力建设提出了更高的要求。我们必须高度重视，始终牢记安全运营和廉政建设是体育彩票的生命线，常抓不懈的弦一刻也不能松。

要从贯彻落实《实施细则》入手，建立健全各项安全管理制度，切实加强市场监管；要不断梳理完善各项工作流程和规范，特别是开奖、兑奖等受到广泛关注的工作，确保每一个环节、每一个流程都做到有章可循、有规可依、有据可查；要继续提升技术管理水平，确保技术系统安全运营；要加强资金安全管理，保证国家财产不受损失；要坚持审慎务实的对外合作政策，明确责权利关系，牢牢掌握合作的主动权和控制权；要健全危机处理机制，提高应对突发事件的处置能力；要高度重视舆论引导工作，大力倡导理性投注、弘扬体彩公益理念。

行业作风建设和廉政建设极端重要，事关事业兴衰成败。近两年，总局以足球腐败案件为鉴，举一反三，全面加强行业作风建设和廉政建设。对于体育彩票来说，作风就是形象，作风就是素质，作风就是战斗力。要强化作风建设，把“责任、诚信、团结、创新”的体彩精神内化为队伍的内在发展动力，继续保持蓬勃的朝气和昂扬的斗志，继续保持刻苦钻研、精益求精的作风，继续保持埋头苦干、无私奉献的精神。要把廉政建设作为体育彩票事业可持续发展的根基。随着体育彩票事业的快速发展，涉及的资金、对外合作、政府采购等数量越来越大，在这种形势下，廉政建设的任务更为繁重、更为严峻、更为紧迫。我们必须时刻警钟长鸣，坚持标本兼治、综合治理、惩防并举、注重预防的方针，加强对从业者的廉洁教育和职业操守教育，切实筑牢拒腐防变的思想道德防线。要进一步落实党风廉政建设责任制，完善制度规定，强化监督检查和责任追究，要以创先争优为契机，结合“四查四纠”活动的开展，对工作中存在的问题与不足，进行彻底的清理和纠正，切实防止腐败行为的发生。

（五）依法加强对公益金的管理、使用和宣传，树立好体育彩票公益形象

体育彩票生存和发展的基础是国家公益彩票的公信、公益属性，而公信、公益的基础就是体育彩票公益金管理和使用的规范、透明和安全。各级体育部门不能仅

仅要求销售和公益金筹集量的最大化，还要高度重视公益金的管理、使用和宣传工作。要从以人为本执政为民、建设公共体育服务体系的高度认识和做好公益金管理、使用、宣传工作，实现彩票发行与公益金合理使用、宣传的相互促进，形成良性循环。

最近，一些媒体相继报道，高度关注彩票公益金的管理和使用。去年，总局职能部门对全国体育系统的体彩公益金使用情况进行了调研，也反映出了一些问题。总局以及各省级体育部门要针对检查中发现的问题，督促整改，确保彩票公益金的正确使用、正面宣传。要按照《条例》和《实施细则》的有关要求，严格管理、依法使用公益金。要加快制定完善体育彩票公益金使用管理办法，细化有关管理使用规定；要加强公益金预算管理，严格执行财经纪律，防止截留、挪用；要加大对体育彩票公益金的追踪问效力度，确保资金使用效益；要建立健全体育彩票公益金筹集、分配、使用和管理情况的信息公开制度，定期向社会公告公益金使用情况，接受社会监督，实现公益金管理和使用的公开透明。

彩票公益金在使用分配中，要更多地让基层受益，让广大群众受益。目前，体育彩票提取的公益金虽然已不再全部由体育系统使用，但近年来留归体育系统使用的公益金比例仍大致占一半。随着总体销量上升，虽然这个比例还会减小，但是留归体育系统使用的总量是增加的。公益金的分配使用向基层倾斜，既为基层体育事业发展增添了活力，还能有效调动基层工作的积极性，促进基层特别是县域市场体育彩票的销售工作，从而使公益金筹集的总量不断增加，惠及的人群不断扩大。

要做好公益金使用的宣传工作。体育系统要充分发挥体制优势和整体合力，将体育彩票公益金宣传作为体育宣传的重要组成部分，统筹考虑，整体谋划。各级体育部门必须制定制度、落实专人，建立公益金管理、使用部门与发行销售机构的联席沟通机制，督促落实宣传工作；所有使用体育彩票公益金的受益单位，特别是群众体育和竞技体育受益的单位和个人，都要按照总局相关规定，切实履行好宣传体育彩票的责任和义务。2011 年，经过认真研究和广泛征求意见，总局对全国体育彩票贡献奖评选办法和体育彩票销售机构考核奖励办法进行了修订和完善。新办法首次把公益金的使用、宣传和管理情况的考核作为评选条件之一，以推动各省区市体育局切实履行公益金的管理职责。大力宣传公益金给广大人民提供健身场所、健身指导、健身机会，不仅使广大人民群众直观感受到彩票公益金“来之于民，用之于民”的特性，切身感受到公共体育服务体系就在身边，也能通过公益金项目的宣传、展示、挂牌，带动社会资金投入公共体育事业的发展，实现社会体育资源的有效配置。今年，总局将进一步推进公益金合理使用和宣传的规范化工作，在公益金项目的申报、实施、验收、评估等环节中，明确资金使用及配套的宣传义务，要求所有使用公益金的项目都有响亮规范的名称，有醒目准确的标识展示。通过合理使用与宣传措施双向拓展，使发行、使用、宣传三位一体，形成良性循环。

同志们，一年之计在于春。希望大家

百尺竿头，更进一步，团结拼搏、开拓创新，全面提升体育彩票工作质量和效益，为推动科学发展、建设体育强国、推进社会主义文化大发展大繁荣做出新的更大的贡献！

加强科学管理，转变发展方式，推动体育彩票事业平稳、健康、可持续发展

——国家体育总局体育彩票管理中心主任王卫东在2012年全国体育彩票工作会议上的讲话

（2012年2月21日）

尊敬的各位领导，同志们：

现在，我代表国家体育总局体育彩票管理中心（以下简称“总局体彩中心”）向大会作工作报告。

一、2011年工作回顾

2011年是“十二五”起步之年，在国家体育总局（以下简称“总局”）党组的正确领导下，在财政部的大力支持下，全国体彩系统以科学发展观为统领，坚持《三年纲要》实施的基本经验，紧紧围绕“十二五”规划的发展目标，开拓创新，积极进取，在确保安全的前提下，实现了平稳有序健康发展。全年共销售937.8亿元，比2010年增长35%，年度增量首次达到244亿元，为国家筹集公益金252.8亿元，再创年度销售新纪录。

各省区市销量全面增长。31个省份完成了销量基本目标，27个省份实现了奋斗目标。其中，江苏省销量突破了140亿元，山东、广东两省超过了90亿元。销量前十名的省份全部超过30亿元，河北、湖南、安徽等8个省也迈入了20亿元行列。海南、西藏、黑龙江等7个省份的增长率超过50%。天津、福建、江西、江苏4个省份的市场份额继续保持领先，黑龙江、山东、辽宁等14个省份市场份额有所提高。各级体彩机构真抓实干，锐意进取，发行销售工作取得可喜成绩，主要包括：

（一）游戏结构继续优化，产品培育机制更加完善

乐透型彩票深挖游戏潜能，市场竞争力得到提高。2011年全年累计销售520亿元，比上年增加137亿元，在全国乐透型市场中的份额进一步提升。去年，总局中心健全了“分级负责、逐级落实、强化监督”的营销宣传机制，构建了分对象、分内容、多形式的培训体系，产品运营能力得到进一步增强。坚持以超级大乐

透为工作重点，开展了深入细致的市场调研，实施了历时2个月的派送活动，超级大乐透全年销售140亿元，增长43%，增幅达到上年的2.5倍，支柱型产品的地位持续巩固。高频游戏的培育推广力度进一步加大，10个省份上市了新款高频游戏，6个省份调整了游戏规则，9个省份开始销售高返奖率游戏，具有体育特色的高频游戏“幸运赛车”在湖南省试点，海南省也大胆地尝试了以大卖场为销售渠道的“飞鱼”游戏。开通新游戏和提高返奖率的省份注重谋划，在渠道、营销、宣传等方面做了大量的工作，进一步发挥了高频游戏市场增长点的作用，全年销售197亿元，增幅超过93%，在全国同类游戏中继续保持领先。排列3扭转了连续4年下滑的局面，销量小幅回升。排列5、7星彩、22选5也均有所增长。宾果游戏申报工作继续推进。

竞猜型彩票狠抓营销宣传，市场规模迅速扩大。全年累计销售218亿元，比上年增加71亿元。其中，竞彩游戏全年销售124亿元，增长104%，增速居各游戏首位。传统足彩小幅增长，销售64亿元。传统单场竞猜游戏平稳发展，销售29亿元。竞猜型彩票管理机制逐步完善，专业管理能力不断充实，运营和风险控制能力不断提升，“产品管理、渠道建设、营销培训”三线齐头并进。一是新增了足彩比分和篮球胜分差游戏的单场固定奖金玩法，部分竞彩游戏提升了竞猜关次，市场需求进一步得到满足。二是加大了对销售网点的管理力度，扩大了竞彩网点规模；启动了网点标准化经营管理建设工作，制定了《竞彩网点标准化经营手册》、《标准化工作手册》和《标准化经营考核办法》，制作了视频培训教程。三是开展了以“足彩10周年”为主题的系列宣传活动，初步建立了全国性多元化营销宣传平台，提升了竞猜型彩票品牌形象；加强了对专管员和销售员的培训力度，市场管理和营销方案的执行力明显增强，有效地提高了竞猜型彩票的销售水平。

即开型彩票强化游戏和营销方式的创新，管理能力显著提高。全年累计销售199.6亿元，比去年增加35.2亿元。2011年上市45款新票种，平均每周上市一款，在售游戏超过了130个。总局中心实施品牌战略合作，推出了NBA品牌游戏；丰富产品价位组合，推出了国内首款30元票；改进印刷生产工艺，推出了“金银生辉”荧光墨游戏；加强即开票游戏设计，形成了主题多样、游戏丰富的产品库，新型无纸即开游戏正在积极研发中。同时，不断强化产品上市、生产、调拨和营销的统筹管理，建立市场调研和分析体系，对产品销售信息实施全方位的跟踪管理，即开票运营管理能力得到较大提升。各省区市中心充分利用即开票销售管理系统的信息资源，运用多种营销手段，积极开展销售工作；完善目标管理和奖惩措施，改进物流配送模式，积极拓展户外网点和行业渠道，进一步拓宽了即开票市场，销售管理能力有了较大提升。

（二）网点标准化管理启动实施，电话、互联网销售筹备工作积极推进

网点规划和标准化工作取得新进展。2011年，总局中心制定了《实体渠道“十二五”规划》，明确了“十二五”期间网点建设的发展方向。印发了《销售

网点店面形象手册》，统一了全国网点形象的建设标准。制定并在全国推广了《销售网点工作手册》，加强了对网点工作人员安全经营、业务技能的培训。

启动了全国网点形象统一工作。2011年，总局中心落实了网点形象统一专项补贴政策，为省市提供了开展这项工作的启动资金。全国31个省份全部制定了网点形象统一计划，细化了本地网点包装的工作要求。总局中心和各省区市组织了专项培训，25个省份已经开始实施，2.5万个销售网点已经实现了基本形象要素统一。

开展了网点评级管理工作。2011年，总局中心制定并下发了《销售网点评级管理实施方案》，构建了评价体系，量化了网点经营服务考查内容。各省区市以评级实施方案为指导，完善了本地销售网点的管理制度和标准化经营体系，为精细化管理打下了良好的基础。

按照“科学论证、稳妥推进、穷尽风险”的原则，推进电话、互联网销售筹备工作。基本完成了电话销售监控系统和山东省电话销售管理系统的研发测试工作。互联网销售彩票管理系统业务需求调研工作已经完成，初步拟订了业务需求说明书，形成了互联网销售业务方案和技术方案。依托法律顾问团队，对重大问题进行了论证，有效地识别了风险，制定了防范措施。

（三）技术系统运行平稳，技术管理水平显著提高

全热线系统全年可用性达到99.999%，高频系统全年可用性为99.974%，竞猜系统全年可用性为100%，共受理需求262个，完成201个，各数据中心运行平稳，较好地满足了业务连续性和扩展性的要求。终端机集成IVT功能已经开发完毕，正在河北省进行试点。新的终端机技术标准已经出台，总局中心正在按照选型测评方案组织实施，为下一步省区市采购高性价比的终端机打下了良好的基础。

下一代系统研发工作正在稳步推进。根据《中长期技术规划》，“下一代游戏管理和乐透交易系统”的业务需求和架构设计已经完成，原型系统开发完毕，并通过了内部测试，正在组织第三方机构进行检测，以确保系统上线的安全稳定。下一代竞猜游戏系统研发项目已经启动，正在全国范围内调研收集系统需求，为建设具有自主知识产权、新一代本地化的竞猜交易系统做好了必要的准备。

技术管理工作的规范化水平进一步提高。总局中心梳理了技术系统需求处理工作，特别是需求评审和上线评审两个关键环节的流程，系统变更控制更加有力；完善了技术项目管理机制，加大了重点项目科研、立项及重要里程碑的过程管理，项目科学管理水平得到提升；继续抓好技术队伍建设，开展多种技术培训，增进省（区、市）之间的技术交流。各省区市增加技术队伍配备，组织参加专业培训，积极学习业内先进经验。部分省区市的技术人员还通过了ISO27001主任审核员等专业认证，技术操作流程更加规范，全年未发生因人员操作引起的重大技术故障。

（四）队伍建设统筹推进，品牌形象整体提升

总局中心按照《队伍建设“十二五”规划》，以实施文化体系建设、标准化管理、教育培训、岗位技能评价、行业标杆

示范等五大工程为抓手，积极探索完善人才开发机制、评价机制、激励机制和流动机制，为体彩队伍整体素质和执行力的全面提升奠定了基础。省区市中心的管理重心进一步下移，大力加强市级、县级体彩机构建设，增加工作人员，基层管理力量进一步充实。各地以《体彩培训项目及课程体系》为指导，不断改进管理、营销、技术三支队伍的培训教育工作，充分利用全国地市中心主任业务培训班和城市工作交流会等学习平台，努力提高中高层人员的管理水平。各地全年累计培训超过1.2 万场，近 48 万人次。其中，云南、四川、重庆、湖北、上海等地围绕“超级大乐透”亿元派奖，连续数月对全省销售网点进行派奖培训；黑龙江、辽宁、内蒙古、宁夏等地力保高频游戏上市质量，在省内组织千人培训；北京、贵州、新疆、吉林、安徽、广西等地配合 NBA 即开票和 30 元票的上市，对专管员、销售代表、销售员开展产品培训，在全国范围内形成了以培训促学习、以培训促交流、以培训促销售的良好氛围。

品牌塑造和维护工作不断加强。总局中心坚持主题化、系统化、专业化的工作思路，开展了以“公益、健康、快乐、共赢”为主题的机构品牌推广，进一步完善了全国协作、上下联动的品牌构建机制，大力推广“超级大乐透”、“竞彩”、“顶呱刮”三大产品品牌，确保品牌推广资源和各类措施同步到位。初步构建了品牌监测评估体系，动态监测品牌的认知度、满意度、品牌贡献率等指标。不断深化对舆论安全和危机传播管理的认识，从预防入手，以规范制度流程为保障，积极主动引导舆论，及时应对负面舆情。继续完善日常舆情监测研判机制，打造了平面、视频、微博立体舆情监测网络。注重做好公关宣传培训和演练，提高了体彩系统应对媒体和危机传播的能力。各省区市设置了新闻发言人工作团队和危机传播处理小组，覆盖全国、纵贯各级的新闻发布和危机处理工作网络初步形成。

（五）安全体系不断完善，风险控制更加有力

一是总局中心按照“统一规划、分步实施、积极推进、不断改进”的原则，初步建立了自上而下的安全管理组织架构，制定了《信息安全管理方针》及多项管理制度，明确了总局中心、省区市中心、核心技术服务提供商的职责范围和具体工作，并通过了中国信息安全测评中心的专业评测，获得了信息安全保障综合一级证书，信息风险防控能力显著提高。

二是健全产品安全管理体系。总局中心进一步完善了竞猜型彩票风险控制、赛事运营和开奖计奖操作流程，健全了风险控制质量管理体系，并通过了 ISO9001 认证。启动了“即开型彩票风险防范和安全管理体系建设”项目，进一步细化了以产品生命周期为基础、职责明确的制度构架，明确各业务环节的管理规范和审批权限，产品风险防范机制日趋完善。

三是强化开奖安全管理措施。梳理了七大类 50 多项摇奖管理制度和操作流程，通过了 ISO9001 管理体系认证，建设了备份摇奖场地，完善了突发事件应急机制，组织了多次开奖计奖应急演练，开奖安全管理更加完善。全国联网游戏开奖过程实现网络直播，在线收看人数最高突破 8 万

人。开奖现场面向公众开放，接待彩民2965人次，社会监督更加充分。承担地方玩法开奖工作的8个省份，不断完善管理制度和工作流程，持续改进应急预案，注重安全检查和应急演练，确保了地方开奖工作顺利实施。

四是建立市场监察工作机制。在总局的领导下，总局中心制定了《体育彩票市场监察暂行办法》，以此为依据，31个省份全部制定了当地的市场监察工作规范，指定了专门的部门和人员负责市场监察工作，初步建立了全国市场监察体系，浙江、河南、山西等地组织了市场监察人员专项培训，加大了网点巡查力度，及时排查处理了安全隐患。

五是加强廉政教育和作风建设。各级体彩机构认真学习《领导干部廉洁从政若干准则》，切实贯彻《惩治和预防腐败体系规划实施办法》，把反腐倡廉教育纳入干部培训教育中，贯穿于领导干部的培养、选拔、管理、使用的整个过程，建立健全廉政预警机制，排查防控廉政风险，从源头上防止腐败的发生。总局中心按照“创先争优”专题教育活动的总体部署，认真开展“四查四纠”教育整顿活动，从思想、斗志、作风、纪律上全面提高拒腐防变能力。全国体彩系统持续开展“小金库”专项治理工作。2011年，中央纪委督导检查组对总局中心贯彻执行《廉政准则》的情况进行了督导检查，对我中心落实《廉政准则》的工作给予了肯定。

同志们，2011年体育彩票工作取得了显著成绩，凝聚了全国体彩从业者的辛劳和汗水，更离不开各级领导和有关部门的亲切关怀和大力支持。去年，中共中央政治局委员、国务委员刘延东同志对体育彩票工作做出两次重要批示，对多年来体育彩票取得的成绩，特别是江苏体彩的贡献予以了肯定，这充分显示出中央领导对体育彩票工作的关注和重视，也是对全国体彩工作者的巨大鼓舞和最高褒奖。总局高度重视，刘鹏局长就贯彻落实中央领导批示精神提出了具体要求，总局职能部门也召开专题会议、开展市场调研，积极落实中央领导精神。财政部在游戏审批、预算管理等各项工作上也给予了大力支持。在各地的共同努力下，体育彩票工作持续向前推进。以江苏、山东、广东为代表的一些省区市为全国做出了表率，在实践中总结了一系列经验，特别是江苏，多年来坚持“一把手”工程，实施目标管理、落实责任，敢于创新、勇于争先，不断超越，去年销量达到了141.7亿元，实现体彩销售“六连冠”，更成为全国彩票销售机构销量排名第一。可以说，体育彩票的稳步发展，得益于各级领导和体育行政部门的高度重视，得益于不断创新提升科学化管理水平，得益于始终把握市场规律，做实做强基础工作，得益于持续加强队伍建设，打造高素质管理团队。在此，我谨代表总局体彩中心，对总局和财政部领导以及各级体育、财政部门多年来对体育彩票工作的关心和支持表示衷心的感谢！对各级体彩机构和所有体彩工作者的辛勤工作表示崇高的敬意！

“十二五”的良好开局标志着体育彩票发展的新高度，也反映出体育彩票事业基础扎实，潜力很大，具备了向更高目标迈进的有利条件。但是我们也要清醒地认识到，当前体育彩票发展中不平衡、不协调、不可持续的矛盾依然存在。目前的管理模式与彩票市场特性不相适应的矛盾仍比较突出；各级机构的管理水平尚不能满足市场规模快速扩大的需要，一些地区网点的管理服务水平较低、标准化建设进展缓慢，网点经营压力日趋增大，基层力量薄弱的状况亟须改善；新兴媒体的关注对体育彩票的公信力建设提出了更高的要求；非法彩票严重扰乱了彩票市场的正常秩序，问题彩民的非理性购彩已经对社会造成了一定的负面影响，安全管理和廉政建设的形势依然严峻。

面临这些矛盾和问题，我们要在坚持以往成功经验的基础上，坚定不移地转变发展方式。一方面，要转变思想观念。由围绕销量和游戏开展工作，转变为全面把握形势、统筹谋划对策、整体推进工作；由只顾眼前销量，转变为立足长远发展、重视战略规划、主动培育市场；由仅凭经验指导决策，转变为深入市场调研、准确把握规律、正确制定决策。另一方面，要转变工作思路。在机构和队伍建设方面，向不断增强科学管理能力、市场调控能力、业务管控能力方向转变；在市场布局方面，向扩大基层特别是县域市场方向转变；在基础建设方面，向专业化、标准化、品牌化方向发展，努力开创体育彩票事业发展的新局面。

二、2012 年工作的指导思想和主要任务

刘鹏局长在刚才的讲话中指出：全国体彩系统要大力弘扬体彩精神，以改革创新为动力，按照“十二五”规划的既定目标，再接再厉，继续推动体育彩票事业持续健康快速发展。这给今后一个时期的体育彩票工作提出了新的更高的要求。围绕中央精神和刘鹏局长的要求，今年工作的指导思想和总体要求是：围绕科学发展，全面落实《彩票管理条例》及《实施细则》，着力转变发展方式，以“十二五”规划为引领，以改革创新为动力，更加注重战略思维和统筹规划，更加强化科学管理和安全运营，更加重视执行落实和监督检查，做实做强发展的基础，大力推进体彩文化建设，切实增强综合实力，推动体育彩票事业平稳、健康、可持续发展。为此，今年要重点抓好以下 6 个方面的工作：

（一）全面落实《彩票管理条例实施细则》（以下简称《细则》），继续加强规范管理，提升安全运营水平

《彩票管理条例》（以下简称《条例》）出台以来，全国体彩系统开展了广泛深入的学习宣传活动，取得了良好效果，依法治彩的水平显著提升。《细则》的出台将为彩票业进一步规范管理提供制度保障。各级体彩机构要积极组织学习、宣传，开展专题培训，不断提升各级机构管理人员和销售员的法制观念和守法意识。要全面准确地掌握《细则》的各项规定，进一步加强制度建设，积极履行职责，加快建立体育彩票的市场调控机制、激励约束机制和监督管理机制，实施好各地的形象建设、彩票代销、营销宣传、人才队伍建设等各项工作。

要以贯彻落实《细则》为契机，继续强化市场的规范运营。各级体彩机构要切实履行市场监察的职责，梳理完善管理制度和行业自律守则，认真开展渠道清查

整顿专项治理行动，集中整治代销者、销售员参与非法彩票等违法违规行为，形成自查、整治、监管的常态化机制。各省区市要严格遵守《条例》和《细则》的规定，深刻认识网络代购对彩票市场销售秩序带来的不利影响，自觉抵制网络代购。要规范各项采购工作，严格遵守相关法律法规，有效防范风险隐患。继续依法依规加强财务管理，确保资金安全。要高度关注彩民购彩安全，研究大额投注的监测控制机制，倡导理性投注。

（二）加强游戏管理，强化市场培育，促进三大类产品销量再上新台阶

一是要继续巩固和稳步增强乐透型产品市场竞争力，扎实推进各项基础性工作。2012 年，乐透型产品将继续贯彻以超级大乐透为重点、以高频游戏为销量增长点的总体工作思路。研究实施超级大乐透三年发展规划，确立发展目标、明确品牌定位、完善品牌策略，制定实现目标的途径和举措，推动超级大乐透销量平稳增长，扩大彩民群体，提升竞争力和市场份额。在超级大乐透上市 5 周年期间，总局中心将以提升品牌核心价值为目标，策划全国性的、统一的营销宣传活动，通过电视、网络等多种渠道营造宣传高潮。落实“奖池出门”要求，提升超级大乐透网点曝光度，扩大产品影响力。总结高频游戏发展经验与不足，加强已有高频游戏市场培育，确保市场健康发展。稳步推进提高返奖率省份范围，加强游戏研发，扩充游戏储备，探索虚拟竞猜等多样化游戏。拓宽销售渠道，重点发展高频单彩店，尝试卖场模式。优化调整排列 3、排列 5 游戏规则、限号规则和投注方式，促进销量实现增长。努力实现并做好宾果彩票试点工作。

二是持续提升竞猜型产品认知度，努力实现市场的更大发展。总局中心将进一步完善游戏规则和投注方式，结合重大体育赛事，力争在欧洲杯和奥运会期间推出竞彩足球、篮球冠军、冠亚军竞猜游戏，下半年将目前的竞彩足球胜平负游戏拆分为让分胜平负和胜平负 2 个游戏，同时增加竞彩游戏混合过关投注；按照游戏规则，提高风险控制能力，调整奖金，降低难度，满足市场发展的需要；加强游戏研发和储备，充实完善现有足球和篮球竞猜游戏，研发其他运动项目、虚拟竞猜产品。在全国推行竞彩网点的标准化经营建设，主要目标有两个：一是在年底前建立起标准化经营指标体系、检查考评体系和奖励体系，二是实现本地区实施标准化经营的竞彩网点数量不低于本地区全部竞彩网点数量的 80%。对于达到这两项目标并实现销量增长的省区市，给予相应的政策优惠，对于重点地区给予帮扶。要充分利用与中央电视台等媒体合作搭建的营销宣传平台，借助奥运会、足球欧洲杯、欧洲五大联赛、NBA 篮球赛等体育赛事，组织品牌推广和产品宣传。各省区市中心要扎实做好竞彩网点标准化经营建设，建立健全监督管理、检查和激励机制，加强对专管员、业主和销售员的培训；要按照总局中心下发的《2012 年竞猜型彩票营销宣传工作方案》的有关要求，结合本地市场特点，制定相应的工作措施，投入必要的人力物力，开展以促进市场发展和网点建设、拓展彩民群体为主题的宣传推广与营销培训工作，不断提升竞彩网点的

经营效益，营造良好的市场销售氛围和舆论环境。

三是深入挖掘即开型产品潜力，保持销量稳定增长。总局中心将以产品创新为关键，科学把握游戏上市节奏，在推出NBA主题二代产品的同时，开发设计以体育文化为主题的票种；采用特殊纸张和新型油墨材料打造具有体彩特色的即开型产品。总局中心将持续推进安全管理体系建设，完善渠道、账期、供应链等方面的管理制度，继续实施全国统一的营销推广策略，促进即开型产品平稳较快地发展。各省区市中心要一手抓电脑网点的即开票销售，必须完成“一站一枪”覆盖工作，完成情况将纳入网点标准化建设的验收和考核标准；一手抓社会网点和行业网点的维护、拓展工作，不断扩大网点规模。要做实做细网点生动化陈列展示和培训工作，在确保网点票种齐备的基础上，重点解决即开票展示销售的问题。要加强对网点的管控，将即开票网点全部纳入即开票销售管理系统进行统一管理，建立健全日常监督、检查、激励、评比机制，不断提升即开网点管理效率。

（三）强化网点管控能力，推进电话、互联网渠道建设，进一步拓展发展空间

全国体彩系统要围绕“做强”销售渠道，着力强化网点的管控能力。重点做好以下三项工作：一是继续推进网点统一形象建设。单彩店改造要完成本省单彩店数量的60%以上。经总局批准，今年的网点改造专项补贴资金要以“先建设，后补贴”的原则发放，到2013年年底未完成，或验收不合格的网点，不再给予补贴。各地要因地制宜地制定分级、分类补贴方案，适当提高向专营网点的补贴额度，鼓励网点进行专营化改造。二是加强新游戏上市的渠道监管工作。自今年起，申请上市新游戏的省市，都要向总局中心上报渠道管理的方案，不符合要求或验收未通过的省市，不予开通销售。特别是高频游戏，总局中心将制定高频游戏渠道管理标准和要求，并进行检查验收，验收合格方可批准扩大网点规模或申报提高返奖率。各地要充分认识这项工作的长远意义，以高频游戏上市为抓手，新建或改建一批硬件基础好、经营能力强的专营网点。三是全面实施星级网点管理工作。要坚持单彩店建设方向，原则上不再新建双彩店。总局中心将在今年出台《星级网点管理制度》，建立星级网点层级认证机制和定期复审机制，各级体彩机构应当按照统一标准，对不同星级的网点分别审核、评定及复查。各地要完善配套激励措施，发挥网点星级评定的整体拉动作用。四是要注意发挥兼营店布局灵活的优势，提高网点数量，达到或超过市场上同行的网点规模。

继续按照财政部和总局的要求，稳步推进电话、互联网销售的筹备工作。重点做好互联网销售管理系统的研发和技术系统的建设工作。进一步研究制定资金管理、代销者管理、用户协议、客户服务等各项规范制度，深入论证风险，完善风险防控预案。要按照工作计划，积极推进山东电话销售的试点筹备工作。按照总局的工作要求，通过试点完善电话销售的管理制度、技术系统和规范。

（四）巩固技术基础，强化队伍建

设，进一步增强基层市场发展后劲

要持续增强技术保障能力。总局中心要按照计划实施下一代技术系统的建设，制定全面的系统迁移方案，完成国家主数据中心的建设并投入运行，全面、重点地推进信息安全保障体系，稳步落实技术中长期规划。各省区市中心要加强对技术需求的研究和分析，严格遵守需求管理流程，合理合规提出需求变更，为系统的稳定及优化完善提供保障。要全面落实信息安全管理的相关规定，梳理重要信息资产，共同构建体育彩票信息安全保障体系，全面提高安全风险管控能力，不断满足体育彩票业务快速发展的需要。

要稳步落实队伍发展规划。总局中心近期将制定《建设学习型组织实施方案》，以推动学习型组织建设常态化和制度化。各省要以素质建设和能力建设为核心，进一步完善培训体系，大力构建学习型组织。要规范组织机构建设，进一步壮大基层队伍，总局中心还将发布《关于规范省区市体彩中心部门设置的指导意见》和《关于开展专管员岗位技能评价工作的指导意见》，有条件的地区要建立本区域的基层机构，组建专业化的管理团队，开展专管员岗位技能评价，积极推进行业标杆管理，不断提高市场分析能力、服务管理能力及执行落实能力，打造一支专业化、职业化的体彩队伍。

要高度重视并强化基层体彩市场。要继续贯彻落实“工作重心下移”的方针，制定和完善配套制度和措施，加强对地市和县级工作的研究，发挥好体彩系统整体合力。过去的几年，以江苏、山东为代表的一些省区市着眼于长远发展，把加强基层基础建设作为新游戏上市的前提和保障，游戏上市后销量稳步增长，实现了可持续发展，显示了发展后劲。各省区市中心也要持续引导更多资源投入到基层市场，充分发挥领先市、县的示范带动作用，努力解决本省内部区域发展不平衡的问题。一些省份提出给销量超过亿元的县级单位授予奖牌，对此，总局中心将给予大力支持，并将陆续研究出台一些激励政策，对困难地区予以帮扶，继续开展省区市分类指导，力促各区域体育彩票市场均衡平稳发展。

（五）深入开展品牌体系建设，积极主动引导舆论，提升国家彩票公信力

要进一步健全品牌建设管理体系，通过机制创新来整合宣传营销渠道资源，形成统筹协调、上下联动、层次清晰、执行有力、反馈到位的公关宣传工作局面。总局中心将通过深入建设学习型组织管理模式，加强内部沟通协作，创新管理机制，公关宣传部门要发挥总策划、总编辑的职能定位，将公益宣传与产品营销统筹策划、定期部署、集中反馈，形成上下、左右畅通一致的宣传格局。今年要以贯彻《条例》及《实施细则》以及足球欧洲杯、伦敦奥运会、全民健身日为契机，积极宣传彩票政策解读、体彩发展成就、体彩的公益、公信本质，保持体彩在大众媒体的宣传频次和数量，增加在主流媒体上全方位反映体彩发展成就的深度报道。要密切配合体育行政部门，推动公益金使用宣传的规范化工作取得实质进展。

要进一步增强主动引导舆论的能力。随着新兴媒体的迅猛发展，体育彩票已处

于“透明”的媒介环境中，随时都可能成为社会关注的焦点。我们要以开放的心态对社会舆论进行理性分析，认真对待。各省区市中心要根据总局中心制定的相关制度的要求，加强对舆情的监控和分析研判，制订完善责权清晰、流程规范、应对有序、执行得当的危机传播管理制度，提高应对危机事件的处理能力。要更加重视媒体关系管理，加强评论员和新闻发言人队伍建设，把对突发事件的媒体应对工作和事件本身的处理工作、日常新闻宣传工作结合起来，按照及时准确、公开透明、有效管理、正确引导的原则，最大限度地扩大正面信息的影响，抑制杂音噪音的传播。

要更加重视体育彩票的公信力建设。加大监督管理力度，严格执行开奖和计奖工作流程，执行开奖信息发布、查询分级制度，拓宽开奖信息发布渠道，提高开奖节目互联网直播的影响力和收视率，为开奖节目电视直播做准备。继续接待彩民和社会知名人士现场观看和监督摇奖，进一步丰富对彩民的服务内容。有开奖任务的省区市中心也要健全制度、完善措施，主动接受社会监督，确保开奖工作公正、公开、透明。稳步推广 95086 全国统一客服电话，继续做好信访工作，大力推动信息公开工作。

（六）大力推进体彩文化建设，更加注重队伍廉洁，增强发展的精神动力

刚才刘鹏局长对体彩精神的内涵进行了充分阐述。体彩精神是体彩人在长期奋斗和实践过程中所形成的精神财富，是体彩人认同的精神价值与共同追求，是体彩事业发展的一面旗帜。做好以体彩精神为核心的文化建设，是一项长期的战略任务。各级体彩机构要充分认识到体彩文化在体彩事业发展中的作用，加强组织和领导，扎实、稳定地搞好体彩精神的宣传和实践活动，使“责任、诚信、团结、创新”的体彩精神深入人心、人人践行。通过强化体彩文化建设，坚定体彩人的理想信念，不断提升各级机构的凝聚力、战斗力和执行力，不断增强体彩队伍的责任意识、诚信意识、大局意识和创新意识，把体彩文化转化为推动体彩科学发展的强大动力。

要重视自身队伍廉洁，深入推进廉政建设。要进一步建立健全惩治和预防腐败体系，落实党风廉政责任制，完善相关制度，强化监督检查和责任追究，防止腐败行为的滋生和蔓延。2012 年，总局将根据中央关于加强反腐倡廉工作的要求，全面开展廉政风险防控工作，并率先在彩票中心试点实施。我们要在总局纪检组、监察局、有关专家的指导下，紧紧围绕权力运行过程中容易发生廉政问题的重点岗位和关键环节，如资金运作、对外合作、物资采购、市场营销、网点建设等，摸清权力底数，梳理核心业务流程，认真排查廉政风险点，制定权力制衡措施，加强廉政风险防控，努力尽早建立起覆盖全国体育彩票系统的廉政风险防控体系。先期工作会涉及部分省区市，请有关单位和部门高度重视，积极配合，切实强化廉政风险意识，提高防范廉政风险能力，确保该项工作扎实推进、取得实效，为体育彩票发行销售工作构筑牢固的安全防线。

各位领导，同志们！2012 年是体育彩票实施“十二五”规划的重要一年。我们要以转变发展方式为主线，做实做强

发展基础，全面提升渠道管控力、产品竞争力、队伍执行力、技术保障力、品牌公信力，深挖基层市场潜力，以高度的责任感和使命感，坚定信心、迎难而上，发扬成绩、再攀高峰，全面做好2012年各项工作，为发展国家公益事业和建设体育强国做出新的更大的贡献。

谢谢大家！

关于开展中国体育彩票超级大乐透五周年派奖活动的通知

（2012年5月17日　国家体育总局体育彩票管理中心　体彩字［2012］159号）

各省、自治区、直辖市体育彩票管理中心：

经财政部批准（《关于开展中国体育彩票超级大乐透五周年派奖活动有关事项的通知》，财办综［2012］34号），我中心将于近期开展中国体育彩票超级大乐透（以下简称“超级大乐透”）五周年“一注彩票兑三次”派奖活动。现将有关事项通知如下：

一、派奖活动方案

第12058期（2012年5月19日晚开售，5月21日开奖）－第12071期（2012年6月18日晚开售，6月20日开奖），连续开展14期超级大乐透五周年“一注彩票兑三次”派奖活动。具体方案是：

（一）活动开奖方式

活动期间，每期超级大乐透设置“宝石号码”和“钻石号码”两组活动号码，“宝石号码”由当期开奖号码加1生成，“钻石号码”由当期开奖号码减1生成。彩民所购彩票与当期活动号码比对，符合一定条件则获得相应的活动奖励。

超级大乐透五周年活动号码示例

“常规号码”	01、02、03、05、06＋02、03
“宝石号码”（常规号码＋1）	02、03、04、06、07＋03、04
“钻石号码”（常规号码－1）	35、01、02、04、05＋01、02

注：前区以35为循环，35加1为01，01减1为35；后区以12为循环，12加1为01，01减1为12。

（二）活动奖金设置

活动奖级	中奖条件		单注奖金
	前区	后区	
宝石（钻石）一等奖	●●●●●	●●	10 000元
宝石（钻石）二等奖	●●●●●	●	100元
	●●●●●		
宝石（钻石）三等奖	●●●●	●●	6元
	●●●●	●	
宝石（钻石）四等奖	●●●●		2元
	●●●	●●	
	●●●	●	
	●●	●●	

注：1. 常规奖、宝石奖、钻石奖三个奖项可兼中兼得；但同一奖项的各奖级之间不兼中兼得，仅获得最高奖项。

2. 仅基本投注具备本活动参与条件。

（三）兑奖

本活动兑奖有效期为自开奖之日起60个自然日。

二、本次派奖资金从超级大乐透的调节基金中支出，若调节基金不足，从体育彩票一般调节基金中支出。

三、派奖活动开始前，请你中心及时向社会公告超级大乐透五周年派奖活动，并在公告中注明财政部的批准文件名称及文号。派奖活动结束后，请你中心将本地超级大乐透五周年派奖活动开展情况报我中心备案。

四、请你中心严格按照彩票管理制度规定，加强超级大乐透销售的风险控制和安全管理；适度开展宣传，切实做好超级大乐透的销售工作。

四、彩票统计资料

（一）历年综合统计资料

Statistical Data of Past Years

1987—2012 年全国彩票销售统计表（分系统）

Statistical Table of Lottery Sales in Different Organizations in China from 1987 to 2012

单位：万元

Unit：Ten Thousand Yuan

年份 Year	福利彩票 Welfare Lottery	体育彩票 Sports Lottery	合　计 Total	增长率（%） Rate of Increment
1987	1 739. 50	—	1 739. 50	—
1988	37 627. 76	—	37 627. 76	2 063. 14
1989	38 315. 65	—	38 315. 65	1. 83
1990	64 731. 22	—	64 731. 22	68. 94
1991	77 388. 04	—	77 388. 04	19. 55
1992	137 550. 03	—	137 550. 03	77. 74
1993	184 288. 52	—	184 288. 52	33. 98
1994	179 823. 77	—	179 823. 77	-2. 42
1995	573 023. 46	100 000. 00	673 023. 46	274. 27
1996	647 521. 50	120 000. 00	767 521. 50	14. 04
1997	363 751. 40	150 000. 00	513 751. 40	-33. 06
1998	631 990. 40	250 000. 00	881 990. 40	71. 68
1999	1 044 448. 50	403 551. 00	1 447 999. 50	64. 17
2000	898 847. 26	911 400. 40	1 810 247. 66	25. 02
2001	1 395 735. 16	1 492 928. 39	2 888 663. 55	59. 57
2002	1 679 925. 25	2 177 313. 99	3 857 239. 24	33. 53
2003	2 000 569. 58	2 013 453. 28	4 014 022. 86	4. 06
2004	2 263 753. 30	1 541 963. 48	3 805 716. 78	-5. 19
2005	4 112 077. 66	3 026 557. 94	7 138 635. 60	87. 58
2006	4 956 759. 24	3 236 292. 90	8 193 052. 14	14. 77
2007	6 315 902. 51	3 851 370. 97	10 167 273. 49	24. 10
2008	6 039 795. 23	4 561 530. 35	10 601 325. 58	4. 27
2009	7 560 580. 05	5 687 306. 97	13 247 887. 02	24. 96
2010	9 680 238. 56	6 944 604. 20	16 624 842. 76	25. 49
2011	12 779 719. 93	9 378 464. 56	22 158 184. 49	0. 33
2012	15 103 223. 19	11 049 195. 92	26 152 419. 11	0. 18
合计 Total	**78 769 326. 68**	**56 895 934. 36**	**135 665 261. 04**	**—**

1987—2012 年全国彩票销售统计表（分类型）

Statistical Table of Lottery Sales in Different Lottery Games in China from 1987 to 2012

单位：万元

Unit：Ten Thousand Yuan

年份 Year	传统型 Traditional Games	即开型 Instant Games	乐透数字型 Lotto Games	竞猜型 Sports Betting	视频型 Online Instant Win	合 计 Total
1987	1 739. 50	—	—	—	—	1 739. 50
1988	14 446. 35	23 181. 41	—	—	—	37 627. 76
1989	4 265. 32	34 050. 33	—	—	—	38 315. 65
1990	4 333. 22	60 398. 00	—	—	—	64 731. 22
1991	5 697. 45	71 690. 59	—	—	—	77 388. 04
1992	6 196. 90	131 353. 13	—	—	—	137 550. 03
1993	3 831. 52	180 457. 00	—	—	—	184 288. 52
1994	2 843. 45	176 980. 32	—	—	—	179 823. 77
1995	1 487. 00	646 150. 53	25 385. 93	—	—	673 023. 46
1996	—	696 208. 80	71 312. 70	—	—	767 521. 50
1997	—	401 779. 40	111 972. 00	—	—	513 751. 40
1998	—	682 207. 00	199 783. 40	—	—	881 990. 40
1999	—	1 042 575. 00	405 424. 50	—	—	1 447 999. 50
2000	—	568 023. 49	1 242 224. 17	—	—	1 810 247. 66
2001	—	289 993. 93	2 465 206. 91	133 462. 71	—	2 888 663. 55
2002	—	308 266. 49	2 842 639. 72	706 333. 03	—	3 857 239. 24
2003	—	404 405. 42	2 818 291. 62	791 112. 78	213. 04	4 014 022. 86
2004	—	122 576. 45	3 198 995. 66	483 891. 25	253. 42	3 805 716. 78
2005	—	26 447. 48	6 653 117. 10	391 897. 83	67 173. 19	7 138 635. 60
2006	—	125 359. 91	7 050 408. 47	560 723. 13	456 560. 63	8 193 052. 14
2007	—	366 038. 84	7 901 932. 76	579 335. 85	1 319 966. 04	10 167 273. 49
2008	—	1 798 686. 42	8 057 835. 60	538 722. 52	206 081. 04	10 601 325. 58
2009	—	2 447 161. 08	10 024 861. 15	659 663. 40	116 201. 39	13 247 887. 02
2010	—	3 089 504. 13	11 129 658. 88	1 473 623. 11	932 056. 64	16 624 842. 76
2011	—	4 000 574. 46	14 275 680. 65	2 180 541. 40	1 701 387. 99	22 158 184. 49
2012	—	3 822 368. 16	17 404 801. 51	2 682 919. 12	2 242 330. 32	26 152 419. 11
合计 Total	**44 840. 71**	**21 516 437. 77**	**95 879 532. 73**	**11 182 226. 13**	**7 042 223. 70**	**135 665 261. 04**

1987—2012 年全国彩票销量折线图

Statistical Line Chart of Lottery Sales in China from 1987 to 2012

单位：亿元
Unit：Billion

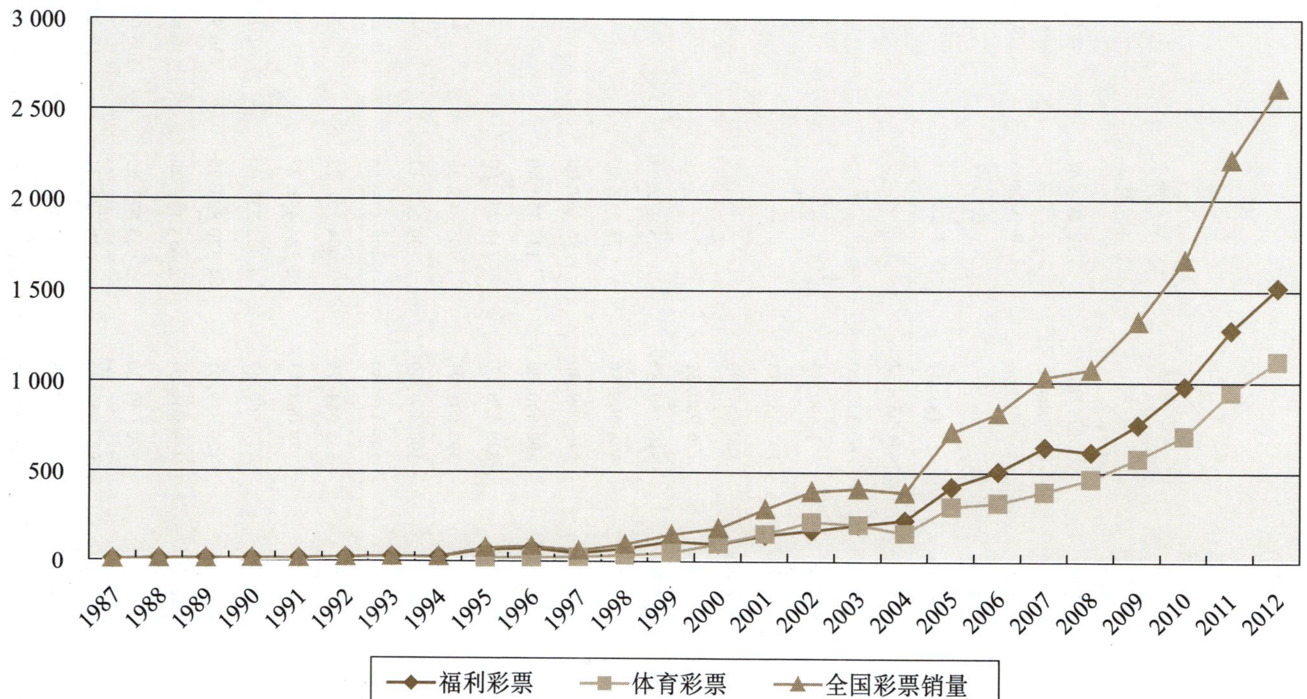

1987—2012 年全国彩票

Statistical Table of Lottery Sales in Different Organizations

年份 Year	福利彩票 Welfare Lottery 传统型 Traditional Games	即开型 Instant Games	乐透数字型 Lotto Games	视频型 Online Instant Win	小计 Subtotal
1987	1 739. 50	—	—	—	1 739. 50
1988	14 446. 35	23 181. 41	—	—	37 627. 76
1989	4 265. 32	34 050. 33	—	—	38 315. 65
1990	4 333. 22	60 398. 00	—	—	64 731. 22
1991	5 697. 45	71 690. 59	—	—	77 388. 04
1992	6 196. 90	131 353. 13	—	—	137 550. 03
1993	3 831. 52	180 457. 00	—	—	184 288. 52
1994	2 843. 45	176 980. 32	—	—	179 823. 77
1995	1 487. 00	546 150. 53	25 385. 93	—	573 023. 46
1996	—	576 208. 80	71 312. 70	—	647 521. 50
1997	—	276 969. 40	86 782. 00	—	363 751. 40
1998	—	492 640. 00	139 350. 40	—	631 990. 40
1999	—	829 178. 00	215 270. 50	—	1 044 448. 50
2000	—	393 001. 91	505 845. 35	—	898 847. 26
2001	—	196 467. 99	1 199 267. 17	—	1 395 735. 16
2002	—	201 349. 59	1 478 575. 66	—	1 679 925. 25
2003	—	335 654. 76	1 664 701. 78	213. 04	2 000 569. 58
2004	—	79 068. 61	2 184 431. 27	253. 42	2 263 753. 30
2005	—	22 567. 47	4 022 337. 00	67 173. 19	4 112 077. 66
2006	—	129 359. 91	4 370 838. 70	456 560. 63	4 956 759. 24
2007	—	350 803. 03	4 645 133. 44	1 319 966. 04	6 315 902. 51
2008	—	770 040. 30	5 063 673. 89	206 081. 04	6 039 795. 23
2009	—	927 657. 45	6 516 721. 21	116 201. 39	7 560 580. 05
2010	—	1 445 717. 55	7 302 464. 37	932 056. 64	9 680 238. 56
2011	—	2 004 425. 65	9 073 906. 29	1 701 387. 99	12 779 719. 93
2012	—	2 020 302. 00	10 840 590. 87	2 242 330. 32	15 103 223. 19
合计 Total	**44 840. 71**	**12 275 673. 73**	**59 406 588. 53**	**7 042 223. 70**	**78 769 326. 68**

销售统计表（分系统分类型）

and Different Lottery Games in China from 1987 to 2012

单位：万元

Unit：Ten Thousand Yuan

体育彩票 Sports Lottery				
即开型 Instant Games	乐透数字型 Lotto Games	竞猜型 Sports Betting	小计 Subtotal	合　计 Total
—	—	—	—	1 739.50
—	—	—	—	37 627.76
—	—	—	—	38 315.65
—	—	—	—	64 731.22
—	—	—	—	77 388.04
—	—	—	—	137 550.03
—	—	—	—	184 288.52
—	—	—	—	179 823.77
100 000.00	—	—	100 000.00	673 023.46
120 000.00	—	—	120 000.00	767 521.50
124 810.00	25 190.00	—	150 000.00	513 751.40
189 567.00	60 433.00	—	250 000.00	881 990.40
213 397.00	190 154.00	—	403 551.00	1 447 999.50
175 021.58	736 378.82	—	911 400.40	1 810 247.66
93 525.94	1 265 939.74	133 462.71	1 492 928.39	2 888 663.55
106 916.90	1 364 064.06	706 333.03	2 177 313.99	3 857 239.24
68 750.66	1 153 589.84	791 112.78	2 013 453.28	4 014 022.86
43 507.84	1 014 564.39	483 891.25	1 541 963.48	3 805 716.78
3 880.01	2 630 780.10	391 897.83	3 026 557.94	7 138 635.60
—	2 675 569.77	560 723.13	3 236 292.90	8 193 052.14
15 236.17	3 256 798.96	579 335.85	3 851 370.97	10 167 273.49
1 028 646.12	2 994 161.71	538 722.52	4 561 530.35	10 601 325.58
1 519 503.63	3 508 139.94	659 663.40	5 687 306.97	13 247 887.02
1 643 786.58	3 827 194.51	1 473 623.11	6 944 604.20	16 624 842.76
1 996 148.81	5 201 774.36	2 180 541.40	9 378 464.56	22 158 184.49
1 802 066.16	6 564 210.65	2 682 919.12	11 049 195.92	26 152 419.11
9 244 764.39	**36 468 943.84**	**11 182 226.13**	**56 895 934.36**	**135 665 261.04**

1987—2012 年全国各

Statistical Table of Lottery Sales in Different

地 区 Region	1987	1988	1989	1990	1991	1992	1993
北 京	—	1 136.68	940.07	2 077.00	2 765.00	3 220.00	5 404.00
天 津	396.60	328.48	1 166.29	1 995.38	1 209.00	769.62	2 474.35
河 北	100.00	1 505.00	1 295.00	2 082.00	2 579.00	3 204.66	3 010.00
山 西	—	1 211.74	826.17	1 136.16	1 516.00	4 175.00	3 300.00
内蒙古	—	14.00	484.68	924.90	549.56	1 766.58	1 293.00
辽 宁	—	3 073.04	2 397.14	6 587.00	3 530.41	3 598.52	4 825.17
吉 林	—	997.98	1 577.14	4 617.10	1 683.33	2 388.21	4 262.68
黑龙江	—	1 550.48	1 463.44	2 214.32	1 417.00	1 650.38	3 185.00
上 海	373.71	701.80	833.99	2 371.89	2 724.00	2 841.00	1 496.60
江 苏	100.00	2 659.00	3 304.65	3 110.30	2 299.87	4 607.66	17 173.00
浙 江	193.90	2 757.89	2 615.25	2 431.00	3 921.82	19 642.22	16 724.97
安 徽	—	1 123.99	1 068.75	1 693.08	2 251.00	2 711.00	8 214.07
福 建	242.84	1 269.65	1 537.63	1 060.00	4 527.96	7 038.50	4 512.05
江 西	—	195.00	300.00	890.21	1 827.72	4 287.92	9 145.99
山 东	—	1 259.19	1 393.80	1 908.46	3 598.37	6 596.13	11 061.04
河 南	198.64	1 130.00	2 041.38	2 540.00	3 230.00	4 220.00	8 000.00
湖 北	133.81	867.40	650.41	787.09	1 107.17	7 962.42	10 882.76
湖 南	—	855.52	950.00	2 010.00	5 625.00	9 117.43	5 009.00
广 东	—	7 396.80	8 271.03	11 278.52	14 275.24	15 554.45	23 138.20
广 西	—	68.88	467.16	4 536.77	6 203.60	7 255.33	12 493.11
海 南	—	512.75	34.87	2 514.53	405.57	227.96	26.21
重 庆	—	816.18	339.61	1 140.00	733.00	1 463.00	3 444.00
四 川	—	1 795.63	912.58	1 405.59	2 356.00	5 907.00	4 857.81
贵 州	—	290.00	547.87	803.18	527.55	3 117.00	6 394.87
云 南	—	1 910.33	1 329.93	612.46	1 270.00	5 781.07	6 958.58
西 藏	—	—	—	—	—	—	60.00
陕 西	—	1 296.68	990.05	1 071.72	2 778.89	1 931.26	871.06
甘 肃	—	636.26	406.40	654.59	1 003.00	2 591.75	2 365.60
青 海	—	207.41	30.36	177.97	171.99	467.37	629.40
宁 夏	—	60.00	140.00	100.00	110.00	74.00	96.00
新 疆	—	—	—	—	1 190.99	3 382.59	2 980.00
中彩中心	—	—	—	—	—	—	—
合 计 Total	**1 739.50**	**37 627.76**	**38 315.65**	**64 731.22**	**77 388.04**	**137 550.03**	**184 288.52**

地区彩票销售统计表

Regions in China from 1987 to 2012

单位：万元

Unit：Ten Thousand Yuan

1994	1995	1996	1997	1998	1999	2000
6 395.71	13 485.78	5 452.40	10 003.40	12 722.30	43 131.50	63 118.20
1 799.00	14 313.00	7 259.90	5 843.00	9 717.30	11 712.30	55 439.48
11 255.82	28 411.00	16 559.40	13 528.40	12 499.50	26 277.40	35 183.56
5 010.00	13 801.43	30 227.10	12 877.40	17 973.10	15 337.30	7 556.82
3 838.71	18 800.00	26 400.00	12 846.20	4 318.50	14 977.00	6 523.15
14 719.11	27 107.97	27 892.50	13 833.00	11 716.10	39 806.60	46 842.62
5 499.95	15 885.96	24 455.60	8 507.40	5 647.70	16 878.70	8 027.99
7 313.00	16 879.00	22 697.80	12 155.70	9 568.90	21 969.70	42 058.77
1 523.00	15 992.00	22 770.00	24 833.70	40 900.90	131 004.10	177 625.55
11 860.76	33 711.20	33 926.80	34 324.60	76 061.60	177 922.00	251 908.42
5 445.48	14 629.72	11 622.80	10 609.40	81 921.20	151 933.90	121 948.65
12 155.09	22 188.18	20 129.00	14 650.20	18 902.20	31 695.40	24 559.70
4 245.70	16 785.62	22 663.90	24 925.00	47 528.80	108 638.40	100 047.75
4 687.03	17 297.56	16 776.80	16 508.20	16 970.00	26 132.80	11 690.15
9 075.51	40 488.45	28 738.00	17 257.30	35 253.20	45 327.30	88 189.99
7 040.00	40 850.00	24 649.70	13 207.30	17 302.20	22 013.30	23 157.14
12 679.81	34 767.00	42 408.40	29 090.00	26 587.60	29 308.80	74 845.08
6 454.50	27 172.70	47 291.40	18 565.10	15 684.70	35 218.90	36 432.86
10 582.25	72 291.31	139 585.20	118 132.00	264 180.10	293 098.20	224 923.94
8 631.07	26 174.75	39 601.50	19 799.60	34 670.30	33 950.20	54 054.78
—	—	5 420.00	2 680.00	8 644.00	11 536.80	4 855.42
1 051.26	11 727.14	8 648.00	6 857.30	17 589.00	15 456.40	51 301.08
3 978.24	33 252.38	53 626.70	21 683.90	30 833.10	67 514.10	222 815.23
2 115.00	15 096.05	16 560.50	11 769.60	11 216.10	16 439.20	22 314.81
2 875.51	10 825.06	13 228.90	12 084.40	19 255.10	23 888.00	13 832.37
—	100.00	800.00	400.00	820.00	1 147.00	1 930.54
4 507.64	41 419.93	18 630.40	10 472.70	8 803.10	9 221.60	15 296.50
3 006.80	13 986.53	18 866.60	8 057.90	7 201.20	5 181.90	4 646.90
304.00	3 851.00	3 766.20	1 764.00	630.70	689.10	1 210.01
108.00	3 232.34	5 586.60	406.00	2 566.00	3 254.40	1 190.38
11 665.82	28 500.40	11 279.40	6 078.70	14 305.90	17 337.20	16 719.82
—	—	—	—	—	—	—
179 823.77	**673 023.46**	**767 521.50**	**513 751.40**	**881 990.40**	**1 447 999.50**	**1 810 247.66**

续表

地　区 Region	2001	2002	2003	2004	2005	2006	2007
北　京	183 426.03	186 984.23	212 481.94	231 696.76	296 639.31	348 667.43	364 205.94
天　津	62 878.15	72 439.67	74 972.27	69 962.76	119 600.62	132 753.21	154 765.02
河　北	78 277.90	123 133.92	126 060.59	129 222.49	316 761.76	366 048.84	444 533.31
山　西	59 527.70	43 995.89	43 391.10	52 268.78	122 840.62	187 467.71	208 250.04
内蒙古	6 461.29	17 007.15	29 466.86	36 534.14	93 438.86	134 849.96	184 002.56
辽　宁	111 621.48	206 723.54	203 604.56	206 744.28	400 758.06	573 853.54	693 544.08
吉　林	48 248.19	58 025.93	90 297.35	81 510.56	168 178.60	246 662.33	335 385.86
黑龙江	85 260.30	117 798.85	139 917.21	145 173.76	544 557.78	332 262.63	349 002.33
上　海	157 562.63	182 801.32	178 651.20	151 761.70	177 276.14	240 564.33	306 813.42
江　苏	248 549.71	255 104.13	228 805.79	209 357.33	332 088.42	536 258.76	754 634.01
浙　江	137 212.28	196 464.30	252 183.56	229 524.97	396 910.77	569 548.38	806 654.80
安　徽	59 261.08	57 630.47	72 671.55	76 483.46	196 571.39	202 123.17	303 947.95
福　建	262 631.42	385 834.77	249 397.58	193 359.61	244 091.53	310 985.40	384 498.77
江　西	49 749.19	47 804.77	64 517.88	55 083.25	133 705.01	118 903.07	153 782.75
山　东	227 938.13	333 516.51	330 205.30	318 519.65	738 111.38	624 819.75	784 817.95
河　南	154 390.98	176 796.70	159 270.29	161 142.88	329 627.50	338 440.79	361 520.90
湖　北	100 171.69	141 856.34	192 607.05	215 459.97	517 317.41	421 096.47	491 046.51
湖　南	37 239.45	62 677.66	78 911.74	80 893.66	222 888.69	236 245.07	291 164.37
广　东	315 492.94	628 070.76	612 706.20	496 055.70	601 556.63	729 761.78	865 872.21
广　西	72 449.87	107 097.48	136 795.58	126 466.13	155 693.50	157 681.10	178 265.19
海　南	8 374.90	9 509.17	12 092.93	17 888.68	18 420.22	19 030.45	34 514.72
重　庆	41 999.61	40 775.48	50 373.34	51 979.64	85 626.17	116 315.65	164 078.78
四　川	144 497.28	116 733.32	122 764.54	107 251.73	202 844.03	312 249.70	353 850.78
贵　州	33 481.67	18 622.06	33 560.19	33 953.12	55 320.95	92 637.38	126 307.91
云　南	87 714.63	87 157.57	98 595.84	111 534.98	184 731.70	263 843.48	312 308.21
西　藏	717.70	1 234.39	2 583.28	4 579.57	5 693.45	9 709.00	13 525.92
陕　西	64 606.28	69 762.04	67 625.38	64 902.44	169 249.10	175 146.14	274 124.27
甘　肃	24 580.28	42 040.26	43 143.79	35 752.11	68 986.63	105 921.73	154 676.04
青　海	2 036.49	4 663.22	9 295.74	11 987.66	25 418.13	30 760.42	38 665.04
宁　夏	4 395.50	18 189.21	20 095.16	17 591.70	31 839.21	54 559.75	67 651.55
新　疆	17 908.80	46 471.02	76 977.07	81 073.31	181 892.02	203 884.71	210 862.32
中彩中心	—	317.11	—	—	—	—	—
合　计 Total	**2 888 663.55**	**3 857 239.24**	**4 014 022.86**	**3 805 716.78**	**7 138 635.60**	**8 193 052.14**	**10 167 273.49**

2008	2009	2010	2011	2012	1987—2012
418 725.52	482 920.73	689 761.37	889 971.87	890 313.24	5 365 646.41
156 352.53	195 867.86	286 469.37	418 625.19	529 342.17	2 388 452.52
422 358.46	445 502.21	539 471.42	717 542.81	852 389.50	4 718 793.94
218 230.57	229 328.74	241 974.19	309 903.51	356 372.51	2 188 499.57
269 102.99	319 953.66	316 556.99	404 819.59	443 079.49	2 348 009.82
591 826.33	669 570.30	777 782.54	986 035.55	1 320 996.78	6 948 990.22
272 217.64	282 356.77	310 482.61	369 346.58	490 751.36	2 853 893.52
334 752.57	380 371.88	399 893.63	555 524.82	741 169.01	4 269 808.26
292 498.07	412 311.39	450 127.54	590 816.19	646 935.65	4 214 111.81
835 014.45	1 162 346.09	1 656 617.14	2 596 181.24	2 958 408.79	12 426 335.72
809 606.24	946 078.70	1 261 175.46	1 533 861.39	1 757 255.10	9 342 874.16
264 403.83	342 026.91	421 931.18	585 611.50	672 592.45	3 416 596.59
429 791.83	508 755.03	619 002.03	805 928.17	893 882.57	5 633 182.52
174 729.67	234 050.56	368 174.85	523 225.50	713 257.43	2 763 693.30
746 670.95	1 144 753.59	1 436 484.52	2 049 366.12	2 283 427.69	11 308 778.28
429 574.90	505 308.29	607 782.42	841 837.09	1 085 215.79	5 320 488.17
442 788.63	482 768.24	602 493.22	711 836.86	870 990.19	5 462 510.34
237 953.54	319 854.46	428 111.17	645 303.73	849 948.13	3 701 578.80
1 026 148.02	1 377 659.96	1 886 537.75	2 354 381.63	2 723 203.86	14 820 154.67
161 348.57	187 847.42	263 226.87	354 741.63	461 099.04	2 610 619.44
57 590.20	49 504.07	99 040.75	145 996.78	190 335.91	699 156.89
162 061.62	204 168.77	320 375.10	491 887.88	531 924.09	2 382 132.10
416 268.59	561 413.98	660 079.25	819 856.12	974 965.46	5 243 713.05
172 817.77	227 136.03	259 770.61	277 968.68	315 059.71	1 753 827.82
435 224.78	597 272.40	614 818.06	738 866.59	865 044.73	4 510 964.69
33 477.56	47 719.77	39 099.13	57 271.24	57 340.02	278 208.56
277 894.21	322 963.02	390 700.63	561 822.71	684 210.58	3 240 298.34
175 918.73	192 774.96	211 623.10	260 378.55	343 119.30	1 727 520.90
53 448.93	61 622.99	69 425.66	90 663.43	108 675.63	520 562.85
74 704.95	84 137.64	101 578.48	122 954.85	132 749.93	747 371.64
207 822.93	269 540.60	294 275.71	345 656.70	408 363.01	2 458 169.01
—	—	—	—	—	317.11
10 601 325.58	**13 247 887.02**	**16 624 842.76**	**22 158 184.49**	**26 152 419.11**	**135 665 261.04**

1987—2012 年全国彩票

Statistical Table of Lottery Sales in Different Regions and

地区 Region	1987 福利彩票 Welfare Lottery	1988 福利彩票 Welfare Lottery	1989 福利彩票 Welfare Lottery	1990 福利彩票 Welfare Lottery	1991 福利彩票 Welfare Lottery	1992 福利彩票 Welfare Lottery	1993 福利彩票 Welfare Lottery	1994 福利彩票 Welfare Lottery
北京	—	1 136.68	940.07	2 077.00	2 765.00	3 220.00	5 404.00	6 395.71
天津	396.60	328.48	1 166.29	1 995.38	1 209.00	769.62	2 474.35	1 799.00
河北	100.00	1 505.00	1 295.00	2 082.00	2 579.00	3 204.66	3 010.00	11 255.82
山西	—	1 211.74	826.17	1 136.16	1 516.00	4 175.00	3 300.00	5 010.00
内蒙古	—	14.00	484.68	924.90	549.56	1 766.58	1 293.00	3 838.71
辽宁	—	3 073.04	2 397.14	6 587.00	3 530.41	3 598.52	4 825.17	14 719.11
吉林	—	997.98	1 577.14	4 617.10	1 683.33	2 388.21	4 262.68	5 499.95
黑龙江	—	1 550.48	1 463.44	2 214.32	1 417.00	1 650.38	3 185.00	7 313.00
上海	373.71	701.80	833.99	2 371.89	2 724.00	2 841.00	1 496.60	1 523.00
江苏	100.00	2 659.00	3 304.65	3 110.30	2 299.87	4 607.66	17 173.00	11 860.76
浙江	193.90	2 757.89	2 615.25	2 431.00	3 921.82	19 642.22	16 724.97	5 445.48
安徽	—	1 123.99	1 068.75	1 693.08	2 251.00	2 711.00	8 214.07	12 155.09
福建	242.84	1 269.65	1 537.63	1 060.00	4 527.96	7 038.50	4 512.05	4 245.70
江西	—	195.00	300.00	890.21	1 827.72	4 287.92	9 145.99	4 687.03
山东	—	1 259.19	1 393.80	1 908.46	3 598.37	6 596.13	11 061.04	9 075.51
河南	198.64	1 130.00	2 041.38	2 540.00	3 230.00	4 220.00	8 000.00	7 040.00
湖北	133.81	867.40	650.41	787.09	1 107.17	7 962.42	10 882.76	12 679.81
湖南	—	855.52	950.00	2 010.00	5 625.00	9 117.43	5 009.00	6 454.50
广东	—	7 396.80	8 271.03	11 278.52	14 275.24	15 554.45	23 138.20	10 582.25
广西	—	68.88	467.16	4 536.77	6 203.60	7 255.33	12 493.11	8 631.07
海南	—	512.75	34.87	2 514.53	405.57	227.96	26.21	—
重庆	—	816.18	339.61	1 140.00	733.00	1 463.00	3 444.00	1 051.26
四川	—	1 795.63	912.58	1 405.59	2 356.00	5 907.00	4 857.81	3 978.24
贵州	—	290.00	547.87	803.18	527.55	3 117.00	6 394.87	2 115.00
云南	—	1 910.33	1 329.93	612.46	1 270.00	5 781.07	6 958.58	2 875.51
西藏	—	—	—	—	—	—	60.00	—
陕西	—	1 296.68	990.05	1 071.72	2 778.89	1 931.26	871.06	4 507.64
甘肃	—	636.26	406.40	654.59	1 003.00	2 591.75	2 365.60	3 006.80
青海	—	60.00	140.00	100.00	110.00	74.00	96.00	108.00
宁夏	—	207.41	30.36	177.97	171.99	467.37	629.40	304.00
新疆	—	—	—	—	1 190.99	3 382.59	2 980.00	11 665.82
中彩中心	—	—	—	—	—	—	—	—
合计 Total	**1 739.50**	**37 627.76**	**38 315.65**	**64 731.22**	**77 388.04**	**137 550.03**	**184 288.52**	**179 823.77**

销售统计表（分地区分系统）

Different Organizations in China from 1987 to 2012

单位：万元

Unit: Ten Thousand Yuan

1995			1996			1997		
福利彩票 Welfare Lottery	体育彩票 Sports Lottery	小计 Subtotal	福利彩票 Welfare Lottery	体育彩票 Sports Lottery	小计 Subtotal	福利彩票 Welfare Lottery	体育彩票 Sports Lottery	小计 Subtotal
11 485.78	2 000.00	13 485.78	5 452.40	—	5 452.40	8 003.40	2 000.00	10 003.40
6 113.00	8 200.00	14 313.00	4 159.90	3 100.00	7 259.90	4 043.00	1 800.00	5 843.00
20 611.00	7 800.00	28 411.00	11 559.40	5 000.00	16 559.40	7 928.40	5 600.00	13 528.40
13 001.43	800.00	13 801.43	28 227.10	2 000.00	30 227.10	10 877.40	2 000.00	12 877.40
18 400.00	400.00	18 800.00	24 200.00	2 200.00	26 400.00	8 446.20	4 400.00	12 846.20
23 007.97	4 100.00	27 107.97	21 992.50	5 900.00	27 892.50	11 033.00	2 800.00	13 833.00
14 005.96	1 880.00	15 885.96	19 355.60	5 100.00	24 455.60	5 507.40	3 000.00	8 507.40
9 565.00	7 314.00	16 879.00	18 797.80	3 900.00	22 697.80	7 155.70	5 000.00	12 155.70
9 492.00	6 500.00	15 992.00	11 770.00	11 000.00	22 770.00	5 833.70	19 000.00	24 833.70
21 711.20	12 000.00	33 711.20	29 126.80	4 800.00	33 926.80	27 524.60	6 800.00	34 324.60
12 209.72	2 420.00	14 629.72	8 102.80	3 520.00	11 622.80	4 609.40	6 000.00	10 609.40
19 088.18	3 100.00	22 188.18	15 729.00	4 400.00	20 129.00	10 050.20	4 600.00	14 650.20
14 985.62	1 800.00	16 785.62	18 663.90	4 000.00	22 663.90	10 925.00	14 000.00	24 925.00
15 797.56	1 500.00	17 297.56	13 376.80	3 400.00	16 776.80	12 508.20	4 000.00	16 508.20
39 488.45	1 000.00	40 488.45	23 718.00	5 020.00	28 738.00	12 257.30	5 000.00	17 257.30
39 550.00	1 300.00	40 850.00	21 849.70	2 800.00	24 649.70	10 207.30	3 000.00	13 207.30
30 067.00	4 700.00	34 767.00	36 888.40	5 520.00	42 408.40	23 730.00	5 360.00	29 090.00
22 672.70	4 500.00	27 172.70	42 271.40	5 020.00	47 291.40	13 565.10	5 000.00	18 565.10
61 005.31	11 286.00	72 291.31	130 585.20	9 000.00	139 585.20	105 132.00	13 000.00	118 132.00
23 774.75	2 400.00	26 174.75	34 601.50	5 000.00	39 601.50	13 799.60	6 000.00	19 799.60
—	—	—	2 920.00	2 500.00	5 420.00	680.00	2 000.00	2 680.00
11 727.14	—	11 727.14	8 648.00	—	8 648.00	4 857.30	2 000.00	6 857.30
29 952.38	3 300.00	33 252.38	47 906.70	5 720.00	53 626.70	15 683.90	6 000.00	21 683.90
14 096.05	1 000.00	15 096.05	12 760.50	3 800.00	16 560.50	7 769.60	4 000.00	11 769.60
7 825.06	3 000.00	10 825.06	10 828.90	2 400.00	13 228.90	8 084.40	4 000.00	12 084.40
—	100.00	100.00	—	800.00	800.00	—	400.00	400.00
38 099.93	3 320.00	41 419.93	14 530.40	4 100.00	18 630.40	5 472.70	5 000.00	10 472.70
13 006.53	980.00	13 986.53	15 866.60	3 000.00	18 866.60	5 057.90	3 000.00	8 057.90
3 232.34	—	3 232.34	3 586.60	2 000.00	5 586.60	764.00	1 000.00	1 764.00
3 551.00	300.00	3 851.00	1 766.20	2 000.00	3 766.20	166.00	240.00	406.00
25 500.40	3 000.00	28 500.40	8 279.40	3 000.00	11 279.40	2 078.70	4 000.00	6 078.70
—	—	—	—	—	—	—	—	—
573 023.46	**100 000.00**	**673 023.46**	**647 521.50**	**120 000.00**	**767 521.50**	**363 751.40**	**150 000.00**	**513 751.40**

续表

地 区 Region	1998 福利彩票 Welfare Lottery	1998 体育彩票 Sports Lottery	1998 小 计 Subtotal	1999 福利彩票 Welfare Lottery	1999 体育彩票 Sports Lottery	1999 小 计 Subtotal	2000 福利彩票 Welfare Lottery	2000 体育彩票 Sports Lottery	2000 小 计 Subtotal
北 京	9 442.30	3 280.00	12 722.30	37 931.50	5 200.00	43 131.50	14 439.53	48 678.67	63 118.20
天 津	4 717.30	5 000.00	9 717.30	4 302.30	7 410.00	11 712.30	7 329.81	48 109.67	55 439.48
河 北	6 559.50	5 940.00	12 499.50	23 306.40	2 971.00	26 277.40	9 915.50	25 268.06	35 183.56
山 西	11 973.10	6 000.00	17 973.10	15 137.30	200.00	15 337.30	5 663.91	1 892.91	7 556.82
内蒙古	3 388.50	930.00	4 318.50	12 203.00	2 774.00	14 977.00	4 410.29	2 112.86	6 523.15
辽 宁	7 716.10	4 000.00	11 716.10	38 092.60	1 714.00	39 806.60	40 451.11	6 391.51	46 842.62
吉 林	3 647.70	2 000.00	5 647.70	15 166.70	1 712.00	16 878.70	7 027.99	1 000.00	8 027.99
黑龙江	5 568.90	4 000.00	9 568.90	15 389.70	6 580.00	21 969.70	14 793.15	27 265.62	42 058.77
上 海	30 900.90	10 000.00	40 900.90	87 778.10	43 226.00	131 004.10	127 451.61	50 173.94	177 625.55
江 苏	59 061.60	17 000.00	76 061.60	111 465.00	66 457.00	177 922.00	69 646.57	182 261.85	251 908.42
浙 江	57 921.20	24 000.00	81 921.20	106 897.90	45 036.00	151 933.90	60 531.70	61 416.95	121 948.65
安 徽	13 862.20	5 040.00	18 902.20	25 035.40	6 660.00	31 695.40	16 397.84	8 161.86	24 559.70
福 建	17 528.80	30 000.00	47 528.80	65 630.40	43 008.00	108 638.40	28 880.51	71 167.24	100 047.75
江 西	12 770.00	4 200.00	16 970.00	20 766.80	5 366.00	26 132.80	8 441.16	3 248.99	11 690.15
山 东	29 253.20	6 000.00	35 253.20	36 476.30	8 851.00	45 327.30	75 387.02	12 802.97	88 189.99
河 南	13 302.20	4 000.00	17 302.20	19 731.30	2 282.00	22 013.30	17 382.00	5 775.14	23 157.14
湖 北	17 227.60	9 360.00	26 587.60	23 651.80	5 657.00	29 308.80	31 098.02	43 747.06	74 845.08
湖 南	10 684.70	5 000.00	15 684.70	28 507.90	6 711.00	35 218.90	21 268.46	15 164.40	36 432.86
广 东	215 180.10	49 000.00	264 180.10	211 035.20	82 063.00	293 098.20	133 754.80	91 169.14	224 923.94
广 西	22 670.30	12 000.00	34 670.30	30 539.20	3 411.00	33 950.20	51 230.75	2 824.03	54 054.78
海 南	2 644.00	6 000.00	8 644.00	8 002.80	3 534.00	11 536.80	1 300.67	3 554.75	4 855.42
重 庆	14 589.00	3 000.00	17 589.00	13 131.40	2 325.00	15 456.40	45 989.14	5 311.94	51 301.08
四 川	17 793.10	13 040.00	30 833.10	31 239.10	36 275.00	67 514.10	55 473.45	167 341.78	222 815.23
贵 州	6 796.10	4 420.00	11 216.10	12 335.20	4 104.00	16 439.20	8 437.27	13 877.54	22 314.81
云 南	14 255.10	5 000.00	19 255.10	20 115.00	3 773.00	23 888.00	12 244.00	1 588.37	13 832.37
西 藏	—	820.00	820.00	—	1 147.00	1 147.00	1 186.54	744.00	1 930.54
陕 西	5 803.10	3 000.00	8 803.10	8 740.60	481.00	9 221.60	10 232.62	5 063.88	15 296.50
甘 肃	4 201.20	3 000.00	7 201.20	4 081.90	1 100.00	5 181.90	3 657.95	988.95	4 646.90
青 海	260.70	370.00	630.70	689.10	—	689.10	1 030.38	160.00	1 190.38
宁 夏	2 166.00	400.00	2 566.00	2 754.40	500.00	3 254.40	627.74	582.27	1 210.01
新 疆	10 105.90	4 200.00	14 305.90	14 314.20	3 023.00	17 337.20	13 165.77	3 554.05	16 719.82
中彩中心	—	—	—	—	—	—	—	—	—
合 计 Total	**631 990.40**	**250 000.00**	**881 990.40**	**1 044 448.50**	**403 551.00**	**1 447 999.50**	**898 847.26**	**911 400.40**	**1 810 247.66**

2001			2002			2003		
福利彩票 Welfare Lottery	体育彩票 Sports Lottery	小计 Subtotal	福利彩票 Welfare Lottery	体育彩票 Sports Lottery	小计 Subtotal	福利彩票 Welfare Lottery	体育彩票 Sports Lottery	小计 Subtotal
33 179.03	150 247.00	183 426.03	56 126.23	130 858.00	186 984.23	100 520.93	111 961.01	212 481.94
12 100.15	50 778.00	62 878.15	8 159.23	64 280.44	72 439.67	10 763.39	64 208.88	74 972.27
25 530.36	52 747.54	78 277.90	48 987.11	74 146.81	123 133.92	58 907.49	67 153.10	126 060.59
53 207.86	6 319.84	59 527.70	34 870.99	9 124.90	43 995.89	27 644.61	15 746.49	43 391.10
5 473.39	987.90	6 461.29	10 824.25	6 182.90	17 007.15	16 957.45	12 509.41	29 466.86
75 896.56	35 724.92	111 621.48	105 933.26	100 790.28	206 723.54	126 814.59	76 789.97	203 604.56
33 078.01	15 170.18	48 248.19	25 229.36	32 796.57	58 025.93	46 783.59	43 513.76	90 297.35
41 780.52	43 479.78	85 260.30	67 728.98	50 069.87	117 798.85	84 072.82	55 844.39	139 917.21
100 356.05	57 206.58	157 562.63	80 032.30	102 769.02	182 801.32	102 551.43	76 099.77	178 651.20
71 973.80	176 575.91	248 549.71	72 515.36	182 588.77	255 104.13	68 803.36	160 002.43	228 805.79
54 559.50	82 652.78	137 212.28	53 042.52	143 421.78	196 464.30	84 922.35	167 261.21	252 183.56
35 054.75	24 206.33	59 261.08	23 206.75	34 423.72	57 630.47	27 413.74	45 257.81	72 671.55
81 017.90	181 613.52	262 631.42	67 481.65	318 353.12	385 834.77	29 091.19	220 306.39	249 397.58
39 602.89	10 146.30	49 749.19	30 992.83	16 811.94	47 804.77	34 426.37	30 091.51	64 517.88
185 322.67	42 615.46	227 938.13	265 900.88	67 615.63	333 516.51	288 136.42	42 068.88	330 205.30
71 436.07	82 954.91	154 390.98	68 094.52	108 702.18	176 796.70	73 635.77	85 634.52	159 270.29
32 817.84	67 353.85	100 171.69	40 236.65	101 619.69	141 856.34	78 832.09	113 774.96	192 607.05
24 411.12	12 828.33	37 239.45	42 815.92	19 861.74	62 677.66	55 828.97	23 082.77	78 911.74
172 421.81	143 071.13	315 492.94	287 606.13	340 464.63	628 070.76	314 331.30	298 374.90	612 706.20
58 162.23	14 287.64	72 449.87	84 519.87	22 577.61	107 097.48	111 382.99	25 412.59	136 795.58
3 575.51	4 799.39	8 374.90	3 296.49	6 212.68	9 509.17	2 068.59	10 024.34	12 092.93
29 524.27	12 475.34	41 999.61	22 350.63	18 424.85	40 775.48	31 040.63	19 332.71	50 373.34
19 000.56	125 496.72	144 497.28	13 806.77	102 926.55	116 733.32	28 635.87	94 128.67	122 764.54
12 220.15	21 261.52	33 481.67	6 032.89	12 589.17	18 622.06	18 790.79	14 769.40	33 560.19
25 311.57	62 403.06	87 714.63	24 168.39	62 989.18	87 157.57	27 504.37	71 091.47	98 595.84
550.70	167.00	717.70	572.85	661.54	1 234.39	628.59	1 954.69	2 583.28
52 690.49	11 915.79	64 606.28	42 608.99	27 153.05	69 762.04	37 829.76	29 795.62	67 625.38
23 019.63	1 560.65	24 580.28	32 861.07	9 179.19	42 040.26	30 073.74	13 070.05	43 143.79
1 717.27	319.22	2 036.49	15 110.71	3 078.50	18 189.21	6 992.77	2 302.97	9 295.74
4 395.50	—	4 395.50	3 545.14	1 118.08	4 663.22	13 723.54	6 371.62	20 095.16
16 347.00	1 561.80	17 908.80	41 266.53	5 204.49	46 471.02	61 460.08	15 516.99	76 977.07
—	—	—	317.11	—	317.11	—	—	—
1 395 735.16	**1 492 928.39**	**2 888 663.55**	**1 679 925.25**	**2 177 313.99**	**3 857 239.24**	**2 000 569.58**	**2 013 453.28**	**4 014 022.86**

续表

地　区 Region	2004			2005		
	福利彩票 Welfare Lottery	体育彩票 Sports Lottery	小　计 Subtotal	福利彩票 Welfare Lottery	体育彩票 Sports Lottery	小　计 Subtotal
北　京	157 995.61	73 701.15	231 696.76	207 187.56	89 451.75	296 639.31
天　津	19 589.60	50 373.16	69 962.76	40 174.97	79 425.65	119 600.62
河　北	80 013.37	49 209.12	129 222.49	176 551.16	140 210.60	316 761.76
山　西	37 431.99	14 836.79	52 268.78	83 938.78	38 901.84	122 840.62
内蒙古	23 363.02	13 171.12	36 534.14	55 135.96	38 302.91	93 438.86
辽　宁	152 600.09	54 144.19	206 744.28	266 384.46	134 373.60	400 758.06
吉　林	49 510.98	31 999.58	81 510.56	96 075.33	72 103.27	168 178.60
黑龙江	95 629.70	49 544.06	145 173.76	302 950.17	241 607.61	544 557.78
上　海	100 273.42	51 488.28	151 761.70	123 528.65	53 747.48	177 276.14
江　苏	75 014.61	134 342.72	209 357.33	136 391.95	195 696.48	332 088.42
浙　江	82 221.07	147 303.90	229 524.97	160 436.76	236 474.01	396 910.77
安　徽	41 476.63	35 006.83	76 483.46	100 089.03	96 482.37	196 571.39
福　建	21 336.50	172 023.11	193 359.61	45 162.07	198 929.46	244 091.53
江　西	30 510.91	24 572.34	55 083.25	51 637.78	82 067.23	133 705.01
山　东	284 915.79	33 603.86	318 519.65	539 046.67	199 064.71	738 111.38
河　南	91 656.07	69 486.81	161 142.88	157 659.30	171 968.20	329 627.50
湖　北	123 910.17	91 549.80	215 459.97	278 119.79	239 197.62	517 317.41
湖　南	60 041.08	20 852.58	80 893.66	118 344.02	104 544.68	222 888.69
广　东	306 563.04	189 492.66	496 055.70	391 173.93	210 382.70	601 556.63
广　西	111 488.44	14 977.69	126 466.13	136 391.95	19 301.55	155 693.50
海　南	12 918.82	4 969.86	17 888.68	13 857.37	4 562.85	18 420.22
重　庆	37 457.36	14 522.28	51 979.64	62 666.48	22 959.69	85 626.17
四　川	45 672.66	61 579.07	107 251.73	106 713.86	96 130.18	202 844.03
贵　州	23 482.24	10 470.88	33 953.12	39 630.18	15 690.77	55 320.95
云　南	52 379.05	59 155.93	111 534.98	105 475.42	79 256.28	184 731.70
西　藏	3 651.32	928.25	4 579.57	4 334.58	1 358.87	5 693.45
陕　西	35 969.80	28 932.64	64 902.44	106 804.71	62 444.39	169 249.10
甘　肃	22 782.61	12 969.50	35 752.11	43 373.18	25 613.45	68 986.63
青　海	8 826.95	3 160.71	11 987.66	16 054.81	6 729.68	22 784.49
宁　夏	10 684.80	6 906.90	17 591.70	18 688.45	15 784.40	34 472.85
新　疆	64 385.60	16 687.71	81 073.31	128 098.35	53 793.67	181 892.02
中彩中心	—	—	—	—	—	—
合　计 Total	**2 263 753.30**	**1 541 963.48**	**3 805 716.78**	**4 112 077.66**	**3 026 557.94**	**7 138 635.60**

2006			2007			2008		
福利彩票 Welfare Lottery	体育彩票 Sports Lottery	小 计 Subtotal	福利彩票 Welfare Lottery	体育彩票 Sports Lottery	小 计 Subtotal	福利彩票 Welfare Lottery	体育彩票 Sports Lottery	小 计 Subtotal
229 001.22	119 666.21	348 667.43	238 198.87	126 007.06	364 205.94	264 760.76	153 964.77	418 725.52
54 531.44	78 221.77	132 753.21	72 412.81	82 352.20	154 765.02	64 095.76	92 256.78	156 352.53
233 993.59	132 055.25	366 048.84	272 316.12	172 217.19	444 533.31	260 128.67	162 229.79	422 358.46
131 537.22	55 930.49	187 467.71	157 469.17	50 780.87	208 250.04	125 853.49	92 377.08	218 230.57
80 375.24	54 474.73	134 849.96	110 442.21	73 560.35	184 002.56	165 259.42	103 843.57	269 102.99
399 046.63	174 806.91	573 853.54	493 266.48	200 277.60	693 544.08	400 885.63	190 940.70	591 826.33
132 208.30	114 454.03	246 662.33	214 700.40	120 685.46	335 385.86	159 023.07	113 194.58	272 217.64
235 808.29	96 454.34	332 262.63	224 301.91	124 700.41	349 002.33	212 956.64	121 795.93	334 752.57
167 850.45	72 713.88	240 564.33	221 109.64	85 703.78	306 813.42	195 329.31	97 168.76	292 498.07
210 184.33	326 074.44	536 258.76	320 308.22	434 325.79	754 634.01	334 282.22	500 732.23	835 014.45
244 239.10	325 309.28	569 548.38	444 633.66	362 021.14	806 654.80	407 120.26	402 485.98	809 606.24
128 081.78	74 041.39	202 123.17	188 383.13	115 564.82	303 947.95	157 284.48	107 119.35	264 403.83
100 104.26	210 881.14	310 985.40	146 417.77	238 081.00	384 498.77	125 404.77	304 387.06	429 791.83
52 859.06	66 044.01	118 903.07	65 072.47	88 710.28	153 782.75	81 403.05	93 326.62	174 729.67
468 047.68	156 772.06	624 819.75	592 654.30	192 163.66	784 817.95	510 118.51	236 552.44	746 670.95
177 670.69	160 770.10	338 440.79	207 361.08	154 159.82	361 520.90	191 362.83	238 212.07	429 574.90
265 749.02	155 347.45	421 096.47	305 241.68	185 804.83	491 046.51	280 791.48	161 997.15	442 788.63
147 414.49	88 830.59	236 245.07	191 915.75	99 248.63	291 164.37	151 375.73	86 577.80	237 953.54
487 050.04	242 711.74	729 761.78	565 821.16	300 051.05	865 872.21	633 992.91	392 155.11	1 026 148.02
136 514.05	21 167.05	157 681.10	155 515.47	22 749.72	178 265.19	136 672.69	24 675.88	161 348.57
13 112.29	5 918.16	19 030.45	25 544.39	8 970.32	34 514.72	47 368.49	10 221.71	57 590.20
90 646.02	25 669.64	116 315.65	127 322.18	36 756.60	164 078.78	111 486.31	50 575.31	162 061.62
173 020.19	139 229.52	312 249.70	196 865.49	156 985.30	353 850.78	244 593.94	171 674.65	416 268.59
61 166.11	31 471.27	92 637.38	78 969.03	47 338.89	126 307.91	103 451.21	69 366.56	172 817.77
149 057.25	114 786.23	263 843.48	188 850.64	123 457.57	312 308.21	202 386.33	232 838.45	435 224.78
7 691.78	2 017.22	9 709.00	11 116.17	2 409.76	13 525.92	17 889.68	15 587.88	33 477.56
116 610.58	58 535.56	175 146.14	186 680.07	87 444.20	274 124.27	159 361.70	118 532.51	277 894.21
67 309.07	38 612.66	105 921.73	107 355.26	47 320.78	154 676.04	100 122.40	75 796.32	175 918.73
22 232.30	8 528.13	30 760.42	28 816.76	9 848.28	38 665.04	30 548.01	22 900.92	53 448.93
31 646.79	22 912.96	54 559.75	42 365.13	25 286.42	67 651.55	35 768.60	38 936.36	74 704.95
142 000.00	61 884.71	203 884.71	134 475.11	76 387.21	210 862.32	128 716.89	79 106.04	207 822.93
—	—	—	—	—	—	—	—	—
4 956 759.24	**3 236 292.90**	**8 193 052.14**	**6 315 902.51**	**3 851 370.97**	**10 167 273.49**	**6 039 795.23**	**4 561 530.35**	**10 601 325.58**

续表

地　区 Region	2009 福利彩票 Welfare Lottery	2009 体育彩票 Sports Lottery	2009 小　计 Subtotal	2010 福利彩票 Welfare Lottery	2010 体育彩票 Sports Lottery	2010 小　计 Subtotal
北　京	311 890. 56	171 030. 17	482 920. 73	382 292. 54	307 468. 83	689 761. 37
天　津	83 173. 48	112 694. 38	195 867. 86	123 844. 76	162 624. 61	286 469. 37
河　北	279 639. 11	165 863. 10	445 502. 21	347 006. 56	192 464. 86	539 471. 42
山　西	148 620. 24	80 708. 50	229 328. 74	159 719. 43	82 254. 76	241 974. 19
内蒙古	193 675. 40	126 278. 26	319 953. 66	200 553. 74	116 003. 25	316 556. 99
辽　宁	474 376. 30	195 194. 00	669 570. 30	543 791. 57	233 990. 98	777 782. 54
吉　林	156 052. 32	126 304. 45	282 356. 77	176 023. 10	134 459. 51	310 482. 61
黑龙江	233 872. 57	146 499. 31	380 371. 88	243 383. 48	156 510. 15	399 893. 63
上　海	291 953. 43	120 357. 96	412 311. 39	295 040. 81	155 086. 73	450 127. 54
江　苏	478 358. 21	683 987. 88	1 162 346. 09	723 258. 10	933 359. 04	1 656 617. 14
浙　江	493 209. 76	452 868. 94	946 078. 70	733 942. 15	527 233. 31	1 261 175. 46
安　徽	201 035. 41	140 991. 50	342 026. 91	251 627. 30	170 303. 88	421 931. 18
福　建	160 594. 20	348 160. 83	508 755. 03	241 186. 14	377 815. 89	619 002. 03
江　西	107 444. 82	126 605. 74	234 050. 56	144 329. 17	223 845. 68	368 174. 85
山　东	690 475. 14	454 278. 45	1 144 753. 59	898 454. 89	538 029. 63	1 436 484. 52
河　南	227 658. 45	277 649. 84	505 308. 29	321 660. 36	286 122. 06	607 782. 42
湖　北	318 822. 18	163 946. 06	482 768. 24	407 074. 95	195 418. 27	602 493. 22
湖　南	203 959. 50	115 894. 96	319 854. 46	263 449. 03	164 662. 14	428 111. 17
广　东	833 977. 73	543 682. 23	1 377 659. 96	1 135 538. 64	750 999. 12	1 886 537. 75
广　西	159 526. 95	28 320. 47	187 847. 42	209 737. 98	53 488. 89	263 226. 87
海　南	38 184. 09	11 319. 98	49 504. 07	84 036. 38	15 004. 37	99 040. 75
重　庆	140 283. 50	63 885. 27	204 168. 77	218 964. 71	101 410. 39	320 375. 10
四　川	311 716. 13	249 697. 85	561 413. 98	367 863. 16	292 216. 09	660 079. 25
贵　州	135 172. 12	91 963. 91	227 136. 03	144 454. 78	115 315. 83	259 770. 61
云　南	286 596. 57	310 675. 83	597 272. 40	330 270. 78	284 547. 28	614 818. 06
西　藏	27 808. 32	19 911. 45	47 719. 77	25 139. 88	13 959. 25	39 099. 13
陕　西	203 278. 41	119 684. 61	322 963. 02	257 242. 51	133 458. 12	390 700. 63
甘　肃	129 457. 73	63 317. 23	192 774. 96	147 863. 66	63 759. 44	211 623. 10
青　海	37 355. 34	24 267. 65	61 622. 99	45 868. 17	23 557. 49	69 425. 66
宁　夏	44 247. 36	39 890. 28	84 137. 64	63 665. 31	37 913. 17	101 578. 48
新　疆	158 164. 72	111 375. 88	269 540. 60	192 954. 54	101 321. 17	294 275. 71
中彩中心	—	—	—	—	—	—
合　计 Total	**7 560 580. 05**	**5 687 306. 97**	**13 247 887. 02**	**9 680 238. 56**	**6 944 604. 20**	**16 624 842. 76**

2011			2012			1987—2012		
福利彩票 Welfare Lottery	体育彩票 Sports Lottery	小计 Subtotal	福利彩票 Welfare Lottery	体育彩票 Sports Lottery	小计 Subtotal	福利彩票 Welfare Lottery	体育彩票 Sports Lottery	合计 Total
503 554.26	386 417.61	889 971.87	507 317.39	382 995.85	890 313.24	3 100 718.33	2 264 928.08	5 365 646.41
160 714.27	257 910.92	418 625.19	228 000.86	301 341.31	529 342.17	918 364.75	1 470 087.77	2 388 452.52
471 188.65	246 354.16	717 542.81	546 386.83	306 002.67	852 389.50	2 905 560.69	1 813 233.26	4 718 793.95
213 702.01	96 201.50	309 903.51	254 806.03	101 566.48	356 372.51	1 530 857.13	657 642.45	2 188 499.58
258 553.80	146 265.79	404 819.59	281 124.50	161 954.99	443 079.49	1 481 657.79	866 352.02	2 348 009.82
627 739.73	358 295.82	986 035.55	798 047.23	522 949.55	1 320 996.78	4 645 806.20	2 303 184.02	6 948 990.21
208 013.56	161 333.02	369 346.58	256 357.13	234 394.23	490 751.36	1 638 792.89	1 215 100.63	2 853 893.52
285 501.27	270 023.55	555 524.82	358 206.36	382 962.65	741 169.01	2 476 256.58	1 793 551.68	4 269 808.26
383 409.73	207 406.46	590 816.19	384 025.82	262 909.83	646 935.65	2 731 553.35	1 482 558.47	4 214 111.82
1 178 830.30	1 417 350.94	2 596 181.24	1 340 066.74	1 618 342.05	2 958 408.79	5 373 638.20	7 052 697.52	12 426 335.72
927 216.13	606 645.26	1 533 861.39	1 023 967.93	733 287.17	1 757 255.10	5 013 516.45	4 329 357.71	9 342 874.16
355 627.04	229 984.46	585 611.50	436 558.35	236 034.10	672 592.45	2 075 218.18	1 341 378.42	3 416 596.60
329 024.52	476 903.65	805 928.17	371 984.26	521 898.31	893 882.57	1 899 853.80	3 733 328.71	5 633 182.51
231 094.96	292 130.54	523 225.50	352 383.78	360 873.65	713 257.43	1 326 752.47	1 436 940.84	2 763 693.30
1 097 297.13	952 068.99	2 049 366.12	1 223 637.80	1 059 789.89	2 283 427.69	7 295 480.65	4 013 297.63	11 308 778.28
452 936.10	388 900.99	841 837.09	568 890.93	516 324.86	1 085 215.79	2 760 444.68	2 560 043.49	5 320 488.17
510 549.41	201 287.45	711 836.86	607 789.85	263 200.34	870 990.19	3 447 668.81	2 014 841.54	5 462 510.34
409 434.94	235 868.79	645 303.73	529 189.21	320 758.92	849 948.13	2 367 171.47	1 334 407.33	3 701 578.80
1 407 034.45	947 347.17	2 354 381.63	1 695 551.18	1 027 652.68	2 723 203.86	9 178 251.41	5 641 903.26	14 820 154.67
282 296.16	72 445.47	354 741.63	384 769.57	76 329.47	461 099.04	2 183 250.36	427 369.08	2 610 619.44
118 814.54	27 182.24	145 996.78	143 251.44	47 084.47	190 335.91	525 297.77	173 859.12	699 156.89
345 860.20	146 027.68	491 887.88	381 540.93	150 383.16	531 924.09	1 707 072.25	675 059.85	2 382 132.10
486 887.44	332 968.68	819 856.12	595 148.22	379 817.24	974 965.46	2 809 185.76	2 434 527.29	5 243 713.05
160 217.70	117 750.99	277 968.68	181 386.47	133 673.24	315 059.71	1 040 963.86	712 863.96	1 753 827.82
396 464.71	342 401.88	738 866.59	448 759.71	416 285.02	865 044.73	2 331 315.12	2 179 649.56	4 510 964.69
33 106.41	24 164.83	57 271.24	30 752.25	26 587.77	57 340.02	164 489.07	113 719.49	278 208.57
401 325.86	160 496.85	561 822.71	502 854.75	181 355.83	684 210.58	2 199 584.28	1 040 714.06	3 240 298.34
182 711.20	77 667.35	260 378.55	228 036.40	115 082.90	343 119.30	1 171 502.44	556 018.47	1 727 520.90
58 201.79	32 461.64	90 663.43	74 962.26	33 713.37	108 675.63	356 938.25	174 398.55	531 336.80
77 054.53	45 900.32	122 954.85	90 801.09	41 948.84	132 749.93	449 606.07	286 991.62	736 597.69
225 357.13	120 299.56	345 656.70	276 667.92	131 695.09	408 363.01	1 662 557.64	795 611.37	2 458 169.01
—	—	—	—	—	—	317.11	—	317.11
12 779 719.93	**9 378 464.56**	**22 158 184.49**	**15 103 223.19**	**11 049 195.92**	**26 152 419.11**	**78 769 326.68**	**56 895 934.36**	**135 665 261.04**

1987—2012 年全国福利

Statistical Table of Public Welfare Funds of Welfare

地　区 Region	1987—1988	1989	1990	1991	1992	1993
北　京	331.66	279.23	549.80	606.20	770.60	1 332.50
天　津	242.28	322.41	392.60	302.70	191.70	567.60
河　北	516.60	390.40	578.80	708.90	767.30	753.00
山　西	485.32	248.28	320.40	380.70	1 001.40	641.40
内蒙古		134.66	312.00	146.00	439.30	323.20
辽　宁	1 065.78	676.35	1 510.80	878.10	870.70	1 191.20
吉　林	407.55	616.26	1 114.60	429.60	647.90	1 037.10
黑龙江	239.73	443.32	567.00	375.31	412.20	800.40
上　海	170.24	249.69	615.63	680.90	710.20	374.10
江　苏	395.41	919.78	662.49	1 007.02	1 382.20	4 524.80
浙　江	443.59	762.12	777.98	1 218.64	5 062.80	4 069.60
安　徽	256.00	238.60	478.10	605.30	675.50	1 912.80
福　建	282.01	447.74	264.70	1 078.12	1 759.60	1 124.80
江　西	58.72	98.40	236.00	475.96	1 014.40	2 252.00
山　东	391.67	381.34	466.20	798.00	1 657.90	2 672.10
河　南	643.20	640.00	842.56	966.70	1 055.00	2 000.00
湖　北	346.47	193.35	281.18	267.40	2 046.10	2 745.70
湖　南	206.80	232.66	691.30	1 127.93	2 027.60	1 252.30
广　东	1 325.72	1 339.04	2 064.60	4 467.14	3 463.00	5 248.80
广　西		135.72	1 217.97	1 542.70	1 825.50	3 131.40
海　南	154.94	9.27	668.80	100.20	35.40	5.00
重　庆	269.64	88.77	278.20	173.25	359.60	861.00
四　川	816.55	277.96	165.22	586.45	1 476.70	1 214.50
贵　州	185.03	149.30	230.50	129.20	779.30	1 598.70
云　南	543.58	422.43	194.50	314.90	1 432.80	1 740.60
西　藏						
陕　西	479.89	279.00	293.17	701.65	480.60	206.50
甘　肃	206.15	145.03	196.00	252.00	637.00	591.40
青　海	37.92	8.46	43.00	41.00	117.00	155.60
宁　夏	24.00	49.44	18.80	27.40	18.50	24.00
新　疆				256.00	963.60	732.00
小　计 Subtotal	10 526.45	10 179.01	16 032.90	20 645.37	34 081.40	45 084.10
中央集中 Central Government	2 754.52	2 445.82	3 994.94	4 326.92	6 517.90	9 459.20
合　计 Total	**13 280.97**	**12 624.83**	**20 027.84**	**24 972.29**	**40 599.30**	**54 543.30**

注：本表各地数为公益金地方留成数，中央数为公益金中央集中数。

彩票公益金统计表

Lottery in China from 1987 to 2012

单位：万元

Unit：Ten Thousand Yuan

1994	1995	1996	1997	1998	1999	2000
1 550.40	2 780.40	1 265.60	1 813.00	2 300.20	9 662.40	1 219.80
460.00	1 528.30	1 033.10	1 012.90	1 180.70	1 252.20	1 849.00
2 810.00	5 152.70	3 154.40	1 729.90	1 764.00	6 128.60	2 005.40
1 168.00	3 187.20	6 756.40	2 779.40	2 551.60	3 292.70	1 146.80
959.60	4 600.00	5 747.50	1 408.30	1 017.60	1 545.00	988.40
3 642.50	5 681.10	5 636.30	2 502.90	1 862.00	9 795.50	10 562.40
1 372.00	3 504.80	4 996.00	1 184.50	930.60	1 813.50	1 553.00
1 829.00	2 392.70	4 772.90	1 920.40	1 309.50	3 492.60	3 371.60
386.80	2 373.00	2 970.00	1 605.60	7 627.00	21 922.30	26 506.90
2 925.60	5 454.00	6 853.50	6 684.90	14 827.50	27 539.70	14 346.80
1 358.00	2 926.00	1 942.70	917.60	14 481.70	25 784.90	11 646.40
2 849.70	4 723.70	3 962.30	2 457.40	3 321.60	6 251.10	4 472.20
1 061.70	3 731.10	4 642.30	2 645.50	4 541.10	16 505.70	5 334.20
1 171.50	3 912.80	3 537.40	3 315.30	3 108.90	5 131.00	1 723.00
2 206.00	9 733.70	5 916.30	2 762.50	7 847.90	7 190.30	16 878.10
1 760.00	9 850.80	5 516.40	2 551.80	3 414.70	4 451.70	4 717.80
3 100.70	7 443.20	8 980.10	5 629.40	4 277.00	5 950.60	6 613.50
1 613.60	5 716.50	10 615.70	3 404.00	2 278.20	5 811.10	4 217.30
2 035.70	14 882.40	31 719.80	25 403.70	53 784.00	52 758.70	28 912.90
2 157.80	5 943.70	8 248.60	3 446.90	5 659.60	8 536.80	9 231.50
		730.00	170.00	661.00	2 000.70	291.40
237.80	2 931.80	2 121.90	1 214.30	3 684.00	3 219.10	10 030.60
990.60	7 436.20	11 919.10	3 777.40	4 384.90	7 809.80	16 300.60
528.70	3 524.00	3 190.10	1 262.70	1 826.50	3 083.80	1 637.00
654.60	1 898.90	2 582.80	1 888.10	3 568.20	4 990.60	2 657.50
913.20	8 819.40	3 530.30	1 186.50	1 480.30	2 041.10	2 109.10
751.70	3 251.60	3 948.10	1 212.20	1 062.40	945.60	792.30
76.00	887.70	437.10	191.00	55.00	160.00	130.40
27.00	808.10	902.30	41.50	541.50	691.20	205.30
1 576.80	6 445.10	2 090.50	487.20	2 445.80	3 244.80	2 071.40
42 175.00	141 520.90	159 719.50	86 606.80	157 795.00	253 003.10	193 522.60
11 266.60	27 828.40	31 348.90	14 519.90	38 101.20	51 493.80	48 749.90
53 441.60	**169 349.30**	**191 068.40**	**101 126.70**	**195 896.20**	**304 496.90**	**242 272.50**

续表

地 区 Region	2001	2002	2003	2004	2005	2006
北 京	5 480.47	8 418.93	15 125.01	23 846.42	36 257.82	40 075.21
天 津	2 056.17	1 223.88	1 689.67	3 009.68	7 030.62	9 530.61
河 北	4 316.92	7 348.07	9 191.86	12 043.49	30 895.16	40 948.88
山 西	8 653.94	5 230.65	4 547.58	6 106.91	14 689.29	23 019.02
内蒙古	977.31	1 623.64	2 674.52	3 571.25	9 648.79	14 059.47
辽 宁	12 543.96	15 889.99	19 197.34	23 047.29	46 306.91	68 123.77
吉 林	5 508.87	3 784.41	7 151.71	7 496.73	16 813.18	23 136.45
黑龙江	6 866.66	10 159.34	12 812.95	14 380.24	53 016.28	40 720.57
上 海	16 712.70	12 004.84	16 603.34	15 227.70	21 572.47	28 580.21
江 苏	11 888.38	10 877.31	11 653.50	11 674.64	23 702.90	36 407.25
浙 江	9 926.85	7 956.38	15 355.76	12 562.01	28 076.43	42 236.66
安 徽	5 785.92	3 481.01	4 390.16	6 235.43	17 485.58	21 841.56
福 建	13 992.24	10 122.25	4 776.13	3 200.48	7 903.36	17 480.75
江 西	6 568.38	4 648.93	5 653.09	4 585.05	9 036.61	9 065.37
山 东	30 797.28	39 885.13	44 120.98	43 466.53	94 333.17	81 397.99
河 南	11 673.44	10 214.18	11 363.33	13 848.48	27 590.38	31 092.37
湖 北	5 402.41	6 035.50	12 575.80	18 586.53	48 390.26	45 870.45
湖 南	4 027.84	6 422.39	8 699.57	9 112.68	20 524.15	25 292.25
广 东	27 862.23	43 140.93	51 235.63	46 643.02	68 426.12	83 241.16
广 西	10 190.26	12 677.98	17 259.95	16 850.17	23 791.02	23 274.97
海 南	1 072.64	494.47	322.07	1 938.82	2 410.12	2 270.38
重 庆	4 872.59	3 352.59	4 906.19	5 622.92	10 966.63	15 724.25
四 川	3 148.34	2 071.02	4 896.20	6 899.19	18 674.93	30 278.53
贵 州	2 004.59	904.93	3 194.07	3 522.34	6 864.54	10 514.34
云 南	4 496.99	3 625.26	4 301.16	7 882.40	18 458.20	26 055.58
西 藏	212.74	85.93	101.79	568.87	758.55	1 346.07
陕 西	8 860.98	6 391.35	5 876.35	5 421.98	18 690.82	20 296.65
甘 肃	3 796.64	4 929.16	4 533.76	3 446.34	7 590.31	11 747.58
青 海	303.49	531.77	1 055.36	1 331.57	2 809.59	3 869.52
宁 夏	725.26	2 266.61	2 144.76	1 656.92	3 270.48	5 538.19
新 疆	2 201.74	6 189.98	9 469.27	9 743.03	22 417.21	24 711.22
小 计 Subtotal	232 928.23	251 988.78	316 878.83	343 529.11	718 401.90	857 747.28
中央集中 Central Government	186 276.48	335 985.06	383 320.53	448 784.56	718 401.90	857 747.28
合 计 Total	**419 204.71**	**587 973.84**	**700 199.35**	**792 313.67**	**1 436 803.80**	**1 715 494.56**

2007	2008	2009	2010	2011	2012	1987—2012
41 684.80	46 169.80	53 321.25	62 758.89	80 253.82	81 297.16	519 151.37
12 672.20	10 466.53	13 339.66	18 893.37	23 951.07	33 190.78	147 389.72
46 849.16	42 529.15	46 337.35	54 763.92	71 949.28	83 086.61	476 719.85
27 454.42	21 464.47	25 224.57	26 077.44	33 203.91	38 897.58	258 529.37
19 253.18	25 479.13	32 288.45	31 711.11	40 233.26	43 175.30	242 316.97
82 550.02	66 626.69	77 452.55	84 539.25	95 591.86	118 755.49	756 500.76
35 488.97	26 445.23	26 343.85	28 063.93	31 657.88	37 707.30	269 205.91
38 311.01	35 766.60	39 301.21	40 499.32	45 939.11	55 810.22	415 510.17
37 737.18	33 097.73	49 539.94	48 478.65	62 206.07	60 725.59	468 678.77
54 908.28	54 825.79	77 178.98	107 255.56	168 363.91	190 044.87	846 305.06
75 587.26	66 877.86	80 029.63	108 563.76	134 755.72	147 740.95	801 061.30
31 613.33	26 337.35	33 310.21	39 377.60	52 544.92	63 259.94	337 867.32
25 451.51	20 239.45	25 331.11	35 272.14	47 376.55	53 585.90	308 150.43
11 282.90	13 862.57	17 582.82	23 351.29	36 170.17	55 368.17	223 210.72
101 406.39	81 333.60	105 963.96	127 961.10	153 636.15	170 438.23	1 133 642.52
36 456.85	32 170.44	37 351.38	49 766.78	67 552.55	83 251.53	450 742.37
52 531.85	47 452.26	52 720.12	62 857.32	76 430.12	89 384.31	566 111.61
32 645.77	25 449.41	34 272.85	42 127.11	60 554.61	75 987.30	384 310.92
95 294.74	101 914.62	132 438.73	169 057.84	207 638.59	246 642.15	1 500 941.25
25 867.56	22 768.27	26 308.23	32 681.03	41 820.99	57 214.67	361 783.29
4 057.07	5 965.34	5 320.61	10 254.99	14 466.55	17 252.67	70 652.44
21 401.43	18 566.09	23 472.16	33 928.07	51 113.44	55 260.24	274 656.56
34 405.76	38 986.96	50 645.27	58 732.50	75 192.53	89 834.05	470 921.25
13 316.06	16 919.49	22 544.53	24 108.00	26 524.26	29 818.35	178 360.33
32 667.88	34 615.37	46 884.01	54 415.67	63 720.46	71 337.39	391 349.86
1 945.33	3 089.56	4 339.29	4 084.50	5 172.87	4 826.50	26 531.99
31 075.13	25 641.13	32 901.19	39 994.23	61 028.64	77 350.03	356 049.18
18 783.42	16 880.79	21 426.09	23 156.97	27 561.77	33 544.44	191 388.76
4 997.42	5 101.56	6 357.28	7 403.66	8 994.68	11 505.57	56 601.65
7 358.48	6 026.10	7 260.51	9 759.27	11 614.77	13 662.63	74 663.02
23 485.57	22 007.45	24 656.34	28 281.25	32 979.64	40 305.87	266 761.76
1 078 540.93	995 076.79	1 231 444.12	1 488 176.51	1 910 200.15	2 230 261.73	12 826 066.48
1 078 540.93	995 076.79	1 231 444.12	1 488 176.51	1 910 200.15	2 230 261.73	12 117 024.02
2 157 081.86	**1 990 153.58**	**2 462 888.24**	**2 976 353.01**	**3 820 400.30**	**4 460 523.45**	**24 943 090.50**

1994—2012 年全国体育

Statistical Table of Public Welfare Funds of Sports

地 区 Region	1994—1995	1996	1997	1998	1999	2000	2001	2002	2003
北 京	—	—	477.20	887.00	1 279.00	10 305.00	22 044.00	19 270.95	16 807.15
天 津	4 000.00	431.35	748.50	1 320.00	2 256.00	10 268.60	7 525.00	9 525.58	9 659.63
河 北	1 510.30	1 280.60	1 057.48	1 545.60	810.00	5 567.90	8 315.00	10 969.88	10 114.67
山 西	117.00	313.80	676.40	1 560.00	54.00	530.00	1 079.00	1 470.20	2 381.54
内 蒙 古	51.00	370.00	1 019.00	251.10	724.00	622.30	281.00	1 025.40	1 930.55
辽 宁	785.00	1 518.60	745.20	1 080.00	189.00	1 705.80	5 183.00	15 155.98	11 568.50
吉 林	223.00	661.00	869.00	540.00	459.00	280.00	2 202.00	5 055.05	6 633.41
黑 龙 江	—	—	1 169.70	1 130.00	1 734.20	5 694.20	6 596.00	7 866.24	8 492.94
上 海	1 725.00	3 300.00	5 700.00	2 465.00	10 497.80	11 006.20	8 863.00	16 481.75	11 574.66
江 苏	1 131.20	917.90	1 314.00	4 234.30	16 270.00	38 174.10	26 428.00	29 672.42	24 440.00
浙 江	653.40	909.60	1 539.20	5 868.60	11 967.20	13 524.50	13 833.00	24 042.50	26 083.72
安 徽	465.00	800.10	1 256.40	1 329.60	1 728.00	2 056.20	3 918.00	5 499.60	6 863.52
福 建	230.00	1 050.00	2 970.00	7 320.00	10 452.00	15 276.30	26 981.00	46 316.72	33 045.96
江 西	300.00	530.40	995.76	1 156.00	1 419.00	607.90	1 716.00	2 858.00	4 728.78
山 东	200.00	1 069.56	1 063.80	1 560.00	2 229.00	1 931.00	6 563.00	10 204.15	6 367.65
河 南	—	575.40	975.50	1 096.10	634.70	1 432.70	12 529.00	16 254.46	12 854.47
湖 北	1 131.20	917.90	1 314.00	2 328.30	1 469.00	9 386.00	9 819.00	15 104.85	17 131.32
湖 南	1 263.60	1 213.40	1 134.00	1 320.00	1 736.10	3 922.00	3 010.00	3 619.95	3 542.53
广 东	3 385.80	2 160.00	2 940.00	12 352.30	18 534.00	22 323.00	22 703.00	52 852.91	44 904.98
广 西	240.00	1 085.70	1 808.40	2 959.00	918.00	660.30	2 206.00	3 447.13	3 869.12
海 南	—	577.00	985.00	1 560.00	945.00	872.10	789.00	943.11	1 503.65
重 庆	—	—	—	820.00	621.30	1 358.40	1 891.00	3 210.49	2 980.90
四 川	990.00	1 373.00	1 533.00	3 169.60	8 740.00	34 145.30	18 896.00	15 954.31	14 394.61
贵 州	153.70	987.30	1 039.70	1 230.10	1 109.30	3 374.70	3 346.00	1 996.61	2 269.82
云 南	—	—	928.00	1 284.30	1 042.00	466.00	9 253.00	9 483.14	10 708.42
西 藏	—	302.00	—	239.00	297.00	208.30	55.00	118.22	293.20
陕 西	996.53	763.82	777.94	850.20	136.70	1 417.00	2 201.00	4 052.82	4 575.59
甘 肃	192.00	636.00	630.00	810.00	297.00	277.00	265.00	1 507.97	1 995.76
青 海	—	—	—	108.00	147.00	123.70	76.00	193.45	348.28
宁 夏	—	360.00	310.00	78.20	—	61.60	15.00	468.39	982.79
新 疆	743.00	661.00	869.00	1 128.00	868.30	1 093.20	1 040.00	874.23	2 407.43
小 计 Subtotal	20 486.73	24 765.43	36 846.18	63 580.30	99 563.60	198 671.30	229 621.00	335 496.46	305 455.53
中央集中 Central Government	2 055.60	3 981.63	5 872.61	12 371.40	21 549.00	75 920.50	218 342.59	426 563.44	399 253.12
合 计 Total	**22 542.33**	**28 747.06**	**42 718.79**	**75 951.70**	**121 112.60**	**274 591.80**	**447 963.59**	**762 059.90**	**704 708.65**

注：本表各地数为公益金地方留成数，中央数为公益金中央集中数。

彩票公益金统计表

Lottery in China from 1994 to 2012

单位：万元

Unit：Ten Thousand Yuan

2004	2005	2006	2007	2008	2009	2010	2011	2012	1994—2012
12 540.46	14 577.38	17 311.61	18 450.80	20 868.27	22 266.67	37 550.11	47 230.81	46 349.01	308 215.41
8 563.44	13 613.06	12 826.11	13 150.80	13 923.17	16 972.12	22 771.77	31 113.56	36 407.29	215 075.99
8 417.15	24 355.88	22 527.80	28 792.20	25 421.02	25 865.80	28 343.35	35 176.53	42 697.10	282 768.26
2 524.74	6 680.63	9 408.59	8 555.43	12 170.10	12 546.46	11 607.32	12 700.79	13 282.21	97 658.21
2 245.48	6 616.53	9 224.03	12 527.34	15 320.74	18 872.89	16 275.81	19 965.56	21 505.33	128 828.05
9 278.84	22 749.68	28 415.28	33 175.01	29 286.82	28 252.15	30 800.57	47 598.49	69 732.04	337 219.97
5 452.18	12 412.01	19 392.87	20 527.82	17 636.05	19 471.22	20 052.83	23 377.10	32 395.76	187 640.32
8 427.07	42 084.64	16 324.82	21 293.00	18 611.17	21 659.29	22 057.55	37 156.82	52 396.60	272 694.23
8 799.54	8 728.42	10 632.21	12 891.50	14 091.26	16 770.38	20 293.35	26 857.63	32 079.73	222 757.42
23 096.14	33 755.13	55 477.24	74 404.85	79 483.70	101 430.89	127 297.04	191 956.12	217 581.40	1 047 064.42
25 347.46	40 776.75	54 980.98	61 427.92	63 575.33	68 961.92	77 052.09	87 763.25	104 476.35	682 783.77
5 997.67	16 764.94	12 381.02	19 106.43	16 443.49	20 940.92	24 459.98	30 449.02	31 083.51	201 543.40
29 243.93	34 518.53	35 920.23	40 689.22	48 447.34	53 412.05	55 701.97	69 267.89	74 349.86	585 193.00
4 177.30	14 047.15	9 999.38	13 139.03	13 314.38	17 331.11	29 624.22	37 891.18	43 630.07	197 465.65
5 830.56	34 378.90	26 095.62	32 176.29	34 318.00	62 658.98	72 239.77	123 049.18	137 002.36	558 937.82
11 812.88	29 879.91	27 494.57	26 367.60	35 993.55	43 809.38	43 057.32	54 963.41	72 464.59	392 195.54
15 567.66	41 347.27	25 586.21	30 827.41	25 757.44	25 993.78	29 978.24	30 156.80	37 883.80	321 700.19
3 566.01	17 931.89	14 390.18	16 564.89	13 870.02	17 255.75	22 535.57	31 923.77	41 695.31	200 494.96
32 347.58	34 114.82	34 609.00	43 875.47	54 103.19	71 246.81	96 927.51	120 285.13	129 005.08	798 670.58
2 588.57	3 121.31	2 935.62	3 244.76	3 458.48	3 857.35	6 367.41	8 944.47	8 953.75	60 665.38
847.46	746.67	856.91	1 278.15	1 498.71	1 689.86	2 149.31	3 728.83	5 615.39	26 586.14
2 479.69	3 795.62	3 789.04	5 673.11	7 122.22	8 847.75	12 830.96	18 863.42	18 653.05	92 936.94
10 487.21	16 362.51	23 108.33	26 249.51	26 804.51	36 335.70	41 798.61	47 534.61	53 096.75	380 973.58
1 809.64	2 591.75	5 032.65	7 839.09	10 643.93	13 653.59	17 208.63	16 994.01	19 006.63	110 287.14
10 075.02	13 633.75	19 308.22	20 886.48	32 691.46	42 471.83	39 387.38	47 521.83	57 120.77	316 261.60
157.80	227.36	328.17	400.72	1 794.99	2 210.75	1 661.67	2 962.93	3 220.74	14 477.85
4 992.91	10 745.31	9 704.32	14 795.20	17 381.61	16 910.87	18 459.20	21 728.31	24 846.20	155 335.53
2 220.99	4 400.91	6 516.10	8 059.23	10 514.67	9 522.04	9 214.04	10 931.32	15 001.18	82 991.20
538.41	1 159.60	1 447.21	1 676.43	3 013.88	3 213.24	3 158.42	4 064.31	4 422.71	23 690.63
1 179.71	2 722.53	3 877.04	4 307.16	5 934.47	6 172.89	5 528.88	6 885.16	6 356.97	45 240.78
2 882.95	9 242.92	10 389.26	12 951.04	11 595.10	15 438.45	13 323.40	15 088.27	16 509.24	117 104.79
263 496.45	518 083.71	530 290.62	635 303.89	685 089.07	826 042.87	959 714.29	1 264 130.52	1 468 820.80	8 465 458.74
276 291.20	518 083.71	530 290.62	635 303.89	685 089.07	826 042.87	959 714.29	1 264 130.52	1 468 820.80	8 329 676.86
539 787.65	**1 036 167.42**	**1 060 581.24**	**1 270 607.78**	**1 370 178.14**	**1 652 085.75**	**1 919 428.58**	**2 528 261.03**	**2 937 641.59**	**16 795 135.60**

1987—2012 年全国彩票公益金统计表

Statistical Table of Public Welfare Funds of Lottery in China from 1987 to 2012

单位：万元

Unit: Ten Thousand Yuan

年 份 Year	福利彩票 Welfare Lottery	体育彩票 Sports Lottery	合 计 Total
1987	855.00	—	855.00
1988	12 425.97	—	12 425.97
1989	12 624.83	—	12 624.83
1990	20 027.84	—	20 027.84
1991	24 972.29	—	24 972.29
1992	40 599.30	—	40 599.30
1993	54 543.30	—	54 543.30
1994	53 441.60	—	53 441.60
1995	169 349.30	22 542.33	191 891.63
1996	191 068.40	28 747.06	219 815.46
1997	101 126.70	42 718.79	143 845.49
1998	195 896.20	75 951.70	271 847.90
1999	304 496.90	121 112.60	425 609.50
2000	242 272.50	274 591.80	516 864.30
2001	419 204.71	447 963.59	867 168.30
2002	587 973.84	762 059.90	1 350 033.74
2003	700 199.35	704 708.65	1 404 908.00
2004	792 313.67	539 787.65	1 332 101.32
2005	1 436 803.80	1 036 167.42	2 472 971.22
2006	1 715 494.56	1 060 581.24	2 776 075.80
2007	2 157 081.86	1 270 607.78	3 427 689.64
2008	1 990 153.58	1 370 178.14	3 360 331.72
2009	2 462 888.24	1 652 085.75	4 114 973.99
2010	2 976 353.01	1 919 428.58	4 895 781.59
2011	3 820 400.30	2 528 261.03	6 348 661.33
2012	4 460 523.45	2 937 641.59	7 398 165.04
合计 Total	**24 943 090.50**	**16 795 135.61**	**41 738 226.10**

1987—2012 年全国彩票公益金中央与地方分配表

Statistical Table of the Allocation of Public Welfare Funds of Lottery Between Central and Local Goverments from 1987 to 2012

单位：万元
Unit：Ten Thousand Yuan

年份 Year	合计 Total	中央集中 Central Government	地方留成 Local Government	分成比例（%）Percentage 中央 Central	地方 Local
1987—1988	13 280.97	2 754.52	10 526.45	20.70	79.30
1989	12 624.83	2 445.82	10 179.01	19.40	80.60
1990	20 027.84	3 994.94	16 032.90	19.90	80.10
1991	24 972.29	4 326.92	20 645.37	17.30	82.70
1992	40 599.30	6 517.90	34 081.40	16.10	83.90
1993	54 543.30	9 459.20	45 084.10	17.30	82.70
1994	53 441.60	11 266.60	42 175.00	21.10	78.90
1995	191 891.63	29 884.00	162 007.63	15.60	88.40
1996	219 815.46	35 330.53	184 484.93	16.10	83.90
1997	143 845.49	20 392.51	123 452.98	14.10	85.90
1998	271 847.90	50 472.60	221 375.30	18.60	81.40
1999	425 609.50	73 042.80	352 566.70	17.20	82.80
2000	516 864.30	124 670.40	392 193.90	24.10	75.90
2001	867 168.30	404 619.07	462 549.23	46.70	53.30
2002	1 350 033.74	762 548.50	587 485.24	56.50	43.50
2003	1 404 908.00	782 573.65	622 334.35	55.70	44.30
2004	1 332 101.32	725 075.81	607 025.51	54.40	45.60
2005	2 472 971.22	1 236 485.61	1 236 485.61	50.00	50.00
2006	2 776 075.80	1 388 037.90	1 388 037.90	50.00	50.00
2007	3 427 689.64	1 713 844.82	1 713 844.82	50.00	50.00
2008	3 360 331.72	1 680 165.86	1 680 165.86	50.00	50.00
2009	4 114 973.99	2 057 486.99	2 057 486.99	50.00	50.00
2010	4 895 781.59	2 447 890.80	2 447 890.80	50.00	50.00
2011	6 348 661.33	3 174 330.66	3 174 330.66	50.00	50.00
2012	7 398 165.04	3 699 082.52	3 699 082.52	50.00	50.00
合计 Total	**41 738 226.11**	**20 446 700.94**	**21 291 525.17**	**48.99**	**51.01**

(二) 2012 年综合统计资料
Statistical Data of 2012

2012 年全国彩票
Statistical Table of Lottery

月份 Month	福利彩票 Welfare Lottery 乐透数字型 Lotto Games	即开型 Instant Games	视频型 Online Instant Win	小计 Subtotal
1 月	72.17	13.28	13.44	98.88
2 月	84.63	16.74	16.30	117.68
3 月	97.67	20.29	18.41	136.37
4 月	95.77	20.78	16.98	133.53
5 月	103.13	18.46	18.54	140.13
6 月	90.79	16.22	18.36	125.37
7 月	90.48	13.97	19.21	123.66
8 月	84.34	13.02	19.41	116.77
9 月	84.31	14.42	19.64	118.37
10 月	85.62	14.25	20.37	120.23
11 月	91.75	15.93	21.00	128.68
12 月	103.41	24.67	22.57	150.64
合计 Total	**1 084.06**	**202.03**	**224.23**	**1 510.32**

销售情况表

Sales in China in 2012

单位：亿元

Unit：Billion

体育彩票 Sports Lottery				
乐透数字型 Lotto Games	即开型 Instant Games	竞猜型 Sports Betting Lottery	小计 Subtotal	合计 Total
40.02	11.39	14.25	65.66	164.55
50.33	14.71	19.45	84.49	202.17
57.31	18.49	23.63	99.42	235.79
55.42	18.05	28.76	102.23	235.76
54.51	17.36	24.17	96.03	236.16
51.86	15.83	23.08	90.77	216.14
49.05	12.89	16.38	78.32	201.98
47.78	12.33	20.24	80.35	197.12
51.18	13.75	21.82	86.75	205.12
60.66	12.80	21.69	95.15	215.38
65.55	13.17	29.66	108.38	237.06
72.79	19.44	25.14	117.37	268.01
656.45	**180.21**	**268.27**	**1 104.92**	**2 615.24**

2012 年全国彩票销售情况图

Diagram of Lottery Sales in China in 2012

单位：亿元
Unit：Billion

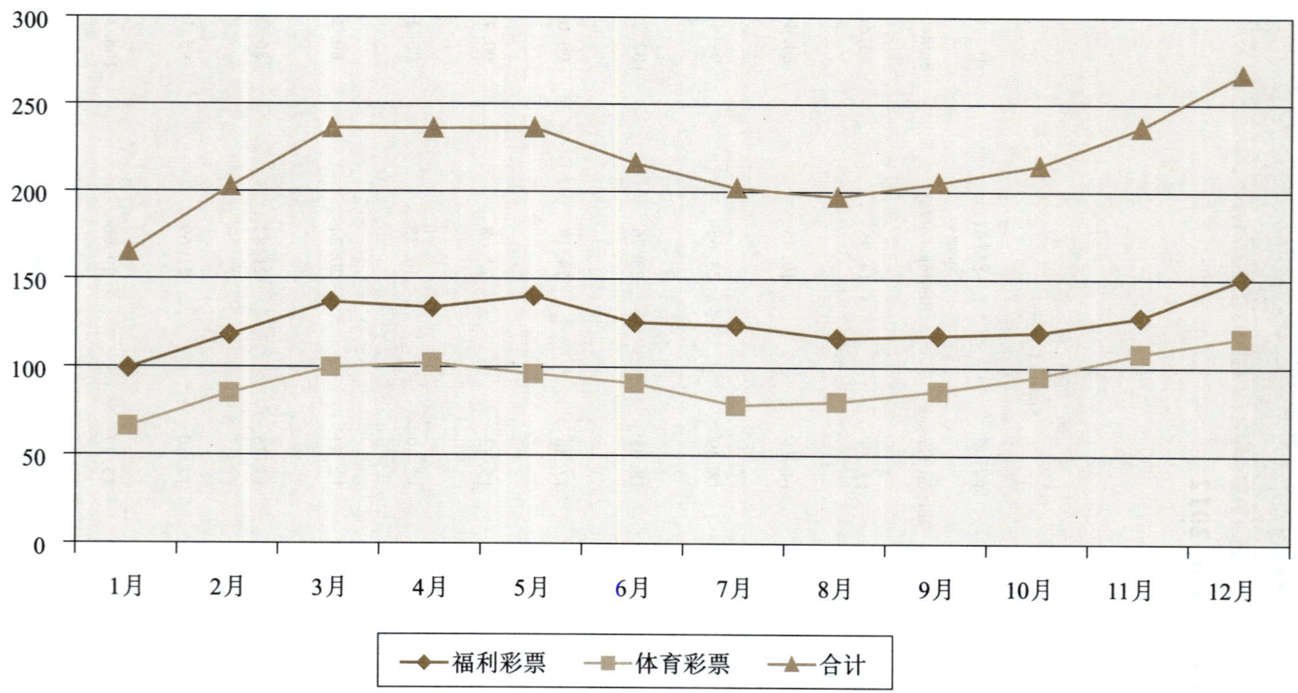

2012 年全国各地区彩票销售量排名表

Ranking of Lottery Sales in Different Regions in China in 2012

单位：万元
Unit：Ten Thousand Yuan

名次 Ranking	地区 Region	销售额 Sales Volume
1	江苏	2 958 408.79
2	广东	2 723 203.86
3	山东	2 283 427.69
4	浙江	1 757 255.10
5	辽宁	1 320 996.78
6	河南	1 085 215.79
7	四川	974 965.46
8	福建	893 882.57
9	北京	890 313.24
10	湖北	870 990.19
11	云南	865 044.73
12	河北	852 389.50
13	湖南	849 948.13
14	黑龙江	741 169.01
15	江西	713 257.43
16	陕西	684 210.58
17	安徽	672 592.45
18	上海	646 935.65
19	重庆	531 924.09
20	天津	529 342.17
21	吉林	490 751.36
22	广西	461 099.04
23	内蒙古	443 079.49
24	新疆	408 363.01
25	山西	356 372.51
26	甘肃	343 119.30
27	贵州	315 059.71
28	海南	190 335.91
29	宁夏	132 749.93
30	青海	108 675.63
31	西藏	57 340.02
合计 Total		**26 152 419.11**

2012 年全国各地区彩票

Statistical Table of Lottery Monthly Sales in

地 区 Region	1月 Jan.	2月 Feb.	3月 Mar.	4月 Apr.	5月 May	6月 June
北 京	57 575.56	71 444.99	75 295.22	69 911.24	70 705.02	78 097.04
天 津	36 969.85	47 987.56	45 035.66	47 992.33	47 260.12	43 290.65
河 北	55 269.35	63 212.36	77 380.66	74 300.14	74 929.12	65 621.01
山 西	21 546.92	26 499.40	32 781.93	31 066.43	33 436.49	31 771.17
内蒙古	29 033.58	32 808.73	41 318.62	41 061.81	40 956.17	37 360.49
辽 宁	76 077.30	97 179.34	137 644.61	138 213.24	130 651.70	114 539.26
吉 林	26 585.51	32 690.24	40 827.20	41 414.84	41 419.50	37 297.62
黑龙江	47 739.90	58 980.31	73 373.76	71 775.41	70 110.33	61 713.50
上 海	42 644.39	52 465.27	54 132.38	55 645.60	56 906.95	52 379.58
江 苏	184 505.07	241 515.52	290 137.81	310 962.27	284 695.15	243 746.92
浙 江	103 271.56	125 553.60	146 571.95	147 562.97	149 733.16	138 287.56
安 徽	44 281.80	54 708.46	54 850.14	51 513.90	56 257.80	57 018.10
福 建	60 139.07	69 691.74	79 408.19	78 844.50	78 842.63	73 334.63
江 西	44 664.73	54 206.88	59 892.90	64 752.13	69 659.79	62 203.46
山 东	148 175.49	180 607.57	204 807.61	204 456.53	203 709.76	186 177.65
河 南	69 269.09	82 127.19	100 489.38	99 340.11	96 340.01	85 522.36
湖 北	50 475.62	59 612.72	72 162.60	66 985.59	70 066.20	64 162.73
湖 南	54 308.77	64 840.31	75 226.59	75 330.67	77 957.69	68 836.83
广 东	167 002.01	221 489.38	243 071.31	237 338.09	240 692.42	220 931.80
广 西	30 813.55	34 181.33	40 079.46	40 269.89	42 286.50	38 942.09
海 南	12 956.35	14 866.49	16 565.39	14 960.67	14 679.64	15 185.08
重 庆	37 866.15	46 127.20	47 765.20	42 828.52	45 862.69	44 644.25
四 川	65 578.95	79 020.94	94 505.33	93 419.78	94 931.27	84 895.56
贵 州	17 225.16	21 568.04	27 267.99	26 007.50	27 498.95	27 781.49
云 南	59 516.15	65 518.32	75 813.94	73 153.64	76 089.50	77 347.49
西 藏	3 731.49	3 963.67	5 102.72	5 351.10	5 422.39	5 060.22
陕 西	40 169.30	50 256.50	61 378.53	62 085.28	62 526.34	57 016.17
甘 肃	20 261.09	23 043.70	29 489.16	32 991.38	36 718.12	33 035.83
青 海	5 226.65	6 199.10	8 418.50	9 879.24	10 203.89	9 060.72
宁 夏	8 513.75	10 142.16	11 943.06	11 532.92	11 942.38	11 122.87
新 疆	24 064.45	29 152.01	35 189.87	36 609.82	39 101.69	35 057.24
合 计 Total	**1 645 458.59**	**2 021 661.03**	**2 357 927.65**	**2 357 557.54**	**2 361 593.35**	**2 161 441.36**

销售情况表（分地区按月统计）

Different Regions in China in 2012

单位：万元

Unit: Ten Thousand Yuan

7月 July	8月 Aug.	9月 Sept.	10月 Oct.	11月 Nov.	12月 Dec.	合 计 Total
70 097.49	67 525.22	71 315.91	75 875.10	78 921.24	99 178.02	890 313.24
43 289.66	42 165.15	42 485.89	44 012.13	46 759.87	43 810.43	529 342.17
64 833.29	62 077.19	62 559.16	64 142.45	69 602.06	118 755.87	852 389.50
26 867.08	25 756.79	26 630.89	27 434.90	32 792.18	39 136.36	356 372.51
35 077.68	33 968.57	34 991.36	35 536.67	37 837.53	42 619.10	443 079.49
105 703.46	99 695.14	99 378.82	100 752.52	108 417.32	113 188.41	1 320 996.78
35 141.35	34 122.07	38 919.19	44 244.98	56 885.82	60 778.85	490 751.36
58 802.85	59 367.83	58 466.53	56 616.44	59 848.46	65 762.47	741 169.01
49 703.74	46 788.10	54 577.24	53 145.00	55 926.54	69 106.32	646 935.65
208 405.16	201 057.35	209 234.06	232 498.87	271 110.42	283 037.10	2 958 408.79
129 859.05	126 484.50	142 701.84	169 944.44	175 632.44	200 249.96	1 757 255.10
52 421.21	50 195.13	51 209.24	55 255.31	62 475.48	80 490.91	672 592.45
70 872.06	69 693.61	73 882.48	74 881.01	72 550.19	87 394.94	893 882.57
54 470.01	51 737.83	56 972.87	57 181.50	63 405.46	69 940.27	713 257.43
177 869.89	173 953.53	172 485.91	186 609.68	207 727.48	238 656.54	2 283 427.69
81 523.43	80 367.60	80 104.27	86 139.92	103 777.78	121 433.35	1 085 215.79
62 251.30	59 464.16	71 791.72	79 730.45	102 791.80	110 080.87	870 990.19
65 286.03	63 532.73	74 923.03	73 024.72	78 425.38	73 513.66	849 948.13
214 955.92	208 046.50	224 027.48	226 869.76	244 992.83	270 427.66	2 723 203.86
36 866.66	35 336.09	37 007.27	37 101.32	39 014.88	48 495.04	461 099.04
16 229.57	16 785.40	16 149.62	17 195.00	17 428.18	17 526.03	190 335.91
40 250.86	37 723.88	41 128.40	41 855.64	48 522.82	57 035.29	531 924.09
79 260.01	74 023.03	75 251.85	75 811.14	78 020.89	81 709.54	974 965.46
24 780.31	23 483.10	23 764.46	25 073.01	31 526.68	39 373.16	315 059.71
74 489.29	71 840.78	70 171.87	70 489.91	73 470.89	77 876.35	865 044.73
5 071.24	4 841.77	4 759.40	4 497.50	4 792.52	4 856.25	57 340.02
52 586.17	49 616.16	52 645.52	56 193.57	63 790.30	75 934.01	684 210.58
28 751.70	28 502.66	27 660.79	26 750.28	27 865.19	30 014.58	343 119.30
9 476.41	9 219.27	9 774.32	9 617.77	10 113.96	11 121.60	108 675.63
11 319.29	10 780.57	11 950.21	11 243.76	10 941.55	11 313.76	132 749.93
33 267.40	32 702.70	34 328.39	34 092.82	35 273.75	37 315.60	408 363.01
2 019 779.59	**1 950 854.43**	**2 051 249.98**	**2 153 817.56**	**2 370 641.88**	**2 680 132.30**	**26 152 419.11**

2012 年全国各地区彩票销售额比重图

Diagram of Lottery Sales Proportion in Different Regions in China in 2012

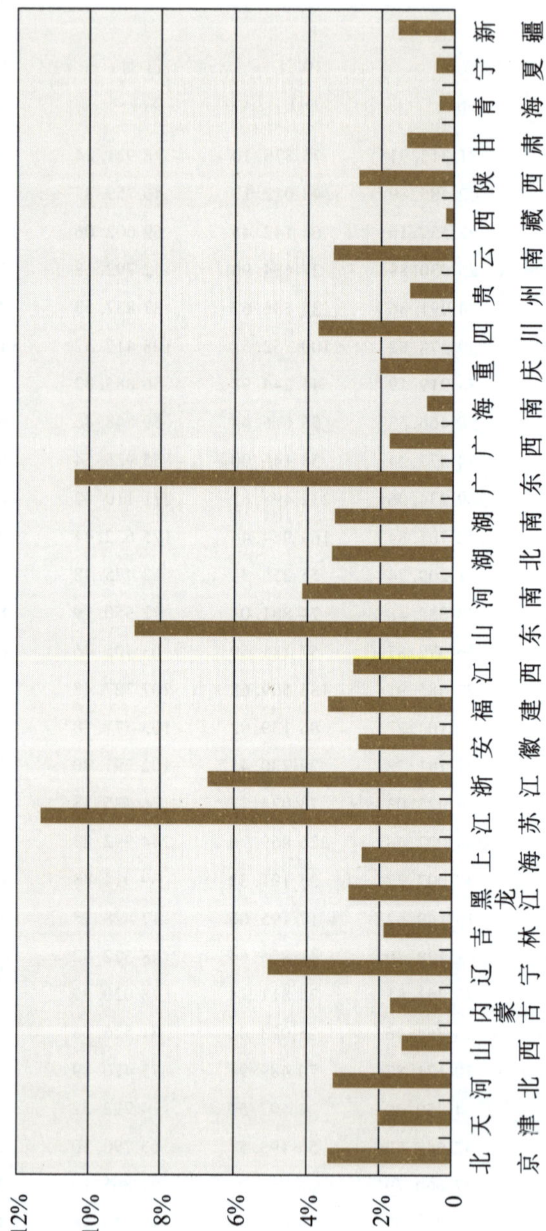

2012 年全国彩票分类型销售情况图

Diagram of Lottery Sales in Different Lottery Games in China in 2012

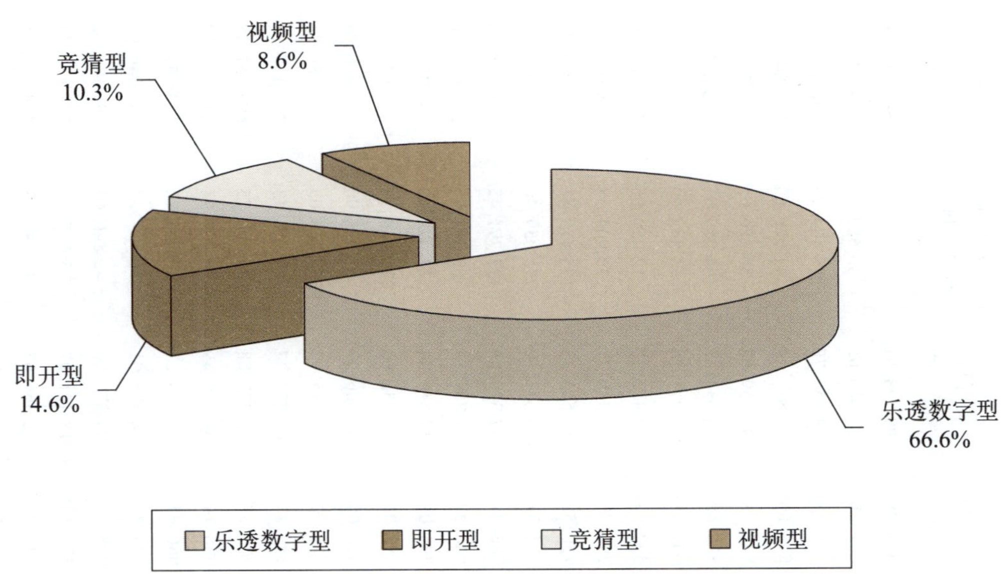

2012 年全国彩票销售

Statistical Table of Lottery Sales in Different

地区 Region	福利彩票 Welfare Lottery				体育 Sports	
	乐透数字型 Lotto Games	即开型 Instant Games	视频型 Online Instant Win	小计 Subtotal	乐透数字型 Lotto Games	即开型 Instant Games
北 京	407 538. 88	99 778. 51	—	507 317. 39	84 242. 65	106 376. 49
天 津	173 657. 58	23 686. 05	30 657. 23	228 000. 86	87 973. 35	15 982. 80
河 北	391 548. 38	78 353. 70	76 484. 75	546 386. 83	177 216. 68	100 992. 81
山 西	178 893. 00	34 883. 34	41 029. 69	254 806. 03	43 371. 60	28 589. 85
内蒙古	200 838. 18	44 059. 67	36 226. 65	281 124. 50	73 403. 12	74 650. 02
辽 宁	620 303. 40	73 384. 82	104 359. 01	798 047. 23	377 759. 62	55 226. 57
吉 林	175 040. 88	37 971. 26	43 344. 99	256 357. 13	147 342. 22	51 925. 92
黑龙江	306 542. 93	39 412. 58	12 250. 85	358 206. 36	297 912. 83	55 833. 36
上 海	299 794. 73	51 326. 71	32 904. 38	384 025. 82	91 057. 80	41 743. 22
江 苏	1 009 150. 58	155 505. 75	175 410. 41	1 340 066. 74	1 113 845. 66	176 790. 09
浙 江	613 276. 37	115 632. 10	295 059. 46	1 023 967. 93	496 892. 10	111 260. 55
安 徽	261 388. 04	47 378. 86	127 791. 45	436 558. 35	112 425. 05	38 828. 90
福 建	230 646. 27	71 769. 84	69 568. 15	371 984. 26	385 374. 77	84 597. 74
江 西	297 795. 08	17 510. 40	37 078. 30	352 383. 78	148 560. 25	13 165. 58
山 东	783 557. 02	213 532. 60	226 548. 18	1 223 637. 80	718 875. 44	165 640. 32
河 南	392 550. 06	94 086. 97	82 253. 90	568 890. 93	382 757. 96	88 162. 94
湖 北	409 235. 90	51 315. 92	147 238. 03	607 789. 85	183 429. 47	16 839. 66
湖 南	349 197. 41	60 274. 37	119 717. 43	529 189. 21	183 189. 63	18 487. 82
广 东	1 244 722. 85	265 227. 58	185 600. 75	1 695 551. 18	491 393. 02	169 868. 31
广 西	249 836. 14	58 199. 49	76 733. 94	384 769. 57	19 374. 72	8 464. 49
海 南	127 686. 45	2 498. 27	13 066. 72	143 251. 44	34 407. 50	4 001. 82
重 庆	266 225. 70	48 438. 01	66 877. 22	381 540. 93	61 755. 33	27 728. 82
四 川	457 935. 73	94 371. 86	42 840. 63	595 148. 22	238 519. 70	75 001. 61
贵 州	159 329. 19	18 431. 97	3 625. 31	181 386. 47	83 485. 40	23 707. 07
云 南	361 497. 90	42 364. 63	44 897. 18	448 759. 71	269 858. 70	92 123. 97
西 藏	23 350. 30	7 401. 95		30 752. 25	7 610. 18	17 348. 49
陕 西	372 355. 94	70 122. 04	60 376. 77	502 854. 75	101 110. 53	47 748. 09
甘 肃	143 210. 67	21 333. 34	63 492. 39	228 036. 40	49 757. 52	33 524. 04
青 海	53 457. 93	10 769. 51	10 734. 82	74 962. 26	14 920. 02	9 934. 17
宁 夏	61 100. 22	13 539. 14	16 161. 73	90 801. 09	28 883. 73	9 513. 39
新 疆	218 927. 16	57 740. 76		276 667. 92	57 504. 09	38 007. 30
合 计 Total	**10 840 590. 87**	**2 020 302. 00**	**2 242 330. 32**	**15 103 223. 19**	**6 564 210. 65**	**1 802 066. 16**

情况表（分地区分系统）

Regions and Different Organizations in China in 2012

单位：万元
Unit: Ten Thousand Yuan

彩票 Lottery		销售合计 Sales Total				
竞猜型 Sports Betting	小计 Subtotal	乐透数字型 Lotto Games	即开型 Instant Games	竞猜型 Sports Betting	视频型 Online Instant Win	小计 Subtotal
192 376.71	382 995.85	491 781.53	206 155.00	192 376.71	—	890 313.24
197 385.15	301 341.31	261 630.93	39 668.85	197 385.15	30 657.23	529 342.17
27 793.19	306 002.67	568 765.06	179 346.51	27 793.19	76 484.75	852 389.50
29 605.03	101 566.48	222 264.60	63 473.19	29 605.03	41 029.69	356 372.51
13 901.85	161 954.99	274 241.30	118 709.69	13 901.85	36 226.65	443 079.49
89 963.36	522 949.55	998 063.02	128 611.39	89 963.36	104 359.01	1 320 996.78
35 126.09	234 394.23	322 383.10	89 897.18	35 126.09	43 344.99	490 751.36
29 216.46	382 962.65	604 455.76	95 245.94	29 216.46	12 250.85	741 169.01
130 108.81	262 909.83	390 852.53	93 069.93	130 108.81	32 904.38	646 935.65
327 706.30	1 618 342.05	2 122 996.24	332 295.84	327 706.30	175 410.41	2 958 408.79
125 134.52	733 287.17	1 110 168.47	226 892.65	125 134.52	295 059.46	1 757 255.10
84 780.16	236 034.10	373 813.09	86 207.76	84 780.16	127 791.45	672 592.45
51 925.81	521 898.31	616 021.04	156 367.58	51 925.81	69 568.15	893 882.57
199 147.83	360 873.65	446 355.33	30 675.98	199 147.83	37 078.30	713 257.43
175 274.14	1 059 789.89	1 502 432.46	379 172.92	175 274.14	226 548.18	2 283 427.69
45 403.96	516 324.86	775 308.02	182 249.91	45 403.96	82 253.90	1 085 215.79
62 931.21	263 200.34	592 665.37	68 155.58	62 931.21	147 238.03	870 990.19
119 081.47	320 758.92	532 387.04	78 762.19	119 081.47	119 717.43	849 948.13
366 391.35	1 027 652.68	1 736 115.87	435 095.89	366 391.35	185 600.75	2 723 203.86
48 490.26	76 329.47	269 210.86	66 663.98	48 490.26	76 733.94	461 099.04
8 675.15	47 084.47	162 093.95	6 500.09	8 675.15	13 066.72	190 335.91
60 899.01	150 383.16	327 981.03	76 166.83	60 899.01	66 877.22	531 924.09
66 295.93	379 817.24	696 455.43	169 373.47	66 295.93	42 840.63	974 965.46
26 480.77	133 673.24	242 814.59	42 139.04	26 480.77	3 625.31	315 059.71
54 302.35	416 285.02	631 356.60	134 488.60	54 302.35	44 897.18	865 044.73
1 629.10	26 587.77	30 960.48	24 750.44	1 629.10		57 340.02
32 497.21	181 355.83	473 466.47	117 870.13	32 497.21	60 376.77	684 210.58
31 801.34	115 082.90	192 968.19	54 857.38	31 801.34	63 492.39	343 119.30
8 859.18	33 713.37	68 377.95	20 703.68	8 859.18	10 734.82	108 675.63
3 551.72	41 948.84	89 983.95	23 052.53	3 551.72	16 161.73	132 749.93
36 183.70	131 695.09	276 431.25	95 748.06	36 183.70		408 363.01
2 682 919.12	**11 049 195.92**	**17 404 801.51**	**3 822 368.16**	**2 682 919.12**	**2 242 330.32**	**26 152 419.11**

2012 年全国彩票

Statistical Table of the Public Welfare Funds Raised

地 区 Region	福利彩票 Welfare Lottery			
	小 计 Subtotal	中央集中 Central Gov.	地方留成 Local Gov.	小 计 Subtotal
北 京	162 594.31	81 297.16	81 297.16	92 698.01
天 津	66 381.55	33 190.78	33 190.78	72 814.58
河 北	166 173.22	83 086.61	83 086.61	85 394.21
山 西	77 795.16	38 897.58	38 897.58	26 564.43
内蒙古	86 350.61	43 175.30	43 175.30	43 010.67
辽 宁	237 510.99	118 755.49	118 755.49	139 464.08
吉 林	75 414.59	37 707.30	37 707.30	64 791.53
黑龙江	111 620.44	55 810.22	55 810.22	104 793.20
上 海	121 451.18	60 725.59	60 725.59	64 159.46
江 苏	380 089.73	190 044.87	190 044.87	435 162.80
浙 江	295 481.90	147 740.95	147 740.95	208 952.70
安 徽	126 519.88	63 259.94	63 259.94	62 167.03
福 建	107 171.79	53 585.90	53 585.90	148 699.72
江 西	110 736.33	55 368.17	55 368.17	87 260.13
山 东	340 876.46	170 438.23	170 438.23	274 004.72
河 南	166 503.06	83 251.53	83 251.53	144 929.18
湖 北	178 768.61	89 384.31	89 384.31	75 767.61
湖 南	151 974.59	75 987.30	75 987.30	83 390.62
广 东	493 284.30	246 642.15	246 642.15	258 010.17
广 西	114 429.33	57 214.67	57 214.67	17 907.50
海 南	34 505.34	17 252.67	17 252.67	11 230.78
重 庆	110 520.47	55 260.24	55 260.24	37 306.09
四 川	179 668.11	89 834.05	89 834.05	106 193.51
贵 州	59 636.71	29 818.35	29 818.35	38 013.25
云 南	142 674.77	71 337.39	71 337.39	114 241.53
西 藏	9 652.99	4 826.50	4 826.50	6 441.47
陕 西	154 700.05	77 350.03	77 350.03	49 692.40
甘 肃	67 088.88	33 544.44	33 544.44	30 002.37
青 海	23 011.13	11 505.57	11 505.57	8 845.42
宁 夏	27 325.25	13 662.63	13 662.63	12 713.93
新 疆	80 611.74	40 305.87	40 305.87	33 018.49
合 计 Total	**4 460 523.45**	**2 230 261.73**	**2 230 261.73**	**2 937 641.59**

注：本统计表为按彩票销量计算的彩票公益金筹集数，未包括弃奖奖金。

公益金筹集情况表

from Lottery Sales in China in 2012

单位：万元

Unit: Ten Thousand Yuan

体育彩票 Sports Lottery		两种彩票汇总 Total		
中央集中 Central Gov.	地方留成 Local Gov.	合计 Total	中央集中 Central Gov.	地方留成 Local Gov.
46 349.01	46 349.01	255 292.32	127 646.16	127 646.16
36 407.29	36 407.29	139 196.13	69 598.06	69 598.06
42 697.10	42 697.10	251 567.43	125 783.72	125 783.72
13 282.21	13 282.21	104 359.58	52 179.79	52 179.79
21 505.33	21 505.33	129 361.27	64 680.64	64 680.64
69 732.04	69 732.04	376 975.07	188 487.53	188 487.53
32 395.76	32 395.76	140 206.12	70 103.06	70 103.06
52 396.60	52 396.60	216 413.64	108 206.82	108 206.82
32 079.73	32 079.73	185 610.64	92 805.32	92 805.32
217 581.40	217 581.40	815 252.53	407 626.27	407 626.27
104 476.35	104 476.35	504 434.60	252 217.30	252 217.30
31 083.51	31 083.51	188 686.91	94 343.45	94 343.45
74 349.86	74 349.86	255 871.52	127 935.76	127 935.76
43 630.07	43 630.07	197 996.47	98 998.23	98 998.23
137 002.36	137 002.36	614 881.17	307 440.59	307 440.59
72 464.59	72 464.59	311 432.24	155 716.12	155 716.12
37 883.80	37 883.80	254 536.22	127 268.11	127 268.11
41 695.31	41 695.31	235 365.21	117 682.60	117 682.60
129 005.08	129 005.08	751 294.47	375 647.23	375 647.23
8 953.75	8 953.75	132 336.83	66 168.42	66 168.42
5 615.39	5 615.39	45 736.12	22 868.06	22 868.06
18 653.05	18 653.05	147 826.56	73 913.28	73 913.28
53 096.75	53 096.75	285 861.61	142 930.81	142 930.81
19 006.63	19 006.63	97 649.96	48 824.98	48 824.98
57 120.77	57 120.77	256 916.30	128 458.15	128 458.15
3 220.74	3 220.74	16 094.46	8 047.23	8 047.23
24 846.20	24 846.20	204 392.45	102 196.22	102 196.22
15 001.18	15 001.18	97 091.25	48 545.62	48 545.62
4 422.71	4 422.71	31 856.55	15 928.28	15 928.28
6 356.97	6 356.97	40 039.19	20 019.59	20 019.59
16 509.24	16 509.24	113 630.23	56 815.11	56 815.11
1 468 820.80	**1 468 820.80**	**7 398 165.04**	**3 699 082.52**	**3 699 082.52**

2012 年全国福利彩票销售情况图

Diagram of Sales of welfare Lottery in China in 2012

单位：万元
Unit：Ten Thousand Yuan

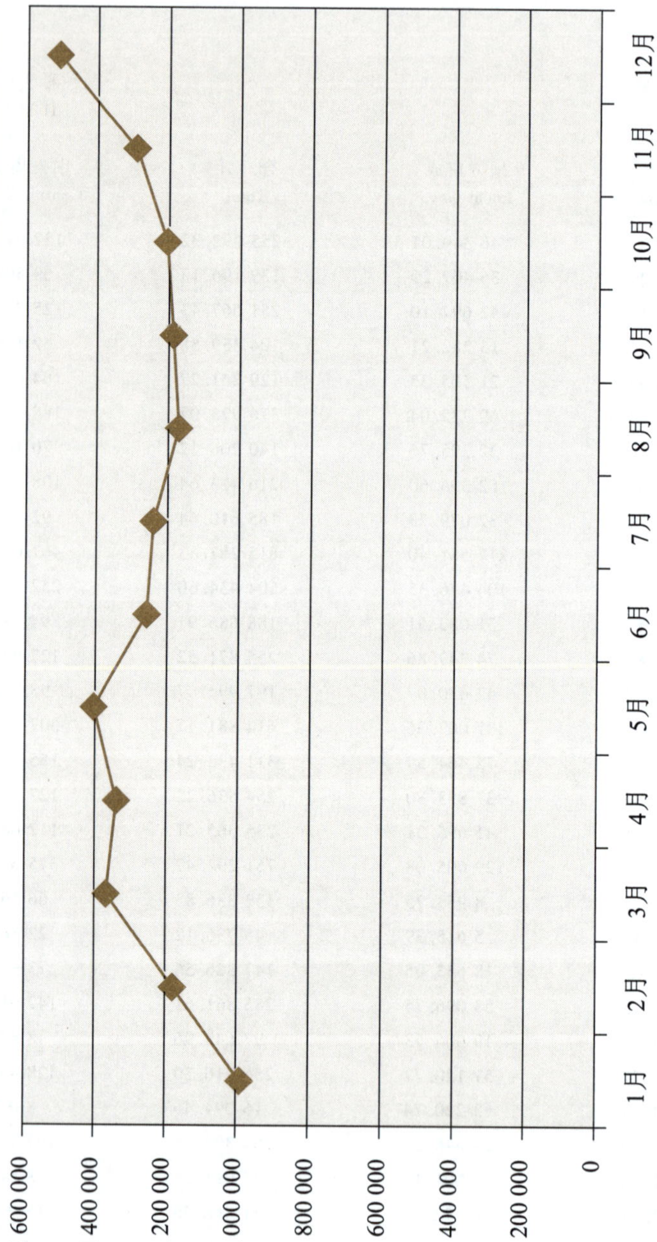

（中国福利彩票发行管理中心供稿）

2012年全国福利彩票各地区销售量排名表

Ranking of Sales of Welfare Lottery in Different Regions in China in 2012

单位：万元

Unit：Ten Thousand Yuan

名 次 Ranking	地 区 Region	销售量 Sales Amounts
1	广 东	1 695 551. 18
2	江 苏	1 340 066. 74
3	山 东	1 223 637. 80
4	浙 江	1 023 967. 93
5	辽 宁	798 047. 23
6	湖 北	607 789. 85
7	四 川	595 148. 22
8	河 南	568 890. 93
9	河 北	546 386. 83
10	湖 南	529 189. 21
11	北 京	507 317. 39
12	陕 西	502 854. 75
13	云 南	448 759. 71
14	安 徽	436 558. 35
15	广 西	384 769. 57
16	上 海	384 025. 82
17	重 庆	381 540. 93
18	福 建	371 984. 26
19	黑龙江	358 206. 36
20	江 西	352 383. 78
21	内蒙古	281 124. 50
22	新 疆	276 667. 91
23	吉 林	256 357. 13
24	山 西	254 806. 03
25	甘 肃	228 036. 40
26	天 津	228 000. 86
27	贵 州	181 386. 47
28	海 南	143 251. 44
29	宁 夏	90 801. 09
30	青 海	74 962. 26
31	西 藏	30 752. 25
合计 Total		**15 103 223. 19**

（中国福利彩票发行管理中心供稿）

2012年全国福利彩票各地区销售额比重图

Diagram of Sales Proportion of Welfare Lottery in Different Regions in China in 2012

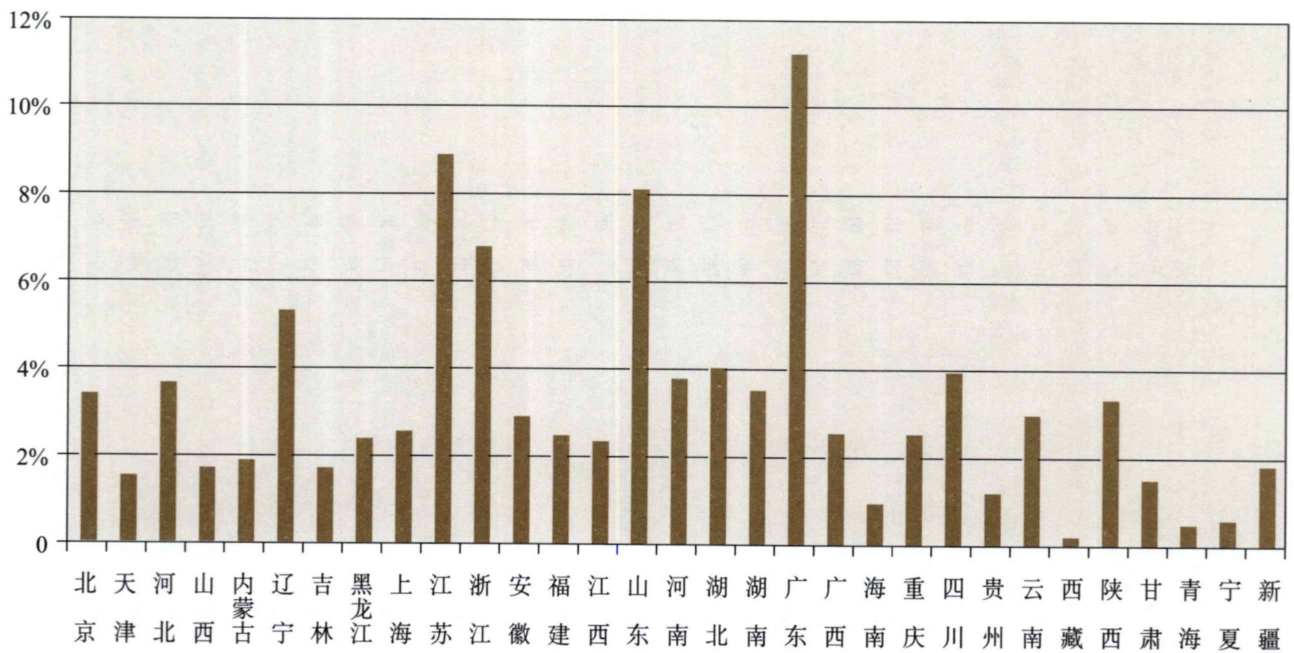

（中国福利彩票发行管理中心供稿）

2012 年全国福利彩票分类型销售情况图

Diagram of Welfare Lottery Sales in Different Lottery Games in China in 2012

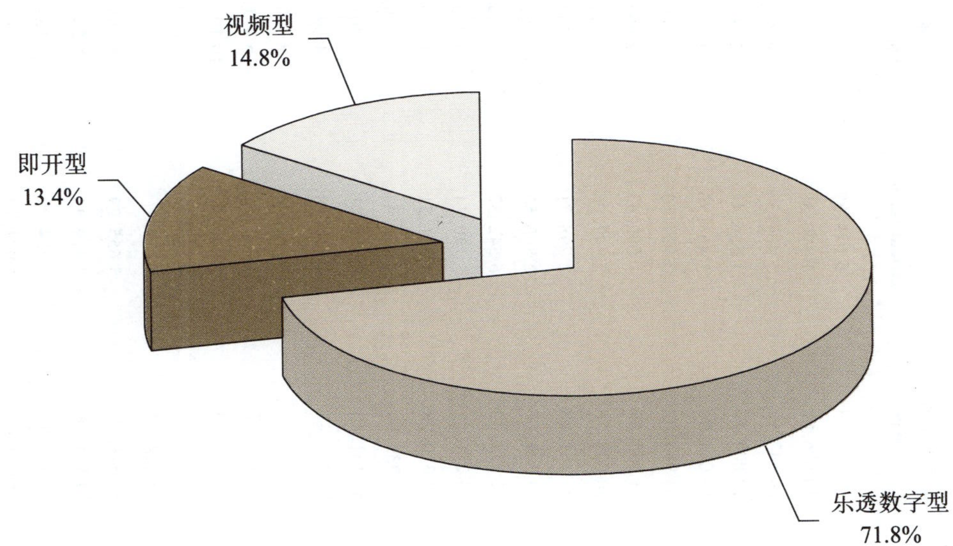

（中国福利彩票发行管理中心供稿）

2012 年全国福利彩票（分

Statistical Table of Welfare Lottery Sales in Different Regions

地区 Region	1月 Jan. 乐透数字型 Lotto Games	即开型 Instant Games	视频型 Online Instant Win	小计 Subtotal
北 京	30 101.54	5 674.89	—	35 776.43
天 津	10 596.08	1 190.38	1 929.20	13 715.66
河 北	26 547.92	5 439.30	4 343.53	36 330.75
山 西	12 008.11	1 584.44	2 307.65	15 900.20
内蒙古	14 054.96	3 453.76	1 989.22	19 497.94
辽 宁	33 983.03	3 927.53	7 400.65	45 311.21
吉 林	11 055.87	1 592.43	2 655.57	15 303.87
黑龙江	20 003.76	2 147.06	611.53	22 762.35
上 海	25 261.88	2 798.71	1 782.73	29 843.31
江 苏	63 109.67	12 895.55	11 161.00	87 166.22
浙 江	42 774.00	6 542.32	18 149.06	67 465.38
安 徽	20 251.56	2 140.14	7 329.00	29 720.70
福 建	17 310.28	5 801.51	4 235.26	27 347.05
江 西	17 739.96	1 575.49	2 189.47	21 504.92
山 东	53 161.43	13 808.41	13 501.75	80 471.59
河 南	24 813.47	7 650.88	4 799.02	37 263.37
湖 北	25 506.57	3 238.63	9 476.17	38 221.37
湖 南	24 735.57	5 913.33	6 981.73	37 630.62
广 东	82 842.10	14 957.47	10 107.70	107 907.27
广 西	16 036.57	4 143.47	4 690.13	24 870.17
海 南	9 658.10	—	587.90	10 246.00
重 庆	17 641.38	5 655.29	4 155.31	27 451.98
四 川	30 574.96	7 379.30	2 281.78	40 236.04
贵 州	10 381.89	554.20	169.73	11 105.82
云 南	25 084.44	4 973.12	2 352.15	32 409.71
西 藏	1 471.09	471.33		1 942.42
陕 西	23 577.79	3 077.76	3 995.93	30 651.48
甘 肃	9 615.38	890.85	3 668.18	14 174.41
青 海	3 102.20	291.79	601.86	3 995.85
宁 夏	4 597.67	576.10	955.37	6 129.14
新 疆	14 051.62	2 431.88	—	16 483.50
合 计 Total	**721 650.88**	**132 777.30**	**134 408.56**	**988 836.74**

地区分类型）销售情况表

and Different Lottery Games in China in 2012

单位：万元

Unit：Ten Thousand Yuan

2月 Feb.			
乐透数字型 Lotto Games	即开型 Instant Games	视频型 Online Instant Win	小计 Subtotal
34 680. 81	8 257. 71	—	42 938. 52
12 031. 41	1 653. 51	2 173. 64	15 858. 56
29 484. 74	7 300. 70	5 035. 11	41 820. 54
13 453. 22	2 899. 37	2 786. 56	19 139. 15
15 587. 35	3 485. 99	2 214. 05	21 287. 39
45 159. 61	5 646. 85	8 549. 52	59 355. 99
12 508. 06	2 575. 51	3 116. 15	18 199. 72
22 440. 69	3 192. 63	752. 03	26 385. 35
28 248. 70	3 126. 97	2 070. 36	33 446. 03
79 016. 82	13 068. 65	13 512. 34	105 597. 81
47 462. 35	10 488. 10	22 431. 17	80 381. 62
22 401. 73	2 598. 79	9 117. 76	34 118. 28
18 615. 51	5 779. 20	5 294. 63	29 689. 34
22 745. 31	950. 02	2 602. 06	26 297. 39
62 862. 14	18 281. 28	16 560. 52	97 703. 94
27 575. 01	9 557. 35	5 831. 72	42 964. 08
28 232. 39	3 913. 39	11 520. 44	43 666. 22
27 974. 23	5 254. 36	8 870. 78	42 099. 37
105 072. 65	22 954. 91	12 565. 59	140 593. 15
17 580. 63	5 174. 13	5 602. 52	28 357. 28
10 171. 54	400. 41	702. 09	11 274. 04
23 322. 07	4 334. 82	5 213. 01	32 869. 90
36 009. 16	9 562. 06	2 921. 34	48 492. 56
11 614. 43	1 061. 66	192. 50	12 868. 59
27 248. 23	3 627. 54	2 871. 79	33 747. 56
1 569. 44	497. 39	—	2 066. 83
27 432. 34	5 179. 86	4 619. 38	37 231. 58
10 841. 95	1 390. 30	4 176. 67	16 408. 91
3 483. 07	606. 79	670. 95	4 760. 81
4 898. 55	985. 32	1 054. 03	6 937. 90
16 625. 29	3 622. 19	—	20 247. 48
846 349. 38	**167 427. 77**	**163 028. 71**	**1 176 805. 86**

续表

地区 Region	3月 Mar. 乐透数字型 Lotto Games	即开型 Instant Games	视频型 Online Instant Win	小计 Subtotal
北　京	36 288.62	10 344.79	—	46 633.41
天　津	14 831.11	2 837.24	2 579.12	20 247.48
河　北	35 495.23	9 229.17	5 923.11	50 647.52
山　西	16 465.76	3 765.79	3 373.69	23 605.24
内蒙古	18 334.01	4 818.27	2 788.32	25 940.60
辽　宁	62 326.23	6 330.27	9 599.73	78 256.23
吉　林	14 707.76	3 716.95	3 663.83	22 088.54
黑龙江	27 996.78	4 599.20	982.27	33 578.25
上　海	26 836.83	4 220.89	2 401.33	33 459.05
江　苏	94 463.44	14 927.34	14 668.35	124 059.13
浙　江	54 211.11	11 811.37	24 492.32	90 514.80
安　徽	23 053.73	3 633.55	10 312.42	36 999.70
福　建	20 336.72	7 251.59	5 664.92	33 253.24
江　西	25 007.48	984.97	3 018.20	29 010.65
山　东	73 447.71	23 716.74	18 897.96	116 062.41
河　南	34 067.90	9 729.27	6 534.72	50 331.89
湖　北	33 185.53	5 195.00	12 884.39	51 264.92
湖　南	32 990.04	6 672.37	10 108.00	49 770.41
广　东	108 749.20	25 533.63	14 036.10	148 318.93
广　西	20 491.56	5 605.62	6 356.83	32 454.01
海　南	11 210.38	190.12	837.48	12 237.98
重　庆	26 304.01	4 606.45	5 807.85	36 718.31
四　川	42 422.28	10 757.51	3 413.77	56 593.56
贵　州	13 682.59	1 248.23	239.66	15 170.48
云　南	30 926.55	4 611.29	3 246.20	38 784.04
西　藏	2 149.69	700.14	—	2 849.83
陕　西	33 584.96	6 518.15	5 067.04	45 170.15
甘　肃	12 964.46	1 859.23	5 109.24	19 932.93
青　海	4 600.37	854.94	854.14	6 309.45
宁　夏	5 430.07	1 227.76	1 231.89	7 889.72
新　疆	20 171.22	5 368.84	—	25 540.06
合　计 Total	**976 733.34**	**202 866.68**	**184 092.89**	**1 363 692.92**

4月 Apr.			
乐透数字型 Lotto Games	即开型 Instant Games	视频型 Online Instant Win	小计 Subtotal
33 132.45	10 386.24	—	43 518.69
15 875.29	2 477.61	2 474.98	20 827.87
33 390.80	8 499.36	5 518.52	47 408.68
15 462.44	4 099.98	3 096.98	22 659.40
17 962.11	4 848.00	2 849.32	25 659.43
61 798.21	8 605.30	8 648.96	79 052.46
13 926.18	4 433.87	3 443.64	21 803.69
27 166.93	4 396.28	914.08	32 477.29
25 184.93	5 425.55	2 801.08	33 411.56
112 420.54	16 428.38	13 078.83	141 927.75
52 994.06	13 585.87	22 038.62	88 618.55
21 125.77	4 495.78	9 426.54	35 048.09
20 186.58	7 082.63	5 087.21	32 356.42
23 641.60	1 485.64	2 751.19	27 878.43
69 869.48	24 487.78	17 466.18	111 823.44
36 731.48	8 605.89	6 057.61	51 394.98
31 019.72	5 521.48	11 508.75	48 049.95
31 685.09	6 029.72	9 205.80	46 920.62
101 732.41	24 433.38	13 528.08	139 693.87
21 018.63	5 152.79	5 925.80	32 097.22
9 719.52	130.81	881.61	10 731.94
21 721.33	4 436.25	5 274.45	31 432.03
41 493.97	9 474.40	2 974.04	53 942.41
12 838.27	1 331.13	259.96	14 429.36
29 345.78	3 929.71	3 174.20	36 449.69
2 121.63	667.94	—	2 789.57
32 940.44	6 533.60	4 558.70	44 032.74
12 410.87	2 094.81	4 744.80	19 250.47
4 557.72	1 104.50	810.77	6 472.99
4 789.64	1 458.72	1 290.46	7 538.82
19 399.64	6 168.63	—	25 568.27
957 663.50	**207 812.02**	**169 791.16**	**1 335 266.68**

续表

地区 Region	5月 May			
	乐透数字型 Lotto Games	即开型 Instant Games	视频型 Online Instant Win	小计 Subtotal
北　京	36 917. 22	9 436. 24	—	46 353. 46
天　津	16 343. 20	2 414. 14	2 460. 09	21 217. 42
河　北	35 190. 34	7 457. 57	6 410. 47	49 058. 38
山　西	17 803. 81	3 675. 77	3 458. 99	24 938. 57
内蒙古	19 000. 55	4 150. 42	3 103. 33	26 254. 30
辽　宁	62 031. 41	7 728. 93	8 677. 80	78 438. 14
吉　林	14 172. 04	4 512. 78	3 670. 65	22 355. 47
黑龙江	27 956. 49	4 623. 07	1 109. 26	33 688. 82
上　海	29 072. 64	4 778. 75	2 599. 08	36 450. 47
江　苏	113 717. 04	13 358. 74	14 253. 62	141 329. 40
浙　江	59 411. 06	11 718. 50	23 821. 86	94 951. 42
安　徽	24 607. 01	4 105. 03	10 282. 12	38 994. 16
福　建	22 909. 58	5 572. 74	5 810. 95	34 293. 27
江　西	28 156. 57	1 245. 50	3 012. 63	32 414. 70
山　东	70 414. 88	20 250. 39	18 876. 86	109 542. 13
河　南	39 004. 41	7 056. 98	6 720. 86	52 782. 25
湖　北	33 918. 02	5 773. 49	12 416. 21	52 107. 72
湖　南	34 382. 72	6 657. 30	10 035. 05	51 075. 08
广　东	112 370. 33	20 505. 84	15 858. 37	148 734. 54
广　西	24 775. 78	4 161. 80	6 654. 75	35 592. 33
海　南	10 225. 50	63. 23	1 010. 89	11 299. 62
重　庆	24 945. 00	4 277. 97	5 615. 48	34 838. 45
四　川	45 946. 66	8 298. 63	3 293. 93	57 539. 22
贵　州	14 532. 49	1 517. 13	298. 45	16 348. 07
云　南	33 090. 46	2 963. 71	3 636. 62	39 690. 79
西　藏	2 270. 49	708. 80	—	2 979. 29
陕　西	34 772. 26	6 368. 19	4 839. 47	45 979. 92
甘　肃	13 509. 01	1 998. 95	5 266. 14	20 774. 10
青　海	4 975. 62	1 270. 79	862. 11	7 108. 52
宁　夏	5 262. 10	1 402. 65	1 367. 52	8 032. 27
新　疆	19 615. 90	6 531. 96	—	26 147. 86
合　计 Total	**1 031 300. 61**	**184 585. 99**	**185 423. 56**	**1 401 310. 15**

6月 June			
乐透数字型 Lotto Games	即开型 Instant Games	视频型 Online Instant Win	小计 Subtotal
33 645.69	8 242.91	—	41 888.60
14 855.39	1 908.36	2 399.67	19 163.42
30 685.99	6 318.59	6 563.95	43 568.53
16 049.67	3 091.11	3 254.01	22 394.79
16 900.53	3 919.61	2 872.99	23 693.13
55 476.13	5 447.34	8 312.47	69 235.94
12 546.11	3 467.00	3 507.11	19 520.22
24 798.94	3 171.56	1 020.35	28 990.85
25 381.28	3 523.25	2 653.42	31 557.96
83 138.76	12 811.09	14 472.21	110 422.06
52 224.25	9 782.41	23 843.89	85 850.55
22 109.95	5 394.19	10 484.32	37 988.46
19 901.05	5 456.45	5 805.53	31 163.03
26 043.61	1 514.80	3 018.78	30 577.19
62 993.14	16 911.28	19 056.79	98 961.21
33 552.21	5 560.23	6 936.01	46 048.45
29 740.52	5 555.46	12 041.94	47 337.92
30 703.56	4 582.11	9 317.17	44 602.84
104 881.26	20 595.27	15 584.44	141 060.96
22 159.62	4 064.02	6 409.73	32 633.37
9 862.88	131.76	1 109.80	11 104.44
23 367.21	2 661.11	5 502.69	31 531.01
39 793.60	7 358.34	3 416.52	50 568.46
13 716.11	1 389.10	284.65	15 389.86
31 591.38	3 355.19	3 892.72	38 839.29
2 082.55	628.41	—	2 710.96
30 654.70	5 788.08	4 738.74	41 181.52
12 093.69	1 941.00	5 051.24	19 085.93
4 506.79	1 094.98	720.64	6 322.41
5 003.16	1 281.94	1 335.52	7 620.62
17 415.65	5 288.59	—	22 704.25
907 875.36	**162 235.55**	**183 607.30**	**1 253 718.20**

续表

地区 Region	7月 July			
	乐透数字型 Lotto Games	即开型 Instant Games	视频型 Online Instant Win	小计 Subtotal
北　京	34 636.87	7 655.58	—	42 292.45
天　津	15 645.10	1 800.44	2 622.64	20 068.17
河　北	31 033.51	5 925.41	6 973.97	43 932.90
山　西	15 022.25	2 696.13	3 384.25	21 102.63
内蒙古	16 792.39	3 316.37	2 851.91	22 960.67
辽　宁	53 143.27	4 857.64	8 339.83	66 340.75
吉　林	12 391.99	3 548.25	3 719.11	19 659.35
黑龙江	25 525.77	2 624.88	917.81	29 068.46
上　海	25 240.96	2 829.85	3 269.36	31 340.17
江　苏	74 527.67	10 261.12	14 839.35	99 628.14
浙　江	52 163.32	7 190.81	25 261.93	84 616.06
安　徽	22 857.43	2 201.33	11 203.65	36 262.41
福　建	20 458.42	4 157.37	6 222.68	30 838.47
江　西	26 753.47	625.39	3 080.59	30 459.45
山　东	64 633.26	14 893.59	19 800.17	99 327.01
河　南	32 251.62	5 006.13	7 128.24	44 385.99
湖　北	29 959.08	4 040.14	12 144.15	46 143.37
湖　南	29 820.64	3 882.94	9 681.30	43 384.89
广　东	108 877.22	20 015.34	16 436.75	145 329.31
广　西	22 041.11	3 387.29	6 651.58	32 079.98
海　南	10 619.79	67.91	1 218.94	11 906.64
重　庆	21 686.81	2 657.23	5 551.21	29 895.25
四　川	39 162.39	7 248.65	3 659.46	50 070.50
贵　州	13 700.72	1 226.38	320.78	15 247.88
云　南	33 069.75	2 979.79	4 124.20	40 173.74
西　藏	2 110.54	626.55	—	2 737.09
陕　西	30 732.75	4 705.09	4 978.28	40 416.11
甘　肃	11 988.63	1 724.83	5 462.90	19 176.36
青　海	4 778.92	1 075.98	900.79	6 755.69
宁　夏	5 472.61	1 189.15	1 306.76	7 968.52
新　疆	17 696.28	5 315.61	—	23 011.88
合　计 Total	**904 794.54**	**139 733.16**	**192 052.58**	**1 236 580.29**

8月 Aug.			
乐透数字型 Lotto Games	即开型 Instant Games	视频型 Online Instant Win	小计 Subtotal
32 615. 09	7 105. 10	—	39 720. 19
14 421. 55	1 712. 78	2 809. 34	18 943. 67
29 068. 35	5 065. 95	7 042. 49	41 176. 80
14 078. 86	2 510. 26	3 403. 24	19 992. 36
15 869. 16	2 900. 29	3 082. 09	21 851. 54
47 845. 50	4 340. 30	8 146. 63	60 332. 43
11 658. 12	3 110. 60	3 871. 35	18 640. 07
25 805. 88	2 869. 80	957. 77	29 633. 45
22 753. 99	2 544. 45	3 126. 09	28 424. 53
66 514. 93	10 949. 29	14 816. 11	92 280. 33
48 963. 91	6 392. 69	25 884. 92	81 241. 52
20 860. 44	2 097. 87	11 078. 02	34 036. 33
18 914. 60	4 455. 98	6 289. 45	29 660. 02
23 995. 86	713. 28	3 018. 13	27 727. 27
61 946. 01	13 853. 02	19 611. 63	95 410. 66
31 396. 38	4 796. 46	7 037. 31	43 230. 15
28 439. 25	2 470. 81	12 446. 16	43 356. 22
28 033. 44	3 576. 08	10 022. 07	41 631. 59
101 745. 19	19 682. 33	16 992. 35	138 419. 88
20 679. 44	3 295. 86	6 574. 11	30 549. 41
10 962. 53	187. 44	1 312. 51	12 462. 48
19 799. 92	1 881. 98	5 686. 37	27 368. 27
35 319. 00	5 960. 98	3 553. 54	44 833. 52
12 557. 94	1 121. 34	271. 39	13 950. 67
30 529. 31	2 906. 99	4 088. 93	37 525. 23
1 951. 86	555. 75	—	2 507. 61
28 057. 81	4 372. 96	5 015. 33	37 446. 10
11 661. 13	1 616. 54	5 649. 66	18 927. 33
4 458. 19	1 037. 65	1 002. 71	6 498. 55
5 000. 12	1 120. 79	1 308. 89	7 429. 80
17 484. 21	4 962. 98	—	22 447. 19
843 387. 97	**130 168. 59**	**194 098. 60**	**1 167 655. 16**

续表

地区 Region	9月 Sept.			
	乐透数字型 Lotto Games	即开型 Instant Games	视频型 Online Instant Win	小计 Subtotal
北　京	32 033.75	7 249.62	—	39 283.37
天　津	13 955.40	1 855.73	2 682.71	18 493.84
河　北	28 753.66	5 458.75	6 857.25	41 069.66
山　西	13 759.85	2 517.67	3 506.69	19 784.21
内蒙古	15 965.94	3 138.47	3 310.78	22 415.19
辽　宁	47 351.11	5 273.14	8 154.50	60 778.76
吉　林	11 389.65	2 942.61	3 788.34	18 120.60
黑龙江	25 592.08	2 861.04	1 327.27	29 780.39
上　海	23 087.20	3 289.95	3 033.36	29 410.51
江　苏	66 905.86	11 854.47	15 025.91	93 786.24
浙　江	48 298.66	8 420.54	25 580.04	82 299.24
安　徽	20 908.85	2 552.99	11 205.95	34 667.79
福　建	18 251.66	4 706.40	6 238.05	29 196.11
江　西	24 428.42	1 270.90	3 269.37	28 968.69
山　东	62 140.22	14 137.15	19 421.81	95 699.18
河　南	31 122.90	5 450.91	7 543.82	44 117.63
湖　北	27 783.94	4 590.12	12 640.75	45 014.81
湖　南	27 085.45	4 129.07	10 429.46	41 643.98
广　东	102 049.43	21 826.69	17 012.17	140 888.29
广　西	20 370.91	3 679.61	6 542.81	30 593.33
海　南	10 413.86	139.59	1 328.69	11 882.14
重　庆	20 516.93	1 951.35	5 774.23	28 242.51
四　川	36 210.32	6 691.99	3 939.90	46 842.21
贵　州	12 535.01	1 126.33	335.81	13 997.15
云　南	29 978.51	3 231.09	4 136.77	37 346.37
西　藏	1 958.67	566.13	—	2 524.80
陕　西	29 962.19	4 863.52	4 981.31	39 807.02
甘　肃	12 072.85	1 790.78	5 838.91	19 702.53
青　海	4 638.09	972.89	1 088.05	6 699.03
宁　夏	5 944.22	1 068.66	1 435.04	8 447.92
新　疆	17 654.60	4 621.79	—	22 276.39
合　计 Total	**843 120.21**	**144 229.94**	**196 429.75**	**1 183 779.90**

10月 Oct.			
乐透数字型 Lotto Games	即开型 Instant Games	视频型 Online Instant Win	小计 Subtotal
34 578.99	7 780.70	—	42 359.69
14 269.69	1 769.78	2 795.31	18 834.78
29 100.04	5 952.20	6 996.02	42 048.25
13 584.85	2 319.49	4 015.25	19 919.59
15 792.17	3 048.85	3 696.89	22 537.91
47 916.90	4 394.81	9 148.09	61 459.79
10 210.64	2 679.75	3 992.86	16 883.25
24 485.46	2 462.93	1 282.23	28 230.62
23 153.56	2 920.66	2 948.23	29 022.45
72 989.89	11 422.42	15 750.12	100 162.43
46 282.78	7 835.19	25 905.54	80 023.51
20 796.21	4 310.70	11 495.98	36 602.89
17 703.22	4 882.45	6 135.39	28 721.06
25 669.21	1 627.95	3 474.95	30 772.11
65 440.89	15 015.31	20 415.32	100 871.52
30 275.90	5 459.98	7 838.10	43 573.98
32 177.13	3 465.64	12 582.05	48 224.81
27 012.72	3 866.09	11 062.63	41 941.44
102 847.26	20 496.61	17 602.00	140 945.87
20 635.57	3 539.09	6 782.50	30 957.16
11 532.97	200.36	1 245.79	12 979.12
20 650.38	3 369.85	5 863.22	29 883.45
36 102.16	6 611.98	4 105.05	46 819.19
12 158.20	1 402.51	388.97	13 949.68
29 514.91	2 539.02	4 213.50	36 267.43
1 880.36	524.61	—	2 404.97
30 144.20	4 950.01	5 389.15	40 483.36
11 375.76	1 453.34	5 898.64	18 727.75
4 565.66	869.63	1 043.32	6 478.61
5 160.00	1 028.55	1 583.41	7 771.96
18 194.38	4 262.56	—	22 456.94
856 202.04	**142 463.02**	**203 650.50**	**1 202 315.56**

续表

地区 Region	11月 Nov.				12月	
	乐透数字型 Lotto Games	即开型 Instant Games	视频型 Online Instant Win	小计 Subtotal	乐透数字型 Lotto Games	即开型 Instant Games
北　京	32 689. 56	7 658. 03	—	40 347. 59	36 218. 29	9 986. 70
天　津	15 351. 83	1 868. 52	2 673. 96	19 894. 31	15 481. 53	2 197. 56
河　北	30 185. 73	6 201. 74	7 389. 23	43 776. 70	52 612. 05	5 504. 96
山　西	14 916. 09	2 722. 70	4 214. 85	21 853. 64	16 288. 08	3 000. 63
内蒙古	16 243. 01	3 349. 55	3 776. 09	23 368. 65	18 336. 00	3 630. 11
辽　宁	50 132. 54	7 251. 85	9 536. 51	66 920. 90	53 139. 44	9 580. 87
吉　林	23 293. 13	2 447. 68	3 964. 82	29 705. 63	27 181. 33	2 943. 84
黑龙江	26 028. 62	2 758. 49	1 177. 18	29 964. 29	28 741. 51	3 705. 64
上　海	22 817. 54	3 557. 00	2 976. 92	29 351. 46	22 755. 21	12 310. 68
江　苏	78 951. 63	11 297. 49	16 073. 10	106 322. 22	103 394. 34	16 231. 21
浙　江	46 272. 77	8 551. 80	27 451. 18	82 275. 75	62 218. 09	13 312. 50
安　徽	21 278. 57	6 175. 51	12 126. 05	39 580. 13	21 136. 79	7 672. 97
福　建	17 957. 28	4 966. 38	6 080. 56	29 004. 22	18 101. 38	11 657. 15
江　西	27 287. 48	2 291. 07	3 658. 87	33 237. 42	26 326. 12	3 225. 39
山　东	66 526. 76	14 229. 59	20 767. 22	101 523. 57	70 121. 11	23 948. 06
河　南	30 901. 13	8 584. 81	7 810. 48	47 296. 42	40 857. 67	16 628. 09
湖　北	51 935. 52	3 468. 09	13 087. 76	68 491. 38	57 338. 23	4 083. 68
湖　南	27 371. 76	4 075. 85	11 712. 73	43 160. 34	27 402. 20	5 635. 13
广　东	103 916. 76	21 612. 01	17 340. 23	142 869. 00	109 639. 03	32 614. 11
广　西	21 344. 05	4 183. 08	6 818. 52	32 345. 65	22 702. 27	11 812. 73
海　南	11 948. 02	270. 34	1 315. 87	13 534. 23	11 361. 35	716. 29
重　庆	21 592. 57	5 231. 42	6 000. 12	32 824. 11	24 678. 11	7 374. 29
四　川	36 948. 91	6 993. 04	4 315. 18	48 257. 13	37 952. 32	8 034. 98
贵　州	14 880. 18	1 314. 71	363. 11	16 558. 00	16 731. 36	5 139. 25
云　南	30 476. 39	3 132. 88	4 382. 33	37 991. 60	30 642. 19	4 114. 31
西　藏	1 942. 93	671. 49	—	2 614. 42	1 841. 05	783. 42
陕　西	32 878. 05	6 245. 25	5 873. 47	44 996. 76	37 618. 46	11 519. 56
甘　肃	12 038. 67	1 891. 24	6 519. 10	20 449. 01	12 638. 27	2 681. 48
青　海	4 758. 40	826. 26	980. 58	6 565. 24	5 032. 90	763. 31
宁　夏	4 693. 95	1 001. 88	1 668. 48	7 364. 31	4 848. 13	1 197. 62
新　疆	19 900. 15	4 502. 98	—	24 403. 13	20 718. 22	4 662. 76
合　计 Total	**917 459. 97**	**159 332. 73**	**210 054. 49**	**1 286 847. 20**	**1 034 053. 01**	**246 669. 28**

Dec.		合计 Total			
视频型 Online Instant Win	小计 Subtotal	乐透数字型 Lotto Games	即开型 Instant Games	视频型 Online Instant Win	小计 Subtotal
—	46 204. 99	407 538. 88	99 778. 51	—	507 317. 39
3 056. 58	20 735. 67	173 657. 58	23 686. 05	30 657. 23	228 000. 86
7 431. 11	65 548. 12	391 548. 38	78 353. 70	76 484. 75	546 386. 83
4 227. 53	23 516. 24	178 893. 00	34 883. 34	41 029. 69	254 806. 03
3 691. 63	25 657. 74	200 838. 18	44 059. 67	36 226. 65	281 124. 50
9 844. 32	72 564. 63	620 303. 40	73 384. 82	104 359. 01	798 047. 23
3 951. 55	34 076. 72	175 040. 88	37 971. 26	43 344. 99	256 357. 13
1 199. 06	33 646. 21	306 542. 93	39 412. 58	12 250. 85	358 206. 36
3 242. 43	38 308. 32	299 794. 73	51 326. 71	32 904. 38	384 025. 82
17 759. 46	137 385. 01	1 009 150. 58	155 505. 75	175 410. 41	1 340 066. 74
30 198. 92	105 729. 51	613 276. 37	115 632. 10	295 059. 46	1 023 967. 93
13 729. 63	42 539. 39	261 388. 04	47 378. 86	127 791. 45	436 558. 35
6 703. 53	36 462. 06	230 646. 27	71 769. 84	69 568. 15	371 984. 26
3 984. 06	33 535. 57	297 795. 08	17 510. 40	37 078. 30	352 383. 78
22 171. 97	116 241. 14	783 557. 02	213 532. 60	226 548. 18	1 223 637. 80
8 016. 00	65 501. 76	392 550. 06	94 086. 97	82 253. 90	568 890. 93
14 489. 27	75 911. 18	409 235. 90	51 315. 92	147 238. 03	607 789. 85
12 290. 70	45 328. 03	349 197. 41	60 274. 37	119 717. 43	529 189. 21
18 536. 97	160 790. 11	1 244 722. 85	265 227. 58	185 600. 75	1 695 551. 18
7 724. 66	42 239. 66	249 836. 14	58 199. 49	76 733. 94	384 769. 57
1 515. 16	13 592. 80	127 686. 45	2 498. 27	13 066. 72	143 251. 44
6 433. 28	38 485. 68	266 225. 70	48 438. 01	66 877. 22	381 540. 93
4 966. 11	50 953. 41	457 935. 73	94 371. 86	42 840. 63	595 148. 22
500. 30	22 370. 91	159 329. 19	18 431. 97	3 625. 31	181 386. 47
4 777. 77	39 534. 27	361 497. 90	42 364. 63	44 897. 18	448 759. 71
—	2 624. 47	23 350. 30	7 401. 95	—	30 752. 25
6 319. 98	55 458. 00	372 355. 94	70 122. 04	60 376. 77	502 854. 75
6 106. 91	21 426. 66	143 210. 67	21 333. 34	63 492. 39	228 036. 40
1 198. 90	6 995. 11	53 457. 93	10 769. 51	10 734. 82	74 962. 26
1 624. 35	7 670. 10	61 100. 22	13 539. 14	16 161. 73	90 801. 09
—	25 380. 98	218 927. 15	57 740. 76	—	276 667. 92
225 692. 14	**1 506 414. 43**	**10 840 590. 86**	**2 020 302. 00**	**2 242 330. 32**	**15 103 223. 19**

（中国福利彩票发行管理中心供稿）

2012 年全国体育彩票销售情况图

Diagram of Sales of Sports Lottery in China in 2012

单位：万元

Unit：Ten Thousand Yuan

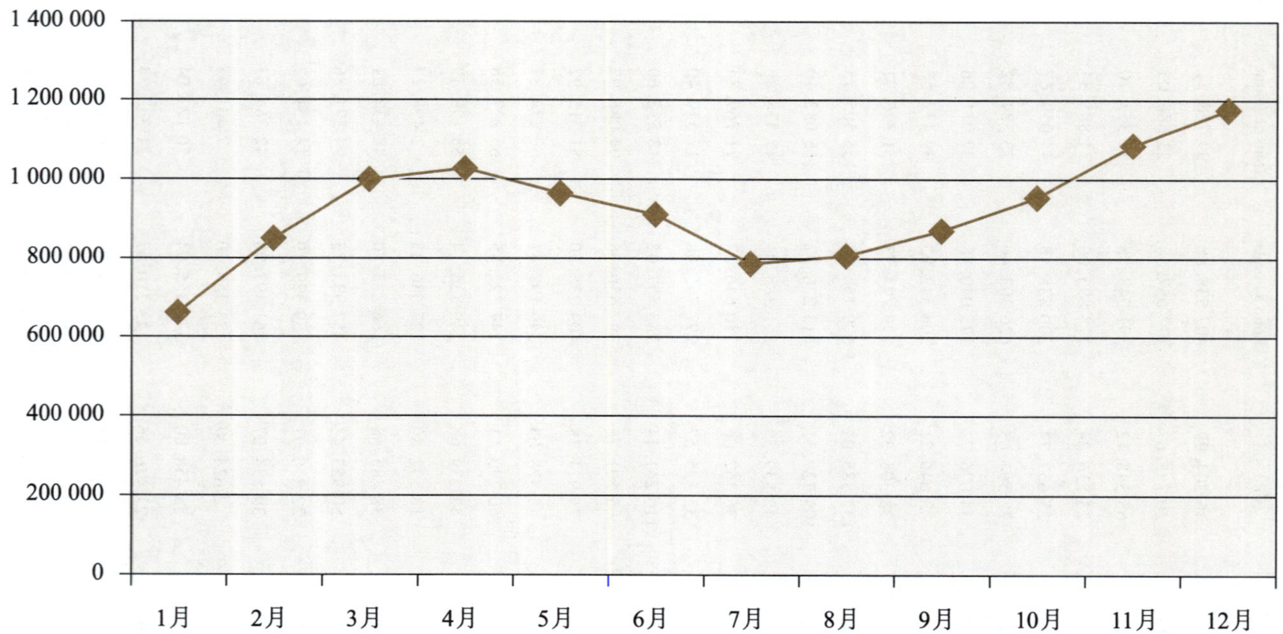

（国家体育总局体育彩票管理中心供稿）

2012 年全国体育彩票各地区销售量排名表

Ranking of Sales of Sports Lottery in Different Regions in China in 2012

单位：万元

Unit：Ten Thousand Yuan

名 次 Ranking	地 区 Region	销售量（万元） Sales Amounts
1	江 苏	1 618 342.05
2	山 东	1 059 789.89
3	广 东	1 027 652.68
4	浙 江	733 287.17
5	辽 宁	522 949.55
6	福 建	521 898.31
7	河 南	516 324.86
8	云 南	416 285.02
9	北 京	382 995.85
10	黑龙江	382 962.65
11	四 川	379 817.24
12	江 西	360 873.65
13	湖 南	320 758.92
14	河 北	306 002.67
15	天 津	301 341.31
16	湖 北	263 200.34
17	上 海	262 909.83
18	安 徽	236 034.10
19	吉 林	234 394.23
20	陕 西	181 355.83
21	内蒙古	161 954.99
22	重 庆	150 383.16
23	贵 州	133 673.24
24	新 疆	131 695.09
25	甘 肃	115 082.90
26	山 西	101 566.48
27	广 西	76 329.47
28	海 南	47 084.47
29	宁 夏	41 948.84
30	青 海	33 713.37
31	西 藏	26 587.77
合计 Total		**11 049 195.92**

（国家体育总局体育彩票管理中心供稿）

2012 年全国体育彩票各地区销售额比重图

Diagram of Sales Proportion of Sports Lottery in Different Regions in China in 2012

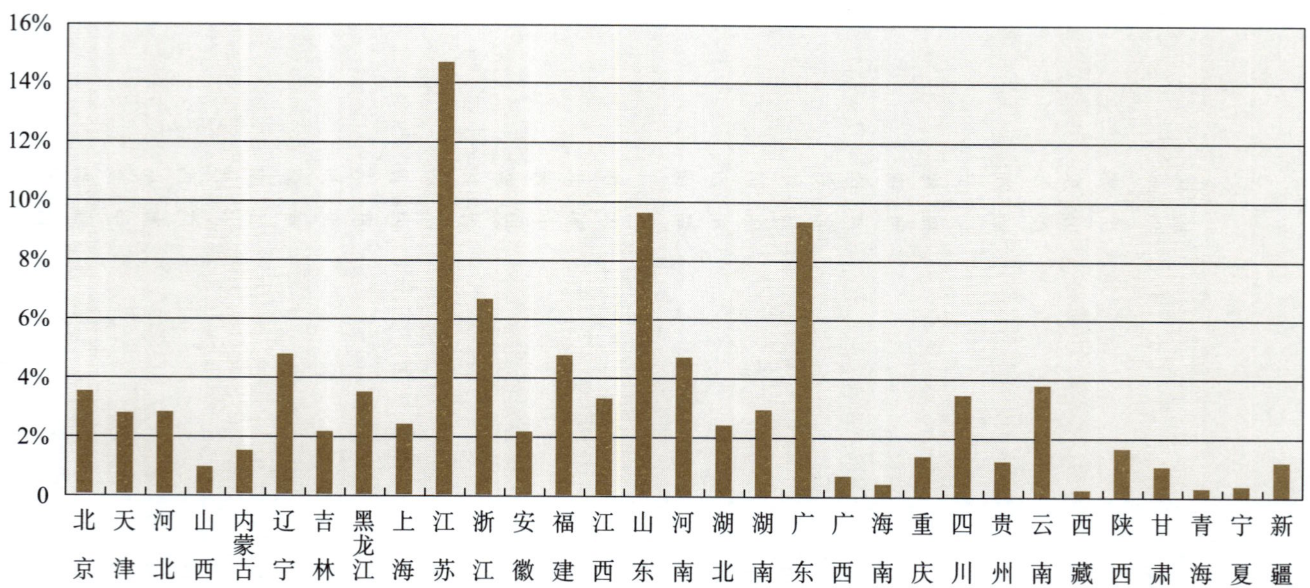

（国家体育总局体育彩票管理中心供稿）

2012 年全国体育彩票分类型销售情况图

Diagram of Sports Lottery Sales in Different Lottery Games in China in 2012

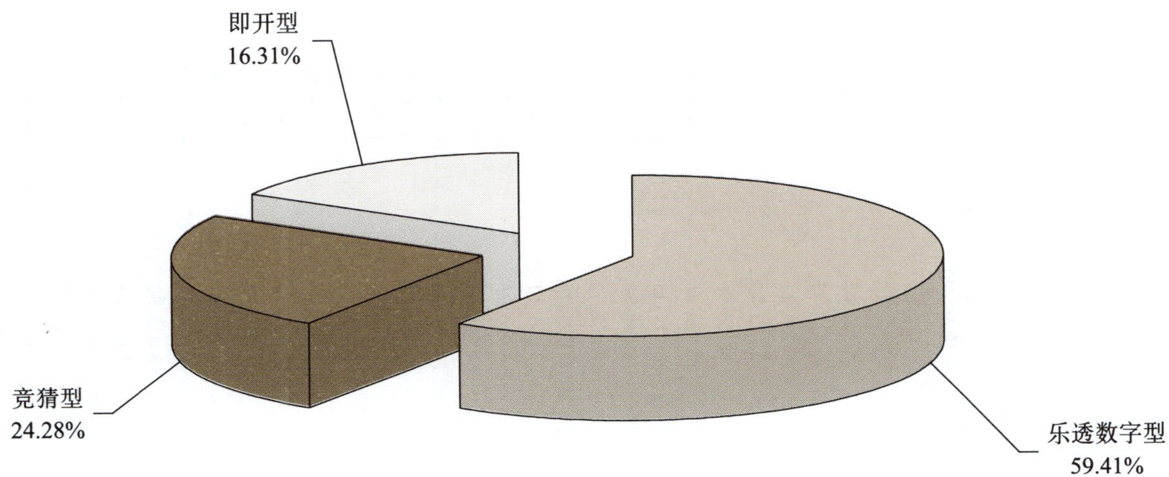

（国家体育总局体育彩票管理中心供稿）

2012 年全国体育彩票（分地区分类型）销售情况表

Statistical Table of Sports Lottery Sales in Different Regions and Different Lottery Games in China in 2012

单位：万元

Unit：Ten Thousand Yuan

地 区 Region	1月 Jan. 乐透数字型 Lotto Games	竞猜型 Sports Betting	即开型 Instant Games	小 计 Subtotal
北 京	5 367.82	11 470.84	4 960.49	21 799.14
天 津	6 815.13	15 328.35	1 110.72	23 254.20
河 北	9 722.61	1 351.13	7 864.86	18 938.60
山 西	2 612.75	1 389.64	1 644.33	5 646.72
内蒙古	4 526.96	541.07	4 467.60	9 535.63
辽 宁	22 860.46	4 471.95	3 433.70	30 766.10
吉 林	6 911.18	1 493.21	2 877.24	11 281.64
黑龙江	18 648.88	2 524.36	3 804.32	24 977.55
上 海	5 662.72	5 729.62	1 408.74	12 801.08
江 苏	75 295.16	12 362.25	9 681.44	97 338.84
浙 江	23 255.61	6 045.07	6 505.50	35 806.18
安 徽	6 729.25	6 577.13	1 254.72	14 561.10
福 建	24 328.33	2 178.01	6 285.68	32 792.02
江 西	12 468.66	10 085.05	606.11	23 159.81
山 东	48 067.62	10 520.22	9 116.06	67 703.90
河 南	23 468.50	1 987.49	6 549.74	32 005.73
湖 北	8 613.51	2 955.78	684.96	12 254.25
湖 南	11 394.65	4 125.98	1 157.52	16 678.16
广 东	27 627.11	22 939.62	8 528.01	59 094.74
广 西	1 257.93	2 633.72	2 051.73	5 943.38
海 南	2 133.41	266.48	310.44	2 710.34
重 庆	4 028.10	4 163.36	2 222.70	10 414.17
四 川	13 813.30	3 106.49	8 423.12	25 342.91
贵 州	4 430.94	1 020.70	667.71	6 119.35
云 南	15 923.01	2 145.59	9 037.85	27 106.45
西 藏	385.05	84.90	1 319.12	1 789.07
陕 西	4 909.06	1 555.26	3 053.49	9 517.81
甘 肃	2 807.27	529.09	2 750.33	6 086.69
青 海	786.19	104.41	340.20	1 230.80
宁 夏	1 833.48	170.91	380.22	2 384.61
新 疆	3 482.47	2 685.70	1 412.78	7 580.95
合 计 Total	**400 167.14**	**142 543.36**	**113 911.37**	**656 621.86**

续表

地 区 Region	2月 Feb. 乐透数字型 Lotto Games	竞猜型 Sports Betting	即开型 Instant Games	小 计 Subtotal
北 京	6 778.65	14 587.48	7 140.35	28 506.47
天 津	8 338.07	22 417.24	1 373.70	32 129.00
河 北	11 770.51	1 830.84	7 790.46	21 391.82
山 西	3 172.33	1 989.77	2 198.15	7 360.25
内蒙古	5 479.97	676.65	5 364.72	11 521.34
辽 宁	26 969.94	6 187.43	4 665.98	37 823.34
吉 林	8 546.16	2 288.71	3 655.67	14 490.53
黑龙江	23 661.70	3 877.16	5 056.10	32 594.96
上 海	7 336.44	8 989.17	2 693.63	19 019.24
江 苏	102 049.27	18 468.54	15 399.92	135 917.72
浙 江	28 306.42	7 944.09	8 921.48	45 171.98
安 徽	8 278.46	9 135.40	3 176.31	20 590.18
福 建	29 191.18	2 949.34	7 861.89	40 002.40
江 西	16 167.99	10 897.07	844.43	27 909.49
山 东	57 624.73	13 683.42	11 595.48	82 903.63
河 南	28 498.40	2 728.14	7 936.58	39 163.11
湖 北	10 833.47	4 047.39	1 065.65	15 946.51
湖 南	15 440.90	5 376.13	1 923.90	22 740.94
广 东	34 623.50	31 626.40	14 646.35	80 896.24
广 西	1 598.29	3 453.96	771.78	5 824.04
海 南	2 709.69	365.59	517.17	3 592.45
重 庆	5 294.24	5 700.85	2 262.23	13 257.31
四 川	17 644.52	4 409.70	8 474.18	30 528.39
贵 州	5 679.46	1 360.71	1 659.27	8 699.44
云 南	19 846.68	3 078.18	8 845.89	31 770.75
西 藏	489.23	68.53	1 339.08	1 896.84
陕 西	6 210.87	2 126.01	4 688.04	13 024.92
甘 肃	3 362.14	975.43	2 297.22	6 634.79
青 海	903.77	122.00	412.53	1 438.29
宁 夏	2 309.27	284.70	610.29	3 204.26
新 疆	4 138.68	2 886.87	1 878.98	8 904.53
合 计 Total	**503 254.94**	**194 532.89**	**147 067.34**	**844 855.17**

续表

地　区 Region	3月 Mar. 乐透数字型 Lotto Games	竞猜型 Sports Betting	即开型 Instant Games	小　计 Subtotal
北　京	7 627.88	10 914.25	10 119.68	28 661.80
天　津	7 160.54	15 886.39	1 741.26	24 788.18
河　北	13 891.80	3 019.97	9 821.37	26 733.14
山　西	3 956.43	2 111.46	3 108.80	9 176.69
内蒙古	6 990.99	1 241.41	7 145.61	15 378.02
辽　宁	44 429.69	9 596.47	5 362.22	59 388.37
吉　林	10 375.47	4 067.92	4 295.28	18 738.67
黑龙江	29 865.59	3 029.83	6 900.08	39 795.50
上　海	7 205.11	9 706.48	3 761.73	20 673.33
江　苏	113 960.61	32 624.10	19 493.97	166 078.68
浙　江	32 057.17	13 466.59	10 533.39	56 057.15
安　徽	9 527.69	4 033.97	4 288.79	17 850.44
福　建	32 826.15	4 856.63	8 472.18	46 154.96
江　西	10 357.25	19 574.51	950.49	30 882.25
山　东	57 741.28	14 345.48	16 658.43	88 745.20
河　南	36 305.05	4 323.75	9 528.69	50 157.49
湖　北	12 506.45	5 973.57	2 417.64	20 897.66
湖　南	16 679.05	6 916.23	1 860.90	25 456.18
广　东	37 154.54	37 247.12	20 350.73	94 752.38
广　西	1 769.76	4 995.06	860.63	7 625.45
海　南	2 596.82	1 381.84	348.75	4 327.41
重　庆	4 705.28	4 289.44	2 052.18	11 046.89
四　川	21 931.34	7 488.98	8 491.44	37 911.76
贵　州	7 245.45	2 221.22	2 630.84	12 097.51
云　南	23 166.15	4 792.35	9 071.39	37 029.89
西　藏	627.94	130.42	1 494.53	2 252.89
陕　西	7 246.91	3 525.32	5 436.15	16 208.37
甘　肃	4 203.25	1 977.50	3 375.48	9 556.23
青　海	1 204.02	287.42	617.61	2 109.05
宁　夏	2 817.96	416.54	818.84	4 053.33
新　疆	4 948.69	1 820.02	2 881.10	9 649.81
合　计 Total	**573 082.33**	**236 262.24**	**184 890.12**	**994 234.69**

续表

地区 Region	4月 Apr. 乐透数字型 Lotto Games	竞猜型 Sports Betting	即开型 Instant Games	小计 Subtotal
北京	7 195.93	8 642.87	10 553.76	26 392.56
天津	7 053.01	18 193.48	1 917.96	27 164.45
河北	13 363.68	3 328.55	10 199.24	26 891.46
山西	3 616.87	2 376.93	2 413.25	8 407.04
内蒙古	7 047.45	1 519.98	6 834.96	15 402.38
辽宁	42 710.84	11 191.45	5 258.49	59 160.78
吉林	9 823.67	4 325.10	5 462.37	19 611.14
黑龙江	31 336.00	3 300.38	4 661.73	39 298.11
上海	6 915.23	11 194.55	4 124.25	22 234.03
江苏	103 814.44	43 733.34	21 486.74	169 034.52
浙江	31 031.96	16 134.22	11 778.24	58 944.42
安徽	8 787.66	4 286.05	3 392.10	16 465.81
福建	31 240.76	6 887.19	8 360.13	46 488.08
江西	10 037.26	25 659.63	1 176.81	36 873.70
山东	57 242.82	18 951.57	16 438.71	92 633.10
河南	34 121.58	5 472.51	8 351.04	47 945.13
湖北	11 442.99	6 365.63	1 127.03	18 935.65
湖南	16 265.75	10 206.80	1 937.51	28 410.06
广东	37 291.32	43 265.92	17 086.97	97 644.21
广西	1 700.65	5 660.20	811.82	8 172.67
海南	2 497.35	1 454.00	277.38	4 228.73
重庆	4 629.27	4 262.34	2 504.88	11 396.49
四川	23 995.87	7 921.95	7 559.55	39 477.37
贵州	6 722.69	2 585.58	2 269.88	11 578.14
云南	22 322.64	6 234.86	8 146.46	36 703.95
西藏	634.99	163.43	1 763.12	2 561.53
陕西	8 801.46	4 162.58	5 088.51	18 052.55
甘肃	4 272.35	6 219.44	3 249.12	13 740.91
青海	1 227.91	1 017.59	1 160.76	3 406.25
宁夏	2 509.92	468.90	1 015.28	3 994.10
新疆	4 574.42	2 397.10	4 070.03	11 041.55
合计 Total	**554 228.77**	**287 584.10**	**180 478.02**	**1 022 290.89**

续表

地 区 Region	5月 May 乐透数字型 Lotto Games	竞猜型 Sports Betting	即开型 Instant Games	小 计 Subtotal
北 京	7 111.34	7 616.18	9 624.03	24 351.56
天 津	6 662.25	18 012.38	1 368.06	26 042.69
河 北	12 828.91	2 551.12	10 490.72	25 870.74
山 西	3 472.01	2 088.48	2 937.42	8 497.91
内蒙古	6 515.22	1 337.59	6 849.06	14 701.87
辽 宁	38 140.95	8 606.87	5 465.75	52 213.57
吉 林	9 143.74	4 149.09	5 771.21	19 064.03
黑龙江	28 253.10	2 700.64	5 467.77	36 421.51
上 海	7 218.95	9 007.48	4 230.05	20 456.47
江 苏	95 929.89	29 610.42	17 825.45	143 365.75
浙 江	30 892.89	12 853.45	11 035.40	54 781.73
安 徽	8 857.47	4 188.80	4 217.39	17 263.66
福 建	31 025.46	6 013.23	7 510.67	44 549.35
江 西	10 998.17	25 074.86	1 172.06	37 245.08
山 东	59 159.51	17 976.81	17 031.30	94 167.62
河 南	32 338.01	4 122.06	7 097.70	43 557.76
湖 北	11 458.46	5 282.75	1 217.27	17 958.48
湖 南	16 689.56	8 380.35	1 812.71	26 882.62
广 东	42 401.73	33 092.20	16 463.96	91 957.88
广 西	1 687.07	4 415.45	591.66	6 694.18
海 南	2 523.73	599.32	256.98	3 380.03
重 庆	5 404.00	3 562.81	2 057.42	11 024.23
四 川	24 195.69	6 710.04	6 486.32	37 392.05
贵 州	6 588.14	2 199.20	2 363.55	11 150.88
云 南	23 544.79	5 068.69	7 785.24	36 398.72
西 藏	701.36	135.55	1 606.20	2 443.11
陕 西	8 991.73	3 244.83	4 309.86	16 546.42
甘 肃	4 101.47	8 448.10	3 394.44	15 944.02
青 海	1 212.79	709.01	1 173.57	3 095.37
宁 夏	2 394.62	344.07	1 171.41	3 910.11
新 疆	4 616.38	3 564.51	4 772.94	12 953.83
合 计 Total	**545 059.37**	**241 666.34**	**173 557.50**	**960 283.20**

续表

地区 Region	6月 June			
	乐透数字型 Lotto Games	竞猜型 Sports Betting	即开型 Instant Games	小计 Subtotal
北京	7 140.45	17 016.37	12 051.60	36 208.43
天津	6 525.07	16 387.52	1 214.64	24 127.23
河北	12 496.68	2 097.86	7 457.94	22 052.48
山西	3 375.30	1 590.57	4 410.54	9 376.41
内蒙古	6 159.56	1 166.82	6 340.98	13 667.36
辽宁	32 451.82	8 259.69	4 591.82	45 303.32
吉林	9 029.71	3 356.80	5 390.90	17 777.41
黑龙江	25 903.69	2 343.37	4 475.58	32 722.64
上海	7 298.38	9 432.64	4 090.61	20 821.63
江苏	89 150.41	28 115.09	16 059.38	133 324.87
浙江	30 798.89	12 679.38	8 958.74	52 437.01
安徽	8 580.88	7 530.72	2 918.03	19 029.63
福建	31 206.46	4 197.94	6 767.21	42 171.60
江西	10 883.91	19 839.73	902.64	31 626.28
山东	55 932.90	16 437.02	14 846.54	87 216.45
河南	29 615.18	4 096.45	5 762.30	39 473.92
湖北	11 090.43	4 862.96	871.43	16 824.81
湖南	15 100.61	7 828.60	1 304.78	24 233.99
广东	43 032.40	23 212.22	13 626.23	79 870.84
广西	1 725.19	3 971.26	612.27	6 308.72
海南	2 786.56	1 020.56	273.51	4 080.64
重庆	5 291.00	3 934.58	3 887.66	13 113.24
四川	22 305.43	6 361.13	5 660.55	34 327.10
贵州	6 392.92	3 852.18	2 146.53	12 391.64
云南	23 452.26	7 921.53	7 134.41	38 508.20
西藏	745.54	170.00	1 433.72	2 349.26
陕西	8 003.85	3 155.93	4 674.87	15 834.65
甘肃	4 142.53	5 565.37	4 242.00	13 949.90
青海	1 224.75	384.74	1 128.83	2 738.31
宁夏	2 311.44	307.58	883.23	3 502.25
新疆	4 429.37	3 704.75	4 218.87	12 352.99
合计 Total	**518 583.58**	**230 801.35**	**158 338.26**	**907 723.19**

续表

地 区 Region	7月 July 乐透数字型 Lotto Games	竞猜型 Sports Betting	即开型 Instant Games	小 计 Subtotal
北 京	6 760.54	14 914.58	5 886.59	27 561.70
天 津	6 914.66	15 272.78	1 031.88	23 219.32
河 北	12 269.20	1 371.14	7 260.06	20 900.40
山 西	3 395.87	1 136.12	1 232.43	5 764.43
内蒙古	5 687.90	802.50	5 626.62	12 117.02
辽 宁	29 967.62	4 863.93	4 531.17	39 362.72
吉 林	8 463.02	1 716.70	5 302.29	15 482.00
黑龙江	23 958.35	1 444.64	4 331.39	29 734.38
上 海	6 924.73	7 956.82	3 482.03	18 363.57
江 苏	80 068.98	16 310.63	12 397.41	108 777.02
浙 江	29 248.70	8 384.33	7 609.82	45 242.84
安 徽	7 984.49	5 316.56	2 857.76	16 158.80
福 建	31 562.58	2 818.85	5 652.15	40 033.58
江 西	10 625.06	12 640.26	745.25	24 010.56
山 东	54 682.64	10 378.11	13 482.12	78 542.87
河 南	28 582.97	3 062.14	5 492.34	37 137.45
湖 北	10 716.76	4 472.35	918.83	16 107.94
湖 南	13 487.84	7 445.74	967.56	21 901.14
广 东	39 937.95	18 956.45	10 723.76	69 618.16
广 西	1 600.05	2 698.86	487.77	4 786.68
海 南	3 315.40	600.12	407.40	4 322.92
重 庆	5 048.16	3 564.14	1 743.32	10 355.61
四 川	19 861.59	3 858.48	5 469.44	29 189.51
贵 州	5 771.03	1 853.71	1 907.69	9 532.43
云 南	23 532.53	3 719.78	7 063.23	34 315.55
西 藏	736.26	121.40	1 476.50	2 334.16
陕 西	7 243.56	1 819.65	3 106.86	12 170.06
甘 肃	4 203.12	3 120.00	2 252.22	9 575.33
青 海	1 181.88	388.71	1 150.13	2 720.72
宁 夏	2 247.60	198.21	904.97	3 350.77
新 疆	4 300.56	2 556.05	3 398.91	10 255.51
合 计 Total	**490 281.59**	**163 763.74**	**128 899.83**	**782 945.16**

续表

地区 Region	8月 Aug.			
	乐透数字型 Lotto Games	竞猜型 Sports Betting	即开型 Instant Games	小计 Subtotal
北京	6 548.56	20 168.01	5 703.01	32 419.58
天津	6 883.46	13 171.55	1 451.49	21 506.50
河北	12 029.05	1 942.09	6 636.09	20 607.24
山西	3 557.94	1 308.60	1 549.85	6 416.38
内蒙古	5 648.78	986.01	5 991.42	12 626.22
辽宁	27 714.80	6 452.96	4 750.62	38 918.38
吉林	8 241.19	2 579.14	5 085.86	15 906.18
黑龙江	22 427.38	1 628.13	4 290.06	28 345.58
上海	6 887.97	11 789.48	3 200.66	21 878.11
江苏	76 613.52	18 321.60	11 344.97	106 280.08
浙江	28 575.18	10 171.98	7 898.02	46 645.18
安徽	7 944.62	6 461.31	3 667.83	18 073.75
福建	34 952.06	3 891.40	5 537.70	44 381.15
江西	11 260.34	16 356.86	562.96	28 180.17
山东	51 873.87	13 856.66	11 002.41	76 732.93
河南	27 437.77	3 415.97	5 064.99	35 918.73
湖北	10 770.19	6 132.72	619.47	17 522.39
湖南	14 499.79	11 198.19	944.88	26 642.86
广东	37 632.66	24 602.95	10 758.18	72 993.78
广西	1 557.65	3 515.39	418.62	5 491.66
海南	3 007.69	788.16	335.58	4 131.43
重庆	4 675.41	4 837.26	1 156.14	10 668.81
四川	18 795.68	4 631.80	4 299.20	27 726.67
贵州	5 451.55	1 915.10	1 875.63	9 242.28
云南	22 722.99	3 952.77	6 906.42	33 582.17
西藏	637.50	141.76	1 444.65	2 223.91
陕西	6 834.67	2 343.95	3 004.17	12 182.79
甘肃	4 214.31	978.32	2 417.49	7 610.11
青海	1 072.28	1 018.69	993.93	3 084.90
宁夏	2 211.94	235.79	906.67	3 354.41
新疆	5 125.08	3 860.91	3 476.82	12 462.81
合计 Total	**477 805.87**	**202 655.49**	**123 295.79**	**803 757.15**

续表

地　区 Region	9 月 Sept.			
	乐透数字型 Lotto Games	竞猜型 Sports Betting	即开型 Instant Games	小　计 Subtotal
北　京	6 525.72	18 647.36	6 859.44	32 032.53
天　津	7 411.12	15 206.48	1 374.45	23 992.05
河　北	11 593.84	2 462.25	7 433.40	21 489.50
山　西	3 516.20	1 573.92	1 756.56	6 846.68
内蒙古	5 679.98	1 309.41	5 586.78	12 576.17
辽　宁	26 128.68	7 151.39	5 319.99	38 600.06
吉　林	12 882.23	3 256.83	4 659.52	20 798.59
黑龙江	21 988.05	1 910.97	4 787.13	28 686.15
上　海	7 233.58	14 414.16	3 519.00	25 166.73
江　苏	81 500.48	19 225.46	14 721.89	115 447.82
浙　江	41 720.09	10 080.91	8 601.60	60 402.60
安　徽	7 890.80	7 443.05	1 207.59	16 541.45
福　建	34 366.90	4 137.82	6 181.65	44 686.37
江　西	13 388.36	13 665.03	950.79	28 004.18
山　东	52 447.74	11 059.56	13 279.44	76 786.73
河　南	26 587.53	3 887.14	5 511.96	35 986.64
湖　北	19 123.80	6 689.20	963.92	26 776.91
湖　南	16 931.27	14 941.27	1 406.52	33 279.05
广　东	38 731.04	29 693.99	14 714.16	83 139.19
广　西	1 526.60	4 207.76	679.58	6 413.94
海　南	3 070.05	733.87	463.56	4 267.48
重　庆	4 827.82	5 893.73	2 164.34	12 885.89
四　川	18 195.67	5 290.01	4 923.96	28 409.63
贵　州	5 500.87	2 425.38	1 841.07	9 767.32
云　南	21 815.43	4 434.49	6 575.58	32 825.50
西　藏	606.64	167.27	1 460.69	2 234.60
陕　西	7 175.41	2 641.01	3 022.08	12 838.51
甘　肃	4 430.82	1 091.39	2 436.05	7 958.26
青　海	1 175.86	929.37	970.05	3 075.29
宁　夏	2 337.01	292.65	872.64	3 502.29
新　疆	5 462.77	3 345.72	3 243.51	12 052.00
合　计 Total	**511 772.36**	**218 208.86**	**137 488.88**	**867 470.10**

续表

地 区 Region	10月 Oct. 乐透数字型 Lotto Games	竞猜型 Sports Betting	即开型 Instant Games	小 计 Subtotal
北 京	7 046. 31	19 932. 19	6 536. 91	33 515. 41
天 津	7 543. 03	16 380. 92	1 253. 40	25 177. 35
河 北	12 435. 13	2 425. 14	7 233. 93	22 094. 20
山 西	3 932. 63	1 864. 43	1 718. 25	7 515. 31
内蒙古	6 170. 63	1 356. 25	5 471. 88	12 998. 76
辽 宁	27 645. 72	7 204. 48	4 442. 52	39 292. 72
吉 林	21 266. 95	2 533. 86	3 560. 93	27 361. 73
黑龙江	22 885. 61	1 844. 68	3 655. 53	28 385. 82
上 海	8 627. 77	12 569. 21	2 925. 57	24 122. 55
江 苏	92 595. 49	25 320. 70	14 420. 25	132 336. 44
浙 江	73 429. 71	8 655. 46	7 835. 77	89 920. 94
安 徽	8 903. 16	7 415. 55	2 333. 70	18 652. 41
福 建	33 954. 51	3 766. 79	8 438. 64	46 159. 94
江 西	13 909. 92	11 185. 83	1 313. 64	26 409. 39
山 东	62 302. 50	12 734. 38	10 701. 27	85 738. 15
河 南	33 828. 02	3 368. 81	5 369. 12	42 565. 94
湖 北	24 161. 69	5 945. 36	1 398. 59	31 505. 64
湖 南	16 334. 68	13 439. 61	1 308. 99	31 083. 28
广 东	44 772. 72	30 803. 10	10 348. 07	85 923. 88
广 西	1 601. 60	3 990. 84	551. 72	6 144. 15
海 南	3 568. 04	497. 80	150. 03	4 215. 87
重 庆	4 983. 14	4 672. 56	2 316. 50	11 972. 19
四 川	19 267. 83	5 124. 09	4 600. 04	28 991. 95
贵 州	7 311. 75	2 304. 53	1 507. 05	11 123. 33
云 南	23 396. 17	4 086. 08	6 740. 22	34 222. 47
西 藏	645. 81	150. 63	1 296. 09	2 092. 53
陕 西	9 812. 08	2 394. 16	3 503. 97	15 710. 21
甘 肃	4 688. 77	908. 85	2 424. 93	8 022. 54
青 海	1 393. 41	962. 32	783. 42	3 139. 16
宁 夏	2 484. 27	252. 06	735. 46	3 471. 80
新 疆	5 699. 02	2 832. 91	3 103. 95	11 635. 88
合 计 Total	**606 598. 06**	**216 923. 56**	**127 980. 32**	**951 501. 94**

续表

地 区 Region	11月 Nov. 乐透数字型 Lotto Games	竞猜型 Sports Betting	即开型 Instant Games	小 计 Subtotal
北 京	7 622.63	24 205.21	6 746.61	38 574.45
天 津	7 595.75	18 160.60	1 109.73	26 866.07
河 北	14 318.36	3 108.05	8 398.95	25 825.36
山 西	4 155.02	3 721.99	3 061.53	10 938.54
内蒙古	6 544.22	1 618.75	6 305.91	14 468.88
辽 宁	28 911.20	8 721.58	3 863.64	41 496.42
吉 林	21 443.91	2 900.36	2 835.92	27 180.19
黑龙江	23 948.53	2 545.59	3 390.06	29 884.17
上 海	9 162.39	14 732.61	2 680.08	26 575.08
江 苏	97 287.85	56 732.91	10 767.45	164 788.20
浙 江	74 752.21	9 661.73	8 942.76	93 356.69
安 徽	13 230.02	7 643.50	2 021.84	22 895.35
福 建	31 790.89	5 403.54	6 351.53	43 545.96
江 西	13 160.95	16 304.91	702.18	30 168.04
山 东	75 795.38	18 573.11	11 835.42	106 203.91
河 南	42 710.19	4 584.22	9 186.96	56 481.36
湖 北	26 589.47	5 497.67	2 213.28	34 300.42
湖 南	15 852.60	18 575.25	837.20	35 265.04
广 东	50 441.32	37 358.92	14 324.88	102 125.11
广 西	1 601.74	4 733.10	334.40	6 669.23
海 南	3 125.48	529.70	238.77	3 893.95
重 庆	5 824.37	8 879.52	994.81	15 698.71
四 川	18 611.05	6 083.30	5 069.42	29 763.76
贵 州	10 154.74	2 617.19	2 196.75	14 968.68
云 南	24 060.02	4 702.18	6 717.09	35 479.29
西 藏	689.23	169.66	1 319.22	2 178.10
陕 西	12 268.75	3 133.35	3 391.44	18 793.54
甘 肃	4 455.75	1 032.00	1 928.43	7 416.18
青 海	1 563.13	1 382.20	603.39	3 548.72
宁 夏	2 604.60	317.88	654.77	3 577.25
新 疆	5 211.59	2 963.95	2 695.08	10 870.61
合 计 Total	**655 483.32**	**296 594.48**	**131 719.47**	**1 083 797.27**

续表

地 区 Region	12 月 Dec.			
	乐透数字型 Lotto Games	竞猜型 Sports Betting	即开型 Instant Games	小 计 Subtotal
北 京	8 514.41	24 261.37	20 194.04	52 969.82
天 津	9 070.72	12 967.47	1 035.51	23 073.70
河 北	40 496.91	2 305.04	10 405.80	53 207.75
山 西	4 608.25	8 453.12	2 558.76	15 620.13
内蒙古	6 951.46	1 345.41	8 664.48	16 961.35
辽 宁	29 827.90	7 255.18	3 540.69	40 623.77
吉 林	21 214.99	2 458.37	3 028.76	26 702.12
黑龙江	25 035.94	2 066.72	5 013.63	32 116.29
上 海	10 584.53	14 586.59	5 626.89	30 798.00
江 苏	105 579.57	26 881.26	13 191.26	145 652.09
浙 江	72 823.28	9 057.33	12 639.84	94 520.45
安 徽	15 710.56	14 748.11	7 492.86	37 951.52
福 建	38 929.50	4 825.08	7 178.33	50 932.90
江 西	15 302.37	17 864.10	3 238.23	36 404.70
山 东	86 004.46	16 757.79	19 653.15	122 415.40
河 南	39 264.78	4 355.28	12 311.54	55 931.59
湖 北	26 122.22	4 705.84	3 341.63	34 169.69
湖 南	14 512.93	10 647.32	3 025.37	28 185.62
广 东	57 745.04	33 592.49	18 297.05	109 634.57
广 西	1 748.19	4 214.66	292.53	6 255.39
海 南	3 073.27	437.72	422.25	3 933.23
重 庆	7 044.55	7 138.42	4 366.67	18 549.63
四 川	19 901.73	5 309.97	5 544.42	30 756.13
贵 州	12 235.87	2 125.27	2 641.11	17 002.25
云 南	26 076.03	4 165.86	8 100.21	38 342.09
西 藏	710.63	125.55	1 395.60	2 231.78
陕 西	13 612.17	2 395.18	4 468.65	20 476.00
甘 肃	4 875.73	955.86	2 756.34	8 587.92
青 海	1 974.03	1 552.72	599.76	4 126.51
宁 夏	2 821.62	262.42	559.62	3 643.66
新 疆	5 515.05	3 565.22	2 854.35	11 934.62
合 计 Total	**727 888.68**	**251 382.70**	**194 439.29**	**1 173 710.67**

续表

地 区 Region	合计 Total			
	乐透数字型 Lotto Games	竞猜型 Sports Betting	即开型 Instant Games	小 计 Subtotal
北 京	84 240. 24	192 376. 71	106 376. 49	382 995. 85
天 津	87 972. 80	197 385. 15	15 982. 80	301 341. 31
河 北	177 216. 68	27 793. 19	100 992. 81	306 002. 67
山 西	43 371. 60	29 605. 03	28 589. 85	101 566. 48
内蒙古	73 403. 12	13 901. 85	74 650. 02	161 954. 99
辽 宁	377 759. 62	89 963. 36	55 226. 57	522 949. 55
吉 林	147 342. 22	35 126. 09	51 925. 92	234 394. 23
黑龙江	297 912. 83	29 216. 46	55 833. 36	382 962. 65
上 海	91 057. 80	130 108. 81	41 743. 22	262 909. 83
江 苏	1 113 845. 66	327 706. 30	176 790. 09	1 618 342. 05
浙 江	496 892. 10	125 134. 52	111 260. 55	733 287. 17
安 徽	112 425. 05	84 780. 16	38 828. 90	236 034. 10
福 建	385 374. 77	51 925. 81	84 597. 74	521 898. 31
江 西	148 560. 25	199 147. 83	13 165. 58	360 873. 65
山 东	718 875. 44	175 274. 14	165 640. 32	1 059 789. 89
河 南	382 757. 96	45 403. 96	88 162. 94	516 324. 86
湖 北	183 429. 47	62 931. 21	16 839. 66	263 200. 34
湖 南	183 189. 63	119 081. 47	18 487. 82	320 758. 92
广 东	491 391. 33	366 391. 35	169 868. 31	1 027 652. 68
广 西	19 374. 72	48 490. 26	8 464. 49	76 329. 47
海 南	34 407. 50	8 675. 15	4 001. 82	47 084. 47
重 庆	61 755. 33	60 899. 01	27 728. 82	150 383. 16
四 川	238 519. 70	66 295. 93	75 001. 61	379 817. 24
贵 州	83 485. 40	26 480. 77	23 707. 07	133 673. 24
云 南	269 858. 70	54 302. 35	92 123. 97	416 285. 02
西 藏	7 610. 18	1 629. 10	17 348. 49	26 587. 77
陕 西	101 110. 53	32 497. 21	47 748. 09	181 355. 83
甘 肃	49 757. 52	31 801. 34	33 524. 04	115 082. 90
青 海	14 920. 02	8 859. 18	9 934. 17	33 713. 37
宁 夏	28 883. 73	3 551. 72	9 513. 39	41 948. 84
新 疆	57 504. 09	36 183. 70	38 007. 30	131 695. 09
合 计 Total	**6 564 206. 00**	**2 682 919. 12**	**1 802 066. 16**	**11 049 195. 92**

（国家体育总局体育彩票管理中心供稿）

（三）历年彩票销售统计资料

Sales Statistics of Different Lottery Games in Past Years

2003—2012年中国福利彩票全国联网游戏销售统计

Sales Statistics of National Games of Welfare Lottery from 2003 to 2012

双 色 球

单位：万元

Unit: Ten Thousand Yuan

地区 Region	游戏类型 Game Type	2003	2004	2005	2006	2007	2008	2009	2010	2011	2012	合计 Total
北京	乐透组合	23 954.61	83 633.43	119 490.06	123 316.59	121 983.94	141 372.33	168 462.42	178 801.92	230 925.86	238 395.99	1 430 337.15
天津		5 322.65	10 673.83	14 992.84	17 645.74	18 256.88	23 242.80	34 065.25	43 636.24	59 399.76	70 071.30	297 307.28
河北		17 950.21	42 153.43	50 580.04	64 456.51	69 247.26	92 853.92	117 992.31	136 215.68	168 394.71	195 276.81	955 120.89
山西		9 765.77	19 476.97	26 261.60	35 515.31	38 441.17	47 650.23	61 558.69	69 938.13	85 420.43	99 458.58	493 486.87
内蒙古		5 372.11	13 534.20	22 672.58	28 923.03	30 865.80	43 650.33	63 811.61	70 031.43	97 907.70	103 460.99	480 229.79
辽宁		15 930.90	52 458.60	82 544.97	102 893.95	109 338.81	131 922.53	161 044.89	171 705.99	197 180.75	218 378.50	1 243 399.88
吉林		16 890.31	28 725.43	34 018.01	37 023.72	37 708.89	47 557.79	56 839.80	61 695.14	70 706.95	77 273.73	468 439.76
黑龙江		5 752.11	33 628.16	47 127.01	51 022.90	62 305.64	74 180.94	93 819.37	103 975.88	127 721.11	144 972.14	744 505.26
上海		4 524.73	44 443.18	70 382.15	91 509.46	98 862.56	123 213.40	188 408.81	192 229.62	241 310.52	233 197.98	1 288 082.42
江苏		13 345.09	38 058.87	55 384.38	80 962.74	100 073.00	159 735.40	253 779.53	291 829.58	340 082.64	351 933.00	1 685 184.22
浙江		12 296.95	45 559.07	75 712.63	113 436.72	143 384.73	190 433.79	259 375.38	294 976.29	375 033.35	412 498.37	1 922 707.27
安徽		10 222.53	26 042.18	40 369.51	56 848.20	61 623.54	80 779.67	116 068.96	128 606.87	163 358.00	193 282.55	877 201.99
福建		4 993.31	11 833.45	12 977.68	17 207.15	26 971.04	42 545.09	72 199.63	102 147.11	145 015.80	172 277.03	608 167.29
江西		9 767.31	20 001.69	24 740.07	29 631.49	35 158.14	42 790.63	55 797.83	92 889.30	137 545.35	190 187.28	638 509.09
山东		—	37 164.93	65 472.80	86 679.63	108 343.93	146 225.90	182 798.76	205 906.02	262 365.35	305 181.48	1 400 138.79
河南		13 796.93	31 000.65	44 302.02	52 644.29	59 493.30	79 346.18	106 352.44	138 751.93	181 662.29	204 973.61	912 323.64
湖北		23 062.17	57 911.51	65 201.16	83 976.04	89 310.01	112 970.18	140 695.69	162 260.32	200 032.90	217 305.29	1 152 725.27
湖南		8 672.79	21 799.45	34 088.81	48 856.81	54 773.01	73 875.56	106 621.61	129 860.88	166 256.30	182 660.22	827 465.42
广东		—	67 299.15	111 601.65	167 885.43	201 481.82	240 593.52	341 116.22	372 274.20	467 338.83	502 988.90	2 472 579.72
深圳		8 549.86	24 948.26	41 500.14	58 827.19	67 181.44	84 946.63	126 842.17	134 706.02	153 665.60	175 931.75	877 099.08
广西		645.33	18 189.06	21 137.70	25 798.20	31 950.26	44 596.78	65 205.45	76 686.99	104 264.50	159 605.65	548 079.91
海南		1 773.37	12 151.18	11 509.46	10 935.64	12 084.13	14 733.09	19 201.44	23 577.82	33 091.62	37 542.26	176 600.00
重庆		10 248.48	27 867.86	38 403.95	42 747.03	47 326.09	58 489.26	79 840.08	101 495.58	130 859.92	131 434.60	668 712.85
四川		15 709.77	40 142.12	50 458.97	67 348.32	71 446.92	92 726.32	139 858.26	160 410.58	197 137.45	235 593.15	1 070 831.86
贵州		8 765.66	19 799.39	24 438.09	29 886.68	34 487.85	45 570.02	63 452.85	68 532.10	79 511.53	93 051.89	467 496.06
云南		12 317.06	38 163.49	51 627.94	67 634.88	68 644.21	84 258.41	113 938.92	134 587.99	156 448.85	179 021.02	906 642.77
西藏		478.60	3 227.80	3 746.11	4 917.87	5 399.78	7 149.40	8 026.07	8 087.59	8 825.15	9 638.93	59 497.29
陕西		13 820.59	24 368.14	33 873.33	41 774.46	50 154.30	61 870.10	87 252.80	98 374.34	127 637.94	149 198.61	688 324.62
甘肃		7 685.22	15 620.90	18 962.32	24 412.96	25 715.95	36 497.07	45 863.75	50 448.61	59 127.88	68 552.56	352 887.23
青海		3 015.34	7 648.25	8 565.21	9 345.93	8 855.61	12 022.74	15 594.34	17 104.75	20 755.18	27 455.78	130 363.11
宁夏		3 582.71	7 643.13	9 642.65	11 164.88	11 912.30	14 897.33	19 760.47	24 149.07	29 574.41	37 821.20	170 148.16
新疆		—	—	—	—	—	20 334.82	35 782.51	42 126.28	55 996.12	69 063.66	223 303.39
合计 Total		**288 212.46**	**925 167.75**	**1 311 785.82**	**1 685 229.75**	**1 902 782.29**	**2 473 032.15**	**3 401 428.31**	**3 888 020.25**	**4 874 554.74**	**5 487 684.78**	**26 237 898.30**

3D

单位：万元

Unit：Ten Thousand Yuan

地　区 Region	游戏类型 Game Type	2003	2004	2005	2006	2007	2008	2009	2010	2011	2012	合　计 Total
北　京	乐透排列	50 169. 72	47 624. 69	48 788. 14	47 381. 92	50 773. 22	58 620. 44	67 563. 38	70 528. 36	73 366. 04	79 817. 34	594 633. 25
天　津		—	—	17 809. 05	25 260. 55	19 065. 93	18 629. 93	22 075. 03	19 932. 51	23 943. 26	23 428. 81	170 145. 08
河　北		—	163. 92	85 441. 73	104 696. 92	102 882. 70	92 657. 60	99 457. 98	99 447. 40	118 440. 89	125 711. 11	828 900. 26
山　西		—	1 136. 32	46 606. 76	59 585. 76	62 239. 40	59 066. 95	66 191. 82	57 444. 15	64 809. 07	71 940. 27	489 020. 51
内蒙古		—	115. 57	27 244. 37	45 390. 58	59 999. 29	68 275. 45	62 496. 00	60 001. 39	66 299. 21	68 224. 92	458 046. 78
辽　宁		—	2 024. 93	121 450. 55	206 570. 52	204 638. 75	186 067. 43	213 762. 57	204 822. 49	206 665. 91	167 495. 66	1 513 498. 81
吉　林		—	1 477. 50	53 026. 20	84 916. 81	101 734. 65	84 929. 08	81 420. 75	65 272. 46	62 204. 88	59 640. 23	594 622. 56
黑龙江		—	3 962. 79	212 203. 13	138 331. 76	112 391. 71	93 312. 41	96 536. 96	86 369. 24	77 759. 57	64 180. 59	885 048. 15
上　海		7 656. 57	5 830. 66	7 437. 33	7 466. 51	8 946. 44	10 858. 39	27 688. 30	24 644. 13	44 302. 89	30 524. 48	175 355. 70
江　苏		—	3 300. 89	52 174. 20	78 559. 90	90 647. 56	72 346. 32	100 552. 00	130 318. 64	122 016. 45	75 125. 92	725 041. 87
浙　江		—	3 281. 38	53 452. 75	72 012. 41	86 195. 04	83 077. 70	108 908. 91	122 306. 19	147 070. 83	150 172. 30	826 477. 51
安　徽		—	9. 58	45 854. 17	40 426. 83	40 912. 82	33 817. 09	43 573. 70	38 800. 63	45 416. 95	50 505. 45	339 317. 21
福　建		—	37. 98	10 258. 94	13 608. 17	23 314. 71	22 315. 25	15 420. 90	14 135. 07	14 202. 02	15 021. 35	128 314. 39
江　西		—	698. 07	19 742. 97	11 413. 55	12 128. 73	10 940. 92	8 065. 24	11 315. 61	14 423. 04	35 814. 51	124 542. 63
山　东		—	—	319 628. 23	174 492. 09	136 967. 97	135 690. 63	125 917. 34	109 038. 82	119 249. 08	115 197. 71	1 236 181. 88
河　南		—	2 543. 60	73 569. 77	64 130. 23	56 144. 55	54 380. 81	55 575. 93	59 936. 71	81 885. 75	71 101. 52	519 268. 88
湖　北		—	9 238. 78	175 598. 26	130 298. 75	124 983. 64	112 884. 61	113 666. 96	112 603. 18	119 620. 47	115 633. 97	1 014 528. 62
湖　南		—	480. 48	60 525. 36	58 513. 80	63 621. 34	46 855. 90	56 371. 96	65 786. 96	79 799. 44	73 093. 51	505 048. 74
广　东		—	—	85 869. 20	72 325. 66	63 899. 20	57 070. 16	56 275. 55	50 620. 80	53 177. 49	51 540. 38	490 778. 43
深　圳		—	—	10 174. 32	9 435. 42	9 923. 54	11 032. 15	14 102. 70	13 968. 23	14 667. 05	15 499. 95	98 803. 36
广　西		—	—	23 461. 82	18 203. 48	12 210. 87	9 365. 12	10 143. 09	12 074. 32	14 476. 50	23 599. 60	123 534. 80
海　南		—	746. 50	2 149. 01	1 148. 69	809. 69	577. 52	650. 72	898. 93	1 159. 33	1 260. 13	9 400. 53
重　庆		—	268. 03	13 362. 80	6 724. 72	8 336. 02	9 230. 94	14 997. 03	16 257. 46	17 632. 30	23 019. 03	109 828. 32
四　川		—	—	53 113. 62	97 187. 68	99 869. 05	93 896. 10	110 421. 94	110 453. 14	105 227. 98	103 434. 38	773 603. 89
贵　州		—	—	10 908. 93	25 564. 75	32 111. 51	39 283. 02	54 340. 58	54 288. 76	53 388. 61	54 969. 99	324 856. 15
云　南		—	—	43 414. 00	68 126. 85	90 217. 10	94 127. 09	119 872. 54	131 470. 11	152 492. 30	157 386. 73	857 106. 73
西　藏		—	—	588. 48	2 773. 91	5 212. 15	9 827. 72	12 485. 66	12 627. 80	13 119. 29	11 897. 53	68 532. 53
陕　西		—	1 874. 78	68 854. 97	56 671. 42	56 477. 79	56 621. 20	77 060. 40	88 404. 20	116 946. 95	119 227. 47	642 139. 18
甘　肃		—	—	19 270. 49	30 426. 71	45 548. 90	48 339. 10	59 369. 90	56 533. 39	60 888. 95	68 976. 83	389 354. 26
青　海		—	—	7 090. 90	10 426. 82	11 850. 65	13 777. 31	18 917. 53	18 094. 22	19 082. 98	23 051. 53	122 291. 94
宁　夏		—	—	8 027. 49	14 819. 61	16 485. 81	15 427. 87	17 378. 26	19 108. 92	20 584. 83	22 202. 96	134 035. 75
新　疆		—	4 082. 63	80 673. 49	96 161. 03	74 559. 75	48 131. 01	43 229. 49	29 924. 07	27 772. 93	27 445. 40	431 979. 80
合　计 Total		**57 826. 30**	**88 899. 08**	**1 857 771. 44**	**1 873 053. 82**	**1 885 100. 50**	**1 751 433. 19**	**1 974 491. 12**	**1 967 428. 28**	**2 152 093. 26**	**2 096 141. 53**	**15 704 238. 51**

七 乐 彩

单位：万元

Unit：Ten Thousand Yuan

地 区 Region	游戏类型 Game Type	2003	2004	2005	2006	2007	2008	2009	2010	2011	2012	合 计 Total
北 京	乐透组合	—	—	—	—	6 195.80	4 598.97	3 665.01	2 918.19	2 633.29	2 860.00	22 871.25
天 津		—	—	—	—	2 093.08	1 561.49	1 336.81	1 465.84	1 453.03	1 933.53	9 843.78
河 北		—	—	—	—	11 764.55	8 432.33	6 741.50	6 255.66	6 609.88	7 232.28	47 036.20
山 西		—	—	—	—	3 630.53	2 464.45	2 151.89	2 188.33	2 412.91	2 492.58	15 340.69
内蒙古		—	—	—	—	4 159.35	3 182.57	2 689.14	2 578.68	3 163.43	3 036.58	18 809.74
辽 宁		—	—	—	—	18 195.38	10 650.42	8 180.76	7 256.76	6 745.75	6 461.57	57 490.64
吉 林		—	—	—	—	4 342.96	2 891.50	2 309.95	2 227.75	2 121.05	2 185.37	16 078.57
黑龙江		—	—	—	—	7 071.05	4 267.15	3 416.59	3 249.35	3 319.26	2 918.83	24 242.22
上 海		—	—	—	—	8 840.49	7 193.97	7 847.61	5 876.99	6 831.20	4 940.63	41 530.89
江 苏		—	—	—	—	10 746.53	8 982.49	9 262.45	8 702.89	7 942.04	7 240.98	52 877.37
浙 江		—	—	—	—	17 094.06	12 061.12	11 134.48	10 360.89	10 233.02	10 636.78	71 520.35
安 徽		—	—	—	—	7 161.18	5 214.58	4 871.34	4 543.61	4 603.43	4 769.62	31 163.77
福 建		—	—	—	—	7 064.27	6 879.29	7 183.50	7 979.42	8 702.84	11 274.51	49 083.84
江 西		—	—	—	—	3 292.44	2 509.81	2 064.19	2 640.43	3 374.67	6 860.28	20 741.82
山 东		—	—	—	—	68 376.78	61 669.28	52 837.19	47 189.44	46 848.29	46 944.93	323 865.91
河 南		—	—	—	—	7 529.15	5 024.93	4 475.58	4 447.76	4 618.29	4 768.94	30 864.65
湖 北		—	—	—	—	8 697.49	4 855.00	4 055.43	3 626.09	3 691.44	4 209.59	29 135.04
湖 南		—	—	—	—	7 243.25	4 280.12	3 907.47	3 629.22	3 580.87	3 811.86	26 452.78
深 圳		—	—	—	—	3 302.54	2 427.12	2 311.71	2 041.79	1 676.70	1 823.84	13 583.68
广 西		—	—	—	—	9 688.98	6 835.01	6 633.58	6 552.52	6 458.83	8 232.64	44 401.57
海 南		—	—	—	—	508.33	198.83	177.17	207.90	217.00	231.27	1 540.50
重 庆		—	—	—	—	2 594.25	1 429.45	1 650.78	1 900.64	1 944.86	1 647.89	11 167.88
四 川		—	—	—	—	5 032.72	2 978.63	2 889.56	2 775.71	2 649.96	2 911.80	19 238.37
贵 州		—	—	—	—	1 750.34	1 012.63	986.20	924.15	879.60	988.63	6 541.56
云 南		—	—	—	—	4 862.70	3 681.18	3 373.05	3 306.51	3 228.50	3 615.41	22 067.34
西 藏		—	—	—	—	504.24	364.11	267.74	224.73	181.73	166.57	1 709.12
陕 西		—	—	—	—	5 454.57	3 460.90	3 322.20	3 422.77	3 526.64	3 894.29	23 081.38
甘 肃		—	—	—	—	3 006.68	2 020.15	1 678.97	1 504.27	1 569.82	1 667.87	11 447.76
青 海		—	—	—	—	708.11	453.60	364.29	316.16	351.40	653.67	2 847.23
宁 夏		—	—	—	—	1 133.40	731.45	670.27	699.88	773.79	874.69	4 883.48
新 疆		—	—	—	—	7 083.04	3 705.04	2 479.89	2 258.76	2 375.20	2 636.91	20 538.84
合 计 Total		—	—	—	—	**249 128.24**	**186 017.55**	**164 936.30**	**153 273.05**	**154 718.74**	**163 924.35**	**1 071 998.22**

开 乐 彩

单位：万元

Unit：Ten Thousand Yuan

地 区 Region	游戏类型 Game Type	2003	2004	2005	2006	2007	2008	2009	2010	2011	2012	合 计 Total
天 津	乐透组合	—	—	—	—	—	—	125.85	9.27	—	3.50	138.62
河 北		—	—	—	—	—	—	4 613.50	11 564.56	—	25 168.17	41 346.23
山 西		—	—	—	—	—	—	5 346.27	3 061.68	—	1 860.68	10 268.63
内蒙古		—	—	—	—	—	—	9.95	17.62	—	—	27.57
辽 宁		—	—	—	—	—	—	6 944.54	8 695.43	—	7 182.33	22 822.30
吉 林		—	—	—	—	—	—	2 611.05	4 700.55	—	1 966.15	9 277.75
安 徽		—	—	—	—	—	—	—	—	—	—	.00
福 建		—	—	—	—	—	—	5.63	1.92	—	—	7.55
山 东		—	—	—	—	—	—	2 968.78	1 948.62	—	1 029.85	5 947.25
河 南		—	—	—	—	—	—	10.21	6.47	—	0.43	17.11
湖 北		—	—	—	—	—	—	5.22	—	—	—	5.22
湖 南		—	—	—	—	—	—	13 050.60	4 391.30	—	448.21	17 890.11
广 东		—	—	—	—	—	—	24.90	39.99	—	4.52	69.41
深 圳		—	—	—	—	—	—	27.92	—	—	—	27.92
四 川		—	—	—	—	—	—	5 049.93	3 861.22	—	348.82	9 259.98
云 南		—	—	—	—	—	—	14.73	4.12	—	0.00	18.85
陕 西		—	—	—	—	—	—	9.32	64.99	—	215.79	290.10
甘 肃		—	—	—	—	—	—	6 158.34	3 121.79	—	4 013.41	13 293.54
宁 夏		—	—	—	—	—	—	1.29	0.08	—	—	1.37
合计 Total		**—**	**—**	**—**	**—**	**—**	**—**	**46 978.03**	**41 489.61**	**—**	**42 241.87**	**130 709.51**

2003—2012 年中国福利彩票区域联网游戏销售统计

Sales Statistics of Inter-Regional Games of Welfare Lottery from 2003 to 2012

15 选 5

单位：万元

Unit：Ten Thousand Yuan

地 区 Region	游戏类型 Game Type	2003	2004	2005	2006	2007	2008	2009	2010	2011	2012	合 计 Total
上 海	乐透组合	—	—	—	—	1 444. 10	5 131. 33	4 521. 69	6 186. 19	4 848. 79	3 810. 64	25 942. 75
江 苏		—	—	—	—	2 183. 53	17 900. 75	20 099. 60	28 162. 62	19 335. 61	9 531. 71	97 213. 82
浙 江		—	—	—	—	2 630. 39	20 819. 45	17 383. 63	28 431. 11	19 045. 94	14 615. 74	102 926. 26
安 徽		—	—	—	—	1 314. 02	8 135. 29	7 752. 67	8 316. 42	6 591. 48	8 956. 06	41 065. 94
福 建		—	—	—	—	1 721. 67	10 356. 48	6 734. 67	9 664. 92	5 846. 83	4 674. 47	38 999. 04
江 西		—	—	—	—	713. 29	3 089. 47	1 876. 01	2 369. 75	1 649. 01	1 708. 42	11 405. 94
合 计 Total		**—**	**—**	**—**	**—**	**10 007. 00**	**65 432. 77**	**58 368. 27**	**83 131. 01**	**57 317. 66**	**43 297. 04**	**317 553. 75**

20 选 5

单位：万元

Unit：Ten Thousand Yuan

地 区 Region	游戏类型 Game Type	2003	2004	2005	2006	2007	2008	2009	2010	2011	2012	合 计 Total
甘 肃	乐透组合	7 652. 17	3 275. 97	1 662. 84	1 100. 50	—	—	—	—	—	—	13 691. 48
宁 夏		3 181. 29	1 193. 42	554. 73	231. 72	—	—	—	—	—	—	5 161. 15
青 海		1 532. 75	646. 43	243. 90	34. 77	—	—	—	—	—	—	2 457. 85
合 计 Total		**12 366. 20**	**5 115. 82**	**2 461. 46**	**1 366. 99**	**—**	**—**	**—**	**—**	**—**	**—**	**21 310. 48**

22 选 5

单位：万元

Unit：Ten Thousand Yuan

地 区 Region	游戏类型 Game Type	2003	2004	2005	2006	2007	2008	2009	2010	2011	2012	合 计 Total
四 川	乐透组合	—	2 658. 83	2 113. 39	2 092. 80	1 742. 09	1 595. 58	1 429. 03	1 051. 87	739. 03	620. 50	14 043. 13
贵 州		—	2 224. 09	2 357. 35	2 526. 52	2 127. 38	1 755. 21	1 584. 63	940. 17	673. 33	562. 16	14 750. 84
云 南		—	9 338. 86	8 739. 00	8 671. 12	7 314. 51	6 960. 35	5 691. 07	4 297. 53	3 312. 18	2 664. 96	56 989. 59
合 计 Total		**—**	**14 221. 78**	**13 209. 74**	**13 290. 44**	**11 183. 98**	**10 311. 14**	**8 704. 73**	**6 289. 58**	**4 724. 54**	**3 847. 62**	**85 783. 56**

25 选 7

单位：万元

Unit：Ten Thousand Yuan

地　区 Region	游戏类型 Game Type	2003	2004	2005	2006	2007	2008	2009	2010	2011	2012	合　计 Total
甘　肃	乐透组合	—	726. 28	247. 44	56. 29	—	—	—	—	—	—	1 030. 00
宁　夏		—	205. 85	59. 81	7. 44	—	—	—	—	—	—	273. 11
青　海		—	98. 97	24. 09	1. 62	—	—	—	—	—	—	124. 68
合　计 Total		—	**1 031. 10**	**331. 34**	**65. 35**	—	—	—	—	—	—	**1 427. 79**

25 选 7 好运 2

单位：万元

Unit：Ten Thousand Yuan

地　区 Region	游戏类型 Game Type	2003	2004	2005	2006	2007	2008	2009	2010	2011	2012	合　计 Total
甘　肃	乐透组合	—	20. 35	19. 90	4. 99	—	—	—	—	—	—	45. 24
宁　夏		—	6. 70	4. 54	0. 47	—	—	—	—	—	—	11. 71
青　海		—	3. 35	2. 19	0. 14	—	—	—	—	—	—	5. 68
合　计 Total		—	**30. 40**	**26. 64**	**5. 60**	—	—	—	—	—	—	**62. 63**

25 选 7 好运 3

单位：万元

Unit：Ten Thousand Yuan

地　区 Region	游戏类型 Game Type	2003	2004	2005	2006	2007	2008	2009	2010	2011	2012	合　计 Total
甘　肃	乐透组合	—	28. 33	44. 58	14. 13	—	—	—	—	—	—	87. 04
宁　夏		—	10. 19	10. 93	1. 49	—	—	—	—	—	—	22. 61
青　海		—	5. 76	4. 64	0. 34	—	—	—	—	—	—	10. 74
合　计 Total		—	**44. 28**	**60. 15**	**15. 96**	—	—	—	—	—	—	**120. 40**

25 选 7 好运 4

单位：万元

Unit：Ten Thousand Yuan

地　区 Region	游戏类型 Game Type	2003	2004	2005	2006	2007	2008	2009	2010	2011	2012	合　计 Total
甘　肃	乐透组合	—	15. 42	30. 24	10. 13	—	—	—	—	—	—	55. 79
宁　夏		—	5. 04	9. 09	1. 06	—	—	—	—	—	—	15. 19
青　海		—	2. 63	2. 73	0. 24	—	—	—	—	—	—	5. 60
合　计 Total		—	**23. 09**	**42. 06**	**11. 44**	—	—	—	—	—	—	**76. 58**

25 选 7 好运 5

单位：万元

Unit：Ten Thousand Yuan

地 区 Region	游戏类型 Game Type	2003	2004	2005	2006	2007	2008	2009	2010	2011	2012	合 计 Total
甘 肃	乐透组合	—	8.49	16.77	6.09	—	—	—	—	—	—	31.35
宁 夏		—	2.59	4.18	0.62	—	—	—	—	—	—	7.39
青 海		—	1.34	1.53	0.22	—	—	—	—	—	—	3.09
合 计 Total		**—**	**12.43**	**22.48**	**6.93**	**—**	**—**	**—**	**—**	**—**	**—**	**41.83**

32 选 7

单位：万元

Unit：Ten Thousand Yuan

地 区 Region	游戏类型 Game Type	2003	2004	2005	2006	2007	2008	2009	2010	2011	2012	合 计 Total
甘 肃	乐透组合	12 890.05	—	—	—	—	—	—	—	—	—	12 890.05
宁 夏		4 877.74	—	—	—	—	—	—	—	—	—	4 877.74
青 海		2 028.28	—	—	—	—	—	—	—	—	—	2 028.28
合 计 Total		**19 796.07**	**—**	**—**	**—**	**—**	**—**	**—**	**—**	**—**	**—**	**19 796.07**

36 选 7

单位：万元

Unit：Ten Thousand Yuan

地 区 Region	游戏类型 Game Type	2003	2004	2005	2006	2007	2008	2009	2010	2011	2012	合 计 Total
甘 肃	乐透组合	1 392.38	2 507.97	1 571.48	905.44	—	—	—	—	—	—	6 377.27
宁 夏		357.22	533.89	256.77	79.91	—	—	—	—	—	—	1 227.79
青 海		287.56	269.66	107.98	14.19	—	—	—	—	—	—	679.39
合 计 Total		**2 037.16**	**3 311.52**	**1 936.23**	**999.54**	**—**	**—**	**—**	**—**	**—**	**—**	**8 284.45**

37 选 7

单位：万元

Unit：Ten Thousand Yuan

地 区 Region	游戏类型 Game Type	2003	2004	2005	2006	2007	2008	2009	2010	2011	2012	合 计 Total
上 海	乐透组合	7 488.02	25 590.81	21 621.96	20 080.55	15 028.07	1 263.00	—	—	—	—	91 072.41
江 苏		1 231.05	3 957.58	4 959.08	6 286.21	3 974.76	331.07	—	—	—	—	20 739.76
浙 江		1 258.04	5 041.87	7 631.64	10 496.96	6 020.21	494.35	—	—	—	—	30 943.09
安 徽		—	598.60	1 299.97	2 243.25	1 101.49	81.91	—	—	—	—	5 325.23
福 建		—	1 070.43	1 973.18	2 486.31	2 528.15	301.30	—	—	—	—	8 359.38
江 西		—	536.41	729.10	1 007.26	454.35	32.94	—	—	—	—	2 760.05
合 计 Total		**9 977.11**	**36 795.70**	**38 214.94**	**42 600.55**	**29 107.03**	**2 504.59**	—	—	—	—	**159 199.92**

37 选 7

单位：万元

Unit：Ten Thousand Yuan

地 区 Region	游戏类型 Game Type	2003	2004	2005	2006	2007	2008	2009	2010	2011	2012	合 计 Total
四 川	乐透组合	—	520.56	83.24	54.34	—	—	—	—	—	—	658.14
贵 州		—	460.52	68.66	42.01	—	—	—	—	—	—	571.19
云 南		—	1 023.74	186.66	132.86	—	—	—	—	—	—	1 343.25
合 计 Total		—	**2 004.81**	**338.56**	**229.21**	—	—	—	—	—	—	**2 572.58**

37 选 7 好运 2

单位：万元

Unit：Ten Thousand Yuan

地 区 Region	游戏类型 Game Type	2003	2004	2005	2006	2007	2008	2009	2010	2011	2012	合 计 Total
四 川	乐透组合	—	307.77	52.71	25.04	—	—	—	—	—	—	385.52
贵 州		—	137.58	28.73	13.42	—	—	—	—	—	—	179.74
云 南		—	557.43	107.34	56.29	—	—	—	—	—	—	721.06
合 计 Total		—	**1 002.78**	**188.79**	**94.75**	—	—	—	—	—	—	**1 286.32**

37 选 7 好运 3

单位：万元

Unit：Ten Thousand Yuan

地 区 Region	游戏类型 Game Type	2003	2004	2005	2006	2007	2008	2009	2010	2011	2012	合 计 Total
四 川	乐透组合	—	1 077.59	296.61	132.09	—	—	—	—	—	—	1 506.29
贵 州		—	860.67	297.27	126.39	—	—	—	—	—	—	1 284.33
云 南		—	2 045.47	639.70	269.17	—	—	—	—	—	—	2 954.34
合 计 Total		—	**3 983.73**	**1 233.59**	**527.65**	—	—	—	—	—	—	**5 744.96**

数　字　6

单位：万元

Unit: Ten Thousand Yuan

地　区 Region	游戏类型 Game Type	2003	2004	2005	2006	2007	2008	2009	2010	2011	2012	合　计 Total
辽　宁	乐透排列	—	—	—	—	—	1 547.96	—	—	—	—	1 547.96
上　海		—	—	—	—	—	7 619.75	—	—	—	—	7 619.75
江　苏		—	—	—	—	—	12 308.24	—	—	—	—	12 308.24
浙　江		—	—	—	—	—	17 968.09	—	—	—	—	17 968.09
安　徽		—	—	—	—	—	3 277.75	—	—	—	—	3 277.75
福　建		—	—	—	—	—	2 617.53	—	—	—	—	2 617.53
江　西		—	—	—	—	—	817.08	—	—	—	—	817.08
合　计 Total		**—**	**—**	**—**	**—**	**—**	**46 156.40**	**—**	**—**	**—**	**—**	**46 156.40**

东　方　6+1

单位：万元

Unit: Ten Thousand Yuan

地　区 Region	游戏类型 Game Type	2003	2004	2005	2006	2007	2008	2009	2010	2011	2012	合　计 Total
辽　宁	乐透排列	—	—	—	—	—	—	1 471.30	1 177.44	770.88	613.07	4 032.68
上　海		—	—	—	—	—	—	5 184.69	4 093.72	2 974.22	2 119.44	14 372.07
江　苏		—	—	—	—	—	—	7 548.52	6 716.30	4 847.66	3 944.65	23 057.13
浙　江		—	—	—	—	—	—	12 646.29	12 852.76	9 071.56	6 736.76	41 307.37
安　徽		—	—	—	—	—	—	2 469.85	2 415.85	1 666.74	1 330.07	7 882.51
福　建		—	—	—	—	—	—	1 677.67	2 236.18	1 608.66	1 370.32	6 892.83
江　西		—	—	—	—	—	—	324.68	393.80	232.20	229.02	1 179.70
合　计 Total		**—**	**—**	**—**	**—**	**—**	**—**	**31 323.00**	**29 886.05**	**21 171.92**	**16 343.31**	**98 724.28**

2003—2012 年中国福利彩票地方游戏销售情况表

Sales Statistics of Regional Games of Welfare Lottery from 2003 to 2012

单位：万元

Unit：Ten Thousand Yuan

地区 Region	游戏类型 Game Type	游戏名称 Game Name	2003	2004	2005	2006	2007	2008	2009	2010	2011	2012	合计 Total
北京	乐透组合	北京32选7	12 882.59	6 736.11	1 104.05	—	—	—	—	—	—	—	20 722.75
		北京36选7	12 576.70	9 949.21	2 008.20	—	—	—	—	—	—	—	24 534.11
		北京快乐8	—	7 110.55	33 679.43	55 887.99	55 903.36	55 190.44	50 259.81	66 610.01	81 016.53	75802.35	481 460.46
		北京两步彩	—	—	2 115.37	2 414.72	3 164.00	1 111.16	625.78	431.97	1 244.78	426.88	11 534.66
	乐透排列	北京PK拾	—	—	—	—	178.55	1 689.52	4 519.53	7 771.39	9 458.80	10 236.33	33 854.13
天津	乐透组合	天津15选5	3 373.70	5 242.26	5 650.08	5 596.43	4 439.97	5 359.79	5 275.47	2 640.22	2 029.82	675.35	40 283.10
		天津15选5好运彩	120.82	68.69	—	—	—	—	—	—			189.51
		天津15选5好运2	—	—	—	—	—	—	69.22	31.89	18.76	6.04	125.92
		天津15选5好运3	—	1 580.52	1 625.17	1 297.39	1 119.39	1 305.08	1 145.36	596.60	419.61	131.18	9 220.31
		天津15选5好运4	—	—	—	—	—	—	588.16	462.06	350.25	119.88	1 520.35
		天津25选5	—	321.72	64.30	—	—	—	—	—	—	—	386.03
		天津25选5好运2	—	128.46	9.59	—	—	—	—	—	—	—	138.05
		天津30选7	443.09	149.32	—	—	—	—	—	—	—	—	592.40
		天津35选7	—	—	—	—	—	—	—	—	—	—	—
		天津快乐十分									14 286.01	75069.75	89 355.76
	乐透排列	天津C061	—	—	—	—	—	—	—	—			—
		天津时时彩	—	—	—	—	—	—	2 282.94	18 010.57	9 780.32	2 218.24	32 292.07
河北	乐透组合	河北20选5	22 778.42	26 670.39	18 166.31	17 821.43	14 863.63	15 086.61	13 237.92	11 445.67	10 792.28	9 860.42	160 723.08
		河北20选5好运2	—	—	628.79	929.26	780.78	439.45	255.15	131.52	129.93	107.25	3 402.14
		河北20选5好运3	—	—	1 728.77	2 003.18	1 266.96	789.01	560.79	539.01	343.34	327.69	7 558.75
		河北29选7	5 565.09	5 531.95	3 196.28	3 690.79	—	—	—	—	—	—	17 984.11
		河北30选7	484.87	—	—	—	—	—	—	—	—	—	484.87
		河北33选7	—	—	—	—	—	—	—	—	—	—	—
		河北36选7	—	—	—	—	—	—	—	—	—	—	—
		河北快3									—	26 234.26	26 234.26

续表

地区 Region	游戏类型 Game Type	游戏名称 Game Name	2003	2004	2005	2006	2007	2008	2009	2010	2011	2012	合计 Total
河北	乐透排列	河北数字 5	29.61	1 570.28	676.06	726.42	616.65	2 230.80	372.38	317.53	301.96	302.92	7 144.61
		河北数字 7	23.20	3 093.78	2 676.97	3 504.88	2 693.65	495.58	1 747.69	1 593.11	1 454.58	1 327.47	18 610.91
		河北 C050	2 028.20	—	—	—	—	—	—	—	—	—	2 028.20
		河北 C061	—	—	—	—	—	—	—	—	—	—	—
		河北 C070	2 933.25	—	—	—	—	—	—	—	—	—	2 933.25
山西	乐透组合	山西 15 选 5	—	—	—	—	—	—	—	—	—	—	—
		山西 18 选 6 +1	1 535.02	425.08	52.41	—	—	—	—	—	—	—	2 012.51
		山西 18 选 6 +1 好运 1	—	8.09	0.52	—	—	—	—	—	—	—	8.62
		山西 18 选 6 +1 好运 2	—	9.13	0.92	—	—	—	—	—	—	—	10.05
		山西 18 选 6 +1 好运 3	—	24.67	2.23	—	—	—	—	—	—	—	26.90
		山西 18 选 6 +1 好运 4	—	63.05	4.67	—	—	—	—	—	—	—	67.71
		山西 21 选 5	4 699.22	2 944.85	2 559.91	2 295.96	2 622.61	2 724.23	1 962.70	1 388.06	1 294.99	1 078.41	23 570.94
		山西 21 选 5 好运 2	—	605.00	226.29	188.32	196.73	179.32	123.97	91.46	81.99	74.48	1 767.55
		山西 21 选 5 好运 3	—	1 547.02	972.37	812.08	907.67	928.19	641.21	479.88	424.37	371.54	7 084.34
		山西 21 选 5 好运 4	—	253.13	270.95	231.31	242.84	260.97	190.75	145.53	136.74	117.51	1 849.72
		山西 29 选 7	—	—	—	—	—	—	—	—	—	—	—
		山西 31 选 7	—	—	—	—	—	—	—	—	—	—	—
		山西 35 选 7	3 626.92	726.81	24.64	—	—	—	—	—	—	—	4 378.37
		山西 35 选 7 好运 1	—	36.69	0.22	—	—	—	—	—	—	—	36.90
		山西 35 选 7 好运 2	—	55.07	0.34	—	—	—	—	—	—	—	55.41
		山西 35 选 7 好运 3	—	92.36	1.06	—	—	—	—	—	—	—	93.42
		山西 35 选 7 好运 4	—	185.46	1.77	—	—	—	—	—	—	—	187.23
	乐透排列	山西时时彩	—	—	—	—	—	—	—	2.78	1 263.95	1 498.95	2 765.68

续表

地 区 Region	游戏类型 Game Type	游戏名称 Game Name	2003	2004	2005	2006	2007	2008	2009	2010	2011	2012	合 计 Total
内蒙古	乐透组合	内蒙古 21 选 5	—	—	—	—	—	932. 38	279. 74	—	—	—	1 212. 12
		内蒙古 21 选 5 好运 2	—	—	—	—	—	55. 60	15. 48	—	—	—	71. 08
		内蒙古 21 选 5 好运 3	—	—	—	—	—	223. 08	67. 14	—	—	—	290. 22
		内蒙古 21 选 5 好运 4	—	—	—	—	—	30. 09	8. 21	—	—	—	38. 30
		内蒙古 22 选 5	7 383. 65	7 321. 69	4 443. 94	1 933. 89	1 233. 68	—	—	—	—	—	22 316. 86
		内蒙古 22 选 5 好运 2	—	—	—	254. 41	112. 93	—	—	—	—	—	367. 34
		内蒙古 22 选 5 好运 3	—	—	—	388. 09	345. 03	—	—	—	—	—	733. 12
		内蒙古 22 选 5 好运 4	—	—	—	175. 66	83. 50	—	—	—	—	—	259. 16
		内蒙古 29 选 7	26. 06	—	—	—	—	—	—	—	—	—	26. 06
		内蒙古 32 选 7	—	—	—	—	—	—	—	—	—	—	—
		内蒙古 35 选 7	1 557. 61	1 055. 66	575. 59	476. 38	—	—	—	—	—	—	3 665. 24
	乐透排列	内蒙古 C051	—	—	—	—	—	—	—	—	—	—	—
		内蒙古时时乐	—	—	—	—	—	1 246. 40	—	—	—	—	1 246. 40
		内蒙古时时彩	—	—	—	—	—		42 901. 55	22 780. 67	24 333. 26	26 115. 70	116 131. 18
辽 宁	乐透组合	辽宁 25 选 4	24 222. 27	5 858. 95	4 073. 28	1 350. 46	—	—	—	—	—	—	35 504. 97
		辽宁 25 选 4 好运 1	—	4 893. 81	918. 47	142. 59	—	—	—	—	—	—	5 954. 86
		辽宁 25 选 4 好运 2	—	—	1 150. 77	649. 67	—	—	—	—	—	—	1 800. 43
		辽宁 25 选 4 好运 3	—	—	7 423. 69	3 938. 54	—	—	—	—	—	—	11 362. 23
		辽宁 29 选 7	30 168. 97	18 814. 50	10 910. 91	5 599. 42	—	—	—	—	—	—	65 493. 79
		辽宁 29 选 7 +1	227. 14	—	—	—	—	—	—	—	—	—	227. 14
		辽宁 29 选 7 好运 1	—	4 627. 28	476. 65	36. 77	—	—	—	—	—	—	5 140. 71
		辽宁 29 选 7 好运 2	—	—	261. 61	127. 90	—	—	—	—	—	—	389. 51
		辽宁 29 选 7 好运 3	—	—	890. 87	498. 56	—	—	—	—	—	—	1 389. 43

续表

地区 Region	游戏类型 Game Type	游戏名称 Game Name	2003	2004	2005	2006	2007	2008	2009	2010	2011	2012	合计 Total
辽宁	乐透组合	辽宁29选7好运4	—	—	3 450.15	1 939.23	—	—	—	—			5 389.38
		辽宁35选7	52 762.21	60 776.55	25 705.54	15 151.93	8 298.47	7 862.53	6 144.35	4 620.83	3 668.89	2 608.17	187 599.48
		辽宁35选7好运1	—	—	—	—	—	37.21	43.64	1 004.19	49.93	28.69	1 163.66
		辽宁35选7好运2	—	—	—	—	—	135.03	198.21	147.86	119.68	74.46	675.23
		辽宁35选7好运3	—	—	—	—	—	353.46	644.24	528.84	429.83	286.34	2 242.71
		辽宁35选7好运4	—	—	—	—	—	942.02	1 764.53	2 174.73	1 382.72	832.28	7 096.28
		辽宁36选7	—	—	—	—	—	—	—	—	—	—	—
		辽宁45选6	—	—	—	—	—	—	—	—	—	—	—
		辽宁快乐十二	—	—	—	—	—	—	—	—	—	216 342.34	216 342.34
吉林	乐透组合	吉林21选5	18 495.58	13 961.13	8 347.30	6 909.64	2 246.02	—	—	—	—	—	49 959.68
		吉林30选7	4 356.74	2 988.80	—	—	—	—	—	—	—	—	7 345.54
		吉林35选7	—	—	—	—	—	—	—	—	—	—	—
		吉林40选6	—	—	—	—	—	—	—	—	—	—	—
		吉林快3									—	30 185.18	30 185.18
	乐透排列	吉林C061	4 357.61	—	—	—	—	—	—	—	—	—	4 357.61
		吉林S6	—	956.39	—	—	—	—	—	—	—	—	956.39
		吉林时时彩	—	—	—	—	—	—	—	5 592.40	7 362.97	3 790.22	16 745.59
黑龙江	乐透组合	黑龙江22选5	18 043.04	26 055.45	19 871.61	16 345.43	9 165.80	6 503.34	4 948.82	3 930.90	2 738.49	2 164.59	109 767.48
		黑龙江32选7	—	—	—	—	—	—	—	—			—
		黑龙江36选7	34 881.26	16 855.12	9 548.55	11 742.30	7 457.35	5 075.47	3 782.90	3 859.98	1 926.18	1 418.16	96 547.28
		黑龙江快乐十分	—	—	—	—	—	—	—	—	14 264.63	85 746.70	100 011.33
	乐透排列	黑龙江C061	21 355.83	—	—	—	—	—	—	—			21 355.83
		黑龙江S62	—	14 412.39	14 148.30	11 087.56	10 665.66	—	—	—			50 313.91
		黑龙江数字6	—	—	—	—	—	8 479.01	4 935.50	5 556.45	5 232.80	4 357.44	28 561.20
		黑龙江时时彩	—	—	—	—	—	—	4 745.96	8 537.79	5 547.82	784.49	19 616.06

续表

地 区 Region	游戏类型 Game Type	游戏名称 Game Name	2003	2004	2005	2006	2007	2008	2009	2010	2011	2012	合 计 Total
上 海	乐透组合	上海 35 选 7	14 714. 35	6 264. 91	4 250. 30	3 482. 10	108. 58	—	—	—			28 820. 24
		上海 37 选 7	28 096. 35	—	—	—	—	—	—	—			28 096. 35
		上海基诺（KENO）	—	—	1 923. 14	7 368. 43	8 734. 34	6 620. 46	5 299. 14	4 661. 58	2 947. 09	4 850. 55	42 404. 72
		上海快 3										4 617. 10	4 617. 10
	乐透排列	上海 4 位数（天天彩 4）	11 631. 58	10 140. 21	9 418. 98	9 130. 10	8 441. 43	7 219. 10	7 332. 31	7 538. 85	7 967. 52	5 751. 36	84 571. 44
		上海天天彩选 3（时时乐）	4 027. 39	4 269. 98	5 336. 62	10 150. 33	25 044. 22	7 062. 95	24 979. 47	7 696. 28	6 695. 19	9 910. 11	105 172. 55
		上海时时彩	—	—	—	—	—	—	—	66. 83	323. 92	72. 44	463. 19
江 苏	乐透组合	江苏 15 选 5	12 450. 61	16 033. 26	16 342. 95	15 696. 62	11 229. 58	—	—	—	—	—	71 753. 02
		江苏 30 选 7	7 250. 83	1 767. 36	—	—	—	—	—	—	—	—	9 018. 19
		江苏 35 选 7	—	—	—	—	—	—	—	—	—	—	—
		江苏 36 选 7	—	—	—	—	—	—	—	—	—	—	—
		江苏快 3									335 351. 32	561 374. 33	896 725. 66
	乐透排列	江苏 C061	7 865. 86	—	—	—	—	—	—	—	—	—	7 865. 86
		江苏 S6	—	3 447. 66	2 780. 09	—	—	—	—	—	—	—	6 227. 75
浙 江	乐透组合	浙江 15 选 5	14 004. 55	19 034. 71	18 231. 27	16 919. 94	17 759. 76	—	—	—	—	—	85 950. 22
		浙江 30 选 7	1 478. 60	90. 43	—	—	—	—	—	—	—	—	1 569. 04
		浙江 34 选 7	—	—	—	—	—	—	—	—	—	—	—
		浙江快乐十二	—	—	—	—	—	—	—	—	—	18 616. 42	18 616. 42
	乐透排列	浙江 C061	—	—	—	—	—	—	—	—	—	—	—
		浙江 5 位数	3 536. 07	4 636. 62	4 905. 02	4 765. 87	789. 18	—	—	—	—	—	18 632. 74
		浙江 6 位数	—	—	—	—	2 087. 08	131. 57	—	—	—	—	2 218. 65
安 徽	乐透组合	安徽 15 选 5	6 614. 60	5 938. 25	7 251. 07	8 905. 35	7 728. 08	—	—	—	—	—	36 437. 33
		安徽 25 选 4 + 1	1 324. 39	—	—	—	—	—	—	—	—	—	1 324. 39
		安徽 25 选 5	1 284. 95	5 874. 05	3 169. 80	2 897. 10	1 915. 37	1 359. 26	1 352. 46	1 042. 55	1 020. 51	879. 74	20 795. 77
		安徽 32 选 7 + 1	58. 87	116. 68	—	—	—	—	—	—	—	—	175. 55
		安徽 33 选 7	2 192. 41	1 250. 79	—	—	—	—	—	—	—	—	3 443. 20

续表

地　区 Region	游戏类型 Game Type	游戏名称 Game Name	2003	2004	2005	2006	2007	2008	2009	2010	2011	2012	合　计 Total
安　徽	乐透组合	安徽 35 选 7	153. 99	—	—	—	—	—	—	—	—	—	153. 99
		安徽 37 选 7	—	—	—	—	—	—	—	—	—	—	—
	乐透排列	安徽 5 位数	—	1 367. 87	1 308. 67	1 315. 89	1 173. 23	77. 14	—	—	—	—	5 242. 81
		安徽时时彩	—	—	—	—	—	—	—	5 805. 67	3 772. 52	1 664. 55	11 242. 73
福　建	乐透组合	福建 20 选 5	7 880. 18	6 301. 32	3 834. 62	3 274. 17	3 123. 30	—	—	—	—	—	24 413. 58
		福建 21 选 5	—	—	—	—	—	—	—	—	—	—	—
		福建 22 选 5	2 181. 32	—	—	—	—	—	—	—	—	—	2 181. 32
		福建 27 选 7	514. 72	—	—	—	—	—	—	—	—	—	514. 72
		福建 29 选 4 + 1	325. 36	—	—	—	—	—	—	—	—	—	325. 36
		福建 31 选 7	3 898. 89	1 470. 80	573. 48	499. 32	—	—	—	—	—	—	6 442. 50
		福建 36 选 7	—	—	—	—	—	—	—	—	—	—	—
		福建 37 选 7	1 048. 38	622. 51	—	—	—		—	—	—	—	1 670. 89
	乐透排列	福建时时乐	—	—	—	—	—	6 244. 71	—	—	—	—	6 244. 71
		福建时时彩	—	—	—	—	—	—	23 318. 52	23 537. 88	33 022. 16	26 028. 60	105 907. 16
江　西	乐透组合	江西 21 选 5	11 735. 40	6 270. 14	4 393. 89	1 893. 17	973. 88	—	—	—	—	—	25 266. 49
		江西 21 选 5 好运 2	—	—	114. 53	96. 43	60. 44	—	—	—	—	—	271. 40
		江西 21 选 5 好运 3	—	—	801. 71	615. 67	384. 74	—	—	—	—	—	1 802. 12
		江西 21 选 5 好运 4	—	—	310. 29	216. 80	116. 12	—	—	—	—	—	643. 21
		江西 21 选 5 好运彩	1 102. 47	2 300. 38	81. 70	—	—	—	—	—	—	—	3 484. 55
		江西 31 选 7	1 188. 57	218. 08	—	—	—	—	—	—	—	—	1 406. 65
		江西 31 选 7 好运彩	280. 62	317. 96	—	—	—	—	—	—	—	—	598. 58
		江西 35 选 7	569. 38	—	—	—	—	—	—	—	—	—	569. 38
		江西 36 选 7	—	—	—	—	—	—	—	—	—	—	—
	乐透非列	江西时时彩	—	—	—	—	—	14 087. 99	24 608. 67	17 442. 59	31 721. 26	62 995. 59	150 856. 10

续表

地区 Region	游戏类型 Game Type	游戏名称 Game Name	2003	2004	2005	2006	2007	2008	2009	2010	2011	2012	合计 Total
山东	乐透组合	山东 23 选 5	55 461.16	62 235.56	43 083.45	39 412.34	32 424.52	32 147.45	19 226.29	12 052.08	12 427.16	9 707.91	318 177.91
		山东 23 选 5 好运 2	—	3 552.68	—	—	—	—	—	—	—	—	3 552.68
		山东 30 选 7	184 302.15	136 370.99	83 870.20	75 767.85	—	—	—	—	—	—	480 311.19
		山东 36 选 7	30 362.72	29 456.08	19 320.25	—	—	—	—	—	—	—	79 139.04
		山东 36 选 7 好运 3	—	1 552.33	—	—	—	—	—	—	—	—	1 552.33
		山东群英会	—	—	—	—	—	—	203 383.02	256 162.44	266 804.15	305 495.14	1 031 844.75
河南	乐透组合	河南 22 选 5	21 165.80	23 011.54	19 207.62	19 115.22	18 152.94	—	18 869.77	19 899.85	18 811.12	15 995.42	174 229.29
		河南 22 选 5 好运 2	—	2 157.52	975.38	1 034.13	823.02	832.78	847.39	865.69	611.32	697.04	8 844.27
		河南 22 选 5 好运 3	—	7 479.89	5 388.58	5 346.10	5 417.04	5 906.63	5 726.69	6 024.12	5 375.34	4 772.03	51 436.42
		河南 22 选 5 好运 4	—	2 088.25	1 508.45	1 719.84	1 871.11	2 112.22	2 244.00	2 438.23	2 483.74	2 274.90	18 740.75
		河南 22 选 6	—	—	—	—	—	19 336.05	—	—	—	—	19 336.05
		河南 33 选 7	—	—	—	—	—	—	—	—	—	—	—
		河南 36 选 7	29 990.34	16 695.98	3 118.29	—	—	—	—	—	—	—	49 804.61
		河南 36 选 7 好运彩 1	—	174.46	28.72	—	—	—	—	—	—	—	203.19
		河南 36 选 7 好运彩 2	—	435.57	106.35	—	—	—	—	—	—	—	541.92
		河南 36 选 7 好运彩 3	—	1 457.76	647.95	—	—	—	—	—	—	—	2 105.71
		河南 36 选 7 好运彩 4	—	1 180.81	421.63	—	—	—	—	—	—	—	1 602.44
	乐透排列	河南 6+1	2 323.44	1 428.60	—	—	—	—	—	—	—	—	3 752.04
		河南幸运武林	—	—	—	—	—	—	371.83	2 305.88	2 294.42	87 966.17	92 938.30
湖北	乐透组合	湖北 21 选 7	—	—	—	—	—	12 679.51	—	—			12 679.51
		湖北 22 选 5	18 017.49	20 125.36	15 787.02	16 395.96	12 858.87	—	13 847.04	10 826.83	9 021.02	7 255.35	124 134.94
		湖北 22 选 5 好运 1	—	369.61	105.61	86.32	67.62	70.62	62.78	44.83	36.97	26.02	870.38
		湖北 22 选 5 好运 2	—	895.04	301.78	304.64	268.04	305.91	274.35	204.10	194.33	159.59	2 907.78
		湖北 22 选 5 好运 3	—	10 460.26	4 550.63	4 205.08	3 682.53	3 527.64	3 370.97	2 892.22	2 644.72	2 293.44	37 627.51

续表

地　区 Region	游戏类型 Game Type	游戏名称 Game Name	2003	2004	2005	2006	2007	2008	2009	2010	2011	2012	合　计 Total
湖　北	乐透组合	湖北 22 选 5 好运 4	—	2 569.01	2 294.87	2 137.50	1 896.16	1 808.84	1 860.21	1 538.22	1 503.45	1 409.49	17 017.75
		湖北 22 选 5 好运彩	2 056.96	—	—	—	—	—	—	—	—	—	2 056.96
		湖北 27 选 7 +1	—	—	—	—	—	—	—	—	—	—	—
		湖北 32 选 7	15 918.87	14 111.37	6 247.24	3 536.62	—	—	—	—	—	—	39 814.09
		湖北 32 选 7 好运 1	—	80.37	28.17	26.32	—	—	—	—	—	—	134.86
		湖北 32 选 7 好运 2	—	157.44	43.49	30.89	—	—	—	—	—	—	231.83
		湖北 32 选 7 好运 3	—	1 651.08	685.32	398.78	—	—	—	—	—	—	2 735.18
		湖北 32 选 7 好运 4	—	3 601.77	1 164.71	601.76	—	—	—	—	—	—	5 368.24
		湖北 32 选 7 好运 5	—	761.93	472.66	228.35	—	—	—	—	—	—	1 462.94
		湖北 32 选 7 好运彩	663.95	420.75	—	—	—	—	—	—	—	—	1 084.69
		湖北 33 选 7	—	—	—	—	—	—	—	—	—	—	—
		湖北 36 选 7	—	—	—	—	—	—	—	—	—	—	—
		湖北快 3									—	59 639.26	59 639.26
	乐透排列	湖北 C061	—	—	—	—	—	—	—	—	—	—	—
		湖北 5 位数	3 063.26	1 555.90	—	—	—	—	—	—	—	—	4 619.16
		湖北 7 位数	1 029.63	—	—	—	—	—	—	—	—	—	1 029.63
		湖北时时彩	—	—	—	—	—	—	—	1 335.13	1 590.36	1 303.91	4 229.40
湖　南	乐透组合	湖南 22 选 5	18 508.96	14 452.75	8 933.61	6 479.72	3 869.54	—	3 645.83	2 285.63	—	—	58 176.04
		湖南 22 选 5 好运 1	—	—	—	—	—	—	—	5.28	—	—	5.28
		湖南 22 选 5 好运 2	—	—	—	—	—	—	—	50.28	—	—	50.28
		湖南 22 选 5 好运 3	—	—	—	—	—	—	—	453.80	—	—	453.80
		湖南 22 选 5 好运 4	—	—	—	—	—	—	—	324.10	—	—	324.10
		湖南 22 选 5 好运彩	1 956.24	8 275.30	4 341.49	3 417.08	1 887.22	1 628.36	1 427.79	52.80	—	—	22 986.27
		湖南 22 选 7	—	—	—	—	—	4 642.04	—	—	—	—	4 642.04
		湖南 35 选 7	19 550.22	11 125.02	5 629.62	3 253.47	—	—	—	—	—	—	39 558.33
		湖南 35 选 7 好运彩	636.19	1 777.76	701.13	384.67	—	—	—	—	—	—	3 499.76
		湖南快乐十分									17 880.40	89 183.62	107 064.02
	乐透排列	湖南时时彩	—	—	—	—	—	—	—	3 589.27	972.51		4 561.77

续表

地区 Region	游戏类型 Game Type	游戏名称 Game Name	2003	2004	2005	2006	2007	2008	2009	2010	2011	2012	合计 Total
广东	乐透组合	广东26选5	25 962.74	17 886.06	10 849.78	8 228.15	5 840.64	4 873.29	3 493.11	2 738.01	2 085.97	1 526.80	83 484.55
		广东26选5好运彩	4 091.65	17 487.95	2 552.27	—	—	—	—	—			24 131.87
		广东26选5好运2	—	—	980.22	4 457.82	1 954.81	997.66	437.52	256.19	213.19	194.38	9 491.78
		广东26选5好运3	—	—	8 277.23	9 838.21	8 507.35	6 710.07	3 059.51	1 940.51	1 622.14	1 560.69	41 515.71
		广东36选7	147 871.00	111 158.70	71 683.61	61 771.66	43 649.42	54 002.53	54 140.24	33 644.38	32 600.39	25 519.26	636 041.19
		广东36选7好运彩	10 661.12	34 169.71	5 343.77	—	—	—	—	—			50 174.60
		广东36选7好运1	—	—	9 390.01	16 417.30	6 367.17	17 988.36	61 183.28	63 701.36	35 935.17	28 955.02	239 937.67
		广东36选7好运2	—	—	1 414.68	1 997.43	1 575.51	1 482.58	2 189.55	1 778.20	1 558.71	1 477.26	13 473.92
		广东36选7好运3	—	—	14 810.87	18 114.49	15 648.33	16 396.25	27 133.79	23 676.10	22 735.67	21 301.13	159 816.63
		广东45选6	—	—	—	—	—	—	—	—			—
		广东快乐十分	—	—	—	—	880.39	5 972.97	6 629.41	166 062.81	247 387.38	410 750.19	837 683.15
深圳	乐透组合	深圳35选7	35 476.22	20 441.89	13 484.96	14 347.46	8 984.23	6 400.25	4 303.63	2 821.58	2 004.43	1 623.51	109 888.17
		深圳快乐彩									14.77	252.86	267.63
		深圳快乐8	—	—	1 074.48	4 977.44	4 662.20	4 594.74	3 981.66	2 579.92	2 375.84	3 772.40	28 018.66
广西	乐透组合	广西21选5	31 437.72	19 433.12	8 426.40	4 728.27	—	—	—	—			64 025.51
		广西21选5好运2	3.66	5 056.52	21 810.15	16 265.00	18 356.93	16 231.11	15 593.17	19 242.26	16 977.28	17 307.11	146 843.19
		广西21选5好运3	14.46	12 216.11	25 035.62	30 353.00	23 403.14	24 356.97	27 277.59	26 858.49	24 484.64	25 227.90	219 227.92
		广西21选5好运4	10.90	5 461.51	7 234.46	8 244.70	7 895.01	8 196.04	8 488.01	10 088.20	9 772.76	9 945.80	75 337.40
		广西24选7	—	—	—	—	1 230.59	2 988.77	2 610.05	2 455.29	2 660.47	2 122.34	14 067.51
		广西24选7好运1	—	—	—	—	102.04	40.58	25.99	24.94	22.31	23.33	239.19
		广西24选7好运2	—	—	—	—	139.80	222.32	133.33	121.99	111.24	110.60	839.28
		广西24选7好运3	—	—	—	—	393.97	1 025.18	862.66	830.35	805.34	835.44	4 752.94
		广西24选7好运4	—	—	—	—	278.04	870.54	966.94	1 013.36	1 043.19	1 137.74	5 309.82

续表

地区 Region	游戏类型 Game Type	游戏名称 Game Name	2003	2004	2005	2006	2007	2008	2009	2010	2011	2012	合计 Total
广西	乐透组合	广西24选7好运5	—	—	—	—	79.25	143.12	133.93	147.69	141.23	161.74	806.97
		广西29选7	21 055.96	8 980.71	5 772.66	3 838.11	—	—	—	—	—	—	39 647.45
		广西29选7好运1	1.64	183.50	71.59	41.17	—	—	—	—	—	—	297.91
		广西29选7好运2	4.23	415.93	174.61	95.53	—	—	—	—	—	—	690.30
		广西29选7好运3	16.12	1 784.34	715.88	395.04	—	—	—	—	—	—	2 911.37
		广西29选7好运4	23.06	2 223.02	805.67	454.05	—	—	—	—	—	—	3 505.80
		广西29选7好运5	8.10	663.12	185.27	92.13	—	—	—	—	—	—	948.62
		广西29选7C	—	375.64	105.31	—	—	—	—	—	—	—	480.95
		广西29选7F	—	271.90	62.29	—	—	—	—	—	—	—	334.19
		广西29选7开心8	—	446.58	110.24	—	—	—	—	—	—	—	556.82
		广西35选7	—	—	—	—	—	—	—	—	—	—	—
		广西37选7	47 111.80	23 826.62	15 360.39	9 612.53	—	—	—	—	—	—	95 911.34
		广西37选7好运1	—	326.50	137.57	89.58	—	—	—	—	—	—	553.65
		广西37选7好运2	—	814.90	363.79	245.95	—	—	—	—	—	—	1 424.64
		广西37选7好运3	—	3 468.72	1 503.57	1 128.87	—	—	—	—	—	—	6 101.16
		广西37选7好运4	—	3 673.36	1 521.62	973.21	—	—	—	—	—	—	6 168.19
		广西37选7好运5	—	1 139.16	356.12	173.45	—	—	—	—	—	—	1 668.73
		广西跑跑彩									—	1 526.24	1 526.24
	乐透排列	广西C061	—	—	—	—	—	—	—	—	—	—	—
海南	乐透组合	海南15选5	14.62	0.30	—	—	—	—	—	—	—	—	14.92
		海南48选5	—	—	—	—	—	—	—	—	—	—	—
		海南快2	—	—	—	—	4 999.75	28 658.85	17 697.98	55 466.65	76 207.17	88 652.79	271 683.20
	乐透排列	海南C061	44.90	0.75	—	—	—	—	—	—	—	—	45.65

续表

地　区 Region	游戏类型 Game Type	游戏名称 Game Name	2003	2004	2005	2006	2007	2008	2009	2010	2011	2012	合　计 Total
重　庆	乐透组合	重庆 20 选 5	5 618.27	3 188.89	2 770.56	1 835.01	512.26	385.36	288.30	58.09	—	—	14 656.74
		重庆 20 选 5 好运 1	—	11.31	3.81	—	—	—	—	—	—	—	15.13
		重庆 20 选 5 好运 2	—	54.74	26.05	—	—	—	—	—	—	—	80.80
		重庆 20 选 5 好运 3	—	252.20	149.89	130.14	98.65	93.25	84.72	14.45	—	—	823.30
		重庆 20 选 5 好运 4	—	107.75	73.66	—	—	—	—	—	—	—	181.40
		重庆 32 选 7	—	—	—	—	—	—	—	—	—	—	—
		重庆 33 选 7	—	2 628.36	1 040.93	712.11	—	—	—	—	—	—	4 381.39
		重庆 33 选 7 好运 3	—	309.18	283.99	57.37	—	—	—	—	—	—	650.54
		重庆 35 选 7	—	—	—	—	—	—	—	—	—	—	—
		重庆 37 选 7	10 012.23	740.81	—	—	—	—	—	—	—	—	10 753.04
		重庆 37 选 7 好运 1	—	1.00	—	—	—	—	—	—	—	—	1.00
		重庆 37 选 7 好运 2	—	5.32	—	—	—	—	—	—	—	—	5.32
		重庆 37 选 7 好运 3	—	47.79	—	—	—	—	—	—	—	—	47.79
		重庆 37 选 7 好运 4	—	19.39	—	—	—	—	—	—	—	—	19.39
		重庆 45 选 6	—	—	—	—	—	—	—	—	—	—	—
		重庆快乐十分	—	—	—	—	—	—	—	13 209.11	56 883.03	81 736.62	151 828.76
	乐透排列	重庆 C050	—	—	—	—	—	—	—	—	—	—	—
		重庆时时彩	159.84	1 868.48	6 212.93	35 196.21	42 200.04	—	—	—	—	—	85 637.50
		重庆时时乐	—	—	—	—	—	25 343.66	29 056.57	33 650.27	39 590.94	28 387.57	156 029.01
四　川	乐透组合	四川 22 选 5	588.28	—	—	—	—	—	—	—	—	—	588.28
		四川 29 选 7	321.42	—	—	—	—	—	—	—	—	—	321.42
		四川 35 选 7	—	—	—	—	—	—	—	—	—	—	—
		四川 46 选 6	—	—	—	—	—	—	—	—	—	—	—
		四川快乐十二	—	—	—	—	—	—	—	14 063.32	67 463.77	115 027.06	196 554.16
	乐透排列	四川 C070	—	—	—	—	—	—	—	—	—	—	—
贵　州	乐透组合	贵州 22 选 5	1 959.71	—	—	—	—	—	—	—	—	—	1 959.71
		贵州 29 选 7	—	—	—	—	—	—	—	—	—	—	—
		贵州 33 选 7	325.40	—	—	—	—	—	—	—	—	—	325.40
		贵州 34 选 7	—	—	—	—	—	—	—	—	—	—	—
		贵州十二生肖	—	—	—	—	—	—	—	4 148.45	5 580.08	2 042.72	11 771.25
		贵州快 3	—	—	—	—	—	—	—	—	—	7 713.80	7 713.80
	乐透排列	贵州 C061	230.96	—	—	—	—	—	—	—	—	—	230.96

续表

地 区 Region	游戏类型 Game Type	游戏名称 Game Name	2003	2004	2005	2006	2007	2008	2009	2010	2011	2012	合 计 Total
云 南	乐透组合	云南 22 选 5	8 055. 81	552. 13	—	—	—	—	—	—	—	—	8 607. 94
		云南 29 选 7	1 590. 61		—	—	—	—	—	—	—	—	1 590. 61
		云南 30 选 7	—	—	—	—	—	—	—	—	—	—	—
		云南 34 选 7	576. 22	—	—	—	—	—	—	—	—	—	576. 22
		云南 37 选 7	1 454. 68	187. 07	—	—	—	—	—	—	—	—	1 641. 75
		云南快乐十分									4 978. 28	18 598. 16	23 576. 44
	乐透排列	云南时时彩	—	—	—	—	—	—	101. 01	11 514. 92	2 846. 24	211. 63	14 673. 79
西 藏	乐透组合	西藏生肖时时彩	—	—	—	—	—	—	—	—	2 703. 56	1 647. 27	4 350. 82
	乐透排列	西藏 C050	—	—	—	—	—	—	—	—	—	—	—
陕 西	乐透组合	陕西 21 选 5	6 987. 25	2 300. 11	—	—	—	—	—	—	—	—	9 287. 36
		陕西 21 选 5 好运 2	254. 03	302. 93	—	—	—	—	—	—	—	—	556. 97
		陕西 33 选 7	12 399. 81	4 572. 66	2 576. 51	1 747. 69	—	—	—	—	—	—	21 296. 66
		陕西 33 选 7 好运彩	330. 55	2 020. 91	54. 64	—	—	—	—	—	—	—	2 406. 09
		陕西 33 选 7 好运 3	—	—	220. 18	128. 73	—	—	—	—	—	—	348. 91
		陕西 33 选 7 好运 4	—	—	406. 12	224. 64	—	—	—	—	—	—	630. 76
		陕西 36 选 7	—	—	—	—	—	—	—	—	—	—	—
		陕西快乐十分									30 202. 32	99 819. 78	130 022. 10
青 海	乐透排列	青海时时彩	—	—	—	—	—	—	80. 46	2 042. 79	2 137. 19	2 296. 95	6 557. 39
宁 夏	乐透排列	宁夏时时彩	—	—	—	—	—	—	—	1 278. 62	1 191. 20	201. 39	2 671. 20
新 疆	乐透组合	新疆 18 选 7	9 237. 45	7 185. 88	3 249. 76	2 817. 00	1 421. 66	901. 42	641. 90	411. 80	357. 51	318. 72	26 543. 09
		新疆 25 选 7	—	9 764. 44	10 134. 11	8 706. 02	5 211. 42	3 090. 46	1 852. 98	1 186. 16	1 412. 66	2 448. 30	43 806. 54
		新疆 33 选 7	—	—	—	—	—	—	—	—			—
		新疆 35 选 7	46 535. 69	38 788. 41	32 835. 12	31 852. 10	30 601. 93	21 584. 51	16 014. 56	10 074. 08	8 092. 51	7 292. 09	243 670. 99
		新疆 35 选 7 偶数彩中彩	681. 78	2 860. 48	1 050. 27	613. 48	453. 92	308. 02	248. 79	172. 43	126. 77	73. 45	6 589. 38
		新疆 60 选 5	—	—	—	—	—	—	—	—	—	—	—
		新疆喜乐彩	—	—	—	—	—	—	—	—	—	1 635. 45	1 635. 45
	乐透非列	新疆时时乐	—	—	—	—	14 509. 09	23 754. 85	—	—	—	—	38 263. 94
		新疆时时彩	—	—	—	—	—	—	25 392. 95	63 106. 95	80 847. 45	108 013. 20	277 360. 55
合计 Total			1 274 486. 65	1 102 786. 99	794 340. 87	748 159. 54	551 450. 69	525 080. 70	830 491. 22	1 132 946. 62	1 752 531. 55	2 987 110. 38	11 699 385. 19

2003—2012年中国福利彩票视频型彩票销售情况表（分游戏）

Sales Statistics of Online Instant Win Games of Welfare Lottery in Different Lottery Games from 2003 to 2012

单位：万元

Unit：Ten Thousand Yuan

序号	游戏品种	2003	2004	2005	2006	2007	2008	2009	2010	2011	2012	合计 Total
1	四花选五	201.85	130.59	204.97	482.81	685.43	8 481.60	399.20	549.53	646.99	527.07	12 310.02
2	小猫钓鱼	0.78	0.69	—	—	—	—	—	—	—	—	1.46
3	洞穴寻宝	2.00	2.16	—	—	—	—	—	—	—	—	4.15
4	幸运七彩	8.41	7.10	—	—	—	—	—	—	—	—	15.51
5	开心一刻	—	2.81	66.22	209.42	338.59	700.78	64.05	57.37	78.68	60.22	1 578.14
6	幸运五彩	—	9.44	136.17	396.23	616.93	2 278.04	361.47	783.32	815.34	809.16	6 206.11
7	幸运扑克	—	63.91	35 931.82	79 693.66	81 016.15	7 714.89	0.00	—	—	—	204 420.43
8	西游夺彩	—	6.58	20 474.01	332 823.50	1 170 665.26	177 585.81	0.00	—	—	—	1 701 555.16
9	多级扑克	—	30.16	10 360.01	42 955.01	66 642.58	9 319.93	0.00	—	—	—	129 307.69
10	三江风光	—	—	—	—	—	—	8 582.96	1 645.76	1 556.68	1 194.77	12 980.18
11	连环夺宝	—	—	—	—	—	—	106 385.92	926 921.80	1 694 888.30	2 235 373.54	4 963 569.56
12	趣味高尔夫	—	—	—	—	—	—	335.98	1 933.58	3 155.41	4 120.94	9 545.91
13	好运射击	—	—	—	—	—	—	71.82	165.28	246.60	244.63	728.33
合计 Total		213.04	253.42	67 173.19	456 560.64	1 319 964.94	206 081.04	116 201.40	932 056.64	1 701 388.01	2 242 330.33	7 042 222.65

（中国福利彩票发行管理中心供稿）

2003—2012 年中国福利彩票即开型彩票销售情况表（分游戏）

Sales Statistics of Termina – Sale Instant Win Tickets of Welfare Lottery in Different Lottery Games from 2003 to 2012

单位：万元

Unit：Ten Thousand Yuan

序号	游戏	2003	2004	2005	2006	2007	2008	2009	2010	2011	2012	合计 Total
1	神秘骨牌	6.36	48.78	0.69	—	—	—	—	—	—	—	55.83
2	勇士闯关	11.20	109.34	0.83	—	—	—	—	—	—	—	121.38
3	请您开奖	—	25.78	153.01	—	—	—	—	—	—	—	178.78
4	勇士闯关 2	—	456.31	669.90	—	—	—	1.18	(0.00)	—	—	1 127.38
5	小猫钓鱼 3	—	23.56	32.56	—	—	—	—	—	—	—	56.12
6	五子登科	—	—	1.13	—	—	—	—	—	—	—	1.13
7	幸运八	—	—	1.24	—	—	—	—	—	—	—	1.24
8	金鸡唱晓	—	—	81.00	—	—	—	—	—	—	—	81.00
9	即刻乐透	—	—	3.71	—	—	—	—	—	—	—	3.71
10	一条龙	—	—	1.87	—	—	—	—	—	—	—	1.87
11	勇士闯关 4	—	—	7 345.24	23 022.27	5 834.41	5 217.97	345.51	65.33	24.07	1.94	41 856.74
12	开心宾果	—	—	143.28	168.12	198.98	126.69	2.14	9.67	7.19	0.73	656.80
13	百变扑克	—	—	1 552.28	711.10	595.66	235.87	22.63	12.68	5.42	0.38	3 136.01
14	点石成金	—	—	23.11	23.21	349.31	364.24	123.34	85.07	122.01	2.79	1 093.08
15	喜庆吉祥	—	—	331.99	349.79	284.80	61.83	61.11	23.50	14.19	3.75	1 130.96
16	趣味麻将	—	—	39.66	20.34	101.67	76.34	34.00	12.00	16.00	—	300.01
17	F1 赛车	—	—	3.95	1.05	0.00	20.55	(2.85)		47.05	0.60	70.35
18	即开 3D	—	—	1 491.10	749.73	398.08	800.30	94.03	84.90	269.65	4.85	3 892.63
19	棒球小子	—	—	1 054.95	246.80	190.10	233.01	14.56	22.84	15.14	0.01	1 777.40
20	趣味麻将一	—	—	1 112.47	2 724.27	1 926.42	6 603.13	2 158.72	663.82	837.40	310.00	16 336.24
21	F1 赛车(一)	—	—	2.55	4.25	0.35	—	—	—	—	—	7.15
22	喜庆吉祥 2	—	—	—	7 945.02	14 922.26	36 875.74	14 711.93	3 435.86	410.33	21.28	78 322.43
23	比大小	—	—	—	4 368.78	5 281.12	3 535.36	4 459.51	337.26	645.43	83.14	18 710.60
24	66 顺	—	—	—	3 465.11	4 264.58	1 500.90	286.97	35.03	20.05	1.39	9 574.04
25	幸运宝贝	—	—	—	3 170.43	2 358.49	368.78	51.03	4.24	8.87	0.30	5 962.13
26	吉星高照	—	—	—	1 731.08	10 756.38	24 880.35	11 219.03	930.96	284.35	29.22	49 831.37
27	鉴宝	—	—	—	1 522.43	1 100.02	773.84	151.93	60.82	70.20	10.08	3 689.32
28	清一色	—	—	—	1 274.51	2 587.34	3 297.66	4 008.06	567.38	357.86	19.59	12 112.39
29	游乐场	—	—	—	446.84	382.76	1 023.02	301.17	119.74	64.02	7.83	2 345.38
30	棒球小子 2	—	—	—	270.34	842.99	57.80	1.78	0.00	0.64	0.00	1 173.55
31	快乐生肖	—	—	—	718.43	4 316.78	882.09	64.93	11.43	1.90	0.07	5 995.64
32	和气生财	—	—	—	442.48	585.18	129.14	245.65	15.02	(191.37)	1.76	1 227.86

续表

序号	游戏	2003	2004	2005	2006	2007	2008	2009	2010	2011	2012	合计 Total
33	大富翁	—	—	—	1 440.53	526.12	13.19	7.95	1.51	4.26	0.11	1 993.67
34	发奖金	—	—	—	1 673.02	49 572.86	141 840.02	88 358.01	50 271.60	57 471.74	60 457.29	449 644.55
35	生肖	—	—	—	34.76	321.49	809.35	755.86	69.78	2.96	2.27	1 996.46
36	硕果累累	—	—	—	360.99	2 382.85	2 695.17	438.72	53.75	15.27	1.34	5 948.09
37	多彩扑克	—	—	—	193.88	3 677.69	9 941.76	1 443.52	227.86	43.01	1.74	15 529.46
38	幸运宝藏	—	—	—	1 714.38	22 778.94	49 798.04	22 482.14	9 446.22	2 034.29	104.25	108 358.26
39	富贵有余	—	—	—	67.91	(32.30)	22.11	9.58	2.08	28.64	5.84	103.86
40	勇士闯关 5	—	—	—	6 951.16	103 689.70	232 644.85	161 476.89	128 429.65	99 814.22	53 100.04	786 106.52
41	大富翁 2	—	—	—	1 609.05	22 383.25	33 427.09	26 410.95	2 689.54	750.42	220.73	87 491.04
42	幸运宝贝 2	—	—	—	—	4 007.70	7 564.56	354.53	16.73	53.01	0.02	11 996.54
43	和气生财 2	—	—	—	—	333.48	2 188.67	464.98	186.49	591.17	76.03	3 840.83
44	四季发	—	—	—	—	3 045.73	8 048.02	3 173.88	870.01	757.09	57.37	15 952.10
45	农家乐	—	—	—	—	2 121.30	3 013.06	691.29	64.96	37.89	14.05	5 942.54
46	富贵有余 2	—	—	—	—	8 425.08	44 181.66	67 163.29	53 386.07	41 800.13	39 736.37	254 692.61
47	吉林硕果	—	—	—	—	1 147.37	577.05	133.94	70.65	37.76	4.79	1 971.56
48	对对和	—	—	—	—	1 287.68	5 455.87	1 323.53	768.43	1 518.59	12.71	10 366.80
49	金花	—	—	—	—	2 262.15	9 650.26	1 322.27	982.21	1 815.64	180.01	16 212.54
50	扑克比大小	—	—	—	—		1 968.33	586.54	466.04	182.20	28.29	3 231.40
51	对对碰	—	—	—	—	148.87	2 863.51	2 674.56	672.48	86.64	14.21	6 460.27
52	见缝插金	—	—	—	—	2 847.73	10 290.08	3 320.23	746.85	627.61	45.62	17 878.11
53	双喜临门	—	—	—	—	894.49	19.20	—	—	0.12	—	913.81
54	66 顺 2	—	—	—	—	—	11 475.26	7 402.55	2 025.81	1 943.25	112.09	22 958.95
55	翱翔海航	—	—	—	—	61.45	755.71	107.00	12.10	7.64	1.75	945.65
56	昌盛海航	—	—	—	—	116.00	1 684.00	—	—	—	—	1 800.00
57	双喜临门 2	—	—	—	—	—	116.04	—	—	0.01	—	116.05
58	幸运宝贝 3	—	—	—	—	—	5 592.34	13 255.00	2 736.85	299.24	29.90	21 913.34
59	数字魔方	—	—	—	—	—	1 958.50	471.07	117.71	394.45	56.36	2 998.10
60	海底寻宝	—	—	—	—	—	8 335.12	21 980.59	13 959.22	2 493.12	81.29	46 849.33
61	红楼十二钗	—	—	—	—	—	10 973.14	25 906.81	5 210.98	1 413.73	661.63	44 166.30
62	点石成金 2	—	—	—	—	—	871.75	3 042.75	78.70	6.67		3 999.87
63	幸运宝藏 2	—	—	—	—	—	1 130.52	4 373.22	1 728.50	253.92	80.45	7 566.60
64	主场 2 元	—	—	—	—	—	1 133.40	1 266.60	—	—	—	2 400.00
65	主场 5 元	—	—	—	—	—	944.50	974.86	53.28	77.36	—	2 050.00
66	赛车	—	—	—	—	—	5 102.31	576.29	182.30	787.55	48.10	6 696.55
67	宁夏票 5 元	—	—	—	—	—	0.00	5.00	7.66	—	—	12.66
68	宁夏票 2 元	—	—	—	—	—	79.64	115.60	—	85.24	15.04	295.52
69	齐鲁古车	—	—	—	—	—	3 059.72	2 874.22	66.05	0.01		6 000.00
70	西游探宝	—	—	—	—	—	11 695.71	42 587.23	6 888.46	2 635.35	180.22	63 986.97

续表

序号	游戏	2003	2004	2005	2006	2007	2008	2009	2010	2011	2012	合 计 Total
71	游乐场	—	—	—	—	—	6 658.06	5 797.24	639.64	827.78	15.78	13 938.50
72	节大欢喜	—	—	—	—	—	8 446.55	4 947.95	306.20	1 064.45	37.65	14 802.80
73	硕果累累2	—	—	—	—	—	508.00	659.52	92.86	42.64	2.96	1 305.98
74	金花2	—	—	—	—	—	152.00	1 241.98	265.21	122.62	5.97	1 787.78
75	重建家园	—	—	—	—	—	8 044.32	6 471.36	2 998.82	953.03	32.01	18 499.54
76	同舟共济	—	—	—	—	—	5 566.57	7 997.52	5 356.55	959.34	59.28	19 939.26
77	众志成城	—	—	—	—	—	7 079.12	6 429.17	2 964.89	243.35	54.25	16 770.78
78	扶危济困	—	—	—	—	—	5 692.44	7 439.79	3 354.15	772.76	66.48	17 325.61
79	阖家欢乐	—	—	—	—	—	497.60	2 291.00	552.88	425.01	67.87	3 834.36
80	孕前关爱	—	—	—	—	—	480.00	—	—	—	—	480.00
81	09上海风采-ℓ	—	—	—	—	—	921.00	484.00	—	—	—	1 405.00
82	万众一心	—	—	—	—	—	1 959.81	2 885.21	905.07	128.09		5 878.18
83	福牛乐乐	—	—	—	—	—	220.33	875.68	111.12	214.03	35.16	1 456.32
84	超越自我	—	—	—	—	—	134.10	361.90	126.65	109.98	27.17	759.80
85	欢聚北京	—	—	—	—	—	123.70	232.20	213.06	155.95	37.81	762.72
86	节大欢喜2	—	—	—	—	—	987.10	23 516.59	1 903.77	2 172.74	112.59	28 692.79
87	牛年2元	—	—	—	—	—	—	8 928.62	285.66	291.55	2.02	9 507.86
88	牛年5元	—	—	—	—	—	—	3 036.59	411.25	716.34	63.34	4 227.51
89	喜庆吉祥3	—	—	—	—	—	—	8 073.14	4 837.82	2 927.10	234.72	16 072.78
90	阖家欢乐3	—	—	—	—	—	—	19 422.92	3 053.76	1 661.93	7.89	24 146.51
91	阖家欢乐2	—	—	—	—	—	—	10 789.59	2 094.42	1 245.39	165.99	14 295.39
92	富贵有余3	—	—	—	—	—	—	3 916.41	82.44	0.15	1.00	4 000.00
93	富贵有余4	—	—	—	—	—	—	908.35	72.10	15.90	2.13	998.48
94	富贵有余5	—	—	—	—	—	—	696.75	63.25	206.75	43.55	1 010.30
95	争分夺秒	—	—	—	—	—	—	46 110.39	105 470.35	153 721.60	129 226.87	434 529.21
96	星座	—	—	—	—	—	—	2 681.03	1 097.41	1 936.04	222.94	5 937.41
97	放飞梦想	—	—	—	—	—	—	3 997.00	3 967.14	3 035.86	—	11 000.00
98	万事如意	—	—	—	—	—	—	3 308.18	3 016.27	2 184.97	17.81	8 527.23
99	美丽辽宁	—	—	—	—	—	—	3 810.33	1 219.15	0.91	0.08	5 030.46
100	和谐辽宁	—	—	—	—	—	—	2 400.25	422.95	112.89	24.46	2 960.55
101	好运辽宁	—	—	—	—	—	—	1 397.40	604.04	453.90	214.18	2 669.52
102	欢乐碰碰碰	—	—	—	—	—	—	1 345.18	174.63	328.23	32.24	1 880.28
103	开心时刻	—	—	—	—	—	—	3 324.18	1 324.93	979.42	75.55	5 704.08
104	淘宝商城	—	—	—	—	—	—	24 265.19	11 102.89	6 924.97	347.23	42 640.28
105	节人欢喜3	—	—	—	—	—	—	2 118.88	1 261.14	774.91	2 755.81	6 910.74
106	主场2	—	—	—	—	—	—	1 194.56	784.44	21.00	—	2 000.00
107	万众一心2	—	—	—	—	—	—	704.66	239.94	255.40	—	1 200.00
108	爱满人间	—	—	—	—	—	—	4 906.15	730.10	65.30	0.45	5 702.00

续表

序号	游戏	2003	2004	2005	2006	2007	2008	2009	2010	2011	2012	合 计 Total
109	美梦成真	—	—	—	—	—	—	11 262.95	76 343.28	86 799.16	76 104.77	250 510.16
110	水浒 108 将	—	—	—	—	—	—	16 364.82	4 603.18	2 211.37	254.01	23 433.37
111	一刮一乐	—	—	—	—	—	—	6 928.12	3 790.34	865.16	108.77	11 692.38
112	财源滚滚	—	—	—	—	—	—	3 322.46	1 292.22	278.16	61.73	4 954.58
113	齐鲁古车 2	—	—	—	—	—	—	2 600.64	1 399.35	0.01	—	4 000.00
114	梁祝	—	—	—	—	—	—	6 338.02	2 876.48	3 602.12	267.68	13 084.30
115	节大欢喜 4	—	—	—	—	—	—	9 007.01	31 429.40	23 306.48	12 937.51	76 680.40
116	五福临门	—	—	—	—	—	—	13 364.65	49 484.07	33 040.92	29 166.32	125 055.97
117	游乐场 2	—	—	—	—	—	—	2 392.68	2 804.56	632.48	152.94	5 982.65
118	祝福	—	—	—	—	—	—	579.73	782.17	434.65	117.95	1 914.49
119	锦绣中华	—	—	—	—	—	—	25 822.88	22 568.97	2 712.16	662.14	51 766.15
120	缤纷世博	—	—	—	—	—	—	9 076.56	4 635.98	599.11	(228.66)	14 082.98
121	奇妙世博	—	—	—	—	—	—	7 159.19	3 502.18	228.84	16.47	10 906.67
122	海宝风情	—	—	—	—	—	—	8 992.79	4 968.83	253.82	19.48	14 234.92
123	吉祥海宝	—	—	—	—	—	—	7 422.77	4 101.31	2 250.75	367.10	14 141.92
124	美丽辽宁 2	—	—	—	—	—	—	825.25	4 978.17	4 877.38	650.39	11 331.19
125	和谐辽宁 2	—	—	—	—	—	—	440.50	1 364.04	1 168.02	4.29	2 976.85
126	水浒 108 将 2	—	—	—	—	—	—	3 134.07	5 836.35	817.55	25.90	9 813.86
127	放飞梦想 2	—	—	—	—	—	—	1 333.25	2 521.19	145.56	—	4 000.00
128	融入城市	—	—	—	—	—	—	3.00	477.00	—	—	480.00
129	圣诞快乐	—	—	—	—	—	—	6 995.56	11 340.73	14 108.30	3 315.61	35 760.19
130	爱情密码	—	—	—	—	—	—	907.60	21 402.61	1 572.64	72.88	23 955.73
131	奇妙世博 2	—	—	—	—	—	—	244.55	6 746.97	623.67	15.11	7 630.30
132	游乐场 3	—	—	—	—	—	—	25.00	8 600.00	5 331.15	2 394.05	16 350.20
133	彩运天天有	—	—	—	—	—	—	34.54	14 953.88	876.02	81.25	15 945.69
134	指动金来	—	—	—	—	—	—	—	53 364.02	66 552.73	61 119.78	181 036.52
135	欢天喜地	—	—	—	—	—	—	—	21 075.38	2 808.04	91.31	23 974.73
136	阖家欢乐 4	—	—	—	—	—	—	—	13 023.72	1 868.37	55.87	14 947.96
137	中华名人	—	—	—	—	—	—	—	1 594.70	166.05	95.50	1 856.25
138	中华泰山	—	—	—	—	—	—	—	801.50	136.40	31.00	968.90
139	楚天 2 元	—	—	—	—	—	—	—	596.44	635.14	92.10	1 323.68
140	楚天 5 元	—	—	—	—	—	—	—	402.90	346.35	33.40	782.65
141	节大欢喜 5	—	—	—	—	—	—	—	87 802.70	61 005.37	25 270.88	174 078.95
142	上海风采虎	—	—	—	—	—	—	—	1 600.00			1 600.00
143	畅游天下	—	—	—	—	—	—	—	1 227.50	295.00	297.30	1 819.80
144	苏州 5 元	—	—	—	—	—	—	—	1 306.85	484.35	132.30	1 923.50
145	苏州 10 元	—	—	—	—	—	—	—	1 538.60	526.25	200.15	2 265.00
146	寻宝乐	—	—	—	—	—	—	—	22 737.82	246.43	6.90	22 991.15

续表

序号	游戏	2003	2004	2005	2006	2007	2008	2009	2010	2011	2012	合 计 Total
147	海宝赛车	—	—	—	—	—	—	—	10 412.86	488.55	3.45	10 904.87
148	海宝魔术师	—	—	—	—	—	—	—	10 167.35	866.71	253.42	11 287.48
149	海底大寻宝	—	—	—	—	—	—	—	7 070.72	1 934.67	557.84	9 563.23
150	红楼探秘	—	—	—	—	—	—	—	89 931.05	5 885.01	131.28	95 947.34
151	虎门销烟	—	—	—	—	—	—	—	12 234.43	11 667.47	5 760.50	29 662.40
152	羊城八景	—	—	—	—	—	—	—	697.96	283.85	559.74	1 541.55
153	桂林山水	—	—	—	—	—	—	—	709.31	214.11	78.93	1 002.35
154	岩洞寻宝	—	—	—	—	—	—	—	352.56	115.61	547.09	1 015.26
155	长春雕塑	—	—	—	—	—	—	—	206.41	433.12	187.56	827.10
156	秀美吉林	—	—	—	—	—	—	—	471.20	164.36	54.25	689.80
157	足球之源	—	—	—	—	—	—	—	6 701.37	1 964.28	128.72	8 794.36
158	欢乐谷	—	—	—	—	—	—	—	1 000.00	—	—	1 000.00
159	星耀世博	—	—	—	—	—	—	—	11 874.74	99.16	12.04	11 985.94
160	金山银山	—	—	—	—	—	—	—	14 271.15	126.13	2.67	14 399.95
161	欢乐彩	—	—	—	—	—	—	—	13 130.85	2 744.39	695.56	16 570.80
162	羊城新八景	—	—	—	—	—	—	—	221.45	26.75	207.65	455.85
163	吉星高照 2	—	—	—	—	—	—	—	16 287.92	13 168.39	4 490.68	33 946.98
164	开奖啦	—	—	—	—	—	—	—	5 305.09	511.51	151.90	5 968.50
165	福寿有余	—	—	—	—	—	—	—	16 490.12	24 873.07	9 716.63	51 079.82
166	乐翻天	—	—	—	—	—	—	—	14 128.74	777.27	10 623.36	25 529.37
167	中华名人 2	—	—	—	—	—	—	—	9 189.21	2 512.02	187.10	11 888.32
168	淘金者	—	—	—	—	—	—	—	25 901.02	9 033.33	2 343.55	37 277.90
169	畅游天下 2	—	—	—	—	—	—	—	1 587.20	922.35	194.10	2 703.65
170	我爱电影	—	—	—	—	—	—	—	8 168.37	736.53	95.00	8 999.90
171	大熊猫 2 元	—	—	—	—	—	—	—	398.00	2 580.76	21.23	2 999.99
172	大熊猫 5 元	—	—	—	—	—	—	—	1 000.00	1 479.09	20.85	2 499.94
173	大熊猫 10 元	—	—	—	—	—	—	—	2 606.10	393.90		3 000.00
174	大熊猫 20 元	—	—	—	—	—	—	—	11 778.72	4 185.10	34.77	15 998.60
175	缘定金生	—	—	—	—	—	—	—	11 768.68	11 779.34	417.40	23 965.42
176	王牌高手	—	—	—	—	—	—	—	16 564.14	16 704.46	1 563.46	34 832.05
177	好运气	—	—	—	—	—	—	—	346.20	642.57	2.50	991.27
178	世博熊猫	—	—	—	—	—	—	—	13 358.29	2 225.87	199.39	15 783.55
179	百发百中	—	—	—	—	—	—	—	44 645.98	145 338.16	181 815.25	371 799.39
180	魅力新疆	—	—	—	—	—	—	—	2 569.30	2 618.71	0.10	5 188.11
181	和谐中华		—	—	—	—	—	—	9 963.63	4 498.68	1 423.29	15 885.60
182	高山流水	—	—	—	—	—	—	—	158.80	506.74	92.50	758.04
183	荷包满满	—	—	—	—	—	—	—	8 573.13	1 261.54	22.02	9 856.69
184	紫荆花开	—	—	—	—	—	—	—	8 032.45	1 581.12	111.33	9 724.91

续表

序号	游戏	2003	2004	2005	2006	2007	2008	2009	2010	2011	2012	合 计 Total
185	宝岛风情	—	—	—	—	—	—	—	8 063.72	1 539.51	186.82	9 790.05
186	畅游天下 3	—	—	—	—	—	—	—	1 535.05	655.15	164.80	2 355.00
187	东方之冠 1	—	—	—	—	—	—	—	5 100.47	1 265.42	74.45	6 440.33
188	东方之冠 2	—	—	—	—	—	—	—	2 425.05	2 272.47	623.04	5 320.55
189	漫游世博	—	—	—	—	—	—	—	9 287.51	2 494.28	80.57	11 862.35
190	中华名人 3	—	—	—	—	—	—	—	5 048.10	29 876.20	25 270.95	60 195.25
191	锦绣中华 2	—	—	—	—	—	—	—	1 939.42	3 059.98		4 999.40
192	红楼探秘 2	—	—	—	—	—	—	—	22 572.80	80 000.29	39 813.13	142 386.22
193	筑美世博	—	—	—	—	—	—	—	2 415.91	1 024.14	53.30	3 493.35
194	筑美(套票)	—	—	—	—	—	—	—	1 043.71	214.78	27.46	1 285.95
195	水浒 108 将 3	—	—	—	—	—	—	—	5 523.29	8 307.87	157.85	13 989.01
196	灌篮高手	—	—	—	—	—	—	—	9 849.91	10 617.45	483.45	20 950.81
197	超越梦想	—	—	—	—	—	—	—	3 964.52	978.55	49.03	4 992.10
198	上海风采兔	—	—	—	—	—	—	—	526.00	916.00	—	1 442.00
199	京彩 2 元	—	—	—	—	—	—	—	296.26	1 103.74	—	1 400.00
200	京彩 5 元	—	—	—	—	—	—	—	799.75	3 600.00	600.35	5 000.10
201	关爱家庭,祝您好"孕"	—	—	—	—	—	—	—	180.00	300.00	—	480.00
202	惊喜夺金	—	—	—	—	—	—	—	851.41	12 881.95	13 014.20	26 747.56
203	领奖台	—	—	—	—	—	—	—	2 239.20	28 517.89	2 497.90	33 254.99
204	金猴送福	—	—	—	—	—	—	8 200.00	2 810.60	29.90	—	11 040.50
205	套票系列	—						24.23	—	—	—	24.23
206	邮彩联票	—	—	—	—	—	—	—	—	60.00	—	60.00
207	—	—	—	—	—	—	—	—	—	200.00	—	200.00
208	大满贯	—	—	—	—	—	—	—	—	11 927.53	69.62	11 997.15
209	欢乐嘉年华	—	—	—	—	—	—	—	—	88 231.88	81 334.84	169 566.72
210	上海风采—过年啦	—	—	—	—	—	—	—	—	460.60	139.40	600.00
211	上海风采—闹新春	—	—	—	—	—	—	—	—	600.00	—	600.00
212	上海风采—童子乐	—	—	—	—	—	—	—	—	350.00	150.00	500.00
213	恭贺新春	—	—	—	—	—	—	—	—	22 889.47	91.17	22 980.64
214	玉兔迎春	—	—	—	—	—	—	—	—	96 330.32	1 109.92	97 440.25
215	爱情密码 2	—	—	—	—	—	—	—	—	17 450.02	141.39	17 591.41
216	淘金者 2	—	—	—	—	—	—	—	—	15 344.50	6 795.40	22 139.90

续表

序号	游戏	2003	2004	2005	2006	2007	2008	2009	2010	2011	2012	合 计 Total
217	吉祥如意	—	—	—	—	—	—	—	—	9 496.64	466.05	9 962.69
218	发奖金5元	—	—	—	—	—	—	—	—	47 405.97	37 470.49	84 876.46
219	年年有余	—	—	—	—	—	—	—	—	46 400.93	2 570.85	48 971.78
220	欢乐园	—	—	—	—	—	—	—	—	33 443.08	540.68	33 983.75
221	中华故事2元—老子	—	—	—	—	—	—	—	—	1 385.18	14.82	1 400.00
222	中华故事5元	—	—	—	—	—	—	—	—	1 494.15	1 813.60	3 307.75
223	中华故事5元—2	—	—	—	—	—	—	—	—	474.65	13.30	487.95
224	中华故事10元—老子经典	—	—	—	—	—	—	—	—	1 992.50	1 684.45	3 676.95
225	环游世界	—	—	—	—	—	—	—	—	45 384.83	6 727.50	52 112.32
226	连连看	—	—	—	—	—	—	—	—	13 733.22	242.33	13 975.55
227	神笔马良	—	—	—	—	—	—	—	—	18 576.93	1 332.68	19 909.60
228	上海风采—外滩	—	—	—	—	—	—	—	—	1 950.00	1 927.50	3 877.50
229	富贵有余6	—	—	—	—	—	—	—	—	791.81	721.97	1 513.78
230	富贵有余7	—	—	—	—	—	—	—	—	987.50	11.25	998.75
231	富贵有余8	—	—	—	—	—	—	—	—	1 981.15	1 188.25	3 169.40
232	畅游天下4—文明深圳	—	—	—	—	—	—	—	—	997.50	2.50	1 000.00
233	和谐中华2	—	—	—	—	—	—	—	—	7 986.05	13.95	8 000.00
234	好运十倍	—	—	—	—	—	—	—	—	23 076.90	205 463.28	228 540.18
235	普天同庆	—	—	—	—	—	—	—	—	1 808.60	179.95	1 988.55
236	金色土地	—	—	—	—	—	—	—	—	40 333.59	9 936.94	50 270.53
237	美好生活—永结同心	—	—	—	—	—	—	—	—	35 561.21	15 551.97	51 113.17
238	财富之旅	—	—	—	—	—	—	—	—	39 077.72	14 943.58	54 021.30
239	中状元	—	—	—	—	—	—	—	—	51 578.64	20 764.30	72 342.94
240	中华故事5元	—	—	—	—	—	—	—	—	1 000.00		1 000.00
241	中华瑰宝10元	—	—	—	—	—	—	—	—	600.00		600.00
242	数字达人2元	—	—	—	—	—	—	—	—	12 837.21	2 974.29	15 811.50

续表

序号	游戏	2003	2004	2005	2006	2007	2008	2009	2010	2011	2012	合 计 Total
243	奇兵夺宝	—	—	—	—	—	—	—	—	499.90	20 434.02	20 933.92
244	中秋送福	—	—	—	—	—	—	—	—	22 460.42	7 488.77	29 949.19
245	九九重阳	—	—	—	—	—	—	—	—	21 965.11	4 158.24	26 123.35
246	灌篮高手 20 元	—	—	—	—	—	—	—	—	13 593.16	23 036.72	36 629.88
247	中华故事 10 元	—	—	—	—	—	—	—	—	1 637.25	1 342.40	2 979.65
248	富贵有余 20 元	—	—	—	—	—	—	—	—	1 570.70	2 339.50	3 910.20
249	国泰民安	—	—	—	—	—	—	—	—	25 651.00	67 148.22	92 799.22
250	马到功成	—	—	—	—	—	—	—	—	12 015.41	8 818.87	20 834.28
251	对对碰 5 元	—	—	—	—	—	—	—	—	8 942.64	17 798.41	26 741.05
252	我爱电影—龙门飞甲 10 元	—	—	—	—	—	—	—	—	1 270.65	717.30	1 987.95
253	上海风采 5 元一龙	—	—	—	—	—	—	—	—	704.00	496.00	1 200.00
254	生态鄱阳 2 元	—	—	—	—	—	—	—	—	116.92	1 039.18	1 156.10
255	大吉大利	—	—	—	—	—	—	—	—	273.65	79 689.68	79 963.33
256	企鹅探宝	—	—	—	—	—	—	—	—	2 342.75	62 748.93	65 091.68
257	金龙贺岁	—	—	—	—	—	—	—	—	3 222.70	63 231.19	66 453.89
258	三国争雄	—	—	—	—	—	—	—	—	—	4 496.10	4 496.10
259	金钥匙	—	—	—	—	—	—	—	—	—	55 863.47	55 863.47
260	2012 龙	—	—	—	—	—	—	—	—	—	23 515.35	23 515.35
261	江门风光	—	—	—	—	—	—	—	—	—	6 477.80	6 477.80
262	2012 龙	—	—	—	—	—	—	—	—	—	3 095.61	3 095.61
263	2012 龙四联张	—	—	—	—	—	—	—	—	—	10 595.70	10 595.70
264	2012 龙小本票	—	—	—	—	—	—	—	—	—	7 154.98	7 154.98
265	魅力丹霞	—	—	—	—	—	—	—	—	—	1 785.75	1 785.75
266	张家界风光 5 元	—	—	—	—	—	—	—	—	—	1 192.01	1 192.01
267	张家界风光 10 元	—	—	—	—	—	—	—	—	—	1 461.05	1 461.05
268	心连心	—	—	—	—	—	—	—	—	—	28 588.53	28 588.53

续表

序号	游戏	2003	2004	2005	2006	2007	2008	2009	2010	2011	2012	合计 Total
269	招财猫	—	—	—	—	—	—	—	—	—	35 417.75	35 417.75
270	美好生活	—	—	—	—	—	—	—	—	—	37 157.34	37 157.34
271	大赢家	—	—	—	—	—	—	—	—	—	13 080.05	13 080.05
272	夺宝嘉年华	—	—	—	—	—	—	—	—	—	26 433.15	26 433.15
273	倍给力	—	—	—	—	—	—	—	—	—	35 159.72	35 159.72
274	存钱罐	—	—	—	—	—	—	—	—	—	9 297.40	9 297.40
275	欢乐嘉年华 20 元	—	—	—	—	—	—	—	—	—	14 242.51	14 242.51
276	荷塘月色	—	—	—	—	—	—	—	—	—	4 571.45	4 571.45
277	蚂蚁搬家	—	—	—	—	—	—	—	—	—	3 418.06	3 418.06
278	七彩盛世	—	—	—	—	—	—	—	—	—	950.95	950.95
279	黄河魂	—	—	—	—	—	—	—	—	—	6 575.45	6 575.45
280	敦煌韵	—	—	—	—	—	—	—	—	—	5 897.35	5 897.35
281	花好月圆	—	—	—	—	—	—	—	—	—	29 946.33	29 946.33
282	巍巍井冈	—	—	—	—	—	—	—	—	—	3 342.92	3 342.92
283	跷跷板	—	—	—	—	—	—	—	—	—	10 937.78	10 937.78
284	幸运扑克	—	—	—	—	—	—	—	—	—	14 336.80	14 336.80
285	喜从天降	—	—	—	—	—	—	—	—	—	7 947.89	7 947.89
286	龙腾盛世	—	—	—	—	—	—	—	—	—	5 281.84	5 281.84
287	招财纳福	—	—	—	—	—	—	—	—	—	8 821.10	8 821.10
288	网鱼高手	—	—	—	—	—	—	—	—	—	7 657.90	7 657.90
289	圣诞快乐 2	—	—	—	—	—	—	—	—	—	7 156.14	7 156.14
290	生肖一蛇	—	—	—	—	—	—	—	—	—	884.00	884.00
291	伏羲定姓氏	—	—	—	—	—	—	—	—	—	1 064.70	1 064.70
合计 Total		**17.56**	**663.77**	**14 046.51**	**67 422.05**	**289 277.34**	**766 454.82**	**927 657.43**	**1 445 717.53**	**2 004 425.62**	**2 020 302.00**	**7 535 984.61**

（中国福利彩票发行管理中心供稿）

2003—2012 年中国体育彩票全国联网游戏销售统计

Sales Statistics of National Games of Sports Lottery from 2003 to 2012

进球幸运彩

单位：万元

Unit: Ten Thousand Yuan

地区 Region	游戏类型 Game Type	2003	2004	2005	2006	2007	2008	2009	2010	2011	2012	合计 Total
北京	竞猜	—	—	19. 32	—	—	—	—	—	—	—	19. 32
天津		—	—	7. 33	—	—	—	—	—	—	—	7. 33
河北		—	—	5. 39	—	—	—	—	—	—	—	5. 39
山西		—	—	3. 60	—	—	—	—	—	—	—	3. 60
辽宁		—	—	11. 23	—	—	—	—	—	—	—	11. 23
吉林		—	—	4. 25	—	—	—	—	—	—	—	4. 25
黑龙江		—	—	6. 60	—	—	—	—	—	—	—	6. 60
上海		—	—	17. 77	—	—	—	—	—	—	—	17. 77
江苏		—	—	14. 16	—	—	—	—	—	—	—	14. 16
浙江		—	—	17. 47	—	—	—	—	—	—	—	17. 47
安徽		—	—	6. 32	—	—	—	—	—	—	—	6. 32
福建		—	—	11. 62	—	—	—	—	—	—	—	11. 62
江西		—	—	5. 62	—	—	—	—	—	—	—	5. 62
山东		—	—	11. 55	—	—	—	—	—	—	—	11. 55
河南		—	—	5. 62	—	—	—	—	—	—	—	5. 62
湖北		—	—	10. 16	—	—	—	—	—	—	—	10. 16
湖南		—	—	6. 85	—	—	—	—	—	—	—	6. 85
广东		—	—	83. 02	—	—	—	—	—	—	—	83. 02
广西		—	—	9. 62	—	—	—	—	—	—	—	9. 62
海南		—	—	1. 71	—	—	—	—	—	—	—	1. 71
重庆		—	—	3. 78	—	—	—	—	—	—	—	3. 78
四川		—	—	15. 48	—	—	—	—	—	—	—	15. 48
贵州		—	—	2. 28	—	—	—	—	—	—	—	2. 28
云南		—	—	5. 92	—	—	—	—	—	—	—	5. 92
西藏		—	—	0. 19	—	—	—	—	—	—	—	0. 19
陕西		—	—	3. 82	—	—	—	—	—	—	—	3. 82
甘肃		—	—	2. 03	—	—	—	—	—	—	—	2. 03
青海		—	—	0. 69	—	—	—	—	—	—	—	0. 69
新疆		—	—	2. 10	—	—	—	—	—	—	—	2. 10
合计 Total		**—**	**—**	**295. 51**	**—**	**—**	**—**	**—**	**—**	**—**	**—**	**295. 51**

篮球单场

单位：万元

Unit：Ten Thousand Yuan

地区 Region	游戏类型 Game Type	2003	2004	2005	2006	2007	2008	2009	2010	2011	2012	合计 Total
北京	竞猜	—	—	1 404.30	540.29	146.68	—	—	—	—	—	2 091.27
天津		—	—	289.73	132.01	41.49	—	—	—	—	—	463.23
河北		—	—	723.43	389.59	162.81	—	—	—	—	—	1 275.83
山西		—	—	307.09	160.46	46.65	—	—	—	—	—	514.19
辽宁		—	—	959.95	497.11	122.33	—	—	—	—	—	1 579.39
吉林		—	—	470.72	295.58	110.73	—	—	—	—	—	877.04
黑龙江		—	—	448.45	205.57	60.81	—	—	—	—	—	714.83
上海		—	—	139.66	63.61	12.72	—	—	—	—	—	215.99
江苏		—	—	437.84	273.79	93.48	—	—	—	—	—	805.11
安徽		—	—	238.82	90.62	48.01	—	—	—	—	—	377.45
福建		—	—	281.81	106.63	28.04	—	—	—	—	—	416.49
江西		—	—	338.92	110.00	15.08	—	—	—	—	—	464.01
山东		—	—	808.20	343.87	133.07	—	—	—	—	—	1 285.14
河南		—	—	806.97	227.23	73.67	—	—	—	—	—	1 107.86
湖北		—	—	1 040.73	481.54	134.08	—	—	—	—	—	1 656.35
湖南		—	—	802.78	158.36	29.94	—	—	—	—	—	991.08
广东		—	—	1 202.33	—	—	—	—	—	—	—	1 202.33
广西		—	—	83.96	40.99	15.13	—	—	—	—	—	140.08
海南		—	—	41.35	9.72	2.12	—	—	—	—	—	53.20
重庆		—	—	231.43	56.43	17.89	—	—	—	—	—	305.75
四川		—	—	510.56	227.06	75.61	—	—	—	—	—	813.23
贵州		—	—	183.88	135.79	43.23	—	—	—	—	—	362.90
云南		—	—	364.60	183.74	49.58	—	—	—	—	—	597.92
西藏		—	—	16.65	7.06	4.04	—	—	—	—	—	27.75
陕西		—	—	358.81	77.88	41.98	—	—	—	—	—	478.67
甘肃		—	—	108.02	72.99	28.05	—	—	—	—	—	209.06
青海		—	—	68.95	47.00	7.50	—	—	—	—	—	123.45
新疆		—	—	392.26	281.93	135.20	—	—	—	—	—	809.39
合计 Total		**—**	**—**	**13 062.19**	**5 216.87**	**1 679.93**	**—**	**—**	**—**	**—**	**—**	**19 958.99**

胜负幸运彩

单位：万元

Unit：Ten Thousand Yuan

地　区 Region	游戏类型 Game Type	2003	2004	2005	2006	2007	2008	2009	2010	2011	2012	合　计 Total
北　京	竞猜	—	11.94	—	—	—	—	—	—	—	—	11.94
天　津		—	4.68	—	—	—	—	—	—	—	—	4.68
河　北		—	3.01	—	—	—	—	—	—	—	—	3.01
山　西		—	2.30	—	—	—	—	—	—	—	—	2.30
辽　宁		—	7.65	—	—	—	—	—	—	—	—	7.65
吉　林		—	2.58	—	—	—	—	—	—	—	—	2.58
黑龙江		—	3.97	—	—	—	—	—	—	—	—	3.97
上　海		—	13.20	—	—	—	—	—	—	—	—	13.20
江　苏		—	9.01	—	—	—	—	—	—	—	—	9.01
浙　江		—	11.90	—	—	—	—	—	—	—	—	11.90
安　徽		—	2.09	—	—	—	—	—	—	—	—	2.09
福　建		—	7.25	—	—	—	—	—	—	—	—	7.25
江　西		—	2.61	—	—	—	—	—	—	—	—	2.61
山　东		—	7.19	—	—	—	—	—	—	—	—	7.19
河　南		—	4.12	—	—	—	—	—	—	—	—	4.12
湖　北		—	7.59	—	—	—	—	—	—	—	—	7.59
湖　南		—	4.01	—	—	—	—	—	—	—	—	4.01
广　东		—	50.70	—	—	—	—	—	—	—	—	50.70
广　西		—	6.70	—	—	—	—	—	—	—	—	6.70
海　南		—	0.93	—	—	—	—	—	—	—	—	0.93
重　庆		—	2.33	—	—	—	—	—	—	—	—	2.33
四　川		—	7.96	—	—	—	—	—	—	—	—	7.96
贵　州		—	1.47	—	—	—	—	—	—	—	—	1.47
云　南		—	3.69	—	—	—	—	—	—	—	—	3.69
西　藏		—	0.11	—	—	—	—	—	—	—	—	0.11
陕　西		—	2.53	—	—	—	—	—	—	—	—	2.53
甘　肃		—	1.42	—	—	—	—	—	—	—	—	1.42
青　海		—	0.43	—	—	—	—	—	—	—	—	0.43
新　疆		—	1.36	—	—	—	—	—	—	—	—	1.36
合计 Total		**—**	**184.71**	**—**	**—**	**—**	**—**	**—**	**—**	**—**	**—**	**184.71**

胜平负任选9场

单位：万元

Unit：Ten Thousand Yuan

地 区 Region	游戏类型 Game Type	2003	2004	2005	2006	2007	2008	2009	2010	2011	2012	合 计 Total
北 京	竞猜	—	—	2 660.48	9 790.16	10 572.32	10 230.83	10 230.83	15 118.80	16 555.33	17 511.38	92 670.13
天 津		—	—	1 076.55	3 169.83	2 948.14	2 927.16	2 927.16	11 565.18	16 228.52	17 462.76	58 305.30
河 北		—	—	717.69	2 478.70	2 905.41	3 153.90	3 153.90	4 771.54	4 674.19	4 766.65	26 621.98
山 西		—	—	409.96	1 433.70	1 806.36	1 932.18	1 932.18	2 521.35	2 389.25	3 206.72	15 631.71
内蒙古		—	—	—	—	725.27	1 455.41	1 455.41	2 222.50	2 033.68	2 275.94	10 168.21
辽 宁		—	—	2 605.93	8 156.46	9 135.89	9 568.45	9 568.45	12 596.89	11 447.85	11 635.61	74 715.54
吉 林		—	—	763.60	2 470.36	2 964.88	2 806.07	2 806.07	3 618.22	3 263.66	3 481.19	22 174.04
黑龙江		—	—	719.16	2 123.90	2 382.83	2 377.83	2 377.83	3 142.17	2 722.30	3 180.06	19 026.07
上 海		—	—	2 277.63	8 028.16	9 160.14	9 225.74	9 225.74	12 804.33	12 067.58	14 496.04	77 285.37
江 苏		—	—	1 629.15	5 915.71	7 415.66	8 084.04	8 084.04	12 345.33	11 246.57	11 479.84	66 200.34
浙 江		—	—	1 664.69	6 581.70	7 765.39	8 890.41	8 890.41	13 536.14	12 861.38	13 895.31	74 085.43
安 徽		—	—	493.77	2 222.80	5 091.77	3 437.91	3 437.91	6 813.71	11 757.70	8 698.96	41 954.51
福 建		—	—	841.09	3 108.62	3 869.57	4 267.31	4 267.31	6 148.80	5 554.93	6 442.17	34 499.80
江 西		—	—	998.34	5 328.21	7 999.25	10 282.50	10 282.50	23 064.60	23 665.09	22 802.95	104 423.43
山 东		—	—	1 303.96	4 992.93	6 494.93	7 483.62	7 483.62	8 880.89	9 487.21	9 890.81	56 017.96
河 南		—	—	773.86	2 439.55	2 876.41	3 045.59	3 045.59	4 848.49	3 845.13	4 157.62	25 032.24
湖 北		—	—	1 868.59	6 592.02	8 003.32	8 339.79	8 339.79	10 883.07	10 407.10	11 382.36	65 816.04
湖 南		—	—	988.66	3 728.27	4 041.91	4 897.90	4 897.90	13 980.61	9 982.26	14 266.40	56 783.90
广 东		—	—	9 501.41	27 940.42	28 328.82	27 791.23	27 791.23	38 788.98	38 657.11	41 512.36	240 311.57
广 西		—	—	969.64	3 126.59	3 874.05	4 324.82	4 324.82	7 009.26	6 949.88	7 987.01	38 566.07
海 南		—	—	179.97	470.70	578.68	540.65	540.65	802.98	808.58	917.11	4 839.31
重 庆		—	—	763.34	2 875.03	3 771.08	3 768.91	3 768.91	5 882.03	4 994.37	8 691.50	34 515.16
四 川		—	—	1 588.51	5 020.73	6 151.21	6 844.68	6 844.68	10 283.70	9 773.75	11 080.76	57 588.02
贵 州		—	—	525.63	1 692.35	1 958.77	2 233.24	2 233.24	3 437.88	3 203.19	3 248.55	18 532.87
云 南		—	—	764.07	2 417.76	3 027.39	3 284.74	3 284.74	5 179.88	4 488.97	4 904.37	27 351.93
西 藏		—	—	24.41	73.72	89.45	97.92	97.92	—	139.00	160.93	683.35
陕 西		—	—	668.54	2 049.63	2 393.32	2 609.43	2 609.43	3 761.81	3 604.39	4 017.32	21 713.87
甘 肃		—	—	315.69	975.57	1 300.91	1 161.40	1 161.40	1 420.60	1 365.63	1 721.89	9 423.10
青 海		—	—	67.90	199.37	243.29	267.26	267.26	344.78	276.78	308.57	1 975.21
宁 夏		—	—	—	—	140.19	526.08	526.08	660.88	568.45	574.97	2 996.66
新 疆		—	—	521.06	1 772.62	2 213.55	2 210.58	2 210.58	2 943.68	4 020.13	3 404.09	19 296.29
合计 Total		**—**	**—**	**37 683.28**	**127 175.58**	**150 230.16**	**158 067.58**	**158 067.58**	**249 379.07**	**249 039.95**	**269 562.21**	**1 399 205.40**

世界杯 6 场进球

单位：万元

Unit：Ten Thousand Yuan

地　区 Region	游戏类型 Game Type	2003	2004	2005	2006	2007	2008	2009	2010	2011	2012	合　计 Total
北　京	竞猜	—	—	—	390. 64	—	—	—	—	—	—	390. 64
天　津		—	—	—	72. 39	—	—	—	—	—	—	72. 39
河　北		—	—	—	69. 75	—	—	—	—	—	—	69. 75
山　西		—	—	—	63. 90	—	—	—	—	—	—	63. 90
辽　宁		—	—	—	235. 14	—	—	—	—	—	—	235. 14
吉　林		—	—	—	82. 31	—	—	—	—	—	—	82. 31
黑龙江		—	—	—	78. 68	—	—	—	—	—	—	78. 68
上　海		—	—	—	295. 46	—	—	—	—	—	—	295. 46
江　苏		—	—	—	184. 62	—	—	—	—	—	—	184. 62
浙　江		—	—	—	233. 17	—	—	—	—	—	—	233. 17
安　徽		—	—	—	56. 82	—	—	—	—	—	—	56. 82
福　建		—	—	—	144. 15	—	—	—	—	—	—	144. 15
江　西		—	—	—	204. 71	—	—	—	—	—	—	204. 71
山　东		—	—	—	177. 90	—	—	—	—	—	—	177. 90
河　南		—	—	—	82. 06	—	—	—	—	—	—	82. 06
湖　北		—	—	—	158. 58	—	—	—	—	—	—	158. 58
湖　南		—	—	—	200. 69	—	—	—	—	—	—	200. 69
广　东		—	—	—	1 026. 01	—	—	—	—	—	—	1 026. 01
广　西		—	—	—	119. 17	—	—	—	—	—	—	119. 17
海　南		—	—	—	21. 62	—	—	—	—	—	—	21. 62
重　庆		—	—	—	91. 05	—	—	—	—	—	—	91. 05
四　川		—	—	—	180. 92	—	—	—	—	—	—	180. 92
贵　州		—	—	—	85. 10	—	—	—	—	—	—	85. 10
云　南		—	—	—	155. 32	—	—	—	—	—	—	155. 32
西　藏		—	—	—	4. 65	—	—	—	—	—	—	4. 65
陕　西		—	—	—	70. 68	—	—	—	—	—	—	70. 68
甘　肃		—	—	—	30. 31	—	—	—	—	—	—	30. 31
青　海		—	—	—	4. 81	—	—	—	—	—	—	4. 81
新　疆		—	—	—	64. 52	—	—	—	—	—	—	64. 52
合计 Total		**—**	**—**	**—**	**4 585. 12**	**—**	**—**	**—**	**—**	**—**	**—**	**4 585. 12**

世界杯四强

单位：万元

Unit：Ten Thousand Yuan

地　区 Region	游戏类型 Game Type	2003	2004	2005	2006	2007	2008	2009	2010	2011	2012	合　计 Total
北　京	竞猜	—	—	—	191.74	—	—	—	—	—	—	191.74
天　津		—	—	—	69.72	—	—	—	—	—	—	69.72
河　北		—	—	—	131.98	—	—	—	—	—	—	131.98
山　西		—	—	—	52.57	—	—	—	—	—	—	52.57
辽　宁		—	—	—	254.26	—	—	—	—	—	—	254.26
吉　林		—	—	—	102.15	—	—	—	—	—	—	102.15
黑龙江		—	—	—	142.67	—	—	—	—	—	—	142.67
上　海		—	—	—	169.20	—	—	—	—	—	—	169.20
江　苏		—	—	—	129.74	—	—	—	—	—	—	129.74
浙　江		—	—	—	134.57	—	—	—	—	—	—	134.57
安　徽		—	—	—	64.41	—	—	—	—	—	—	64.41
福　建		—	—	—	122.06	—	—	—	—	—	—	122.06
江　西		—	—	—	93.65	—	—	—	—	—	—	93.65
山　东		—	—	—	127.82	—	—	—	—	—	—	127.82
河　南		—	—	—	78.81	—	—	—	—	—	—	78.81
湖　北		—	—	—	137.71	—	—	—	—	—	—	137.71
湖　南		—	—	—	203.77	—	—	—	—	—	—	203.77
广　东		—	—	—	847.21	—	—	—	—	—	—	847.21
广　西		—	—	—	79.67	—	—	—	—	—	—	79.67
海　南		—	—	—	19.07	—	—	—	—	—	—	19.07
重　庆		—	—	—	89.61	—	—	—	—	—	—	89.61
四　川		—	—	—	162.55	—	—	—	—	—	—	162.55
贵　州		—	—	—	55.71	—	—	—	—	—	—	55.71
云　南		—	—	—	195.56	—	—	—	—	—	—	195.56
西　藏		—	—	—	1.86	—	—	—	—	—	—	1.86
陕　西		—	—	—	87.81	—	—	—	—	—	—	87.81
甘　肃		—	—	—	49.33	—	—	—	—	—	—	49.33
青　海		—	—	—	10.50	—	—	—	—	—	—	10.50
新　疆		—	—	—	63.01	—	—	—	—	—	—	63.01
合计 Total		**—**	**—**	**—**	**3 868.73**	**—**	**—**	**—**	**—**	**—**	**—**	**3 868.73**

世界杯八强

单位：万元

Unit：Ten Thousand Yuan

地　区 Region	游戏类型 Game Type	2003	2004	2005	2006	2007	2008	2009	2010	2011	2012	合　计 Total
北　京	竞猜	—	—	—	222.74	—	—	—	—	—	—	222.74
天　津		—	—	—	88.33	—	—	—	—	—	—	88.33
河　北		—	—	—	125.76	—	—	—	—	—	—	125.76
山　西		—	—	—	41.00	—	—	—	—	—	—	41.00
辽　宁		—	—	—	242.26	—	—	—	—	—	—	242.26
吉　林		—	—	—	106.74	—	—	—	—	—	—	106.74
黑龙江		—	—	—	118.75	—	—	—	—	—	—	118.75
上　海		—	—	—	163.53	—	—	—	—	—	—	163.53
江　苏		—	—	—	137.67	—	—	—	—	—	—	137.67
浙　江		—	—	—	116.69	—	—	—	—	—	—	116.69
安　徽		—	—	—	65.99	—	—	—	—	—	—	65.99
福　建		—	—	—	130.53	—	—	—	—	—	—	130.53
江　西		—	—	—	104.96	—	—	—	—	—	—	104.96
山　东		—	—	—	118.47	—	—	—	—	—	—	118.47
河　南		—	—	—	94.43	—	—	—	—	—	—	94.43
湖　北		—	—	—	160.62	—	—	—	—	—	—	160.62
湖　南		—	—	—	160.87	—	—	—	—	—	—	160.87
广　东		—	—	—	544.10	—	—	—	—	—	—	544.10
广　西		—	—	—	93.82	—	—	—	—	—	—	93.82
海　南		—	—	—	8.04	—	—	—	—	—	—	8.04
重　庆		—	—	—	102.07	—	—	—	—	—	—	102.07
四　川		—	—	—	170.56	—	—	—	—	—	—	170.56
贵　州		—	—	—	57.79	—	—	—	—	—	—	57.79
云　南		—	—	—	132.28	—	—	—	—	—	—	132.28
西　藏		—	—	—	1.49	—	—	—	—	—	—	1.49
陕　西		—	—	—	75.85	—	—	—	—	—	—	75.85
甘　肃		—	—	—	35.10	—	—	—	—	—	—	35.10
青　海		—	—	—	5.39	—	—	—	—	—	—	5.39
新　疆		—	—	—	49.34	—	—	—	—	—	—	49.34
合计 Total		—	—	—	**3 475.20**	—	—	—	—	—	—	**3 475.20**

世界杯 8 场胜平负

单位：万元

Unit：Ten Thousand Yuan

地区 Region	游戏类型 Game Type	2003	2004	2005	2006	2007	2008	2009	2010	2011	2012	合计 Total
北京	竞猜	—	—	—	712.32	—	—	—	—	—	—	712.32
天津		—	—	—	267.35	—	—	—	—	—	—	267.35
河北		—	—	—	267.41	—	—	—	—	—	—	267.41
山西		—	—	—	139.53	—	—	—	—	—	—	139.53
辽宁		—	—	—	736.04	—	—	—	—	—	—	736.04
吉林		—	—	—	243.27	—	—	—	—	—	—	243.27
黑龙江		—	—	—	290.27	—	—	—	—	—	—	290.27
上海		—	—	—	602.35	—	—	—	—	—	—	602.35
江苏		—	—	—	471.88	—	—	—	—	—	—	471.88
浙江		—	—	—	460.22	—	—	—	—	—	—	460.22
安徽		—	—	—	175.81	—	—	—	—	—	—	175.81
福建		—	—	—	306.04	—	—	—	—	—	—	306.04
江西		—	—	—	338.85	—	—	—	—	—	—	338.85
山东		—	—	—	437.42	—	—	—	—	—	—	437.42
河南		—	—	—	211.22	—	—	—	—	—	—	211.22
湖北		—	—	—	537.12	—	—	—	—	—	—	537.12
湖南		—	—	—	382.19	—	—	—	—	—	—	382.19
广东		—	—	—	2 725.03	—	—	—	—	—	—	2 725.03
广西		—	—	—	311.27	—	—	—	—	—	—	311.27
海南		—	—	—	57.86	—	—	—	—	—	—	57.86
重庆		—	—	—	226.04	—	—	—	—	—	—	226.04
四川		—	—	—	487.27	—	—	—	—	—	—	487.27
贵州		—	—	—	168.00	—	—	—	—	—	—	168.00
云南		—	—	—	319.72	—	—	—	—	—	—	319.72
西藏		—	—	—	8.53	—	—	—	—	—	—	8.53
陕西		—	—	—	228.28	—	—	—	—	—	—	228.28
甘肃		—	—	—	102.91	—	—	—	—	—	—	102.91
青海		—	—	—	24.37	—	—	—	—	—	—	24.37
新疆		—	—	—	155.73	—	—	—	—	—	—	155.73
合计 Total		**—**	**—**	**—**	**11 394.30**	**—**	**—**	**—**	**—**	**—**	**—**	**11 394.30**

足球 4 场进球

单位：万元

Unit：Ten Thousand Yuan

地　区 Region	游戏类型 Game Type	2003	2004	2005	2006	2007	2008	2009	2010	2011	2012	合　计 Total
北　京	竞猜	—	—	—	3 444.89	3 749.87	2 410.04	1 420.16	1 670.98	1 379.78	1 314.74	15 390.46
天　津		—	—	—	837.61	730.69	669.94	475.24	601.69	1 158.64	1 376.56	5 850.36
河　北		—	—	—	699.79	634.66	582.10	481.84	491.92	373.09	306.78	3 570.17
山　西		—	—	—	429.54	292.15	318.61	261.02	278.01	161.23	239.80	1 980.36
内蒙古		—	—	—	0.00	132.90	319.73	265.42	337.77	239.14	170.33	1 465.29
辽　宁		—	—	—	2 262.78	2 034.71	1 958.98	1 674.48	1 170.27	686.85	717.88	10 505.96
吉　林		—	—	—	802.94	747.12	415.92	313.55	357.78	184.06	154.57	2 975.94
黑龙江		—	—	—	773.67	834.26	593.55	427.24	444.21	292.21	262.93	3 628.07
上　海		—	—	—	2 802.32	2 801.48	2 352.87	1 598.21	1 495.42	937.10	927.42	12 914.81
江　苏		—	—	—	2 071.83	2 141.14	1 732.05	1 001.38	1 123.41	590.29	574.54	9 234.64
浙　江		—	—	—	2 672.53	2 590.60	2 212.40	2 505.71	2 512.68	1 264.22	986.13	14 744.27
安　徽		—	—	—	1 386.23	2 259.82	725.05	964.55	678.73	1 014.78	520.00	7 549.14
福　建		—	—	—	1 342.15	1 480.93	1 537.41	845.68	753.72	416.83	516.96	6 893.68
江　西		—	—	—	3 345.10	5 181.90	3 523.79	3 205.45	3 459.46	2 706.85	2 018.69	23 441.25
山　东		—	—	—	1 782.34	2 202.28	1 878.60	1 032.69	1 026.78	668.88	650.17	9 241.74
河　南		—	—	—	755.05	821.21	796.75	469.21	612.98	366.51	281.14	4 102.85
湖　北		—	—	—	1 809.20	1 961.54	1 384.06	1 124.02	1 142.82	709.91	842.96	8 974.51
湖　南		—	—	—	1 463.30	1 105.48	1 010.51	1 954.91	3 190.37	1 382.93	1 783.74	11 891.23
广　东		—	—	—	9 646.52	8 318.35	5 744.07	3 743.63	4 165.41	3 136.30	2 816.81	37 571.09
广　西		—	—	—	948.78	869.11	695.10	522.73	764.05	536.95	573.96	4 910.69
海　南		—	—	—	192.96	164.07	121.69	79.61	114.85	72.47	55.35	801.00
重　庆		—	—	—	831.88	1 051.13	1 045.92	448.77	908.16	537.89	1 170.41	5 994.16
四　川		—	—	—	1 505.50	1 522.38	1 108.09	815.53	1 211.03	827.13	735.60	7 725.26
贵　州		—	—	—	606.51	615.29	454.87	351.91	511.27	241.01	206.76	2 987.62
云　南		—	—	—	1 121.15	962.00	656.82	391.10	536.14	327.89	349.69	4 344.80
西　藏		—	—	—	25.77	23.52	16.75	14.03	—	25.39	9.31	114.77
陕　西		—	—	—	620.76	568.78	456.21	427.26	479.92	442.06	414.81	3 409.79
甘　肃		—	—	—	339.48	374.23	202.45	141.05	171.00	165.33	169.01	1 562.55
青　海		—	—	—	66.00	66.96	76.36	40.14	26.08	14.68	14.25	304.47
宁　夏		—	—	—	—	7.08	41.75	33.68	73.69	45.38	75.74	277.32
新　疆		—	—	—	514.78	598.83	379.73	295.59	296.20	204.88	229.12	2 519.13
合计 Total		—	—	—	**45 101.35**	**46 844.46**	**35 422.17**	**27 325.79**	**30 606.80**	**21 110.65**	**20 466.17**	**226 877.38**

足球 6 场半全场

单位：万元

Unit：Ten Thousand Yuan

地区 Region	游戏类型 Game Type	2003	2004	2005	2006	2007	2008	2009	2010	2011	2012	合计 Total
北京	竞猜	—	—	—	—	1 259.30	—	—	—	—	—	1 259.30
河北		—	—	—	—	274.77	—	—	—	—	—	274.77
吉林		—	—	—	—	351.80	—	—	—	—	—	351.80
黑龙江		—	—	—	—	313.35	—	—	—	—	—	313.35
福建		—	—	—	—	613.89	—	—	—	—	—	613.89
合计 Total		**—**	**—**	**—**	**—**	**2 813.11**	**—**	**—**	**—**	**—**	**—**	**2 813.11**

足球 6 场半全场胜平负

单位：万元

Unit：Ten Thousand Yuan

地区 Region	游戏类型 Game Type	2003	2004	2005	2006	2007	2008	2009	2010	2011	2012	合计 Total
北京	竞猜	—	—	—	1 740.88	—	666.51	335.09	398.89	262.71	257.62	3 661.70
天津		—	—	—	425.71	279.99	242.72	142.87	170.82	402.43	436.46	2 100.99
河北		—	—	—	430.59	—	193.46	104.96	182.55	134.01	121.17	1 166.74
山西		—	—	—	275.17	152.39	121.20	55.76	66.29	38.50	64.57	773.87
内蒙古		—	—	—	—	62.42	183.66	104.07	105.37	69.78	47.51	572.81
辽宁		—	—	—	1 432.19	945.18	802.73	289.92	345.86	188.52	204.64	4 209.04
吉林		—	—	—	535.34	—	234.12	82.27	140.21	68.50	54.80	1 115.24
黑龙江		—	—	—	533.70	—	251.96	113.66	133.94	86.17	82.12	1 201.55
上海		—	—	—	1 555.72	1 295.31	855.98	350.45	340.42	274.29	248.36	4 920.54
江苏		—	—	—	1 237.38	1 039.86	699.50	285.10	290.84	174.33	217.74	3 944.75
浙江		—	—	—	1 579.01	1 356.15	1 014.08	452.61	530.79	319.81	294.20	5 546.64
安徽		—	—	—	491.65	978.16	291.73	234.22	180.88	308.50	141.61	2 626.75
福建		—	—	—	829.07	—	477.49	202.92	185.20	131.90	186.51	2 013.09
江西		—	—	—	1 324.91	2 313.77	1 592.53	1 002.47	1 204.90	896.41	867.62	9 202.61
山东		—	—	—	956.52	721.49	606.68	249.17	206.15	163.22	185.41	3 088.64
河南		—	—	—	511.02	330.68	251.08	103.70	138.81	93.78	71.37	1 500.44
湖北		—	—	—	1 226.54	1 132.06	634.39	237.82	221.88	182.10	167.10	3 801.89
湖南		—	—	—	866.23	486.51	375.67	573.05	776.10	347.84	754.21	4 179.61
广东		—	—	—	6 108.04	4 506.05	3 131.87	1 408.03	1 401.82	1 109.65	882.23	18 547.70
广西		—	—	—	650.43	492.52	352.97	167.95	193.81	143.55	146.87	2 148.09
海南		—	—	—	140.31	125.14	54.12	23.56	35.55	28.68	26.82	434.17
重庆		—	—	—	588.14	487.75	596.98	112.38	152.86	84.44	194.37	2 216.92
四川		—	—	—	912.65	637.96	514.87	198.78	304.16	151.23	192.50	2 912.15
贵州		—	—	—	374.74	310.72	185.36	81.85	110.40	68.31	65.74	1 197.12
云南		—	—	—	640.71	458.35	286.14	125.05	172.44	85.57	96.02	1 864.28
西藏		—	—	—	14.43	14.27	7.84	3.22	—	2.37	1.75	43.89
陕西		—	2 438.78	456.00	640.86	335.09	232.24	113.43	166.23	123.98	108.41	4 615.03
甘肃		—	—	—	197.19	161.41	133.20	51.22	50.90	31.65	41.89	667.46
青海		—	—	—	33.74	39.56	24.72	8.78	7.02	5.55	7.30	126.68
宁夏		—	—	—	—	5.22	28.32	9.92	22.64	10.07	12.17	88.35
新疆		—	—	—	328.67	204.08	161.13	69.92	78.62	54.26	61.26	957.94
合计 Total		**—**	**2 438.78**	**456.00**	**26 581.53**	**18 872.10**	**15 205.25**	**7 294.20**	**8 316.36**	**6 042.13**	**6 240.35**	**91 446.69**

足球进球彩票

单位：万元

Unit：Ten Thousand Yuan

地 区 Region	游戏类型 Game Type	2003	2004	2005	2006	2007	2008	2009	2010	2011	2012	合 计 Total
北 京	竞猜	—	8 678.15	4 738.52	1 874.51	—	—	—	—	—	—	15 291.19
天 津		—	1 480.65	889.42	322.35	—	—	—	—	—	—	2 692.42
河 北		—	1 270.77	695.86	271.61	—	—	—	—	—	—	2 238.25
山 西		—	—	681.41	185.06	—	—	—	—	—	—	866.47
辽 宁		—	4 964.21	3 270.47	1 068.43	—	—	—	—	—	—	9 303.10
吉 林		—	1 390.96	824.66	288.18	—	—	—	—	—	—	2 503.80
黑龙江		—	1 584.67	849.45	241.86	—	—	—	—	—	—	2 675.98
上 海		—	5 569.41	3 260.86	1 221.80	—	—	—	—	—	—	10 052.06
江 苏		—	3 406.56	2 066.39	864.01	—	—	—	—	—	—	6 336.95
浙 江		—	5 245.50	3 314.93	1 210.97	—	—	—	—	—	—	9 771.40
安 徽		—	808.49	484.98	201.00	—	—	—	—	—	—	1 494.46
福 建		—	2 569.84	1 603.22	632.94	—	—	—	—	—	—	4 805.99
江 西		—	1 702.32	1 564.44	1 144.83	—	—	—	—	—	—	4 411.59
山 东		—	3 435.85	1 847.19	823.73	—	—	—	—	—	—	6 106.78
河 南		—	1 352.33	902.94	308.86	—	—	—	—	—	—	2 564.13
湖 北		—	3 679.46	1 626.19	722.61	—	—	—	—	—	—	6 028.26
湖 南		—	2 271.45	1 553.68	852.15	—	—	—	—	—	—	4 677.28
广 东		—	22 878.88	13 231.94	4 547.80	—	—	—	—	—	—	40 658.61
广 西		—	2 326.82	1 151.33	456.23	—	—	—	—	—	—	3 934.39
海 南		—	639.47	296.49	99.80	—	—	—	—	—	—	1 035.76
重 庆		—	1 952.67	983.78	344.44	—	—	—	—	—	—	3 280.89
四 川		—	3 677.18	2 126.43	676.52	—	—	—	—	—	—	6 480.13
贵 州		—	1 016.54	760.52	298.62	—	—	—	—	—	—	2 075.68
云 南		—	1 562.49	1 095.63	519.13	—	—	—	—	—	—	3 177.25
西 藏		—	57.69	31.47	11.00	—	—	—	—	—	—	100.16
陕 西		—	1 031.90	630.57	259.08	—	—	—	—	—	—	1 921.55
甘 肃		—	554.16	287.68	92.80	—	—	—	—	—	—	934.64
青 海		—	96.79	80.69	15.33	—	—	—	—	—	—	192.81
新 疆		—	1 256.96	1 268.96	247.20	—	—	—	—	—	—	2 773.12
合计 Total		**—**	**86 462.17**	**52 120.08**	**19 802.84**	**—**	**—**	**—**	**—**	**—**	**—**	**158 385.09**

足球胜平负

单位：万元

Unit：Ten Thousand Yuan

地　区 Region	游戏类型 Game Type	2003	2004	2005	2006	2007	2008	2009	2010	2011	2012	合　计 Total
北　京	竞猜	67 288.76	34 056.29	25 816.17	25 880.64	—	15 798.50	16 636.15	20 458.92	22 342.93	25 364.66	253 643.01
天　津		18 382.96	10 300.22	7 540.85	6 962.45	6 495.31	5 774.97	6 470.61	12 740.14	25 766.13	22 630.13	123 063.77
河　北		14 658.24	6 827.78	4 537.82	4 476.44	—	3 157.74	4 528.09	6 392.90	6 029.60	6 198.13	56 806.74
山　西		8 305.68	—	3 542.25	3 214.01	2 844.82	2 398.50	2 966.44	2 977.24	3 493.80	4 926.18	34 668.92
内蒙古		—	—	—	—	1 443.69	2 301.84	2 849.60	3 325.63	3 438.70	3 628.28	16 987.74
辽　宁		67 505.13	28 458.62	19 838.57	19 088.24	16 636.27	13 661.16	15 687.21	18 979.06	17 494.63	14 813.40	232 162.30
吉　林		17 485.60	7 540.64	5 249.67	5 162.27	—	3 919.57	3 726.25	4 838.99	4 525.06	4 857.17	57 305.23
黑龙江		13 753.52	7 648.54	5 010.77	4 230.25	—	3 703.00	3 764.22	4 166.00	3 978.09	3 926.16	50 180.54
上　海		45 400.35	24 354.70	17 707.29	17 834.03	19 084.14	14 004.05	13 889.28	15 138.34	15 125.24	15 024.07	197 561.49
江　苏		26 637.21	15 244.93	11 994.84	13 383.85	14 051.96	11 224.38	12 409.64	15 595.25	15 006.10	14 410.67	149 958.82
浙　江		36 753.91	20 327.12	15 661.04	16 982.65	17 915.23	16 164.16	17 222.23	20 831.98	19 823.84	20 337.84	202 019.99
安　徽		7 979.39	4 262.83	2 961.47	4 200.23	8 861.25	3 113.44	5 172.65	8 169.07	22 137.01	10 820.18	77 677.52
福　建		19 790.35	10 030.50	7 381.69	8 522.36	—	8 833.00	9 920.70	9 610.38	8 817.69	9 338.96	92 245.63
江　西		11 345.60	6 237.05	6 213.64	12 088.93	19 680.25	21 090.10	24 662.16	37 158.94	48 869.46	40 462.13	227 808.25
山　东		27 896.23	14 208.74	10 666.24	11 190.36	10 593.27	10 466.75	9 976.62	12 412.21	12 236.90	12 699.13	132 346.45
河　南		11 313.38	6 240.47	4 823.93	5 368.15	5 362.02	4 587.89	5 300.84	7 091.83	7 659.98	6 289.54	64 038.03
湖　北		40 722.34	19 380.00	13 127.40	13 264.75	14 878.95	11 213.96	11 024.36	11 174.69	11 335.69	11 306.80	157 428.95
湖　南		17 682.50	10 156.60	8 294.59	9 914.36	6 729.43	5 297.38	13 715.13	26 245.69	21 718.67	26 972.44	146 726.79
广　东		214 063.90	99 450.97	68 052.00	64 832.31	58 815.15	46 725.09	49 583.73	52 979.76	56 238.15	48 657.11	759 398.15
广　西		18 712.36	8 963.82	6 196.98	6 038.82	6 094.21	4 943.02	5 657.23	7 124.06	8 123.96	8 922.36	80 776.80
海　南		7 285.98	2 539.43	1 464.31	1 739.94	3 619.07	912.06	960.10	1 111.18	1 100.41	1 090.74	21 823.22
重　庆		14 515.00	7 183.90	5 426.17	5 669.40	6 371.69	7 400.36	5 571.86	4 815.72	5 283.20	8 010.70	70 247.99
四　川		33 124.69	16 544.43	11 847.55	10 219.18	9 547.11	8 097.60	10 410.02	12 948.77	12 145.65	13 395.35	138 280.35
贵　州		8 793.26	4 477.15	3 614.35	3 966.08	3 964.72	3 275.75	3 900.87	4 562.08	4 022.89	4 046.64	44 623.76
云　南		12 050.46	6 941.04	5 379.50	6 488.68	6 607.57	4 951.73	5 823.14	6 709.84	6 338.70	6 219.51	67 510.17
西　藏		803.10	339.15	247.34	240.81	195.60	170.84	204.88	—	192.97	202.34	2 597.02
陕　西		10 973.35	5 712.71	4 261.44	4 480.83	4 511.15	4 193.61	4 623.49	5 626.91	7 596.90	7 662.41	59 642.81
甘　肃		5 863.12	2 885.53	1 988.26	1 886.79	2 135.89	1 452.31	1 450.56	1 428.40	1 609.78	2 021.83	22 722.48
青　海		1 155.93	698.85	418.59	336.13	373.51	447.18	475.58	458.05	457.37	718.04	5 539.22
宁　夏		—	—	—	—	299.59	995.67	978.80	955.27	979.94	903.10	5 112.37
新　疆		8 230.47	4 949.80	4 403.47	3 582.07	3 394.67	2 617.65	2 486.90	3 527.19	4 862.04	3 726.14	41 780.39
合计 Total		**788 472.77**	**385 961.81**	**283 668.18**	**291 244.97**	**250 506.51**	**242 893.26**	**272 049.34**	**339 554.47**	**378 751.47**	**359 582.10**	**3 592 684.88**

足彩胜平负

单位：万元

Unit：Ten Thousand Yuan

地 区 Region	游戏类型 Game Type	2003	2004	2005	2006	2007	2008	2009	2010	2011	2012	合 计 Total
北 京	竞猜	—	—	—	—	22 750. 80	—	—	—	—	—	22 750. 80
河 北		—	—	—	—	4 183. 49	—	—	—	—	—	4 183. 49
吉 林		—	—	—	—	5 046. 00	—	—	—	—	—	5 046. 00
黑龙江		—	—	—	—	4 616. 80	—	—	—	—	—	4 616. 80
福 建		—	—	—	—	9 019. 71	—	—	—	—	—	9 019. 71
合计 Total		**—**	**—**	**—**	**—**	**45 616. 79**	**—**	**—**	**—**	**—**	**—**	**45 616. 79**

竞 彩 玩 法

单位：万元

Unit：Ten Thousand Yuan

地 区 Region	游戏类型 Game Type	2003	2004	2005	2006	2007	2008	2009	2010	2011	2012	合 计 Total
北 京	竞猜	—	—	—	—	—	—	—	—	0. 20	9627. 25	9 627. 45
天 津		—	—	—	—	—	—	—	9 965. 63	91 622. 31	82 597. 16	184 185. 09
河 北		—	—	—	—	—	—	—	9 104. 67	10 248. 86	16 400. 46	35 753. 99
山 西		—	—	—	—	—	—	—	4 930. 26	20 000. 65	21 167. 75	46 098. 66
内蒙古		—	—	—	—	—	—	—	1 107. 15	2 965. 22	7 779. 79	11 852. 15
辽 宁		—	—	—	—	—	—	—	49 026. 16	54 434. 33	62 591. 83	166 052. 32
吉 林		—	—	—	—	—	—	—	9 433. 61	14 374. 57	26 578. 36	50 386. 54
黑龙江		—	—	—	—	—	—	—	11 369. 53	27 002. 62	21 765. 19	60 137. 34
上 海		—	—	—	—	—	—	—	17 770. 37	39 389. 89	99 412. 91	156 573. 17
江 苏		—	—	—	—	—	—	—	156 212. 19	244 760. 64	301 023. 51	701 996. 35
浙 江		—	—	—	—	—	—	—	44 993. 12	71 343. 87	89 621. 04	205 958. 04
安 徽		—	—	—	—	—	—	—	16 774. 21	46 540. 84	64 599. 41	127 914. 46
福 建		—	—	—	—	—	—	—	10 344. 93	17 572. 83	35 441. 21	63 358. 97
江 西		—	—	—	—	—	—	—	13 298. 25	48 588. 78	132 996. 44	194 883. 48
山 东		—	—	—	—	—	—	—	34 839. 03	163 459. 05	151 848. 62	350 146. 70
河 南		—	—	—	—	—	—	—	18 337. 25	39 199. 23	34 604. 28	92 140. 76
湖 北		—	—	—	—	—	—	—	20 638. 12	27 092. 52	39 232. 00	86 962. 64
湖 南		—	—	—	—	—	—	—	23 903. 61	38 270. 03	75 304. 69	137 478. 32
广 东		—	—	—	—	—	—	—	48 085. 33	108 613. 65	188 228. 16	344 927. 13
广 西		—	—	—	—	—	—	—	16 879. 33	23 078. 17	30 860. 07	70 817. 57
海 南		—	—	—	—	—	—	—	1 974. 51	2 414. 64	6 585. 13	10 974. 28
重 庆		—	—	—	—	—	—	—	18 813. 97	32 209. 38	42 832. 04	93 855. 39
四 川		—	—	—	—	—	—	—	23 560. 78	26 233. 10	40 891. 72	90 685. 61
贵 州		—	—	—	—	—	—	—	7 972. 83	9 285. 48	18 913. 08	36 171. 39
云 南		—	—	—	—	—	—	—	25 474. 81	30 370. 30	42 732. 76	98 577. 87
西 藏		—	—	—	—	—	—	—	—	689. 80	1 254. 77	1 944. 57
陕 西		—	—	—	—	—	—	—	8 112. 87	12 452. 02	20 294. 26	40 859. 15
甘 肃		—	—	—	—	—	—	—	1 811. 45	6 811. 61	27 846. 71	36 469. 77
青 海		—	—	—	—	—	—	—	712. 15	7 477. 53	7 811. 01	16 000. 69
宁 夏		—	—	—	—	—	—	—	562. 92	938. 69	1 985. 73	3 487. 34
新 疆		—	—	—	—	—	—	—	3 594. 08	24 794. 92	28 763. 10	57 152. 09
合计 Total		**—**	**—**	**—**	**—**	**—**	**—**	**—**	**609 603. 13**	**1 242 235. 71**	**1 731 590. 45**	**3 583 429. 30**

欧锦赛四强

单位：万元

Unit：Ten Thousand Yuan

地 区 Region	游戏类型 Game Type	2003	2004	2005	2006	2007	2008	2009	2010	2011	2012	合 计 Total
北 京	竞猜	—	—	—	—	—	41.06	—	—	—	—	41.06
天 津		—	—	—	—	—	10.62	—	—	—	—	10.62
河 北		—	—	—	—	—	19.51	—	—	—	—	19.51
山 西		—	—	—	—	—	8.11	—	—	—	—	8.11
内蒙古		—	—	—	—	—	13.15	—	—	—	—	13.15
辽 宁		—	—	—	—	—	55.91	—	—	—	—	55.91
吉 林		—	—	—	—	—	20.18	—	—	—	—	20.18
黑龙江		—	—	—	—	—	35.29	—	—	—	—	35.29
上 海		—	—	—	—	—	33.92	—	—	—	—	33.92
江 苏		—	—	—	—	—	43.57	—	—	—	—	43.57
浙 江		—	—	—	—	—	37.14	—	—	—	—	37.14
安 徽		—	—	—	—	—	16.03	—	—	—	—	16.03
福 建		—	—	—	—	—	23.95	—	—	—	—	23.95
江 西		—	—	—	—	—	47.12	—	—	—	—	47.12
山 东		—	—	—	—	—	48.82	—	—	—	—	48.82
河 南		—	—	—	—	—	22.46	—	—	—	—	22.46
湖 北		—	—	—	—	—	25.05	—	—	—	—	25.05
湖 南		—	—	—	—	—	35.50	—	—	—	—	35.50
广 东		—	—	—	—	—	139.41	—	—	—	—	139.41
广 西		—	—	—	—	—	20.80	—	—	—	—	20.80
海 南		—	—	—	—	—	5.12	—	—	—	—	5.12
重 庆		—	—	—	—	—	15.82	—	—	—	—	15.82
四 川		—	—	—	—	—	24.54	—	—	—	—	24.54
贵 州		—	—	—	—	—	11.70	—	—	—	—	11.70
云 南		—	—	—	—	—	22.87	—	—	—	—	22.87
西 藏		—	—	—	—	—	0.58	—	—	—	—	0.58
陕 西		—	—	—	—	—	23.90	—	—	—	—	23.90
甘 肃		—	—	—	—	—	7.68	—	—	—	—	7.68
青 海		—	—	—	—	—	1.42	—	—	—	—	1.42
宁 夏		—	—	—	—	—	2.19	—	—	—	—	2.19
新 疆		—	—	—	—	—	8.87	—	—	—	—	8.87
合计 Total		**—**	**—**	**—**	**—**	**—**	**822.29**	**—**	**—**	**—**	**—**	**822.29**

欧锦赛八强

单位：万元

Unit：Ten Thousand Yuan

地　区 Region	游戏类型 Game Type	2003	2004	2005	2006	2007	2008	2009	2010	2011	2012	合　计 Total
北　京	竞猜	—	—	—	—	—	46.45	—	—	—	—	46.45
天　津		—	—	—	—	—	16.85	—	—	—	—	16.85
河　北		—	—	—	—	—	21.51	—	—	—	—	21.51
山　西		—	—	—	—	—	10.95	—	—	—	—	10.95
内蒙古		—	—	—	—	—	13.22	—	—	—	—	13.22
辽　宁		—	—	—	—	—	59.17	—	—	—	—	59.17
吉　林		—	—	—	—	—	24.36	—	—	—	—	24.36
黑龙江		—	—	—	—	—	21.57	—	—	—	—	21.57
上　海		—	—	—	—	—	41.45	—	—	—	—	41.45
江　苏		—	—	—	—	—	50.70	—	—	—	—	50.70
浙　江		—	—	—	—	—	42.70	—	—	—	—	42.70
安　徽		—	—	—	—	—	16.33	—	—	—	—	16.33
福　建		—	—	—	—	—	23.33	—	—	—	—	23.33
江　西		—	—	—	—	—	38.54	—	—	—	—	38.54
山　东		—	—	—	—	—	58.69	—	—	—	—	58.69
河　南		—	—	—	—	—	18.31	—	—	—	—	18.31
湖　北		—	—	—	—	—	26.99	—	—	—	—	26.99
湖　南		—	—	—	—	—	27.03	—	—	—	—	27.03
广　东		—	—	—	—	—	145.31	—	—	—	—	145.31
广　西		—	—	—	—	—	28.52	—	—	—	—	28.52
海　南		—	—	—	—	—	5.33	—	—	—	—	5.33
重　庆		—	—	—	—	—	15.34	—	—	—	—	15.34
四　川		—	—	—	—	—	29.78	—	—	—	—	29.78
贵　州		—	—	—	—	—	12.49	—	—	—	—	12.49
云　南		—	—	—	—	—	19.15	—	—	—	—	19.15
西　藏		—	—	—	—	—	0.54	—	—	—	—	0.54
陕　西		—	—	—	—	—	20.20	—	—	—	—	20.20
甘　肃		—	—	—	—	—	7.58	—	—	—	—	7.58
青　海		—	—	—	—	—	1.68	—	—	—	—	1.68
宁　夏		—	—	—	—	—	3.24	—	—	—	—	3.24
新　疆		—	—	—	—	—	10.91	—	—	—	—	10.91
合计 Total		**—**	**—**	**—**	**—**	**—**	**858.22**	**—**	**—**	**—**	**—**	**858.22**

奥运连连猜资格奖

单位：万元

Unit：Ten Thousand Yuan

地　区 Region	游戏类型 Game Type	2003	2004	2005	2006	2007	2008	2009	2010	2011	2012	合　计 Total
北　京	竞猜	—	—	—	—	—	121.73	—	—	—	—	121.73
天　津		—	—	—	—	—	45.02	—	—	—	—	45.02
河　北		—	—	—	—	—	136.18	—	—	—	—	136.18
山　西		—	—	—	—	—	195.66	—	—	—	—	195.66
内蒙古		—	—	—	—	—	160.73	—	—	—	—	160.73
辽　宁		—	—	—	—	—	123.85	—	—	—	—	123.85
吉　林		—	—	—	—	—	163.44	—	—	—	—	163.44
黑龙江		—	—	—	—	—	163.29	—	—	—	—	163.29
上　海		—	—	—	—	—	77.47	—	—	—	—	77.47
江　苏		—	—	—	—	—	107.50	—	—	—	—	107.50
浙　江		—	—	—	—	—	105.36	—	—	—	—	105.36
安　徽		—	—	—	—	—	101.47	—	—	—	—	101.47
福　建		—	—	—	—	—	288.65	—	—	—	—	288.65
江　西		—	—	—	—	—	107.51	—	—	—	—	107.51
山　东		—	—	—	—	—	218.82	—	—	—	—	218.82
河　南		—	—	—	—	—	989.61	—	—	—	—	989.61
湖　北		—	—	—	—	—	127.30	—	—	—	—	127.30
湖　南		—	—	—	—	—	184.30	—	—	—	—	184.30
广　东		—	—	—	—	—	1 123.02	—	—	—	—	1 123.02
广　西		—	—	—	—	—	58.60	—	—	—	—	58.60
海　南		—	—	—	—	—	4.48	—	—	—	—	4.48
重　庆		—	—	—	—	—	40.33	—	—	—	—	40.33
四　川		—	—	—	—	—	72.41	—	—	—	—	72.41
贵　州		—	—	—	—	—	91.23	—	—	—	—	91.23
云　南		—	—	—	—	—	285.50	—	—	—	—	285.50
西　藏		—	—	—	—	—	2.66	—	—	—	—	2.66
陕　西		—	—	—	—	—	64.40	—	—	—	—	64.40
甘　肃		—	—	—	—	—	74.51	—	—	—	—	74.51
青　海		—	—	—	—	—	21.61	—	—	—	—	21.61
宁　夏		—	—	—	—	—	34.04	—	—	—	—	34.04
新　疆		—	—	—	—	—	42.19	—	—	—	—	42.19
合计 Total		**—**	**—**	**—**	**—**	**—**	**5 332.87**	**—**	**—**	**—**	**—**	**5 332.87**

奥运赛事天天彩

单位：万元

Unit：Ten Thousand Yuan

地　区 Region	游戏类型 Game Type	2003	2004	2005	2006	2007	2008	2009	2010	2011	2012	合　计 Total
北　京	竞猜	—	—	—	—	—	28.83	—	—	—	—	28.83
天　津		—	—	—	—	—	6.68	—	—	—	—	6.68
河　北		—	—	—	—	—	18.29	—	—	—	—	18.29
山　西		—	—	—	—	—	9.01	—	—	—	—	9.01
内蒙古		—	—	—	—	—	14.97	—	—	—	—	14.97
辽　宁		—	—	—	—	—	18.31	—	—	—	—	18.31
吉　林		—	—	—	—	—	11.62	—	—	—	—	11.62
黑龙江		—	—	—	—	—	21.75	—	—	—	—	21.75
上　海		—	—	—	—	—	20.40	—	—	—	—	20.40
江　苏		—	—	—	—	—	30.34	—	—	—	—	30.34
浙　江		—	—	—	—	—	32.75	—	—	—	—	32.75
安　徽		—	—	—	—	—	17.30	—	—	—	—	17.30
福　建		—	—	—	—	—	43.57	—	—	—	—	43.57
江　西		—	—	—	—	—	20.31	—	—	—	—	20.31
山　东		—	—	—	—	—	33.17	—	—	—	—	33.17
河　南		—	—	—	—	—	28.28	—	—	—	—	28.28
湖　北		—	—	—	—	—	36.56	—	—	—	—	36.56
湖　南		—	—	—	—	—	16.32	—	—	—	—	16.32
广　东		—	—	—	—	—	105.49	—	—	—	—	105.49
广　西		—	—	—	—	—	10.15	—	—	—	—	10.15
海　南		—	—	—	—	—	3.15	—	—	—	—	3.15
重　庆		—	—	—	—	—	7.49	—	—	—	—	7.49
四　川		—	—	—	—	—	22.68	—	—	—	—	22.68
贵　州		—	—	—	—	—	10.42	—	—	—	—	10.42
云　南		—	—	—	—	—	33.65	—	—	—	—	33.65
西　藏		—	—	—	—	—	0.86	—	—	—	—	0.86
陕　西		—	—	—	—	—	10.41	—	—	—	—	10.41
甘　肃		—	—	—	—	—	4.92	—	—	—	—	4.92
青　海		—	—	—	—	—	1.10	—	—	—	—	1.10
宁　夏		—	—	—	—	—	5.11	—	—	—	—	5.11
新　疆		—	—	—	—	—	5.32	—	—	—	—	5.32
合计 Total		**—**	**—**	**—**	**—**	**—**	**629.21**	**—**	**—**	**—**	**—**	**629.21**

奥运女足四强

单位：万元

Unit：Ten Thousand Yuan

地　区 Region	游戏类型 Game Type	2003	2004	2005	2006	2007	2008	2009	2010	2011	2012	合　计 Total
北　京	竞猜	—	—	—	—	—	10.77	—	—	—	—	10.77
天　津		—	—	—	—	—	1.35	—	—	—	—	1.35
河　北		—	—	—	—	—	3.67	—	—	—	—	3.67
山　西		—	—	—	—	—	1.75	—	—	—	—	1.75
内蒙古		—	—	—	—	—	1.89	—	—	—	—	1.89
辽　宁		—	—	—	—	—	11.81	—	—	—	—	11.81
吉　林		—	—	—	—	—	5.40	—	—	—	—	5.40
黑龙江		—	—	—	—	—	6.81	—	—	—	—	6.81
上　海		—	—	—	—	—	6.51	—	—	—	—	6.51
江　苏		—	—	—	—	—	4.37	—	—	—	—	4.37
浙　江		—	—	—	—	—	6.68	—	—	—	—	6.68
安　徽		—	—	—	—	—	2.27	—	—	—	—	2.27
福　建		—	—	—	—	—	5.38	—	—	—	—	5.38
江　西		—	—	—	—	—	10.18	—	—	—	—	10.18
山　东		—	—	—	—	—	11.66	—	—	—	—	11.66
河　南		—	—	—	—	—	23.01	—	—	—	—	23.01
湖　北		—	—	—	—	—	5.20	—	—	—	—	5.20
湖　南		—	—	—	—	—	2.68	—	—	—	—	2.68
广　东		—	—	—	—	—	26.80	—	—	—	—	26.80
广　西		—	—	—	—	—	4.37	—	—	—	—	4.37
海　南		—	—	—	—	—	0.29	—	—	—	—	0.29
重　庆		—	—	—	—	—	3.47	—	—	—	—	3.47
四　川		—	—	—	—	—	4.19	—	—	—	—	4.19
贵　州		—	—	—	—	—	1.38	—	—	—	—	1.38
云　南		—	—	—	—	—	2.81	—	—	—	—	2.81
西　藏		—	—	—	—	—	0.07	—	—	—	—	0.07
陕　西		—	—	—	—	—	2.22	—	—	—	—	2.22
甘　肃		—	—	—	—	—	1.09	—	—	—	—	1.09
青　海		—	—	—	—	—	0.40	—	—	—	—	0.40
宁　夏		—	—	—	—	—	0.34	—	—	—	—	0.34
新　疆		—	—	—	—	—	1.38	—	—	—	—	1.38
合计 Total		**—**	**—**	**—**	**—**	**—**	**170.20**	**—**	**—**	**—**	**—**	**170.20**

奥运男足四强

单位：万元

Unit：Ten Thousand Yuan

地　区 Region	游戏类型 Game Type	2003	2004	2005	2006	2007	2008	2009	2010	2011	2012	合　计 Total
北　京	竞猜	—	—	—	—	—	21.70	—	—	—	—	21.70
天　津		—	—	—	—	—	2.89	—	—	—	—	2.89
河　北		—	—	—	—	—	5.45	—	—	—	—	5.45
山　西		—	—	—	—	—	4.81	—	—	—	—	4.81
内蒙古		—	—	—	—	—	3.96	—	—	—	—	3.96
辽　宁		—	—	—	—	—	24.18	—	—	—	—	24.18
吉　林		—	—	—	—	—	7.25	—	—	—	—	7.25
黑龙江		—	—	—	—	—	15.42	—	—	—	—	15.42
上　海		—	—	—	—	—	12.04	—	—	—	—	12.04
江　苏		—	—	—	—	—	10.14	—	—	—	—	10.14
浙　江		—	—	—	—	—	14.39	—	—	—	—	14.39
安　徽		—	—	—	—	—	3.36	—	—	—	—	3.36
福　建		—	—	—	—	—	9.30	—	—	—	—	9.30
江　西		—	—	—	—	—	17.66	—	—	—	—	17.66
山　东		—	—	—	—	—	17.55	—	—	—	—	17.55
河　南		—	—	—	—	—	24.71	—	—	—	—	24.71
湖　北		—	—	—	—	—	11.09	—	—	—	—	11.09
湖　南		—	—	—	—	—	5.32	—	—	—	—	5.32
广　东		—	—	—	—	—	47.78	—	—	—	—	47.78
广　西		—	—	—	—	—	7.49	—	—	—	—	7.49
海　南		—	—	—	—	—	0.54	—	—	—	—	0.54
重　庆		—	—	—	—	—	7.20	—	—	—	—	7.20
四　川		—	—	—	—	—	6.59	—	—	—	—	6.59
贵　州		—	—	—	—	—	2.58	—	—	—	—	2.58
云　南		—	—	—	—	—	5.00	—	—	—	—	5.00
西　藏		—	—	—	—	—	0.10	—	—	—	—	0.10
陕　西		—	—	—	—	—	4.25	—	—	—	—	4.25
甘　肃		—	—	—	—	—	3.16	—	—	—	—	3.16
青　海		—	—	—	—	—	0.58	—	—	—	—	0.58
宁　夏		—	—	—	—	—	0.58	—	—	—	—	0.58
新　疆		—	—	—	—	—	3.15	—	—	—	—	3.15
合计 Total		**—**	**—**	**—**	**—**	**—**	**300.22**	**—**	**—**	**—**	**—**	**300.22**

奥运男足八强

单位：万元

Unit：Ten Thousand Yuan

地　区 Region	游戏类型 Game Type	2003	2004	2005	2006	2007	2008	2009	2010	2011	2012	合　计 Total
北　京	竞猜	—	—	—	—	—	7.65	—	—	—	—	7.65
天　津		—	—	—	—	—	2.64	—	—	—	—	2.64
河　北		—	—	—	—	—	4.76	—	—	—	—	4.76
山　西		—	—	—	—	—	1.82	—	—	—	—	1.82
内蒙古		—	—	—	—	—	2.87	—	—	—	—	2.87
辽　宁		—	—	—	—	—	12.44	—	—	—	—	12.44
吉　林		—	—	—	—	—	3.37	—	—	—	—	3.37
黑龙江		—	—	—	—	—	5.39	—	—	—	—	5.39
上　海		—	—	—	—	—	9.10	—	—	—	—	9.10
江　苏		—	—	—	—	—	9.18	—	—	—	—	9.18
浙　江		—	—	—	—	—	7.10	—	—	—	—	7.10
安　徽		—	—	—	—	—	2.67	—	—	—	—	2.67
福　建		—	—	—	—	—	5.38	—	—	—	—	5.38
江　西		—	—	—	—	—	8.96	—	—	—	—	8.96
山　东		—	—	—	—	—	10.67	—	—	—	—	10.67
河　南		—	—	—	—	—	4.83	—	—	—	—	4.83
湖　北		—	—	—	—	—	4.47	—	—	—	—	4.47
湖　南		—	—	—	—	—	3.61	—	—	—	—	3.61
广　东		—	—	—	—	—	21.52	—	—	—	—	21.52
广　西		—	—	—	—	—	5.41	—	—	—	—	5.41
海　南		—	—	—	—	—	0.49	—	—	—	—	0.49
重　庆		—	—	—	—	—	3.12	—	—	—	—	3.12
四　川		—	—	—	—	—	5.86	—	—	—	—	5.86
贵　州		—	—	—	—	—	2.07	—	—	—	—	2.07
云　南		—	—	—	—	—	2.97	—	—	—	—	2.97
西　藏		—	—	—	—	—	0.22	—	—	—	—	0.22
陕　西		—	—	—	—	—	2.97	—	—	—	—	2.97
甘　肃		—	—	—	—	—	1.67	—	—	—	—	1.67
青　海		—	—	—	—	—	0.30	—	—	—	—	0.30
宁　夏		—	—	—	—	—	0.51	—	—	—	—	0.51
新　疆		—	—	—	—	—	1.81	—	—	—	—	1.81
合计 Total		**—**	**—**	**—**	**—**	**—**	**155.83**	**—**	**—**	**—**	**—**	**155.83**

排　列　3

单位：万元

Unit：Ten Thousand Yuan

地　区 Region	游戏类型 Game Type	2003	2004	2005	2006	2007	2008	2009	2010	2011	2012	合　计 Total
北　京	乐透排列	—	472.31	27 672.26	41 996.90	40 721.18	30 218.51	25 621.76	26 313.93	28 861.90	29 927.98	251 806.72
天　津		—	540.46	37 761.52	37 310.38	31 805.05	24 883.35	23 685.67	18 989.80	17 776.55	17 936.51	210 689.29
河　北		—	917.10	95 330.32	81 508.79	87 569.52	43 528.84	43 987.35	39 048.68	44 315.26	45 473.11	481 678.95
山　西		—	163.87	25 585.43	39 679.83	34 035.01	23 592.26	16 188.99	10 811.18	10 051.95	9 660.32	169 768.85
内蒙古		—	—	—	—	12 674.68	40 603.71	32 533.25	25 800.37	28 858.51	28 360.81	168 831.33
辽　宁		—	139.26	86 439.62	113 690.26	108 485.93	60 308.61	47 568.89	40 896.52	38 926.55	27 157.74	523 613.38
吉　林		—	231.36	39 885.38	78 824.37	80 587.62	42 912.99	31 764.25	23 530.10	21 462.24	18 405.58	337 603.88
黑龙江		—	343.62	199 450.04	60 525.52	46 850.01	25 508.06	21 362.62	18 232.69	17 920.01	14 669.19	404 861.75
上　海		—	63.81	12 168.47	20 234.41	24 846.02	15 173.45	14 981.81	14 037.39	14 066.54	13 027.44	128 599.33
江　苏		—	528.41	60 956.31	157 802.58	212 543.95	123 502.01	142 330.77	154 703.67	134 656.18	84 667.31	1 071 691.19
浙　江		—	791.08	68 782.61	105 341.43	102 107.33	61 851.24	74 094.45	80 113.47	93 862.49	84 787.67	671 731.77
安　徽		—	199.55	67 771.72	38 977.00	51 748.66	24 830.18	25 524.55	18 746.16	19 998.70	19 213.51	267 010.02
福　建		—	484.00	31 129.71	39 060.61	35 274.99	24 352.26	14 680.29	10 600.65	10 541.54	8 421.99	174 546.03
江　西		—	178.17	60 808.84	27 199.81	29 882.90	16 875.11	16 631.44	10 456.40	12 322.66	11 179.95	185 535.27
山　东		—	1 282.25	171 204.89	116 985.89	105 126.18	47 292.28	28 474.15	22 955.26	26 771.98	17 110.35	537 203.22
河　南		—	591.76	117 138.97	98 177.40	78 209.75	64 718.69	49 731.22	43 122.04	45 970.56	36 642.85	534 303.24
湖　北		—	1 310.80	167 064.10	76 771.16	80 197.08	46 338.14	47 441.81	38 226.84	40 916.83	38 435.03	536 701.79
湖　南		—	861.02	80 727.45	55 568.27	62 519.34	33 771.47	32 452.33	27 683.09	28 836.65	21 667.16	344 086.78
广　东		—	919.91	63 955.41	59 225.39	53 963.39	32 315.40	28 346.54	21 496.94	20 935.61	19 048.09	300 206.67
广　西		—	33.53	9 355.32	6 842.24	5 344.33	3 382.03	2 538.03	3 041.86	2 749.75	2 309.89	35 596.97
海　南		—	13.61	1 116.21	593.27	536.30	299.50	215.00	306.38	393.74	400.34	3 874.35
重　庆		—	96.56	11 577.20	9 175.97	12 506.73	5 226.21	3 488.22	3 620.68	3 946.44	4 336.80	53 974.82
四　川		—	470.17	39 524.27	71 715.68	66 734.11	44 467.74	50 159.63	50 779.24	46 395.28	39 826.00	410 072.12
贵　州		—	45.93	5 573.83	16 364.35	22 780.65	15 765.31	17 687.83	13 891.96	14 392.34	15 007.63	121 509.84
云　南		—	297.27	34 167.42	62 694.15	60 938.83	48 192.57	45 437.22	41 257.60	42 046.72	38 970.41	374 002.18
西　藏		—	9.43	577.12	1 090.30	1 218.11	1 428.26	1 092.18	—	1 159.02	1 237.98	7 812.39
陕　西		—	181.17	42 090.36	36 192.75	39 087.31	28 120.15	24 647.62	20 646.65	23 122.28	19 728.31	233 816.60
甘　肃		—	108.25	15 992.27	26 992.89	33 115.40	22 893.76	18 365.63	14 794.25	17 108.86	17 573.11	166 944.41
青　海		—	29.17	3 786.85	5 189.37	5 771.28	4 490.00	4 044.75	2 738.02	3 021.63	2 844.96	31 916.04
宁　夏		—	—	—	—	2 383.18	13 961.94	10 933.10	9 625.36	8 351.50	9 255.44	54 510.51
新　疆		—	315.69	35 136.41	37 731.55	46 463.43	21 264.55	14 819.17	10 206.64	10 043.75	10 350.99	186 332.18
合计 Total		—	11 619.51	1 612 730.28	1 523 462.50	1 576 028.25	992 068.58	910 830.52	816 673.78	829 784.00	707 634.45	8 980 831.87

排　列　5

单位：万元

Unit：Ten Thousand Yuan

地　区 Region	游戏类型 Game Type	2003	2004	2005	2006	2007	2008	2009	2010	2011	2012	合　计 Total
北　京	乐透排列	—	71.02	3 366.71	5 115.99	9 787.73	7 030.17	7 622.76	8 486.77	8 554.08	9 021.63	59 056.86
天　津		—	90.67	5 696.92	6 700.73	7 319.36	6 767.49	6 958.66	5 785.86	5 853.91	6 383.69	51 557.30
河　北		—	48.77	4 913.02	8 548.38	9 896.83	9 276.76	10 863.67	11 494.80	13 552.68	14 359.45	82 954.37
山　西		—	13.07	1 474.80	4 270.59	4 504.64	4 341.69	4 147.78	4 113.90	4 117.84	4 068.35	31 052.66
内蒙古		—	—	—	—	2 973.24	8 696.95	8 533.33	8 946.25	9 698.99	10 718.91	49 567.67
辽　宁		—	15.85	4 093.21	13 203.12	14 921.82	15 017.70	13 408.22	13 716.55	14 315.66	11 857.94	100 550.07
吉　林		—	48.66	4 037.62	7 245.62	8 129.37	8 395.81	8 292.16	7 855.01	7 784.58	7 024.29	58 813.14
黑龙江		—	33.17	4 121.28	5 386.22	5 680.17	4 797.41	5 312.74	6 006.13	7 028.79	6 471.92	44 837.83
上　海		—	19.86	1 304.74	2 607.05	3 779.47	3 551.10	4 138.71	4 430.34	4 823.89	4 827.54	29 482.71
江　苏		—	142.26	6 934.89	17 048.24	23 347.10	27 260.81	33 610.07	36 690.76	35 562.41	28 424.55	209 021.11
浙　江		—	—	—	11 876.29	20 143.04	21 589.81	25 692.03	30 859.35	30 133.66	29 473.83	169 768.00
安　徽		—	34.73	2 675.49	5 031.59	6 723.92	6 735.28	9 746.94	9 338.61	9 779.56	10 320.04	60 386.16
福　建		—	—	—	2 738.18	4 494.39	5 086.16	4 392.67	4 091.41	4 093.93	3 831.13	28 727.86
江　西		—	23.23	2 556.48	3 033.74	3 756.54	3 304.83	2 851.00	3 562.16	3 862.49	4 094.47	27 044.94
山　东		—	23.24	2 384.50	4 925.37	7 184.38	6 929.63	6 383.87	7 151.46	9 592.59	7 520.59	52 095.64
河　南		—	108.31	8 950.92	16 003.02	18 090.01	20 307.41	19 776.52	19 865.39	21 733.22	19 928.90	144 763.71
湖　北		—	176.12	14 434.45	18 742.28	19 522.27	16 530.15	19 420.71	19 491.97	20 528.57	20 373.75	149 220.28
湖　南		—	17.72	2 171.19	5 667.03	7 698.20	7 724.84	9 031.79	9 852.03	10 703.71	10 558.13	63 424.64
广　东		—	157.22	5 587.92	10 727.86	11 399.45	11 647.04	13 491.15	12 651.58	13 103.65	12 595.10	91 360.96
广　西		—	3.05	259.16	476.23	587.47	685.91	884.88	1 194.73	1 310.44	1 391.06	6 792.93
海　南		—	4.61	201.60	329.31	346.44	335.36	348.68	399.49	449.73	481.80	2 897.01
重　庆		—	—	550.93	910.01	846.05	819.95	879.66	1 204.96	1 644.15	1 943.63	8 799.35
四　川		—	108.21	5 091.56	10 963.54	12 826.29	12 843.99	17 015.10	19 459.69	19 363.82	19 563.10	117 235.30
贵　州		—	6.34	723.92	3 134.93	5 472.55	6 631.66	9 563.19	9 551.65	9 672.87	10 311.49	55 068.59
云　南		—	44.73	3 728.62	10 542.68	11 993.94	14 826.01	18 276.06	19 990.01	23 520.67	24 244.39	127 167.12
西　藏		—	2.51	75.05	168.33	270.42	531.06	668.67	—	1 106.37	1 132.02	3 954.44
陕　西		—	21.48	1 068.92	3 180.39	4 772.40	4 440.25	5 893.67	6 519.46	8 054.14	7 814.02	41 764.73
甘　肃		—	10.69	835.09	2 475.31	3 815.23	4 667.17	4 824.73	4 970.93	6 337.56	7 752.02	35 688.71
青　海		—	3.10	307.41	843.65	1 039.21	1 318.44	1 680.31	1 455.44	1 715.23	2 054.11	10 416.90
宁　夏		—	—	—	—	620.03	3 308.18	3 217.28	3 279.46	3 368.78	3 807.58	17 601.31
新　疆		—	29.16	2 495.13	6 018.68	7 280.81	5 976.50	4 695.57	3 805.41	4 090.50	4 236.38	38 628.14
合计 Total		**—**	**1 257.81**	**90 041.54**	**187 914.39**	**239 222.78**	**251 375.52**	**281 622.58**	**296 221.56**	**315 458.46**	**306 585.96**	**1 969 700.59**

七　星　彩

单位：万元

Unit：Ten Thousand Yuan

地　区 Region	游戏类型 Game Type	2003	2004	2005	2006	2007	2008	2009	2010	2011	2012	合　计 Total
北　京	乐透排列	—	5 776.80	10 525.94	8 759.18	8 087.63	7 501.93	6 634.86	7 249.06	7 250.17	6 124.20	67 909.77
天　津		—	13 526.47	19 395.13	16 219.82	14 118.87	13 651.40	14 293.51	13 210.31	11 369.00	11 014.43	126 798.93
河　北		—	13 795.38	21 876.62	21 722.31	19 917.10	20 110.45	19 987.25	19 287.75	19 252.54	18 324.62	174 274.02
山　西		—	—	1 817.65	2 094.99	1 868.86	1 982.12	1 908.10	1 903.48	1 988.13	1 865.16	15 428.50
内蒙古		—	—	—	—	1 051.89	2 561.85	2 287.06	2 202.89	2 401.11	2 394.74	12 899.54
辽　宁		—	2 611.37	4 298.48	5 198.84	5 261.96	4 988.56	4 177.51	4 043.27	4 075.30	3 501.88	38 157.17
吉　林		—	6 007.34	10 109.96	10 439.36	9 705.35	10 043.14	9 735.66	9 326.57	9 291.99	8 803.65	83 463.02
黑龙江		—	3 498.93	5 344.85	6 904.42	5 582.33	5 665.06	5 509.83	5 601.94	6 205.70	5 796.39	50 109.45
上　海		—	1 693.82	6 073.80	7 364.69	7 605.47	7 204.28	6 530.03	6 063.01	5 910.51	5 368.69	53 814.29
安　徽		—	11 209.74	15 756.30	13 960.95	13 348.67	13 622.15	14 701.69	13 882.70	13 025.23	11 453.31	120 960.73
福　建		—	470.67	4 620.22	4 505.44	5 280.31	5 780.10	5 811.75	5 791.22	6 077.68	5 233.19	43 570.56
江　西		—	3 231.04	3 804.44	3 921.01	4 099.93	3 571.21	3 822.79	4 153.41	4 218.54	4 322.92	35 145.30
山　东		—	2 068.75	3 730.92	5 796.71	6 113.90	6 463.99	6 956.64	7 618.23	12 741.96	7 915.57	59 406.67
河　南		—	23 294.70	34 104.86	32 711.61	31 868.61	35 383.70	36 062.87	36 246.55	36 104.90	33 702.21	299 480.00
湖　北		—	26 032.69	34 348.67	30 550.46	26 696.61	25 690.64	24 400.88	22 833.53	21 288.00	19 303.49	231 144.98
湖　南		—	3 712.73	4 388.54	4 751.40	4 245.30	4 486.22	4 987.02	4 952.60	4 892.96	4 652.02	41 068.80
广　东		—	20 659.40	29 911.63	29 974.12	28 814.49	28 311.09	28 371.56	27 545.92	26 444.23	23 483.97	243 516.41
广　西		—	559.08	688.87	798.12	1 011.70	1 150.87	1 221.11	1 389.48	1 561.89	1 466.82	9 847.94
海　南		—	687.55	957.55	1 976.37	2 141.75	2 878.46	3 637.74	4 405.03	5 498.51	6 027.51	28 210.47
重　庆		—	2 622.51	2 668.45	2 366.17	1 816.14	1 648.70	1 602.27	1 744.67	2 012.30	2 269.74	18 750.95
四　川		—	24 164.38	33 340.26	35 019.70	34 979.20	36 688.25	42 376.28	42 605.69	41 950.59	37 741.93	328 866.29
贵　州		—	2 513.70	3 851.97	4 254.25	4 544.10	4 867.81	5 079.03	5 205.87	4 915.22	4 590.50	39 822.46
云　南		—	23 289.52	29 651.01	27 134.39	23 365.77	25 316.16	26 888.36	25 548.97	24 334.15	21 550.88	227 079.20
西　藏		—	325.62	334.19	300.14	325.10	370.80	369.37	—	452.45	452.18	2 929.85
陕　西		—	1 154.63	1 604.91	2 605.00	3 042.65	2 684.04	2 740.07	2 587.83	2 678.03	2 459.46	21 556.62
甘　肃		—	798.74	1 181.70	1 562.68	1 674.17	1 554.72	1 472.80	1 412.21	1 602.21	1 841.06	13 100.27
青　海		—	317.22	783.72	793.46	698.41	752.07	800.76	670.68	757.39	973.14	6 546.86
宁　夏		—	—	—	—	282.03	1 180.08	1 070.52	978.22	926.96	838.58	5 276.39
新　疆		—	1 867.11	4 344.20	6 956.23	6 721.09	5 568.52	4 680.44	4 003.69	3 849.64	3 520.00	41 510.92
合计 Total		**—**	**195 889.87**	**289 514.82**	**288 641.81**	**274 269.39**	**281 678.37**	**288 117.76**	**282 464.80**	**283 077.30**	**256 992.39**	**2 440 646.50**

七星彩排列3

单位：万元

Unit：Ten Thousand Yuan

地 区 Region	游戏类型 Game Type	2003	2004	2005	2006	2007	2008	2009	2010	2011	2012	合 计 Total
北 京	乐透排列	—	28.66	—	—	—	—	—	—	—	—	28.66
天 津		—	29.95	—	—	—	—	—	—	—	—	29.95
河 北		—	17.72	—	—	—	—	—	—	—	—	17.72
山 西		—	4.04	—	—	—	—	—	—	—	—	4.04
辽 宁		—	6.64	—	—	—	—	—	—	—	—	6.64
吉 林		—	11.71	—	—	—	—	—	—	—	—	11.71
黑龙江		—	15.72	—	—	—	—	—	—	—	—	15.72
上 海		—	5.02	—	—	—	—	—	—	—	—	5.02
安 徽		—	13.60	—	—	—	—	—	—	—	—	13.60
福 建		—	12.22	—	—	—	—	—	—	—	—	12.22
江 西		—	8.52	—	—	—	—	—	—	—	—	8.52
山 东		—	26.38	—	—	—	—	—	—	—	—	26.38
河 南		—	33.46	—	—	—	—	—	—	—	—	33.46
湖 北		—	63.90	—	—	—	—	—	—	—	—	63.90
湖 南		—	18.63	—	—	—	—	—	—	—	—	18.63
广 东		—	101.22	—	—	—	—	—	—	—	—	101.22
广 西		—	3.00	—	—	—	—	—	—	—	—	3.00
海 南		—	1.72	—	—	—	—	—	—	—	—	1.72
重 庆		—	7.34	—	—	—	—	—	—	—	—	7.34
四 川		—	56.15	—	—	—	—	—	—	—	—	56.15
贵 州		—	2.54	—	—	—	—	—	—	—	—	2.54
云 南		—	20.71	—	—	—	—	—	—	—	—	20.71
西 藏		—	0.86	—	—	—	—	—	—	—	—	0.86
陕 西		—	4.84	—	—	—	—	—	—	—	—	4.84
甘 肃		—	6.05	—	—	—	—	—	—	—	—	6.05
青 海		—	2.85	—	—	—	—	—	—	—	—	2.85
新 疆		—	25.14	—	—	—	—	—	—	—	—	25.14
合计 Total		**—**	**528.59**	**—**	**—**	**—**	**—**	**—**	**—**	**—**	**—**	**528.59**

七星彩排列 5

单位：万元

Unit：Ten Thousand Yuan

地　区 Region	游戏类型 Game Type	2003	2004	2005	2006	2007	2008	2009	2010	2011	2012	合　计 Total
北　京	乐透排列	—	6.33	—	—	—	—	—	—	—	—	6.33
天　津		—	4.94	—	—	—	—	—	—	—	—	4.94
河　北		—	4.10	—	—	—	—	—	—	—	—	4.10
山　西		—	0.96	—	—	—	—	—	—	—	—	0.96
辽　宁		—	1.47	—	—	—	—	—	—	—	—	1.47
吉　林		—	3.84	—	—	—	—	—	—	—	—	3.84
黑龙江		—	3.20	—	—	—	—	—	—	—	—	3.20
上　海		—	1.65	—	—	—	—	—	—	—	—	1.65
安　徽		—	3.18	—	—	—	—	—	—	—	—	3.18
江　西		—	2.73	—	—	—	—	—	—	—	—	2.73
山　东		—	1.59	—	—	—	—	—	—	—	—	1.59
河　南		—	7.96	—	—	—	—	—	—	—	—	7.96
湖　北		—	15.75	—	—	—	—	—	—	—	—	15.75
湖　南		—	1.75	—	—	—	—	—	—	—	—	1.75
广　东		—	17.10	—	—	—	—	—	—	—	—	17.10
广　西		—	0.51	—	—	—	—	—	—	—	—	0.51
海　南		—	0.73	—	—	—	—	—	—	—	—	0.73
四　川		—	12.19	—	—	—	—	—	—	—	—	12.19
贵　州		—	0.52	—	—	—	—	—	—	—	—	0.52
云　南		—	6.16	—	—	—	—	—	—	—	—	6.16
西　藏		—	0.32	—	—	—	—	—	—	—	—	0.32
陕　西		—	1.41	—	—	—	—	—	—	—	—	1.41
甘　肃		—	0.71	—	—	—	—	—	—	—	—	0.71
青　海		—	0.37	—	—	—	—	—	—	—	—	0.37
新　疆		—	1.98	—	—	—	—	—	—	—	—	1.98
合计 Total		**—**	**101.46**	**—**	**—**	**—**	**—**	**—**	**—**	**—**	**—**	**101.46**

七星彩猜单双

单位：万元

Unit：Ten Thousand Yuan

地　区 Region	游戏类型 Game Type	2003	2004	2005	2006	2007	2008	2009	2010	2011	2012	合　计 Total
北　京	乐透排列	—	328.60	—	—	—	—	—	—	—	—	328.60
天　津		—	217.43	—	—	—	—	—	—	—	—	217.43
河　北		—	345.47	—	—	—	—	—	—	—	—	345.47
山　西		—	40.51	—	—	—	—	—	—	—	—	40.51
辽　宁		—	133.49	—	—	—	—	—	—	—	—	133.49
吉　林		—	170.09	—	—	—	—	—	—	—	—	170.09
黑龙江		—	221.79	—	—	—	—	—	—	—	—	221.79
上　海		—	17.54	—	—	—	—	—	—	—	—	17.54
安　徽		—	73.89	—	—	—	—	—	—	—	—	73.89
江　西		—	131.55	—	—	—	—	—	—	—	—	131.55
山　东		—	148.70	—	—	—	—	—	—	—	—	148.70
河　南		—	381.20	—	—	—	—	—	—	—	—	381.20
湖　北		—	237.46	—	—	—	—	—	—	—	—	237.46
湖　南		—	374.25	—	—	—	—	—	—	—	—	374.25
广　东		—	467.04	—	—	—	—	—	—	—	—	467.04
广　西		—	80.88	—	—	—	—	—	—	—	—	80.88
海　南		—	34.23	—	—	—	—	—	—	—	—	34.23
重　庆		—	119.84	—	—	—	—	—	—	—	—	119.84
四　川		—	438.83	—	—	—	—	—	—	—	—	438.83
贵　州		—	57.53	—	—	—	—	—	—	—	—	57.53
云　南		—	429.04	—	—	—	—	—	—	—	—	429.04
西　藏		—	7.09	—	—	—	—	—	—	—	—	7.09
陕　西		—	133.70	—	—	—	—	—	—	—	—	133.70
甘　肃		—	73.72	—	—	—	—	—	—	—	—	73.72
青　海		—	28.45	—	—	—	—	—	—	—	—	28.45
新　疆		—	85.63	—	—	—	—	—	—	—	—	85.63
合计 Total		**—**	**4 777.93**	**—**	**—**	**—**	**—**	**—**	**—**	**—**	**—**	**4 777.93**

七星彩押大小

单位：万元

Unit：Ten Thousand Yuan

地　区 Region	游戏类型 Game Type	2003	2004	2005	2006	2007	2008	2009	2010	2011	2012	合　计 Total
北　京	乐透排列	—	463.44	85.27	—	—	—	—	—	—	—	548.71
天　津		—	469.58	52.03	—	—	—	—	—	—	—	521.61
河　北		—	460.52	50.28	—	—	—	—	—	—	—	510.80
山　西		—	—	19.68	—	—	—	—	—	—	—	19.68
辽　宁		—	217.63	37.43	—	—	—	—	—	—	—	255.06
吉　林		—	212.76	35.64	—	—	—	—	—	—	—	248.40
黑龙江		—	325.37	40.11	—	—	—	—	—	—	—	365.47
上　海		—	36.79	36.51	—	—	—	—	—	—	—	73.30
安　徽		—	121.38	16.89	—	—	—	—	—	—	—	138.27
江　西		—	257.90	44.74	—	—	—	—	—	—	—	302.64
山　东		—	383.16	32.87	—	—	—	—	—	—	—	416.03
河　南		—	503.82	74.14	—	—	—	—	—	—	—	577.95
湖　北		—	304.67	40.58	—	—	—	—	—	—	—	345.25
湖　南		—	512.53	42.21	—	—	—	—	—	—	—	554.73
广　东		—	739.72	240.04	—	—	—	—	—	—	—	979.76
广　西		—	82.34	9.83	—	—	—	—	—	—	—	92.17
海　南		—	33.61	2.57	—	—	—	—	—	—	—	36.18
重　庆		—	165.07	13.89	—	—	—	—	—	—	—	178.96
四　川		—	538.17	76.90	—	—	—	—	—	—	—	615.06
贵　州		—	71.79	20.57	—	—	—	—	—	—	—	92.36
云　南		—	506.62	83.75	—	—	—	—	—	—	—	590.37
西　藏		—	9.12	3.59	—	—	—	—	—	—	—	12.71
陕　西		—	152.99	26.80	—	—	—	—	—	—	—	179.79
甘　肃		—	109.55	14.62	—	—	—	—	—	—	—	124.17
青　海		—	30.80	3.30	—	—	—	—	—	—	—	34.10
新　疆		—	105.63	28.85	—	—	—	—	—	—	—	134.48
合计 Total		**—**	**6 814.95**	**1 133.06**	**—**	**—**	**—**	**—**	**—**	**—**	**—**	**7 948.01**

七星彩全家和

单位：万元

Unit: Ten Thousand Yuan

地区 Region	游戏类型 Game Type	2003	2004	2005	2006	2007	2008	2009	2010	2011	2012	合计 Total
北京	乐透排列	—	434.44	—	—	—	—	—	—	—	—	434.44
天津		—	376.21	—	—	—	—	—	—	—	—	376.21
河北		—	619.72	—	—	—	—	—	—	—	—	619.72
山西		—	98.70	—	—	—	—	—	—	—	—	98.70
辽宁		—	185.29	—	—	—	—	—	—	—	—	185.29
吉林		—	219.57	—	—	—	—	—	—	—	—	219.57
黑龙江		—	430.47	—	—	—	—	—	—	—	—	430.47
上海		—	24.88	—	—	—	—	—	—	—	—	24.88
安徽		—	86.18	—	—	—	—	—	—	—	—	86.18
江西		—	73.52	—	—	—	—	—	—	—	—	73.52
山东		—	126.07	—	—	—	—	—	—	—	—	126.07
河南		—	532.95	—	—	—	—	—	—	—	—	532.95
湖北		—	227.03	—	—	—	—	—	—	—	—	227.03
湖南		—	267.76	—	—	—	—	—	—	—	—	267.76
广东		—	908.10	—	—	—	—	—	—	—	—	908.10
广西		—	123.73	—	—	—	—	—	—	—	—	123.73
海南		—	41.70	—	—	—	—	—	—	—	—	41.70
重庆		—	122.03	—	—	—	—	—	—	—	—	122.03
四川		—	622.60	—	—	—	—	—	—	—	—	622.60
贵州		—	67.45	—	—	—	—	—	—	—	—	67.45
云南		—	780.81	—	—	—	—	—	—	—	—	780.81
西藏		—	12.89	—	—	—	—	—	—	—	—	12.89
陕西		—	112.11	—	—	—	—	—	—	—	—	112.11
甘肃		—	81.23	—	—	—	—	—	—	—	—	81.23
青海		—	39.03	—	—	—	—	—	—	—	—	39.03
新疆		—	84.36	—	—	—	—	—	—	—	—	84.36
合计 Total		**—**	**6 698.82**	**—**	**—**	**—**	**—**	**—**	**—**	**—**	**—**	**6 698.82**

22 选 5

单位：万元

Unit：Ten Thousand Yuan

地 区 Region	游戏类型 Game Type	2003	2004	2005	2006	2007	2008	2009	2010	2011	2012	合 计 Total
天 津	乐透组合	—	—	—	2 090.36	1 739.98	1 639.59	1 801.47	1 452.63	1 604.34	1 591.49	11 919.86
河 北		—	—	5 183.11	6 597.86	5 819.44	5 332.92	5 889.63	5 566.58	6 113.31	5 906.18	46 409.04
山 西		—	—	2 974.33	3 005.04	2 188.95	1 792.06	1 470.75	1 310.75	1 206.59	1 035.79	14 984.25
内蒙古		—	—	—	—	1 153.81	2 963.49	2 466.34	2 742.41	2 898.85	2 809.35	15 034.25
辽 宁		—	—	4 895.36	4 883.99	4 262.37	3 709.79	2 821.01	2 575.24	2 312.87	1 702.01	27 162.63
吉 林		—	—	5 714.07	4 997.63	3 893.84	4 683.19	4 459.64	3 541.83	3 291.36	2 881.40	33 462.95
黑龙江		—	—	4 428.45	4 311.31	3 412.94	3 108.51	2 906.08	2 887.41	2 645.96	2 160.43	25 861.09
上 海		—	—	—	5 698.91	4 813.42	3 951.63	3 925.70	3 583.69	3 404.98	3 048.80	28 427.12
江 苏		—	—	—	—	3 558.58	12 177.48	13 869.36	14 621.85	13 065.04	8 881.90	66 174.20
安 徽		—	—	2 601.00	4 996.10	4 775.77	5 069.41	5 620.68	5 173.22	5 208.99	5 068.64	38 513.81
江 西		—	—	783.34	5 775.69	4 710.24	4 868.93	4 823.26	4 612.90	4 635.17	4 036.52	34 246.05
山 东		—	—	3 409.45	5 075.27	5 216.79	5 040.23	3 590.16	2 927.20	2 796.49	2 334.27	30 389.87
湖 北		—	—	—	3 184.16	2 302.72	2 094.82	2 120.85	1 627.78	1 506.03	1 405.58	14 241.94
湖 南		—	—	2 742.10	3 193.28	2 236.53	2 251.95	2 389.49	2 166.41	2 733.86	2 563.07	20 276.69
广 东		—	—	—	8 013.80	13 427.27	10 384.49	10 751.35	8 859.86	8 243.39	7 278.53	66 958.68
广 西		—	—	—	515.91	890.63	868.99	916.36	982.85	874.25	811.43	5 860.43
海 南		—	—	—	162.01	102.69	113.71	113.35	150.29	147.89	126.49	916.43
重 庆		—	—	—	1 634.82	1 170.59	991.19	795.42	809.99	711.46	736.99	6 850.47
四 川		—	—	804.76	1 338.58	1 315.24	1 291.84	1 672.79	1 885.49	1 450.81	1 262.57	11 022.07
西 藏		—	—	23.48	40.10	58.42	111.11	100.65	—	80.76	57.06	471.58
陕 西		—	—	6 651.45	6 422.89	5 835.05	4 759.41	4 438.52	3 032.44	2 967.89	2 400.20	36 507.84
甘 肃		—	—	2 804.41	3 004.99	2 931.59	2 640.28	1 845.89	1 409.20	1 461.84	1 588.42	17 686.61
青 海		—	—	792.43	851.35	711.12	866.10	843.52	587.76	670.92	572.46	5 895.67
宁 夏		—	—	—	—	414.51	2 023.50	1 813.60	1 637.96	1 368.57	1 123.95	8 382.09
新 疆		—	—	2 452.20	2 755.17	2 212.63	1 775.56	1 411.04	1 045.68	987.86	974.85	13 615.00
合计 Total		**—**	**—**	**46 259.92**	**78 549.24**	**79 155.12**	**84 510.18**	**82 856.91**	**75 191.40**	**72 389.46**	**62 358.49**	**581 270.73**

29 选 7

单位：万元

Unit：Ten Thousand Yuan

地区 Region	游戏类型 Game Type	2003	2004	2005	2006	2007	2008	2009	2010	2011	2012	合计 Total
河北	乐透组合	—	—	4 369.19	—	3 177.29	1 799.83	1 049.60	—	—	—	10 395.91
山西		—	—	1 178.13	885.10	522.67	278.64	121.07	—	—	—	2 985.61
内蒙古		—	—	—	—	589.39	995.00	518.14	—	—	—	2 102.53
辽宁		—	—	3 263.19	3 035.99	2 386.97	1 402.21	718.24	—	—	—	10 806.60
吉林		—	—	3 251.39	2 857.91	1 930.05	959.50	517.55	—	—	—	9 516.40
黑龙江		—	—	1 817.24	1 630.64	1 164.23	694.07	389.40	—	—	—	5 695.58
安徽		—	—	1 199.91	2 120.21	1 575.85	877.05	552.00	—	—	—	6 325.01
江西		—	—	1 309.88	1 421.69	1 148.63	578.73	368.72	—	—	—	4 827.65
山东		—	—	2 103.54	3 037.46	2 905.90	1 841.13	839.32	—	—	—	10 727.35
湖南		—	—	1 085.96	979.18	709.36	313.22	167.77	—	—	—	3 255.49
广西		—	—	—	268.12	460.90	232.22	158.83	—	—	—	1 120.07
重庆		—	—	—	353.28	243.20	112.53	45.97	—	—	—	754.98
四川		—	—	—	152.75	205.90	113.24	67.57	—	—	—	539.46
西藏		—	—	—	5.75	5.99	5.63	1.81	—	—	—	19.18
陕西		—	—	2 275.50	1 542.89	1 185.68	612.02	285.37	—	—	—	5 901.46
甘肃		—	—	1 024.65	794.31	550.61	253.29	121.39	—	—	—	2 744.25
青海		—	—	163.09	107.64	70.70	47.49	16.84	—	—	—	405.76
宁夏		—	—	—	—	49.47	191.77	87.73	—	—	—	328.97
新疆		—	—	1 686.44	1 363.22	1 027.42	573.21	264.40	—	—	—	4 914.69
合计 Total		**—**	**—**	**24 728.10**	**20 556.15**	**19 910.19**	**11 880.78**	**6 291.72**	**—**	**—**	**—**	**83 366.94**

金 银 彩

单位：万元

Unit：Ten Thousand Yuan

地 区 Region	游戏类型 Game Type	2003	2004	2005	2006	2007	2008	2009	2010	2011	2012	合 计 Total
北 京	乐透组合	—	602.00	—	—	—	—	—	—	—	—	602.00
天 津		—	276.09	—	—	—	—	—	—	—	—	276.09
河 北		—	542.24	—	—	—	—	—	—	—	—	542.24
山 西		—	102.47	—	—	—	—	—	—	—	—	102.47
辽 宁		—	169.96	—	—	—	—	—	—	—	—	169.96
吉 林		—	495.51	—	—	—	—	—	—	—	—	495.51
黑龙江		—	352.49	—	—	—	—	—	—	—	—	352.49
上 海		—	396.47	—	—	—	—	—	—	—	—	396.47
江 苏		—	387.21	—	—	—	—	—	—	—	—	387.21
浙 江		—	406.09	—	—	—	—	—	—	—	—	406.09
安 徽		—	88.59	—	—	—	—	—	—	—	—	88.59
福 建		—	671.63	—	—	—	—	—	—	—	—	671.63
江 西		—	100.11	—	—	—	—	—	—	—	—	100.11
山 东		—	106.91	—	—	—	—	—	—	—	—	106.91
河 南		—	770.30	—	—	—	—	—	—	—	—	770.30
湖 北		—	882.08	—	—	—	—	—	—	—	—	882.08
湖 南		—	255.13	—	—	—	—	—	—	—	—	255.13
广 东		—	1 795.41	—	—	—	—	—	—	—	—	1 795.41
广 西		—	83.53	—	—	—	—	—	—	—	—	83.53
海 南		—	87.47	—	—	—	—	—	—	—	—	87.47
重 庆		—	280.33	—	—	—	—	—	—	—	—	280.33
四 川		—	673.95	—	—	—	—	—	—	—	—	673.95
贵 州		—	129.30	—	—	—	—	—	—	—	—	129.30
云 南		—	633.16	—	—	—	—	—	—	—	—	633.16
西 藏		—	20.11	—	—	—	—	—	—	—	—	20.11
陕 西		—	192.55	—	—	—	—	—	—	—	—	192.55
甘 肃		—	82.00	—	—	—	—	—	—	—	—	82.00
青 海		—	26.57	—	—	—	—	—	—	—	—	26.57
新 疆		—	175.48	—	—	—	—	—	—	—	—	175.48
合计 Total		**—**	**10 785.13**	**—**	**—**	**—**	**—**	**—**	**—**	**—**	**—**	**10 785.13**

超级大乐透

单位：万元

Unit：Ten Thousand Yuan

地 区 Region	游戏类型 Game Type	2003	2004	2005	2006	2007	2008	2009	2010	2011	2012	合 计 Total
北 京	乐透组合	—	—	—	—	8 379.74	18 229.29	19 293.13	27 236.58	39 467.80	36 947.78	149 554.31
天 津		—	—	—	—	4 201.67	11 088.92	21 249.99	43 718.44	26 863.60	31 775.07	138 897.68
河 北		—	—	—	—	7 962.91	19 690.21	23 583.52	3 328.81	39 315.34	42 364.17	136 244.96
山 西		—	—	—	—	2 431.41	6 250.88	6 859.00	39 264.45	12 422.70	12 580.58	79 809.03
内蒙古		—	—	—	—	2 599.77	9 148.41	9 657.77	23 022.27	16 941.91	19 558.39	80 928.53
辽 宁		—	—	—	—	11 399.69	21 120.45	20 409.13	25 012.24	32 876.04	31 816.74	142 634.29
吉 林		—	—	—	—	6 992.21	15 748.57	16 737.76	24 653.65	26 330.99	27 971.17	118 434.35
黑龙江		—	—	—	—	5 779.50	13 216.90	15 103.20	53 117.84	32 010.74	33 355.52	152 583.70
上 海		—	—	—	—	7 295.22	19 311.69	23 688.96	19 881.26	41 696.95	44 477.67	156 351.75
江 苏		—	—	—	—	21 340.30	72 437.98	113 330.77	18 922.79	215 374.28	184 445.06	625 851.18
浙 江		—	—	—	—	21 550.10	51 891.12	66 012.82	40 756.97	120 469.16	118 680.10	419 360.28
安 徽		—	—	—	—	8 787.90	21 100.84	23 606.60	952 017.96	41 615.16	41 087.95	1 088 216.41
福 建		—	—	—	—	19 372.01	45 264.85	49 641.07	23 749.18	83 785.16	82 988.92	304 801.19
江 西		—	—	—	—	7 584.92	17 791.87	20 193.83	150 426.97	37 356.94	40 289.46	273 643.99
山 东		—	—	—	—	9 962.29	26 802.01	30 021.67	2 606.84	80 478.23	65 649.36	215 520.40
河 南		—	—	—	—	15 415.97	39 340.55	48 650.83	26 432.75	72 962.41	72 516.40	275 318.91
湖 北		—	—	—	—	15 532.43	27 872.94	27 574.19	18 520.34	36 870.49	37 284.64	163 655.03
湖 南		—	—	—	—	8 179.46	18 019.28	20 680.49	27 516.62	34 756.96	34 205.00	143 357.81
广 东		—	—	—	—	36 075.42	81 273.90	89 470.52	7 095.07	129 215.92	121 343.82	464 474.65
广 西		—	—	—	—	2 308.86	4 884.26	5 583.55	92 432.57	10 946.34	11 360.46	127 516.03
海 南		—	—	—	—	1 284.51	2 498.14	2 816.29	24 106.87	5 914.47	5 475.08	42 095.37
重 庆		—	—	—	—	8 094.96	16 798.26	18 318.62	82 599.41	29 640.21	30 184.60	185 636.06
四 川		—	—	—	—	12 233.86	28 506.79	36 157.45	28 630.71	61 735.50	64 814.79	232 079.09
贵 州		—	—	—	—	7 293.31	20 892.64	23 909.83	6 667.08	29 446.00	29 085.24	117 294.11
云 南		—	—	—	—	14 585.17	35 066.22	37 792.95	12 724.70	56 610.42	56 687.49	213 466.95
西 藏		—	—	—	—	186.04	634.61	630.00	24 796.18	1 344.98	1 734.93	29 326.74
陕 西		—	—	—	—	9 526.56	18 877.76	18 535.07	8 053.94	28 881.18	28 045.11	111 919.61
甘 肃		—	—	—	—	3 816.23	6 392.16	6 700.46	59 604.23	11 360.78	14 923.73	102 797.59
青 海		—	—	—	—	802.44	2 024.83	2 638.13	6 643.22	4 054.68	6 699.91	22 863.21
宁 夏		—	—	—	—	1 021.13	6 154.70	6 178.97	11 078.26	7 799.46	8 235.70	40 468.22
新 疆		—	—	—	—	5 990.09	13 026.10	12 098.87	—	16 289.63	16 570.57	63 975.26
合计 Total		**—**	**—**	**—**	**—**	**287 986.08**	**691 357.13**	**817 125.44**	**1 884 618.21**	**1 384 834.40**	**1 353 155.55**	**6 419 076.81**

大乐透·幸运彩

单位：万元

Unit：Ten Thousand Yuan

地　区 Region	游戏类型 Game Type	2003	2004	2005	2006	2007	2008	2009	2010	2011	2012	合　计 Total
北　京	乐透组合	—	—	—	—	202.72	361.87	374.92	460.05	559.23	719.56	2 678.36
天　津		—	—	—	—	241.79	315.77	364.15	410.95	333.61	422.56	2 088.83
河　北		—	—	—	—	413.07	674.61	657.46	699.97	701.77	1 124.50	4 271.38
山　西		—	—	—	—	124.31	193.94	201.29	182.73	166.76	204.10	1 073.13
内蒙古		—	—	—	—	117.08	252.82	172.23	175.91	202.87	210.41	1 131.32
辽　宁		—	—	—	—	466.80	599.38	483.48	514.55	542.41	408.51	3 015.13
吉　林		—	—	—	—	226.48	463.17	431.64	384.02	362.48	404.97	2 272.76
黑龙江		—	—	—	—	115.04	256.96	381.04	342.85	411.71	389.13	1 896.73
上　海		—	—	—	—	287.62	560.93	817.61	897.94	898.51	1 082.33	4 544.94
江　苏		—	—	—	—	644.70	1 108.27	2 389.49	2 717.89	2 767.29	1 572.25	11 199.88
浙　江		—	—	—	—	594.10	795.15	1 065.82	1 468.82	1 577.99	1 521.99	7 023.87
安　徽		—	—	—	—	154.13	270.06	340.46	422.85	509.34	464.15	2 161.00
福　建		—	—	—	—	1 169.46	1 874.45	2 174.07	2 526.08	2 311.13	2 194.81	12 250.00
江　西		—	—	—	—	348.02	737.68	796.89	684.17	1 261.68	897.90	4 726.33
山　东		—	—	—	—	659.25	2 365.81	1 244.52	1 147.47	1 205.84	938.58	7 561.47
河　南		—	—	—	—	608.96	1 241.96	1 159.28	1 145.45	1 064.43	1 003.69	6 223.77
湖　北		—	—	—	—	311.46	435.57	499.81	428.07	366.12	376.64	2 417.68
湖　南		—	—	—	—	536.46	1 032.20	816.46	627.21	881.65	771.59	4 665.57
广　东		—	—	—	—	1 847.28	2 417.97	2 057.01	1 747.28	1 686.45	1 649.91	11 405.90
广　西		—	—	—	—	171.29	234.29	251.39	248.76	214.02	237.74	1 357.48
海　南		—	—	—	—	9.82	9.00	13.00	16.03	20.65	29.27	97.77
重　庆		—	—	—	—	131.25	118.10	172.68	233.96	256.75	304.42	1 217.16
四　川		—	—	—	—	110.90	297.35	612.53	611.09	561.77	480.62	2 674.26
贵　州		—	—	—	—	150.89	351.90	427.54	393.97	359.67	295.31	1 979.28
云　南		—	—	—	—	343.32	760.44	682.49	733.41	730.93	861.94	4 112.53
西　藏		—	—	—	—	1.72	16.87	4.41	—	7.34	6.68	37.02
陕　西		—	—	—	—	270.72	298.03	352.20	362.71	361.52	364.70	2 009.88
甘　肃		—	—	—	—	166.29	325.81	182.91	137.19	150.35	278.52	1 241.06
青　海		—	—	—	—	24.29	39.29	132.53	81.69	55.00	56.60	389.40
宁　夏		—	—	—	—	40.10	172.59	193.95	157.57	136.60	137.78	838.58
新　疆		—	—	—	—	145.41	216.49	144.85	114.76	117.65	147.08	886.24
合计 Total		**—**	**—**	**—**	**—**	**10 634.72**	**18 798.73**	**19 598.11**	**20 075.39**	**20 783.53**	**19 558.38**	**109 448.86**

2003—2012 年中国体育彩票区域联网游戏销售统计

Sales Statistics of Inter-Regional Games of Sports Lottery from 2002 to 2011

7 位 数

单位：万元

Unit：Ten Thousand Yuan

地 区 Region	游戏类型 Game Type	2003	2004	2005	2006	2007	2008	2009	2010	2011	2012	合 计 Total
四 川	乐透排列	53 077.50	12 357.30	—	—	—	—	—	—	—	—	65 434.80
西 藏		1 151.59	140.70	—	—	—	—	—	—	—	—	1 292.30
合计 Total		**54 229.10**	**12 498.00**	**—**	**—**	**—**	**—**	**—**	**—**	**—**	**—**	**66 727.10**

21 选 5

单位：万元

Unit：Ten Thousand Yuan

地 区 Region	游戏类型 Game Type	2003	2004	2005	2006	2007	2008	2009	2010	2011	2012	合 计 Total
河 北	乐透组合	—	2 405.94	1 111.65	—	—	—	—	—	—	—	3 517.59
辽 宁		—	1 909.91	993.27	—	—	—	—	—	—	—	2 903.18
吉 林		—	2 720.13	1 409.43	—	—	—	—	—	—	—	4 129.56
黑龙江		—	2 635.45	1 219.94	—	—	—	—	—	—	—	3 855.39
山 东		—	896.74	608.30	—	—	—	—	—	—	—	1 505.03
河 南		—	1 757.20	—	—	—	—	—	—	—	—	1 757.20
合计 Total		**—**	**12 325.37**	**5 342.59**	**—**	**—**	**—**	**—**	**—**	**—**	**—**	**17 667.96**

22 选 5

单位：万元

Unit：Ten Thousand Yuan

地 区 Region	游戏类型 Game Type	2003	2004	2005	2006	2007	2008	2009	2010	2011	2012	合 计 Total
山 西	乐透组合	3 077.43	11 236.07	603.89	—	—	—	—	—	—	—	14 917.39
陕 西		5 673.80	8 356.65	1 711.09	—	—	—	—	—	—	—	15 741.53
甘 肃		3 367.79	4 903.41	723.57	—	—	—	—	—	—	—	8 994.76
青 海		581.21	1 323.73	208.57	—	—	—	—	—	—	—	2 113.50
新 疆		3 150.06	4 507.72	587.67	—	—	—	—	—	—	—	8 245.44
合计 Total		**15 850.28**	**30 327.57**	**3 834.78**	**—**	**—**	**—**	**—**	**—**	**—**	**—**	**50 012.64**

29 选 7

单位：万元

Unit：Ten Thousand Yuan

地 区 Region	游戏类型 Game Type	2003	2004	2005	2006	2007	2008	2009	2010	2011	2012	合 计 Total
河 北	乐透组合	—	2 127.29	578.43	—	—	—	—	—	—	—	2 705.73
辽 宁		—	3 456.29	—	—	—	—	—	—	—	—	3 456.29
吉 林		—	2 284.20	331.05	—	—	—	—	—	—	—	2 615.26
黑龙江		—	2 256.18	205.10	—	—	—	—	—	—	—	2 461.28
山 东		—	659.75	205.98	—	—	—	—	—	—	—	865.72
合计 Total		**—**	**10 783.71**	**1 320.56**	**—**	**—**	**—**	**—**	**—**	**—**	**—**	**12 104.27**

30 选 7

单位：万元

Unit：Ten Thousand Yuan

地 区 Region	游戏类型 Game Type	2003	2004	2005	2006	2007	2008	2009	2010	2011	2012	合 计 Total
山 西	乐透组合	452.86	431.56	—	—	—	—	—	—	—	—	884.43
陕 西		2 208.27	1 598.80	—	—	—	—	—	—	—	—	3 807.07
甘 肃		578.79	536.50	—	—	—	—	—	—	—	—	1 115.29
青 海		94.37	84.25	—	—	—	—	—	—	—	—	178.62
新 疆		627.63	569.10	—	—	—	—	—	—	—	—	1 196.73
合计 Total		**3 961.92**	**3 220.21**	**—**	**—**	**—**	**—**	**—**	**—**	**—**	**—**	**7 182.14**

31 选 7

单位：万元

Unit：Ten Thousand Yuan

地 区 Region	游戏类型 Game Type	2003	2004	2005	2006	2007	2008	2009	2010	2011	2012	合 计 Total
河 北	乐透组合	—	—	—	—	—	—	992.74	1 148.43	—	—	2 141.17
山 西		—	—	—	—	—	—	129.29	127.39	—	—	256.68
辽 宁		—	—	—	—	—	—	526.49	620.97	—	—	1 147.46
内蒙古		—	—	—	—	—	—	358.39	428.80	—	—	787.19
吉 林		—	—	—	—	—	—	417.82	496.33	—	—	914.15
黑龙江		—	—	—	—	—	—	369.00	424.38	—	—	793.38
安 徽		—	—	—	—	—	—	600.98	555.16	—	—	1 156.14
江 西		—	—	—	—	—	—	297.90	329.65	—	—	627.55
山 东		—	—	—	—	—	—	906.50	950.86	—	—	1 857.36
湖 南		—	—	—	—	—	—	183.87	230.79	—	—	414.66
广 西		—	—	—	—	—	—	219.77	288.88	—	—	508.65
重 庆		—	—	—	—	—	—	69.37	83.07	—	—	152.44
陕 西		—	—	—	—	—	—	398.96	321.56	—	—	720.52
甘 肃		—	—	—	—	—	—	193.98	124.46	—	—	318.44
宁 夏		—	—	—	—	—	—	93.75	92.17	—	—	185.92
青 海		—	—	—	—	—	—	27.78	19.67	—	—	47.45
新 疆		—	—	—	—	—	—	296.01	315.09	—	—	611.10
合计 Total		**—**	**—**	**—**	**—**	**—**	**—**	**6 082.60**	**6 557.68**	**—**	**—**	**12 640.28**

注：31 选 7 于2010 年 10 月 10 日起停售。

35 选 7

单位：万元

Unit：Ten Thousand Yuan

地 区 Region	游戏类型 Game Type	2003	2004	2005	2006	2007	2008	2009	2010	2011	2012	合 计 Total
山 西	乐透组合	1 332. 40	2 656. 83	282. 58	—	—	—	—	—	—	—	4 271. 81
陕 西		2 890. 93	5 353. 88	632. 59	—	—	—	—	—	—	—	8 877. 40
甘 肃		1 133. 55	2 276. 44	238. 29	—	—	—	—	—	—	—	3 648. 28
青 海		232. 01	442. 09	48. 18	—	—	—	—	—	—	—	722. 28
新 疆		1 163. 89	2 510. 95	388. 78	—	—	—	—	—	—	—	4 063. 62
合计 Total		**6 752. 78**	**13 240. 20**	**1 590. 41**	**—**	**—**	**—**	**—**	**—**	**—**	**—**	**21 583. 39**

36 选 7

单位：万元

Unit：Ten Thousand Yuan

地 区 Region	游戏类型 Game Type	2003	2004	2005	2006	2007	2008	2009	2010	2011	2012	合 计 Total
黑龙江	乐透组合	—	300. 86	2 760. 22	1 297. 14	1 260. 14	715. 72	349. 45	—	—	—	6 683. 53
上 海		—	—	3 964. 53	4 063. 05	3 910. 15	2 626. 62	1264. 59	—	—	—	15 828. 94
江 西		—	69. 81	682. 47	607. 91	670. 48	462. 59	271. 34	—	—	—	2 764. 61
湖 北		—	187. 59	1 472. 80	813. 84	476. 30	—	—	—	—	—	2 950. 52
湖 南		—	49. 14	592. 69	579. 83	647. 61	316. 56	162. 89	—	—	—	2 348. 73
广 东		—	1 349. 77	18 007. 77	13 738. 58	16 377. 80	8 577. 11	4686. 39	—	—	—	62 737. 42
广 西		—	56. 52	547. 42	400. 65	629. 54	379. 86	233. 32	—	—	—	2 247. 32
海 南		—	19. 67	135. 10	91. 64	59. 73	—	—	—	—	—	306. 15
重 庆		—	60. 53	562. 23	355. 28	248. 14	93. 59	36. 91	—	—	—	1 356. 68
四 川		—	133. 42	652. 89	403. 63	421. 39	184. 96	96. 45	—	—	—	1 892. 76
贵 州		—	13. 54	181. 60	188. 29	165. 87	83. 47	54. 89	—	—	—	687. 65
云 南		—	67. 44	1 075. 69	1 104. 81	760. 74	—	—	—	—	—	3 008. 68
西 藏		—	2. 46	25. 57	23. 27	17. 07	11. 28	8. 11	—	—	—	87. 76
合计 Total		**—**	**2 310. 75**	**30 661. 00**	**23 667. 93**	**25 644. 96**	**13 451. 76**	**7 164. 34**	**—**	**—**	**—**	**102 900. 75**

金 银 球

单位：万元

Unit：Ten Thousand Yuan

地 区 Region	游戏类型 Game Type	2003	2004	2005	2006	2007	2008	2009	2010	2011	2012	合 计 Total
上 海	乐透组合	—	986. 31	—	—	—	—	—	—	—	—	986. 31
江 苏		—	771. 03	—	—	—	—	—	—	—	—	771. 03
浙 江		—	1 121. 16	—	—	—	—	—	—	—	—	1 121. 16
安 徽		—	347. 49	—	—	—	—	—	—	—	—	347. 49
江 西		—	145. 28	—	—	—	—	—	—	—	—	145. 28
山 东		—	262. 67	—	—	—	—	—	—	—	—	262. 67
合计 Total		**—**	**3 633. 92**	**—**	**—**	**—**	**—**	**—**	**—**	**—**	**—**	**3 633. 92**

千 喜 乐

单位：万元

Unit：Ten Thousand Yuan

地 区 Region	游戏类型 Game Type	2003	2004	2005	2006	2007	2008	2009	2010	2011	2012	合 计 Total
湖 南	乐透组合	—	541.58	1 020.92	140.39	73.69	—	—	—	—	—	1 776.58
广 西		—	51.91	31.72	—	—	—	—	—	—	—	83.63
海 南		—	17.08	6.19	—	—	—	—	—	—	—	23.27
重 庆		—	147.14	113.93	—	—	—	—	—	—	—	261.07
贵 州		—	82.55	153.86	55.40	22.80	—	—	—	—	—	314.61
云 南		—	462.21	752.91	296.42	134.00	—	—	—	—	—	1 645.54
合计 Total		**—**	**1 302.47**	**2 079.53**	**492.21**	**230.49**	**—**	**—**	**—**	**—**	**—**	**4 104.70**

同 花 5

单位：万元

Unit：Ten Thousand Yuan

地 区 Region	游戏类型 Game Type	2003	2004	2005	2006	2007	2008	2009	2010	2011	2012	合 计 Total
湖 南	乐透组合	—	222.15	133.42	21.02	9.39	—	—	—	—	—	385.98
广 西		—	31.52	7.32	—	—	—	—	—	—	—	38.83
海 南		—	19.39	8.74	—	—	—	—	—	—	—	28.14
重 庆		—	182.75	68.34	—	—	—	—	—	—	—	251.09
贵 州		—	74.45	100.64	33.38	15.98	—	—	—	—	—	224.45
云 南		—	517.47	458.43	134.90	62.97	—	—	—	—	—	1 173.76
合计 Total		**—**	**1 047.74**	**776.88**	**189.29**	**88.34**	**—**	**—**	**—**	**—**	**—**	**2 102.25**

传 统 单 场

单位：万元

Unit：Ten Thousand Yuan

地 区 Region	游戏类型 Game Type	2003	2004	2005	2006	2007	2008	2009	2010	2011	2012	合 计 Total
北 京	竞猜	—			—	—	—	—	—	—	138 301.07	138 301.07
天 津		—			—	—	—	—	—	—	84 294.68	84 294.68
广 东		—			—	—	—	—	—	—	72 882.09	72 882.09
合计 Total		**—**			**—**	**—**	**—**	**—**	**—**	**—**	**295 477.84**	**295 477.84**

快 中 彩

单位：万元

Unit：Ten Thousand Yuan

地 区 Region	游戏类型 Game Type	2003	2004	2005	2006	2007	2008	2009	2010	2011	2012	合 计 Total
北 京	乐透组合	—	—	—	—	—	—	—	—	—	227.04	227.04
天 津		—	—	—	—	—	—	—	—	—	110.39	110.39
广 东		—	—	—	—	—	—	—	—	—	234.72	234.72
合计 Total		**—**	**—**	**—**	**—**	**—**	**—**	**—**	**—**	**—**	**572.16**	**572.16**

2003—2012 年中国体育彩票地方游戏销售情况表

Sales Statistics of Regional Games of Sports Lottery in China from 2003 to 2012

单位：万元

Unit：Ten Thousand Yuan

地区 Region	游戏类型 Game Type	游戏名称 Game Name	2003	2004	2005	2006	2007	2008	2009	2010	2011	2012	合计 Total
北京	乐透组合	北京 36 选 7	43 029.16	21 777.36	12 085.37	7 369.81	4 368.42	2 969.43	1 635.61	—	—	—	93 235.16
		北京 4 项 13 选 1	695.58	372.86	—	—	—	—	—	—	—	—	1 068.45
		北京 33 选 7	—	—	—	—	—	—	808.60	2 272.72	1 567.51	1 274.44	5 923.27
	乐透排列	北京 7 位数	1 410.34	226.16	—	—	—	—	—	—	—	—	1 636.50
天津	乐透组合	天津 11 选 5	—	—	—	—	—	—	—	513.11	658.89	260.57	1 432.56
		天津 21 选 5	8 093.74	6 064.90	3 254.93	405.07	—	—	—	—	—	—	17 818.64
		天津 29 选 7	—	—	—	—	—	—	—	—	—	—	—
		天津 4 项 13 选 1	—	—	—	—	—	—	—	—	—	—	—
		天津四选乐	—	—	—	—	—	—	139.61	138.95	—	—	278.56
		天津泳坛夺金	—	—	—	—	—	—	2 922.50	15 178.56	12 614.07	18 478.66	49 193.78
	乐透排列	天津 6 +0	1 523.71	978.80	—	—	—	—	—	—	—	—	2 502.51
		天津 6 +1	—	—	—	—	—	—	171.55	121.27	—	—	292.82
		天津 6 +1(停用 1)	35 664.55	13 558.66	—	—	—	—	—	—	—	—	49 223.21
		天津 6 +1(停用 2)	—	2 605.20	3 468.57	1 991.32	1 839.73	751.00	385.59	—	—	—	11 041.42
河北	乐透组合	河北 11 选 5										32 695.32	32 695.32
		河北 20 选 5	10 779.54	4 701.05	—	—	—	—	—	—	—	—	15 480.58
		河北 29 选 7	7 593.36	3 576.12	—	—	—	—	—	—	—	—	11 169.48
		河北快乐扑克	—	—	—	—	18 137.88	21 254.02	12 590.82	6 886.17	6 818.40	5 664.07	71 351.36
		河北运动生肖	—	—	—	—	—	—	2 875.36	10 360.28	10 348.32	11 305.21	34 889.17
	乐透排列	河北 3 位数	—	356.48	—	—	—	—	—	—	—	—	356.48
		河北 7 位数	33 782.94	9 664.32	—	—	—	—	—	—	—	—	43 447.25

续表

地　区 Region	游戏类型 Game Type	游戏名称 Game Name	2003	2004	2005	2006	2007	2008	2009	2010	2011	2012	合　计 Total
山　西	乐透组合	山西 11 选 5	—	—	—	—	—	—	—	4 607. 62	5 851. 23	6 634. 48	17 093. 33
		山西 20 选 5	979. 32	—	—	—	—	—	—	—	—	—	979. 32
		山西 30 选 7	—	—	—	—	—	—	—	—	—	—	—
		山西 35 选 7	1 207. 54	—	—	—	—	—	—	—	—	—	1 207. 54
		山西泳坛夺金	—	—	—	—	—	—	27 867. 88	13 857. 77	7 104. 89	7 322. 77	56 153. 30
	乐透排列	山西 6 位数	—	—	—	—	—	—	—	—	—	—	—
内蒙古	乐透组合	内蒙古 11 选 5			—	—	—	—	—	—	4 257. 98	5 109. 21	9 367. 19
		内蒙古泳坛夺金	—	—	—	—	—	—	25 679. 01	9 308. 24	5 474. 01	4 241. 26	44 702. 51
		内蒙古运动生肖	—	—	—	—	—	—	347. 02	1 004. 92		—	1 351. 94
辽　宁	乐透组合	辽宁 11 选 5			—	—	—	—	—	—	106 205. 09	301 219. 47	407 424. 56
		辽宁 21 选 5	—	1 845. 78	—	—	—	—	—	—	—	—	1 845. 78
		辽宁 29 选 7	9 851. 66	2 373. 34	—	—	—	—	—	—	—	—	12 225. 00
		辽宁 33 选 7	—	1 105. 57	4 399. 32	821. 79	—	—	—	—	—	—	6 326. 68
		辽宁 35 选 7	9 859. 86	5 707. 75	—	—	—	—	—	—	—	—	15 567. 62
		辽宁快乐扑克	—	—	—	—	24 145. 66	25 250. 36	11 911. 06	9 172. 15	5 861. 22	95. 30	76 435. 75
		辽宁即乐彩	—	—	—	—	—	—	10 948. 51	6 244. 25		—	17 192. 76
吉　林	乐透组合	吉林 11 选 5	—	—	—	—	—	—	2 383. 54	23 329. 70	28 627. 83	81 805. 89	136 146. 96
		吉林 21 选 5	9 772. 68	4 895. 78	—	—	—	—	—	—		—	14 668. 46
		吉林 29 选 7	1 588. 99	432. 86	—	—	—	—	—	—		—	2 021. 85
		吉林快乐扑克	—	—	—	—	—	—	15 452. 68	765. 77	272. 09	45. 25	16 535. 80
	乐透排列	吉林 7 位数	12 725. 86	4 919. 01	—	—	—	—	—	—		—	17 644. 87
黑龙江	乐透组合	黑龙江 11 选 5									90 072. 14	231 428. 25	321 500. 39
		黑龙江 21 选 5	13 125. 48	5 582. 57	—	—	—	—	—	—	—	—	18 708. 05
		黑龙江 29 选 7	2 371. 31	323. 95	—	—	—	—	—	—	—	—	2 695. 26
		黑龙江 35 选 7	2 154. 94	1 894. 24	—	—	—	—	—	—	—	—	4 049. 18
		黑龙江快乐扑克	—	—	—	—	39 491. 94	24 187. 92	20 368. 01	21 651. 09	10 698. 72	794. 95	117 192. 62
		黑龙江运动生肖	—	—	—	—	—	—	14 891. 84	7 461. 24		—	22 353. 08
	乐透排列	黑龙江 6 位数	22 346. 58	21 929. 77	15 192. 55	7 659. 77	7 156. 07	6 644. 32	5 691. 45	4 754. 69	3 762. 25	2 847. 02	97 984. 47

续表

地区 Region	游戏类型 Game Type	游戏名称 Game Name	2003	2004	2005	2006	2007	2008	2009	2010	2011	2012	合计 Total
上海	乐透组合	上海 11 选 5									10 327.53	18 800.59	29 128.12
		上海 22 选 5	4 016.72	5 766.06	5 135.40	—	—	—	—	—		—	14 918.18
		上海 30 选 7	5 264.41	1 121.98	99.53	—	—	—	—	—		—	6 485.92
		上海 36 选 7	17 752.56	9 848.06	1 199.35	—	—	—	931.94	949.88	663.82	424.71	31 770.32
		上海 4 项 13 选 1	—	—	—	—	—	—	—	—	—	—	—
		上海即乐彩	—	—	—	—	752.61	2 393.53	3 070.95	3 596.35	—	—	9 813.44
	乐透排列	上海 6 位数	835.98	—	—	—	—	—	—	—	—	—	835.98
	竞猜	上海篮球单场	—	—	29.25	9.61	—	—	—	—	—	—	38.86
江苏	乐透组合	江苏体彩 11 选 5									378 128.74	715 652.02	1 093 780.76
		江苏体彩 22 选 5	20 738.34	13 514.82	11 155.66	11 858.70	7 158.24	—	—	—	—	—	64 425.76
		江苏 29 选 7	—	—	—	—	—	—	—	—	—	—	—
		江苏快乐扑克	—	—	—	—	5 986.33	23 178.20	3 096.28	2 581.03	—	—	34 841.84
	乐透排列	江苏体彩 7 位数	102 094.76	90 884.54	100 110.71	113 151.46	130 965.41	128 144.05	127 737.80	107 495.94	94 838.43	90 202.53	1 085 625.63
		江苏 4 + 1(0—2)	2 186.76	844.02	—	—	—	—	—	—	—	—	3 030.78
		江苏 5 + 1	—	—	—	1 542.98	4 039.08	1 398.10	928.80	435.59	—	—	8 344.55
浙江	乐透组合	浙江 11 选 5										159 377.06	159 377.06
		浙江 20 选 5	15 054.42	18 886.09	15 076.16	18 509.67	17 636.38	17 440.47	17 143.32	17 783.91	18 907.76	16 611.74	173 049.93
		浙江 29 选 7(停用)	18 308.93	10 152.93	9 920.69	9 857.38	8 283.31	3 880.16	2 122.89	—	—	—	62 526.30
		浙江 31 选 7	—	—	—	—	—	—	2 915.69	1 862.99	—	—	4 778.68
		浙江快乐扑克	—	—	—	—	24 954.58	20 261.94	4 971.43	—	—	—	50 187.95
		浙江泳坛夺金	—	—	—	—	—	—	4 349.17	9 658.17	8 636.39	7 229.57	29 873.30
	乐透排列	浙江 6 + 1	78 368.16	80 151.46	121 880.74	149 753.00	137 124.93	129 509.63	113 110.10	101 037.33	92 632.97	79 210.10	1 082 778.41
安徽	乐透组合	安徽 11 选 5	—	—	—	—	—	—	7 723.17	23 816.68	10 688.51	24 817.41	67 045.77
		安徽 21 选 5	8 964.84	5 734.64	2 028.82	—	—	—	—	—	—	—	16 728.31
		安徽 21 选 5 幸运 2	—	76.25	20.31	—	—	—	—	—	—	—	96.56
		安徽 21 选 5 幸运 3	—	168.39	84.95	—	—	—	—	—	—	—	253.33
		安徽 21 选 5 幸运 4	—	60.46	10.88	—	—	—	—	—	—	—	71.34
		安徽 30 选 7	1 183.29	673.36	—	—	—	—	—	—	—	—	1 856.65

续表

地　区 Region	游戏类型 Game Type	游戏名称 Game Name	2003	2004	2005	2006	2007	2008	2009	2010	2011	2012	合　计 Total
安　徽	乐透组合	安徽快乐扑克	—	—	—	—	11 210.91	2 885.46	1 220.72	—	—	—	15 317.09
		安徽快乐 3	—	101.26	41.99	—	—	—	—	—	—	—	143.25
		安徽快乐 4	—	50.30	3.96	—	—	—	—	—	—	—	54.25
		安徽快乐 5	—	538.86	36.03	—	—	—	—	—	—	—	574.89
	乐透排列	安徽 7 位数	25 863.97	8 795.06	—	—	—	—	—	—	—	—	34 659.03
福　建	乐透组合	福建 11 选 5								34 980.83	149 861.63	187 243.17	372 085.63
		福建 22 选 5	30 330.14	25 014.86	21 920.90	22 033.82	21 414.46	22 041.84	16 165.36	11 211.08	9 070.39	7 989.25	187 192.11
		福建 31 选 7	90 832.27	65 652.45	68 882.99	66 371.96	70 385.42	66 634.95	60 987.38	54 138.59	46 867.82	45 336.18	636 090.00
		福建 36 选 7	80 968.58	67 098.08	60 910.33	60 926.57	65 662.56	67 011.87	63 567.49	46 112.59	45 378.65	42 136.09	599 772.81
		福建 4 项 13 选 1	—	—	—	—	—	—	—	—	—	—	—
		福建即乐彩	—	—	—	—	—	—	35 110.86	4 111.27	—	—	39 222.13
江　西	乐透组合	江西 20 选 5	8 641.75	7 964.29	1 996.96	—	—	—	—	—	—	—	18 603.00
		江西 20 选 5 幸运 1	—	34.16	0.35	—	—	—	—	—	—	—	34.51
		江西 20 选 5 幸运 2	—	100.14	6.97	—	—	—	—	—	—	—	107.12
		江西 20 选 5 幸运 3	—	555.16	273.84	—	—	—	—	—	—	—	829.00
		江西 20 选 5 幸运 4	—	304.25	117.63	—	—	—	—	—	—	—	421.88
		江西 28 选 7	—	2 112.26	112.68	—	—	—	—	—	—	—	2 224.94
		江西 28 选 7 幸运 1	—	9.98	0.07	—	—	—	—	—	—	—	10.05
		江西 28 选 7 幸运 2	—	20.06	0.90	—	—	—	—	—	—	—	20.96
		江西 28 选 7 幸运 3	—	96.77	5.70	—	—	—	—	—	—	—	102.46
		江西 28 选 7 幸运 4	—	125.82	6.60	—	—	—	—	—	—	—	132.42
		江西 28 选 7 幸运 5	—	56.04	2.06	—	—	—	—	—	—	—	58.10
		江西 30 选 7	4 887.39	154.59	—	—	—	—	—	—	—	—	5 041.98
		江西 33 选 7	—	—	—	—	—	—	—	—	—	—	—
		江西多乐彩	—	—	—	—	—	—	10 815.60	76 557.06	90 646.64	83 739.13	261 758.43

续表

地 区 Region	游戏类型 Game Type	游戏名称 Game Name	2003	2004	2005	2006	2007	2008	2009	2010	2011	2012	合 计 Total
江 西	乐透排列	江西 6+1(0-9)	1 693.08	543.89	—	—	—	—	—	—	—	—	2 236.97
	竞 猜	江西足球幸运 3	—	304.99	394.64	—	—	—	—	—	—	—	699.63
		江西足球幸运 4	—	20.48	40.51	—	—	—	—	—	—	—	60.99
		江西足彩 4 场竞猜	—	—	2.78	—	—	—	—	—	—	—	2.78
山 东	乐透组合	山东 21 选 5	4 808.09	3 018.90	—	—	—	—	—	—	—	—	7 827.00
		山东 21 选 5 幸运 1	—	48.99	3.59	—	—	—	—	—	—	—	52.58
		山东 21 选 5 幸运 2	—	189.85	34.53	—	—	—	—	—	—	—	224.39
		山东 21 选 5 幸运 3	—	281.41	70.24	—	—	—	—	—	—	—	351.65
		山东 21 选 5 幸运 4	—	129.83	25.37	—	—	—	—	—	—	—	155.20
		山东 29 选 7	4 213.36	1 835.09	—	—	—	—	—	—	—	—	6 048.45
		山东 35 选 7	1 705.62	—	—	—	—	—	—	—	—	—	1 705.62
		山东快乐扑克	—	—	—	—	32 828.90	27 214.14	306.99	89.65	94.21	33.63	60 567.52
		山东十一运夺金	—	—	—	—	—	28 951.89	278 456.51	309 981.23	480 579.65	617 373.05	1 715 342.33
	乐透排列	山东幸运 6+1	2 420.40	883.01	—	—	—	—	—	—	—	—	3 303.42
	竞 猜	山东进球幸运彩	—	4.41	0.69	—	—	—	—	—	—	—	5.11
		山东胜平负猜大小	—	9.89	0.38	—	—	—	—	—	—	—	10.27
		山东胜平负猜单双	—	0.79	0.03	—	—	—	—	—	—	—	0.82
		山东足彩幸运 6	—	—	371.91	—	—	—	—	—	—	—	371.91
河 南	乐透组合	河南 9 选 9	—	—	—	2 695.92	502.53	—	—	—	—	—	3 198.45
		河南 11 选 5	—	—	—	—	—	—	—	9 648.62	6 444.70	772.53	16 865.85
		河南 20 选 5	26 925.92	14 593.54	—	—	—	—	—	—	—	—	41 519.45
		河南 21 选 5(停用)	—	787.09	—	—	—	—	—	—	—	—	787.09
		河南 21 选 5	—	2 108.42	4 138.31	1 105.79	—	—	—	—	—	—	7 352.51
		河南 21 选 5 幸运 2	—	84.84	—	—	—	—	—	—	—	—	84.84
		河南 21 选 5 幸运 3	—	224.63	—	—	—	—	—	—	—	—	224.63

续表

地 区 Region	游戏类型 Game Type	游戏名称 Game Name	2003	2004	2005	2006	2007	2008	2009	2010	2011	2012	合 计 Total
河 南	乐透组合	河南21选5幸运4	—	128.60	—	—	—	—	—	—	—	—	128.60
		河南泳坛夺金	—	—	—	—	—	—	57 184.26	30 203.45	55 018.27	218 191.35	360 597.33
	乐透排列	河南快乐3	—	464.28	128.78	—	—	—	—	—	—	—	593.07
		河南快乐4	—	188.41	21.42	—	—	—	—	—	—	—	209.83
		河南快乐5	—	1 718.80	103.09	—	—	—	—	—	—	—	1 821.90
		河南6+1	47 174.67	13 599.87	—	—	—	—	—	—	—	—	60 774.54
湖 北	乐透组合	湖北11选5	—	—	—	—	—	—	2 736.81	28 590.79	12 799.92	66 247.33	110 374.85
		湖北21选5	21 564.38	13 200.82	2 858.90	145.22	—	—	—	—	—	—	37 769.32
		湖北21选5幸运1	—	97.69	21.27	1.10	—	—	—	—	—	—	120.06
		湖北21选5幸运2	—	284.16	57.43	2.89	—	—	—	—	—	—	344.48
		湖北21选5幸运3	—	2 108.79	657.81	28.65	—	—	—	—	—	—	2 795.25
		湖北21选5幸运4	—	1 268.59	396.87	17.00	—	—	—	—	—	—	1 682.47
		湖北29选7	6 896.73	804.78	—	—	—	—	—	—	—	—	7 701.51
		湖北33选6+1	—	1 915.27	—	—	—	—	—	—	—	—	1 915.27
		湖北33选6+1幸运1	—	50.68	—	—	—	—	—	—	—	—	50.68
		湖北33选6+1幸运2	—	110.80	—	—	—	—	—	—	—	—	110.80
		湖北33选6+1幸运3	—	554.89	—	—	—	—	—	—	—	—	554.89
		湖北33选6+1幸运4	—	603.11	—	—	—	—	—	—	—	—	603.11
		湖北33选6+1幸运5	—	256.74	—	—	—	—	—	—	—	—	256.74
		湖北四花选四	—	—	—	—	14 656.01	5 566.24	741.81	60.90	18.91	2.97	21 046.84
	乐透排列	湖北7位数	43 680.44	16 118.81	—	—	—	—	—	—	—	—	59 799.25
		湖北快乐3	—	573.20	49.93	—	—	—	—	—	—	—	623.13
		湖北快乐4	—	316.29	29.74	—	—	—	—	—	—	—	346.02
		湖北快乐5	—	630.24	94.53	—	—	—	—	—	—	—	724.77

续表

地区 Region	游戏类型 Game Type	游戏名称 Game Name	2003	2004	2005	2006	2007	2008	2009	2010	2011	2012	合计 Total
湖南	乐透组合	湖南21选5	2 305.43	244.13	—	—	—	—	—	—	—	—	2 549.56
		湖南33选7	1 057.61	632.64	—	—	—	—	—	—	—	—	1 690.25
		湖南4项13选1	—	—	—	—	—	—	—	—	—	—	—
		湖南幸运赛车								—	50 743.63	108 700.79	159 444.42
		湖南即乐彩	—	—	—	—	—	—	962.75	8 046.54	1 925.40	71.84	11 006.53
	乐透排列	湖南6+0	434.97	—	—	—	—	—	—	—		—	434.97
广东	乐透组合	广东11选5	—	—	—	—	—	—	31 553.12	189 862.66	229 211.44	300 400.39	751 027.61
		广东36选7	46 675.37	15 504.13	—	—	—	—	3 678.25	6 902.30	7 565.25	5 358.54	85 683.84
		广东4项13选1	—	—	—	—	—	—	—	—	—	—	—
	乐透排列	广东7位数	34 660.82	19 949.35	—	—	—	—	—	—	—	—	54 610.16
	竞猜	广东篮球单场	—	—	179.53	23.42	—	—	—	—	—	—	202.95
广西	乐透组合	广西11选5									5 978.62	1 797.28	7 775.90
		广西20选5	1 754.41	349.11	—	—	—	—	—	—	—	—	2 103.52
		广西28选7	—	—	—	—	—	—	—	—	—	—	—
		广西36选7	3 690.50	799.82	—	—	—	—	—	—	—	—	4 490.32
		广西4项13选1	—	—	—	—	—	—	—	—	—	—	—
	乐透排列	广西7位数	133.08	—	—	—	—	—	—	—	—	—	133.08
海南	乐透组合	海南29选7	—	—	—	—	—	—	—	—	—	—	—
	乐透排列	海南2位数	—	29.25	18.28	0.90	—	—	—	—	—	—	48.43
		海南3位数	—	19.09	15.30	0.46	—	—	—	—	—	—	34.85
		海南飞鱼									5 148.05	20 731.38	25 879.43
		海南4+1	139.72	229.55	119.20	4.18	—	—	411.38	247.62	1 103.24	1 135.59	3 390.49
		海南6位数	2 598.65	463.06	—	—	—	—	—	—		—	3 061.71
重庆	乐透组合	重庆11选5	—	—	—	—	—	—	—	10 379.28	40 171.80	21 979.12	72 530.20
		重庆15选5	1 227.42	851.70	—	—	—	—	—	—	—	—	2 079.12
		重庆21选5	251.49	—	—	—	—	—	—	—	—	—	251.49
		重庆30选7	1 723.80	360.48	—	—	—	—	—	—	—	—	2 084.28
		重庆36选7	—	—	—	—	—	—	—	—	—	—	—
		重庆快乐123	—	—	—	—	—	—	6 984.80	7 783.86	—	—	14 768.66
	乐透排列	重庆6位数	—	—	—	—	—	—	—	—	—	—	—

续表

地 区 Region	游戏类型 Game Type	游戏名称 Game Name	2003	2004	2005	2006	2007	2008	2009	2010	2011	2012	合 计 Total
四 川	乐透组合	四川 11 选 5	—	—	—	—	—	—	—	11 672. 24	27 814. 76	74 830. 66	114 317. 66
		四川 4 项 13 选 1	2 420. 27	1 133. 02	295. 01	72. 69	15. 88	—	—	—	—	—	3 936. 88
		四川扑克十分乐	—	—	—	—	9 380. 25	1 868. 97	759. 15	336. 44	—	—	12 344. 81
贵 州	乐透组合	贵州 11 选 5	—	—	—	—	—	—	1 694. 46	22 455. 63	11 030. 51	24 195. 19	59 375. 78
		贵州 21 选 5	220. 39	171. 99	—	—	—	—	—	—	—	—	392. 38
	乐透排列	贵州 6 位数	3 682. 69	730. 74	—	—	—	—	—	—	—	—	4 413. 42
		贵州 4 + 1	594. 82	—	—	—	—	—	—	—	—	—	594. 82
		贵州 6 + 1(0—4)	420. 32	18. 56	—	—	—	—	—	—	—	—	438. 87
云 南	乐透组合	云南 11 选 5	—	—	—	—	—	—	—	10 489. 69	50 302. 59	126 728. 74	187 521. 02
		云南 21 选 5	6 716. 67	3 294. 49	—	—	—	—	—	—	—	—	10 011. 16
		云南 30 选 7	5 847. 86	4 208. 16	1 734. 67	704. 83	165. 95	—	—	—	—	—	12 661. 47
		云南快乐 123	—	—	—	—	—	—	21 494. 05	8 704. 93	2 188. 16	814. 81	33 201. 95
	乐透排列	云南 6 + 1	46 114. 02	15 467. 96	—	—	—	—	—	—	—	—	61 581. 97
西 藏	乐透组合	西藏 11 选 5									2 669. 71	2 989. 28	5 658. 99
陕 西	乐透组合	陕西 11 选 5										37 656. 02	37 656. 02
		陕西 22 选 5	1 867. 02	—	—	—	—	—	—	—	—	—	1 867. 02
		陕西 30 选 7	4 206. 55	—	—	—	—	—	—	—	—	—	4 206. 55
		陕西即乐彩	—	—	—	—	—	—	3 252. 48	10 770. 07	5 987. 58	1 666. 53	21 676. 66
		陕西快乐扑克	—	—	—	—	15 873. 50	12 903. 87	4 199. 16	—		—	32 976. 53
		陕西泳坛夺金	—	—	—	—	—	—	—	3 798. 76	3 749. 13	976. 13	8 524. 02
	乐透排列	陕西 6 位数	248. 36	—	—	—	—	—	—	—	—	—	248. 36
甘 肃	乐透组合	甘肃 11 选 5	—	—	—	—	—	—	—	47 536. 53	4 354. 26	5 328. 96	57 219. 75
		甘肃即乐彩	—	—	—	—	—	—	7 425. 71	1 133. 32	—	—	8 559. 03
		甘肃泳坛夺金	—	—	—	—	—	—	1 001. 05	2 485. 10	300. 85	471. 66	4 258. 66
青 海	乐透组合	青海 11 选 5									1 393. 44	1 700. 82	3 094. 26
		青海快乐扑克	—	—	—	—	—	—	185. 53	2 523. 90	137. 73	17. 98	2 865. 15
宁 夏	乐透组合	宁夏 11 选 5									8 434. 73	5 482. 15	13 916. 88
		宁夏快乐扑克	—	—	—	—	—	—	5 305. 32	600. 12	126. 02	2. 52	6 033. 98
新 疆	乐透组合	新疆 11 选 5	—	—	—	—	—	—	—	6 805. 43	13 964. 26	21 704. 18	42 473. 88
		新疆 20 选 5	489. 77	—	—	—	—	—	—	—	—	—	489. 77
		新疆 32 选 7	277. 44	—	—	—	—	—	—	—	—	—	277. 44
		新疆泳坛夺金	—	—	—	—	—	—	21 806. 75	11 757. 81	—	—	33 564. 56
合计 Total			**1 075 692. 54**	**676 082. 01**	**471 337. 94**	**477 065. 95**	**674 136. 96**	**642 342. 36**	**1 083 179. 93**	**1 376 824. 67**	**2 286 100. 74**	**3 857 353. 09**	**12 620 116. 17**

2003—2012 年中国体育彩票即开型彩票销售情况表（分地区）

Sales Statistics of Terminal – Sales Instant Win Tickets of Sports Lottery in Different Regions in China from 2003 to 2012

单位：万元

Unit：Ten Thousand Yuan

序号	地区	2003	2004	2005	2006	2007	2008	2009	2010	2011	2012	合计 Total
1	北京	160.00	375.44	—	—	—	44 542.98	61 402.44	75 104.70	90 118.46	106 376.49	378 080.51
2	天津	566.00	—	—	—	—	13 941.00	18 132.18	17 505.30	19 198.92	15 982.80	85 326.20
3	河北	834.00	1 549.96	123.17	—	11 000.00	33 265.54	33 431.88	50 607.66	84 494.21	100 992.81	316 299.23
4	山西	391.26	82.81	17.42	—	—	48 942.90	15 736.68	26 518.92	27 364.32	28 589.85	147 644.16
5	内蒙古	1 082.70	212.84	—	—	—	34 149.96	38 360.76	47 221.26	66 714.00	74 650.02	262 391.54
6	辽宁	1 000.02	2 477.62	—	—	—	32 246.70	47 167.44	51 105.24	64 382.69	55 226.57	253 606.27
7	吉林	2 127.00	408.33	20.09	—	—	22 376.94	28 262.16	27 928.50	41 529.98	51 925.92	174 578.92
8	黑龙江	2 325.53	152.52	—	—	—	29 805.12	44 885.16	51 387.30	63 437.57	55 833.36	247 826.56
9	上海	3 193.89	1 550.96	450.00	—	60.00	15 756.06	32 284.50	45 387.84	56 498.36	41 743.22	196 924.82
10	江苏	8 792.64	8 595.77	410.69	—	—	89 529.60	220 479.54	278 536.74	270 683.30	176 790.09	1 053 818.36
11	浙江	19 890.84	10 193.10	173.15	—	—	66 739.32	107 230.08	119 526.60	134 865.47	111 260.55	569 879.11
12	安徽	1 496.96	1 550.21	55.10	—	—	24 001.38	39 310.38	38 616.54	47 589.39	38 828.90	191 448.85
13	福建	—	—	1 357.49	—	—	50 825.82	77 998.26	74 226.30	86 431.59	84 597.74	375 437.20
14	江西	4 301.00	—	—	—	1 318.39	8 396.42	18 036.96	20 356.68	13 345.95	13 165.58	78 920.97
15	山东	1 146.41	3 608.87	251.92	—	2 021.00	62 814.52	75 037.68	88 862.70	151 995.90	165 640.32	551 379.32
16	河南	185.84	4.14	—	—	—	67 427.28	54 882.60	61 779.78	98 461.14	88 162.94	370 903.71
17	湖北	1 301.43	139.64	7.63	—	—	15 659.76	13 945.14	12 614.46	17 317.05	16 839.66	77 824.77
18	湖南	1 602.26	702.52	—	—	—	6 805.86	16 160.76	18 407.40	28 760.87	18 487.82	90 927.48
19	广东	2 974.82	4 460.74	512.71	—	—	69 908.04	148 549.56	160 940.70	212 683.77	169 868.31	769 898.65
20	广西	1 144.72	1 412.19	—	—	—	2 406.24	3 814.92	7 742.40	10 029.15	8 464.49	35 014.10
21	海南	—	85.98	—	—	—	2 439.66	1 969.80	2 115.96	4 084.35	4 001.82	14 697.57
22	重庆	1 619.87	363.31	—	—	—	11 861.94	19 034.34	25 591.44	24 637.70	27 728.82	110 837.42
23	四川	5 506.20	625.63	271.47	—	828.00	28 680.19	78 649.50	77 206.14	85 081.38	75 001.61	351 850.11
24	贵州	1 088.15	986.52	—	—	—	14 492.70	25 952.70	23 126.58	31 129.61	23 707.07	120 483.32
25	云南	893.97	617.04	—	—	—	99 125.70	148 963.32	99 022.62	101 117.31	92 123.97	541 863.93
26	西藏	—	—	—	—	—	12 179.88	16 640.10	9 668.70	15 789.57	17 348.49	71 626.74
27	陕西	1 027.05	2 478.69	—	—	—	38 217.18	45 869.76	47 401.26	60 510.27	47 748.09	243 252.30
28	甘肃	705.01	539.07	99.22	—	—	34 019.16	18 070.62	21 206.52	25 029.14	33 524.04	133 192.78
29	青海	56.64	36.36	—	—	—	12 520.08	13 025.04	11 338.98	12 416.51	9 934.17	59 327.78
30	宁夏	540.95	187.74	26.55	—	—	10 305.78	9 316.74	12 625.02	12 848.03	9 513.39	55 364.20
31	新疆	1 597.57	399.82	88.24	—	—	25 262.40	45 407.34	40 106.34	37 305.02	38 007.30	188 174.02
合计 Total		67 552.73	43 797.83	3 864.85	—	15 227.39	1 028 646.11	1 518 008.34	1 643 786.58	1 995 850.91	1 802 066.16	8 118 800.89

（国家体育总局体育彩票管理中心供稿）

（四）2012 年彩票销售统计资料

Sales Statistics of Different Lottery Games in 2012

2012 年中国福利彩票全国联网游戏

Monthly Sales Statistics of National Games

双　色　球

地　区 Region	游戏类型 Game Type	1 月 Jan.	2 月 Feb.	3 月 Mar.	4 月 Apr.	5 月 May	6 月 June
北　京	乐透组合	18 573.67	19 684.57	21 064.63	18 974.43	22 102.26	20 461.11
天　津		5 287.92	5 380.78	5 968.88	6 081.40	6 647.46	6 041.39
河　北		14 654.10	15 706.19	18 069.02	17 215.82	18 559.37	15 590.29
山　西		7 089.80	7 659.62	9 074.33	8 506.46	10 506.40	8 918.65
内蒙古		7 938.07	8 165.79	8 871.16	8 803.98	9 628.91	8 218.76
辽　宁		17 491.75	18 402.35	20 608.73	19 708.26	20 891.51	17 535.32
吉　林		5 989.44	6 318.74	7 103.65	6 947.05	7 400.87	6 379.21
黑龙江		10 638.77	11 316.45	13 105.76	12 751.54	13 922.40	11 408.69
上　海		20 455.86	21 886.32	21 116.42	19 902.79	23 289.87	19 763.68
江　苏		27 011.35	28 382.04	31 620.74	31 279.66	35 301.51	30 383.94
浙　江		30 906.13	32 277.41	37 029.26	37 152.26	41 744.95	35 175.62
安　徽		15 997.09	16 330.89	16 434.58	15 660.06	18 227.81	15 836.09
福　建		13 576.44	13 569.31	14 832.74	14 924.92	17 674.73	14 901.11
江　西		13 211.59	14 938.32	16 271.04	15 829.09	18 537.38	16 363.64
山　东		22 566.46	24 037.21	27 631.95	26 822.74	29 087.94	24 398.53
河　南		16 053.83	16 902.36	18 543.99	17 632.67	19 522.04	16 456.62
湖　北		16 492.34	17 444.56	20 190.68	19 216.04	21 209.00	17 748.17
湖　南		13 864.33	14 789.86	16 247.73	15 719.31	17 740.39	14 967.19
广　东		37 219.70	40 421.24	44 217.20	43 572.96	50 392.01	43 133.97
深　圳		12 127.77	13 544.58	14 735.21	14 188.89	16 855.76	14 527.07
广　西		10 888.81	11 039.05	12 634.13	12 989.72	15 956.51	13 667.80
海　南		2 968.45	3 097.79	3 379.38	3 192.69	3 569.38	3 005.55
重　庆		9 342.98	11 104.91	12 334.82	10 927.94	12 839.61	11 393.80
四　川		16 942.56	19 391.23	21 660.93	20 688.13	23 620.43	20 164.31
贵　州		6 439.70	6 949.46	8 109.67	7 880.18	9 128.47	8 214.72
云　南		13 017.01	13 567.00	15 362.09	15 026.35	17 441.62	15 278.71
西　藏		591.33	587.16	826.02	882.79	976.68	825.63
陕　西		10 743.97	11 849.89	13 798.47	13 131.52	14 603.76	12 148.96
甘　肃		4 770.58	5 258.38	6 180.54	5 943.73	6 571.18	5 536.61
青　海		1 548.01	1 755.01	2 291.71	2 238.79	2 495.19	2 147.64
宁　夏		2 961.60	2 900.02	3 147.08	2 864.75	3 172.90	2 984.97
新　疆		4 881.90	5 227.47	6 373.17	6 329.01	6 815.83	5 546.18
合计 Total		**412 243.31**	**439 885.92**	**488 835.69**	**472 985.93**	**536 434.13**	**459 123.91**

销售统计（分地区按月统计）

of Welfare Lottery in Different Regions in 2012

单位：万元

Unit：Ten Thousand Yuan

7月 July	8月 Aug.	9月 Sept.	10月 Oct.	11月 Nov.	12月 Dec.	合　计 Total
21 769. 89	19 669. 52	19 461. 21	18 475. 97	19 098. 79	19 059. 95	238 395. 99
7 404. 08	6 464. 72	5 553. 82	5 130. 34	5 483. 65	4 626. 85	70 071. 30
17 060. 00	15 475. 23	15 538. 03	15 606. 33	16 169. 79	15 632. 64	195 276. 81
8 280. 58	7 540. 20	7 460. 52	7 497. 84	8 344. 53	8 579. 65	99 458. 58
8 778. 07	8 322. 74	8 498. 05	8 270. 03	8 657. 48	9 307. 95	103 460. 99
18 918. 70	16 818. 39	16 958. 69	16 549. 67	17 224. 03	17 271. 11	218 378. 50
6 831. 77	6 283. 89	6 271. 21	5 814. 58	5 969. 69	5 963. 64	77 273. 73
12 282. 20	11 896. 40	12 023. 98	11 636. 49	11 902. 25	12 087. 22	144 972. 14
20 238. 74	18 045. 84	17 989. 47	17 087. 83	17 013. 65	16 407. 52	233 197. 98
32 019. 39	28 124. 56	28 324. 80	27 217. 92	26 620. 25	25 646. 84	351 933. 00
36 382. 45	33 229. 84	33 301. 66	32 184. 02	32 486. 90	30 627. 87	412 498. 37
17 216. 32	15 356. 53	15 609. 72	15 435. 70	15 744. 57	15 433. 17	193 282. 55
15 500. 97	13 993. 70	13 779. 60	13 231. 35	13 211. 15	13 081. 00	172 277. 03
16 360. 31	15 217. 25	15 739. 12	15 953. 39	16 650. 22	15 115. 94	190 187. 28
27 023. 75	24 417. 54	24 576. 31	24 359. 01	25 020. 47	25 239. 58	305 181. 48
17 656. 06	16 461. 84	16 285. 13	15 992. 76	16 624. 55	16 841. 77	204 973. 61
18 707. 87	17 233. 28	16 764. 40	16 472. 52	17 582. 16	18 244. 27	217 305. 29
15 668. 17	14 702. 01	14 908. 81	14 720. 11	14 940. 30	14 392. 02	182 660. 22
45 373. 73	40 177. 47	39 771. 45	39 477. 56	39 996. 28	39 235. 34	502 988. 90
15 762. 16	14 335. 47	14 390. 09	13 725. 75	15 324. 99	16 414. 03	175 931. 75
14 736. 11	13 621. 52	13 158. 09	12 858. 46	13 606. 55	14 448. 90	159 605. 65
3 318. 43	2 927. 25	2 937. 45	2 911. 29	3 165. 69	3 068. 92	37 542. 26
11 629. 17	10 108. 35	10 577. 09	10 245. 36	10 563. 07	10 367. 51	131 434. 60
20 818. 18	18 341. 61	18 816. 47	18 210. 17	18 638. 97	18 300. 15	235 593. 15
8 559. 09	7 638. 24	7 688. 76	7 449. 93	7 631. 26	7 362. 41	93 051. 89
16 571. 30	14 796. 10	14 551. 58	14 108. 11	14 685. 81	14 615. 34	179 021. 02
902. 29	806. 48	829. 69	817. 75	837. 97	755. 13	9 638. 93
13 039. 92	11 833. 57	12 002. 10	11 762. 49	12 134. 17	12 149. 80	149 198. 61
5 989. 75	5 492. 10	5 587. 19	5 455. 28	5 784. 74	5 982. 49	68 552. 56
2 538. 80	2 275. 28	2 433. 05	2 407. 16	2 568. 44	2 756. 70	27 455. 78
3 521. 63	3 168. 09	4 238. 08	3 298. 90	2 835. 57	2 727. 60	37 821. 20
6 132. 20	5 556. 80	5 607. 48	5 395. 33	5 625. 82	5 572. 47	69 063. 66
486 992. 07	**440 331. 80**	**441 633. 08**	**429 759. 38**	**442 143. 75**	**437 315. 80**	**5 487 684. 78**

3D

地 区 Region	游戏类型 Game Type	1月 Jan.	2月 Feb.	3月 Mar.	4月 Apr.	5月 May	6月 June
北 京	乐透排列	5 177.26	6 204.94	7 563.66	6 785.52	7 575.10	7 031.39
天 津		1 562.64	1 787.07	2 246.93	2 160.36	2 484.34	2 367.45
河 北		8 543.46	9 844.45	12 740.84	11 837.58	12 606.26	11 364.08
山 西		4 476.72	5 243.14	6 707.53	6 180.12	6 605.88	6 514.11
内蒙古		4 354.04	5 234.33	6 529.38	6 054.05	6 588.87	6 225.76
辽 宁		14 017.41	15 890.16	18 471.08	15 800.05	15 875.08	14 301.85
吉 林		4 439.49	5 283.92	6 602.89	6 016.76	5 935.08	5 464.37
黑龙江		4 967.63	5 638.20	6 833.46	5 987.32	6 017.83	5 532.48
上 海		2 986.84	3 670.49	2 747.03	2 305.65	2 674.60	2 493.47
江 苏		5 384.78	6 130.47	7 260.27	6 869.11	7 262.62	6 939.51
浙 江		9 845.08	11 212.09	13 562.71	13 193.99	15 034.68	14 348.01
安 徽		3 288.52	3 683.36	4 497.51	4 219.74	5 062.60	4 914.82
福 建		940.11	1 092.88	1 343.26	1 290.64	1 467.29	1 382.62
江 西		1 004.05	1 237.92	2 555.68	2 785.06	3 252.42	3 619.68
山 东		7 906.18	9 560.43	11 150.99	10 377.04	10 986.74	10 213.99
河 南		5 531.93	6 467.46	7 104.47	6 618.94	6 705.11	6 360.33
湖 北		7 923.41	9 374.06	11 450.09	10 412.26	11 353.83	10 591.93
湖 南		4 811.35	5 766.50	6 876.52	6 387.97	7 369.34	7 040.03
广 东		3 464.16	4 141.63	4 862.11	4 315.49	4 551.42	4 483.45
深 圳		905.44	1 380.45	1 386.81	1 252.44	1 382.67	1 342.79
广 西		1 150.97	1 502.03	2 055.98	2 024.09	2 646.77	2 295.34
海 南		77.21	90.92	111.79	101.84	107.57	99.84
重 庆		1 174.74	1 302.44	1 642.54	1 616.50	1 874.88	1 847.98
四 川		6 757.67	7 996.10	9 636.69	8 744.21	9 814.80	9 445.58
贵 州		3 663.11	4 300.49	5 093.33	4 604.20	5 074.96	5 163.21
云 南		10 615.24	11 913.97	13 513.43	12 349.98	13 582.52	14 172.98
西 藏		758.48	838.97	1 141.90	1 078.35	1 128.03	1 097.68
陕 西		7 953.70	9 262.85	11 769.86	11 301.83	11 841.08	10 895.44
甘 肃		4 537.90	5 201.26	6 370.06	6 086.71	6 613.44	6 239.43
青 海		1 396.70	1 550.72	2 081.95	2 002.94	2 149.62	2 135.33
宁 夏		1 566.01	1 899.48	2 165.63	1 833.83	2 004.39	1 925.07
新 疆		1 943.05	2 355.43	2 774.75	2 367.73	2 469.50	2 278.75
合计 Total		**143 125.26**	**167 058.61**	**200 851.11**	**184 962.28**	**200 099.34**	**190 128.75**

单位：万元

Unit: Ten Thousand Yuan

7月 July	8月 Aug.	9月 Sept.	10月 Oct.	11月 Nov.	12月 Dec.	合 计 Total
6 558.13	6 591.72	6 268.52	6 650.29	6 443.43	6 967.38	79 817.34
1 962.11	1 800.57	1 734.90	1 654.20	1 686.07	1 982.18	23 428.81
10 569.58	10 181.88	9 774.69	9 877.10	9 574.64	8 796.56	125 711.11
6 225.14	5 956.82	5 691.66	5 461.82	5 862.76	7 014.57	71 940.27
5 737.55	5 418.20	5 233.23	5 162.45	5 185.28	6 501.77	68 224.92
12 957.45	12 070.17	11 917.43	11 470.73	11 963.70	12 760.53	167 495.66
4 921.29	4 776.17	4 607.90	3 954.95	3 800.92	3 836.48	59 640.23
5 002.00	4 991.11	4 850.58	4 478.82	4 672.67	5 208.48	64 180.59
2 257.03	2 196.91	2 247.70	2 133.67	2 075.64	2 735.46	30 524.48
6 461.11	6 065.27	6 033.02	5 737.02	5 489.01	5 493.73	75 125.92
13 188.48	13 254.90	12 631.83	11 775.40	11 342.74	10 782.39	150 172.30
4 320.12	4 163.09	4 013.90	4 010.18	4 110.88	4 220.73	50 505.45
1 304.36	1 289.18	1 230.90	1 149.48	1 248.28	1 282.34	15 021.35
3 323.91	3 365.83	3 399.27	3 702.64	3 720.12	3 847.92	35 814.51
9 591.35	9 109.25	8 885.91	9 387.82	8 741.66	9 286.35	115 197.71
5 616.06	5 601.72	5 283.78	5 270.07	5 169.66	5 371.99	71 101.52
9 768.97	9 725.86	9 511.42	9 109.52	8 189.40	8 223.22	115 633.97
6 208.61	6 042.29	5 757.76	5 870.30	5 426.76	5 536.09	73 093.51
4 468.53	4 366.39	4 168.66	4 185.28	4 124.20	4 409.06	51 540.38
1 315.26	1 314.02	1 273.36	1 229.96	1 298.06	1 418.70	15 499.95
2 062.22	2 099.34	2 081.13	1 977.84	1 943.64	1 760.24	23 599.60
101.15	113.52	125.31	108.28	107.74	114.96	1 260.13
1 818.48	1 766.17	2 501.01	1 992.13	1 849.79	3 632.37	23 019.03
8 881.03	8 557.38	8 505.02	8 231.54	8 274.48	8 589.87	103 434.38
4 824.10	4 663.48	4 603.24	4 441.27	4 323.05	4 215.55	54 969.99
14 196.82	13 653.28	13 337.18	13 149.93	13 420.34	13 481.04	157 386.73
1 057.96	977.29	972.16	923.08	973.16	950.47	11 897.53
10 355.06	9 620.59	9 144.27	8 839.79	8 892.16	9 350.86	119 227.47
5 649.81	5 490.61	5 451.49	5 428.73	5 727.21	6 180.20	68 976.83
1 982.29	1 947.46	1 959.16	1 914.58	1 936.87	1 993.91	23 051.53
1 873.41	1 748.61	1 630.08	1 728.15	1 784.10	2 044.21	22 202.96
2 193.76	2 168.10	2 137.43	2 174.73	2 244.26	2 337.91	27 445.40
176 753.16	**171 087.17**	**166 963.90**	**163 181.77**	**161 602.65**	**170 327.52**	**2 096 141.53**

七乐彩

地　区 Region	游戏类型 Game Type	1月 Jan.	2月 Feb.	3月 Mar.	4月 Apr.	5月 May	6月 June
北　京	乐透组合	165.04	245.53	237.07	235.95	230.04	272.12
天　津		99.00	168.02	158.43	137.49	183.61	218.05
河　北		444.02	660.56	603.95	589.88	583.07	650.28
山　西		154.48	201.58	210.77	196.09	215.24	251.39
内蒙古		197.60	298.10	231.56	232.75	245.54	286.97
辽　宁		439.80	634.65	557.93	531.90	538.94	606.79
吉　林		130.08	216.25	178.97	189.56	194.47	216.21
黑龙江		188.58	316.82	255.41	246.19	245.27	267.16
上　海		477.39	692.94	437.91	373.86	390.70	416.25
江　苏		427.40	694.73	599.56	597.79	624.19	713.19
浙　江		621.60	1 036.85	864.11	875.53	899.67	1 072.77
安　徽		287.05	455.31	406.47	396.57	407.73	451.25
福　建		559.74	1 104.45	804.67	874.03	987.25	1 102.54
江　西		186.88	311.52	542.18	556.28	574.27	788.46
山　东		3 061.76	4 374.99	4 148.41	3 996.71	3 856.10	4 122.10
河　南		311.36	439.34	404.22	407.76	376.43	429.59
湖　北		241.05	350.15	349.15	345.08	349.80	403.70
湖　南		250.68	393.79	308.59	301.85	311.93	336.25
深　圳		100.02	146.06	162.15	146.00	141.54	165.46
广　西		405.42	693.47	633.85	650.65	698.30	786.20
海　南		15.88	20.83	20.53	16.64	15.30	18.32
重　庆		98.89	149.03	145.08	124.74	143.02	162.88
四　川		161.32	246.61	243.30	232.29	230.99	293.15
贵　州		51.73	76.67	78.52	73.99	76.62	97.34
云　南		198.50	297.93	262.59	276.67	295.30	334.32
西　藏		8.56	10.51	12.65	13.85	14.23	15.61
陕　西		222.07	353.93	318.30	302.33	318.07	350.05
甘　肃		111.24	147.18	140.58	133.92	142.22	150.74
青　海		25.18	35.64	38.92	36.72	44.87	55.86
宁　夏		54.55	77.73	81.53	58.18	62.74	78.32
新　疆		149.88	231.10	203.00	184.01	208.17	291.37
合计 Total		**9 846.76**	**15 082.29**	**13 640.36**	**13 335.24**	**13 605.61**	**15 404.68**

单位：万元

Unit: Ten Thousand Yuan

7月 July	8月 Aug.	9月 Sept.	10月 Oct.	11月 Nov.	12月 Dec.	合 计 Total
267.74	253.10	220.89	244.67	239.81	248.04	2 860.00
198.26	196.76	172.48	145.41	127.86	128.18	1 933.53
613.77	691.19	619.35	631.80	578.37	566.06	7 232.28
212.90	210.44	179.32	208.65	216.98	234.75	2 492.58
287.97	272.62	239.30	248.47	241.28	254.40	3 036.58
561.87	566.67	489.79	518.47	496.96	517.81	6 461.57
189.22	191.20	171.00	169.74	156.82	181.85	2 185.37
233.78	235.48	205.43	225.62	209.74	289.37	2 918.83
376.59	387.51	345.63	366.53	332.42	342.90	4 940.63
672.19	645.48	564.39	585.34	552.37	564.35	7 240.98
1 012.17	1 008.70	836.24	838.16	773.44	797.53	10 636.78
396.64	415.76	368.47	390.13	378.82	415.42	4 769.62
1 129.96	1 042.84	945.45	914.73	829.47	979.38	11 274.51
728.57	711.68	565.54	607.52	643.35	644.03	6 860.28
4 065.05	4 241.69	3 649.44	3 927.95	3 703.67	3 797.06	46 944.93
403.33	441.62	383.69	394.38	386.70	390.51	4 768.94
408.68	412.33	343.47	342.31	351.66	312.21	4 209.59
310.75	353.21	312.62	314.58	305.59	312.02	3 811.86
169.08	179.40	148.15	152.98	149.70	163.31	1 823.84
764.45	819.30	673.77	710.26	686.04	710.93	8 232.64
19.81	23.53	19.16	22.15	19.71	19.42	231.27
158.99	151.99	121.66	124.60	137.08	129.93	1 647.89
263.75	265.45	233.07	251.13	243.46	247.30	2 911.80
94.50	104.05	84.64	86.72	80.92	82.93	988.63
317.14	324.60	312.80	317.40	333.11	345.04	3 615.41
13.72	15.45	14.53	15.32	16.30	15.84	166.57
326.48	337.03	310.27	355.56	334.02	366.19	3 894.29
136.59	144.64	123.13	140.27	147.32	150.05	1 667.87
68.30	74.65	74.86	78.65	72.39	47.63	653.67
67.88	74.62	66.01	119.23	66.01	67.89	874.69
275.34	274.66	223.19	206.74	192.89	196.56	2 636.91
14 745.46	**15 067.63**	**13 017.74**	**13 655.46**	**13 004.24**	**13 518.88**	**163 924.35**

开 乐 彩

单位：万元

Unit：Ten Thousand Yuan

地 区 Region	游戏类型 Game Type	1月 Jan.	2月 Feb.	3月 Mar.	4月 Apr.	5月 May	6月 June	7月 July	8月 Aug.	9月 Sept.	10月 Oct.	11月 Nov.	12月 Dec.	合 计 Total
天 津	乐透组合	2.04	0.86	0.43	0.04	0.11	0.01							3.50
河 北		1 989.96	2 202.37	2 865.75	2 657.14	2 420.30	2 111.44	1 859.60	1 775.41	1 913.52	1 996.27	2 004.58	1 371.85	25 168.17
山 西		114.31	155.54	219.46	267.61	215.50	145.41	97.80	160.49	145.31	103.58	112.50	123.17	1 860.68
辽 宁		1 663.71	1 423.88	1 086.58	800.45	520.71	322.91	242.45	223.39	235.37	220.97	222.50	219.40	7 182.33
吉 林		171.85	212.63	221.14	236.15	229.59	151.76	159.16	181.91	130.65	102.05	87.52	81.74	1 966.15
山 东		125.40	151.79	207.90	140.63	106.59	78.38	62.43	40.33	40.05	25.62	26.26	24.50	1 029.85
河 南		0.04	0.09	0.30	—	—	—	—	—	—	—	—	—	0.43
湖 南		30.91	23.00	29.51	32.88	66.51	65.95	48.01	27.58	40.62	29.99	25.49	27.77	448.21
广 东		0.35	0.51	0.47	1.08	0.44	0.54	0.26	0.26	0.17	0.27	0.11	0.05	4.52
四 川		50.10	80.65	60.35	51.21	27.33	16.79	9.85	10.03	11.74	14.25	9.53	6.98	348.82
云 南		—	—	—	—	—	—	—	—	—	—	—	—	—
陕 西		16.32	15.12	15.94	22.65	50.97	24.44	9.87	9.31	6.10	8.00	17.65	19.42	215.79
甘 肃		195.66	235.13	273.28	246.51	182.17	166.91	212.49	533.79	911.04	351.48	379.40	325.53	4 013.41
合计 Total		**4 360.66**	**4 501.56**	**4 981.11**	**4 456.35**	**3 820.22**	**3 820.55**	**2 701.91**	**2 962.51**	**3 434.56**	**2 852.47**	**2 885.56**	**2 200.42**	**42 241.87**

2012 年中国福利彩票区域联网游戏销售统计（分地区按月统计）

Monthly Sales Statistics of Inter – Regional Games of Welfare Lottery in Different Regions in 2012

15 选 5

单位：万元

Unit: Ten Thousand Yuan

地区 Region	游戏类型 Game Type	1月 Jan.	2月 Feb.	3月 Mar.	4月 Apr.	5月 May	6月 June	7月 July	8月 Aug.	9月 Sept.	10月 Oct.	11月 Nov.	12月 Dec.	合计 Total
上海	乐透组合	244.88	695.02	577.42	255.16	276.84	254.58	256.13	210.66	267.99	231.02	313.36	227.59	3 810.64
江苏		662.50	1 373.83	1 248.91	728.71	714.98	681.45	694.40	656.42	663.43	666.98	748.08	692.01	9 531.71
浙江		923.75	2 313.05	2 092.98	1 153.12	1 140.77	1 048.78	1 061.23	953.40	1 008.34	918.30	1 177.84	824.17	14 615.74
安徽		385.27	1 556.18	1 317.60	505.82	554.12	603.18	618.85	603.85	611.98	673.68	765.53	760.02	8 956.06
福建		277.50	669.12	643.93	341.78	347.70	321.36	344.36	286.92	324.48	329.19	438.68	349.44	4 674.47
江西		82.03	181.01	159.28	91.05	97.96	150.58	152.02	163.10	137.54	148.03	181.10	164.72	1 708.42
合计 Total		**2 575.93**	**6 788.21**	**6 040.12**	**3 075.64**	**3 132.37**	**3 059.92**	**3 126.99**	**2 874.34**	**3 013.77**	**2 967.20**	**3 624.60**	**3 017.96**	**43 297.04**

22 选 5

单位：万元

Unit: Ten Thousand Yuan

地区 Region	游戏类型 Game Type	1月 Jan.	2月 Feb.	3月 Mar.	4月 Apr.	5月 May	6月 June	7月 July	8月 Aug.	9月 Sept.	10月 Oct.	11月 Nov.	12月 Dec.	合计 Total
四川	乐透组合	49.89	57.46	59.91	58.68	49.32	43.41	49.02	43.89	47.36	54.54	54.91	52.12	620.50
贵州		41.97	48.23	52.03	49.54	48.22	45.78	49.46	46.48	48.92	46.48	44.83	40.21	562.16
云南		203.80	233.86	238.52	248.14	219.12	197.60	232.01	204.60	216.89	230.06	232.83	207.52	2 664.96
合计 Total		**295.66**	**339.55**	**350.46**	**356.37**	**316.67**	**286.79**	**330.49**	**294.97**	**313.17**	**331.08**	**332.57**	**299.84**	**3 847.62**

东　方　6 + 1

单位：万元

Unit：Ten Thousand Yuan

地　区 Region	游戏类型 Game Type	1月 Jan.	2月 Feb.	3月 Mar.	4月 Apr.	5月 May	6月 June	7月 July	8月 Aug.	9月 Sept.	10月 Oct.	11月 Nov.	12月 Dec.	合　计 Total
辽　宁	乐透排列	50.50	65.17	72.29	52.80	47.38	51.96	45.90	46.05	44.70	46.54	41.33	48.46	613.07
上　海		158.87	206.36	190.99	180.22	180.42	178.78	168.86	165.88	165.21	181.37	156.15	186.34	2 119.44
江　苏		258.94	334.91	345.35	329.70	329.61	337.61	323.30	318.60	328.62	351.09	304.11	382.83	3 944.65
浙　江		477.44	622.95	662.05	619.16	590.99	579.07	518.99	517.08	520.59	566.89	491.85	569.70	6 736.76
安　徽		94.82	120.86	122.32	111.82	108.06	105.87	100.56	99.75	116.00	117.71	104.13	128.18	1 330.07
福　建		96.00	117.95	122.65	116.96	112.81	117.09	105.06	107.33	115.20	123.83	103.58	131.86	1 370.32
江　西		12.76	16.11	16.87	15.73	15.60	18.68	20.57	21.31	19.43	23.34	21.24	27.39	229.02
合计 Total		**1 149.31**	**1 484.31**	**1 532.50**	**1 426.38**	**1 384.87**	**1 389.05**	**1 283.25**	**1 275.99**	**1 309.74**	**1 410.76**	**1 222.40**	**1 474.76**	**16 343.31**

2012 年中国福利彩票地方游戏销售情况表（分地区按月统计）

Monthly Sales Statistics of Regional Games of Welfare Lottery in 2012

单位：万元

Unit：Ten Thousand Yuan

地区 Region	游戏类型 Game Type	游戏名称 Game Name	1 月 Jan.	2 月 Feb.	3 月 Mar.	4 月 Apr.	5 月 May	6 月 June	7 月 July	8 月 Aug.	9 月 Sept.	10 月 Oct.	11 月 Nov.	12 月 Dec.	合计 Total
北京	乐透组合	北京快乐 8	5 575.87	7 653.27	6 376.47	6 009.60	6 078.59	5 064.02	5 103.03	5 067.40	5 276.12	8 337.45	6 104.96	9 155.56	75 802.35
		北京两步彩	33.63	46.92	55.33	53.62	44.19	36.74	30.50	28.43	26.66	25.47	21.24	24.15	426.88
	乐透排列	北京 PK 拾	576.06	845.58	991.46	1 073.33	887.04	780.33	907.56	1 004.91	780.36	845.15	781.34	763.21	10 236.33
天津	乐透组合	天津 15 选 5	118.22	136.51	155.85	137.13	127.64	—	—	—	—	—	—	—	675.35
		天津 15 选 5 好运 2	1.02	1.23	1.41	1.27	1.12	—	—	—	—	—	—	—	6.04
		天津 15 选 5 好运 3	22.36	26.89	29.78	27.21	24.95	—	—	—	—	—	—	—	131.18
		天津 15 选 5 好运 4	20.32	23.88	27.35	25.12	23.21	—	—	—	—	—	—	—	119.88
		天津快乐十分	3 207.54	4 168.13	5 763.04	7 089.36	6 688.18	6 106.68	5 941.30	5 863.84	6 372.55	7 240.28	7 969.98	8 658.88	75 069.75
	乐透排列	天津时时彩	275.02	338.03	479.01	215.91	162.58	121.82	139.37	95.67	121.64	99.48	84.27	85.45	2 218.24
河北	乐透组合	河北 20 选 5	769.54	889.56	1 022.14	890.34	847.53	795.62	766.91	776.52	746.40	810.60	826.24	719.03	9 860.42
		河北 20 选 5 好运 2	10.83	11.70	8.24	7.01	9.09	10.80	12.78	8.20	6.61	9.27	8.05	4.68	107.25
		河北 20 选 5 好运 3	19.38	22.64	28.94	28.17	28.63	29.67	26.05	24.57	29.67	32.06	34.33	23.58	327.69
		河北快 3	—	—	—	—	—	—	—	—	—	—	858.00	25 376.26	26 234.26
	乐透排列	河北数字 5	19.47	23.24	30.68	43.80	23.10	26.87	19.36	24.76	27.28	22.18	23.73	18.47	302.92
		河北数字 7	97.15	124.04	125.69	121.07	113.01	106.96	105.48	110.59	98.12	114.43	108.01	102.92	1 327.47
山西	乐透组合	山西 21 选 5	73.69	78.62	100.18	109.94	84.89	74.51	82.13	67.70	119.75	99.21	106.77	81.02	1 078.41
		山西 21 选 5 好运 2	5.10	6.48	7.31	6.80	6.71	5.77	5.63	5.97	5.52	6.14	6.50	6.55	74.48
		山西 21 选 5 好运 3	24.73	31.30	35.95	34.73	32.75	27.57	27.90	28.63	29.67	32.85	33.67	31.80	371.54
		山西 21 选 5 好运 4	7.82	9.49	11.19	11.03	10.21	9.01	8.99	9.19	9.26	11.06	10.34	9.92	117.51
	乐透排列	山西时时彩	61.46	67.46	99.04	149.66	126.25	103.26	81.18	99.42	118.84	163.71	222.05	206.63	1 498.95

续表

地　区 Region	游戏类型 Game Type	游戏名称 Game Name	1月 Jan.	2月 Feb.	3月 Mar.	4月 Apr.	5月 May	6月 June	7月 July	8月 Aug.	9月 Sept.	10月 Oct.	11月 Nov.	12月 Dec.	合计 Total
内蒙古	乐透排列	内蒙古时时彩	1 565.25	1 889.13	2 701.91	2 871.34	2 537.21	2 169.04	1 988.80	1 855.60	1 995.36	2 111.22	2 158.97	2 271.89	26 115.70
辽　宁	乐透组合	辽宁35选7	204.49	265.90	267.36	233.51	217.69	217.00	200.29	195.86	202.82	206.16	180.76	216.34	2 608.17
		辽宁35选7好运1	2.39	2.87	2.93	2.61	2.40	2.17	2.13	2.17	2.27	2.15	2.06	2.55	28.69
		辽宁35选7好运2	6.73	8.71	7.91	7.18	5.99	5.59	5.09	4.86	4.99	5.55	5.12	6.74	74.46
		辽宁35选7好运3	25.29	32.10	29.24	25.56	22.10	21.12	19.98	19.66	21.04	23.07	20.90	26.29	286.34
		辽宁35选7好运4	80.95	95.51	85.71	78.13	65.96	61.63	57.54	56.35	59.48	62.83	56.88	71.32	832.28
		辽宁快乐十二	0.01	8 338.33	21 136.48	24 557.77	23 843.66	22 349.78	20 131.88	17 841.95	17 414.53	18 810.76	19 918.30	21 998.90	216 342.34
吉　林	乐透组合	吉林快3	—	—	—	—	—	—	—	—	—	—	13 169.83	17 015.35	30 185.18
	乐透排列	吉林时时彩	325.01	476.51	601.11	536.67	412.03	334.55	290.55	224.95	208.91	169.32	108.36	102.27	3 790.22
黑龙江	乐透组合	黑龙江22选5	151.11	190.08	218.26	178.42	182.05	124.22	136.07	315.86	162.94	159.87	167.59	178.12	2 164.59
		黑龙江36选7	88.52	117.10	119.22	111.19	102.05	98.10	126.12	122.40	119.52	131.15	122.40	160.39	1 418.16
		黑龙江快乐十分	3 600.74	4 426.59	6 983.89	7 523.32	7 159.36	7 073.34	7 461.74	7 902.43	7 634.21	7 529.31	8 401.35	10 050.42	85 746.70
	乐透排列	黑龙江数字6	275.91	320.86	391.23	285.44	273.14	247.19	248.93	280.85	552.61	277.19	498.56	705.52	4 357.44
		黑龙江时时彩	92.51	114.60	89.55	83.51	54.40	47.76	34.95	61.34	42.81	47.01	54.06	61.99	784.49
上　海	乐透组合	上海基诺	176.45	194.42	218.52	187.79	195.44	188.94	416.82	666.81	841.62	881.54	501.64	380.56	4 850.55
		上海快3	—	—	—	—	—	—	—	—	213.08	1 314.11	1 523.38	1 566.52	4 617.10
	乐透排列	上海选4	383.21	449.31	499.25	497.61	498.47	510.85	534.46	465.69	485.86	488.72	469.61	468.34	5 751.36
		上海时时乐	372.78	444.52	1 036.35	1 472.19	1 559.06	1 566.44	976.10	612.44	529.81	468.76	431.69	439.98	9 910.11
		上海时时彩	5.61	9.33	12.94	9.66	7.25	8.30	16.24	2.27	0.84	—	—	—	72.44
江　苏	乐透组合	江苏快3	29 364.71	42 100.84	53 388.61	72 615.58	69 484.14	44 083.05	34 357.29	30 704.60	30 991.61	38 431.54	45 237.81	70 614.57	561 374.33
浙　江	乐透组合	浙江快乐十二	—	—	—	—	—	—	—	—	—	—	—	18 616.42	18 616.42
安　徽	乐透组合	安徽25选5	58.57	98.72	84.38	81.69	79.04	81.12	67.88	64.27	66.08	58.01	51.84	88.15	879.74
	乐透排列	安徽时时彩	140.24	156.42	190.87	150.07	167.64	117.64	137.06	157.18	122.71	110.81	122.80	91.12	1 664.55
福　建	乐透排列	福建时时彩	1 860.49	2 061.80	2 589.48	2 638.25	2 319.80	2 076.32	2 073.71	2 194.62	1 856.03	1 954.63	2 126.11	2 277.35	26 028.60
江　西	乐透排列	江西时时彩	3 242.65	6 060.43	5 462.44	4 364.40	5 678.94	5 102.57	6 168.09	4 516.71	4 567.52	5 234.29	6 071.45	6 526.11	62 995.59

续表

地 区 Region	游戏类型 Game Type	游戏名称 Game Name	1 月 Jan.	2 月 Feb.	3 月 Mar.	4 月 Apr.	5 月 May	6 月 June	7 月 July	8 月 Aug.	9 月 Sept.	10 月 Oct.	11 月 Nov.	12 月 Dec.	合计 Total
山 东	乐透组合	山东 23 选 5	759. 05	879. 86	999. 36	904. 43	827. 43	768. 81	757. 95	764. 82	788. 29	783. 17	728. 58	746. 16	9 707. 91
		山东群英会	18 742. 59	23 857. 86	29 309. 11	27 627. 92	25 550. 09	23 411. 32	23 132. 73	23 372. 39	24 200. 22	26 957. 33	28 306. 12	31 027. 46	305 495. 14
重 庆	乐透排列	重庆时时乐	2 121. 83	4 321. 57	3 825. 02	1 683. 93	2 556. 13	2 607. 29	1 312. 58	1 940. 03	1 673. 18	1 942. 99	1 895. 04	2 507. 99	28 387. 57
	乐透组合	重庆快乐十分	4 902. 94	6 444. 10	8 356. 55	7 368. 22	7 531. 38	7 355. 26	6 767. 58	5 833. 40	5 643. 98	6 345. 31	7 147. 59	8 040. 29	81 736. 62
河 南	乐透组合	河南 22 选 5	1 161. 36	1 456. 10	2 180. 76	1 542. 22	1 389. 28	1 240. 59	1 194. 76	1 196. 29	1 143. 44	1 145. 46	1 148. 40	1 196. 76	15 995. 42
		河南 22 选 5 好运 2	38. 57	47. 45	151. 23	62. 86	50. 98	42. 82	40. 28	39. 27	46. 03	60. 69	56. 60	60. 27	697. 04
		河南 22 选 5 好运 3	339. 90	417. 43	745. 76	471. 81	402. 74	353. 53	337. 72	338. 20	328. 86	352. 16	340. 18	343. 73	4 772. 03
		河南 22 选 5 好运 4	158. 69	188. 13	308. 56	211. 73	194. 12	172. 01	171. 19	163. 80	163. 03	179. 46	179. 46	184. 73	2 274. 90
	乐透排列	河南幸运武林	1 217. 79	1 656. 66	4 628. 61	9 783. 49	10 363. 70	8 496. 71	6 832. 21	7 153. 64	7 488. 96	6 880. 92	6 995. 57	16 467. 91	87 966. 17
湖 北	乐透组合	湖北 22 选 5	484. 21	611. 52	675. 54	609. 15	586. 85	599. 89	674. 65	675. 26	725. 83	658. 44	493. 26	460. 75	7 255. 35
		湖北 22 选 5 好运 1	1. 85	2. 17	2. 95	3. 61	2. 79	2. 00	2. 09	1. 90	1. 59	2. 04	1. 48	1. 56	26. 02
		湖北 22 选 5 好运 2	10. 80	14. 21	16. 91	15. 85	14. 22	13. 32	13. 14	13. 84	13. 87	13. 48	9. 85	10. 09	159. 59
		湖北 22 选 5 好运 3	164. 67	208. 24	239. 10	214. 11	198. 92	197. 52	191. 74	191. 87	189. 94	194. 90	154. 52	147. 90	2 293. 44
		湖北 22 选 5 好运 4	101. 12	121. 24	141. 92	127. 11	120. 56	119. 76	116. 13	121. 43	121. 75	121. 81	99. 22	97. 43	1 409. 49
		湖北快 3	—	—	—	—	—	—	—	—	—	4 898. 99	24 974. 99	29 765. 28	59 639. 26
	乐透排列	湖北时时彩	87. 13	106. 23	119. 22	76. 50	82. 03	64. 21	75. 83	63. 47	111. 67	363. 11	78. 98	75. 51	1 303. 91
湖 南	乐透组合	湖南快乐十分	5 778. 31	7 001. 07	9 527. 70	9 243. 08	8 894. 55	8 294. 14	7 585. 11	6 908. 36	6 065. 63	6 077. 74	6 673. 62	7 134. 31	89 183. 62
广 东	乐透组合	广东 26 选 5	109. 39	120. 89	141. 40	140. 79	138. 66	125. 77	132. 32	123. 28	127. 70	108. 81	121. 54	136. 25	1 526. 80
		广东 26 选 5 好运 2	13. 27	15. 08	17. 36	16. 49	17. 40	15. 42	17. 66	16. 56	15. 87	16. 44	16. 67	16. 17	194. 38
		广东 26 选 5 好运 3	109. 12	118. 38	140. 98	133. 33	146. 16	122. 50	142. 83	130. 48	129. 64	131. 83	128. 90	126. 54	1 560. 69
		广东 36 选 7	1 609. 27	2 127. 80	2 122. 79	1 987. 20	1 973. 73	2 335. 09	2 276. 32	1 911. 18	2 181. 42	1 852. 10	2 262. 56	2 879. 81	25 519. 26
		广东 36 选 7 好运 1	1 801. 58	2 137. 81	2 714. 59	2 745. 07	2 528. 02	2 078. 42	2 340. 29	2 682. 20	2 420. 85	2 366. 70	2 221. 02	2 918. 46	28 955. 02
		广东 36 选 7 好运 2	100. 78	133. 47	138. 95	125. 16	126. 09	124. 45	118. 88	117. 36	114. 98	126. 39	120. 86	129. 89	1 477. 26
		广东 36 选 7 好运 3	1 514. 80	1 886. 91	1 943. 86	1 801. 65	1 783. 39	1 721. 66	1 731. 29	1 723. 30	1 698. 39	1 804. 46	1 768. 73	1 922. 68	21 301. 13
		广东快乐十分	23 532. 05	38 600. 41	35 606. 19	30 617. 88	31 755. 45	34 189. 37	34 555. 48	34 154. 82	35 164. 83	37 217. 12	35 948. 99	39 407. 62	410 750. 19

续表

地　区 Region	游戏类型 Game Type	游戏名称 Game Name	1月 Jan.	2月 Feb.	3月 Mar.	4月 Apr.	5月 May	6月 June	7月 July	8月 Aug.	9月 Sept.	10月 Oct.	11月 Nov.	12月 Dec.	合计 Total
广　西	乐透组合	广西21选5好运2	1 045.66	1 284.41	1 481.00	1 641.95	1 634.01	1 611.47	1 244.09	1 195.08	1 296.45	1 571.94	1 520.05	1 781.01	17 307.11
		广西21选5好运3	1 546.20	1 846.53	2 218.93	2 367.38	2 413.46	2 261.70	1 885.41	1 692.04	1 969.12	2 196.33	2 267.77	2 563.04	25 227.90
		广西21选5好运4	663.42	754.30	857.98	901.43	920.05	903.90	760.29	669.00	775.28	865.79	881.77	992.60	9 945.80
		广西24选7	124.29	225.60	338.28	151.34	112.80	171.18	145.15	227.53	141.17	168.42	147.00	169.58	2 122.34
		广西24选7好运1	1.39	1.79	1.90	2.11	2.31	2.04	1.69	1.70	1.88	2.07	2.18	2.28	23.33
		广西24选7好运2	7.77	9.88	10.70	9.13	8.85	8.71	8.85	8.91	9.43	9.64	9.25	9.47	110.60
		广西24选7好运3	56.81	74.21	80.64	68.49	66.94	64.52	67.86	68.42	69.50	71.51	70.33	76.22	835.44
		广西24选7好运4	80.40	98.97	106.37	93.57	91.78	86.70	94.43	95.94	96.41	96.12	93.42	103.62	1 137.74
		广西24选7好运5	9.53	18.35	10.67	12.62	11.27	13.78	8.92	13.46	13.28	10.47	24.86	14.54	161.74
		广西跑跑彩	55.93	32.06	61.15	106.14	212.72	286.28	261.64	167.21	85.39	96.71	91.20	69.82	1 526.24
海　南	乐透组合	海南快2	6 596.57	6 962.00	7 698.67	6 408.36	6 533.24	6 739.17	7 180.40	7 898.23	7 331.95	8 491.26	8 654.89	8 158.05	88 652.79
四　川	乐透组合	四川快乐12	6 613.42	8 237.10	10 761.11	11 719.45	12 203.78	9 830.36	9 140.55	8 100.63	8 596.67	9 340.53	9 727.56	10 755.91	115 027.06
贵　州	乐透组合	贵州十二生肖	185.38	239.58	349.03	230.35	204.21	195.05	173.58	105.69	109.45	119.63	79.43	51.32	2 042.72
		贵州快3	—	—	—	—	—	—	—	—	—	14.18	2 720.68	4 978.94	7 713.80
云　南	乐透组合	云南快乐十分	1 027.85	1 210.80	1 516.43	1 421.13	1 532.36	1 590.15	1 740.01	1 540.08	1 548.93	1 699.84	1 792.48	1 978.11	18 598.16
	乐透排列	云南时时彩	22.03	24.67	33.50	23.50	19.52	17.61	12.47	10.65	11.12	9.59	11.82	15.14	211.63
西　藏	乐透组合	西藏生肖时时彩	112.72	132.80	169.12	146.64	151.54	143.64	136.56	152.64	142.29	124.20	115.51	119.61	1 647.27
陕　西	乐透组合	陕西快乐十分	4 641.75	5 950.54	7 682.40	8 182.10	7 958.39	7 235.81	7 001.42	6 257.32	8 499.46	9 178.36	11 500.04	15 732.19	99 819.78
青　海	乐透组合	青海时时彩	132.31	141.70	187.79	279.28	285.94	167.97	189.53	160.79	171.02	165.28	180.70	234.64	2 296.95
宁　夏	乐透组合	宁夏时时彩	15.52	21.32	35.84	32.89	22.06	14.80	9.69	8.81	10.05	13.73	8.27	8.43	201.39

续表

地区 Region	游戏类型 Game Type	游戏名称 Game Name	1月 Jan.	2月 Feb.	3月 Mar.	4月 Apr.	5月 May	6月 June	7月 July	8月 Aug.	9月 Sept.	10月 Oct.	11月 Nov.	12月 Dec.	合计 Total
新疆	乐透组合	新疆18选7	21.51	22.71	28.61	27.80	29.68	31.67	42.86	26.81	20.50	21.94	23.04	21.57	318.72
		新疆25选7	47.20	113.38	129.80	147.18	254.21	340.18	457.25	641.65	137.76	45.98	55.45	78.25	2 448.30
		新疆35选7	507.43	637.95	718.95	667.93	610.17	656.44	589.93	553.56	509.96	548.06	630.42	661.29	7 292.09
		新疆35选7偶数彩中彩	7.85	9.38	11.74	10.60	8.33	8.10	8.67	7.41	1.37	—	—	—	73.45
	乐透排列	新疆喜乐彩	—	—	—	—	—	—	—	—	915.12	291.85	188.78	239.69	1 635.45
		新疆时时彩	6 492.80	8 027.87	9 931.20	9 665.36	9 220.00	8 262.97	7 996.26	8 255.22	8 101.79	9 509.75	10 939.48	11 610.48	108 013.20
深圳	乐透组合	深圳	117.92	139.76	160.38	129.92	138.89	142.71	136.01	136.85	121.46	132.68	139.23	127.71	1 623.51
		深圳快乐8	114.16	141.15	389.52	537.78	424.49	359.28	321.57	350.46	288.91	290.38	261.75	292.94	3 772.40
		深圳快乐彩	2.33	16.53	9.24	20.30	14.23	13.32	15.54	25.69	33.51	28.55	33.17	40.47	252.86
合计 Total			**148 054.00**	**211 208.92**	**260 502.03**	**277 065.31**	**272 507.40**	**235 397.70**	**218 861.21**	**209 493.58**	**213 434.25**	**242 043.99**	**292 644.20**	**405 897.80**	**2 987 110.38**

2012年中国福利彩票即开

Sales Statistics of Terminal－Sale Instant Win Tickets of Welfare Lottery

序号	地 区	勇士闯关4	开心宾果	百变扑克	点石成金	喜庆吉祥	F1赛车	即开3D	棒球小子
1	北 京	—	—	—	—	—	—	—	—
2	天 津	—	—	—	—	—	—	—	—
3	河 北	—	—	—	—	—	—	—	—
4	山 西	—	—	—	—	—	—	—	—
5	内蒙古	—	—	—	—	—	—	—	—
6	辽 宁	—	—	—	—	—	—	—	—
7	吉 林	(2.00)	0.07	0.38	—	—	—	0.14	—
8	黑龙江	—	—	—	—	—	—	—	—
9	上 海	—	—	—	—	—	—	—	—
10	江 苏	—	—	—	—	—	—	—	—
11	浙 江	—	—	—	—	—	—	—	—
12	安 徽	—	—	—	—	—	—	(72.00)	—
13	福 建	—	—	—	—	—	—	—	—
14	江 西	—	—	—	—	—	—	—	—
15	山 东	—	—	—	—	—	—	—	—
16	河 南	—	—	—	—	—	—	—	—
17	湖 北	—	—	—	—	—	—	—	—
18	湖 南	0.57	—	—	—	—	—	4.04	—
19	广 东	0.01	—	—	2.79	3.75	0.60	0.51	—
20	深 圳	—	—	—	—	—	—	—	—
21	广 西	—	0.66	—	—	—	—	—	—
22	海 南	—	—	—	—	—	—	—	—
23	重 庆	—	—	—	—	—	—	—	—
24	四 川	—	—	—	—	—	—	—	—
25	贵 州	1.36	—	—	—	—	—	0.15	0.01
26	云 南	—	—	—	—	—	—	—	—
27	西 藏	—	—	—	—	—	—	—	—
28	陕 西	—	—	—	—	—	—	—	—
29	甘 肃	—	—	—	—	—	—	—	—
30	青 海	—	—	—	—	—	—	—	—
31	宁 夏	—	—	—	—	—	—	—	—
32	新 疆	—	—	—	—	—	—	—	—
合计 Total		**(0.06)**	**0.73**	**0.38**	**2.79**	**3.75**	**0.60**	**(67.16)**	**0.01**

型彩票销售情况表（分地区分品种）

in Different Regions and in Different Games in China in 2012

单位：万元

Unit: Ten Thousand Yuan

趣味麻将一	喜庆吉祥 2	比大小	66 顺	幸运宝贝	吉星高照	鉴宝	清一色
—	—	—	—	—	—	—	—
—	—	—	—	—	—	—	—
—	—	—	—	—	—	—	—
—	—	—	—	—	—	—	—
145.75	—	—	—	—	—	—	—
—	3.15	—	—	—	1.56	—	—
(1.49)	1.11	(0.97)	0.15	—	3.64	0.12	0.91
—	—	—	0.08	—	0.02	—	—
—	—	—	—	—	—	—	2.00
—	—	—	—	—	(4.00)	—	—
—	—	—	—	—	—	—	—
—	0.02	0.01	(2.00)	0.01	—	—	(1.00)
—	—	—	—	—	—	—	—
12.56	2.02	—	—	—	6.72	—	—
—	—	—	—	—	—	—	—
—	—	—	—	—	—	—	—
—	—	—	—	—	—	—	—
—	10.29	5.85	—	0.26	—	1.46	—
3.04	—	—	—	—	—	0.10	5.37
—	—	—	—	—	—	—	—
13.58	1.50	—	—	—	8.66	7.96	3.11
2.24	—	2.62	—	—	6.82	—	—
—	—	—	—	—	—	—	—
—	—	—	—	—	—	—	—
4.37	1.70	66.55	1.17	0.03	1.79	0.44	0.59
116.50	1.50	8.94	—	—	—	—	2.00
—	—	—	—	—	—	—	—
—	—	—	—	—	—	—	—
13.44	—	0.13	—	—	—	—	5.61
—	—	—	—	—	—	—	—
—	—	—	—	—	—	—	—
—	—	—	—	—	—	—	—
310.00	**21.28**	**83.14**	**(0.61)**	**0.30**	**25.21**	**10.08**	**18.59**

续表

序号	地 区	游乐场	棒球小子2	快乐生肖	和气生财	大富翁	发奖金	生肖	硕果累累
1	北京	—	—	—	—	—	—	—	—
2	天津	—	—	—	—	—	1 067.58	—	—
3	河北	—	—	—	—	—	3 274.67	—	—
4	山西	—	—	—	—	—	337.90	—	—
5	内蒙古	—	—	—	—	—	2 123.08	—	—
6	辽宁	—	—	—	—	—	8 379.50	—	0.25
7	吉林	0.32	(2.00)	0.02	—	—	808.07	—	—
8	黑龙江	—	—	—	—	—	2 061.01	—	—
9	上海	—	—	—	—	—	1 272.00	—	—
10	江苏	—	—	—	—	—	8 367.53	—	—
11	浙江	—	—	—	—	—	812.26	—	—
12	安徽	—	—	—	0.01	—	133.18	—	0.03
13	福建	—	—	—	—	—	—	—	—
14	江西	—	—	—	—	—	38.53	—	—
15	山东	—	—	—	—	—	23 941.32	—	—
16	河南	—	—	—	—	—	926.92	—	—
17	湖北	—	—	—	—	—	4.01	—	—
18	湖南	4.82	—	—	—	—	46.38	—	—
19	广东	—	—	—	—	—	13.67	—	—
20	深圳	—	—	—	—	—	400.00	—	—
21	广西	—	—	—	—	—	28.80	0.62	1.03
22	海南	—	—	—	—	—	326.12	1.65	—
23	重庆	—	—	—	—	—	—	—	—
24	四川	—	—	—	—	—	—	—	—
25	贵州	2.69	—	0.05	1.75	0.11	5.49	—	0.02
26	云南	—	—	—	—	—	2.74	—	—
27	西藏	—	—	—	—	—	—	—	—
28	陕西	—	—	—	—	—	5 609.12	—	—
29	甘肃	—	—	—	—	—	76.81	—	—
30	青海	—	—	—	—	—	—	—	—
31	宁夏	—	—	—	—	—	—	—	—
32	新疆	—	—	—	—	—	400.60	—	—
合计 Total		**7.83**	**(2.00)**	**0.07**	**1.76**	**0.11**	**60 457.29**	**2.27**	**1.34**

多彩扑克	幸运宝藏	富贵有余	勇士闯关5	大富翁2	幸运宝贝2	和气生财2	四季发
—	—	—	18.58	—	—	—	—
—	—	—	—	—	—	—	—
—	—	—	1 423.18	—	—	—	—
—	—	—	335.00	110.00	—	—	—
—	—	—	958.87	—	—	—	—
—	4.04	—	4 519.23	4.66	—	—	—
0.08	35.54	—	2 501.74	2.77	—	(1.13)	0.56
—	0.01	—	1 895.95	(96.00)	—	20.24	—
—	—	—	—	—	—	—	—
—	—	—	816.74	—	—	—	—
—	—	—	2 295.28	—	—	—	—
—	0.41	—	1 344.13	0.07	—	—	0.03
—	12.00	—	803.50	—	—	—	—
—	—	—	298.32	23.06	—	0.67	7.16
—	—	—	5 965.14	—	—	—	—
—	—	—	492.98	—	—	4.06	0.02
—	—	—	1 762.58	—	—	—	—
—	27.79	—	933.77	9.08	—	—	2.00
—	—	5.84	7 869.34	1.76	—	1.87	0.42
—	—	—	8 258.00	—	—	—	—
—	19.76	—	2 681.65	—	—	0.80	41.16
—	—	—	8.91	—	—	—	—
—	—	—	738.00	—	—	—	—
—	—	—	4 017.22	13.60	—	—	—
1.66	4.70	—	1 444.70	5.72	0.02	—	1.66
—	—	—	7.81	30.0	—	—	—
—	—	—	—	—	—	—	—
—	—	—	530.74	—	—	45.61	—
—	—	—	9.50	9.06	—	3.91	4.36
—	—	—	4.00	10.94	—	—	—
—	—	—	99.80	—	—	—	—
—	—	—	1 065.38	—	—	—	—
1.74	**104.25**	**5.84**	**53 100.04**	**124.72**	**0.02**	**76.03**	**57.37**

续表

序号	地 区	农家乐	富贵有余2	吉林硕果	对对和	金花	扑克比大小	对对碰	见缝插金
1	北 京	—	1 192.96	—	—	—	—	—	—
2	天 津	—	600.00	—	—	—	—	—	—
3	河 北	—	1 662.96	—	—	—	—	—	—
4	山 西	—	997.18	—	—	—	—	—	—
5	内蒙古	—	2 608.26	—	—	83.90	25.33	—	—
6	辽 宁	—	4 164.11	—	—	—	—	—	0.26
7	吉 林	—	1 070.16	4.79	(98.00)	0.11	—	—	(68.00)
8	黑龙江	—	1 680.00	—	—	0.46	0.02	8.17	—
9	上 海	—	378.00	—	—	—	0.53	—	—
10	江 苏	—	546.92	—	—	0.01	—	—	—
11	浙 江	—	1 743.62	—	—	—	—	—	—
12	安 徽	(74.00)	1 131.76	—	—	—	—	0.04	—
13	福 建	—	1 065.68	—	—	—	—	—	—
14	江 西	—	402.78	—	—	—	—	—	4.12
15	山 东	—	—	—	10.00	—	—	—	—
16	河 南	—	3 204.32	—	—	—	—	—	—
17	湖 北	—	2 677.23	—	—	—	—	—	—
18	湖 南	—	1 847.83	—	—	—	—	—	—
19	广 东	0.10	—	—	0.05	—	2.41	—	8.29
20	深 圳	—	200.00	—	—	—	—	—	—
21	广 西	13.46	435.94	—	0.10	—	—	—	29.32
22	海 南	—	89.71	—	—	—	—	—	—
23	重 庆	—	1 938.08	—	—	—	—	—	—
24	四 川	—	662.48	—	—	90.12	—	—	—
25	贵 州	0.48	298.85	—	0.04	0.87	—	—	0.67
26	云 南	—	2 808.68	—	—	—	—	6.00	—
27	西 藏	—	9.98	—	—	—	—	—	—
28	陕 西	—	2 352.52	—	—	4.54	—	—	—
29	甘 肃	—	608.30	—	2.50	—	—	—	2.96
30	青 海	—	313.48	—	—	—	—	—	—
31	宁 夏	—	137.42	—	—	—	—	—	—
32	新 疆	—	2 907.15	—	—	—	—	—	—
合计 Total		**(59.96)**	**39 736.37**	**4.79**	**(85.30)**	**180.01**	**28.29**	**14.21**	**(22.39)**

66顺2	翱翔海航	幸运宝贝3	数字魔方	海底寻宝	红楼十二钗	幸运宝藏2	赛车
—	—	—	—	—	—	—	—
—	—	—	—	—	—	—	—
—	—	—	0.04	—	—	—	—
—	—	—	—	—	—	—	—
—	—	—	43.70	0.01	5.70	—	—
—	—	0.62	—	0.83	1.82	—	—
2.70	—	0.03	(0.10)	0.01	(0.01)	—	(0.55)
—	—	—	—	—	—	—	30.40
—	—	—	—	—	—	—	—
—	—	—	—	—	—	—	—
—	—	—	—	—	—	—	—
—	—	0.36	—	4.30	0.05	0.01	—
—	—	—	—	—	—	—	—
7.55	—	0.27	—	2.16	548.00	9.98	—
—	—	—	—	—	—	—	—
—	—	—	—	0.02	—	—	—
—	—	—	—	0.42	—	—	—
—	—	—	—	—	1.52	34.18	—
0.96	—	2.31	—	—	—	—	—
—	—	—	—	—	—	—	—
28.62	—	—	—	2.06	68.78	34.28	—
—	1.75	—	—	66.74	33.04	—	—
—	—	—	—	—	—	—	13.10
—	—	—	—	—	—	—	—
72.25	—	0.01	—	—	—	—	—
—	—	15.71	—	—	—	—	—
—	—	—	—	—	—	—	—
—	—	—	12.72	0.74	—	—	—
—	—	10.56	—	4.00	2.74	2.00	—
—	—	—	—	—	—	—	—
—	—	0.03	—	—	—	—	5.15
—	—	—	—	—	—	—	—
112.09	**1.75**	**29.90**	**56.36**	**81.29**	**661.63**	**80.45**	**48.10**

续表

序号	地区	宁夏票2元	西游探宝	游乐场	节大欢喜	硕果累累2	金花2	重建家园	同舟共济
1	北京	—	—	—	—	—	—	—	—
2	天津	—	—	—	—	—	—	—	—
3	河北	—	0.05	5.00	—	—	—	0.03	1.05
4	山西	—	—	—	—	—	—	—	—
5	内蒙古	—	8.75	—	—	—	—	0.18	4.55
6	辽宁	—	1.22	—	0.05	—	—	—	—
7	吉林	—	0.13	0.78	—	—	—	0.28	(0.22)
8	黑龙江	—	21.25	—	—	—	—	—	—
9	上海	—	0.85	—	—	—	—	—	—
10	江苏	—	—	—	—	—	—	—	—
11	浙江	—	—	—	—	—	—	—	—
12	安徽	—	0.15	—	—	—	—	—	—
13	福建	—	—	—	—	—	—	—	—
14	江西	—	6.05	—	—	—	—	—	—
15	山东	—	—	—	—	—	—	—	—
16	河南	—	—	2.50	—	—	—	—	5.65
17	湖北	—	5.55	—	—	—	—	0.05	—
18	湖南	—	14.88	—	—	—	1.15	22.60	10.15
19	广东	—	5.65	—	—	—	—	7.30	8.50
20	深圳	—	—	—	—	—	—	—	—
21	广西	—	3.50	—	—	—	—	—	19.15
22	海南	—	—	—	—	—	—	—	—
23	重庆	—	—	—	—	—	—	1.40	6.60
24	四川	—	—	—	—	—	—	—	—
25	贵州	—	105.30	—	—	—	—	0.18	1.20
26	云南	—	0.05	7.50	—	—	—	—	—
27	西藏	—	0.25	—	—	—	—	—	—
28	陕西	—	—	—	—	—	—	—	—
29	甘肃	—	2.35	—	—	2.96	4.82	—	—
30	青海	—	—	—	37.60	—	—	—	—
31	宁夏	15.04	4.25	—	—	—	—	—	2.65
32	新疆	—	—	—	—	—	—	—	—
合计 Total		**15.04**	**180.22**	**15.78**	**37.65**	**2.96**	**5.97**	**32.01**	**59.28**

众志成城	扶危济困	阖家欢乐	福牛乐乐	超越自我	欢聚北京	节大欢喜 2	牛年 2 元
—	—	—	—	—	—	—	—
—	—	—	—	—	—	—	—
—	—	—	—	—	—	0.15	—
—	—	—	—	—	—	—	—
10.50	3.48	—	—	—	—	—	—
—	—	—	—	—	—	—	2.02
0.63	3.15	1.10	0.07	(0.58)	(0.42)	—	—
—	—	6.48	—	—	—	6.25	—
—	—	—	0.60	0.03	0.40	—	—
—	—	—	—	—	—	—	—
—	—	—	—	—	—	—	—
—	—	—	—	—	—	—	—
—	—	—	—	—	—	—	—
—	—	—	—	—	—	0.45	—
—	—	—	—	—	—	—	—
—	—	—	—	—	—	—	—
—	—	7.50	—	—	—	—	—
—	9.38	—	—	—	—	—	—
4.10	0.03	—	—	—	—	—	—
—	—	—	—	—	—	—	—
—	0.05	—	—	—	—	—	—
4.88	—	—	9.97	—	—	—	—
—	1.78	—	—	—	—	—	—
30.30	37.50	—	—	20.00	2.85	0.15	—
2.60	4.63	—	24.53	7.53	21.83	53.49	—
1.23	—	41.88	—	—	—	50.95	—
—	0.35	—	—	—	—	—	—
—	4.78	—	—	—	—	—	—
0.03	1.38	10.93	—	0.20	13.15	1.15	—
—	—	—	—	—	—	—	—
—	—	—	—	—	—	—	—
—	—	—	—	—	—	—	—
54.25	**66.48**	**67.87**	**35.16**	**27.17**	**37.81**	**112.59**	**2.02**

续表

序号	地 区	牛年5元	喜庆吉祥3	阖家欢乐3	阖家欢乐2	富贵有余3	富贵有余4	富贵有余5	争分夺秒
1	北 京	—	—	—	—	—	—	—	7 241.36
2	天 津	—	—	—	—	—	—	—	1 644.30
3	河 北	—	—	—	—	—	—	—	6 006.83
4	山 西	1.20	—	—	—	—	—	—	2 230.08
5	内蒙古	—	—	—	—	—	—	—	1 730.99
6	辽 宁	—	4.00	2.80	0.08	—	—	—	4 762.74
7	吉 林	0.19	(0.43)	—	—	(2.00)	—	—	3 619.83
8	黑龙江	—	—	—	4.45	—	—	—	3 228.70
9	上 海	—	—	—	—	—	—	—	1 474.00
10	江 苏	—	—	—	—	—	—	—	5 721.65
11	浙 江	—	20.00	—	2.50	—	—	—	5 262.28
12	安 徽	—	0.01	0.01	0.04	—	—	—	1 012.46
13	福 建	—	—	—	—	—	—	—	5 507.72
14	江 西	—	26.66	0.16	—	—	—	2.55	1 116.82
15	山 东	—	—	—	—	—	—	—	15 223.24
16	河 南	—	1.30	—	—	1.00	2.13	2.65	6 088.64
17	湖 北	—	0.08	—	—	—	—	—	3 200.77
18	湖 南	8.70	28.17	—	93.28	—	—	—	4 878.88
19	广 东	—	8.43	0.01	—	—	—	—	11 504.05
20	深 圳	—	—	—	—	—	—	—	7 824.00
21	广 西	7.50	67.86	—	2.38	—	—	—	4 487.76
22	海 南	—	—	—	—	—	—	—	64.92
23	重 庆	2.60	—	—	—	—	—	—	3 907.32
24	四 川	0.60	47.24	—	1.15	—	—	—	10 984.10
25	贵 州	—	—	0.24	4.54	—	—	—	1 483.01
26	云 南	41.60	5.00	4.38	52.75	—	—	—	551.60
27	西 藏	0.95	3.44	0.08	—	—	—	—	67.84
28	陕 西	—	1.74	—	—	—	—	—	4 719.02
29	甘 肃	—	21.22	0.20	4.83	—	—	38.35	612.81
30	青 海	—	—	—	—	—	—	—	196.16
31	宁 夏	—	—	—	—	—	—	—	669.38
32	新 疆	—	—	—	—	—	—	—	2 203.62
合计 Total		**63.34**	**234.72**	**7.89**	**165.99**	**(1.00)**	**2.13**	**43.55**	**129 226.87**

星座	万事如意	美丽辽宁	和谐辽宁	好运辽宁	欢乐碰碰碰	开心时刻	淘宝商城
—	—	—	—	—	—	—	—
—	—	—	—	—	—	—	—
—	—	—	—	—	—	0.44	—
—	—	—	—	—	3.00	—	—
22.30	—	—	—	—	—	—	—
0.78	—	0.08	24.46	214.18	0.09	4.56	—
0.03	—	—	—	—	—	0.34	1.16
32.55	—	—	—	—	—	2.56	—
0.60	—	—	—	—	—	—	—
—	—	—	—	—	—	—	—
—	—	—	—	—	—	—	—
—	—	—	—	—	—	—	0.03
—	—	—	—	—	—	—	—
—	15.49	—	—	—	—	26.12	11.50
—	2.32	—	—	—	—	—	—
—	—	—	—	—	—	1.54	1.40
—	—	—	—	—	—	—	0.10
28.32	—	—	—	—	7.55	0.66	4.73
—	—	—	—	—	—	—	70.35
—	—	—	—	—	—	—	—
—	—	—	—	—	18.83	—	3.60
—	—	—	—	—	—	5.67	—
—	—	—	—	—	—	—	—
—	—	—	—	—	—	—	29.60
42.64	—	—	—	—	—	—	173.71
95.72	—	—	—	—	—	—	—
—	—	—	—	—	—	—	5.90
—	—	—	—	—	—	—	9.00
—	—	—	—	—	2.77	33.66	36.15
—	—	—	—	—	—	—	—
—	—	—	—	—	—	—	—
—	—	—	—	—	—	—	—
222.94	**17.81**	**0.08**	**24.46**	**214.18**	**32.24**	**75.55**	**347.23**

续表

序号	地　区	节大欢喜 3	爱满人间	美梦成真	水浒 108 将	一刮一乐	财源滚滚	梁祝	节大欢喜 4
1	北　京	—	—	2.00	—	—	—	—	3 454.20
2	天　津	—	—	598.06	—	—	—	—	728.80
3	河　北	—	—	3 334.04	0.20	—	—	—	2 770.70
4	山　西	—	—	991.08	—	—	—	—	—
5	内蒙古	—	—	1 126.06	—	—	—	—	—
6	辽　宁	—	0.45	976.36	0.65	0.38	0.03	1.90	—
7	吉　林	—	—	1 667.66	(0.06)	—	(26.00)	—	—
8	黑龙江	—	—	1 347.74	—	17.48	—	—	1 207.15
9	上　海	—	—	640.00	—	—	—	—	—
10	江　苏	—	—	3 322.43	—	—	—	—	—
11	浙　江	—	—	5 106.50	—	—	—	4.05	—
12	安　徽	—	—	162.48	0.03	(74.00)	—	0.03	—
13	福　建	—	—	6 385.44	—	—	—	—	—
14	江　西	—	—	323.04	20.10	25.86	—	—	—
15	山　东	—	—	—	—	—	—	—	2 118.90
16	河　南	—	—	4 351.92	—	0.01	—	57.40	—
17	湖　北	—	—	2 896.80	—	—	—	—	1 174.98
18	湖　南	163.55	—	2 998.86	56.94	9.84	2.32	—	54.80
19	广　东	2 457.85	—	14 328.21	0.65	—	—	—	0.39
20	深　圳	—	—	8 224.00	—	—	—	—	—
21	广　西	—	—	3 846.75	—	3.00	14.46	—	1.25
22	海　南	128.46	—	—	—	—	—	—	—
23	重　庆	—	—	3 118.42	—	—	—	—	—
24	四　川	—	—	4 245.52	—	—	—	133.10	3.75
25	贵　州	—	—	1 267.09	175.34	—	—	—	475.34
26	云　南	—	—	711.72	—	18.94	—	71.20	—
27	西　藏	0.45	—	—	—	—	—	—	30.20
28	陕　西	5.50	—	1 487.68	0.15	11.92	—	—	917.05
29	甘　肃	—	—	368.23	—	21.33	44.92	—	—
30	青　海	—	—	196.86	—	—	—	—	—
31	宁　夏	—	—	622.28	—	—	—	—	—
32	新　疆	—	—	—	—	—	—	—	—
合计 Total		**2 755.81**	**0.45**	**74 484.76**	**254.01**	**34.76**	**35.73**	**267.68**	**12 937.51**

五福临门	游乐场2	祝福	锦绣中华	缤纷世博	奇妙世博	海宝风情	吉祥海宝
2 023.40	—	—	—	—	—	—	—
300.00	—	—	—	—	—	—	—
2 054.95	—	—	0.05	1.10	—	0.80	0.90
300.00	—	—	—	—	—	—	—
1 361.05	—	—	—	—	—	—	5.90
3 469.46	—	—	—	—	0.30	1.99	0.50
1 151.90	—	—	—	—	0.12	—	—
1 018.25	—	—	1.40	—	—	—	—
—	—	—	—	15.10	—	—	—
188.75	—	—	—	—	—	—	—
—	—	—	—	—	—	—	—
214.61	—	—	398.80	(279.96)	—	0.04	—
—	—	—	—	—	—	—	—
228.90	—	—	—	4.15	9.30	—	—
7 531.00	—	—	—	—	—	—	—
2 753.00	—	7.75	0.05	—	—	—	4.80
1 980.52	—	—	—	—	—	—	—
711.68	—	—	2.53	—	6.15	—	12.30
2.80	6.74	—	0.31	—	—	—	—
300.00	—	—	—	—	—	—	—
10.10	—	—	—	—	—	—	—
—	—	—	—	—	—	—	—
1 522.30	—	—	—	—	—	—	—
—	1.00	—	—	—	—	—	—
110.24	—	110.20	258.99	30.95	0.05	8.86	58.50
25.50	—	—	—	—	—	7.70	44.70
3.00	—	—	—	—	—	—	—
2.60	—	—	—	—	—	—	181.60
223.30	—	—	—	—	0.55	0.10	57.90
—	145.20	—	—	—	—	—	—
—	—	—	—	—	—	—	—
1 679.00	—	—	—	—	—	—	—
29 166.32	**152.94**	**117.95**	**662.14**	**(228.66)**	**16.47**	**19.48**	**367.10**

续表

序号	地　区	美丽辽宁 2	和谐辽宁 2	水浒 108 将 2	圣诞快乐	爱情密码	奇妙世博 2	游乐场 3	彩运天天有
1	北　京	—	—	—	251.50	—	—	—	—
2	天　津	—	—	—	—	—	—	—	—
3	河　北	—	—	—	—	—	—	—	—
4	山　西	—	—	—	—	—	—	—	—
5	内蒙古	—	—	—	230.50	—	—	—	—
6	辽　宁	650.39	4.29	—	195.65	0.50	—	—	27.70
7	吉　林	—	—	—	43.50	—	—	—	—
8	黑龙江	—	—	—	366.85	—	—	—	—
9	上　海	—	—	—	—	66.25	—	—	—
10	江　苏	—	—	—	52.55	—	—	295.90	4.00
11	浙　江	—	—	—	116.10	—	—	2 050.00	—
12	安　徽	—	—	—	141.55	0.60	0.21	—	4.38
13	福　建	—	—	—	—	—	—	—	12.50
14	江　西	—	—	—	—	—	—	48.15	9.22
15	山　东	—	—	—	255.60	—	—	—	—
16	河　南	—	—	—	217.95	—	—	—	—
17	湖　北	—	—	—	267.98	—	—	—	—
18	湖　南	—	—	—	5.70	0.43	—	—	7.27
19	广　东	—	—	—	—	0.05	—	—	—
20	深　圳	—	—	—	—	—	—	—	—
21	广　西	—	—	—	—	—	—	—	1.76
22	海　南	—	—	—	—	—	—	—	—
23	重　庆	—	—	—	—	—	—	—	—
24	四　川	—	—	—	376.43	5.00	—	—	0.12
25	贵　州	—	—	—	85.00	—	—	—	0.14
26	云　南	—	—	—	676.35	0.05	—	—	—
27	西　藏	—	—	0.55	—	—	—	—	—
28	陕　西	—	—	—	—	—	5.00	—	—
29	甘　肃	—	—	25.35	32.40	—	9.90	—	14.16
30	青　海	—	—	—	—	—	—	—	—
31	宁　夏	—	—	—	—	—	—	—	—
32	新　疆	—	—	—	—	—	—	—	—
合计 Total		**650.39**	**4.29**	**25.90**	**3 315.61**	**72.88**	**15.11**	**2 394.05**	**81.25**

指动金来	欢天喜地	阖家欢乐 4	中华名人	中华泰山	楚天 2 元	楚天 5 元	节大欢喜 5
1.65	—	—	—	—	—	—	—
497.75	—	—	—	—	—	—	—
3 919.35	0.02	2.70	—	—	—	—	1 905.90
—	—	—	—	—	—	—	—
851.75	—	—	—	—	—	—	—
2.25	0.32	0.62	—	—	—	—	1.20
940.20	0.46	—	—	—	—	—	40.80
2 324.05	—	—	—	—	—	—	—
336.00	—	—	—	—	—	—	—
6 501.75	55.40	—	—	—	—	—	1 659.05
10 384.90	—	—	—	—	—	—	6 076.70
1 055.03	22.45	—	—	—	—	—	490.74
3 560.20	—	—	—	—	—	—	1 618.20
45.90	3.68	2.90	—	—	—	—	—
2 416.90	—	—	95.50	31.00	—	—	1 890.75
2 449.75	—	1.80	—	—	—	—	1 049.60
301.68	—	—	—	—	92.10	33.40	111.93
1 324.41	0.46	3.45	—	—	—	—	—
13 169.99	—	9.70	—	—	—	—	6 254.76
3 000.00	—	—	—	—	—	—	—
2 634.85	—	3.15	—	—	—	—	1 399.25
—	—	—	—	—	—	—	—
1 583.20	—	—	—	—	—	—	—
—	—	31.55	—	—	—	—	0.45
531.26	0.82	—	—	—	—	—	—
626.95	—	—	—	—	—	—	18.85
—	—	—	—	—	—	—	—
1 014.55	—	—	—	—	—	—	2 752.40
347.85	7.70	—	—	—	—	—	0.30
276.35	—	—	—	—	—	—	—
13.45	—	—	—	—	—	—	—
1 007.80	—	—	—	—	—	—	—
61 119.78	**91.31**	**55.87**	**95.50**	**31.00**	**92.10**	**33.40**	**25 270.88**

续表

序号	地　区	畅游天下	苏州5元	苏州10元	寻宝乐	海宝赛车	海宝魔术师	海底大寻宝	红楼探秘
1	北　京	—	—	—	—	—	—	—	—
2	天　津	—	—	—	—	—	—	—	—
3	河　北	—	—	—	—	—	—	0.90	1.00
4	山　西	—	—	—	—	—	—	—	—
5	内蒙古	—	—	—	—	—	—	18.30	—
6	辽　宁	—	—	—	—	0.95	0.07	—	6.60
7	吉　林	—	—	—	—	—	—	—	12.70
8	黑龙江	—	—	—	—	—	—	—	—
9	上　海	—	—	—	—	1.25	—	73.70	—
10	江　苏	—	132.30	200.15	2.50	—	86.50	230.40	69.70
11	浙　江	—	—	—	—	—	—	—	—
12	安　徽	—	—	—	1.25	—	26.65	152.00	24.85
13	福　建	—	—	—	—	—	—	—	—
14	江　西	—	—	—	—	—	19.75	63.88	—
15	山　东	297.30	—	—	—	—	98.75	—	3.20
16	河　南	—	—	—	—	—	—	5.20	0.50
17	湖　北	—	—	—	—	1.25	—	—	—
18	湖　南	—	—	—	—	—	—	13.47	7.88
19	广　东	—	—	—	—	—	—	—	4.84
20	深　圳	—	—	—	—	—	—	—	—
21	广　西	—	—	—	—	—	—	—	—
22	海　南	—	—	—	—	—	—	—	—
23	重　庆	—	—	—	—	—	—	—	—
24	四　川	—	—	—	—	—	—	—	—
25	贵　州	—	—	—	—	—	—	—	—
26	云　南	—	—	—	—	—	—	—	—
27	西　藏	—	—	—	—	—	—	—	—
28	陕　西	—	—	—	—	—	—	—	—
29	甘　肃	—	—	—	3.15	—	21.70	—	—
30	青　海	—	—	—	—	—	—	—	—
31	宁　夏	—	—	—	—	—	—	—	—
32	新　疆	—	—	—	—	—	—	—	—
合计 Total		**297.30**	**132.30**	**200.15**	**6.90**	**3.45**	**253.42**	**557.84**	**131.28**

虎门销烟	羊城八景	桂林山水	岩洞寻宝	长春雕塑	秀美吉林	足球之源	星耀世博
—	—	—	—	—	—	—	—
—	—	—	—	—	—	—	—
—	—	—	—	—	—	—	—
—	—	—	—	—	—	—	—
—	—	—	—	—	—	—	—
—	—	—	—	—	—	3.60	0.04
—	—	—	—	187.56	54.25	5.40	—
—	—	—	—	—	—	—	—
—	—	—	—	—	—	—	—
—	—	—	—	—	—	26.40	—
—	—	—	—	—	—	—	—
—	—	—	—	—	—	—	11.90
—	—	—	—	—	—	—	—
—	—	—	—	—	—	—	—
—	—	—	—	—	—	33.80	—
—	—	—	—	—	—	—	—
—	—	—	—	—	—	—	—
—	—	—	—	—	—	58.37	—
5 752.20	559.74	—	—	—	—	—	—
—	—	—	—	—	—	—	—
—	—	78.93	547.09	—	—	—	—
—	—	—	—	—	—	—	—
—	—	—	—	—	—	—	—
8.30	—	—	—	—	—	—	—
—	—	—	—	—	—	—	0.10
—	—	—	—	—	—	1.15	—
—	—	—	—	—	—	—	—
—	—	—	—	—	—	—	—
—	—	—	—	—	—	—	—
—	—	—	—	—	—	—	—
—	—	—	—	—	—	—	—
—	—	—	—	—	—	—	—
5 760.50	**559.74**	**78.93**	**547.09**	**187.56**	**54.25**	**128.72**	**12.04**

续表

序号	地 区	金山银山	欢乐彩	羊城新八景	吉星高照2	开奖啦	福寿有余	乐翻天	中华名人2
1	北 京	—	—	—	410.56	—	1 201.25	495.40	—
2	天 津	—	—	—	180.00	—	579.60	476.95	—
3	河 北	—	—	—	—	—	774.05	856.30	—
4	山 西	—	—	—	—	—	—	498.45	—
5	内蒙古	—	0.60	—	0.84	—	906.80	475.20	—
6	辽 宁	0.05	17.20	—	0.08	39.14	413.00	907.55	—
7	吉 林	2.30	72.25	—	1.18	—	546.85	—	145.00
8	黑龙江	—	—	—	—	—	575.65	376.80	—
9	上 海	—	—	—	640.00	77.44	300.00	—	—
10	江 苏	—	387.50	—	27.88	27.02	322.60	1 471.95	0.85
11	浙 江	—	—	—	—	—	—	280.00	—
12	安 徽	0.10	48.90	—	691.44	7.62	305.07	490.45	—
13	福 建	—	—	—	—	—	—	500.00	—
14	江 西	—	—	—	131.52	—	8.75	—	—
15	山 东	—	—	—	—	—	—	—	35.10
16	河 南	—	—	—	1 344.24	—	0.50	—	—
17	湖 北	—	—	—	—	—	0.93	917.69	—
18	湖 南	—	5.76	—	—	—	536.88	0.70	3.25
19	广 东	0.21	—	207.65	—	0.10	49.46	—	2.90
20	深 圳	—	—	—	—	—	600.00	500.00	—
21	广 西	—	—	—	—	—	9.60	—	—
22	海 南	—	—	—	100.00	—	—	—	—
23	重 庆	—	—	—	—	—	177.30	481.45	—
24	四 川	—	3.75	—	—	—	2 107.49	923.33	—
25	贵 州	—	—	—	286.51	0.58	155.50	—	—
26	云 南	—	154.50	—	265.52	—	—	—	—
27	西 藏	—	—	—	—	—	—	0.55	—
28	陕 西	—	5.10	—	—	—	—	470.65	—
29	甘 肃	—	—	—	210.90	—	145.30	—	—
30	青 海	—	—	—	200.00	—	—	—	—
31	宁 夏	—	—	—	—	—	0.05	499.95	—
32	新 疆	—	—	—	—	—	—	—	—
合计 Total		**2.67**	**695.56**	**207.65**	**4 490.68**	**151.90**	**9 716.63**	**10 623.36**	**187.10**

淘金者	畅游天下2	我爱电影	大熊猫2元	大熊猫5元	大熊猫20元	缘定金生	王牌高手
—	—	—	—	—	—	—	1.65
—	—	—	—	—	—	—	—
—	—	—	—	—	—	—	6.65
—	—	—	—	—	—	—	—
—	—	—	—	—	—	2.82	—
65.95	—	—	—	—	—	49.51	2.10
—	—	—	—	—	—	35.30	14.60
189.30	—	—	—	—	—	6.40	0.05
—	—	—	—	—	—	—	—
793.50	—	—	—	—	13.60	119.21	436.85
—	—	—	—	—	—	—	—
132.27	—	—	—	—	—	—	3.00
—	—	—	—	—	—	26.50	1.25
—	—	—	—	—	—	29.44	183.93
—	194.10	95.00	—	—	—	—	—
—	—	—	—	—	9.60	9.36	—
8.20	—	—	—	—	—	20.54	632.37
56.54	—	—	—	—	—	—	18.55
—	—	—	—	—	—	—	67.58
—	—	—	—	—	—	—	—
3.10	—	—	—	—	—	84.44	—
—	—	—	—	—	—	—	—
—	—	—	—	—	—	0.62	—
—	—	—	21.23	20.85	11.57	—	—
—	—	—	—	—	—	24.04	5.23
23.70	—	—	—	—	—	0.30	189.60
342.90	—	—	—	—	—	—	—
—	—	—	—	—	—	2.34	—
—	—	—	—	—	—	2.08	—
720.90	—	—	—	—	—	4.50	—
—	—	—	—	—	—	—	0.05
7.20	—	—	—	—	—	—	—
2 343.55	**194.10**	**95.00**	**21.23**	**20.85**	**34.77**	**417.40**	**1 563.46**

续表

序号	地　区	好运气	世博熊猫	百发百中	魅力新疆	和谐中华	高山流水	荷包满满	紫荆花开
1	北　京	—	—	3 654.35	—	—	—	—	—
2	天　津	—	—	2 399.25	—	—	—	—	—
3	河　北	—	—	8 489.95	—	—	—	—	—
4	山　西	—	—	2 389.80	—	—	—	—	—
5	内蒙古	—	1.85	3 070.40	—	—	—	—	—
6	辽　宁	—	5.55	4 748.16	—	—	—	5.05	45.63
7	吉　林	—	—	1 825.29	—	—	92.50	—	—
8	黑龙江	—	—	2 326.20	—	—	—	—	—
9	上　海	—	—	3 660.00	—	—	—	—	14.90
10	江　苏	—	19.30	9 495.53	—	1 399.80	—	13.20	22.40
11	浙　江	2.50	—	15 158.85	—	—	—	—	—
12	安　徽	—	69.08	4 532.95	—	—	—	—	14.10
13	福　建	—	—	6 040.60	—	—	—	—	—
14	江　西	—	—	1 753.64	—	—	—	—	—
15	山　东	—	—	16 935.15	—	—	—	—	1.10
16	河　南	—	97.90	8 979.20	—	—	—	—	—
17	湖　北	—	—	6 383.22	—	—	—	—	—
18	湖　南	—	—	9 889.88	—	—	—	—	—
19	广　东	—	5.71	14 794.80	—	23.49	—	0.07	0.15
20	深　圳	—	—	12 137.50	—	—	—	—	—
21	广　西	—	—	6 456.50	—	—	—	—	—
22	海　南	—	—	266.07	—	—	—	—	—
23	重　庆	—	—	5 826.45	—	—	—	—	—
24	四　川	—	—	9 627.46	—	—	—	—	5.50
25	贵　州	—	—	3 114.47	—	—	—	3.70	7.55
26	云　南	—	—	2 446.40	—	—	—	—	—
27	西　藏	—	—	1 429.70	—	—	—	—	—
28	陕　西	—	—	5 553.80	—	—	—	—	—
29	甘　肃	—	—	1 442.10	—	—	—	—	—
30	青　海	—	—	1 112.05	—	—	—	—	—
31	宁　夏	—	—	1 062.50	—	—	—	—	—
32	新　疆	—	—	4 813.05	0.10	—	—	—	—
合计 Total		**2.50**	**199.39**	**181 815.25**	**0.10**	**1 423.29**	**92.50**	**22.02**	**111.33**

宝岛风情	畅游天下3	东方之冠1	东方之冠2	漫游世博	中华名人3	红楼探秘2	筑美世博
—	—	—	—	—	1 390.75	2 371.60	—
—	—	—	—	—	500.00	—	—
—	—	—	—	—	2 172.30	1 318.10	—
—	—	—	—	—	—	31.40	—
—	—	—	—	—	—	1 994.70	—
46.14	—	36.75	—	1.62	—	—	32.85
—	—	—	—	—	—	—	—
8.95	—	—	—	—	337.35	955.10	—
15.20	—	29.65	—	—	1 000.00	885.30	—
31.10	—	—	8.45	10.65	2 642.95	4 546.90	17.60
—	—	—	—	—	2 231.00	9 351.90	—
22.55	—	0.50	31.85	17.27	275.90	83.00	—
—	—	—	—	—	2 239.60	548.00	—
—	—	—	—	—	580.85	34.40	—
23.90	164.80	—	—	—	7 180.85	6 079.10	—
—	—	—	—	44.20	2 540.00	84.30	—
—	—	2.50	—	—	—	230.48	—
—	—	1.25	—	—	—	3 545.36	—
2.52	—	—	—	6.82	—	33.03	—
—	—	—	—	—	—	2 000.00	—
—	—	—	—	—	—	23.30	—
—	—	—	—	—	—	—	—
—	—	—	—	—	—	0.30	—
10.25	—	—	566.49	—	—	2 245.36	—
21.81	—	—	—	—	346.10	—	—
—	—	3.80	16.25	—	—	—	2.85
—	—	—	—	—	1 025.60	—	—
—	—	—	—	—	—	3 446.50	—
4.40	—	—	—	—	433.55	—	—
—	—	—	—	—	374.15	—	—
—	—	—	—	—	—	—	—
—	—	—	—	—	—	5.00	—
186.82	**164.80**	**74.45**	**623.04**	**80.57**	**25 270.95**	**39 813.13**	**53.30**

续表

序号	地　区	筑美（套票）	水浒108将3	灌篮高手	超越梦想	京彩5元	惊喜夺金	领奖台	大满贯
1	北　京	—	—	1.25	—	600.35	1 371.45	—	—
2	天　津	15.00	—	—	—	—	333.85	—	—
3	河　北	—	—	—	—	—	270.15	—	—
4	山　西	—	—	—	—	—	425.25	—	—
5	内蒙古	—	4.30	2.15	0.80	—	574.50	—	—
6	辽　宁	—	24.00	—	—	—	779.75	—	1.70
7	吉　林	—	—	—	—	—	393.40	—	23.60
8	黑龙江	—	—	—	—	—	384.55	—	—
9	上　海	9.60	—	—	—	—	320.00	—	—
10	江　苏	—	20.75	30.40	0.20	—	160.35	1 883.00	—
11	浙　江	—	—	—	—	—	807.20	—	—
12	安　徽	—	—	259.90	—	—	445.85	269.34	36.35
13	福　建	—	—	—	—	—	—	—	—
14	江　西	—	—	—	—	—	274.93	—	—
15	山　东	—	—	—	—	—	2 174.65	—	—
16	河　南	—	—	—	—	—	0.10	—	0.55
17	湖　北	—	—	—	—	—	628.27	—	—
18	湖　南	—	88.10	14.20	—	—	—	75.06	—
19	广　东	2.86	20.70	49.65	—	—	—	104.51	4.92
20	深　圳	—	—	—	—	—	—	—	—
21	广　西	—	—	—	—	—	—	—	—
22	海　南	—	—	—	—	—	—	—	—
23	重　庆	—	—	—	—	—	324.05	2.70	—
24	四　川	—	—	—	—	—	—	52.10	—
25	贵　州	—	—	—	48.03	—	—	—	—
26	云　南	—	—	—	—	—	741.80	110.50	—
27	西　藏	—	—	—	—	—	—	—	—
28	陕　西	—	—	—	—	—	1 060.00	—	2.50
29	甘　肃	—	—	—	—	—	365.05	—	—
30	青　海	—	—	—	—	—	237.25	—	—
31	宁　夏	—	—	125.90	—	—	263.75	—	—
32	新　疆	—	—	—	—	—	678.05	0.70	—
合计 Total		**27.46**	**157.85**	**483.45**	**49.03**	**600.35**	**13 014.20**	**2 497.90**	**69.62**

欢乐嘉年华	上海风采—过年啦	上海风采—童子乐	恭贺新春	玉兔迎春	爱情密码2	淘金者2	吉祥如意
3 165.75	—	—	—	6.70	—	4 615.40	—
1 302.35	—	—	—	—	—	—	—
4 161.05	—	—	—	12.80	—	—	—
1 999.55	—	—	—	—	—	—	—
1 952.50	—	—	3.05	3.05	—	—	—
235.70	—	—	4.65	126.36	0.90	—	1.42
2 233.15	—	—	—	58.25	—	—	0.02
2 041.75	—	—	—	1.25	—	—	—
2 340.00	139.40	150.00	—	—	—	—	95.12
7 052.65	—	—	52.00	269.20	68.10	2 180.00	209.98
3 921.35	—	—	—	—	—	—	—
1 678.40	—	—	—	95.72	21.25	—	3.34
3 542.85	—	—	—	—	—	—	—
546.68	—	—	—	29.42	—	—	10.06
12 524.50	—	—	—	—	—	—	4.00
4 142.55	—	—	6.05	9.35	4.40	—	0.26
—	—	—	0.18	24.52	1.55	—	—
2 883.23	—	—	—	33.31	—	—	2.77
5 238.66	—	—	22.28	86.06	45.19	—	—
1 000.00	—	—	—	—	—	—	—
2 546.45	—	—	1.45	5.55	—	—	—
—	—	—	—	—	—	—	—
2 755.05	—	—	—	—	—	—	0.54
5 381.37	—	—	—	18.80	—	—	—
—	—	—	—	136.54	—	—	3.84
3 160.45	—	—	—	96.95	—	—	—
2.00	—	—	—	—	—	—	—
4 754.80	—	—	—	5.00	—	—	—
—	—	—	1.50	33.10	—	—	58.06
772.05	—	—	—	1.65	—	—	—
—	—	—	—	29.05	—	—	—
—	—	—	—	27.30	—	—	76.64
81 334.84	**139.40**	**150.00**	**91.17**	**1 109.92**	**141.39**	**6 795.40**	**466.05**

续表

序号	地 区	发奖金5元	年年有余	欢乐园	中华故事2元—老子	中华故事5元	中华故事5元—2	中华故事10元—老子经典	环游世界
1	北 京	2 585.50	13.50	9.20	—	—	—	—	926.85
2	天 津	—	—	—	—	—	—	—	—
3	河 北	2 238.35	—	10.05	—	—	—	—	20.60
4	山 西	—	—	—	—	—	—	—	—
5	内蒙古	188.95	3.40	1.65	—	—	—	—	534.45
6	辽 宁	—	65.80	23.95	—	—	—	—	0.75
7	吉 林	1 165.95	—	9.90	—	—	—	—	56.45
8	黑龙江	—	—	—	—	—	—	—	409.35
9	上 海	2 112.50	—	—	—	—	—	—	—
10	江 苏	3 525.80	350.40	10.60	—	—	—	—	333.65
11	浙 江	1 611.45	41.40	—	—	—	—	—	—
12	安 徽	2 028.40	645.20	53.80	—	—	—	—	24.55
13	福 建	1 235.60	—	—	—	—	—	—	—
14	江 西	50.11	—	—	—	—	—	—	76.39
15	山 东	7 005.00	197.50	—	—	—	—	—	17.50
16	河 南	2 868.60	13.20	0.05	14.82	1 813.60	13.30	1 684.45	1 010.00
17	湖 北	755.03	449.06	—	—	—	—	—	347.78
18	湖 南	659.90	—	36.91	—	—	—	—	58.08
19	广 东	126.32	30.88	43.50	—	—	—	—	11.54
20	深 圳	2 000.00	—	—	—	—	—	—	—
21	广 西	—	—	—	—	—	—	—	569.45
22	海 南	481.66	—	—	—	—	—	—	—
23	重 庆	—	214.30	1.45	—	—	—	—	—
24	四 川	3 427.84	406.40	—	—	—	—	—	72.59
25	贵 州	962.58	—	12.76	—	—	—	—	175.58
26	云 南	983.80	47.70	244.75	—	—	—	—	959.20
27	西 藏	—	—	19.35	—	—	—	—	3.70
28	陕 西	429.35	42.00	—	—	—	—	—	904.15
29	甘 肃	521.85	—	60.75	—	—	—	—	8.15
30	青 海	273.15	—	—	—	—	—	—	3.85
31	宁 夏	232.80	—	—	—	—	—	—	36.00
32	新 疆	—	50.10	2.00	—	—	—	—	166.90
合计 Total		**37 470.49**	**2 570.85**	**540.68**	**14.82**	**1 813.60**	**13.30**	**1 684.45**	**6 727.50**

连连看	神笔马良	上海风采—外滩	富贵有余6	富贵有余7	富贵有余8	畅游天下4—文明深圳	和谐中华2
—	6.02	—	—	—	—	—	—
—	—	—	—	—	—	—	—
—	14.52	—	—	—	—	—	—
—	—	—	—	—	—	—	—
—	31.77	—	—	—	—	—	—
15.86	50.74	—	—	—	—	—	—
—	36.40	—	—	—	—	—	—
—	—	—	—	—	—	—	—
—	—	1 927.50	—	—	—	—	—
105.86	319.64	—	—	—	—	—	—
—	20.00	—	—	—	—	—	—
—	300.18	—	—	—	—	—	—
20.50	—	—	—	—	—	—	—
16.14	64.30	—	—	—	—	—	—
—	68.00	—	—	—	—	—	—
—	7.78	—	721.97	11.25	1 188.25	—	—
—	—	—	—	—	—	—	—
47.58	38.22	—	—	—	—	—	—
0.04	25.32	—	—	—	—	—	13.95
—	—	—	—	—	—	2.50	—
10.06	—	—	—	—	—	—	—
—	—	—	—	—	—	—	—
—	5.58	—	—	—	—	—	—
—	5.50	—	—	—	—	—	—
0.61	90.92	—	—	—	—	—	—
12.60	5.84	—	—	—	—	—	—
—	—	—	—	—	—	—	—
2.22	32.08	—	—	—	—	—	—
5.48	21.58	—	—	—	—	—	—
—	140.92	—	—	—	—	—	—
—	—	—	—	—	—	—	—
5.38	47.36	—	—	—	—	—	—
242.33	**1 332.68**	**1 927.50**	**721.97**	**11.25**	**1 188.25**	**2.50**	**13.95**

续表

序号	地　区	好运十倍	普天同庆	金色土地	美好生活-永结同心	财富之旅	中状元	数字达人2元	奇兵夺宝
1	北　京	13 802.55	—	17.30	916.60	49.60	76.80	8.44	1 186.85
2	天　津	998.30	—	32.50	—	969.90	987.50	—	—
3	河　北	3 737.40	—	123.45	121.00	199.25	83.90	10.00	470.05
4	山　西	1 958.05	—	31.25	519.20	6.75	614.00	—	481.80
5	内蒙古	3 820.05	—	10.35	2.35	809.15	102.90	—	1 243.50
6	辽　宁	5 269.75	179.95	194.75	1.25	198.30	463.40	422.46	964.80
7	吉　林	2 999.00	—	562.85	596.95	387.05	902.80	15.26	405.45
8	黑龙江	2 631.05	—	807.75	282.50	769.30	942.30	15.76	600.85
9	上　海	6 522.50	—	345.75	267.50	305.00	—	264.00	782.24
10	江　苏	11 239.82	—	1 435.00	1 576.35	1 007.37	1 425.90	365.64	1 832.50
11	浙　江	13 115.35	—	24.95	333.90	698.85	62.30	18.00	1 090.65
12	安　徽	3 831.00	—	184.07	208.80	178.80	501.10	143.56	168.80
13	福　建	7 546.70	—	64.95	436.20	616.75	126.40	120.50	988.65
14	江　西	283.43	—	264.32	258.93	—	581.95	103.17	—
15	山　东	17 308.90	—	181.65	4 394.30	74.40	3 726.00	—	1 995.00
16	河　南	7 429.15	—	950.50	589.45	476.45	14.10	11.16	1 111.03
17	湖　北	6 382.15	—	471.14	112.26	25.23	2 000.00	—	641.25
18	湖　南	5 003.62	—	686.00	438.66	1 345.52	515.40	29.15	791.17
19	广　东	32 770.69	—	597.13	1 618.97	1 523.32	3 529.36	199.22	535.77
20	深　圳	15 000.00	—	—	—	—	455.00	—	500.00
21	广　西	6 001.95	—	1 180.25	673.20	899.25	667.70	94.54	536.95
22	海　南	415.24	—	—	—	—	—	—	—
23	重　庆	6 975.55	—	1.65	—	575.55	436.10	13.14	817.05
24	四　川	8 532.26	—	210.66	264.67	640.36	437.14	139.07	868.67
25	贵　州	830.59	—	89.32	47.31	410.04	621.46	—	200.20
26	云　南	2 509.55	—	69.25	700.45	428.15	—	29.82	878.85
27	西　藏	1 755.60	—	—	61.35	—	—	—	—
28	陕　西	4 512.65	—	60.30	660.25	1 428.70	162.90	276.16	262.25
29	甘　肃	2 248.90	—	81.45	73.35	260.90	—	161.96	221.80
30	青　海	847.15	—	161.45	23.20	—	—	12.08	—
31	宁　夏	426.75	—	303.85	248.40	606.20	1 178.70	0.04	325.85
32	新　疆	8 757.65	—	793.10	124.60	53.45	149.20	521.16	532.05
合计 Total		**205 463.28**	**179.95**	**9 936.94**	**15 551.97**	**14 943.58**	**20 764.30**	**2 974.29**	**20 434.02**

中秋送福	九九重阳	灌篮高手20元	中华故事10元	富贵有余20元	国泰民安	马到功成	对对碰5元
363.95	54.10	1 798.80	—	—	3 220.25	1 303.45	4 192.55
—	87.50	—	—	—	1 000.00	—	—
48.55	—	—	1 342.40	2 339.50	2 081.15	280.95	1 299.35
10.00	—	2 287.40	—	—	2 000.00	286.05	—
6.65	—	—	—	—	1 991.25	—	—
385.80	162.30	1 546.10	—	—	95.75	757.95	—
231.35	166.40	—	—	—	988.05	363.05	—
—	98.20	—	—	—	1 530.15	—	999.95
42.80	—	1 260.50	—	—	3 282.50	—	1 332.50
418.00	598.05	646.10	—	—	4 207.75	893.05	1 118.00
2.75	—	—	—	—	5 164.75	146.05	1 009.85
160.85	68.10	—	—	—	67.15	206.75	—
326.65	—	1 906.50	—	—	2 680.80	—	—
134.08	—	—	—	—	926.33	147.52	—
563.15	195.65	1 921.00	—	—	5 066.55	—	2 000.00
483.10	44.55	1 327.40	—	—	1 889.70	—	663.50
121.68	37.95	—	—	—	961.90	348.44	—
234.58	—	2 197.25	—	—	1 127.31	474.51	—
62.20	143.40	—	—	—	6 095.88	261.60	—
132.50	—	—	—	—	3 000.00	70.00	—
191.85	—	—	—	—	2 698.25	—	968.55
—	—	—	—	—	—	—	—
231.35	8.70	—	—	—	2 699.80	463.50	—
731.52	757.64	2 649.37	—	—	4 855.31	440.90	521.61
174.46	—	—	—	—	—	—	—
415.35	340.00	1 630.20	—	—	2 087.65	317.15	309.35
119.95	—	—	—	—	1 292.50	—	671.55
394.85	385.55	1 732.80	—	—	869.10	897.35	—
190.65	107.55	—	—	—	994.40	—	—
243.60	—	—	—	—	608.70	—	563.60
483.60	335.80	—	—	—	—	289.95	792.50
582.95	566.80	2 133.30	—	—	3 665.30	870.65	1 355.55
7 488.77	**4 158.24**	**23 036.72**	**1 342.40**	**2 339.50**	**67 148.22**	**8 818.87**	**17 798.41**

续表

序号	地 区	我爱电影-龙门飞甲 10 元	上海风采 5 元-龙	生态鄱阳 2 元	大吉大利	企鹅探宝	金龙贺岁	三国争雄	金钥匙
1	北 京	717.30	—	—	4 359.35	3 758.80	2 646.70	787.75	2 948.10
2	天 津	—	—	—	1 198.75	1 438.20	970.00	—	—
3	河 北	—	—	—	2 232.75	2 865.10	1 960.40	495.15	—
4	山 西	—	—	—	2 883.00	2 364.40	1 952.80	—	—
5	内蒙古	—	—	—	2 209.60	1 685.05	1 695.90	—	2 292.50
6	辽 宁	—	—	—	3 381.40	2 572.75	1 867.00	752.25	—
7	吉 林	—	—	—	1 688.40	1 965.40	887.80	162.61	1 072.70
8	黑龙江	—	—	—	1 378.40	170.15	748.65	—	—
9	上 海	—	496.00	—	2 685.00	1 860.00	1 720.00	—	1 607.00
10	江 苏	—	—	—	6 288.25	5 889.20	6 079.85	—	7 432.34
11	浙 江	—	—	—	4 233.20	1 497.70	2 233.70	531.25	4 702.30
12	安 徽	—	—	—	2 131.45	2 257.30	1 920.68	—	2 961.20
13	福 建	—	—	—	2 984.15	3 850.40	2 753.20	336.71	2 786.90
14	江 西	—	—	1 039.18	441.34	604.58	850.84	—	—
15	山 东	—	—	—	4 196.20	2 713.60	6 454.50	—	5 405.30
16	河 南	—	—	—	2 873.25	1 927.30	2 785.75	458.92	2 970.50
17	湖 北	—	—	—	1 873.92	1 532.76	999.86	—	2 677.93
18	湖 南	—	—	—	2 121.52	518.97	1 889.64	—	—
19	广 东	—	—	—	4 783.65	7 379.55	4 887.75	—	2 252.40
20	深 圳	—	—	—	4 200.00	300.00	2 505.00	287.50	3 000.00
21	广 西	—	—	—	2 247.30	1 739.35	1 649.40	196.85	1 670.64
22	海 南	—	—	—	—	415.86	—	—	—
23	重 庆	—	—	—	1 583.50	900.00	1 000.00	—	2 108.30
24	四 川	—	—	—	5 118.81	3 901.82	3 676.66	487.12	2 796.26
25	贵 州	—	—	—	545.59	465.09	—	—	—
26	云 南	—	—	—	2 143.40	2 140.30	1 978.80	—	1 995.40
27	西 藏	—	—	—	—	—	—	—	—
28	陕 西	—	—	—	4 175.45	2 278.95	2 167.55	—	2 245.20
29	甘 肃	—	—	—	1 752.95	1 144.80	954.75	—	—
30	青 海	—	—	—	600.00	285.95	994.90	—	—
31	宁 夏	—	—	—	989.45	599.90	999.95	—	—
32	新 疆	—	—	—	2 389.65	1 725.70	1 999.15	—	2 938.50
合计 Total		**717.30**	**496.00**	**1 039.18**	**79 689.68**	**62 748.93**	**63 231.19**	**4 496.10**	**55 863.47**

2012 龙	江门风光	2012 龙	2012 龙四联张	2012 龙小本票	魅力丹霞	张家界风光 5 元	张家界风光 10 元
797.05	—	—	—	777.10	—	—	—
795.30	—	—	339.65	—	—	—	—
395.00	—	—	715.10	626.20	—	—	—
400.00	—	526.35	309.55	278.50	—	—	—
980.90	—	—	—	—	—	—	—
1 525.60	—	—	834.35	—	—	—	—
366.35	—	—	125.20	262.40	—	—	—
—	—	—	590.05	319.25	—	—	—
400.00	—	—	—	—	—	—	—
1 917.50	—	—	1 095.55	—	—	—	—
1 600.00	—	—	—	—	—	—	—
764.75	—	—	211.00	—	—	—	—
1 172.00	—	—	—	351.60	—	—	—
—	—	—	—	172.84	—	—	—
2 325.60	—	—	1 344.45	1 045.35	—	—	—
1 154.80	—	570.70	360.00	—	—	—	—
—	—	469.65	731.95	—	—	—	—
—	—	—	—	659.43	—	1 192.01	1 461.05
—	6 477.80	—	1 612.10	775.45	3 734.40	—	—
400.00	—	—	—	400.00	—	—	—
387.35	—	—	388.45	—	—	—	—
—	—	—	—	—	—	—	—
754.00	—	—	157.75	—	—	—	—
1 503.35	—	—	—	573.24	—	—	—
—	—	272.11	—	190.63	—	—	—
1 101.50	—	—	369.85	—	—	—	—
—	—	—	—	—	—	—	—
1 571.60	—	—	805.20	723.00	—	—	—
624.75	—	—	266.20	—	—	—	—
629.30	—	—	—	—	—	—	—
—	—	17.70	339.30	—	—	—	—
—	—	1 239.10	—	—	—	—	—
21 566.70	**6 477.80**	**3 095.61**	**10 595.70**	**7 154.98**	**3 734.40**	**1 192.01**	**1 461.05**

续表

序号	地 区	心连心	招财猫	美好生活	大赢家	夺宝嘉年华	倍给力	存钱罐	欢乐嘉年华 20 元
1	北 京	2 053.64	2 219.30	1 903.80	908.15	984.85	1 488.65	799.00	980.30
2	天 津	400.00	564.70	537.80	—	429.05	544.20	480.05	—
3	河 北	1 403.26	1 415.25	—	580.30	851.25	1 230.05	292.20	—
4	山 西	600.00	1 094.35	1 244.10	393.90	794.90	1 144.70	374.50	—
5	内蒙古	1 020.56	1 005.30	973.80	359.95	645.95	940.40	—	—
6	辽 宁	3 184.38	1 450.55	3 673.60	1 033.65	1 360.75	1 358.55	—	—
7	吉 林	857.50	506.20	—	281.70	535.25	828.25	—	—
8	黑龙江	599.96	778.65	871.10	—	478.60	766.85	—	276.85
9	上 海	386.00	407.50	1 390.00	500.00	967.50	1 102.50	662.50	—
10	江 苏	1 018.30	4 313.80	5 242.94	825.10	1 695.30	3 414.35	—	2 045.15
11	浙 江	398.76	1 139.65	1 907.70	656.95	916.50	1 453.95	835.15	—
12	安 徽	926.08	969.15	—	788.25	987.70	1 206.45	742.35	1 841.90
13	福 建	594.10	999.40	—	784.75	931.90	1 462.75	841.50	—
14	江 西	242.62	215.66	453.15	156.75	—	—	—	—
15	山 东	5 549.04	3 181.90	3 749.60	2 109.50	2 350.30	2 738.15	1 599.75	1 813.35
16	河 南	998.32	1 194.50	1 791.50	443.75	981.05	2 011.05	743.75	1 783.65
17	湖 北	—	981.65	—	442.45	705.00	1 274.89	—	1 015.09
18	湖 南	902.58	837.47	1 586.08	—	655.95	1 059.86	—	—
19	广 东	1 670.54	1 975.80	1 836.40	1 056.85	1 777.90	2 123.80	—	1 230.80
20	深 圳	600.00	600.00	—	500.00	1 000.00	1 500.00	800.00	—
21	广 西	957.86	987.15	1 149.40	774.20	861.70	1 389.05	—	488.00
22	海 南	65.96	—	—	—	—	—	—	—
23	重 庆	300.00	708.85	1 455.30	185.80	1 324.20	691.00	400.00	—
24	四 川	—	1 264.20	1 671.57	—	855.70	1 353.22	—	1 013.77
25	贵 州	192.75	397.82	—	—	—	—	237.10	—
26	云 南	570.48	1 297.35	1 137.00	—	827.45	1 316.40	—	—
27	西 藏	—	232.70	—	—	149.05	—	172.45	—
28	陕 西	872.90	1 197.50	1 235.40	—	857.25	1 081.70	—	—
29	甘 肃	385.90	807.00	1 450.40	298.05	617.75	—	317.10	—
30	青 海	196.42	582.10	—	—	—	—	—	—
31	宁 夏	400.00	600.00	—	—	490.80	—	—	—
32	新 疆	1 240.62	1 492.30	1 896.70	—	1 399.55	1 678.95	—	1 753.65
合计 Total		**28 588.53**	**35 417.75**	**37 157.34**	**13 080.05**	**26 433.15**	**35 159.72**	**9 297.40**	**14 242.51**

荷塘月色	蚂蚁搬家	七彩盛世	黄河魂	敦煌韵	花好月圆	巍巍井冈	跷跷板
995.00	372.50	—	—	—	976.90	—	378.00
—	—	—	—	—	560.20	—	128.96
—	339.98	—	400.20	582.65	812.50	—	435.44
—	—	—	368.30	—	896.00	—	—
—	—	—	273.10	—	538.70	—	329.08
—	—	—	466.95	706.50	1 053.40	—	737.04
—	—	950.95	—	—	504.70	—	236.92
—	—	—	248.35	—	505.40	—	—
—	200.00	—	—	—	997.50	—	278.00
1 734.85	—	—	802.34	1 055.55	3 069.50	—	692.40
981.65	—	—	—	—	1 000.00	—	242.00
—	—	—	—	—	901.85	—	618.66
—	240.78	—	—	—	1 238.55	—	511.66
—	—	—	—	—	—	3 342.92	125.72
—	974.28	—	1 511.10	1 716.75	3 394.35	—	1 931.24
—	—	—	489.30	874.75	968.70	—	680.60
—	—	—	—	—	900.18	—	229.98
—	—	—	300.27	—	536.15	—	388.49
—	—	—	—	—	5 840.45	—	—
—	400.00	—	—	—	1 000.00	—	400.00
—	582.32	—	—	—	—	—	924.72
—	—	—	—	—	—	—	—
859.95	187.98	—	202.20	—	—	—	360.70
—	—	—	—	—	956.30	—	—
—	120.22	—	—	—	221.80	—	171.18
—	—	—	—	—	842.35	—	281.98
—	—	—	—	—	—	—	—
—	—	—	—	—	939.20	—	489.26
—	—	—	741.95	961.15	—	—	236.06
—	—	—	—	—	—	—	—
—	—	—	161.20	—	—	—	129.70
—	—	—	610.20	—	1 291.65	—	—
4 571.45	**3 418.06**	**950.95**	**6 575.45**	**5 897.35**	**29 946.33**	**3 342.92**	**10 937.78**

续表

序号	地　区	幸运扑克	喜从天降	龙腾盛世	招财纳福
1	北　京	904.45	2 745.20	—	549.25
2	天　津	—	—	—	—
3	河　北	704.05	—	340.55	306.60
4	山　西	413.60	—	—	—
5	内蒙古	—	—	—	—
6	辽　宁	1 089.75	—	—	—
7	吉　林	248.65	—	—	—
8	黑龙江	108.30	—	—	—
9	上　海	517.50	—	—	407.50
10	江　苏	1 616.05	3 153.60	889.10	943.40
11	浙　江	872.00	—	—	789.70
12	安　徽	817.85	—	—	746.70
13	福　建	834.75	—	—	533.05
14	江　西	—	—	—	—
15	山　东	—	—	2 605.80	1 825.25
16	河　南	879.05	—	—	843.95
17	湖　北	642.77	—	613.12	—
18	湖　南	571.25	—	833.27	220.40
19	广　东	—	—	—	—
20	深　圳	—	—	—	—
21	广　西	791.30	—	—	819.00
22	海　南	—	—	—	—
23	重　庆	413.50	—	—	—
24	四　川	807.55	1 160.74	—	—
25	贵　州	299.23	—	—	283.05
26	云　南	571.20	—	—	553.25
27	西　藏	—	—	—	—
28	陕　西	—	888.35	—	—
29	甘　肃	398.05	—	—	—
30	青　海	—	—	—	—
31	宁　夏	—	—	—	—
32	新　疆	835.95	—	—	—
合计 Total		**14 336.80**	**7 947.89**	**5 281.84**	**8 821.10**

网鱼高手	圣诞快乐2	生肖-蛇	伏羲定姓氏	合计 Total
405.15	317.80	—	—	99 778.51
—	—	—	—	23 686.05
274.55	246.35	—	—	78 353.70
—	—	—	—	34 883.34
—	—	—	—	44 059.67
—	502.60	—	—	73 384.82
—	—	—	—	37 773.24
—	—	—	—	39 316.57
1 000.0	475.00	884.00	—	51 326.71
—	865.75	—	—	155 501.75
672.70	—	—	—	115 632.10
765.90	—	—	—	45 535.84
627.45	—	—	—	71 769.84
—	—	—	—	17 510.40
1 702.45	1 253.23	—	—	213 532.61
902.25	1 090.10	—	1 064.70	94 086.97
—	201.46	—	—	51 315.92
—	222.60	—	—	60 274.37
—	877.70	—	—	180 731.58
1 000.00	—	—	—	84 496.00
—	—	—	—	58 199.49
—	—	—	—	2 498.27
—	—	—	—	48 438.01
—	532.35	—	—	94 371.86
307.45	—	—	—	18 431.97
—	—	—	—	42 364.63
—	—	—	—	7 401.94
—	571.20	—	—	70 122.04
—	—	—	—	21 333.33
—	—	—	—	10 769.51
—	—	—	—	13 539.14
—	—	—	—	57 740.76
7 657.90	**7 156.14**	**884.00**	**1 064.70**	**2 018 160.94**

（中国福利彩票发行管理中心供稿）

2012 年中国福利彩票中福在线视频型彩票销售情况表（分地区分游戏）

Sales Statistics of Online Instant Win Games of Welfare Lottery in Different Regions and in Different Games in China in 2012

单位：万元

Unit: Ten Thousand Yuan

序号	地 区	幸运五彩	开心一刻	四花选五	三江风光	连环夺宝	好运射击	趣味高尔夫	合计 Total
1	北 京	—	—	—	—	—	—	—	—
2	天 津	11.94	0.69	12.91	35.44	30 495.46	13.92	86.85	30 657.23
3	河 北	57.52	2.33	34.05	82.95	76 147.94	8.81	151.16	76 484.75
4	山 西	13.57	1.01	10.80	23.24	40 923.90	3.79	53.39	41 029.69
5	内蒙古	13.64	1.54	11.17	27.02	35 996.86	21.07	155.35	36 226.64
6	辽 宁	35.47	1.54	23.53	66.51	103 876.49	10.23	345.25	104 359.01
7	吉 林	9.31	0.95	13.80	13.26	43 222.57	3.38	81.74	43 344.99
8	黑龙江	5.79	0.42	8.38	4.45	12 209.67	1.63	20.52	12 250.85
9	上 海	8.19	13.77	12.55	24.33	32 770.58	8.39	66.57	32 904.38
10	江 苏	41.99	3.19	40.58	139.38	174 904.69	19.60	260.97	175 410.41
11	浙 江	145.75	3.30	32.81	102.40	294 372.08	14.04	389.07	295 059.46
12	安 徽	10.29	1.42	16.32	38.49	127 474.86	14.17	235.90	127 791.45
13	福 建	103.39	3.01	16.95	33.23	69 259.90	5.90	145.78	69 568.16
14	江 西	6.53	0.91	6.07	7.17	37 018.44	3.29	35.89	37 078.30
15	山 东	154.32	4.97	65.70	140.85	225 637.74	30.71	513.90	226 548.18
16	河 南	29.02	2.30	40.69	68.39	81 920.68	11.22	181.60	82 253.90
17	湖 北	22.71	2.16	24.68	47.66	146 966.44	8.52	165.85	147 238.03
18	湖 南	12.55	1.74	19.87	37.52	119 447.74	7.82	190.20	119 717.43
19	广 东	34.85	7.02	38.60	86.24	185 110.23	20.95	302.84	185 600.75
20	广 西	7.82	1.91	14.37	31.88	76 515.18	7.10	155.67	76 733.94
21	海 南	0.74	0.39	3.08	1.85	13 050.67	0.56	9.42	13 066.72
22	重 庆	4.76	0.57	21.99	26.73	66 738.67	3.94	80.56	66 877.22
23	四 川	6.27	0.73	15.90	21.78	42 709.63	4.27	82.05	42 840.63
24	贵 州	0.56	0.12	1.06	1.13	3 619.69	0.40	2.35	3 625.31
25	云 南	5.20	0.61	6.76	25.33	44 791.09	3.67	64.53	44 897.18
26	西 藏	—	—	—	—	—	—	—	—
27	陕 西	9.88	1.66	13.88	44.57	60 161.83	7.23	137.72	60 376.77
28	甘 肃	52.59	1.44	14.94	52.09	63 196.50	7.90	166.93	63 492.39
29	青 海	2.58	0.21	1.98	5.69	10 705.85	0.90	17.60	10 734.81
30	宁 夏	1.92	0.31	3.65	5.17	16 128.16	1.22	21.30	16 161.73
31	新 疆	—	—	—	—	—	—	—	—
合计 Total		**809.16**	**60.22**	**527.07**	**1 194.77**	**2 235 373.54**	**244.63**	**4 120.94**	**2 242 330.32**

（中国福利彩票发行管理中心供稿）

2012 年中国体育彩票全国联网游戏销售统计（分地区按月统计）

Monthly Sales Statistics of National Games of Sports Lottery in Different Regions in 2012

胜平负任选 9 场

单位：万元
Unit: Ten Thousand Yuan

地区 Region	游戏类型 Game Type	1月 Jan.	2月 Feb.	3月 Mar.	4月 Apr.	5月 May	6月 June	7月 July	8月 Aug.	9月 Sept.	10月 Oct.	11月 Nov.	12月 Dec.	合计 Total
北京	竞猜	1 082.07	1 726.96	1 944.70	1 630.25	929.74	412.22	464.01	984.88	1 699.15	1 855.61	2 522.07	2 259.72	17 511.38
天津		1 437.84	2 397.45	1 761.93	1 692.23	1 047.16	438.69	623.74	1 148.78	1 779.18	1 762.18	2 058.50	1 315.07	17 462.76
河北		331.30	468.87	616.12	500.45	292.61	149.23	172.64	319.83	455.74	439.39	562.57	457.89	4 766.65
山西		143.63	223.23	283.13	243.48	164.22	74.51	86.33	145.66	234.75	238.55	293.24	1 075.99	3 206.72
内蒙古		132.36	210.56	295.00	249.00	159.69	68.65	74.32	135.10	202.24	229.82	280.73	238.48	2 275.94
辽宁		774.27	1 186.88	1 524.31	1 213.40	781.22	367.62	386.11	709.78	1 107.72	1 057.43	1 342.33	1 184.54	11 635.61
吉林		232.45	343.64	436.08	381.47	232.27	105.52	125.45	252.71	328.75	296.75	400.71	345.39	3 481.19
黑龙江		188.80	408.12	370.59	328.42	190.31	83.24	94.45	188.29	309.55	321.16	377.97	319.16	3 180.06
上海		818.12	1 552.00	1 701.99	1 426.20	875.92	399.16	499.65	949.10	1 269.40	1 210.65	1 718.61	2 075.24	14 496.04
江苏		690.16	1 141.09	1 496.67	1 209.21	733.66	319.70	461.42	772.27	1 096.32	1 025.85	1 412.08	1 121.43	11 479.84
浙江		878.00	1 382.75	1 835.01	1 545.33	936.88	410.38	526.33	999.78	1 304.48	1 206.67	1 552.70	1 317.01	13 895.31
安徽		733.62	1 893.85	595.76	496.98	287.84	143.10	149.53	298.31	509.79	911.05	1 165.22	1 513.91	8 698.96
福建		356.19	581.96	777.35	701.72	461.04	204.84	266.47	461.59	604.60	603.35	769.72	653.33	6 442.17
江西		1 801.98	3 154.03	2 390.42	2 228.62	1 665.42	722.35	1 269.42	1 886.97	1 705.28	1 610.31	2 170.68	2 197.46	22 802.95
山东		690.47	1 052.49	1 107.94	892.47	644.09	332.22	448.67	874.12	834.90	894.99	1 044.69	1 073.75	9 890.81
河南		267.44	424.08	534.89	426.60	276.12	116.03	145.14	261.46	405.53	400.95	472.55	426.85	4 157.62
湖北		716.59	1 202.02	1 423.91	1 199.16	761.89	327.65	433.94	807.60	1 035.65	1 024.27	1 297.36	1 152.32	11 382.36
湖南		600.44	1 106.85	892.95	744.79	563.75	506.79	1 038.52	1 351.94	2 039.45	1 899.83	2 225.25	1 295.84	14 266.40
广东		2 513.34	4 118.31	5 337.41	4 455.68	2 730.31	1 195.77	1 450.42	2 808.78	3 867.69	3 954.07	4 881.17	4 199.41	41 512.36
广西		496.24	780.25	990.70	828.57	536.47	236.76	309.74	548.61	732.37	751.95	947.35	828.00	7 987.01
海南		51.23	87.94	131.62	98.47	56.84	24.45	29.89	58.34	86.89	89.99	106.32	95.12	917.11
重庆		415.14	694.25	625.14	553.82	439.66	243.92	333.05	685.34	859.39	1 090.53	1 925.37	825.89	8 691.50
四川		688.38	1 095.81	1 395.77	1 159.69	732.83	338.50	437.44	741.44	1 002.05	995.09	1 359.50	1 134.27	11 080.76
贵州		196.72	313.92	427.17	349.04	215.64	93.04	108.96	211.85	303.80	309.35	385.88	333.18	3 248.55
云南		304.69	467.57	600.50	518.66	346.02	192.92	256.71	333.00	426.38	464.22	561.01	432.70	4 904.37
西藏		6.42	11.13	19.57	20.10	10.47	3.62	5.17	12.15	16.16	15.87	20.48	19.80	160.93
陕西		249.49	410.67	556.17	457.36	280.31	112.24	119.01	244.43	368.42	359.96	459.09	400.17	4 017.32
甘肃		85.29	142.27	178.69	147.62	93.20	61.66	118.96	152.78	208.44	186.45	191.43	155.09	1 721.89
青海		13.29	21.28	31.39	27.31	15.53	7.06	11.83	23.53	32.37	42.98	49.95	32.06	308.57
宁夏		34.90	52.21	83.01	59.21	38.52	18.45	18.12	37.02	54.53	51.06	66.76	61.20	574.97
新疆		207.19	311.01	408.47	359.95	282.10	112.97	106.28	210.24	285.99	311.15	420.92	387.82	3 404.09
合计 Total		17 138.06	28 963.45	30 774.36	26 145.26	16 781.71	7 823.25	10 571.70	18 615.69	25 166.96	25 611.50	33 042.22	28 928.05	269 562.21

足球 4 场进球

单位：万元

Unit：Ten Thousand Yuan

地区 Region	游戏类型 Game Type	1月 Jan.	2月 Feb.	3月 Mar.	4月 Apr.	5月 May	6月 June	7月 July	8月 Aug.	9月 Sept.	10月 Oct.	11月 Nov.	12月 Dec.	合计 Total
北京	竞猜	115.71	115.65	128.97	134.53	81.35	92.54	70.87	82.44	145.39	129.71	111.09	106.50	1 314.74
天津		103.03	130.57	127.54	187.74	93.63	92.46	89.45	77.66	128.97	160.08	108.20	77.23	1 376.56
河北		20.20	18.24	27.32	27.48	23.70	31.33	25.35	17.97	43.13	28.05	25.70	18.33	306.78
山西		6.25	15.40	16.87	12.17	11.22	10.17	8.48	8.64	16.51	12.84	20.92	100.34	239.80
内蒙古		11.60	9.02	11.61	14.23	14.43	22.03	11.54	8.93	17.28	20.93	12.26	16.47	170.33
辽宁		55.01	51.74	73.96	62.90	41.54	48.41	40.76	41.32	95.40	93.05	58.26	55.54	717.88
吉林		12.61	7.56	12.09	17.36	9.24	11.47	11.50	8.93	20.54	24.30	8.65	10.33	154.57
黑龙江		14.70	24.09	25.80	26.29	19.63	23.21	17.82	12.11	25.10	27.14	18.90	28.15	262.93
上海		51.17	60.53	90.35	77.48	62.32	60.75	63.21	61.41	87.24	73.53	84.98	154.45	927.42
江苏		32.41	39.54	59.72	50.06	45.50	45.53	39.66	29.66	52.22	68.14	58.58	53.53	574.54
浙江		66.06	61.12	108.49	116.32	69.25	84.31	76.94	81.13	88.92	82.36	79.54	71.69	986.13
安徽		39.42	43.22	19.05	26.92	14.93	20.89	24.48	18.62	44.79	72.36	64.50	130.80	520.00
福建		22.73	23.77	49.05	63.72	35.73	47.24	49.06	41.60	59.31	47.74	36.81	40.20	516.96
江西		217.92	224.34	207.20	277.56	200.65	88.06	83.05	83.39	168.39	148.37	123.13	196.64	2 018.69
山东		33.50	34.74	69.79	62.05	45.87	38.56	43.06	60.17	88.19	69.25	44.08	60.91	650.17
河南		13.14	17.44	29.10	28.71	21.69	32.00	29.06	20.43	31.42	24.14	16.83	17.19	281.14
湖北		46.37	44.30	76.64	96.78	89.76	74.59	49.84	60.27	73.98	77.24	79.66	73.55	842.96
湖南		61.56	65.58	42.43	71.03	83.18	138.80	163.73	161.03	260.69	333.40	233.70	168.61	1 783.74
广东		168.86	217.17	377.19	316.49	197.57	194.99	176.64	155.68	252.97	289.65	234.82	234.78	2 816.81
广西		35.97	39.57	65.79	52.52	36.68	49.68	47.53	41.40	46.61	54.87	49.60	53.73	573.96
海南		2.79	4.45	5.82	5.30	5.05	6.44	3.47	3.49	4.40	4.43	4.13	5.57	55.35
重庆		39.29	66.99	93.20	72.98	72.06	87.05	90.65	96.87	176.36	158.87	153.35	62.72	1 170.41
四川		48.19	54.97	80.88	73.50	50.61	61.06	45.83	40.45	63.37	81.62	83.95	51.18	735.60
贵州		13.79	16.22	22.69	17.63	14.43	18.37	7.89	15.11	20.28	22.68	19.85	17.82	206.76
云南		23.80	22.53	38.43	27.48	22.01	33.74	28.19	21.51	33.94	31.66	37.84	28.57	349.69
西藏		0.74	0.34	0.82	0.35	0.58	2.22	1.42	0.72	0.36	0.49	0.46	0.81	9.31
陕西		34.41	38.75	69.37	52.32	23.43	29.94	20.92	24.66	30.37	35.32	26.58	28.76	414.81
甘肃		5.33	10.58	12.34	15.22	11.94	20.33	10.33	12.53	26.34	20.94	13.47	9.67	169.01
青海		0.39	1.70	2.39	1.15	0.74	1.18	0.27	1.10	0.53	1.19	0.82	2.78	14.25
宁夏		1.58	2.24	6.45	7.99	10.30	7.26	12.59	14.34	3.17	3.14	3.13	3.55	75.74
新疆		9.41	19.93	23.37	22.42	19.83	15.84	17.16	12.99	21.18	18.34	22.12	26.55	229.12
合计 Total		**1 307.93**	**1 482.27**	**1 974.71**	**2 018.67**	**1 428.87**	**1 490.44**	**1 360.73**	**1 316.56**	**2 127.35**	**2 215.82**	**1 835.89**	**1 906.94**	**20 466.17**

足球 6 场半全场胜平负

单位：万元

Unit：Ten Thousand Yuan

地　区 Region	游戏类型 Game Type	1 月 Jan.	2 月 Feb.	3 月 Mar.	4 月 Apr.	5 月 May	6 月 June	7 月 July	8 月 Aug.	9 月 Sept.	10 月 Oct.	11 月 Nov.	12 月 Dec.	合计 Total
北　京	竞猜	27. 39	12. 76	25. 58	20. 03	33. 19	11. 47	12. 50	13. 21	28. 29	22. 59	35. 36	15. 26	257. 62
天　津		53. 58	28. 53	31. 57	19. 50	55. 30	18. 78	26. 64	24. 88	45. 88	41. 70	71. 35	18. 74	436. 46
河　北		8. 40	5. 70	10. 45	8. 00	11. 43	5. 35	10. 21	9. 17	10. 14	11. 63	24. 47	6. 23	121. 17
山　西		1. 67	1. 50	3. 54	2. 37	3. 81	2. 60	1. 58	1. 91	3. 82	3. 89	5. 14	32. 73	64. 57
内蒙古		3. 91	2. 18	4. 57	4. 19	9. 69	3. 96	2. 72	1. 80	3. 22	4. 20	4. 82	2. 27	47. 51
辽　宁		13. 03	7. 98	11. 65	9. 74	21. 31	10. 60	14. 97	13. 81	20. 72	26. 25	43. 02	11. 58	204. 64
吉　林		7. 38	2. 17	3. 98	5. 31	8. 04	4. 40	2. 64	2. 02	4. 84	2. 65	9. 49	1. 89	54. 80
黑龙江		3. 78	3. 00	5. 32	4. 55	10. 44	4. 33	3. 85	4. 38	10. 57	8. 29	16. 52	7. 11	82. 12
上　海		11. 97	14. 00	21. 99	12. 08	32. 64	14. 38	21. 77	16. 83	21. 74	22. 20	37. 87	20. 89	248. 36
江　苏		10. 72	7. 36	14. 74	9. 11	38. 45	10. 54	15. 08	12. 77	22. 52	20. 94	42. 49	13. 02	217. 74
浙　江		16. 01	10. 95	28. 74	21. 29	54. 42	14. 84	20. 84	17. 95	22. 28	24. 97	48. 31	13. 59	294. 20
安　徽		28. 41	11. 84	5. 57	4. 69	8. 08	3. 48	5. 17	2. 80	10. 78	16. 95	25. 39	18. 45	141. 61
福　建		8. 42	6. 11	16. 83	10. 11	27. 92	10. 15	16. 48	10. 16	22. 33	14. 07	33. 34	10. 60	186. 51
江　西		122. 10	52. 32	69. 44	57. 83	148. 40	21. 44	33. 90	39. 17	83. 89	60. 69	130. 00	48. 44	867. 62
山　东		10. 65	7. 76	19. 49	15. 52	27. 12	6. 39	10. 91	15. 33	14. 60	20. 29	25. 45	11. 89	185. 41
河　南		4. 92	5. 87	8. 70	5. 45	11. 25	3. 66	3. 66	3. 95	5. 31	5. 10	9. 98	3. 51	71. 37
湖　北		7. 04	6. 53	13. 21	9. 26	29. 59	10. 37	15. 43	12. 20	15. 26	12. 61	25. 62	9. 97	167. 10
湖　南		23. 05	9. 77	10. 35	9. 24	34. 26	24. 50	40. 87	44. 43	116. 54	119. 57	283. 39	38. 23	754. 21
广　东		55. 36	51. 32	88. 41	56. 82	93. 46	42. 08	62. 01	49. 49	83. 37	89. 71	148. 49	61. 71	882. 23
广　西		6. 52	9. 45	16. 61	7. 83	18. 14	8. 59	11. 15	10. 78	11. 42	12. 52	24. 34	9. 51	146. 87
海　南		0. 75	1. 02	2. 73	1. 93	3. 58	2. 07	2. 69	1. 90	2. 42	3. 13	2. 95	1. 65	26. 82
重　庆		7. 16	5. 30	4. 37	2. 99	8. 34	8. 84	13. 62	14. 82	33. 29	22. 62	66. 16	6. 86	194. 37
四　川		7. 39	8. 19	15. 37	10. 64	26. 46	13. 61	14. 72	11. 89	17. 19	17. 70	36. 86	12. 50	192. 50
贵　州		3. 23	3. 05	5. 29	3. 81	7. 88	3. 83	3. 67	3. 85	4. 54	8. 03	14. 25	4. 32	65. 74
云　南		6. 16	3. 87	8. 61	5. 72	10. 40	7. 90	7. 66	5. 42	7. 77	9. 50	16. 69	6. 32	96. 02
西　藏		0. 02	0. 07	0. 09	0. 07	0. 11	0. 14	0. 19	0. 05	0. 08	0. 17	0. 63	0. 15	1. 75
陕　西		11. 05	4. 71	13. 25	4. 30	18. 36	5. 14	7. 87	4. 34	10. 00	10. 68	13. 06	5. 66	108. 41
甘　肃		0. 87	1. 01	2. 58	1. 46	5. 69	3. 65	2. 60	2. 14	6. 37	6. 26	8. 20	1. 06	41. 89
青　海		0. 68	0. 30	0. 26	0. 60	0. 72	0. 22	0. 42	0. 12	0. 36	0. 68	2. 85	0. 12	7. 30
宁　夏		0. 46	0. 62	1. 15	0. 97	1. 20	1. 38	1. 25	0. 55	0. 93	0. 96	1. 85	0. 85	12. 17
新　疆		2. 07	3. 41	6. 37	4. 23	7. 24	4. 36	4. 17	3. 65	6. 53	5. 31	7. 80	6. 12	61. 26
合计 Total		**464. 17**	**288. 62**	**470. 79**	**329. 63**	**766. 91**	**283. 05**	**391. 21**	**355. 77**	**646. 99**	**625. 84**	**1 216. 14**	**401. 23**	**6 240. 35**

足球胜平负

单位：万元

Unit：Ten Thousand Yuan

地 区 Region	游戏类型 Game Type	1月 Jan.	2月 Feb.	3月 Mar.	4月 Apr.	5月 May	6月 June	7月 July	8月 Aug.	9月 Sept.	10月 Oct.	11月 Nov.	12月 Dec.	合计 Total
北 京	竞猜	1 454.37	1 804.24	2 397.71	2 090.14	1 314.50	515.58	712.08	1 298.71	2 283.71	3 277.50	3 927.59	4 288.53	25 364.66
天 津		3 624.76	3 633.77	2 927.46	2 085.55	1 120.05	388.37	769.14	1 224.47	1 726.98	1 726.21	1 987.70	1 415.67	22 630.13
河 北		403.85	578.77	861.69	613.86	420.46	180.07	268.94	435.10	603.32	594.04	667.01	571.02	6 198.13
山 西		230.40	239.64	350.07	293.05	169.09	69.06	87.58	155.87	252.00	253.86	300.51	2 525.05	4 926.18
内蒙古		193.44	257.93	460.33	385.33	257.15	111.92	162.25	236.33	309.81	389.60	506.17	358.03	3 628.28
辽 宁		1 083.32	1 425.49	1 996.58	1 589.75	944.49	382.32	568.42	983.59	1 373.86	1 403.39	1 642.65	1 419.53	14 813.40
吉 林		289.84	402.04	630.48	528.81	354.95	146.33	233.42	367.63	466.67	470.78	550.06	416.16	4 857.17
黑龙江		314.75	524.39	501.84	473.56	287.61	93.97	156.80	207.47	301.45	327.45	422.30	314.58	3 926.16
上 海		940.62	1 476.73	1 707.08	1 518.19	956.94	396.48	669.63	955.49	1 283.00	1 263.14	1 705.68	2 151.12	15 024.07
江 苏		991.84	1 190.76	1 769.50	1 543.19	1 020.87	348.40	683.18	1 213.22	1 404.02	1 363.59	1 567.96	1 314.14	14 410.67
浙 江		1 334.02	1 748.47	2 653.18	2 270.04	1 469.43	590.17	1 040.51	1 636.70	1 860.43	1 764.58	2 061.00	1 909.31	20 337.84
安 徽		2 039.18	2 503.75	641.94	541.33	293.71	116.07	191.72	374.81	677.78	658.12	1 054.51	1 727.25	10 820.18
福 建		633.79	765.13	1 149.95	984.79	667.30	263.10	412.03	715.99	889.27	886.90	1 092.23	878.48	9 338.96
江 西		4 544.34	4 101.98	5 503.85	4 606.19	2 936.10	1 090.90	1 877.12	3 735.89	2 144.98	1 977.90	3 568.30	4 374.58	40 462.13
山 东		822.33	1 038.83	1 369.73	1 189.45	901.36	362.08	626.32	1 225.06	1 107.67	1 227.27	1 361.03	1 468.01	12 699.13
河 南		405.68	502.92	780.37	716.42	418.99	164.07	261.07	381.35	601.52	584.54	731.65	740.96	6 289.54
湖 北		772.72	1 012.28	1 375.63	1 154.12	762.10	313.39	570.25	835.37	1 075.11	1 075.43	1 252.91	1 107.49	11 306.80
湖 南		1 344.58	1 604.46	1 065.89	1 039.16	700.16	658.07	1 552.87	2 679.50	3 654.27	3 950.44	5 969.45	2 753.60	26 972.44
广 东		3 402.89	4 304.38	6 040.56	5 111.84	3 111.22	1 281.90	2 106.99	3 467.28	4 698.06	4 850.31	5 474.99	4 806.69	48 657.11
广 西		567.63	747.99	1 019.29	920.42	575.55	235.04	422.07	649.31	916.07	852.91	1 040.48	975.59	8 922.36
海 南		61.62	90.07	138.90	113.55	75.41	26.19	42.65	64.63	106.76	117.09	140.43	113.45	1 090.74
重 庆		476.94	624.40	518.18	485.03	389.74	230.66	357.38	872.17	791.58	566.99	1 464.09	1 233.54	8 010.70
四 川		1 008.93	1 221.81	1 807.44	1 496.80	908.02	342.80	562.15	928.27	1 203.57	1 191.54	1 444.83	1 279.20	13 395.35
贵 州		284.35	330.57	519.99	448.49	252.67	103.61	166.24	288.93	386.07	400.19	472.30	393.22	4 046.64
云 南		401.87	573.68	861.72	664.74	405.19	176.45	246.97	397.76	570.25	588.28	710.45	622.12	6 219.51
西 藏		9.57	8.91	22.05	18.68	13.62	5.81	7.30	15.37	23.67	24.61	28.96	23.80	202.34
陕 西		518.78	679.75	1 107.25	966.77	568.41	224.44	309.65	541.48	643.17	644.05	755.06	703.58	7 662.41
甘 肃		81.84	124.65	166.77	149.33	95.56	85.31	121.57	182.82	334.46	206.13	179.56	293.85	2 021.83
青 海		29.32	27.81	53.46	65.12	29.14	13.30	34.65	51.55	69.27	95.48	144.17	104.77	718.04
宁 夏		55.27	92.23	109.73	95.80	58.83	21.66	33.51	50.06	88.73	88.17	114.81	94.31	903.10
新 疆		213.16	268.62	420.16	391.21	348.59	126.46	141.21	263.82	323.87	337.73	427.44	463.85	3 726.14
合计 Total		**28 536.00**	**33 906.43**	**40 928.78**	**34 550.73**	**21 827.19**	**9 063.99**	**15 395.68**	**26 435.98**	**32 171.36**	**33 158.21**	**42 766.26**	**40 841.48**	**359 582.10**

竞彩玩法

单位：万元

Unit：Ten Thousand Yuan

地区 Region	游戏类型 Game Type	1月 Jan.	2月 Feb.	3月 Mar.	4月 Apr.	5月 May	6月 June	7月 July	8月 Aug.	9月 Sept.	10月 Oct.	11月 Nov.	12月 Dec.	合计 Total
北京	竞彩	—	—	—	—	0.05	243.59	129.69	173.99	328.23	2 034.49	3 535.07	3 182.15	9 627.25
天津		8 449.03	13 502.99	6 563.28	6 763.15	7 282.13	5 391.59	3 030.99	3 106.98	4 920.36	6 992.78	9 883.27	6 710.62	82 597.16
河北		587.39	759.26	1 504.39	2 178.75	1 802.92	1 731.88	894.01	1 160.02	1 349.93	1 352.04	1 828.30	1 251.58	16 400.46
山西		1 007.68	1 510.00	1 457.86	1 825.86	1 740.14	1 434.23	952.15	996.52	1 066.83	1 355.29	3 102.18	4 719.00	21 167.75
内蒙古		199.76	196.96	469.90	867.22	896.63	960.27	551.68	603.86	776.85	711.70	814.78	730.17	7 779.79
辽宁		2 546.33	3 515.34	5 989.95	8 315.67	6 818.31	7 450.74	3 853.66	4 704.45	4 553.69	4 624.37	5 635.32	4 584.00	62 591.83
吉林		950.93	1 533.30	2 985.28	3 392.16	3 544.60	3 089.08	1 343.68	1 947.85	2 436.03	1 739.38	1 931.46	1 684.61	26 578.36
黑龙江		2 002.33	2 917.56	2 126.29	2 467.56	2 192.66	2 138.61	1 171.73	1 215.89	1 264.31	1 160.64	1 709.90	1 397.72	21 765.19
上海		3 907.75	5 885.92	6 185.08	8 160.59	7 079.66	8 561.88	6 702.55	9 806.65	11 752.78	9 999.68	11 185.47	10 184.90	99 412.91
江苏		10 637.12	16 089.80	29 283.48	40 921.76	27 771.95	27 390.92	15 111.30	16 293.68	16 650.39	22 842.18	53 651.79	24 379.15	301 023.51
浙江		3 750.98	4 740.80	8 841.16	12 181.24	10 323.47	11 579.68	6 719.70	7 436.42	6 804.80	5 576.88	5 920.18	5 745.73	89 621.04
安徽		3 736.50	4 682.74	2 771.65	3 216.13	3 584.24	7 247.17	4 945.67	5 766.77	6 199.91	5 757.07	5 333.87	11 357.70	64 599.41
福建		1 156.87	1 572.36	2 863.45	5 126.85	4 821.24	3 672.60	2 074.83	2 662.06	2 562.31	2 214.72	3 471.44	3 242.48	35 441.21
江西		3 398.71	3 364.41	11 403.60	18 489.43	20 124.29	17 916.98	9 376.77	10 611.44	9 562.49	7 388.56	10 312.79	11 046.98	132 996.44
山东		8 963.27	11 549.60	11 778.54	16 792.08	16 358.37	15 697.76	9 249.15	11 681.98	9 014.20	10 522.57	16 097.86	14 143.23	151 848.62
河南		1 296.30	1 777.83	2 970.69	4 295.33	3 394.01	3 780.69	2 623.22	2 748.78	2 843.37	2 354.09	3 353.21	3 166.76	34 604.28
湖北		1 413.06	1 782.27	3 084.18	3 906.30	3 639.41	4 136.97	3 402.89	4 417.28	4 489.21	3 755.82	2 842.11	2 362.51	39 232.00
湖南		2 096.34	2 589.48	4 904.61	8 342.58	6 998.99	6 500.44	4 649.75	6 961.29	8 870.32	7 136.37	9 863.46	6 391.05	75 304.69
广东		10 480.78	14 843.99	18 891.79	27 117.03	21 019.06	14 711.37	8 685.55	11 344.43	13 164.66	13 237.55	17 965.92	16 766.03	188 228.16
广西		1 527.35	1 876.69	2 902.67	3 850.85	3 248.61	3 441.19	1 908.36	2 265.30	2 501.29	2 318.58	2 671.33	2 347.83	30 860.07
海南		150.09	182.11	1 102.76	1 234.75	458.44	961.41	521.42	659.80	533.40	283.16	275.87	221.92	6 585.13
重庆		3 224.83	4 309.91	3 048.55	3 147.53	2 653.01	3 364.11	2 769.44	3 168.06	4 033.11	2 833.55	5 270.54	5 009.41	42 832.04
四川		1 353.60	2 028.92	4 189.52	5 181.32	4 992.13	5 605.16	2 798.34	2 909.75	3 003.83	2 838.15	3 158.16	2 832.83	40 891.72
贵州		522.61	696.96	1 246.08	1 766.60	1 708.58	3 633.32	1 566.95	1 395.35	1 710.69	1 564.28	1 724.92	1 376.73	18 913.08
云南		1 409.07	2 010.53	3 283.09	5 018.25	4 285.08	7 510.51	3 180.25	3 195.08	3 396.15	2 992.41	3 376.20	3 076.16	42 732.76
西藏		68.15	48.07	87.90	124.23	110.78	158.23	107.32	113.48	127.00	109.49	119.14	80.99	1 254.77
陕西		741.52	992.15	1 779.27	2 681.83	2 354.33	2 784.17	1 362.20	1 529.03	1 589.05	1 344.14	1 879.55	1 257.01	20 294.26
甘肃		355.76	696.92	1 617.12	5 905.81	8 241.71	5 394.41	2 866.54	628.05	515.78	489.06	639.34	496.19	27 846.71
青海		60.73	70.91	199.93	923.41	662.87	362.98	341.54	942.39	826.84	822.00	1 184.41	1 413.01	7 811.01
宁夏		78.70	137.41	216.20	304.93	235.23	258.83	132.74	133.82	145.28	108.75	131.33	102.50	1 985.73
新疆		2 253.87	2 283.90	961.64	1 619.29	2 906.74	3 445.12	2 287.23	3 370.22	2 708.16	2 160.38	2 085.68	2 680.87	28 763.10
合计 Total		**78 327.42**	**108 149.08**	**144 709.93**	**206 118.50**	**181 249.64**	**180 555.87**	**105 311.32**	**123 950.66**	**129 701.26**	**128 620.12**	**190 954.84**	**153 941.80**	**1 731 590.45**

排　列　3

单位：万元

Unit：Ten Thousand Yuan

地区 Region	游戏类型 Game Type	1月 Jan.	2月 Feb.	3月 Mar.	4月 Apr.	5月 May	6月 June	7月 July	8月 Aug.	9月 Sept.	10月 Oct.	11月 Nov.	12月 Dec.	合计 Total
北　京	乐透排列	1 959.68	2 394.62	2 949.92	2 803.79	2 683.39	2 526.56	2 441.72	2 409.87	2 316.30	2 392.55	2 421.42	2 628.12	29 927.98
天　津		1 356.97	1 721.31	1 594.89	1 514.39	1 419.72	1 311.62	1 354.92	1 384.58	1 433.19	1 490.76	1 547.58	1 806.53	17 936.51
河　北		3 028.89	3 616.28	4 448.26	4 301.27	4 094.91	3 877.18	3 953.27	3 832.40	3 539.27	3 862.04	3 663.38	3 255.91	45 473.11
山　西		693.80	836.19	1 037.85	923.66	837.71	804.72	787.93	739.70	690.09	718.98	785.11	804.53	9 660.32
内蒙古		1 837.74	2 113.82	2 811.79	3 026.82	2 644.78	2 359.93	2 197.72	2 164.67	2 100.25	2 228.53	2 466.15	2 408.56	28 360.81
辽　宁		2 186.81	2 518.92	2 895.88	2 687.47	2 385.35	2 135.09	2 112.76	2 021.92	1 976.17	2 106.17	1 978.39	2 152.74	27 157.74
吉　林		1 403.35	1 645.66	2 085.79	1 807.28	1 667.72	1 505.83	1 496.04	1 508.05	1 368.90	1 431.26	1 199.22	1 286.41	18 405.58
黑龙江		1 129.38	1 330.30	1 645.04	1 427.52	1 308.39	1 167.77	1 130.32	1 123.65	1 077.36	1 100.42	1 074.98	1 154.02	14 669.19
上　海		918.62	1 142.05	1 226.95	1 179.52	1 151.57	1 065.44	1 054.74	1 078.83	1 032.53	1 052.17	1 007.12	1 117.84	13 027.44
江　苏		6 112.25	7 326.78	8 166.23	7 744.81	6 938.77	6 699.01	6 539.15	7 291.31	8 477.38	6 808.77	6 130.73	6 432.07	84 667.31
浙　江		5 982.02	7 190.79	8 675.19	8 284.74	8 009.54	7 773.91	7 585.20	7 420.58	7 171.21	6 160.88	5 382.31	5 151.25	84 787.67
安　徽		1 324.88	1 577.75	1 885.12	1 784.00	1 705.39	1 695.35	1 582.76	1 547.61	1 482.36	1 522.42	1 497.45	1 608.38	19 213.51
福　建		664.42	825.64	830.70	754.75	655.57	708.19	719.50	700.76	589.00	671.37	666.53	635.50	8 421.99
江　西		864.64	1 059.96	1 033.07	872.37	920.21	854.61	959.66	921.21	868.02	915.32	969.60	941.24	11 179.95
山　东		1 321.52	1 479.18	1 658.31	1 509.61	1 441.64	1 481.40	1 459.62	1 295.59	1 302.66	1 433.21	1 292.34	1 435.21	17 110.35
河　南		2 588.21	3 160.91	3 593.89	3 278.84	3 071.46	2 907.66	2 994.90	3 055.73	2 874.03	2 955.42	3 035.87	3 125.89	36 642.85
湖　北		2 724.88	3 302.88	3 983.67	3 618.13	3 614.06	3 284.03	3 319.43	3 369.59	3 066.75	2 863.10	2 585.16	2 703.30	38 435.03
湖　南		1 469.14	1 787.43	2 216.25	2 035.98	1 917.03	1 927.51	1 813.08	1 840.86	1 686.78	1 633.24	1 627.90	1 711.91	21 667.16
广　东		1 260.05	1 580.18	1 849.54	1 655.40	1 638.88	1 590.98	1 540.32	1 524.73	1 425.64	1 637.11	1 709.83	1 635.37	19 048.09
广　西		151.88	182.42	216.52	212.86	192.77	184.37	196.10	222.17	187.82	186.62	188.29	188.03	2 309.89
海　南		27.29	31.51	37.15	33.30	30.64	31.64	32.20	34.14	32.87	35.90	34.36	39.27	400.34
重　庆		210.71	297.24	299.33	287.22	414.36	381.45	394.73	389.66	377.22	410.39	403.45	470.98	4 336.80
四　川		2 760.75	3 389.07	4 079.40	3 782.24	3 660.15	3 433.21	3 246.04	3 040.99	2 963.07	3 116.46	3 065.42	3 289.15	39 826.00
贵　州		1 004.73	1 173.59	1 623.05	1 507.66	1 405.69	1 312.68	1 241.67	1 148.46	1 146.21	1 186.83	1 155.94	1 101.09	15 007.63
云　南		2 632.39	3 164.58	3 734.69	3 483.16	3 538.59	3 374.34	3 232.36	3 169.58	3 015.52	3 092.93	3 185.40	3 346.83	38 970.41
西　藏		61.03	74.39	113.01	109.18	116.40	149.39	125.77	85.70	82.92	98.52	108.66	112.96	1 237.98
陕　西		1 585.33	1 918.91	2 365.15	1 978.84	1 750.76	1 588.46	1 623.20	1 480.38	1 347.46	1 401.35	1 333.01	1 355.41	19 728.31
甘　肃		1 097.51	1 295.88	1 624.23	1 577.65	1 557.13	1 535.35	1 460.92	1 372.47	1 455.46	1 472.83	1 481.11	1 642.51	17 573.11
青　海		184.85	203.02	292.58	253.61	254.36	234.34	263.76	222.05	219.39	228.81	239.01	249.11	2 844.96
宁　夏		557.40	688.26	788.23	702.87	688.10	656.71	686.85	684.04	846.69	965.32	1 017.30	973.61	9 255.44
新　疆		726.30	839.10	1 051.17	936.38	960.46	852.13	844.71	822.23	782.37	820.36	828.34	887.40	10 350.99
合计 Total		**49 827.56**	**59 868.75**	**70 813.00**	**66 075.45**	**62 675.64**	**59 411.01**	**58 391.49**	**57 903.65**	**56 935.02**	**56 000.15**	**54 081.53**	**55 651.27**	**707 634.59**

排 列 5

单位：万元

Unit：Ten Thousand Yuan

地 区 Region	游戏类型 Game Type	1月 Jan.	2月 Feb.	3月 Mar.	4月 Apr.	5月 May	6月 June	7月 July	8月 Aug.	9月 Sept.	10月 Oct.	11月 Nov.	12月 Dec.	合计 Total
北 京	乐透排列	584.52	728.41	861.29	819.10	777.85	764.04	755.42	713.71	713.81	722.76	747.17	833.48	9 021.63
天 津		435.30	531.60	544.17	543.14	492.57	462.99	489.14	485.92	536.15	570.30	608.25	684.10	6 383.69
河 北		981.21	1 153.85	1 359.83	1 303.94	1 248.93	1 243.08	1 207.74	1 211.64	1 175.86	1 181.50	1 165.07	1 126.75	14 359.45
山 西		288.51	343.50	394.99	359.82	343.05	342.02	337.02	318.83	304.28	318.66	330.40	387.21	4 068.35
内蒙古		680.84	808.70	985.32	992.58	921.88	897.15	869.72	857.89	839.33	903.86	949.70	1 011.88	10 718.91
辽 宁		910.42	1 050.33	1 205.60	1 084.74	1 021.13	962.13	945.40	915.39	916.48	924.09	923.08	999.09	11 857.94
吉 林		508.27	613.71	715.45	673.98	604.86	579.87	570.99	578.96	555.66	535.26	525.13	562.10	7 024.29
黑龙江		493.73	576.42	667.20	588.82	553.04	513.55	544.46	533.75	477.05	498.29	476.80	548.74	6 471.92
上 海		352.13	447.59	421.85	411.82	393.75	373.24	377.46	394.29	411.01	418.56	391.60	434.18	4 827.54
江 苏		2 032.40	2 404.97	2 675.04	2 624.00	2 520.28	2 400.99	2 358.17	2 311.86	2 265.37	2 264.44	2 201.91	2 365.07	28 424.55
浙 江		2 095.75	2 419.55	2 779.59	2 819.96	2 751.48	2 674.31	2 577.75	2 550.98	2 411.53	2 199.51	2 074.49	2 118.88	29 473.83
安 徽		673.09	794.77	925.88	878.51	892.21	886.50	870.75	876.62	867.77	882.93	862.00	908.96	10 320.04
福 建		280.32	314.55	377.50	357.46	330.40	317.07	305.53	303.50	301.40	297.23	310.47	335.65	3 831.13
江 西		353.25	379.38	339.59	333.42	352.09	336.40	371.02	354.52	322.67	313.60	297.24	341.24	4 094.47
山 东		628.44	757.36	645.32	629.28	595.10	651.90	620.21	569.75	570.16	592.89	587.93	672.19	7 520.59
河 南		1 437.53	1 712.65	1 853.80	1 758.21	1 645.45	1 583.99	1 597.69	1 647.70	1 611.19	1 661.61	1 645.82	1 773.21	19 928.90
湖 北		1 403.17	1 689.70	1 889.00	1 796.00	1 796.19	1 718.83	1 696.62	1 718.24	1 674.03	1 697.18	1 607.38	1 687.35	20 373.75
湖 南		736.38	865.24	944.36	929.71	920.73	886.71	872.90	831.78	795.52	861.58	941.88	971.29	10 558.13
广 东		854.32	1 047.61	1 183.01	1 113.10	1 075.92	1 075.70	1 054.67	1 003.88	967.12	1 042.54	1 053.13	1 124.04	12 595.10
广 西		91.61	107.56	122.91	125.88	123.92	113.05	117.54	115.66	103.80	116.90	115.35	136.82	1 391.06
海 南		35.03	42.41	52.65	44.39	39.00	41.49	37.16	38.76	35.15	35.84	37.38	42.48	481.80
重 庆		95.06	138.74	127.63	137.82	154.64	158.77	170.29	170.54	172.10	189.48	200.68	227.83	1 943.63
四 川		1 266.38	1 662.94	1 858.72	1 745.01	1 703.23	1 655.91	1 605.67	1 547.16	1 540.00	1 606.24	1 624.37	1 747.42	19 563.10
贵 州		685.19	835.82	990.64	939.10	914.46	893.94	869.92	841.48	819.10	845.14	829.72	846.93	10 311.49
云 南		1 552.51	1 930.80	2 149.33	2 077.82	2 042.36	2 033.38	2 045.39	2 028.86	1 931.63	2 000.99	2 059.81	2 391.46	24 244.39
西 藏		61.88	73.12	107.47	105.63	100.76	92.31	103.63	94.31	93.37	95.95	99.77	103.78	1 132.02
陕 西		577.53	647.21	773.81	779.26	718.16	622.18	639.90	627.36	634.41	623.27	584.88	586.00	7 814.02
甘 肃		450.18	525.86	655.91	663.53	642.54	629.47	646.07	639.33	666.07	713.22	726.45	793.33	7 752.02
青 海		113.74	140.09	175.99	165.28	159.96	162.01	166.28	155.46	168.54	213.24	198.54	234.91	2 054.11
宁 夏		241.60	296.03	373.92	333.24	323.50	313.73	308.67	299.16	304.04	308.44	332.30	372.89	3 807.58
新 疆		292.07	347.46	408.34	378.23	359.31	331.86	343.17	347.52	340.14	346.20	355.61	386.40	4 236.38
合计 Total		**21 192.53**	**25 388.09**	**28 566.26**	**27 512.93**	**26 518.89**	**25 718.73**	**25 476.47**	**25 084.96**	**24 524.90**	**24 981.84**	**24 864.49**	**26 755.82**	**306 585.96**

七　星　彩

单位：万元

Unit：Ten Thousand Yuan

地　区 Region	游戏类型 Game Type	1月 Jan.	2月 Feb.	3月 Mar.	4月 Apr.	5月 May	6月 June	7月 July	8月 Aug.	9月 Sept.	10月 Oct.	11月 Nov.	12月 Dec.	合计 Total
北　京	乐透排列	413.70	462.28	513.34	485.85	460.02	489.24	537.68	514.78	513.72	492.51	612.43	628.60	6 124.20
天　津		840.65	972.70	873.64	835.66	788.44	826.39	964.60	966.53	1 006.86	863.90	963.23	1 111.77	11 014.43
河　北		1 322.43	1 516.08	1 675.63	1 593.92	1 512.83	1 529.68	1 597.46	1 509.48	1 538.51	1 454.84	1 560.44	1 513.25	18 324.62
山　西		126.24	137.19	168.29	158.12	153.15	155.40	161.26	160.00	162.30	148.60	165.15	169.39	1 865.16
内蒙古		152.80	172.59	208.28	205.94	199.02	207.46	213.57	208.58	204.87	195.69	216.03	209.86	2 394.74
辽　宁		269.11	292.12	314.72	300.40	284.23	290.43	308.81	293.23	292.76	267.56	294.51	293.94	3 501.88
吉　林		641.39	713.77	787.05	755.18	736.29	773.65	795.51	756.25	740.81	669.37	715.48	718.84	8 803.65
黑龙江		413.20	479.33	491.83	473.78	453.81	467.32	550.50	502.41	502.21	434.15	524.47	503.34	5 796.39
上　海		396.80	450.52	432.34	422.87	411.04	432.26	467.25	450.76	494.53	429.62	480.61	500.04	5 368.69
安　徽		833.58	922.22	1 023.61	967.87	921.84	959.25	1 002.62	981.69	966.12	897.92	983.32	993.22	11 453.31
福　建		387.91	418.50	448.37	439.14	418.07	436.35	470.35	457.55	455.43	396.92	447.48	457.07	5 233.19
江　西		331.88	367.86	299.16	288.37	315.99	350.03	393.26	411.35	376.26	396.19	397.34	395.17	4 322.92
山　东		687.09	780.52	663.96	634.10	591.83	634.68	699.70	626.37	632.15	608.25	668.95	687.91	7 915.57
河　南		2 406.13	2 797.08	3 042.37	2 829.96	2 669.08	2 728.05	2 931.11	2 861.21	2 818.03	2 712.98	2 932.31	2 973.86	33 702.21
湖　北		1 387.12	1 581.52	1 742.17	1 653.33	1 549.24	1 593.32	1 696.15	1 636.86	1 653.52	1 520.73	1 648.31	1 641.17	19 303.49
湖　南		307.00	339.29	355.48	358.66	356.81	401.92	406.48	407.65	384.07	369.81	492.89	471.92	4 652.02
广　东		1 632.68	1 883.76	2 041.72	1 964.06	1 853.19	1 939.78	2 119.24	2 037.86	2 008.58	1 837.14	2 041.62	2 124.30	23 483.97
广　西		96.47	107.94	123.20	122.76	116.25	123.06	135.18	128.49	128.24	111.97	132.46	140.74	1 466.82
海　南		424.42	488.44	518.87	505.95	472.75	494.62	521.89	488.07	494.18	501.21	548.97	568.08	6 027.51
重　庆		112.69	155.37	152.74	153.72	173.95	202.61	221.85	205.46	213.43	195.49	236.97	245.41	2 269.74
四　川		2 691.75	3 265.57	3 522.90	3 281.01	3 089.69	3 162.49	3 271.42	3 053.58	3 126.10	2 897.41	3 143.61	3 236.36	37 741.93
贵　州		303.55	353.87	404.62	385.39	374.28	406.45	412.11	405.83	397.85	359.11	395.52	391.87	4 590.50
云　南		1 511.72	1 710.07	1 852.91	1 797.40	1 725.99	1 835.40	1 981.90	1 890.52	1 833.02	1 678.76	1 868.76	1 864.39	21 550.88
西　藏		24.11	23.85	37.12	42.70	41.90	41.71	44.72	39.83	40.52	37.15	39.83	38.69	452.18
陕　西		166.35	192.65	227.07	209.12	193.73	203.40	218.49	208.61	207.14	195.18	216.32	221.35	2 459.46
甘　肃		99.42	111.01	129.58	131.60	132.29	148.56	174.21	183.69	185.72	191.74	177.92	175.28	1 841.06
青　海		47.25	55.02	67.64	65.41	62.36	71.72	81.57	79.52	97.51	72.92	117.13	155.06	973.14
宁　夏		57.55	64.31	78.01	72.34	67.83	69.62	72.65	70.20	69.85	66.47	74.06	75.65	838.58
新　疆		246.98	274.46	317.90	305.48	290.01	288.85	309.80	298.62	299.96	283.01	302.79	302.08	3 520.00
合计 Total		**18 332.11**	**21 090.04**	**22 514.64**	**21 440.24**	**20 416.04**	**21 263.84**	**22 761.46**	**21 835.12**	**21 844.37**	**20 286.69**	**22 399.03**	**22 808.75**	**256 992.39**

22 选 5

单位：万元

Unit：Ten Thousand Yuan

地区 Region	游戏类型 Game Type	1月 Jan.	2月 Feb.	3月 Mar.	4月 Apr.	5月 May	6月 June	7月 July	8月 Aug.	9月 Sept.	10月 Oct.	11月 Nov.	12月 Dec.	合计 Total
天津	乐透组合	118.83	156.55	163.92	146.35	122.37	116.04	121.39	120.77	117.45	123.08	136.40	148.30	1 591.49
河北		419.86	514.90	577.16	513.13	483.19	481.84	491.45	490.94	483.19	512.83	501.81	435.82	5 906.18
山西		71.60	91.25	101.63	88.32	80.68	80.93	88.42	90.71	80.80	82.63	86.59	92.18	1 035.79
内蒙古		195.44	236.67	271.53	252.47	226.48	231.39	226.04	233.76	223.49	237.36	236.59	238.07	2 809.35
辽宁		142.71	154.91	160.50	147.26	141.59	135.37	133.84	131.94	125.80	134.95	142.26	150.83	1 702.01
吉林		219.99	266.35	293.82	261.46	245.18	240.05	247.42	238.99	221.54	212.39	209.85	224.32	2 881.40
黑龙江		169.94	204.77	222.29	201.90	178.61	167.67	171.64	167.40	165.27	168.80	162.10	179.97	2 160.43
上海		211.76	263.70	276.53	293.43	262.73	258.88	253.42	255.81	245.95	246.68	238.73	241.12	3 048.80
江苏		642.56	797.70	865.02	791.96	745.69	719.48	738.07	734.71	699.04	721.65	706.12	719.84	8 881.90
安徽		360.45	429.68	474.52	432.12	419.15	402.82	419.34	425.06	407.10	436.55	427.44	434.36	5 068.64
江西		309.87	405.96	361.91	332.58	331.63	314.65	330.82	344.37	331.35	327.08	314.36	331.89	4 036.52
山东		167.70	196.45	217.15	195.62	188.10	190.15	204.49	194.84	185.21	202.30	191.03	201.17	2 334.27
湖北		102.75	134.40	144.32	123.77	119.62	123.41	120.66	119.26	105.92	107.56	99.94	103.92	1 405.58
湖南		174.03	214.86	203.97	199.04	200.18	208.09	210.35	241.82	213.07	230.85	238.52	228.25	2 563.07
广东		516.23	642.48	686.82	640.58	632.32	596.72	605.46	599.50	570.74	600.64	589.31	597.68	7 278.53
广西		55.98	69.87	71.96	66.04	66.23	64.10	66.95	65.50	63.16	68.44	74.18	78.97	811.43
海南		8.66	10.49	13.39	11.52	11.03	10.55	11.80	12.42	9.04	9.46	8.56	9.52	126.49
重庆		48.11	59.89	68.27	58.63	59.34	58.59	57.54	55.61	53.36	66.94	72.76	77.90	736.99
四川		88.14	113.51	123.58	110.25	108.75	103.28	104.01	99.40	96.26	102.69	105.16	107.48	1 262.57
西藏		3.06	3.29	4.68	4.44	4.80	5.42	5.41	5.08	4.77	4.53	6.01	5.54	57.06
陕西		184.49	229.11	253.46	210.57	198.70	182.53	184.54	184.24	184.34	189.54	198.01	200.60	2 400.20
甘肃		97.58	118.44	138.75	127.64	132.20	135.54	135.04	134.09	135.30	142.65	143.02	148.11	1 588.42
青海		36.59	46.55	56.90	51.35	50.14	47.11	48.20	45.66	45.76	47.88	46.52	49.74	572.46
宁夏		78.67	95.83	109.12	94.94	88.72	86.29	92.19	95.62	90.00	94.13	96.26	102.13	1 123.95
新疆		68.32	87.97	99.04	85.69	78.97	76.13	78.24	78.17	74.72	77.33	84.88	85.35	974.85
合计 Total		**4 493.44**	**5 545.69**	**5 960.38**	**5 441.16**	**5 176.47**	**5 037.12**	**5 146.86**	**5 165.77**	**4 932.77**	**5 149.03**	**5 116.54**	**5 193.19**	**62 358.49**

超级大乐透

单位：万元

Unit：Ten Thousand Yuan

地　区 Region	游戏类型 Game Type	1月 Jan.	2月 Feb.	3月 Mar.	4月 Apr.	5月 May	6月 June	7月 July	8月 Aug.	9月 Sept.	10月 Oct.	11月 Nov.	12月 Dec.	合计 Total
北　京	乐透组合	2 260. 65	3 018. 94	3 096. 52	2 882. 37	3 012. 62	3 191. 38	2 832. 52	2 719. 57	2 799. 17	3 258. 77	3 661. 14	4 214. 06	36 947. 78
天　津		2 573. 84	3 363. 59	2 062. 64	2 219. 78	2 257. 61	2 281. 33	2 400. 52	2 471. 99	2 833. 02	2 857. 91	2 791. 32	3 661. 46	31 775. 07
河　北		2 727. 38	3 554. 55	3 827. 41	3 609. 04	3 678. 72	3 732. 59	3 292. 45	3 393. 93	3 401. 12	3 824. 72	3 547. 80	3 774. 41	42 364. 17
山　西		769. 85	1 007. 49	1 142. 05	1 048. 87	1 106. 44	1 137. 68	953. 25	959. 40	932. 63	1 054. 84	1 015. 74	1 452. 29	12 580. 58
内蒙古		1 149. 71	1 479. 00	1 685. 07	1 599. 50	1 662. 62	1 725. 74	1 541. 58	1 572. 97	1 612. 27	1 796. 40	1 712. 43	2 021. 04	19 558. 39
辽　宁		2 237. 51	2 880. 02	2 946. 06	2 718. 35	2 830. 84	2 859. 39	2 493. 62	2 421. 14	2 494. 41	2 683. 87	2 456. 99	2 794. 48	31 816. 74
吉　林		1 788. 22	2 314. 24	2 399. 29	2 270. 27	2 444. 73	2 681. 69	2 361. 73	2 340. 79	2 400. 56	2 422. 03	2 133. 73	2 413. 82	27 971. 17
黑龙江		2 181. 90	2 911. 75	2 875. 58	2 745. 41	3 011. 41	3 049. 04	2 633. 95	2 606. 84	2 571. 98	2 845. 34	2 757. 34	3 164. 93	33 355. 52
上　海		2 925. 02	3 916. 62	3 617. 04	3 502. 84	3 777. 37	3 918. 57	3 519. 62	3 649. 01	3 830. 34	3 977. 02	3 687. 27	4 156. 90	44 477. 67
江　苏		12 429. 95	16 408. 86	17 124. 53	15 987. 33	16 328. 00	16 653. 69	14 760. 55	14 426. 48	14 426. 09	15 474. 04	14 410. 48	16 015. 01	184 445. 06
浙　江		7 753. 48	9 981. 33	10 694. 44	10 225. 78	10 704. 39	10 998. 84	9 634. 89	9 643. 87	9 756. 89	10 041. 46	9 188. 19	10 056. 48	118 680. 10
安　徽		2 671. 33	3 427. 55	3 597. 55	3 371. 79	3 569. 63	3 608. 65	3 223. 94	3 264. 10	3 318. 48	3 641. 35	3 358. 78	4 034. 75	41 087. 95
福　建		5 514. 87	7 231. 17	7 641. 95	7 268. 32	7 536. 22	7 446. 19	6 519. 88	6 538. 15	6 567. 79	7 205. 52	6 418. 78	7 100. 03	82 988. 92
江　西		2 877. 18	3 602. 84	2 716. 31	2 631. 28	3 121. 49	3 292. 96	2 967. 80	3 238. 41	3 422. 53	3 917. 56	3 808. 64	4 692. 39	40 289. 46
山　东		5 186. 46	6 879. 69	5 558. 25	5 306. 75	5 448. 48	5 679. 70	5 186. 83	4 899. 76	5 044. 11	5 574. 84	5 051. 28	5 833. 17	65 649. 36
河　南		4 713. 03	6 132. 58	6 312. 06	5 872. 81	6 483. 25	6 327. 74	5 518. 17	5 731. 97	5 775. 63	6 348. 22	6 245. 13	7 055. 77	72 516. 40
湖　北		2 395. 57	3 189. 88	3 292. 13	3 063. 98	3 225. 63	3 340. 17	2 951. 31	3 010. 10	3 114. 38	3 308. 59	3 048. 70	3 344. 15	37 284. 64
湖　南		2 002. 59	2 594. 65	2 579. 32	2 604. 23	2 861. 29	3 094. 74	2 614. 95	2 867. 49	2 896. 46	3 513. 00	3 546. 26	3 029. 96	34 205. 00
广　东		8 024. 88	10 735. 96	10 786. 68	10 122. 31	10 327. 43	10 628. 11	9 570. 85	9 512. 43	9 628. 31	10 828. 87	9 918. 93	11 259. 00	121 343. 82
广　西		716. 85	953. 49	972. 42	926. 21	998. 34	1 031. 93	920. 11	903. 05	920. 89	1 006. 47	948. 33	1 062. 32	11 360. 46
海　南		387. 33	498. 30	481. 80	445. 79	473. 34	470. 44	432. 28	442. 36	426. 53	447. 03	462. 08	507. 74	5 475. 08
重　庆		1 631. 24	2 465. 53	2 218. 18	2 109. 19	2 512. 23	2 799. 88	2 552. 59	2 473. 08	2 571. 27	2 811. 51	2 821. 87	3 217. 96	30 184. 60
四　川		3 977. 41	5 584. 51	5 728. 65	5 546. 62	5 991. 85	6 076. 84	5 180. 33	5 028. 58	5 225. 62	5 601. 00	5 134. 54	5 738. 78	64 814. 79
贵　州		1 806. 25	2 416. 85	2 588. 59	2 413. 94	2 570. 26	2 708. 15	2 375. 00	2 357. 73	2 362. 17	2 529. 43	2 348. 82	2 607. 99	29 085. 24
云　南		3 630. 68	4 751. 39	4 837. 86	4 582. 09	4 753. 58	5 151. 27	4 548. 41	4 629. 70	4 602. 23	5 073. 93	4 766. 42	5 359. 88	56 687. 49
西　藏		90. 78	122. 89	145. 18	135. 62	161. 75	177. 23	148. 64	143. 80	159. 01	147. 96	148. 33	153. 67	1 734. 93
陕　西		1 858. 42	2 534. 77	2 695. 03	2 387. 29	2 398. 66	2 417. 98	2 192. 64	2 175. 96	2 179. 27	2 401. 23	2 245. 00	2 558. 80	28 045. 11
甘　肃		750. 67	980. 06	1 067. 15	1 077. 59	1 118. 92	1 236. 43	1 322. 80	1 467. 67	1 497. 83	1 681. 64	1 305. 11	1 417. 80	14 923. 73
青　海		279. 35	374. 36	430. 86	404. 08	448. 33	492. 87	440. 13	476. 85	567. 36	747. 63	872. 10	1 165. 92	6 699. 91
宁　夏		503. 14	662. 08	768. 83	687. 16	700. 32	700. 25	644. 29	681. 81	684. 14	718. 38	688. 53	796. 71	8 235. 70
新　疆		1 065. 01	1 354. 47	1 491. 16	1 405. 21	1 526. 26	1 520. 00	1 295. 63	1 278. 76	1 325. 35	1 460. 56	1 385. 33	1 462. 78	16 570. 57
合计 Total		**88 880. 70**	**117 329. 59**	**117 380. 73**	**111 171. 95**	**117 042. 16**	**120 431. 62**	**107 031. 43**	**107 327. 90**	**109 348. 03**	**119 201. 26**	**111 885. 53**	**126 124. 60**	**1 353 155. 55**

大乐透·幸运彩

单位：万元

Unit: Ten Thousand Yuan

地区 Region	游戏类型 Game Type	1月 Jan.	2月 Feb.	3月 Mar.	4月 Apr.	5月 May	6月 June	7月 July	8月 Aug.	9月 Sept.	10月 Oct.	11月 Nov.	12月 Dec.	合计 Total
北京	乐透组合	34.25	42.33	56.54	59.32	49.81	50.55	67.92	76.43	62.87	57.68	66.18	95.63	719.56
天津		22.46	29.89	22.86	23.25	23.25	25.22	29.17	32.93	33.68	43.13	49.73	86.92	422.56
河北		47.54	65.11	132.47	85.87	103.71	93.39	104.84	120.76	81.13	92.21	96.17	101.25	1 124.50
山西		11.20	11.46	27.88	23.68	15.76	15.00	14.27	15.66	15.15	18.87	18.64	16.47	204.10
内蒙古		12.34	14.19	19.53	19.22	13.86	13.60	14.73	18.26	18.23	18.02	20.34	28.04	210.41
辽宁		26.93	31.26	46.31	38.27	33.58	33.80	31.26	37.70	32.93	35.90	27.23	33.31	408.51
吉林		24.83	32.81	49.12	40.29	30.02	35.98	31.72	32.69	33.03	32.13	29.67	32.65	404.97
黑龙江		20.27	28.38	40.42	30.65	29.25	47.97	38.66	31.77	27.35	29.12	28.47	36.75	389.13
上海		60.52	77.68	90.90	88.80	82.95	81.32	83.71	92.42	91.17	101.21	90.00	141.60	1 082.33
江苏		104.43	138.58	194.51	142.82	124.93	129.30	127.08	122.38	113.73	118.30	113.00	143.13	1 572.25
浙江		106.31	131.18	185.17	159.49	128.74	123.33	118.44	128.67	112.95	106.38	95.42	125.84	1 521.99
安徽		28.50	34.80	44.87	37.24	31.17	32.44	34.47	36.15	34.45	36.62	49.29	64.09	464.15
福建		160.69	232.04	296.91	228.09	198.96	153.55	130.17	162.46	145.91	165.46	137.14	183.37	2 194.81
江西		72.83	72.50	92.38	75.22	69.50	76.73	74.18	70.34	63.61	74.44	67.56	88.55	897.90
山东		60.67	73.01	87.76	83.83	79.17	76.00	76.32	71.59	71.97	84.31	78.41	95.48	938.58
河南		61.18	72.77	96.85	88.53	74.02	75.57	73.29	76.85	82.56	121.02	76.18	104.83	1 003.69
湖北		22.81	27.14	41.53	42.46	32.72	31.08	34.86	33.68	29.01	28.17	23.27	29.85	376.64
湖南		80.69	84.74	93.49	66.07	58.12	60.67	56.62	67.72	48.69	49.28	49.74	55.71	771.59
广东		111.42	136.36	168.17	177.26	135.87	137.14	120.47	132.83	124.04	132.56	127.50	146.24	1 649.91
广西		14.02	18.49	24.35	19.18	20.34	20.99	18.09	21.05	21.77	20.34	17.29	21.78	237.74
海南		1.22	1.37	2.02	2.03	2.01	2.08	2.49	5.15	2.06	2.69	3.80	2.28	29.27
重庆		12.32	18.43	20.20	18.25	20.23	23.64	27.60	23.43	25.74	33.01	28.82	52.70	304.42
四川		29.56	35.55	50.79	44.50	41.78	35.46	34.09	32.96	33.63	46.30	47.74	48.21	480.62
贵州		16.24	22.12	26.88	22.93	21.92	21.18	21.99	27.80	26.94	28.50	26.21	32.56	295.31
云南		39.73	52.27	189.11	84.34	53.72	54.63	53.50	55.29	59.36	71.82	64.12	83.98	861.94
西藏		0.43	0.75	0.87	0.87	0.41	0.53	0.27	0.23	0.55	0.50	0.38	0.85	6.68
陕西		26.23	36.41	40.12	32.73	29.55	24.57	24.43	26.19	27.00	30.94	31.41	35.08	364.70
甘肃		8.00	10.08	15.80	18.01	23.66	39.19	27.89	30.57	34.48	28.33	20.90	21.55	278.52
青海		3.01	2.99	4.48	4.55	6.03	5.23	5.51	3.65	6.45	4.38	3.81	6.46	56.60
宁夏		7.45	7.93	20.52	12.51	10.60	9.75	10.21	14.49	11.17	12.24	9.42	11.43	137.78
新疆		8.58	11.93	15.60	20.00	17.09	9.33	10.21	12.68	8.61	8.58	10.38	14.05	147.08
合计 Total		**1 236.80**	**1 554.72**	**2 198.57**	**1 790.41**	**1 562.87**	**1 539.37**	**1 498.58**	**1 614.94**	**1 480.33**	**1 632.62**	**1 508.37**	**1 940.75**	**19 558.38**

2012 年中国体育彩票区域联网游戏销售统计（分地区按月统计）

Monthly Sales Statistics of Inter-Regional Games of Sports Lottery in Different Regions in 2012

传统单场

单位：万元
Unit：Ten Thousand Yuan

地区 Region	游戏类型 Game Type	1月 Jan.	2月 Feb.	3月 Mar.	4月 Apr.	5月 May	6月 June	7月 July	8月 Aug.	9月 Sept.	10月 Oct.	11月 Nov.	12月 Dec.	合计 Total
北京	竞猜	8 791. 29	10 927. 87	6 417. 30	4 767. 92	5 257. 35	15 740. 99	13 768. 77	17 371. 44	14 162. 59	12 612. 29	14 074. 04	14 409. 21	138 301. 07
天津		6 318. 38	8 091. 23	6 511. 76	6 208. 06	5 940. 56	5 786. 11	6 483. 30	6 768. 84	7 627. 23	8 381. 81	8 653. 52	7 523. 87	84 294. 68
广东		1 660. 10	2 723. 94	4 474. 61	7 445. 32	8 414. 11	10 057. 64	10 734. 99	7 586. 61	6 605. 11	5 697. 96	4 051. 57	3 430. 14	72 882. 09
合计 Total		**16 769. 77**	**21 743. 03**	**17 403. 67**	**18 421. 31**	**19 612. 02**	**31 584. 75**	**30 987. 06**	**31 726. 89**	**28 394. 94**	**26 692. 07**	**26 779. 13**	**25 363. 21**	**295 477. 84**

快中彩

单位：万元
Unit：Ten Thousand Yuan

地区 Region	游戏类型 Game Type	1月 Jan.	2月 Feb.	3月 Mar.	4月 Apr.	5月 May	6月 June	7月 July	8月 Aug.	9月 Sept.	10月 Oct.	11月 Nov.	12月 Dec.	合计 Total
北京	乐透组合	17. 45	16. 36	19. 13	23. 15	21. 33	22. 63	26. 97	13. 12	14. 01	20. 32	16. 98	15. 55	227. 04
天津		16. 07	14. 16	7. 88	11. 08	11. 35	12. 46	13. 24	4. 71	4. 60	5. 13	4. 50	5. 15	110. 39
广东		25. 58	22. 57	15. 56	18. 52	23. 65	26. 39	33. 60	12. 34	12. 89	17. 45	12. 72	13. 39	234. 72
合计 Total		**59. 11**	**53. 10**	**42. 58**	**52. 75**	**56. 35**	**61. 49**	**73. 82**	**30. 17**	**31. 52**	**42. 91**	**34. 20**	**34. 09**	**572. 16**

2012 年中国体育彩票地方游戏销售情况表（分地区按月统计）

Monthly Sales Statistics of Regional Games of Sports Lottery in 2012

单位：万元

Unit: Ten Thousand Yuan

地 区 Region	游戏类型 Game Type	游戏名称 Game Name	1 月 Jan.	2 月 Feb.	3 月 Mar.	4 月 Apr.	5 月 May	6 月 June	7 月 July	8 月 Aug.	9 月 Sept.	10 月 Oct.	11 月 Nov.	12 月 Dec.	合计 Total
北 京	乐透组合	北京 33 选 7	97. 53	115. 68	131. 11	122. 33	106. 29	96. 02	98. 27	101. 05	105. 80	101. 68	96. 47	102. 16	1 274. 44
天 津	乐透组合	天津 11 选 5	12. 48	12. 40	19. 72	22. 89	25. 09	30. 93	26. 64	17. 29	18. 73	19. 53	29. 56	25. 27	260. 57
		天津泳坛夺金	1 438. 49	1 535. 81	1 870. 77	1 736. 42	1 521. 80	1 458. 05	1 514. 98	1 398. 69	1 427. 39	1 569. 26	1 464. 63	1 542. 25	18 478. 60
河 北	乐透组合	河北快乐扑克	414. 17	478. 43	623. 00	636. 63	573. 37	486. 58	477. 98	485. 76	484. 09	456. 22	447. 30	100. 48	5 664. 07
		河北运动生肖	781. 08	871. 27	1 248. 00	1 319. 85	1 133. 21	1 052. 31	1 143. 96	984. 10	890. 63	1 050. 73	830. 02	—	11 305. 21
		河北 11 选 5	—	—	—	—	—	—	—	—	—	—	2 506. 31	30 189. 00	32 695. 32
山 西	乐透组合	山西 11 选 5	271. 73	300. 46	503. 82	467. 52	466. 85	380. 14	418. 93	578. 00	604. 88	756. 72	939. 69	945. 69	6 634. 48
		山西泳坛夺金	379. 76	444. 75	579. 90	546. 84	468. 33	459. 37	634. 76	695. 59	726. 02	833. 29	813. 67	740. 45	7 322. 77
内蒙古	乐透组合	内蒙古 11 选 5	193. 58	306. 04	493. 58	493. 30	421. 77	379. 45	342. 43	336. 13	390. 06	461. 83	601. 54	689. 44	5 109. 21
		内蒙古泳坛夺金	304. 47	348. 93	515. 84	457. 58	424. 78	344. 80	282. 07	256. 48	291. 43	328. 91	341. 39	344. 53	4 241. 26
辽 宁	乐透组合	辽宁 11 选 5	17 050. 49	20 008. 53	36 855. 46	35 731. 96	31 442. 33	26 033. 05	23 940. 52	21 891. 07	20 288. 06	21 490. 72	23 085. 55	23 401. 68	301 219. 47
		辽宁快乐扑克	36. 43	33. 82	5. 13	2. 36	1. 86	2. 52	1. 38	2. 37	2. 03	2. 42	3. 13	1. 79	95. 30
吉 林	乐透组合	吉林 11 选 5	2 313. 52	2 947. 59	4 027. 78	4 010. 64	3 414. 91	3 212. 61	2 959. 58	2 785. 43	7 561. 70	15 964. 47	16 630. 79	15 976. 82	81 805. 89
		吉林快乐扑克	11. 59	11. 99	17. 14	4. 52	—	—	—	—	—	—	—	—	45. 25
黑龙江	乐透排列	黑龙江六位数	217. 83	248. 02	281. 33	241. 06	258. 70	244. 81	235. 94	234. 77	209. 39	229. 70	239. 11	206. 30	2 847. 02
	乐透组合	黑龙江 11 选 5	13 907. 96	17 775. 71	23 522. 21	25 534. 42	22 396. 65	20 199. 71	18 612. 55	17 169. 42	16 919. 82	17 542. 90	18 646. 47	19 200. 37	231 428. 25
		黑龙江快乐扑克	114. 62	106. 98	119. 64	92. 40	63. 20	45. 81	40. 27	57. 32	37. 57	36. 86	38. 73	41. 49	794. 95
上 海	乐透组合	上海 36 选 7	34. 27	42. 12	51. 90	50. 59	50. 21	48. 36	47. 06	46. 76	41. 66	11. 74	—	—	424. 71
		上海 11 选 5	759. 73	988. 22	1 087. 88	964. 90	1 089. 95	1 120. 37	1 122. 01	920. 28	1 084. 89	2 402. 47	3 267. 02	3 992. 82	18 800. 59

续表

地区 Region	游戏类型 Game Type	游戏名称 Game Name	1月 Jan.	2月 Feb.	3月 Mar.	4月 Apr.	5月 May	6月 June	7月 July	8月 Aug.	9月 Sept.	10月 Oct.	11月 Nov.	12月 Dec.	合计 Total
江苏	乐透排列	江苏七位数	5 505.61	6 061.34	7 755.94	6 738.84	6 122.12	6 691.78	8 286.62	8 737.73	8 802.67	8 606.32	8 706.59	8 186.91	90 202.53
	乐透组合	江苏11选5	48 467.91	68 911.01	77 179.32	69 784.65	63 150.07	55 856.13	47 259.31	42 989.01	46 716.15	58 601.94	65 018.98	71 717.50	715 652.02
浙江	乐透排列	浙江6加1	5 505.05	6 460.22	7 317.62	7 158.96	6 925.55	6 810.63	6 952.62	6 546.70	6 398.25	6 282.63	6 459.54	6 392.29	79 210.10
	乐透组合	浙江20选5	1 236.74	1 467.62	1 595.33	1 512.98	1 521.20	1 490.90	1 494.71	1 468.77	1 358.25	1 171.98	1 095.74	1 197.47	16 611.74
		浙江泳坛夺金	576.22	655.70	809.80	870.01	851.95	926.94	885.18	815.45	601.40	99.00	67.63	70.23	7 229.57
		浙江11选5	—	—	—	—	—	—	—	—	13 909.57	47 367.82	50 388.85	47 710.81	159 377.06
安徽	乐透组合	安徽11选5	837.41	1 091.64	1 576.09	1 316.09	1 318.05	995.84	850.58	813.36	814.49	1 485.34	6 051.70	7 666.76	24 817.41
福建	乐透组合	福建11选5	10 783.06	12 177.21	15 053.60	14 481.85	14 351.21	14 916.31	15 329.65	18 076.21	18 417.48	16 431.99	16 326.29	20 898.26	187 243.17
		福建22选5	582.34	665.74	799.08	716.33	799.44	652.16	620.22	632.76	584.29	627.79	649.07	659.97	7 989.25
		福建31选7	3 188.79	4 036.02	3 372.12	3 576.53	3 044.83	3 293.02	4 169.61	4 671.57	3 760.55	4 368.74	3 140.64	4 713.72	45 336.18
		福建36选7	2 765.90	3 290.26	4 005.87	3 418.25	3 690.72	3 283.57	3 297.63	3 409.04	3 545.00	3 789.46	3 694.44	3 945.89	42 136.09
江西	乐透组合	江西多乐彩	7 658.97	10 279.45	5 514.80	5 503.99	5 887.23	5 658.50	5 528.29	5 920.11	8 003.88	7 965.70	7 306.17	8 511.86	83 739.00
山东	乐透组合	山东快乐扑克	4.42	5.94	7.32	6.30	2.56	1.08	0.93	0.91	0.56	0.73	0.89	1.94	33.63
		山东十一运夺金	40 011.29	47 452.53	48 903.17	48 877.29	50 812.60	47 217.95	46 434.50	44 215.01	44 640.86	53 805.96	67 924.51	77 077.33	617 373.05
河南	乐透组合	河南11选5	75.00	84.32	108.91	73.24	52.71	52.36	56.01	45.44	42.08	52.99	57.02	72.40	772.53
		河南泳坛夺金	12 187.39	14 538.06	21 297.14	20 219.95	18 342.01	15 939.77	15 411.77	14 018.84	13 383.99	19 975.75	28 717.83	24 158.79	218 191.35
湖北	乐透组合	湖北11选5	576.84	906.97	1 412.63	1 144.59	1 120.96	999.56	897.71	882.43	9 480.14	14 636.33	17 576.67	16 612.45	66 247.33
		湖北四花选四	0.34	0.94	0.96	0.71	—	—	—	—	—	—	—	—	2.97
湖南	乐透组合	湖南即乐彩	21.71	24.55	6.18	6.20	2.62	2.96	2.01	1.97	0.83	0.57	1.16	1.03	71.84
		湖南赛车	6 603.07	9 530.11	10 279.96	10 065.83	10 372.75	8 517.98	7 511.42	8 240.47	10 905.81	9 676.31	8 954.20	8 042.82	108 700.79
广东	乐透组合	广东11选5	14 686.65	17 879.49	19 741.92	20 978.75	26 122.17	26 442.63	24 331.86	22 225.05	23 480.45	28 676.38	34 986.95	40 847.96	300 400.30
		广东36选7	515.26	695.05	681.07	621.30	592.25	594.91	561.44	584.00	513.22	—	—	—	5 358.54
广西	乐透组合	广西11选5	131.09	158.48	238.35	227.68	169.19	187.65	146.05	101.69	100.89	90.84	125.82	119.50	1 797.28

续表

地　区 Region	游戏类型 Game Type	游戏名称 Game Name	1 月 Jan.	2 月 Feb.	3 月 Mar.	4 月 Apr.	5 月 May	6 月 June	7 月 July	8 月 Aug.	9 月 Sept.	10 月 Oct.	11 月 Nov.	12 月 Dec.	合计 Total
海　南	乐透组合	海南 4 + 1	78. 01	89. 99	93. 13	91. 56	87. 59	90. 34	93. 26	85. 24	95. 97	109. 80	110. 25	110. 40	1 135. 59
		海南飞鱼	1 171. 39	1 547. 14	1 397. 77	1 362. 77	1 407. 32	1 645. 37	2 184. 27	1 901. 51	1 974. 21	2 426. 08	1 920. 03	1 793. 45	20 731. 38
重　庆	乐透组合	重庆 11 选 5	1 917. 93	2 159. 00	1 818. 89	1 864. 42	2 069. 22	1 666. 03	1 623. 53	1 357. 59	1 414. 67	1 276. 29	2 059. 77	2 751. 73	21 979. 12
四　川	乐透组合	四川 11 选 5	2 999. 29	3 593. 34	6 567. 26	9 486. 21	9 600. 21	7 838. 19	6 419. 99	5 992. 98	5 210. 95	5 897. 69	5 490. 17	5 734. 31	74 830. 66
贵　州	乐透组合	贵州 11 选 5	614. 95	877. 18	1 611. 65	1 453. 63	1 301. 50	1 050. 49	850. 32	670. 21	748. 57	2 362. 71	5 398. 51	7 255. 41	24 195. 19
云　南	乐透组合	云南 11 选 5	6 490. 38	8 160. 91	10 313. 67	10 222. 01	11 359. 94	10 939. 22	11 598. 04	10 892. 86	10 311. 04	11 413. 90	12 053. 66	12 973. 05	126 728. 74
		云南快乐 123	65. 57	76. 62	88. 55	75. 79	70. 57	63. 98	72. 89	56. 14	62. 59	63. 81	61. 82	56. 41	814. 81
西　藏	乐透组合	西藏 11 选 5	143. 73	190. 90	219. 58	236. 52	275. 31	278. 92	307. 80	268. 52	225. 48	261. 15	286. 21	295. 11	2 989. 28
陕　西	乐透组合	陕西即乐彩	363. 65	468. 58	655. 99	178. 29	—	—	—	—	—	—	—	—	1 666. 53
		陕西泳坛夺金	147. 02	183. 20	236. 23	110. 53	66. 04	49. 55	32. 36	30. 13	30. 00	27. 80	32. 38	30. 83	976. 13
		陕西 11 选 5	—	—	—	2 914. 78	3 636. 09	2 915. 14	2 327. 96	2 101. 76	2 565. 76	4 942. 74	7 627. 70	8 624. 07	37 656. 02
甘　肃	乐透组合	甘肃 11 选 5	275. 57	299. 83	512. 56	611. 30	452. 79	387. 75	411. 02	366. 44	433. 04	417. 75	544. 32	616. 53	5 328. 96
		甘肃泳坛夺金	28. 31	20. 95	59. 24	64. 98	41. 90	30. 21	25. 12	20. 00	22. 89	40. 56	56. 88	60. 57	471. 66
青　海	乐透组合	青海 11 选 5	120. 79	80. 02	171. 53	279. 64	228. 32	209. 33	175. 99	88. 85	70. 51	78. 24	85. 29	112. 25	1 700. 82
		青海快乐扑克	0. 56	1. 66	4. 00	3. 95	3. 25	2. 09	0. 41	0. 20	0. 31	0. 28	0. 68	0. 52	17. 98
宁　夏	乐透组合	宁夏 11 选 5	385. 47	494. 56	679. 15	606. 84	515. 52	475. 05	432. 71	366. 58	331. 08	319. 26	386. 72	489. 15	5 482. 15
		宁夏快乐扑克	2. 16	0. 22	0. 13	—	—	—	—	—	—	—	—	—	2. 52
新　疆	乐透组合	新疆 11 选 5	1 075. 17	1 223. 26	1 565. 44	1 443. 40	1 384. 24	1 351. 03	1 418. 77	2 287. 07	2 631. 59	2 702. 96	2 244. 24	2 376. 95	21 704. 18
合计 Total			**216 141. 00**	**272 417. 02**	**325 606. 44**	**320 743. 41**	**311 611. 57**	**285 120. 46**	**269 902. 14**	**258 843. 40**	**292 673. 91**	**379 315. 27**	**435 590. 99**	**489 387. 42**	**3 857 353. 09**

2012 年中国体育彩票即开型彩票销售情况表（分地区分游戏）

Sales Statistics of Terminal – Sales Instant Win Tickets of Sports Lottery in Different Regions and in Different Games in China in 2012

单位：万元
Unit: Ten Thousand Yuan

序号	地区	幸运 66	三重钻石	勇争第一	射门得奖	平安中国	红樱桃	五倍幸运	拜年啦	获奖喜庆	百宝箱	金牛报春	红宝石 8
1	北京市	—	—	—	—	—	—	—	—	—	—	—	—
2	天津市	—	—	—	—	—	—	—	—	—	—	—	—
3	河北省	—	—	—	—	0.12	—	0.06	—	—	—	—	—
4	山西省	—	—	—	—	—	—	—	0.12	—	—	—	—
5	内蒙古	—	—	—	—	—	0.30	—	0.12	—	2.76	0.96	—
6	辽宁省	—	—	—	0.06	—	0.12	—	—	—	10.98	0.18	—
7	吉林省	—	—	—	—	—	—	—	—	—	—	—	—
8	黑龙江省	—	—	—	0.06	—	—	—	—	—	1.20	—	—
9	上海市	—	—	—	—	—	—	—	3.00	—	0.06	—	—
10	江苏省	—	—	—	0.12	11.76	6.72	0.72	0.78	0.18	16.08	0.06	0.18
11	浙江省	0.12	—	—	—	0.06	0.06	—	—	—	0.48	—	0.12
12	安徽省	—	—	—	—	0.48	—	6.48	0.90	—	0.12	0.24	—
13	福建省	—	0.06	—	—	—	—	7.14	0.72	—	0.84	—	—
14	江西省	—	—	—	—	—	—	—	—	—	0.36	—	—
15	山东省	—	0.06	—	—	—	—	—	2.64	—	1.32	—	—
16	河南省	—	—	—	0.18	1.86	0.30	0.60	—	—	-0.12	—	0.06
17	湖北省	—	—	—	0.18	0.06	0.24	21.06	—	—	2.88	—	0.12
18	湖南省	0.30	—	—	0.18	12.06	2.52	24.66	—	—	0.18	0.12	—
19	广东省	—	—	—	—	—	0.06	—	1.38	0.12	0.12	-0.48	—
20	广西	—	—	—	—	—	0.24	0.90	0.42	—	—	—	—
21	海南省	0.06	—	—	—	0.06	—	—	—	—	—	—	—
22	重庆市	—	—	—	—	—	—	—	1.02	—	0.24	—	—
23	四川省	—	—	—	—	—	—	107.34	0.36	—	6.00	—	—
24	贵州省	—	—	—	—	0.06	—	0.06	—	—	5.16	—	—
25	云南省	0.24	0.06	—	0.06	3.54	0.18	180.72	2.10	7.32	26.46	0.12	0.18
26	西藏	—	—	—	—	—	—	—	—	—	44.04	13.98	—
27	陕西省	—	—	—	—	—	—	—	—	—	0.72	—	—
28	甘肃省	4.38	3.06	—	2.64	0.12	0.36	0.78	—	—	1.98	—	1.32
29	青海省	—	—	—	—	1.20	—	—	0.54	—	0.24	—	—
30	宁夏	—	—	—	—	—	—	—	—	—	—	—	—
31	新疆	—	0.06	—	—	—	1.20	—	0.42	—	46.50	1.44	0.06
合计 Total		**5.10**	**3.30**	**—**	**3.48**	**31.38**	**12.30**	**350.52**	**14.52**	**7.62**	**168.60**	**16.62**	**2.04**

续表

序号	地区	三重钻石	绿翡翠9	11届全运会3元	全民健身日5元	11届全运会10元	青海风光	金字塔	甜蜜蜜	点石成金	双响炮	心手相连	青海湖环湖赛
1	北京市	—	—	—	—	—	—	—	300.12	1.14	—	—	—
2	天津市	—	—	—	—	—	—	—	—	—	—	—	—
3	河北省	—	—	—	—	—	—	—	600.84	318.24	—	—	0.12
4	山西省	—	—	—	—	3.06	—	—	316.56	95.16	—	—	—
5	内蒙古	—	—	—	0.12	39.00	—	0.60	599.22	254.58	—	0.24	0.24
6	辽宁省	—	—	—	0.06	12.24	—	—	606.66	634.98	—	1.32	2.16
7	吉林省	—	—	—	—	—	—	—	619.98	77.16	—	—	3.90
8	黑龙江省	—	—	—	—	—	—	—	901.50	134.16	—	—	0.54
9	上海市	—	—	—	—	—	—	0.96	1 357.20	186.18	—	—	—
10	江苏省	—	—	0.78	—	—	0.48	0.06	6 957.30	3 701.82	15.66	0.42	2.52
11	浙江省	—	0.06	—	—	—	—	—	964.32	315.18	—	—	0.12
12	安徽省	—	—	—	2.58	—	—	—	320.76	357.18	0.12	—	0.12
13	福建省	—	—	—	—	4.98	—	—	683.64	210.12	—	0.48	—
14	江西省	—	—	—	0.42	0.06	—	0.36	292.98	2.28	—	0.06	0.12
15	山东省	—	—	—	—	198.96	—	—	630.06	110.46	—	0.48	0.06
16	河南省	—	0.06	—	—	0.66	—	—	1.32	199.08	—	0.48	—
17	湖北省	1.98	—	—	0.12	0.84	0.30	—	4.02	3.90	0.18	—	1.14
18	湖南省	—	—	—	—	—	—	—	321.96	258.72	—	0.42	0.12
19	广东省	0.30	—	—	—	—	0.06	—	2 018.88	359.28	—	—	0.24
20	广西	—	—	0.54	—	—	—	—	—	—	—	—	—
21	海南省	—	—	—	2.94	—	—	—	—	0.24	—	—	—
22	重庆市	—	—	—	—	—	—	1.86	300.00	52.26	6.60	-0.06	—
23	四川省	—	—	—	—	—	—	—	1 657.56	33.36	—	-0.36	—
24	贵州省	—	—	—	0.18	0.90	0.06	—	642.42	35.34	—	—	0.06
25	云南省	—	0.06	—	—	0.12	0.06	3.30	485.10	570.42	0.24	3.42	2.28
26	西藏	—	—	—	4.68	—	—	28.44	2.16	67.38	58.50	—	—
27	陕西省	—	—	—	—	—	—	—	880.86	216.78	—	0.30	—
28	甘肃省	—	0.06	—	10.80	—	—	0.60	26.04	0.06	0.54	0.06	1.38
29	青海省	—	—	—	2.40	—	9.54	—	19.80	95.64	0.06	—	188.34
30	宁夏	—	—	—	0.30	—	—	—	93.18	—	—	1.32	0.42
31	新疆	—	—	—	—	20.34	—	—	187.80	0.12	—	—	—
合计 Total		**2.28**	**0.24**	**1.32**	**24.60**	**281.16**	**10.50**	**36.18**	**21 792.24**	**8 291.22**	**81.90**	**8.58**	**203.88**

续表

序号	地区	撞好运	钓大鱼	大熊猫	发薪日	皇牌多多	大丰收	冲向顶峰	百发百中	黑桃 A	群星璀璨	黄金时代	全民健身日 10 元
1	北京市	—	—	—	—	—	—	—	—	—	—	—	—
2	天津市	—	—	—	—	—	—	—	—	—	—	—	—
3	河北省	—	—	—	—	0.96	—	—	—	56.22	—	8.16	0.18
4	山西省	—	—	—	—	16.02	—	—	—	—	—	—	—
5	内蒙古	0.48	—	—	—	4.80	—	—	0.42	2.58	—	0.66	2.64
6	辽宁省	—	0.06	0.06	0.36	8.52	0.12	0.12	0.06	3.36	0.12	—	8.34
7	吉林省	—	—	—	—	0.36	—	—	—	—	—	—	8.34
8	黑龙江省	—	—	3.24	—	—	—	—	—	—	—	—	—
9	上海市	—	—	—	—	0.06	—	—	—	—	—	—	—
10	江苏省	0.06	0.06	0.36	—	34.56	0.18	3.78	0.30	30.42	5.28	13.20	0.06
11	浙江省	0.24	—	—	—	15.06	—	0.06	—	0.06	—	35.94	—
12	安徽省	0.06	—	—	—	9.42	0.42	2.16	—	2.22	—	0.12	—
13	福建省	—	—	0.06	—	6.00	0.24	6.06	—	1.20	0.06	0.48	—
14	江西省	—	—	—	—	0.54	—	—	—	1.56	—	—	0.24
15	山东省	—	—	—	—	15.72	1.86	—	—	0.06	17.34	24.36	—
16	河南省	0.18	—	0.06	—	4.26	—	0.12	—	0.12	—	0.06	3.78
17	湖北省	—	0.06	0.60	—	2.70	—	2.64	—	0.36	—	0.72	2.88
18	湖南省	0.12	—	—	0.24	0.06	—	—	—	—	0.54	—	—
19	广东省	0.06	0.06	—	—	-0.24	—	—	0.12	—	—	—	0.12
20	广西	—	—	—	—	0.06	—	—	—	—	—	3.12	0.36
21	海南省	—	—	0.12	—	—	—	—	—	—	—	—	—
22	重庆市	—	—	2.70	—	1.02	—	—	—	—	—	—	—
23	四川省	—	—	—	—	3.00	—	—	—	—	—	9.00	—
24	贵州省	—	—	—	—	1.86	—	—	—	1.08	—	—	0.30
25	云南省	2.28	0.06	2.04	17.64	11.10	1.44	0.06	—	14.34	—	39.36	0.48
26	西藏	—	—	—	—	28.26	—	—	—	—	—	120.42	—
27	陕西省	—	—	—	—	4.68	—	—	—	—	—	—	—
28	甘肃省	—	—	0.12	0.06	—	—	—	0.12	—	0.60	4.56	23.94
29	青海省	—	0.06	—	2.64	—	—	0.06	—	1.20	—	—	10.02
30	宁夏	—	—	—	—	—	—	—	—	—	—	—	—
31	新疆	—	—	1.14	—	36.30	0.06	—	—	1.86	—	0.18	—
合计 Total		**3.48**	**0.36**	**10.50**	**20.94**	**205.08**	**4.32**	**15.06**	**1.02**	**116.64**	**23.94**	**260.34**	**61.68**

续表

序号	地区	十倍幸运	步步高升	惊喜8	和谐亚洲	写意岭南	金币	年年有鱼	A和8	锦虎送福	财神到	椰风海韵	绿翡翠9
1	北京市	7 399.62	—	—	—	—	—	—	—	0.48	0.12	—	8 304.72
2	天津市	300.00	—	—	—	—	—	—	—	—	—	—	786.36
3	河北省	3 635.70	—	360.00	—	—	—	—	0.42	—	—	—	5 411.52
4	山西省	867.36	—	—	—	—	—	—	—	1.32	—	—	1 078.08
5	内蒙古	3 025.20	—	1.32	0.54	—	—	2.10	14.70	5.04	2.94	—	5 573.16
6	辽宁省	3 948.84	0.06	3.18	4.44	—	6.84	0.12	14.52	0.06	6.60	—	2 330.16
7	吉林省	2 933.52	—	—	—	—	—	—	0.30	—	0.06	—	2 685.60
8	黑龙江省	3 405.90	—	0.42	0.54	—	—	0.24	0.18	—	—	—	2 712.12
9	上海市	3 814.62	—	—	0.30	—	—	—	—	0.36	—	—	2 354.82
10	江苏省	7 489.56	3.36	0.18	1.62	—	18.54	—	24.84	7.38	24.90	—	2 657.52
11	浙江省	3 365.58	—	—	15.30	—	—	—	—	—	0.54	—	5 213.94
12	安徽省	1 213.74	—	21.84	1.44	—	0.66	0.48	—	0.12	1.26	—	2 376.78
13	福建省	3 235.50	—	2.22	—	—	—	—	—	—	0.48	—	4 886.70
14	江西省	0.78	—	3.30	0.54	—	—	—	0.54	—	0.48	—	523.02
15	山东省	6 035.16	—	1.26	39.30	—	—	—	6.30	3.48	—	—	2 267.46
16	河南省	3 604.26	—	—	1.50	3.06	—	—	—	0.06	—	—	1 799.94
17	湖北省	—	—	13.74	10.20	—	0.24	—	0.42	0.48	2.22	—	55.74
18	湖南省	331.08	—	2.34	0.06	0.90	—	0.12	13.98	—	-0.06	—	1 024.20
19	广东省	11 056.62	0.12	0.06	-0.54	-0.36	—	—	—	0.18	-0.12	—	16 880.70
20	广西	464.82	—	1.62	—	—	—	—	—	0.06	—	—	—
21	海南省	—	—	—	—	—	—	—	—	—	—	0.66	0.18
22	重庆市	1 121.70	4.38	—	—	—	—	—	—	—	—	—	1 463.28
23	四川省	3 618.78	—	-2.04	—	—	—	—	—	3.00	0.06	—	2 922.54
24	贵州省	548.52	—	—	0.96	—	—	—	0.54	0.72	—	—	1 218.42
25	云南省	2 214.96	3.54	83.52	—	—	—	—	89.88	—	1.44	—	6 816.18
26	西藏	1 189.02	—	—	—	—	22.20	—	—	—	—	—	960.54
27	陕西省	2 326.50	—	0.06	—	—	—	—	—	—	—	—	3 085.92
28	甘肃省	917.16	—	0.78	0.18	—	—	—	—	0.60	—	—	1 197.00
29	青海省	270.90	—	1.50	0.06	—	1.86	0.12	—	—	0.06	—	17.28
30	宁夏	161.04	—	—	—	—	—	—	—	—	—	—	196.86
31	新疆	2 852.16	—	3.72	0.66	—	1.62	—	—	10.92	0.12	—	36.60
合计 Total		**81 348.60**	**11.46**	**499.02**	**77.10**	**3.60**	**51.96**	**3.18**	**166.62**	**34.26**	**41.10**	**0.66**	**86 837.34**

续表

序号	地区	三重钻石	麻辣6	24K金	红红火火	3D魔方游戏	心心相印	招财猫	俱乐部	乐翻番	亚运情怀	超值现金	精彩奇妙5
1	北京市	2 399.16	6 241.26	—	—	—	—	600.00	—	—	—	6 537.12	146.40
2	天津市	—	165.24	—	—	—	—	—	—	—	—	994.92	129.00
3	河北省	1 627.92	4 286.58	—	—	5.46	—	140.58	—	—	8.76	5 054.16	142.86
4	山西省	257.94	777.18	—	—	—	—	219.24	—	—	—	1 535.46	153.54
5	内蒙古	2 254.32	1 374.30	3.24	3.06	0.30	0.54	124.14	7.56	0.18	—	3 821.82	44.22
6	辽宁省	240.12	3 081.84	—	2.70	7.68	—	481.44	0.06	0.24	1.50	2 099.16	969.90
7	吉林省	1 041.30	5 204.28	—	—	1.74	—	238.32	—	—	—	2 681.16	29.22
8	黑龙江省	983.82	3 517.92	—	0.06	62.28	—	1 076.76	—	—	17.40	2 066.10	922.68
9	上海市	2 323.14	974.52	—	—	1.86	—	—	-0.06	—	—	2 177.70	67.62
10	江苏省	2 527.08	1 588.44	—	0.54	26.58	1.08	—	—	1.68	—	4 194.66	463.26
11	浙江省	2 591.22	1 821.42	0.12	—	—	0.24	0.18	—	—	—	2 714.52	773.46
12	安徽省	1 519.86	368.40	—	2.88	5.04	—	1.14	—	—	4.80	1 284.60	—
13	福建省	3 724.14	2 163.42	—	—	—	—	0.42	—	0.06	—	4 180.44	852.54
14	江西省	799.92	34.86	—	0.06	—	—	0.60	—	—	—	168.24	0.06
15	山东省	2 386.74	5 365.02	—	—	6.06	—	1 199.82	—	—	6.90	7 149.30	278.28
16	河南省	1 199.76	2 701.32	0.12	0.12	0.06	—	240.84	—	—	—	6 804.60	57.18
17	湖北省	—	117.36	—	4.02	1.98	0.84	2.22	0.12	2.22	—	433.08	—
18	湖南省	1 170.30	473.22	—	—	0.18	0.06	0.06	—	—	—	457.86	156.84
19	广东省	3 491.88	11 394.18	—	—	1.02	—	908.70	—	0.06	2.40	3 947.52	1 197.30
20	广西	—	290.46	0.96	—	—	0.30	235.44	—	—	—	—	0.24
21	海南省	—	—	—	—	—	—	—	—	—	—	290.22	—
22	重庆市	1 028.34	901.56	—	14.16	2.16	13.68	—	4.14	—	—	913.38	129.30
23	四川省	1 610.76	2 880.12	—	9.00	—	0.06	339.60	—	0.06	—	2 409.48	55.62
24	贵州省	950.76	1 113.30	—	—	1.68	—	—	0.12	—	—	582.90	39.78
25	云南省	4 429.08	2 697.90	6.12	1.62	21.72	7.38	357.96	13.32	4.44	3.78	4 361.04	263.82
26	西藏	2 734.74	1 444.62	—	—	—	—	—	—	—	—	1 066.38	3.30
27	陕西省	600.00	2 179.50	—	—	5.46	—	479.88	—	—	0.96	2 233.68	0.06
28	甘肃省	502.08	1 507.86	—	0.60	0.72	—	117.60	—	—	—	2 511.12	161.58
29	青海省	—	10.74	—	—	6.18	0.06	—	—	—	—	522.90	—
30	宁夏	—	8.88	—	—	—	—	—	—	—	—	700.20	—
31	新疆	1 089.00	—	1.14	1.26	—	—	6.42	5.58	—	—	1 948.38	195.48
合计 Total		**43 483.38**	**64 685.70**	**11.70**	**40.08**	**158.16**	**24.24**	**6 771.36**	**30.84**	**8.94**	**46.50**	**75 842.10**	**7 233.54**

续表

序号	地区	新新亚运	2010 塔克拉玛干拉力赛	大爱无疆	神射手（足球）	世界博览	冰火连赢	前进 · 钱进	青海风情	足球盛宴	金银岛	接二连三	碰碰和
1	北京市	17.04	—	—	—	—	0.06	—	—	0.18	—	—	—
2	天津市	—	—	—	—	—	—	14.04	—	—	—	—	—
3	河北省	—	—	0.96	—	—	0.06	482.64	4.74	30.24	—	41.40	—
4	山西省	—	—	11.76	—	—	26.94	143.40	—	20.16	—	—	—
5	内蒙古	—	—	2.76	0.48	—	—	—	—	1.50	—	0.18	0.30
6	辽宁省	—	—	44.34	0.36	9.60	—	231.90	1.50	6.06	0.12	2.34	0.30
7	吉林省	—	—	3.12	—	14.34	—	0.78	—	16.62	—	—	—
8	黑龙江省	—	—	6.42	—	89.04	—	—	—	—	0.06	0.06	0.18
9	上海市	—	—	0.90	0.36	1.92	31.98	—	—	—	—	5.46	0.78
10	江苏省	—	—	1.44	7.38	53.04	11.46	311.82	—	54.24	10.08	11.46	43.08
11	浙江省	—	—	12.84	0.06	0.90	518.28	83.82	—	11.22	0.06	—	—
12	安徽省	—	—	0.30	—	—	71.52	3.72	—	5.70	—	20.04	—
13	福建省	—	—	0.36	—	—	49.14	377.46	—	17.28	—	13.14	—
14	江西省	—	—	—	—	1.14	0.06	0.24	—	2.22	—	—	—
15	山东省	—	—	—	—	—	26.88	575.40	—	—	—	3.96	0.12
16	河南省	—	—	0.06	0.18	0.48	0.42	0.06	—	0.12	—	0.48	—
17	湖北省	—	—	1.02	—	—	—	25.32	—	7.56	—	111.66	0.36
18	湖南省	—	—	0.06	—	—	52.80	5.58	—	1.08	—	—	—
19	广东省	—	—	0.78	—	0.90	16.80	175.50	—	1.20	—	3.66	0.30
20	广西	—	—	0.18	—	—	—	7.56	—	2.88	0.48	—	—
21	海南省	—	—	—	—	—	—	0.06	—	—	—	—	—
22	重庆市	—	—	—	—	—	8.94	—	—	0.90	—	—	—
23	四川省	—	—	0.18	—	—	0.96	0.06	—	—	—	—	—
24	贵州省	—	—	1.14	—	2.70	—	16.80	—	3.96	—	—	—
25	云南省	—	—	1.44	7.56	1.14	0.36	219.42	—	27.36	3.24	3.24	10.74
26	西藏	—	—	23.04	—	—	—	78.36	—	—	—	—	—
27	陕西省	—	—	3.78	—	0.12	—	—	—	2.04	—	0.06	—
28	甘肃省	—	1.32	12.96	—	—	3.60	0.06	—	3.78	—	1.32	0.12
29	青海省	—	—	13.20	—	18.66	—	7.26	3.36	8.34	—	0.48	—
30	宁夏	—	—	—	—	1.32	—	—	—	0.18	—	—	—
31	新疆	—	455.82	28.50	—	—	13.50	249.18	—	15.96	—	17.04	1.92
合计 Total		**17.04**	**457.14**	**171.54**	**16.38**	**195.30**	**833.76**	**3 010.44**	**9.60**	**240.78**	**14.04**	**235.98**	**58.20**

续表

序号	地区	双倍奖金	摇钱树	太空寻宝	金鹅	打扑克	大满贯	疯狂8	连连看	7-11-21	全垒打	黑珍珠	红宝石8
1	北京市	—	0.48	1 084.50	—	0.18	0.18	0.06	0.12	—	—	0.06	825.36
2	天津市	—	25.20	—	—	—	—	—	—	—	—	—	—
3	河北省	—	13.80	208.62	21.42	5.46	290.82	0.06	6.36	257.04	0.06	—	811.98
4	山西省	—	—	1 262.82	—	—	58.74	—	—	131.76	—	—	—
5	内蒙古	0.06	25.08	19.32	1.26	1.98	112.32	0.66	2.70	6.06	3.36	—	507.96
6	辽宁省	2.70	51.18	1 596.48	0.18	4.56	172.02	0.42	2.10	2.22	0.24	13.50	118.80
7	吉林省	—	19.74	2 224.26	—	—	7.56	—	—	5.76	—	-0.60	186.30
8	黑龙江省	—	676.68	2 336.70	0.36	0.66	123.42	—	—	226.08	—	—	392.04
9	上海市	—	82.74	—	—	9.36	—	—	—	1.44	—	0.06	1 005.78
10	江苏省	—	23.16	—	14.82	17.88	730.44	11.28	19.20	375.06	14.40	65.64	2 500.14
11	浙江省	0.24	10.26	321.24	0.12	133.14	160.98	—	0.18	9.12	0.06	0.24	2 532.90
12	安徽省	—	5.10	233.16	0.24	—	54.90	—	2.64	—	—	—	375.90
13	福建省	—	152.04	117.18	—	—	18.84	38.64	—	30.96	0.06	3.42	551.58
14	江西省	—	0.06	0.66	0.48	—	0.12	—	—	—	—	0.24	—
15	山东省	—	603.24	784.74	—	20.64	1 160.52	—	—	23.28	2.58	—	1 196.16
16	河南省	0.30	1.14	949.26	0.06	0.66	0.66	0.06	—	8.82	0.12	0.90	1 167.06
17	湖北省	2.46	0.30	0.60	—	—	19.14	—	—	80.40	—	—	—
18	湖南省	—	—	189.90	—	—	0.54	—	—	10.26	—	—	83.16
19	广东省	0.06	29.40	2 643.78	—	—	58.08	—	0.06	45.24	14.58	7.50	1 047.48
20	广西	—	0.30	—	—	—	0.36	—	1.08	18.36	—	—	—
21	海南省	—	—	0.78	0.18	—	7.38	—	—	—	—	—	—
22	重庆市	—	—	1 542.00	—	—	16.86	—	—	64.20	—	—	683.82
23	四川省	0.06	178.56	5 575.50	—	—	29.22	0.06	—	6.00	—	0.12	1 055.82
24	贵州省	—	4.32	261.24	—	4.20	50.16	—	—	17.16	—	—	353.16
25	云南省	0.36	240.12	188.70	1.74	3.72	303.12	2.10	8.82	38.64	5.94	44.70	1 412.22
26	西藏	—	127.62	—	—	—	27.54	—	—	—	—	4.68	131.16
27	陕西省	1.50	—	1 277.88	—	0.30	23.16	—	—	17.58	—	—	102.00
28	甘肃省	—	137.82	122.10	1.74	—	13.08	0.78	1.02	45.00	1.92	4.56	224.22
29	青海省	0.06	0.12	1.02	1.86	—	9.06	3.30	2.46	—	—	0.06	—
30	宁夏	—	—	231.54	0.06	—	15.96	—	—	3.06	—	—	—
31	新疆	0.12	0.06	476.88	0.60	—	62.34	5.04	0.36	16.92	—	9.90	237.24
合计 Total		**7.92**	**2 408.52**	**23 650.86**	**45.12**	**202.74**	**3 527.52**	**62.46**	**47.10**	**1 440.42**	**43.32**	**154.98**	**17 502.24**

续表

序号	地区	转就赢	好运掷	快乐音符	恭喜发财	玉兔送财	海南体博	红樱桃	金算盘	幸运小精灵	金银生辉	情谊两心知	金色的祝福
1	北京市	—	—	—	0.06	—	—	510.96	—	—	0.30	—	—
2	天津市	—	—	—	—	—	—	102.72	—	—	—	—	—
3	河北省	—	5.52	189.00	0.12	—	—	265.08	—	0.24	1.44	19.44	0.42
4	山西省	—	—	4.80	—	—	—	30.96	—	0.06	0.18	37.74	7.98
5	内蒙古	2.76	15.48	8.04	3.48	7.50	—	32.94	0.78	—	7.02	37.14	3.06
6	辽宁省	2.58	3.06	44.64	1.50	6.30	—	258.12	—	2.82	296.16	4.86	1.92
7	吉林省	—	0.06	11.94	—	—	—	84.12	0.12	—	8.52	0.12	0.06
8	黑龙江省	—	—	0.54	—	—	—	453.90	—	0.66	497.64	1.26	—
9	上海市	—	—	4.68	—	—	—	83.10	0.96	55.26	134.34	—	9.96
10	江苏省	23.04	27.54	115.44	6.60	17.46	—	942.48	69.96	238.20	190.38	—	752.64
11	浙江省	0.12	0.54	26.28	0.24	14.04	—	519.42	—	0.30	105.84	4.56	—
12	安徽省	—	—	—	9.96	—	—	354.06	0.30	—	123.36	127.14	—
13	福建省	—	—	9.60	—	4.56	—	299.40	0.24	1.26	8.76	—	—
14	江西省	—	0.54	15.72	—	—	—	—	—	—	10.92	—	42.42
15	山东省	—	0.06	4.98	—	0.48	—	1 277.94	1.32	11.88	5.40	2.04	28.74
16	河南省	0.24	0.60	0.06	0.18	—	—	320.64	0.12	—	290.46	2.28	1.20
17	湖北省	0.06	—	—	—	29.88	—	—	—	—	43.38	9.54	—
18	湖南省	—	—	1.68	—	—	—	—	—	—	227.76	4.62	1.98
19	广东省	4.20	0.06	—	—	0.48	—	624.54	0.12	33.60	48.72	0.12	474.00
20	广西	0.96	—	36.66	0.36	6.00	—	—	8.28	—	21.36	3.96	—
21	海南省	—	—	—	—	—	28.32	—	—	—	0.12	—	—
22	重庆市	—	—	4.20	—	11.40	—	442.32	—	—	53.04	—	—
23	四川省	—	—	—	—	—	—	1 007.22	—	152.94	11.88	1.14	0.06
24	贵州省	—	—	3.36	—	—	—	295.32	—	—	262.68	0.06	—
25	云南省	5.40	35.76	57.84	1.62	11.40	—	618.06	17.94	82.62	116.10	114.96	69.54
26	西藏	—	—	—	—	—	—	—	—	—	0.72	—	—
27	陕西省	—	—	—	—	2.40	—	—	—	6.54	10.32	233.10	6.60
28	甘肃省	1.44	—	26.64	—	7.62	—	132.60	0.96	2.94	59.10	12.72	—
29	青海省	—	—	—	—	—	—	53.82	4.32	—	2.70	4.62	—
30	宁夏	—	0.06	8.70	—	—	—	—	—	—	6.18	0.12	0.06
31	新疆	0.06	—	53.34	1.74	34.50	—	278.28	4.32	—	312.84	23.28	18.18
合计 Total		**40.86**	**89.28**	**628.14**	**25.86**	**154.02**	**28.32**	**8 988.00**	**109.74**	**589.32**	**2 857.62**	**644.82**	**1 418.82**

续表

序号	地区	NBA	NBA	分花红	喜上梅梢	幸运号码	闪耀宝石 9	好运马上来	星座奇缘	越野赛	步步为赢	生日快乐	大家乐
1	北京市	179.52	0.36	—	0.48	2.64	0.36	0.60	351.18	0.18	0.36	0.15	0.12
2	天津市	—	—	—	—	28.20	—	109.44	—	—	59.40	—	—
3	河北省	201.96	36.90	0.54	4.80	291.84	0.54	259.26	749.82	7.62	265.74	11.22	31.14
4	山西省	52.80	16.86	3.00	—	52.98	1.80	143.76	44.76	120.66	37.38	5.37	59.58
5	内蒙古	38.76	21.24	8.10	1.68	61.68	18.78	60.42	143.16	2.76	110.46	5.31	7.14
6	辽宁省	436.92	28.62	—	10.68	319.62	322.86	29.28	190.68	34.50	—	231.02	14.46
7	吉林省	192.90	5.40	0.06	0.24	251.70	24.36	34.74	263.64	3.84	49.26	4.83	0.06
8	黑龙江省	462.00	1.08	1.32	0.36	99.00	79.86	66.90	257.94	3.00	103.26	440.76	0.24
9	上海市	129.84	64.86	—	1.08	155.16	117.48	—	65.70	5.52	—	31.52	—
10	江苏省	400.44	74.88	—	150.18	1 270.80	2 569.08	658.26	552.90	89.70	—	497.79	—
11	浙江省	674.88	13.80	12.24	39.18	367.68	322.20	85.98	477.36	259.92	164.34	138.33	0.24
12	安徽省	88.50	58.44	17.28	—	306.54	234.24	—	315.48	—	—	26.15	42.96
13	福建省	409.26	102.18	—	14.76	326.82	315.54	487.38	652.62	38.34	0.12	94.91	—
14	江西省	98.46	47.28	—	—	112.92	80.10	160.74	13.02	—	47.04	31.67	291.72
15	山东省	52.86	14.82	0.12	—	343.98	49.92	1 368.06	2 205.78	11.10	284.04	1.26	0.66
16	河南省	2.10	26.76	—	3.54	6.48	36.72	4.62	241.50	0.12	50.46	17.75	1.26
17	湖北省	3.30	242.76	50.76	34.26	—	149.94	—	1.80	—	81.96	82.95	—
18	湖南省	0.96	31.32	4.80	0.72	—	450.54	112.32	37.68	6.60	—	85.76	89.10
19	广东省	50.94	19.68	0.84	25.44	236.94	139.14	512.10	859.38	192.84	246.78	103.53	—
20	广西	260.16	58.26	88.74	—	173.04	16.92	—	58.56	37.14	44.28	28.88	—
21	海南省	0.12	3.18	—	—	62.04	0.06	—	—	—	—	—	—
22	重庆市	190.62	306.96	—	83.52	—	0.06	—	120.00	—	66.54	157.71	—
23	四川省	57.90	143.82	140.82	—	157.80	234.90	63.30	136.68	0.18	0.60	269.18	0.36
24	贵州省	5.88	0.06	—	3.48	69.00	97.68	103.14	8.76	92.88	22.86	4.82	0.54
25	云南省	572.28	589.98	48.06	342.42	319.02	218.88	106.92	194.28	246.96	29.82	133.62	98.28
26	西藏	62.34	—	—	—	—	38.58	194.94	—	169.08	—	85.05	—
27	陕西省	108.90	16.80	101.52	—	267.84	229.02	276.66	142.20	18.72	70.56	0.03	49.20
28	甘肃省	39.24	21.18	0.06	2.52	174.24	52.38	41.10	39.90	15.36	—	12.06	0.36
29	青海省	14.10	7.98	0.12	—	—	15.06	—	6.54	4.02	—	3.93	1.38
30	宁夏	0.06	79.02	—	—	113.94	46.20	—	53.34	—	6.84	47.61	6.60
31	新疆	72.00	164.34	6.90	10.32	487.44	216.24	418.38	131.22	103.20	34.14	57.48	—
合计 Total		**4 860.00**	**2 198.82**	**485.28**	**729.66**	**6 059.34**	**6 079.44**	**5 298.30**	**8 315.88**	**1 464.24**	**1 776.24**	**2 610.60**	**695.40**

续表

序号	地区	魅力海阳喜迎亚沙会	碧水生金	环青海湖大赛	秀甲天下	深圳第26届世界大学生夏季运动会	南阳淘宝	争金夺银－第7届全国农民运动会	多彩贵州	铁人夺金	20倍幸运	十倍幸运 II	龟兔赛跑
1	北京市	62.88	—	0.12	—	—	—	—	0.12	0.12	0.30	34.44	300.06
2	天津市	—	—	—	—	—	—	—	7.62	40.44	—	—	76.50
3	河北省	—	—	—	479.04	—	—	—	—	1 053.00	44.22	19.56	93.72
4	山西省	—	—	—	—	—	—	—	—	21.24	101.88	0.18	16.62
5	内蒙古	—	—	—	—	—	—	—	—	11.94	42.18	15.06	24.42
6	辽宁省	—	—	—	—	—	—	—	—	13.68	116.64	250.98	64.74
7	吉林省	—	—	—	—	—	—	—	—	—	38.16	49.32	29.94
8	黑龙江省	—	—	—	—	—	—	—	—	20.58	57.18	234.36	209.94
9	上海市	—	74.58	—	—	—	—	—	36.78	32.34	33.48	3.00	184.14
10	江苏省	63.36	—	—	6.78	—	—	—	—	—	5 984.64	974.94	1 544.22
11	浙江省	—	—	—	16.74	—	—	—	—	—	191.94	47.64	339.78
12	安徽省	—	—	—	—	—	—	—	—	—	249.60	149.10	—
13	福建省	—	—	—	2.88	—	—	—	7.02	—	117.60	76.50	—
14	江西省	—	—	—	—	—	—	—	—	—	89.22	—	66.54
15	山东省	70.74	—	—	42.00	—	—	—	600.96	78.96	294.84	64.44	430.08
16	河南省	—	—	—	—	—	1 251.60	540.96	—	—	116.94	0.30	22.32
17	湖北省	—	—	—	—	—	—	—	—	—	83.76	—	215.70
18	湖南省	—	—	—	—	—	—	—	—	—	—	—	26.40
19	广东省	51.18	—	57.00	—	60.12	—	—	—	23.34	89.04	71.76	573.36
20	广西	—	—	—	—	—	—	—	—	—	270.24	—	—
21	海南省	—	—	—	—	—	—	—	—	—	1.38	224.10	—
22	重庆市	—	—	—	1.32	—	—	—	—	—	152.22	—	19.56
23	四川省	—	—	—	—	—	—	—	—	12.24	137.16	5.64	380.46
24	贵州省	—	—	—	31.68	—	—	—	19.98	15.84	107.34	34.44	45.48
25	云南省	—	—	—	21.78	—	—	—	18.60	111.78	543.84	132.24	181.56
26	西藏	—	—	—	—	—	—	—	—	—	64.02	—	—
27	陕西省	—	—	—	88.02	—	—	—	29.28	—	71.28	33.36	179.94
28	甘肃省	—	—	—	—	—	—	—	—	49.44	137.76	56.28	226.08
29	青海省	—	—	0.48	—	—	—	—	—	—	11.88	120.36	179.70
30	宁夏	—	—	—	—	—	—	—	—	—	141.30	515.64	103.50
31	新疆	—	—	—	—	—	—	—	—	—	672.84	193.92	—
合计 Total		**248.16**	**74.58**	**57.60**	**690.24**	**60.12**	**1 251.60**	**540.96**	**720.36**	**1 484.94**	**9 962.88**	**3 307.56**	**5 534.76**

续表

序号	地区	股神	即现彩虹	三倍幸运草	超级赢家	好运 8	宝石之王	10 全 10 美	6 倍幸运	超级王牌	快乐雪人	快乐赢	赛事之都
1	北京市	0.36	120.12	3.30	113.28	0.18	6 433.44	75.48	311.76	185.82	437.07	360.00	1 703.70
2	天津市	260.82	34.80	—	347.16	—	795.90	8.10	—	180.00	152.28	120.00	—
3	河北省	365.16	454.56	85.38	2 025.24	88.56	7 509.00	333.90	229.26	261.72	726.84	426.72	594.78
4	山西省	251.22	26.58	0.12	537.96	482.64	2 043.84	74.04	23.04	106.86	263.64	228.96	—
5	内蒙古	8.10	102.12	35.22	1 960.20	655.08	5 216.40	233.40	598.56	163.62	427.20	495.90	—
6	辽宁省	438.60	208.86	140.52	782.94	616.56	2 299.38	165.12	544.38	—	—	347.52	—
7	吉林省	128.64	124.80	13.20	827.64	19.68	4 327.56	60.84	55.08	187.02	525.24	340.26	—
8	黑龙江省	166.80	238.26	172.32	323.04	689.52	3 088.62	382.50	115.32	536.94	37.11	240.00	—
9	上海市	164.52	—	90.72	623.28	837.00	2 634.54	—	150.00	—	118.98	46.26	—
10	江苏省	1 452.54	—	2 827.44	3 379.14	1 094.40	11 600.88	—	784.86	835.38	1 051.50	—	—
11	浙江省	69.42	597.90	262.68	3 178.56	875.88	6 981.30	486.96	1 440.78	434.64	764.52	645.78	—
12	安徽省	46.56	219.24	44.28	249.12	—	1 980.54	—	130.98	—	314.19	101.28	—
13	福建省	505.20	97.98	166.38	2 673.48	700.44	5 713.74	293.88	301.68	—	—	431.94	—
14	江西省	271.38	134.40	26.76	330.06	—	1 152.66	—	—	—	253.41	162.84	—
15	山东省	—	466.32	92.64	3 349.86	709.02	10 022.40	713.88	566.04	323.88	1 056.75	1 625.76	577.50
16	河南省	318.54	110.64	609.60	1 243.26	371.22	10 499.58	77.82	600.00	213.30	201.84	476.52	—
17	湖北省	—	—	157.44	346.08	187.38	1 249.50	33.00	—	—	161.40	—	—
18	湖南省	—	42.36	26.76	397.86	334.02	1 323.48	228.36	—	—	139.62	191.40	—
19	广东省	421.20	140.52	116.52	2 149.80	2 629.62	8 247.66	556.92	1 008.00	452.94	—	1 590.90	—
20	广西	—	—	95.04	326.40	—	592.98	232.14	—	—	215.16	—	—
21	海南省	—	—	—	240.24	—	220.62	—	—	—	192.87	—	—
22	重庆市	192.72	—	2.04	568.80	758.40	1 825.44	120.00	154.56	—	—	119.94	—
23	四川省	207.66	39.96	22.80	1 377.36	804.48	4 510.32	281.40	14.10	391.98	364.74	386.46	—
24	贵州省	—	26.88	25.50	446.94	615.72	1 275.00	98.16	280.68	77.40	83.37	61.26	—
25	云南省	355.08	61.92	75.90	2 648.16	1 918.80	6 026.34	35.10	338.04	415.14	334.80	—	—
26	西藏	—	—	—	500.82	83.04	1 200.90	—	—	—	—	—	—
27	陕西省	—	238.44	63.30	812.10	552.06	3 648.78	173.70	345.54	265.14	477.00	474.66	—
28	甘肃省	167.88	189.78	25.32	667.32	672.06	2 589.42	113.16	204.90	—	295.44	228.72	—
29	青海省	—	48.18	—	347.16	—	773.34	—	—	74.34	290.91	—	—
30	宁夏	172.62	—	—	322.68	—	992.64	60.36	126.78	—	—	—	—
31	新疆	—	238.20	150.78	935.04	752.64	3 886.50	—	509.58	—	—	258.54	—
合计 Total		**5 965.02**	**3 962.82**	**5 331.96**	**34 030.98**	**16 448.40**	**120 662.70**	**4 838.22**	**8 833.92**	**5 106.12**	**8 885.88**	**9 361.62**	**2 875.98**

续表

序号	地区	好运翻6番	黄金8	幸运金鱼	满载而归	团龙献瑞	金荷包	点石成金	神秘礼物	龙年吉祥	金镶玉	甜蜜约会	三倍甜蜜
1	北京市	166.14	240.00	237.00	40.62	175.80	1 200.00	15 532.92	120.00	1 200.00	1 199.58	1 199.40	120.00
2	天津市	18.00	120.00	300.00	—	457.92	600.00	576.72	120.00	—	300.00	253.68	120.00
3	河北省	848.16	345.39	1 512.00	829.68	1 519.02	1 799.88	9 094.92	810.36	1 499.94	1 793.76	1 410.42	839.94
4	山西省	263.22	221.94	405.54	397.56	418.98	599.82	1 488.24	226.50	—	300.00	300.00	233.88
5	内蒙古	1 559.46	—	1 787.22	1 730.58	1 146.78	595.92	6 954.84	476.64	900.00	1 167.36	1 355.10	480.00
6	辽宁省	178.68	350.01	535.32	293.52	1 076.70	878.94	2 391.54	462.00	891.12	595.32	896.52	474.66
7	吉林省	184.92	443.43	251.70	292.44	429.18	836.76	3 256.92	231.54	600.00	599.10	298.08	358.08
8	黑龙江省	306.72	359.49	687.36	359.46	678.96	866.22	2 626.32	120.00	899.94	599.76	600.00	120.00
9	上海市	109.02	—	302.46	148.14	351.66	570.96	4 336.38	—	300.00	577.38	282.60	—
10	江苏省	2 070.36	—	2 591.34	3 716.40	3 316.74	2 362.86	2 379.48	—	2 205.84	3 734.94	2 569.20	—
11	浙江省	1 267.38	117.24	1 162.44	2 014.02	1 407.36	1 799.40	9 187.26	819.54	1 480.74	2 747.10	1 439.28	240.00
12	安徽省	44.82	211.50	593.94	586.44	562.20	—	1 823.76	94.68	299.88	1 092.24	576.96	356.70
13	福建省	711.00	—	—	1 768.86	719.40	1 499.58	4 056.24	—	2 099.82	1 768.98	688.20	120.00
14	江西省	—	—	—	427.20	446.82	—	102.78	—	289.56	—	239.94	118.86
15	山东省	690.30	1 199.88	910.62	2 399.70	2 999.46	899.82	7 006.68	1 993.14	899.94	1 799.70	4 184.88	1 917.60
16	河南省	899.94	240.00	1 499.94	1 800.00	1 198.32	899.88	5 341.74	360.00	899.94	1 200.00	599.82	478.98
17	湖北省	116.58	197.70	637.62	—	352.50	—	449.58	436.26	300.00	520.26	297.84	384.06
18	湖南省	—	—	163.20	433.50	—	261.24	1 417.20	211.92	581.88	530.88	232.62	—
19	广东省	1 229.10	832.86	683.10	2 651.34	1 118.94	1 988.52	14 815.92	1 104.54	2 080.38	2 331.30	1 495.08	1 255.38
20	广西	—	111.93	—	—	512.10	528.18	526.44	229.86	299.52	—	—	116.22
21	海南省	209.28	—	—	—	—	—	60.00	59.88	300.00	—	—	—
22	重庆市	406.38	119.97	—	—	—	547.80	2 024.04	480.00	600.00	409.74	385.02	240.00
23	四川省	645.06	506.58	324.60	1 007.22	977.94	1 199.82	4 777.92	377.64	2 099.40	1 200.00	782.70	840.00
24	贵州省	262.02	67.53	334.50	380.10	300.72	482.64	2 427.90	204.66	300.00	—	308.16	149.58
25	云南省	615.24	—	1 183.38	1 359.54	1 310.04	1 491.48	6 041.52	—	1 485.00	1 502.16	758.76	666.18
26	西藏	158.88	—	762.42	—	—	—	1 202.28	—	—	—	—	—
27	陕西省	600.00	393.57	818.70	—	240.30	782.16	3 437.16	360.00	900.00	599.94	—	468.42
28	甘肃省	—	98.61	598.98	593.16	585.30	596.94	2 053.98	96.90	300.00	599.70	463.26	350.46
29	青海省	289.80	120.00	—	—	—	—	1 212.12	—	—	282.36	289.56	239.88
30	宁夏	283.38	108.48	274.38	—	—	—	—	102.60	300.00	295.62	—	160.98
31	新疆	617.04	281.25	456.54	—	400.02	590.46	—	—	878.04	—	—	719.94
合计 Total		**14 750.88**	**6 687.36**	**19 014.30**	**23 229.48**	**22 703.16**	**23 879.28**	**116 602.80**	**9 498.66**	**24 890.94**	**27 747.18**	**21 907.08**	**11 569.80**

续表

序号	地区	情比金坚	聚宝盆	金光闪烁7	NBA	黄金瓜	淘金乐	甜蜜蜜	感恩母亲节	开心麻将	NBA总冠军	十倍奖金	幸运彩虹
1	北京市	1 200.00	1 687.08	1 799.94	1 435.02	360.00	4 320.00	4 193.76	300.00	300.00	1 200.00	900.00	599.94
2	天津市	300.00	300.00	300.00	540.00	—	1 200.00	600.00	—	300.00	600.00	300.00	300.00
3	河北省	1 799.94	2 770.74	1 799.52	1 750.38	472.74	3 539.04	2 537.82	834.12	876.84	1 543.62	1 200.00	599.94
4	山西省	798.48	807.18	597.54	646.80	239.88	1 195.20	617.76	—	296.04	586.20	300.00	580.98
5	内蒙古	1 687.38	1 695.84	1 498.44	1 152.84	451.86	2 869.02	1 952.28	288.18	816.66	1 033.20	596.76	884.76
6	辽宁省	1 192.44	594.66	1 492.02	1 585.38	475.68	1 892.52	2 122.74	296.40	298.74	598.86	897.96	888.54
7	吉林省	—	1 188.24	1 190.22	747.90	358.44	2 257.80	2 094.30	295.08	299.10	858.48	599.88	896.76
8	黑龙江省	1 198.86	—	1 199.58	1 185.30	360.00	1 904.82	1 785.42	299.76	—	1 173.00	600.00	599.52
9	上海市	588.36	—	880.14	711.90	—	1 884.78	2 266.32	231.84	—	609.12	597.84	276.12
10	江苏省	3 356.28	3 760.14	2 084.28	12 683.94	1 084.56	12 887.22	560.82	—	1 895.58	9 961.44	2 557.44	796.50
11	浙江省	1 790.58	2 100.48	2 692.08	2 636.22	719.70	6 141.96	3 177.18	1 065.18	—	1 768.56	1 198.80	1 798.56
12	安徽省	—	—	1 435.38	867.60	238.32	2 334.90	1 489.44	467.88	399.84	678.84	576.54	580.50
13	福建省	2 387.88	2 025.12	2 926.56	1 716.54	120.00	3 598.68	2 340.72	—	578.46	1 965.00	1 199.40	1 149.18
14	江西省	—	579.00	578.16	354.96	118.02	715.20	260.46	—	—	391.38	280.68	294.90
15	山东省	2 998.08	—	2 394.36	5 807.16	1 199.94	6 476.28	4 619.28	885.54	899.76	4 193.34	1 199.88	1 794.06
16	河南省	599.94	599.94	899.88	2 776.56	360.00	4 785.24	2 653.20	598.32	—	2 264.34	600.00	599.88
17	湖北省	570.18	—	—	648.54	424.92	1 191.42	—	286.02	—	540.00	—	—
18	湖南省	—	—	264.54	566.46	210.00	620.28	803.46	129.00	—	599.40	268.86	258.36
19	广东省	1 682.46	1 674.90	3 476.40	2 843.22	1 379.88	10 146.96	8 733.60	1 032.96	1 295.10	3 375.18	1 754.40	1 391.64
20	广西	—	—	263.40	217.08	—	347.22	—	—	—	295.62	285.96	—
21	海南省	548.76	—	—	123.78	—	239.52	—	—	—	184.56	215.04	—
22	重庆市	425.88	599.94	599.88	476.64	120.00	959.88	1 051.38	178.92	599.46	323.16	299.94	—
23	四川省	1 199.88	1 196.34	899.64	1 794.54	471.96	3 359.10	1 789.80	467.70	1 459.74	1 303.62	600.00	600.00
24	贵州省	468.60	538.50	537.42	443.46	124.14	1 179.60	340.14	—	287.46	990.00	299.76	283.74
25	云南省	1 648.56	1 815.00	1 481.64	2 284.86	407.70	4 669.44	1 837.74	497.16	299.70	2 156.70	890.70	893.28
26	西藏	792.72	—	292.26	343.26	—	917.22	202.92	—	—	365.94	245.82	—
27	陕西省	599.94	1 180.44	1 137.96	850.38	480.00	1 439.94	1 727.46	287.16	—	737.76	600.00	556.32
28	甘肃省	600.00	1 194.06	883.50	690.24	115.20	1 315.20	883.02	288.42	—	599.04	297.90	299.82
29	青海省	—	—	294.24	348.18	—	516.12	298.02	—	—	286.44	292.74	266.28
30	宁夏	—	—	300.00	324.84	—	477.90	264.12	—	—	283.08	—	287.34
31	新疆	—	—	1 426.20	863.40	442.02	2 726.16	—	467.70	—	1 103.40	599.94	888.36
合计 Total		**28 435.20**	**26 307.60**	**35 625.18**	**49 417.38**	**10 734.96**	**88 108.62**	**51 203.16**	**9 197.34**	**10 902.48**	**42 569.28**	**20 256.24**	**18 365.28**

续表

序号	地区	英雄会	吉祥金桔	幸运星	熊猫宝宝	激情亚沙会，快乐在一起	点石成金 II	神奇的宝葫芦	快乐 J	大富豪	可爱小樱桃	金石奇缘	携手奥运
1	北京市	1 006.68	599.04	3 560.76	240.00	599.37	4 272.96	599.94	586.86	1 526.76	1 199.34	300.00	450.00
2	天津市	300.00	150.00	566.94	—	—	417.66	300.00	184.26	119.82	299.58	197.46	150.00
3	河北省	892.32	657.12	2 687.40	221.22	—	2 723.46	1 193.40	750.45	737.52	1 166.22	557.22	749.58
4	山西省	446.82	255.72	841.44	164.88	—	530.64	282.00	210.21	202.32	296.28	232.68	291.66
5	内蒙古	574.08	492.60	2 209.38	263.58	—	2 344.44	886.26	253.17	536.94	978.30	459.18	589.98
6	辽宁省	564.78	405.12	1 468.20	446.40	—	1 245.78	857.10	534.36	318.54	588.06	262.26	443.52
7	吉林省	500.10	277.98	1 150.80	290.94	—	1 122.90	818.52	518.43	195.06	588.30	247.44	430.86
8	黑龙江省	543.00	289.20	1 177.44	234.36	—	1 310.40	840.36	583.26	308.70	588.00	279.78	449.52
9	上海市	493.20	214.62	1 213.38	—	321.51	992.52	546.00	469.47	316.08	—	296.70	264.24
10	江苏省	—	—	9 429.00	—	—	5 055.12	—	459.54	1 378.26	2 493.54	1 321.92	1 483.32
11	浙江省	—	1 061.76	2 624.40	336.06	572.97	2 579.22	1 916.82	946.35	568.74	1 107.06	779.76	746.28
12	安徽省	454.44	260.28	2 014.86	—	370.65	1 738.50	566.94	—	350.52	404.64	—	442.68
13	福建省	1 453.50	484.50	4 359.06	—	938.91	1 953.90	1 400.10	838.53	472.20	1 468.62	—	446.52
14	江西省	—	—	327.48	114.18	—	320.40	288.00	—	86.46	—	—	149.58
15	山东省	2 345.94	1 175.76	8 130.24	1 666.14	8 391.45	4 486.80	1 785.48	2 310.27	2 072.34	2 906.52	1 179.54	1 793.76
16	河南省	1 195.86	299.88	3 582.06	240.00	—	3 066.48	599.58	896.55	1 722.06	599.88	599.70	449.88
17	湖北省	—	273.72	539.94	109.56	—	316.74	—	988.50	240.00	—	264.60	149.64
18	湖南省	268.68	—	367.14	—	—	543.36	206.82	147.42	166.44	—	—	130.02
19	广东省	1 304.58	525.72	2 875.38	823.02	486.57	5 135.34	1 333.98	670.14	1 018.14	1 466.28	1 260.84	726.60
20	广西	104.94	—	232.56	—	—	—	167.40	80.73	—	—	—	149.10
21	海南省	—	65.94	99.48	—	—	207.90	—	—	38.76	—	—	144.06
22	重庆市	115.92	149.82	480.00	—	—	708.24	170.28	220.44	—	304.44	159.66	150.00
23	四川省	662.40	299.10	1 656.96	357.54	—	1 486.44	871.08	677.85	646.14	1 012.20	—	745.26
24	贵州省	247.50	114.48	392.64	—	—	623.64	249.72	119.79	98.58	—	192.48	225.06
25	云南省	936.48	267.30	2 311.50	183.30	—	3 448.08	823.56	227.07	425.88	1 638.78	568.14	593.94
26	西藏	—	—	403.74	—	—	449.46	154.74	—	—	—	—	122.70
27	陕西省	494.70	251.64	1 359.96	311.40	—	594.48	544.92	431.16	239.28	895.32	—	274.74
28	甘肃省	514.56	141.78	1 465.74	108.24	—	663.60	585.90	269.85	1.32	581.40	270.06	148.44
29	青海省	241.50	96.42	470.22	109.02	—	343.02	—	—	57.72	—	105.90	135.54
30	宁夏	179.34	88.74	525.54	—	—	402.12	143.70	—	—	—	—	145.98
31	新疆	829.86	—	2 305.50	250.62	—	1 372.86	528.00	558.57	107.10	—	—	299.64
合计 Total		**16 671.18**	**8 898.24**	**60 829.14**	**6 470.46**	**11 681.43**	**50 456.46**	**18 660.60**	**13 933.23**	**13 951.68**	**20 582.76**	**9 535.32**	**13 472.10**

续表

序号	地区	中国奥运军团	草原那达慕	三江源	铁人夺金 II	东海明珠	三只猴子	浪漫水晶球	跳跃音符	至尊钻石 7	小财神	宠物乐	存钱罐
1	北京市	600.00	—	—	412.08	—	239.73	592.86	584.04	—	437.79	69.78	142.62
2	天津市	300.00	—	—	—	—	120.00	199.68	140.46	—	—	—	—
3	河北省	1 002.84	—	—	776.76	—	208.53	894.72	564.42	—	367.68	137.82	—
4	山西省	290.28	—	187.68	—	—	136.20	242.04	195.36	—	134.79	—	—
5	内蒙古	282.90	1 195.44	—	321.00	—	—	500.76	349.80	—	—	56.10	—
6	辽宁省	280.44	—	—	—	—	289.89	444.48	402.96	—	78.15	84.30	—
7	吉林省	268.26	—	—	242.28	—	179.88	244.02	225.00	—	130.41	42.54	—
8	黑龙江省	292.68	—	—	251.94	—	342.48	365.46	379.92	—	264.06	78.60	—
9	上海市	274.26	—	—	—	—	—	288.48	195.18	—	130.92	—	—
10	江苏省	1 769.40	—	—	—	—	—	930.66	549.42	985.56	—	—	—
11	浙江省	1 100.22	—	—	—	3 924.39	242.91	493.74	1 075.86	—	97.44	—	—
12	安徽省	859.98	—	—	—	—	103.77	428.82	438.42	—	374.82	—	—
13	福建省	826.32	—	—	—	—	—	351.54	417.96	—	246.27	—	—
14	江西省	221.10	—	—	—	—	97.35	—	245.82	—	260.97	—	—
15	山东省	2 920.56	—	—	—	—	1 167.90	1 680.30	1 483.86	—	1 268.73	—	631.68
16	河南省	899.46	—	—	—	—	356.22	1 191.06	1 135.14	—	—	—	—
17	湖北省	258.12	—	—	—	—	402.45	501.60	435.78	—	300.00	—	—
18	湖南省	193.14	—	—	—	—	75.84	225.06	132.12	—	—	—	—
19	广东省	1 451.52	—	—	—	—	647.07	742.20	485.88	—	449.28	—	—
20	广西	182.94	—	—	145.98	—	57.30	—	—	—	1.83	1.92	—
21	海南省	215.40	—	—	—	—	—	—	—	—	13.53	—	—
22	重庆市	150.42	—	—	—	—	163.74	263.28	—	—	24.96	6.84	—
23	四川省	647.94	—	—	—	—	534.48	758.04	522.54	—	—	—	—
24	贵州省	212.22	—	—	—	—	43.26	153.24	137.52	—	49.26	—	—
25	云南省	795.06	—	—	295.14	—	—	564.30	407.58	—	82.98	27.66	—
26	西藏	—	—	147.60	—	—	—	119.28	60.18	—	—	—	—
27	陕西省	384.60	—	—	—	—	231.48	444.78	372.66	—	83.85	113.88	—
28	甘肃省	274.02	—	266.76	—	—	93.84	338.10	235.74	—	4.98	0.06	—
29	青海省	—	—	395.22	—	—	46.29	—	—	—	—	—	—
30	宁夏	187.50	—	103.80	—	—	—	—	27.00	—	28.38	—	—
31	新疆	591.78	—	—	—	—	—	279.96	257.10	—	—	—	—
合计 Total		**17 733.36**	**1 195.44**	**1 101.06**	**2 445.18**	**3 924.39**	**5 780.61**	**13 238.46**	**11 457.72**	**985.56**	**4 831.08**	**619.50**	**774.30**

续表

序号	地区	童年记忆	三国故事	紫水晶	麻辣6	金蛇添财	剪子，包袱，锤	过大年	过大年	过大年	合计 Total
1	北京市	281.94	—	1 645.20	881.04	455.46	—	106.26	96.42	114.18	106376.49
2	天津市	—	—	104.58	87.90	—	—	—	—	—	15982.80
3	河北省	—	373.50	598.26	736.38	—	—	—	—	—	100992.81
4	山西省	—	—	196.74	154.26	—	—	—	—	—	28589.85
5	内蒙古	—	—	312.06	490.86	30.60	—	—	—	—	74650.02
6	辽宁省	—	—	170.40	0.78	—	—	—	—	—	55226.57
7	吉林省	—	—	—	148.86	68.52	—	—	—	—	51925.92
8	黑龙江省	—	—	82.68	—	—	—	—	—	—	55833.36
9	上海市	—	—	214.02	195.42	—	—	—	—	—	41743.22
10	江苏省	—	—	—	—	—	—	—	—	—	176790.09
11	浙江省	—	—	527.28	602.16	—	—	—	—	—	111260.55
12	安徽省	—	334.38	343.02	410.82	150.06	—	—	—	—	38828.90
13	福建省	—	—	307.62	—	—	—	—	—	—	84597.74
14	江西省	—	—	579.90	—	—	—	—	—	—	13165.58
15	山东省	—	—	1 112.22	861.30	—	2.64	—	—	—	165640.32
16	河南省	—	—	1 151.76	1 603.26	—	—	—	—	—	88162.94
17	湖北省	—	—	600.00	—	—	—	—	—	—	16839.66
18	湖南省	—	—	116.16	—	—	—	—	—	—	18487.82
19	广东省	43.56	—	724.50	206.10	—	—	—	—	—	169868.31
20	广西	—	—	—	—	—	—	—	—	—	8464.49
21	海南省	—	—	—	—	—	—	—	—	—	4001.82
22	重庆市	—	—	—	182.94	—	—	—	—	—	27728.82
23	四川省	—	—	417.06	—	—	—	—	—	—	75001.61
24	贵州省	—	—	60.84	—	—	—	—	—	—	23707.07
25	云南省	59.94	60.78	376.74	205.98	—	—	—	—	—	92123.97
26	西藏	—	—	—	26.52	—	—	—	—	—	17348.49
27	陕西省	—	—	84.84	—	—	—	—	—	—	47748.09
28	甘肃省	2.76	—	—	198.00	12.96	—	—	—	—	33524.04
29	青海省	—	—	—	—	—	—	—	—	—	9934.17
30	宁夏	—	—	—	—	—	—	—	—	—	9513.39
31	新疆	—	—	97.68	—	—	—	—	—	—	38007.30
合计 Total		**388.20**	**768.66**	**9 823.56**	**6 992.58**	**717.60**	**2.64**	**106.26**	**96.42**	**114.18**	**1 802 066.16**

（国家体育总局体育彩票管理中心供稿）

（五）其他统计资料

Other Statistical Data

2002—2012 年全国彩票机构代扣代缴中奖奖金个人所得税情况一览表

Table of Individual Income Tax from Lottery Winners Withheld by Lotery Organizations in China from 2002 to 2012

所 得 税 额

Individual Income Tax

单位：万元

Unit: Ten Thousand Yuan

年　份 year	福利彩票机构 Welfare Lottery Organization	体育彩票机构 Sports Lottery Organization	合　计 Total
2002	78 606. 53	121 109. 45	199 715. 98
2003	84 221. 75	123 735. 36	207 957. 11
2004	96 053. 50	86 883. 14	182 936. 64
2005	105 357. 07	70 823. 65	176 180. 72
2006	112 917. 80	127 554. 33	240 472. 13
2007	156 994. 13	142 039. 91	299 034. 04
2008	159 522. 18	152 544. 72	312 066. 90
2009	198 950. 60	166 801. 30	365 751. 90
2010	232 340. 43	169 751. 12	402 091. 55
2011	289 156. 99	202 445. 02	491 602. 01
2012	329 532. 92	190 863. 29	520 396. 20
合计 Total	**1 843 653. 89**	**1 554 551. 29**	**3 398 205. 18**

2012年全国各地区彩票机构代扣代缴中奖奖金个人所得税情况一览表

Table of Individual Income Tax from Lottery Winners Withheld by Lotery Organizations in Different Regions in China in 2012

所得税额

Individual Income Tax

单位：万元

Unit: Ten Thousand Yuan

地　区 Region	福利彩票机构 Welfare Lottery Organization	体育彩票机构 Sports Lottery Organization	合　计 Total
北　京	25 363.99	7 272.52	32 636.51
天　津	2 756.72	8 299.76	11 056.48
河　北	11 915.73	5 791.57	17 707.30
山　西	8 415.88	2 109.04	10 524.92
内蒙古	6 037.34	2 602.60	8 639.94
辽　宁	15 910.25	5 925.52	21 835.77
吉　林	5 329.66	4 318.70	9 648.36
黑龙江	9 536.15	4 021.25	13 557.40
上　海	11 353.53	5 638.11	16 991.64
江　苏	18 415.41	22 951.84	41 367.25
浙　江	23 428.44	15 426.20	38 854.64
安　徽	9 975.41	7 253.17	17 228.58
福　建	8 442.53	9 482.79	17 925.32
江　西	12 200.79	9 930.64	22 131.43
山　东	23 762.04	7 247.36	31 009.40
河　南	15 307.87	8 047.01	23 354.88
湖　北	11 858.71	6 487.32	18 346.03
湖　南	9 781.98	7 012.35	16 794.33
广　东	36 476.27	16 127.34	52 603.61
广　西	7 988.97	1 856.16	9 845.13
海　南	1 581.70	489.38	2 071.08
重　庆	6 339.93	3 302.58	9 642.51
四　川	14 989.30	10 171.88	25 161.18
贵　州	3 936.01	2 623.35	6 559.36
云　南	9 268.04	6 067.26	15 335.30
西　藏	272.29	229.60	501.89
陕　西	8 961.98	3 224.50	12 186.48
甘　肃	3 226.72	2 158.94	5 385.66
青　海	369.23	1 107.64	1 476.87
宁　夏	2 145.08	879.90	3 024.98
新　疆	4 184.97	2 806.99	6 991.96
合计 Total	**329 532.92**	**190 863.29**	**520 396.20**

（中国福利彩票发行管理中心、国家体育总局体育彩票管理中心供稿）

2002—2012 年全国彩票机构中百万元以上大奖情况一览表

Table of Quantity of Millionaire Prize Winners in Lottery organizations in china from 2002 to 2012

单位：个

Unit：Ge

年　份 year	福利彩票机构 Welfare Lottery Organization	体育彩票机构 Sports Lottery Organization	合　计 Total
2002	874	1 141	2 015
2003	766	774	1 540
2004	1 017	627	1 644
2005	806	606	1 412
2006	873	534	1 407
2007	1 023	533	1 556
2008	873	872	1 745
2009	1 137	1 037	2 174
2010	1 348	1 118	2 466
2011	1 391	1 012	2 403
2012	1 794	939	2 733
合计 Total	**11 902**	**9 193**	**21 095**

2012 年全国各地区福利彩票中百万元以上大奖情况一览表

Table of Quantity of Welfare Lottery Millionaire Prize Winners in Different Regions in 2012

地　区 Region	500 万元以上大奖个数 Five - million Yuan Prize Winners	100 万元以上大奖个数 One - million Yuan Prize Winners
地　区	500 万元以上大奖个数	百万元以上大奖个数
北　京	175	185
天　津	9	12
河　北	54	67
山　西	56	60
内蒙古	24	32
辽　宁	58	71
吉　林	23	25
黑龙江	37	49
上　海	46	64
江　苏	72	93
浙　江	89	112
安　徽	37	45
福　建	41	52
江　西	55	62
山　东	125	176
河　南	60	75
湖　北	47	58
湖　南	38	49
广　东	147	171
广　西	29	34
海　南	6	7
重　庆	21	25
四　川	98	105
贵　州	16	20
云　南	40	45
西　藏	1	3
陕　西	33	41
甘　肃	21	24
青　海	2	5
宁　夏	8	12
新　疆	10	15
合计 Total	1 478	1 794

其中 500 万元以上大奖个数包含在百万元以上大奖个数中。

（中国福利彩票发行管理中心供稿）

2012 年全国各地区体育彩票中百万元以上大奖情况一览表

Table of Quantity of Sports Lottery Millionaire Prize Winners in Different Regions in 2012

地　区 Region	500 万元以上大奖个数 Five – million Yuan Prize Winners	100 万元以上大奖个数 One – million Yuan Prize Winners
北　京	7	33
天　津	12	34
河　北	16	28
山　西	4	11
内蒙古	7	17
辽　宁	9	18
吉　林	13	17
黑龙江	13	17
上　海	12	25
江　苏	75	97
浙　江	49	80
安　徽	14	28
福　建	35	72
江　西	10	59
山　东	19	32
河　南	27	42
湖　北	15	42
湖　南	8	45
广　东	39	70
广　西	2	9
海　南	1	1
重　庆	8	17
四　川	30	51
贵　州	5	17
云　南	15	27
西　藏	0	0
陕　西	4	16
甘　肃	4	12
青　海	2	2
宁　夏	1	7
新　疆	9	13
合　计	465	939

注：其中 500 万元以上大奖个数包含在百万元以上大奖个数中。

（国家体育总局体育彩票管理中心供稿）

2005—2012年全国彩票机构投注终端数量一览表

Table of the Quantity of Lottery Sales Terminals in China from 2005 to 2012

投注终端机　　单位：台

Sales Terminal　　Unit: Tai

年　份 year	福利彩票机构 Welfare Lottery Organization	体育彩票机构 Sports Lottery Organization	合　计 Total
2005	77 969	49 914	127 883
2006	93 138	65 040	158 178
2007	104 526	79 055	183 581
2008	115 487	96 828	212 315
2009	125 415	111 317	236 732
2010	144 250	113 971	258 221
2011	154 520	129 699	284 219
2012	151 994	127 871	279 865

2012 年全国各地区彩票机构投注终端数量一览表

Table of the Quantity of Lottery Sales Terminals in China in Different Regions in 2012

投注终端机

Sales Terminal

单位：台

Unit：Tai

地　区 Region	福利彩票机构 Welfare Lottery Organization	体育彩票机构 Sports Lottery Organization	合　计 Total
北　京	2 549	2 330	4 879
天　津	1 894	1 411	3 305
河　北	7 017	5 491	12 508
山　西	3 088	2 064	5 152
内蒙古	2 952	3 072	6 024
辽　宁	5 967	5 147	11 114
吉　林	3 745	3 342	7 087
黑龙江	7 515	5 001	12 516
上　海	6 367	2 439	8 806
江　苏	11 408	14 049	25 457
浙　江	5 278	7 355	12 633
安　徽	6 542	5 383	11 925
福　建	4 177	5 418	9 595
江　西	3 196	3 923	7 119
山　东	10 476	9 246	19 722
河　南	9 633	6 923	16 556
湖　北	7 058	4 446	11 504
湖　南	6 084	5 386	11 470
广　东	11 457	8 649	20 106
广　西	3 761	1 800	5 561
海　南	840	865	1 705
重　庆	2 994	2 054	5 048
四　川	7 738	6 413	14 151
贵　州	3 600	3 017	6 617
云　南	4 730	3 851	8 581
西　藏	374	354	728
陕　西	4 176	3 169	7 345
甘　肃	2 981	2 134	5 115
青　海	668	396	1 064
宁　夏	871	754	1 625
新　疆	2 858	1 989	4 847
合计 Total	**151 994**	**127 871**	**279 865**

（中国福利彩票发行管理中心、国家体育总局体育彩票管理中心供稿）

2012 年全国电脑福利彩票游戏一览表

Table of Computerized National Welfare Lottery Games in 2012

地区	玩法	停止销售时间	开奖日（星期）一	二	三	四	五	六	日	开奖方式	开奖时间	媒体
北京	双色球联销	20:00		1		1			1	直播	21:30	中国教育电视台 1 套
	七乐彩联销		1		1		1					
	3D 联销	20:15	1	1	1	1	1	1	1		20:30	中央人民广播电台
	乐透：两步彩 36 选 4 +12 选 1	20:30	1		1			1			20:45	北京福彩网
	基诺：80 开 20 选 1 ~8（快乐 8）	00:00	1	1	1	1	1	1	1	计算机自动开奖	每 5 分钟开奖一次	
	PK10		1	1	1	1	1	1	1			
天津	双色球联销	20:00		1		1			1	直播	21:30	中国教育电视台 1 套
	七乐彩联销		1		1		1					
	3D 联销		1	1	1	1	1	1	1		20:30	中央人民广播电台
	数字：00000 ~99999 排列（时时彩）	22:15	1	1	1	1	1	1	1	计算机自动开奖	每 10 分钟开奖一次	天津福彩网
	乐透：组合 20 选 5（快乐十分）	23:00	1	1	1	1	1	1	1	计算机自动开奖	每 10 分钟开奖一次	天津福彩网
河北	双色球联销	19:30		1		1			1	直播	21:30	中国教育电视台 1 套
	七乐彩联销		1		1		1					
	3D 联销		1	1	1	1	1	1	1		20:30	中央人民广播电台
	乐透：组合 20 选 5	18:30	1	1	1	1	1	1	1	录播	22:05	河北农民频道
	乐透：组合 20 选 5 好运 2		1	1	1	1	1	1	1			
	乐透：组合 20 选 5 好运 3		1	1	1	1	1	1	1			
	数字：排列 00000 ~99999 全组合				1		1		1			
	数字：排列 0000000 ~9999999 全组合		1		1		1					
	乐透：111 ~666 组合（快 3）	22：00	1	1	1	1	1	1	1	计算机自动开奖	每 10 分钟开奖一次	

续表

地区	玩法	停止销售时间	开奖日（星期）							开奖方式	开奖时间	媒体
			一	二	三	四	五	六	日			
山西	双色球联销	19:45		1		1			1	直播	21:30	中国教育电视台1套
	七乐彩联销		1		1		1					
	3D 联销	20:00	1	1	1	1	1	1	1		20:30	中央人民广播电台
	乐透：组合21选5	19:10	1	1	1	1	1	1	1	录播	22:15	山西影视频道
	乐透：组合21选5好运2		1	1	1	1	1	1	1			
	乐透：组合21选5好运3		1	1	1	1	1	1	1			
	乐透：组合21选5好运4		1	1	1	1	1	1	1			
	数字：00000~99999排列（时时彩）	22:00	1	1	1	1	1	1	1	计算机自动开奖	每10分钟开奖一次	
内蒙古	双色球联销	20:00		1		1			1	直播	21:30	中国教育电视台1套
	七乐彩联销		1		1		1					
	3D 联销		1	1	1	1	1	1	1		20:30	中央人民广播电台
	数字：00000~99999排列（时时彩）	22:00	1	1	1	1	1	1	1	计算机自动开奖	每10分钟开奖一次	
辽宁	双色球联销	20:00		1		1			1	直播	21:30	中国教育电视台1套
	七乐彩联销		1		1		1					
	3D 联销		1	1	1	1	1	1	1		20:30	中央人民广播电台
	乐透：组合35选7	19:00	1		1			1		录播	22:00	辽宁福彩网
	乐透：组合35选7好运彩1		1		1			1				
	乐透：组合35选7好运彩2		1		1			1				
	乐透：组合35选7好运彩3		1		1			1				
	乐透：组合35选7好运彩4		1		1			1				
	数字：6位数+1生肖码		1		1			1				
	乐透：组合12选5（快乐12）	22：30	1	1	1	1	1	1	1	计算机自动开奖	每10分钟开奖一次	

续表

地区	玩法	停止销售时间	开奖日（星期）							开奖方式	开奖时间	媒体
			一	二	三	四	五	六	日			
吉林	双色球联销	19:30		1		1			1	直播	21:30	中国教育电视台1套
	七乐彩联销		1		1		1					
	3D联销	20:00	1	1	1	1	1	1	1		20:30	中央人民广播电台
	数字：00000～99999排列（时时彩）	22:00	1	1	1	1	1	1	1	计算机自动开奖	每10分钟开奖一次	
	乐透111～666组合（快3）	21：30	1	1	1	1	1	1	1	计算机自动开奖	每10分钟开奖一次	
黑龙江	双色球联销	20:00		1		1			1	直播	21:30	中国教育电视台1套
	七乐彩联销		1		1		1					
	3D联销		1	1	1	1	1	1	1		20:30	中央人民广播电台
	乐透：组合22选5	18:15	1	1	1	1	1	1	1	录播	22:30	哈尔滨生活频道
	乐透：组合36选7		1		1			1				
	数字：000000～999999排列		1	1	1	1	1	1	1			
	数字：00000～99999排列（时时彩）	0:00	1	1	1	1	1	1	1	计算机自动开奖	每10分钟开奖一次	
	乐透：组合20选5（快乐十分）	22:00	1	1	1	1	1	1	1	计算机自动开奖	每10分钟开奖一次	
上海	双色球联销	19:30		1		1			1	直播	21:30	中国教育电视台1套
	七乐彩联销		1		1		1					
	3D联销	20:00	1	1	1	1	1	1	1		20:30	中央人民广播电台
	乐透：组合15选5	19:00	1	1	1	1	1	1	1	公告	21:00	数字电视一幸福彩频道、“安康听”专用广播、上海福彩网及各主流报纸
	数字：6位数+1生肖码	18:45	1		1			1				
	数字：0000～9999全排列	20:00	1	1	1	1	1	1	1			
	基诺：80开20选1～10	23:45	1	1	1	1	1	1	1	计算机自动开奖	每5分钟开奖一次	
	数字：000～999全排列（时时乐）	22:00	1	1	1	1	1	1	1		每半小时开奖一次	
	乐透：111～666组合（快3）	22:30	1	1	1	1	1	1	1		每10分钟开奖一次	上海福彩网

续表

地区	玩法	停止销售时间	开奖日（星期）							开奖方式	开奖时间	媒体
			一	二	三	四	五	六	日			
江苏	双色球联销	20:00		1		1			1	直播	21:30	中国教育电视台1套
	七乐彩联销		1		1		1					
	3D联销		1	1	1	1	1	1	1		20:30	中央人民广播电台
	乐透：组合15选5	19:00	1	1	1	1	1	1	1	公告	19:35	江苏省福彩网、开奖次日江苏省主流报纸刊登
	数字：6位数+1生肖码		1		1			1				
	乐透：111～666组合（快3）	22:00	1	1	1	1	1	1	1	计算机自动开奖	每10分钟开奖一次	
浙江	双色球联销	20:00		1		1			1	直播	21:30	中国教育电视台1套
	七乐彩联销		1		1		1					
	3D联销		1	1	1	1	1	1	1		20:30	中央人民广播电台
	乐透：组合15选5	19:00	1	1	1	1	1	1	1	录播	22:45	浙江影视娱乐频道
	数字：6位数+1生肖码		1		1			1				
	乐透：组合12选5（快乐12）	22：00	1	1	1	1	1	1	1	计算机自动开奖	每10分钟开奖一次	
安徽	双色球联销	20:00		1		1			1	直播	21:30	中国教育电视台1套
	七乐彩联销		1		1		1					
	3D联销		1	1	1	1	1	1	1		20:30	中央人民广播电台
	乐透：组合25选5	18:40	1	1	1	1	1	1	1	录播	0:00	安徽经济频道
	乐透：组合15选5	19:00	1	1	1	1	1	1	1			
	数字：6位数+1生肖码		1		1			1				
	数字：00000～99999排列（时时彩）	22:00	1	1	1	1	1	1	1	计算机自动开奖	每10分钟开奖一次	安徽福彩网
福建	双色球联销	19:50		1		1			1	直播	21:30	中国教育电视台1套
	七乐彩联销	19:30	1		1		1					
	3D联销		1	1	1	1	1	1	1		20:30	中央人民广播电台
	乐透：组合15选5	19:00	1	1	1	1	1	1	1	公告		福建省福彩网、《海峡都市报》
	数字：6位数+1生肖码		1		1			1				
	数字：00000～99999排列（时时彩）	0:00	1	1	1	1	1	1	1	计算机自动开奖	每10分钟开奖一次	福建省福彩网

续表

地区	玩法	停止销售时间	开奖日（星期）							开奖方式	开奖时间	媒体
			一	二	三	四	五	六	日			
江西	双色球联销	20:00		1		1			1	直播	21:30	中国教育电视台1套
	七乐彩联销		1		1		1					
	3D联销		1	1	1	1	1	1	1		20:30	中央人民广播电台
	乐透：组合15选5	19:00	1	1	1	1	1	1	1	录播	22:05	江西教育电视台
	数字：6位数+1生肖码		1		1			1				
	数字：00000～99999排列（时时彩）	23:20	1	1	1	1	1	1	1	计算机自动开奖	每10分钟开奖一次	江西省福彩网、江西福彩资讯网
山东	双色球联销	20:00		1		1			1	直播	21:30	中国教育电视台1套
	七乐彩联销		1		1		1					
	3D联销		1	1	1	1	1	1	1		20:30	中央人民广播电台
	乐透：组合23选5		1	1	1	1	1	1	1		20:30	山东经济广播电台
	乐透：组合23选5（群英会）	22:00	1	1	1	1	1	1	1	计算机自动开奖	每15分钟开奖一次	山东彩票网
河南	双色球联销	20:00		1		1			1	直播	21:30	中国教育电视台1套
	七乐彩联销		1		1		1					
	3D联销		1	1	1	1	1	1	1		20:30	中央人民广播电台
	乐透：组合22选5		1	1	1	1	1	1	1	录播	22:50	河南都市频道
	乐透：组合22选5好运2		1	1	1	1	1	1	1			
	乐透：组合22选5好运3		1	1	1	1	1	1	1			
	乐透：组合22选5好运4		1	1	1	1	1	1	1			
	幸运武林	22:00	1	1	1	1	1	1	1	计算机自动开奖	每12分钟开奖一次	

续表

地区	玩法	停止销售时间	开奖日（星期）							开奖方式	开奖时间	媒体
			一	二	三	四	五	六	日			
湖北	双色球联销	20:00		1		1			1	直播	21:30	中国教育电视台 1 套
	七乐彩联销		1		1		1					
	3D 联销		1	1	1	1	1	1	1		20:30	中央人民广播电台
	乐透：组合 22 选 5		1	1	1	1	1	1	1	录播	23:15	湖北综合频道
	乐透：组合 22 选 5 好运 1		1	1	1	1	1	1	1			
	乐透：组合 22 选 5 好运 2		1	1	1	1	1	1	1			
	乐透：组合 22 选 5 好运 3		1	1	1	1	1	1	1			
	乐透：组合 22 选 5 好运 4		1	1	1	1	1	1	1			
	数字：00000 ~ 99999 排列（时时彩）	22:00	1	1	1	1	1	1	1	计算机自动开奖	每 10 分钟开奖一次	
	乐透：111 ~ 666 组合（快 3）	22:00	1	1	1	1	1	1	1	计算机自动开奖	每 10 分钟开奖一次	
湖南	双色球联销	20:00		1		1			1	直播	21:30	中国教育电视台 1 套
	七乐彩联销		1		1		1					
	3D 联销		1	1	1	1	1	1	1		20:30	中央人民广播电台
	乐透：组合 20 选 5（快乐十分）	23:00	1	1	1	1	1	1	1	计算机自动开奖	每 10 分钟开奖一次	湖南福彩网
广东	双色球联销	20:00		1		1			1	直播	21:30	中国教育电视台
	3D 联销	19:50	1	1	1	1	1	1	1		20:30	中央人民广播电台
	乐透：组合 26 选 5	19:00		1		1			1	录播	21:55	广东新闻台
	乐透：组合 26 选 5 好彩 2			1		1			1			
	乐透：组合 26 选 5 好彩 3			1		1			1			
	乐透：组合 36 选 7		1	1	1	1	1	1	1			
	乐透：组合 36 选 7 好彩 1		1	1	1	1	1	1	1			
	乐透：组合 36 选 7 好彩 2		1	1	1	1	1	1	1			
	乐透：组合 36 选 7 好彩 3		1	1	1	1	1	1	1			
	乐透：组合 20 选 5（快乐十分）	23:00	1	1	1	1	1	1	1	计算机自动开奖	每 10 分钟开奖一次	广东省福彩网

续表

地区	玩法	停止销售时间	开奖日（星期）							开奖方式	开奖时间	媒体
			一	二	三	四	五	六	日			
深圳	双色球联销	19:50		1		1			1	直播	21:30	中国教育电视台1套
	七乐彩联销		1		1		1					
	3D联销		1	1	1	1	1	1	1		20:30	中央人民广播电台
	基诺：80开20选1～8	23:00	1	1	1	1	1	1	1	计算机自动开奖	每5分钟开奖一次	
	乐透：组合20选2（快乐彩）	23:57	1	1	1	1	1	1	1	计算机自动开奖	每5分钟开奖一次	
	乐透：组合35选7	23:55		1			1			公告	19:55	深圳特区报、深圳福彩网
广西	双色球联销	20:00		1		1			1	直播	21:30	中国教育电视台1套
	七乐彩联销		1		1		1					
	3D联销	19:50	1	1	1	1	1	1	1		20:30	中央人民广播电台
	乐透：组合24选7及好运彩（快乐双彩）	21:00	1	1	1	1	1	1	1	计算机自动开奖	21:30	广西福彩网和有关合作媒体
	乐透：组合21选5（快乐十分）	21:30	1	1	1	1	1	1	1		每15分钟开奖一次	
	乐透：9选1～4（跑跑彩）	22：00	1	1	1	1	1	1	1	计算机自动开奖	每10钟开奖一次	
海南	双色球联销	20:00		1		1			1	直播	21:30	中国教育电视台1套
	七乐彩联销		1		1		1					
	3D联销	19:45	1	1	1	1	1	1	1		20:30	中央人民广播电台
	快2	凌晨02:00	1	1	1	1	1	1	1	计算机自动开奖	每5分钟开奖一次	
重庆	双色球联销	20:00		1		1			1	直播	21:30	中国教育电视台1套
	七乐彩联销		1		1		1					
	3D联销		1	1	1	1	1	1	1		20:30	中央人民广播电台
	数字：00000～99999排列（时时彩）	0:00	1	1	1	1	1	1	1	计算机自动开奖	每5分钟开奖一次	重庆彩票网
	乐透：组合20选5（快乐十分）	23:53	1	1	1	1	1	1	1		每10分钟开奖一次	

续表

地区	玩法	停止销售时间	开奖日（星期）							开奖方式	开奖时间	媒体
			一	二	三	四	五	六	日			
四川	双色球联销	19:45		1		1			1	直播	21:30	中国教育电视台1套
	七乐彩联销		1		1		1					
	3D 联销	20:00	1	1	1	1	1	1	1		20:30	中央人民广播电台
	乐透：组合22选5（云贵川天天乐）	18:35	1	1	1	1	1	1	1	公告		四川省福彩网、《华西都市报》、《晚霞报》等主流报纸刊登
	乐透：组合12选5（快乐12）	22:00	1	1	1	1	1	1	1	计算机自动开奖	每10分钟开奖一次	
贵州	双色球联销	20:00		1		1			1	直播	21:30	中国教育电视台1套
	七乐彩联销		1		1		1					
	3D 联销		1	1	1	1	1	1	1		20:30	中央人民广播电台
	乐透：组合22选5（云贵川天天乐）	19:00	1	1	1	1	1	1	1	录播	23:40	贵州卫视
	乐透：组合12选4（生肖时时彩）	22:00左右	1	1	1	1	1	1	1	计算机自动开奖	每10分钟开奖一次	
	乐透：111~666组合（快3）	22：00	1	1	1	1	1	1	1	计算机自动开奖	每10分钟开奖一次	
云南	双色球联销	20:00		1		1			1	直播	21:30	中国教育电视台1套
	七乐彩联销	19:30	1		1		1					
	3D 联销	20:00	1	1	1	1	1	1	1		20:30	中央人民广播电台
	乐透：组合22选5（云贵川天天乐）	19:00	1	1	1	1	1	1	1	录播	22:05	昆明电视台四套
	数字：00000~99999排列（时时彩）	22:00	1	1	1	1	1	1	1	计算机自动开奖	每10分钟开奖一次	
	乐透：组合20选5（快乐十分）	21:35	1	1	1	1	1	1	1	计算机自动开奖	每10分钟开奖一次	

续表

地区	玩法	停止销售时间	开奖日（星期）							开奖方式	开奖时间	媒体
			一	二	三	四	五	六	日			
西藏	双色球联销	19:00		1		1			1	直播	21:30	中国教育电视台1套
	七乐彩联销		1		1		1					
	3D 联销	19:30	1	1	1	1	1	1	1		20:30	中央人民广播电台
	乐透：组合 12 选 4（生肖时时彩）	22:00	1	1	1	1	1	1	1	计算机自动开奖	每 10 分钟开奖一次	
陕西	双色球联销	19:30		1		1			1	直播	21:30	中国教育电视台1套
	七乐彩联销		1		1		1					
	3D 联销	20:00	1	1	1	1	1	1	1		20:30	中央人民广播电台
	乐透：组合 20 选 5（快乐十分）	22:00	1	1	1	1	1	1	1	计算机自动开奖	每 10 分钟开奖一次	
甘肃	双色球联销	20:00		1		1			1	直播	21:30	中国教育电视台1套
	七乐彩联销		1		1		1					
	3D 联销	19:50	1	1	1	1	1	1	1		20:30	中央人民广播电台
青海	双色球联销	19:45		1		1			1	直播	21:30	中国教育电视台1套
	七乐彩联销		1		1		1					
	3D 联销	20:00	1	1	1	1	1	1	1		20:30	中央人民广播电台
	数字：00000～99999 排列（时时彩）	22:00	1	1	1	1	1	1	1	计算机自动开奖	每 10 分钟开奖一次	
宁夏	双色球联销	20:00		1		1			1	直播	21:30	中国教育电视台1套
	七乐彩联销		1		1		1					
	3D 联销		1	1	1	1	1	1	1		20:30	中央人民广播电台
	数字：00000～99999 排列（时时彩）	22:00	1	1	1	1	1	1	1	计算机自动开奖	每 10 分钟开奖一次	

续表

地区	玩法	停止销售时间	开奖日（星期）							开奖方式	开奖时间	媒体
			一	二	三	四	五	六	日			
新疆	双色球联销	20:00		1		1			1	直播	21:30	中国教育电视台1套
	七乐彩联销		1		1		1					
	3D联销		1	1	1	1	1	1	1		20:30	中央人民广播电台
	乐透：组合18选7	19:30	1				1			录播	0:00	新疆电视台
	乐透：组合35选7		1				1					
	乐透：组合25选7	20:20			1			1		直播	21:00	新疆人民广播电台
	数字：00000～99999排列（时时彩）	凌晨02:00	1	1	1	1	1	1	1	计算机自动开奖	每10分钟开奖一次	新疆福彩网
	乐透：27选8～23（喜乐彩）	凌晨02:00	1	1	1	1	1	1	1	计算机自动开奖	每10分钟开奖一次	新疆福彩网

（中国福利彩票发行管理中心供稿）

2012 年全国电脑体育彩票游戏一览表

Table of Computerized National Sports Lottery Games in 2011

地区	玩法	停止销售时间	开奖日							开奖方式	开奖时间	媒体
			一	二	三	四	五	六	日			
北京	33 选 7	20:00		1			1			摇奖、录播	20:30	北京体育频道
	排列 3、排列 5	20:00	1	1	1	1	1	1	1	摇奖、录播、互联网直播	20:30	CCTV－5 旅游卫视
	七星彩	20:00		1			1		1	摇奖、录播、互联网直播	20:30	
	超级大乐透	20:00	1		1			1		摇奖、录播、互联网直播	20:30	
	足彩胜负（包括任选九场）	根据比赛时间								比赛结果		中国体彩网
	足彩进球	根据比赛时间										
	老足彩单场竞猜	根据比赛时间								比赛结果		北京体彩网
天津	排列 3、排列 5	20:00	1	1	1	1	1	1	1	摇奖、录播、互联网直播	20:30	CCTV－5 旅游卫视
	七星彩	20:00		1			1		1	摇奖、录播、互联网直播	20:30	
	22 选 5	20:00	1	1	1	1	1	1	1	摇奖、录播、互联网直播	20:30	
	超级大乐透	20:00	1		1			1		摇奖、录播、互联网直播	20:30	
	足彩胜负（包括任选九场）	根据比赛时间								比赛结果		中国体彩网
	足彩进球	根据比赛时间										
	竞彩	根据比赛时间								比赛结果		中国竞彩网
	老足彩单场竞猜	根据比赛时间								比赛结果		天津体彩网
	泳坛夺金、11 选 5	泳坛夺金是 22：01：00/11/ 选 5 是 22：06	1	1	1	1	1	1	1	计算机自动生成	10 分钟开奖一次	天津体彩网
河北	排列 3、排列 5	20:00	1	1	1	1	1	1	1	摇奖、录播、互联网直播	20:30	CCTV－5 旅游卫视
	七星彩	20:00		1			1		1	摇奖、录播、互联网直播	20:30	
	22 选 5	20:00	1	1	1	1	1	1	1	摇奖、录播、互联网直播	20:30	
	超级大乐透	20:00	1		1			1		摇奖、录播、互联网直播	20:30	

续表

地区	玩法	停止销售时间	开奖日							开奖方式	开奖时间	媒体
			一	二	三	四	五	六	日			
河北	足彩胜负（包括任选九场）	根据比赛时间								比赛结果		中国体彩网
	足彩进球	根据比赛时间										
	竞彩	根据比赛时间								比赛结果		中国竞彩网
	快乐扑克	22:15	1	1	1	1	1	1	1	计算机自动生成	10 分钟开奖一次	河北体彩网
山西	排列 3、排列 5	20:00	1	1	1	1	1	1	1	摇奖、录播、互联网直播	20:30	CCTV－5 旅游卫视
	七星彩	20:00		1			1		1	摇奖、录播、互联网直播	20:30	
	22 选 5	20:00	1	1	1	1	1	1	1	摇奖、录播、互联网直播	20:30	
	超级大乐透	20:00	1		1			1		摇奖、录播、互联网直播	20:30	
	足彩胜负（包括任选九场）	根据比赛时间								比赛结果		中国体彩网
	足彩进球	根据比赛时间										
	竞彩	根据比赛时间								比赛结果		中国竞彩网
	泳坛夺金、11 选 5	泳坛夺金是 22：31：00/11 选 5 是 22：26	1	1	1	1	1	1	1	计算机自动生成	10 分钟开奖一次	山西体彩网
内蒙古	排列 3、排列 5	20:00	1	1	1	1	1	1	1	摇奖、录播、互联网直播	20:30	CCTV－5 旅游卫视
	七星彩	20:00		1			1		1	摇奖、录播、互联网直播	20:30	
	22 选 5	20:00	1	1	1	1	1	1	1	摇奖、录播、互联网直播	20:30	
	超级大乐透	20:00	1		1			1		摇奖、录播、互联网直播	20:30	
	足彩胜负（包括任选九场）	根据比赛时间								比赛结果		中国体彩网
	足彩进球	根据比赛时间										
	竞彩	根据比赛时间								比赛结果		中国竞彩网
	泳坛夺金	22:01	1	1	1	1	1	1	1	计算机自动生成	10 分钟开奖一次	内蒙古体彩网
	11 选 5	22:06	1	1	1	1	1	1	1	计算机自动生成	10 分钟开奖一次	内蒙古体彩网

续表

地区	玩法	停止销售时间	开奖日							开奖方式	开奖时间	媒体
			一	二	三	四	五	六	日			
辽宁	排列3、排列5	20:00	1	1	1	1	1	1	1	摇奖、录播、互联网直播	20:30	CCTV-5 旅游卫视
	七星彩	20:00		1			1		1	摇奖、录播、互联网直播	20:30	
	22选5	20:00	1	1	1	1	1	1	1	摇奖、录播、互联网直播	20:30	
	超级大乐透	20:00	1		1			1		摇奖、录播、互联网直播	20:30	
	足彩胜负（包括任选九场）	根据比赛时间								比赛结果		中国体彩网
	足彩进球	根据比赛时间										
	竞彩	根据比赛时间								比赛结果		中国竞彩网
	11选5	22:29	1	1	1	1	1	1	1	计算机自动生成	10分钟开奖一次	辽宁体彩网
	快乐扑克	22:25	1	1	1	1	1	1	1	计算机自动生成	10分钟开奖一次	辽宁体彩网
吉林	排列3、排列5	20:00	1	1	1	1	1	1	1	摇奖、录播、互联网直播	20:30	CCTV-5 旅游卫视
	七星彩	20:00		1			1		1	摇奖、录播、互联网直播	20:30	
	22选5	20:00	1	1	1	1	1	1	1	摇奖、录播、互联网直播	20:30	
	超级大乐透	20:00	1		1			1		摇奖、录播、互联网直播	20:30	
	足彩胜负（包括任选九场）	根据比赛时间								比赛结果		中国体彩网
	足彩进球	根据比赛时间										
	竞彩	根据比赛时间								比赛结果		中国竞彩网
	快乐扑克（4月11日停售）	21:05	1	1	1	1	1	1	1	计算机自动生成	10分钟开奖一次	吉林体彩网
	11选5	21:10/9月16日为21:30	1	1	1	1	1	1	1	计算机自动生成	10分钟开奖一次	吉林体彩网
黑龙江	6+1数字型	20:00		1			1			摇奖、录播	20:15	黑龙江交通广播电台
	排列3、排列5	20:00	1	1	1	1	1	1	1	摇奖、录播、互联网直播	20:30	CCTV-5 旅游卫视
	七星彩	20:00		1			1		1	摇奖、录播、互联网直播	20:30	
	22选5	20:00	1	1	1	1	1	1	1	摇奖、录播、互联网直播	20:30	
	超级大乐透	20:00	1		1			1		摇奖、录播、互联网直播	20:30	

续表

地区	玩法	停止销售时间	开奖日							开奖方式	开奖时间	媒体
			一	二	三	四	五	六	日			
黑龙江	足彩胜负（包括任选九场）	根据比赛时间								比赛结果		中国体彩网
	足彩进球	根据比赛时间										
	竞彩	根据比赛时间								比赛结果		中国竞彩网
	快乐扑克	21:10	1	1	1	1	1	1	1	计算机自动生成	10分钟开奖一次	黑龙江体彩网
	11选5	21:15	1	1	1	1	1	1	1	计算机自动生成	10分钟开奖一次	黑龙江体彩网
上海	排列3、排列5	20:00	1	1	1	1	1	1	1	摇奖、录播、互联网直播	20:30	CCTV－5 旅游卫视
	七星彩	20:00		1			1		1	摇奖、录播、互联网直播	20:30	
	22选5	20:00	1	1	1	1	1	1	1	摇奖、录播、互联网直播	20:30	
	超级大乐透	20:00	1		1			1		摇奖、录播、互联网直播	20:30	
	足彩胜负（包括任选九场）	根据比赛时间								比赛结果		中国体彩网
	足彩进球	根据比赛时间										
	竞彩	根据比赛时间								比赛结果		中国竞彩网
	11选5	22:00/9月23日为23:00	1	1	1	1	1	1	1	计算机自动生成	10分钟开奖一次	上海体彩网
江苏	7位数	20:00		1		1	1		1	摇奖、录播	20:30	江苏教育台
	排列3、排列5	20:00	1	1	1	1	1	1	1	摇奖、录播、互联网直播	20:30	CCTV－5 旅游卫视
	22选5	20:00	1	1	1	1	1	1	1	摇奖、录播、互联网直播	20:30	
	超级大乐透	20:00	1		1			1		摇奖、录播、互联网直播	20:30	
	足彩胜负（包括任选九场）	根据比赛时间								比赛结果		中国体彩网
	足彩进球	根据比赛时间										
	竞彩	根据比赛时间								比赛结果		中国竞彩网
	11选5	22:06	1	1	1	1	1	1	1	计算机自动生成	10分钟开奖一次	江苏体彩网
浙江	6+1	19:00		1			1		1	摇奖、录播	19:02	浙江经视
	20选5	19:00	1	1	1	1	1	1	1	摇奖、录播	19:02	浙江经视
	排列3、排列5	20:00	1	1	1	1	1	1	1	摇奖、录播、互联网直播	20:30	CCTV－5
	超级大乐透	20:00	1		1			1		摇奖、录播、互联网直播	20:30	旅游卫视

续表

地区	玩法	停止销售时间	开奖日							开奖方式	开奖时间	媒体
			一	二	三	四	五	六	日			
浙江	足彩胜负（包括任选九场）	根据比赛时间								比赛结果		中国体彩网
	足彩进球	根据比赛时间										
	竞彩	根据比赛时间								比赛结果		中国竞彩网
	11 选 5（9 月 19 日上市）	22:00	1	1	1	1	1	1	1	计算机自动生成	10 分钟开奖一次	浙江体彩网
	泳坛夺金	22:00/9 月 19 日为 22:05	1	1	1	1	1	1	1	计算机自动生成	10 分钟开奖一次	浙江体彩网
安徽	排列 3、排列 5	20:00	1	1	1	1	1	1	1	摇奖、录播、互联网直播	20:30	CCTV－5 旅游卫视
	七星彩	20:00		1			1		1	摇奖、录播、互联网直播	20:30	
	22 选 5	20:00	1	1	1	1	1	1	1	摇奖、录播、互联网直播	20:30	
	超级大乐透	20:00	1		1			1		摇奖、录播、互联网直播	20:30	
	足彩胜负（包括任选九场）	根据比赛时间								比赛结果		中国体彩网
	足彩进球	根据比赛时间										
	竞彩	根据比赛时间								比赛结果		中国竞彩网
	11 选 5	21:01	1	1	1	1	1	1	1	计算机自动生成	10 分钟开奖一次	安徽体彩网
福建	本地 22 选 5	19:00	1	1	1	1	1	1	1	摇奖、录播	19:20	福建体育频道
	36 选 7	19:00		1		1		1		摇奖、录播	19:20	
	本地 31 选 7	19:00	1		1		1		1	摇奖、录播	19:20	
	排列 3、排列 5	20:00	1	1	1	1	1	1	1	摇奖、录播、互联网直播	20:30	CCTV－5 旅游卫视
	七星彩	20:00		1			1		1	摇奖、录播、互联网直播	20:30	
	超级大乐透	20:00	1		1			1		摇奖、录播、互联网直播	20:30	
	足彩胜负（包括任选九场）	根据比赛时间								比赛结果		中国体彩网
	足彩进球	根据比赛时间										
	竞彩	根据比赛时间								比赛结果		中国竞彩网
	11 选 5	22:00	1	1	1	1	1	1	1	计算机自动生成	10 分钟开奖一次	福建体彩网

续表

地区	玩法	停止销售时间	开奖日							开奖方式	开奖时间	媒体
			一	二	三	四	五	六	日			
江西	排列 3、排列 5	20:00	1	1	1	1	1	1	1	摇奖、录播、互联网直播	20:30	CCTV－5 旅游卫视
	七星彩	20:00		1			1		1	摇奖、录播、互联网直播	20:30	
	22 选 5	20:00	1	1	1	1	1	1	1	摇奖、录播、互联网直播	20:30	
	超级大乐透	20:00	1		1			1		摇奖、录播、互联网直播	20:30	
	足彩胜负（包括任选九场）	根据比赛时间								比赛结果		中国体彩网
	足彩进球	根据比赛时间										
	竞彩	根据比赛时间								比赛结果		中国竞彩网
	多乐彩	22:00	1	1	1	1	1	1	1	计算机自动生成	10 分钟开奖一次	江西体彩网
山东	排列 3、排列 5	20:00	1	1	1	1	1	1	1	摇奖、录播、互联网直播	20:30	CCTV－5 旅游卫视
	七星彩	20:00		1			1		1	摇奖、录播、互联网直播	20:30	
	22 选 5	20:00	1	1	1	1	1	1	1	摇奖、录播、互联网直播	20:30	
	超级大乐透	20:00	1		1			1		摇奖、录播、互联网直播	20:30	
	足彩胜负（包括任选九场）	根据比赛时间								比赛结果		中国体彩网
	足彩进球	根据比赛时间										
	竞彩	根据比赛时间								比赛结果		中国竞彩网
	快乐扑克	22:01	1	1	1	1	1	1	1	计算机自动生成	10 分钟开奖一次	山东体彩网
	11 选 5	21:56	1	1	1	1	1	1	1	计算机自动生成	10 分钟开奖一次	山东体彩网
河南	排列 3、排列 5	20:00	1	1	1	1	1	1	1	摇奖、录播、互联网直播	20:30	CCTV－5 旅游卫视
	七星彩	20:00		1			1		1	摇奖、录播、互联网直播	20:30	
	超级大乐透	20:00	1		1			1		摇奖、录播、互联网直播	20:30	
	足彩胜负（包括任选九场）	根据比赛时间								比赛结果		中国体彩网
	足彩进球	根据比赛时间										
	泳坛夺金、11 选 5	22:01	1	1	1	1	1	1	1	计算机自动生成	10 分钟开奖一次	河南体彩网

续表

地区	玩法	停止销售时间	开奖日							开奖方式	开奖时间	媒体
			一	二	三	四	五	六	日			
湖北	排列3、排列5	20:00	1	1	1	1	1	1	1	摇奖、录播、互联网直播	20:30	CCTV－5 旅游卫视
	七星彩	20:00		1			1		1	摇奖、录播、互联网直播	20:30	
	22选5	20:00	1	1	1	1	1	1	1	摇奖、录播、互联网直播	20:30	
	超级大乐透	20:00	1		1			1		摇奖、录播、互联网直播	20:30	
	足彩胜负（包括任选九场）	根据比赛时间								比赛结果		中国体彩网
	足彩进球	根据比赛时间										
	竞彩	根据比赛时间								比赛结果		中国竞彩网
	四花选四（4月29日停售）	22:00	1	1	1	1	1	1	1	计算机自动生成	10分钟开奖一次	湖北体彩网
	11选5	20:56/10月9日为21:56	1	1	1	1	1	1	1	计算机自动生成	10分钟开奖一次	湖北体彩网
湖南	排列3、排列5	20:00	1	1	1	1	1	1	1	摇奖、录播、互联网直播	20:30	CCTV－5 旅游卫视
	七星彩	20:00		1			1		1	摇奖、录播、互联网直播	20:30	
	22选5	20:00	1	1	1	1	1	1	1	摇奖、录播、互联网直播	20:30	
	超级大乐透	20:00	1		1			1		摇奖、录播、互联网直播	20:30	
	足彩胜负（包括任选九场）	根据比赛时间								比赛结果		中国体彩网
	足彩进球	根据比赛时间										
	竞彩	根据比赛时间								比赛结果		中国竞彩网
	幸运赛车	22:01	1	1	1	1	1	1	1	计算机自动生成	10分钟开奖一次	湖南体彩网
	即乐彩	22:01	1	1	1	1	1	1	1	计算机自动生成	10分钟开奖一次	湖南体彩网
广东	36选7（9月28日停售）	20:00	1		1		1			摇奖、录播	20:30	广东体育频道
	排列3、排列5	20:00	1	1	1	1	1	1	1	摇奖、录播、互联网直播	20:30	CCTV－5 旅游卫视
	七星彩	20:00		1			1		1	摇奖、录播、互联网直播	20:30	
	22选5	20:00	1	1	1	1	1	1	1	摇奖、录播、互联网直播	20:30	
	超级大乐透	20:00	1		1			1		摇奖、录播、互联网直播	20:30	
	足彩胜负（包括任选九场）	根据比赛时间								比赛结果		中国体彩网
	足彩进球	根据比赛时间										

续表

地区	玩法	停止销售时间	开奖日							开奖方式	开奖时间	媒体
			一	二	三	四	五	六	日			
广东	竞彩	根据比赛时间								比赛结果		中国竞彩网
	老足彩单场竞猜	根据比赛时间								比赛结果		广东体彩网
	11 选 5	23:00	1	1	1	1	1	1	1	计算机自动生成	10 分钟开奖一次	广东体彩网
广西	排列 3、排列 5	20:00	1	1	1	1	1	1	1	摇奖、录播、互联网直播	20:30	CCTV－5 旅游卫视
	七星彩	20:00		1			1		1	摇奖、录播、互联网直播	20:30	
	22 选 5	20:00	1	1	1	1	1	1	1	摇奖、录播、互联网直播	20:30	
	超级大乐透	20:00	1		1			1		摇奖、录播、互联网直播	20:30	
	足彩胜负（包括任选九场）	根据比赛时间								比赛结果		中国体彩网
	足彩进球	根据比赛时间										
	11 选 5	21:31	1	1	1	1	1	1	1	计算机自动生成	10 分钟开奖一次	
	竞彩	根据比赛时间								比赛结果		中国竞彩网
海南	海南 4＋1	20:00		1			1		1	直播	20:20—20:30（开奖节目起始时间）	海南电视台新闻频道
	排列 3、排列 5	20:00	1	1	1	1	1	1	1	摇奖、录播、互联网直播	20:30	CCTV－5 旅游卫视
	七星彩	20:00		1			1		1	摇奖、录播、互联网直播	20:30	
	22 选 5	20:00	1	1	1	1	1	1	1	摇奖、录播、互联网直播	20:30	
	超级大乐透	20:00	1		1			1		摇奖、录播、互联网直播	20:30	
	足彩胜负（包括任选九场）	根据比赛时间								比赛结果		中国体彩网
	足彩进球	根据比赛时间										
	飞鱼	23:59	1	1	1	1	1	1	1	计算机自动生成	6 分钟开奖一次	海南体彩网
	竞彩	根据比赛时间								比赛结果		中国竞彩网
重庆	排列 3、排列 5	20:00	1	1	1	1	1	1	1	摇奖、录播、互联网直播	20:30	CCTV－5 旅游卫视
	七星彩	20:00		1			1		1	摇奖、录播、互联网直播	20:30	
	22 选 5	20:00	1	1	1	1	1	1	1	摇奖、录播、互联网直播	20:30	
	超级大乐透	20:00	1		1			1		摇奖、录播、互联网直播	20:30	

续表

地区	玩法	停止销售时间	开奖日							开奖方式	开奖时间	媒体
			一	二	三	四	五	六	日			
重庆	足彩胜负（包括任选九场）	根据比赛时间								比赛结果		中国体彩网
	足彩进球	根据比赛时间										
	竞彩	根据比赛时间								比赛结果		中国竞彩网
	11 选 5	23:01	1	1	1	1	1	1	1	计算机自动生成	10 分钟开奖一次	重庆体彩网
四川	排列 3、排列 5	20:00	1	1	1	1	1	1	1	摇奖、录播、互联网直播	20:30	CCTV－5 旅游卫视
	七星彩	20:00		1			1		1	摇奖、录播、互联网直播	20:30	
	22 选 5	20:00	1	1	1	1	1	1	1	摇奖、录播、互联网直播	20:30	
	超级大乐透	20:00	1		1			1		摇奖、录播、互联网直播	20:30	
	足彩胜负（包括任选九场）	根据比赛时间								比赛结果		中国体彩网
	足彩进球	根据比赛时间										
	竞彩	根据比赛时间								比赛结果		中国竞彩网
	11 选 5	22:00	1	1	1	1	1	1	1	计算机自动生成	10 分钟开奖一次	四川体彩网
贵州	排列 3、排列 5	20:00	1	1	1	1	1	1	1	摇奖、录播、互联网直播	20:30	CCTV－5 旅游卫视
	七星彩	20:00		1			1		1	摇奖、录播、互联网直播	20:30	
	超级大乐透	20:00	1		1			1		摇奖、录播、互联网直播	20:30	
	足彩胜负（包括任选九场）	根据比赛时间								比赛结果		中国体彩网
	足彩进球	根据比赛时间										
	11 选 5	22:01	1	1	1	1	1	1	1	计算机自动生成	10 分钟开奖一次	贵州体彩网
云南	排列 3、排列 5	20:00	1	1	1	1	1	1	1	摇奖、录播、互联网直播	20:30	CCTV－5 旅游卫视
	七星彩	20:00		1			1		1	摇奖、录播、互联网直播	20:30	
	超级大乐透	20:00	1		1			1		摇奖、录播、互联网直播	20:30	
	足彩胜负（包括任选九场）	根据比赛时间								比赛结果		中国体彩网
	足彩进球	根据比赛时间										
	11 选 5	22:00	1	1	1	1	1	1	1	计算机自动生成	10 分钟开奖一次	云南体彩网
	快乐 123	22:05	1	1	1	1	1	1	1	计算机自动生成	10 分钟开奖一次	云南体彩网

续表

地区	玩法	停止销售时间	开奖日 一	二	三	四	五	六	日	开奖方式	开奖时间	媒体
西藏	排列3、排列5	20:00	1	1	1	1	1	1	1	摇奖、录播、互联网直播	20:30	CCTV－5 旅游卫视
西藏	七星彩	20:00		1			1		1	摇奖、录播、互联网直播	20:30	CCTV－5 旅游卫视
西藏	22选5	20:00	1	1	1	1	1	1	1	摇奖、录播、互联网直播	20:30	CCTV－5 旅游卫视
西藏	超级大乐透	20:00	1		1			1		摇奖、录播、互联网直播	20:30	CCTV－5 旅游卫视
西藏	足彩胜负（包括任选九场）	根据比赛时间								比赛结果		中国体彩网
西藏	足彩进球	根据比赛时间								比赛结果		中国体彩网
西藏	11选5	22:00	1	1	1	1	1	1	1	计算机自动生成	10分钟开奖一次	
陕西	排列3、排列5	20:00	1	1	1	1	1	1	1	摇奖、录播、互联网直播	20:30	CCTV－5 旅游卫视
陕西	七星彩	20:00		1			1		1	摇奖、录播、互联网直播	20:30	CCTV－5 旅游卫视
陕西	22选5	20:00	1	1	1	1	1	1	1	摇奖、录播、互联网直播	20:30	CCTV－5 旅游卫视
陕西	超级大乐透	20:00	1		1			1		摇奖、录播、互联网直播	20:30	CCTV－5 旅游卫视
陕西	足彩胜负（包括任选九场）	根据比赛时间								比赛结果		中国体彩网
陕西	足彩进球	根据比赛时间								比赛结果		中国体彩网
陕西	竞彩	根据比赛时间								比赛结果		中国竞彩网
陕西	即乐彩（4月8日停售）	21:00	1	1	1	1	1	1	1	计算机自动生成	10分钟开奖一次	陕西体彩网
陕西	泳坛夺金	21:00/5月23日为22:04	1	1	1	1	1	1	1	计算机自动生成	10分钟开奖一次	陕西体彩网
陕西	11选5	21:00/5月23日为22:00	1	1	1	1	1	1	1	计算机自动生成	10分钟开奖一次	陕西体彩网
甘肃	排列3、排列5	20:00	1	1	1	1	1	1	1	摇奖、录播、互联网直播	20:30	CCTV－5 旅游卫视
甘肃	七星彩	20:00		1			1		1	摇奖、录播、互联网直播	20:30	CCTV－5 旅游卫视
甘肃	22选5	20:00	1	1	1	1	1	1	1	摇奖、录播、互联网直播	20:30	CCTV－5 旅游卫视
甘肃	超级大乐透	20:00	1		1			1		摇奖、录播、互联网直播	20:30	CCTV－5 旅游卫视
甘肃	足彩胜负（包括任选九场）	根据比赛时间								比赛结果		中国体彩网
甘肃	足彩进球	根据比赛时间								比赛结果		中国体彩网
甘肃	竞彩	根据比赛时间								比赛结果		中国竞彩网
甘肃	泳坛夺金	22:05	1	1	1	1	1	1	1	计算机自动生成	10分钟开奖一次	甘肃体彩网
甘肃	11选5	22:00	1	1	1	1	1	1	1	计算机自动生成	10分钟开奖一次	甘肃体彩网

续表

地区	玩法	停止销售时间	开奖日 一	二	三	四	五	六	日	开奖方式	开奖时间	媒体
青海	排列3、排列5	20:00	1	1	1	1	1	1	1	摇奖、录播、互联网直播	20:30	CCTV-5 旅游卫视
	七星彩	20:00		1			1		1	摇奖、录播、互联网直播	20:30	
	22选5	20:00	1	1	1	1	1	1	1	摇奖、录播、互联网直播	20:30	
	超级大乐透	20:00	1		1			1		摇奖、录播、互联网直播	20:30	
	足彩胜负（包括任选九场）	根据比赛时间								比赛结果		中国体彩网
	足彩进球	根据比赛时间										
	竞彩	根据比赛时间								比赛结果		中国竞彩网
	11选5	21:06	1	1	1	1	1	1	1	计算机自动生成	10分钟开奖一次	
	快乐扑克	21:01	1	1	1	1	1	1	1	计算机自动生成	10分钟开奖一次	
宁夏	排列3、排列5	20:00	1	1	1	1	1	1	1	摇奖、录播、互联网直播	20:30	CCTV-5 旅游卫视
	七星彩	20:00		1			1		1	摇奖、录播、互联网直播	20:30	
	22选5	20:00	1	1	1	1	1	1	1	摇奖、录播、互联网直播	20:30	
	超级大乐透	20:00	1		1			1		摇奖、录播、互联网直播	20:30	
	足彩胜负（包括任选九场）	根据比赛时间								比赛结果		中国体彩网
	足彩进球	根据比赛时间										
	11选5	20:06	1	1	1	1	1	1	1	计算机自动生成	10分钟开奖一次	宁夏体彩网
	快乐扑克（3月20日停售）	21:01	1	1	1	1	1	1	1	计算机自动生成	10分钟开奖一次	宁夏体彩网
新疆	排列3、排列5	20:00	1	1	1	1	1	1	1	摇奖、录播、互联网直播	20:30	CCTV-5 旅游卫视
	七星彩	20:00		1			1		1	摇奖、录播、互联网直播	20:30	
	22选5	20:00	1	1	1	1	1	1	1	摇奖、录播、互联网直播	20:30	
	超级大乐透	20:00	1		1			1		摇奖、录播、互联网直播	20:30	
	足彩胜负（包括任选九场）	根据比赛时间								比赛结果		中国体彩网
	足彩进球	根据比赛时间										
	竞彩	根据比赛时间								比赛结果		中国竞彩网
	11选5	23:55	1	1	1	1	1	1	1	计算机自动生成	10分钟开奖一次	新疆体彩网

（国家体育总局体育彩票管理中心供稿）

五、中央专项彩票公益金使用情况

2012年中央专项彩票公益金支持示范性综合实践基地项目组织实施情况

根据《国家中长期教育改革和发展规划纲要（2010—2020年）》精神，为推进中小学生素质教育，提高动手实践能力，2012年教育部、财政部继续利用中央专项彩票公益金支持各省（市、区）地级市建设示范性综合实践基地。

4月，教育部、财政部共同印发《关于开展2012年中央专项彩票公益金支持示范性综合实践基地项目申报工作的通知》（教基一函［2012］4号），各地根据通知要求认真组织项目申报工作。

同是4月，根据《中央专项彩票公益金支持示范性综合实践基地项目管理办法》（财综［2011］45号）要求，为充分发挥优秀综合实践基地的示范带头作用，提升新建示范性综合实践基地的规划建设管理水平，教育部组织2011年立项的20个示范性综合实践基地项目负责人到广东、江苏两地开展了培训和观摩学习活动。

8月，教育部、财政部召开项目评审会，共同组织专家对各地申报项目进行评审，最终确定60个项目予以支持。

9月，教育部、财政部印发《关于公布2012年度中央专项彩票公益金支持示范性综合实践基地项目名单的通知》（教基一函［2012］9号），并下拨18亿元建设资金。

截至目前，各地已立项的示范性综合实践基地均在建设过程中，项目进展顺利。部分2011年立项的示范性综合实践基地已经竣工并投入使用，面向广大中小学生开展了丰富多彩的社会实践活动。

（教育部基础教育一司供稿）

2012 年中央专项彩票公益金支持乡村学校少年宫项目组织实施情况

2012 年度乡村学校少年宫项目指标为 1 800 所，比 2011 年度首批项目增加 200 所。4 月 27 日，中央文明办、财政部、教育部在安徽省马鞍山市举办项目座谈会，交流经验、部署任务、推进工作。2012 年度项目建设启动后，各地高度重视，提前谋划、精心部署，当年完成建设任务，项目建设、管理工作进一步完善，取得良好的社会反响。

（一）项目组织实施有序

各地文明办、财政、教育三部门及时行动，各负其责，密切配合，切实做好项目选址规划工作，认真抓好第二批 1 800 所承建学校负责人培训，及时发放《乡村学校少年宫指导手册》，扎实开展项目建设。在抓好新项目建设的同时，各地切实加强对已完成项目的考核管理，全国有 16 个省（区、市）专门制定印发《乡村学校少年宫考核评估标准》。各乡村学校少年宫按照“一校一档”要求，填写“乡村学校少年宫档案登记表”。首批 1 600 所项目资料已于 2012 年 10 月在中国文明网乡村学校少年宫网上平台进行公开展示。

（二）项目经费分配使用较为规范

中央专项彩票公益金下拨后，修缮经费普遍逐级拨付到县级财政或项目承建学校并在当地文明办、教育局、财政局联合审核下使用，装备经费的拨付根据各地器材采购方式的不同而有所区别，未发现有挤占、挪用项目资金等违法违纪现象。2012 年下发的运转经费，有 13 个省（区、市）采取“以奖代补”的办法，依据年度考核结果对运转补助进行差别化拨付。

（三）项目运转保障情况较好

各地普遍将乡村学校少年宫建设情况纳入群众性精神文明创建表彰和未成年人思想道德建设工作测评中。各项目承建学校全部建立乡村学校少年宫管理办公室和有关规章制度。各地文明办、教育行政部门积极指导项目承建学校依托本校现有专业教师和有特长的教师组建辅导员队伍，并组织民间艺人、退休教师、文艺协会会员等走进乡村学校少年宫，充实辅导员队伍。不少地方还积极调动和运用周边公共设施和社会各界力量，实现资源整合，为乡村学校少年宫提供支持。

（四）项目使用效果日益显著

统计数据显示，2012 年度建成的 1 800 所乡村学校少年宫，平均每所开设活动项目 15 个。各乡村学校少年宫在放学后或节假日面向在校学生免费开放，组织开展丰富多彩的文体娱乐和道德实践活动，孩子们都可以就地、就近、就便自愿参加，使广大农村中小学生特别是留守儿童有了以乐促智、以技促能、以读养德的机会和条件，有利于促进他们健康成长、全面发展。中央专项彩票公益金支持乡村学校少年宫建设也为各地提供了样板和示范，加快了农村未成年人课外活动场所的改善进程。

（中央文明办三局供稿）

2012 年中央专项彩票公益金支持教育助学项目组织实施情况

2012 年，财政部安排中央专项彩票公益金，委托中国教育发展基金会开展教育助学项目。按照《中央专项彩票公益金支持教育项目相关管理实施办法》的有关要求，中国教育发展基金会分别开展中央专项彩票公益金滋蕙计划，用于奖励普通高中品学兼优的家庭经济困难学生；开展中央专项彩票公益金励耕计划，用于资助小学、初中、普通高中和中职学校家庭经济特别困难教师；开展中央专项彩票公益金润雨计划，用于资助解决学校或相关单位教育发展中遇到的特殊困难或突发紧急事件。

2012 年，中国教育发展基金会共安排使用中央专项彩票公益金资金 9.04 亿元。具体情况如下：

一、中央专项彩票公益金滋蕙计划

2012 年，中国教育发展基金会安排使用 2 亿元开展滋蕙计划，奖励中西部地区 10 万名品学兼优的普通高中家庭经济困难学生，奖励标准为每生 2000 元。

该项目由中国教育发展基金会按照报经财政部、教育部同意的实施方案组织地方有关部门实施，相关学校负责本校学生的申请工作，并将初审及公示结果报县级和省级有关部门审核后由中国教育发展基金会最终确定受奖励学生名单，然后中国教育发展基金会将奖励款直接拨付相关学校并由学校发放给受奖励学生。

该项目的实施是对普通高中家庭经济困难学生资助政策体系的有益补充，进一步完善了普通高中学生资助政策体系，使受奖励学生感到温暖和激励并对未来充满梦想。同时项目开展时注意向边疆、少数民族地区和遭受自然灾害影响的地方进行倾斜，也体现出对灾区、边疆、少数民族地区学生的关爱。

二、中央专项彩票公益金励耕计划

2012 年，中国教育发展基金会安排使用 3 亿元开展励耕计划，资助中西部地区 3 万名小学、初中、普通高中和中职学校家庭经济特别困难教师，资助标准为每人 1 万元。受资助教师主要为因遭受重大疾病、自然灾害或突发事故等原因造成家庭经济特别困难的教师。

中国教育发展基金会按照报经财政部、教育部同意的实施方案组织地方有关部门实施该项目。县级有关部门负责本县（区、市）教师的申请该项目工作，并将评审及公示结果报省级有关部门复核后由中国教育发展基金会最终确定受资助教师名单，最后中国教育发展基金会将资助款直接拨付县级有关部门并由其发放给受资助教师。

该项目的实施在一定程度上弥补了国家在资助家庭经济困难教师方面的政策空白，切实解决了受资助教师的部分生活困难问题，坚定了广大教师教书育人、立德树人的信念，同时还进一步带动了社会各界关心、支持家庭经济困难教师群体。

三、中央专项彩票公益金润雨计划

（一）普通高校家庭经济困难新生入学资助项目

2012 年，中国教育发展基金会安排使用 1.4 亿元，开展普通高校家庭经济困难新生入学资助项目，资助中西部地区 22 个省（区、市）以及新疆生产建设兵团的 21.19 万名普通高校家庭经济困难新生，用于补助其到校报到的交通费和短期生活费。资助标准为省（区、市）内院校录取的新生每人 500 元，省（区、市）外院校录取的新生每人 1 000 元。

该项目由中国教育发展基金会和全国学生资助管理中心共同组织地方学生资助管理部门实施，相关县级学生资助管理部门负责本县（区、市）学生的申请和评审公示工作。中国教育发展基金会于 2012 年 7 月将款项直接拨付县级学生资助管理部门，并由其根据工作情况将资助款于普通高校开学前发放给受资助学生。

该项目的实施实现了普通高中阶段和高等教育阶段国家助学政策的对接，是对整个家庭经济困难学生资助政策体系的有效补充，同时也从经济上解除了普通高校家庭经济困难新生的后顾之忧，鼓励他们以积极的姿态投入大学的学习和生活中。

（二）家庭经济特别困难幼儿教师资助项目

2012 年，中国教育发展基金会安排使用 1.4 亿元，开展家庭经济特别困难幼儿教师资助项目，资助中西部地区 1.4 万名家庭经济特别困难幼儿教师，资助标准为每人 1 万元。受资助教师主要为因遭受自然灾害、突发事故或重大疾病等原因造成家庭经济特别困难的教师。

中国教育发展基金会按照报经财政部、教育部同意的实施方案组织地方有关部门实施该项目。县级有关部门负责本县（区、市）教师的申请该项目工作，并将公示初审结果报中国教育发展基金会终审，最后由中国教育发展基金会将资助款直接拨付县级有关部门并由其发放给受资助教师。

该项目的实施，实现了中央专项彩票公益金资助家庭经济特别困难教师基础教育阶段全覆盖，有利于促进民办幼儿园的发展和教师队伍的稳定，从而有利于推动学前教育事业的健康发展。

（三）资助地方解决教育领域特殊困难或突发紧急事件

2012 年，中国教育发展基金会安排使用资金 1.24 亿元，在云南、新疆、江西、贵州等 13 个省（区、市）开展相关项目。其中：支持解决因遭受局部性水灾、旱灾等自然灾害、学校和单位遇到特殊困难的项目 18 项，安排使用资金 8 800 万元；支持非物质文化遗产传承和推广进校园项目 1 项，安排使用资金 1 100 万元；支持发展学前教育项目 1 项，安排使用资金 800 万元；支持因种种原因导致相关学校房舍倒坍、须对师生采取紧急安置措施的项目 2 项，安排使用资金 201.56 万元；其他特殊情况一次性资助项目 4 项，安排使用资金 1 500 万元。

这些项目主要针对学校或相关单位教育发展过程中遇到的特殊困难或突发、紧急事件。在具体操作中，一般由相关学校、单位或其上级主管部门向中国教育发展基金会提出书面申请，申请报告包括详细的申请理由、资助内容、资助金额及其他相关信息。中国教育发展基金会按照“特事特办”的原则组织，以最快的速度对申请者的资格进行评审，然后与通过评审的学校和相关单位签订协议，明确双方的责任与义务。对于一些紧急情况，中国教育发展基金会也直接派人到现场了解情况，落实资助工作。

这些项目的实施，有效解决一些地方因突发紧急事件而对教育发展带来的特殊困难，对一些地方教育事业的发展起到了“拾遗补缺”的作用，有力地维护了社会稳定、促进了社会和谐，充分体现了彩票公益金取之于民、用之于民的精神。此外，该项目在操作上有效地发挥了中国教育发展基金会在解决地方临时性、紧急性、突发性事件和一次性资助中灵活高效、反应迅速的优势，更好地提高资金的使用效益。

（中国教育发展基金会供稿）

2012年中央专项彩票公益金支持红十字事业项目组织实施情况

一、中华骨髓库项目

2012年国家投入彩票公益金1.05亿元支持中华骨髓库项目。其中：入库志愿者16万人份，支付检测费等9 060万元；网络系统升级改造，支付网络维护资料录入分析费650万元；运输、保管血样样品，支付样品储存费380万元；进行入库数据质控，支付质控、采集移植案例统计分析费365万元；开展绩效评价工作，支付绩效评价费10万元。

（一）科学、合理下达任务，保证质量，完成入库

由于受到种族、民族、地域的影响，基因具有复杂性、多样性，要满足不同地域患者的需要，就要合理分配、安排入库任务，既要考虑不同地区对配型的需求量，也要考虑分库的入库能力。经综合分析，中华骨髓库总库（以下简称“总库”）对“十二五”规划已确定的16万人份数据入库任务科学、合理地进行分配，并下达给除西藏以外的30个省级分库。

在各分库、组织配型实验室的通力配合和共同努力下，超额完成16万人份入库任务目标，实际入库16.55万人份。其中：入库数据80%以上为高分辨数据，用低分的价格购买高分的服务，从而使资金效益最大化。截至2012年底累计库容达165万人份，高分数据达到54.7万人份。高分数据的入库，大大缩短再动员时间，提高了工作效率。

（二）软件系统升级换代，确保网络传输畅通

中华骨髓库数据中心统一储存和管理165万人份的入库数据，总库现拥有覆盖全国的网络管理系统，涉及各分库、组织配型实验室、采集/移植医院等诸多分站点。使用此系统可进行数据传输、检索查询、流程控制、统计分析等。2012年5月，组织进行“十二五”网络硬件机房改造的验收工作，进行新软件的需求调研与开发工作，确保新系统更加切合业务需求。新系统优势：一是路径扩大。接入环节由10M网上升至100M线路，加大了运行的宽度和广度，加快了运行速度。二是高安全性。供电系统、机房硬件、环境等形成高安全系统，内网、外网、内网互访、操作和应用等进行分层控制，确保安全性。三是软件设计。采用工作流引擎技术，整合管理中心在多年使用过程中积累下来的宝贵经验，便于对工作流程进行控

制和调整，实现了业务流程的定制化、灵活化，为系统使用人员提供更加优质的服务。支持 G 组数据的上传和检索，对算法进行了优化，提高了检索速度和准确率。加入随访、境外、代收费、统计分析等新管理模块。

12 月 20 日，进行中华骨髓库 2012 版软件初步验收工作，评议的 5 名专家给出如下评审意见：软件功能满足合同要求，国内、国外流程结构已建立，国内软件服务 13 例，涉外软件服务 5 例。上线试运行期间，项目开发的 19 个功能模块 117 个功能点，运行稳定。专家组一致同意通过项目初验。

（三）精心运输、保管血样，提供珍贵科研资源

各分库在采集志愿者血样时，共采集两份，其中一份交给组织配型实验室做 HLA 分型检测，另一份邮寄到位于北京的中华骨髓库样品库，由样品库统一收集、保管血液样品。2012 年完成 16 万人份血样的运输、储存保管和对 150 多万人份血样样品进行储存保管工作。这些样品有序的码放在零下 80 度的冰箱中，有专人负责管理，定时记录相关数据信息。总库对 2011 年样品采集、运送、保管进行质控。质控结果表明，2011 年度样品从采集到运输及储存，质量有所提高，裂管率由 2010 年的 3‰下降为 0.84‰；玻璃管使用率由 2010 年 7.4‰下降为 0.79‰；采血量不足率由 2010 年 9.67% 下降为 7.26% 。根据这次质量控制结果重新修订《样品采集、运送、保管标准操作规范》，使规范样品库管理工作上了新台阶。

（四）严格数据质量控制，保障数据质量合格

中华骨髓库对当年入库的 16 万人份数据按 2% 的比例抽检，中华骨髓库质量控制实验室按规定进行 HLA 配型质控标本的发放和抽检质控。全年入库数据质量控制抽检错误率为 0.45% ，达到世界先进骨髓库的质控水平。高分实验室是保证造血干细胞移植工作顺利进行的重要关口。为加强对高分确认实验室的管理，2012 年下发《高分确认实验室的管理办法》。

二、器官捐献项目

2012 年是器官捐献项目实施第二年，预算为 1 089 万元。在彩票公益金支持下，中国红十字会器官捐献项目在组织机构、人员队伍、制度建设、宣传动员、捐献协调、人道救助、缅怀纪念等方面做了大量工作，取得重大突破。2012 年，实现器官捐献 468 例，捐献大器官 1 391 个，挽救了 1 200 余人生命。

（一）试点工作圆满结束，器官捐献工作进入新的发展阶段

经过两年试点，中国人体器官捐献试点工作取得圆满成功。2012 年 3 月，中国红十字会与卫生部在杭州召开中国人体器官捐献试点工作总结会，初步探索出一条符合中国国情的器官捐献模式。会议发布《杭州宣言》，规范今后开展器官捐献工作的基本架构。为巩固器官捐献试点工作成果，2012 年 8 月，中国红十字会总会和卫生部正式印发《关于进一步推进人体器官捐献工作的意见》（中红字［2012］39 号），确定下一阶段在全国推开此项工作的基本政策。

（二）探索建立贫困捐献家庭人道救助机制

彩票公益金 2012 年度安排 72 万元，用于对困难捐献者家庭的救助，但与 468 例的捐献数相比，这些钱是远远不够的，面临严重的资金缺口。在这种情况下，中国红十字会总会和卫生部要求各地采取四个一点，即“政府投入一点，医院支持一点，社会募捐一点，受益者拿出一点”的方式，多渠道筹集资金。试点期间，各地累计筹集器官捐献专项经费 2 400 多万元，根据贫困捐献者家属的申请对其进行适当的救助。

（三）编写培训教材，开展协调员培训

编写完成 12 万字的《人体器官捐献协调员培训教材》，包括医学、伦理学、心理学、法学等内容。2012 年，举办 6 期全国器官捐献协调员培训班，邀请知名专家和部分专职协调员，为试点地区培训 300 多名骨干协调员，并委托 19 个试点省（市）开展人员培训工作，大大推动了器官捐献工作的开展。

（四）多种形式开展宣传，科学引导公众接受捐献理念

为提高各地对于器官捐献的认识程度和接受程度，不断加大宣传力度，组织设计了器官捐献标识（logo）、器官捐献卡、宣传画册、大事记及文件汇编、款海报、张贴画等；制作发放器官捐献卡 4 万张、捐献者荣誉证书 2 000 本、器官捐献大事记及文件汇编 9 000 本、大海报 2.4 万张、小海报 2.4 万张、文件夹封套 5 万套、宣传画册 9 000 本，五折页 20 万份。和中华医学会移植学分会联合组织举办“第四届中国器官捐献日宣传活动”，为器官捐献工作的后续开展营造氛围、奠定基础。

各地方红十字会（以下简称“红会”）采取多种形式对器官捐献进行宣传，通过发放宣传材料、讲解捐献知识、相关业务人员座谈等方式，对公众及相关医务人员进行宣传，对于破除传统观念束缚，科学引导公众接受“器官捐献　生命永续”的理念起到了良好的促进作用。

（五）针对重点、难点问题，开展科学研究

委托专业机构开展人体器官捐献重大问题研究。分别与清华大学法学院、中国协和医科大学生命伦理学研究中心、华中科技大学同济医学院签署协议，委托开展关于人体器官捐献过程中的法律问题、伦理学问题及基本流程及经济运行机制等方面的研究，解决目前器官捐献工作中遇到的难点问题。

三、人道救助、救援项目

（一）人道救助部分

采购价值 4 453 万元的紧急人道救助物资，并根据物资属性，及时发放到灾区，或储备在红十字会备灾救灾中心。完成 600 万元红十字博爱送万家活动物资的采购，并按照要求和计划发放。

（二）人道救援部分

采购救援队装备和设备 1 250 万元，包括采购两套供水单元和三套大众卫生单元设备。成功举办 5 期救援队成员培训班，每期 14 万元。培训班包括赈济、大众卫生、医疗救援队、搜救救援队共 5 期培训，培训骨干队员超过 270 人。为提高

应急救援能力和效率，在 2012 年第十三个世界急救日举办了主题为“生命高于一切”的应急救援演练。

四、生命健康安全教育项目

“进行初级卫生救护培训，组织群众参加现场救护”是中国红十字会的传统工作和法定职责。在彩票公益金的支持下，各级红十字会在“十五”和“十一五”期间共举办救护师资培训班 1 168 期，累计培训救护师资 4.6 万余人，全面提升了红十字会救护师资水平。为进一步巩固和加强项目成果，彩票公益金继续支持中国红十字会总会于“十二五”期间开展红十字生命健康安全教育项目。

1. 举办救护师资培训班 70 期，培训共 2 100 名救护师资并进行注册管理。

2. 采购 10 类总价值 2 500 万元的救护教具及设备，并分配给总会和地方红十字救护培训机构使用。

3. 在上海、河南等五省（市）开展 20 期学校安全辅导员培训。

4. 支持 50 所学校进行红十字志愿救护活动。

5. 举办第二届全国红十字救护大赛，检验救护培训成果，宣传救护理念，推动救护工作。

五、贫困白血病、先心病儿童救助项目

2012 年，中国红十字基金会（以下简称“红基会”）执行彩票公益金贫困白血病、先心病儿童救助项目资金 8 856.63 万元，为来自全国 30 个省（区、市）和新疆生产建设兵团的 3 224 名贫困白血病、先心病患儿提供医疗资助。

（一）项目预算

该项目预算为 8 856.63 万元（其中 2012 年预算为 5 000 万元、2012 年追加资金 3 000 万元，上年度结转资金 856.63 万元）。其中资助资金 8 679.5 万元，项目管理成本 177.13 万元。

（二）项目完成情况

截至 2012 年底，项目资助白血病儿童 2 170 名，拨付资助款 6 780 万元；资助先心病儿童 1 054 名，拨付资助款 1 899.5 万元，项目资助资金全部使用完毕。项目执行费 177.13 万元已全部支出，对应各项管理工作全部完成。

（三）项目管理情况

1. 实施程序合规，多方配合多赢。按照相关管理办法的规定，该项目由中国红基会负责实施管理，各省红十字会和定点医院配合执行：中国红基会负责申请项目资金，拟定项目管理办法，制定项目评审资助规则，发展定点医院，召开评审会议，公示受助名单，下拨救助款项，指导、监督、检查项目执行情况等；专家评审委员会负责对申请救助患儿资料进行审查，审批资助计划，确定救助名单；定点医院负责对通过批准救助的患儿进行医疗救治并给予减免优惠；地方红会负责当地患儿求助接待、申请资料初审上报、资助资料的督办初审、资助款转拨、回访反馈等工作。项目管理者和参与者各司其职，分工明确，职责清晰，充分发挥各方作用，确保项目顺利实施。

2. 严格项目管理，确保规范执行。在项目执行过程中，中国红基会继续严格按照经财政部审定的《中国红十字基金

会小天使基金资助管理暂行办法》及其“补充规定”、《中国红十字基金会天使阳光基金资助管理暂行办法》和《中国红基会专项基金定点医院管理办法》及项目实施指南等制度和规范实施救助工作，并向各省级红会和定点医院发文，对项目实施提出明确要求。项目办公室除日常通过电话、邮件、QQ 工作群等与各省红会项目人员及时进行信息沟通，督导项目执行外，还利用年度项目工作会议、定点医院会议对项目进行工作总结，对成绩突出的定点医院予以表彰，对项目执行过程中新发现的问题进行指导和培训，通过项目调研及利用其他项目考察机会对各地项目执行情况进行实地检查和指导，确保各项工作按既定规则推进。各省红会通过向下级转发红基会文件，以开展项目培训等方式对下级工作进行指导，为项目顺利实施提供有效保障。

3. 狠抓重点环节，严把执行质量。为保证资助工作公开、公正和透明，中国红基会在总结前三期彩票公益金项目执行成功经验的基础上，继续狠抓评审公示、核实告知和审核拨款等重点环节。全年共进行 6 次项目资助评审（其中 3 次现场评审会议、3 次电子邮件评审），确定资助患儿名单，并在中国红基会官网进行公示；各省红十字会（基金会）项目人员克服人手少、任务重的困难，加班加点对确定资助的本地患儿近况进行逐一核实并反馈中国红基会，及时寄发“资助告知书”，指导患儿家长办理资助资料；中国红基会相关部门工作人员、省红十字会及定点医院项目人员耐心指导患儿家长收集资助资料，并进行严格审核，履行资助程序。中国红基会分 27 批次完成对 2 170 名白血病患儿和 1 054 名先心病患儿的资助款审批拨付工作，资助款通过省级红十字会转拨至患儿个人账户或直接拨付至患儿救治的定点医院。

（中国红十字会总会供稿）

2012 年中央专项彩票公益金支持残疾人事业项目组织实施情况

2011—2015 年，按照《财政部关于“十二五”时期安排中央专项彩票公益金支持残疾人事业项目的复函》（财综函［2011］24 号），中央财政安排专项彩票公益金 45.02 亿元，支持残疾人康复、教育、体育、农村贫困残疾人危房改造和贫困残疾人家庭无障碍改造五个项目。

由于 2011 年地方专款下达较晚，残疾人事业专项彩票公益金项目实施方案当年尚未颁布，2011 年大部分项目与 2012 年项目合并实施。2011 年和 2012 年，中央财政共安排“十二五”时期残疾人事业专项彩票公益金 19.92 亿元，其中：中央本级 33 885.2 万元，地方专款 16.53 亿元。截至 2012 年底，中央本级实际支出 25 782.55 万元，结余 8 102.65 万元；地方专款 165 343 万元全部下达地方执行。

一、中央本级分项目执行情况

（一）为贫困残疾人免费配发辅助器具（2011—2012 年共计安排辅助器具采购经费 6 000 万元、培训经费 640 万元）

本项目由中央实施政府采购，统一配发各地。截至 2012 年 3 月，已完成招标采购程序，中标金额 4 835.72 万元，比预算 6 000 万元节约近 20%，显示出政府采购的价格优势。

2012 年支付残疾人辅助器具采购资金 2 787.84 万元，根据合同约定，待采购产品全部验收合格后，支付 95% 货款，其余货款于质保期后支付，合同款支付周期较长。在项目实施过程中，中国残疾人联合会（以下简称“中国残联”）重点加强辅助器具产品的质量监督，组织对中标的 13 家企业 76 种型号的 376 件产品进行检测，多次召开质量反馈会议，杜绝问题产品进入项目。

项目共举办各类国家级培训 12 期，累计培训学员 791 人次。各地也针对项目要求，开展各类、各级的培训。中国残联会同中国残疾人辅助器具中心通过协调各地培训资源、制订和落实培训方案、协助进行课程设计、派专家进行工作指导等多种方式，支持各地的培训，有效地提升各地培训工作的质量。各省累计举办培训 60 余期，培训人员超过 6 000 人次。

（二）残疾人辅助器具流动服务车项目（2011—2012 年共计安排 4 200 万元，其中车辆 2 100 万元，车载设备 2 100 万元）

本项目由中央实施政府采购，统一配

发各地。2012 年 3 月至 8 月，分批次完成车辆和车载设备的招标采购程序，服务车中标金额 1 745.52 万元、车载设备中标金额 1 711.19 万元，分别比预算节约 16.9% 和 18.5%。

2012 年支付残疾人辅助器具流动服务车及车载设备采购资金 1 160.58 万元，为中标金额的 33.57%，车辆和车载设备由中央实施政府采购，统一配发各地，合同款支付周期较长。

残疾人辅助器具流动服务车累计行程超过 150 万公里，服务超过 30 万人，配置辅助器具近 20 万件，将辅助器具服务送到边远地区，送到田间地头，送到残疾人家中，进一步扩大了服务的覆盖面，也拉近了辅助器具工作者和残疾人的距离，使残疾人不出家门就能得到辅助器具服务，极大地节约了残疾人的往返交通等成本。流动服务车在为残疾人送去专业化辅助器具服务的同时，也送去党和政府的关爱，彰显了“彩票公益金”的公益性，同时，进一步带动和促进了各级政府和社会各界对残疾人辅助器具工作的关注和支持。

（三）彩票公益金贫困成年听力残疾人（助听器）康复项目（2011—2012 年共计安排 2 700 万元，其中助听器 2 200 万元、2011 年助听器验配服务费 300 万元、电池 200 万元）

2012 年 1 月，完成助听器招标采购程序，中标金额 1 832.4 万元，比预算的 2 200 万元节约 16.71%；2012 年 4 月和 11 月，分别完成助听器电池采购程序，合同金额 125 万元，比预算的 200 万元节约 37.5%。

2012 年支付助听器采购资金 1 200 万元，支付电池采购资金 105 万元，助听器和电池实施政府采购，统一配发各地，因此合同款支付周期较长。

2012 年拨付各地 2011 年验配服务费 300 万元，自 2012 年起，每年的助听器验配服务费 300 万元纳入地方专款。

（四）盲文教材、图书出版补贴项目（2011—2012 年共计安排 4 600 万元）

按照“十二五”盲人读物出版补贴项目要求，中国盲文出版社制订 2011 年、2012 年《盲人读物出版补贴实施方案》，实际弥补亏损 3 797.69 万元，该社截至 2012 年底累计结余 802.31 万元。

2011 年和 2012 年该社出版盲文教材、图书、期刊 2 050 种，共计 76.55 万册；录制母带共计 465 种，录制 DAISY494 张、MP3 光盘 874 张、磁带 7 830 盘，录制时间 7 791 小时，共 9 349 万字。

（五）盲文印刷设备补贴项目（2011—2012 年共计安排 1 200 万元）

预算执行 682.42 万元，全部用于采购进口盲文印刷设备，结余 517.58 万元。

2011 年 8 月，中国盲文图书馆（中国视障文化资讯服务中心）新馆开馆，中国盲文出版社（位于卢沟桥）旧址主要职能改为盲文出版和印制。由于新馆生产场地扩大、能力提高，对设备需求进行了重新考虑，2012 年未采购新的盲文生产设备，将于 2013 年启动采购程序。

（六）残疾人体育项目（2011 年未安排，2012 年安排 7 045.2 万元）

2012 年共支出残疾人体育项目经费 7 707.35 万元。其中：使用以前年度结余 3 751.84 万元，使用当年预算 3 955.51

万元（残疾人群众体育183.08万元、残疾人体育竞赛训练3 772.43万元）。在财政部的大力支持下，2012年残疾人体育事业取得了巨大成就。主要是：

1. 中国残奥代表团在第14届残奥会上实现金牌和奖牌榜的“三连冠”，创造了新辉煌。

2. 通过残奥会的影响力，对于推动残疾人事业发展，解决事业发展中更深层次的问题发挥着不可替代的作用。

3. 2012年，全国有28个省（区、市）结合本地特色，举办形式多样的残疾人群众体育活动，残疾人健身周活动已形成品牌，深受残疾人欢迎。

（七）残疾人康复托养机构康复训练设备购置项目（2011年未安排，2012年安排7 500万元）

2012年该项目实际支出7 240万元，占当年预算的96.5%。

资金主要用于资助国家投资建设的地方康复中心和托养机构购置康复训练设备、医疗康复设备、听力检测设备、眼科设备、数字X射线摄影系统（DR）和全自动生化分析仪等大型医疗设备、残疾人基本生活技能训练设备、寄宿残疾人生活起居设备、残疾人无障碍电梯设备等。

中央财政支持的残疾人康复托养机构设备补助资金到位后，为各地解决了一批关键性设备，同时也有利于各地残疾人康复托养机构的良性运转，为残疾人服务提供了坚实的保障。

二、地方专款分项目执行情况

（一）残疾人康复

1. 贫困精神病患者医疗救助（2011—2012年共下达地方专款3亿元）。贫困精神病患者医疗救助地方专款计划救助12万名患者。根据各地报送的项目执行情况，各省残联与本省财政部门紧密配合，共同制订项目实施方案和资金分配方案，确保项目资金合理使用，项目执行良好。根据中国残疾人事业统计年报资料数据，在国家专项彩票公益金的带动下，2012年对45.7万名贫困精神病患者实施了医疗救助。

贫困精神病患者医疗救助项目的实施，产生了良好的社会反响：一是通过项目救助，解决长期以来贫困患者无药治病的突出问题，提高政府和社会对精神病患者的关注程度，消除社会歧视和偏见。二是推动精神残疾康复长效保障机制的出台。由于项目的带动，精神残疾人的康复需求受到党和政府的高度重视，推动了精神疾病纳入医疗保障工作。三是部分省加强相关保障措施，出台具体的保障政策。

2. 残疾人辅助器具服务（2011—2012年共下达地方专款41 885万元）。残疾人辅助器具服务项目2011—2012年计划为15.4万人配置辅助器具。通过项目的实施，在国家专项彩票公益金的带动下，为近50万名残疾人配置辅助器具，不同程度地改善了他们的生理机能，提高了他们生活自理、就学、就业、娱乐等能力，极大地降低了残疾人的护理成本，减轻了残疾人亲属的身心负担，也减轻了残疾人家庭的经济负担；同时，很多残疾人借助辅助器具，走上了工作岗位，成为社会财富的创造者。

项目的实施带动辅助器具服务体系建设。各级辅助器具机构不断完善服务设施，充实服务内容，提高服务质量，促进了辅助器具机构的规范化建设。实施项目过程中，各级残联以及辅助器具服务机构的人才队伍得到了很好的锻炼，不论是组织管理水平，还是专业技术能力，都得到大幅度提高，积累了丰富的项目管理和实操经验。社会各界也以多种形式对残疾人配置辅助器具予以支持和投入，营造了扶残助残的社会氛围，弘扬了济贫助困的社会风尚。

3. 贫困智力残疾儿童康复救助（2011年未安排，2012年下达地方专款11 226万元）。根据数据库信息和各省报送的材料统计，2012年全国共有20 043名智力残疾儿童得到救助进行康复训练，不仅圆满完成中央下达的9 355名的年度项目任务，而且大部分地区在中央项目的带动下开展本地区救助项目，使更多的智力残疾儿童受益。在20 043名受助儿童中，有10 688名儿童得到地方救助，占年度救助人数的53.3%。

项目实施得到各级政府的高度重视和大力支持，带动地方政府投入和地方性扶持政策出台。各地在完成国家项目任务的基础上，积极实施本省救助项目，使更多的残疾儿童受益。为保证项目的实施，各地通过多种途径培养残疾儿童康复技术人员，积极争取政府支持，建设康复机构，改善服务设施，促进康复服务能力建设，带动康复机构儿童康复业务的深入开展。

（二）助学项目

1. 资助贫困残疾儿童（3—6岁）学前教育（2011—2012年共下达地方专款6 168万元）。项目已完成对20 560名贫困残疾儿童的资助任务。为做好这项工作，各地以实施贫困残疾儿童学前教育项目为契机，把残疾儿童学前教育工作纳入学前教育的整体规划中，建立残疾儿童学前教育助学补助制度，积极探索、创新残疾儿童学前教育模式，推进地区残疾人教育体系不断完善。多个省份结合学前教育助学项目开展残疾儿童学前教育“康教结合”、“医教结合”、“残健合一”等试点工作，多种形式并举，构建残疾儿童学前教育多元模式。

在实施学前教育助学项目过程中，各省、自治区、直辖市残联指定专人负责，逐一审查、核实各地上报的试点机构，把好机构资格认定关，按照公开公正、低保优先的原则确定资助对象，并严格执行公示制度。

2. 残疾人中高等特殊教育、中等职业教育、残疾学生实训基地补贴（2011—2012年共下达地方专款4 564万元）。项目计划对26所残疾人中高等特殊教育学校、中等职业教育学校、残疾学生实训基地进行补贴，已圆满完成任务目标。为确保项目顺利实施，项目学校普遍建立科学、合理的管理制度，加强项目资金管理，做到资金专款专用，并能够按照政府采购的有关规定采购教学、实训设备，对购置的设备严格执行国有资产管理规定，加强管理。项目学校通过召开项目论证会议，认真组织调研和讨论，广泛听取专家意见，制订项目实施方案和项目执行程序，明确项目实施的目的、原则、范围和流程。

彩票公益金助学项目改善了中高等特教院校的办学条件，为残疾学生创造了舒适、便捷的学习环境，提高了残疾人职业教育的教育教学质量，有效带动了地方政府对残疾人职业教育的重视程度，促进了中高等特教院校在残疾学生设施建设、实训基地建设等方面投入的增加，为培训残疾学生的学习技能、劳动技能创造了条件。

（三）贫困残疾人家庭无障碍改造项目

2011 年、2012 年中央财政每年安排资金 5 600 万元，两年共安排 11 200 万元。各地根据财政部、中国残联要求，健全工作机制，争取改造资金，完善改造内容，切实加大改造工作力度，圆满完成中央下达的共 3.2 万户贫困残疾人家庭无障碍改造工作任务。有的省还在完成中央任务的基础上，部署开展本地贫困残疾人家庭无障碍改造工作。通过实施贫困残疾人家庭无障碍改造项目，改善残疾人居家环境，提高残疾人生活质量，为残疾人实现小康提供物质基础，受到广大残疾人的热烈欢迎和社会的一致好评，同时，进一步宣传无障碍建设的理念，也取得良好的社会效果。

（四）农村贫困残疾人危房改造项目

2011—2012 年中央财政共安排农村贫困残疾人危房改造资金 6 亿元，补贴标准为每户 6 000 元，两年总任务 10 万户。2011 年全国实际完成危改 93 581 户，其中：中央补贴资金 3 亿元，地方投入资金 9.52 亿元；2012 年全国实际完成危改 13.24 万户，其中：中央补贴资金 3 亿元，地方投入资金 11.86 亿元。

各地根据财政部、中国残联要求，健全工作机制，积极争取地方危房改造资金，加大工作力度，在全面完成中央任务的基础上，部署开展本地农村贫困残疾人危房改造工作，两年共实施 22.6 万户农村贫困残疾人危房改造，并带动地方投入 21.38 亿元。

农村贫困残疾人危房改造项目的实施，营造了扶残助残的良好社会氛围，使广大农村贫困残疾人感受到党和政府的关心和社会主义大家庭的温暖。

（中国残疾人联合会供稿）

2012年中央专项彩票公益金支持革命老区扶贫项目组织实施情况

2012年，经财政部核准，中央专项彩票公益金扶贫项目资金为9亿元，其中5.25亿元用于贫困革命老区整村推进项目，按照坚持集中连片、科学规划，突出重点、民生优先，民主决策、群众参与，公平竞争、公开公示，统筹各方、形成合力的原则，在19个省35个县353个贫困革命老区的贫困村开展基础设施建设、环境和公共服务设施建设、产业发展。另安排3.75亿元用于革命老区扶贫开发创新试点项目，按照公平性、生产公益性、集中资金投入和地方自主选择项目的原则，在7个省62个县开展小型的、生产性的公益设施建设。

一、贫困革命老区整村推进项目

（一）贫困村基础设施建设情况

安排使用彩票公益金27 519.73万元开展基础设施建设（占总投入的52%），改善贫困村生产生活条件。其中：村内交通建设投入20 008.74万元，修建和整治村道、村组路、生产路和联户路等1 727.6公里，建桥100座；人畜饮水工程建设投入3 243.53万元，打机井239口，新建供水点55处，铺设供水管道316公里，其他人畜饮水项目214口；小型水利工程建设投入3 655.1万元，整治山坪塘38口，新建灌溉蓄水池66口，新建和整治灌溉渠94.7公里，新建提灌站4个，硬化集雨场194处，建石河堰/水闸43条、滴灌设施343公里、村内排洪渠157公里；土壤改良建设投入325.13万元，修整石坎梯地150亩，旱地改良2 707亩，水田改良277亩；农村能源建设投入68.13万元，建沼气池265口、节能灶275个；农网改造建设投入219.1万元，建高压线路6公里、低压线路12公里，建变压器24台。通过分项目实施，解决贫困村群众行路难、饮水难等问题，大大改善了革命老区县贫困村、贫困农户的生产生活条件，解决了制约发展的“瓶颈”问题。

（二）环境和公共服务设施建设情况

安排使用彩票公益金8 200.5万元开展环境改善和公共服务设施建设（占总投入的16%），改善贫困村人居环境，促进公共服务水平提高。其中：人居环境改善项目建设投入3 069.93万元，改厕、改厨、改圈、建院坝和庭院治理等6 795户；教育卫生文化设施建设投入2 605.17万元，村小改建7所，建文化活动室、卫生室和农村书屋共116个，建文化广场108处，配健身设施55套；村容整治项目建设投入 2 525.4 万元，建垃圾收集点 611 个，污水处理 94 处，建公共厕所 57 个，安装路灯 1 861 盏，建绿化设施 1 634 处。通过分项目实施，项目村卫生室、文化活动室、垃圾处理场所等公共服务设施基本配套完善，人居环境有了明显改善，村容村貌焕然一新。

（三）产业发展情况

安排使用彩票公益金 16 779.77 万元开展产业发展（占总投入的 32%），用于培育和发展特色优势产业，促进农民增收。其中：粮食作物投入 40 万元，种植水稻、玉米、小米、土豆共 874 亩；经济作物投入 5 017.49 万元，种植田间蔬菜、中药材、烟叶、花卉等 34 910 亩；林果业投入 5 070.83 万元，新建和改造茶园 3 120 亩，种植水果和干果 35 830 亩；养殖业投入 5 223.02 万元，养猪、牛、羊等 28 074 头，养小家禽 25 082 万羽，养鱼虾等 5.3 万尾，建养殖小区 282 个；农副产品加工业投入 578.97 万元，建粮食加工、饲草加工、肉食品加工、茶叶加工、干果加工等工厂 100 个，支持农产品经营 78 户；能力建设投入 589.46 万元，实用技术培训 52 090 人次，实用技能培训 18 244 人次；互助资金投入 260 万元，在 16 个项目村开展贫困村互助资金项目。贫困村通过各种方式发展当地特色产业，形成大规模的、专业化的生产、加工、销售基地，为推动产业多元化发展，农业增效、农民增收奠定了基础。

二、革命老区创新试点项目

（一）基础设施建设情况

使用彩票公益金 36 562 万元开展基础设施建设（占总投入的 97%），改善生产条件。其中：村内交通建设投入 25 617.045 万元，修建和整治村道、村组路、生产路和联户路等 2 157.6 公里，建桥 317 座；人畜饮水工程建设投入 1 566 万元，打机井 24 口，新建供水点 16 处，铺设供水管道 39 公里，新建水窖/人饮蓄水池 152 口；小型水利工程建设投入 8 899.455 万元，整治山坪塘 27 口，新建灌溉蓄水池 1 903 口，新建和整治灌溉渠 360 公里，新建提灌站 35 个，硬化集雨场 171 处，建石河堰/水闸 100 条、滴灌设施 1 099 公里、村内排洪渠 56 公里；土壤改良建设投入 410 万元，修整石坎梯地 305 亩，旱地改良 1 823 亩，水田改良 3 080 亩；农网改造建设投入 69.5 万元，建高压线路 4.05 公里、低压线路 3.95 公里，建变压器 3 台。通过分项目实施，大大改善革命老区县贫困村、贫困农户的生产条件，解决了制约发展的“瓶颈”问题。

（二）产业发展情况

使用彩票公益金 938 万元开展产业发展（占总投入的 3%），用于培育和发展特色优势产业，促进农民增收。其中：经济作物投入 348 万元，种植大棚蔬菜、烟叶、花卉等 1 075 亩；林果业投入 540 万元，新建和改造茶园 426 亩，种植水果和干果 9 717 亩；能力建设投入 50 万元，实用技术培训 1 000 人次。

贫困村通过发展当地特色产业，形成大规模的、专业化的生产、加工、销售基地，为推动产业多元化发展，农业增效、农民增收奠定了基础。

（国务院扶贫办供稿）

2012年中央专项彩票公益金支持文化事业项目组织实施情况

"十二五"期间，财政部从中央专项彩票公益金中支持文化部城市社区文化中心（文化活动室）设备购置和国家艺术基金2个项目，2012年分别安排2.5亿元和2亿元。项目实施情况如下：

一、城市社区文化中心（文化活动室）设备购置项目

为保障城市社区文化活动的正常开展，加强城市社区文化建设，中央财政从2009年开始设立全国城市社区文化中心（暨街道文化站，下同）和文化活动室设备购置专项资金，主要是对中西部地区已建成且具有一定规模、配有专人管理、常年开展文化活动的城市社区文化中心（文化活动室）开展业务活动所需设备购置经费予以定额补助；对东部地区在社区文化中心（文化活动室）建设工作中取得突出成绩的省份予以奖励。专项资金从中央专项彩票公益金中安排。

（一）资金使用情况

为切实发挥资金使用效益，2009年财政部和文化部按照国家有关法律法规和国家彩票公益金管理办法，结合我国城市社区文化中心和文化活动室建设的实际情况，制定并印发了《城市社区文化中心（文化活动室）设备购置专项资金管理办法》（财教［2009］447号），以加强全国城市社区文化中心和文化活动室设备购置专项资金的管理和使用。2009—2012年，中央财政共安排专项资金9.59亿元，对中西部地区2 282个社区文化中心、12 666个社区文化活动室设备购置进行补助（其中，2012年对中西部地区595个社区文化中心、3 322个社区文化活动室设备购置进行了补助），对东部地区通过"以奖代补"方式予以一定支持。截至目前，各省（区、市）已基本按要求将所购设备全部配送到位。

（二）项目社会效益

随着项目的实施，我国城市社区文化中心和文化活动室的基本设备条件得到较大改善，社区文化建设得到加强。文化设备配发后，群众反响强烈，交口称誉。社区居民反映，政府公益为社区配送文化设备，把功能丰富、先进实用的文化设备送到居民的身边，为百姓文化生活提供极大方便。长期扎根社区的文化团队也获得了开展活动急需的设施设备。社区的文化场所均已成为该地区群众文化活动的主阵地，群众文化活动开展得红红火火。该项目对于切实保障广大人民群众的基本文化

权益，构建覆盖城乡的公共文化服务体系，推进城市文化建设与发展，具有十分重要的意义。

二、国家艺术基金（原繁荣文艺创作专项资金）

为引导和推动我国艺术创作的繁荣和发展，不断改进和创新艺术管理模式及财政资金投入方式，在财政部大力支持下，文化部开始尝试采用基金模式支持艺术创作生产。2009—2012 年，由于国家艺术基金尚未设立，财政部以繁荣文艺创作专项资金的名义累计安排文化部资金 6 亿元。2012 年 11 月，国务院正式批准设立国家艺术基金。目前文化部正在会同财政部加快国家艺术基金的设立工作，制定相关制度和配套文件，筹组相关机构，建立科学、高效的文艺创作资助、扶持机制，进一步完善使用管理体系，提高财政资金使用效益。

（一）资金使用情况

2012 年，中央财政共安排繁荣文艺创作专项资金 2 亿元，按照财政部核定的经费使用范围，截至 2013 年 8 月底，已经使用 1.21 亿元，主要用于：国家舞台艺术精品工程、2012 年全国优秀剧目展演、第二届优秀保留剧目全国巡演等创作类项目 17 030 万元，从延安走来——纪念毛泽东同志《在延安文艺座谈会上的讲话》发表 70 周年美术作品展、全国美术馆优秀项目扶持计划、全国美术馆馆藏精品展出季等宣传推广类项目 1 900 万元，民营院团领军人物扶持、全国画院优秀创作人才扶持、美术馆专业人员培训等人才培养项目 800 万元，用于美术研究理论建设促进计划、国家艺术城市创建活动评价体系研究等文艺理论与研究类项目 270 万元。结余资金 0.78 亿元，将继续用于艺术创作、人才培养、宣传推广及文艺理论研究等方面工作。

（二）项目社会效益

一是重要展演活动精粹纷呈，艺术活动展现创作繁荣。为迎接党的十八大胜利召开，以“讴歌伟大时代，艺术奉献人民”为主题，举办 2012 年全国优秀剧目展演，时间长达 3 个半月，汇聚全国各地 119 台优秀剧目，在首都各大剧场演出 240 多场，观众达 30 多万人，展示了广大文艺工作者昂扬的精神风貌和近年来艺术创作的丰硕成果，为党的十八大召开营造出良好的氛围。举办 2012 年国家艺术院团优秀剧目展演，推出一批优秀剧目和优秀人才，国家艺术院团复排和新创的京剧《韩玉娘》、芭蕾舞《小美人鱼》、歌剧《图兰朵》等优秀经典剧目也受到国内外演出公司的青睐，9 个院团在展演交易会上共签约演出 800 场，金额 1.42 亿元，均创 3 年以来的新高。二是引入科学评审体系，评价推广工作不断加强。继续实施国家舞台艺术精品工程，推出 15 台精品剧目和 40 余台重点剧目。举办第 2 届全国优秀保留剧目大奖评选，评选出 20 部久演不衰的优秀剧目。此次评选对演出场次提出了更高的要求，规定自 1949 年以后首演的剧目应达到 1000 场以上，所有剧目在改革开放以后的演出场次应达到 400 场以上，而且近 3 年的演出场次要达到 60 场以上。获奖的 20 台作品从 2013 年 4 月份开始在全国 31 个省（市、区）及港澳台已巡回演出近千场。三是实施精品战略，精品佳作不断涌现。制定《全国地方戏曲剧种保护与扶持计划》，实施歌剧、交响乐、芭蕾舞创作扶持工程和杂技艺术振兴扶持工程，举办全国地方戏精粹展演，促进各门类艺术的全面协调发展。支持少数民族地区文艺创作，组织民族音乐会《美丽新疆》全国巡演，举办新疆十二木卡姆交响音乐会等。扶持培养民营院团领军人物，引导民营艺术院团健康发展，组织话剧《郭明义》、豫剧《苏武牧羊》、豫剧《铡刀下的红梅》等优秀剧目在全国巡演，受到各地观众的热烈欢迎。四是推动建设良好美术发展生态，促进美术事业繁荣发展。通过实施美术馆优秀项目扶持计划、画院优秀创作扶持计划，以及美术馆专业人才培训、画院优秀人才扶持，进一步加强了美术馆、画院专业化建设，努力提升公共文化服务水平。首次举办了全国美术馆馆藏精品展出季，28 个展览项目惠及各地观众 180 万人次，有力地提高国家美术收藏的整体效益。为纪念《毛泽东在延安文艺座谈会上的讲话发表》70 周年，举办《从延安走来大型美术作品展览》、优秀剧目展演、研讨座谈和采风慰问等系列活动，引导文艺工作者继承和弘扬《在延安文艺座谈会上的讲话》精神，坚持正确的文艺方向。

（文化部供稿）

2012 年中央专项彩票公益金支持法律援助项目组织实施情况

2012 年，在财政部、司法部的重视和关心下，在财政部综合司、行政政法司，司法部法律援助工作司、计财装备司、法律援助中心、全国律协等有关司（局）和单位的有力指导和大力支持下，在各级司法行政机关、各项目管理实施单位和广大法律援助律师、法律援助工作者、法律援助志愿者的协同努力下，中国法律援助基金会不断加强中央专项彩票公益金法律援助项目实施与管理工作，紧紧围绕服务困难群众、促进社会和谐这一宗旨，切实增强实施能力，提高管理水平，规范运作程序，提升 1 亿元项目资金（实际使用 2011 年预算资金）的使用效能，共资助办理各类法律援助案件 58 029 件，直接受益人 84 607 人，为受援人挽回经济损失或取得经济利益超过 33 亿元。

本期项目实施单位包括法律援助机构、律师事务所、民办非企业单位、高校社团、妇联组织等，共 486 家，比上期增加了 90 家，同比增长 22.7%。新增加的实施单位中，妇联组织的比例最大，共 44 家，占新增单位数的 48.9%。法律援助类民办非企业单位从原来的 4 家增至 7 家，增幅为 75%。另外高校社团增至 5 家，律师事务所由原来的 26 家增至 31 家。数据表明，随着项目的实施和社会影响力的提升，调动了民间组织参与的积极性，吸引了越来越多的社会力量支持法律援助工作。资助办理 58 029 件法律援助案件中，农民工法律援助案件 26 529 件，残疾人法律援助案件 5 299 件，老年人法律援助案件 7 559 件，妇女权益保障法律援助案件 15 877 件，未成年人法律援助案件 2 765 件，受援人对于项目服务的满意度达到了 99.9%，真正实现了项目维护民权、惠及民生，促进社会和谐的目标。通过项目的优势发挥和示范引领，形成了对全国法律援助工作的有益补充，提升法律援助工作改善民生的服务水平，促进法律援助事业区域均衡发展，营造政府主导、社会协同、公众参与的法律援助事业发展环境。

三年多来，中央专项彩票公益金法律援助项目共办理法律援助案件十万多件，17 万余人直接受益，为困难群众挽回经济损失超过 54 亿元，100 多万人获得免费法律咨询。广大受援人真情地说：中央专项彩票公益金法律援助项目，使我们深深地感受到党在关心着我们，政府在呵护着我们，是雪中送炭的民心工程。社会各界普遍认为，项目维护了广大贫弱群体的权益，维护了司法公正，维护了“法律面前，人人平等”的宪法原则，是实实在在的德政工程、稳定工程、和谐工程，以及社会管理创新工程，也是政府购买公共服务的示范工程。

总结项目实施三年多来的经验：一是各级领导重视。司法部和省级都成立专门的项目管理办公室，有专门的分管领导、有具体的办事人员，把中央专项彩票公益金法律援助项目实施作为党组（党委）的一项重要工作列入议事日程，加强监督检查，注意总结经验。二是突出服务重点。向中西部地区和边疆少数民族地区倾斜，把农民工、老年人、残疾人、妇女和未成年人作为服务的重点对象。三是凝聚社会力量。通过整合各类法律援助资源，广泛动员律师、法律援助工作者、志愿者积极参与，为困难群众提供优质的法律援助。四是保证资金安全。采取“先办案，后发钱”的独特办法，保证资金的绝对安全，到目前为止，没有一起投诉。五是信息公开、透明。基金会每季度都会在官方网站上对外公布项目的办案信息和资金去向，接受社会监督。六是发扬奉献精神。各级司法行政机关的工作虽然增加了，但经费没有增加，人员没有增加。做中央专项彩票公益金法律援助工作的同志，为了维护贫弱群体的利益，无私奉献，默默无闻。

党的十八大报告强调：“在改善民生和创新管理中加强社会建设”，这为法律援助事业的发展指明了新的方向。一定要以党的十八大精神为根本指导思想，开拓新思路，提出新措施，开创新局面。首先，要进一步解决认识上的问题。司法行政的工作目标与维护社会和谐稳定是完全一致的。特别是法律援助工作，作为党和政府联系群众的重要“桥梁”和“纽带”，在维护社会和谐、稳定中具有重要地位。做好项目，就是为人民群众解难，为党和政府分忧，就是在做促进和谐、稳定的工作。要不厌其烦地向同级党委、政府汇报，让法律援助工作和“中央专项彩票公益金法律援助”项目，在党委、政府那里挂上号，排上队，有地位，有话语权。其次，要把好事做实。总书记习近平同志深刻地指出：“空谈误国，实干兴邦”。中央专项彩票公益金1个亿用于支持法律援助工作，这是中央为构建民生工程所采取的重大举措。我们一定要把这么大的好事，这么好的实事，落实到需要法律援助的老百姓身上，这才叫“实干兴邦”。最后，要加强探索研究。中央专项彩票公益金法律援助项目是个新的工作，需要不断实践，不断总结，不断提高，才能推动其科学发展。比如，如何保持人员的稳定和素质的提高，需要深入探索和研究。因为，再好的事情，如果没有人去做，也是空谈，大家一定要把这么简单、朴素的道理想明白。再如，宣传工作，需要深入探索和研究。现在媒体这么发达，应当通过各种媒体，多种形式，大张旗鼓地宣传项目，使这个新生的、陌生的民生工程，为更多的人所知晓，让更多应该接受援助的人接受援助。又如，如何在加强社会管理创新中，发挥项目的优势，需要深入探索和研究。要让更多的优秀律师和法律援助工作者等参与并融入这个团队中，提高项目品质，使它不仅发挥效益，还要“超值”。

2013 年 4 月，中国法律援助基金会探索第三方项目评估模式，就 2012 年项目实施情况，委托中国社会科学院社会学研究所开展评估工作。中国社会科学院社会学研究所联合北京大学、北京师范大学、北京工业大学、北京农业大学、北京理工大学和资深公益律师等 10 人组成评估组，在东部北京、中部河南和西部陕西，先后组织开展了针对不同类型项目实施单位的实地评估。评估组撰写了几个报告，包括《功在法治建设，利在弱势群体》总报告、《中国法律援助基金会 2012 年中央专项彩票公益金法律援助项目评估分人群研究论文》等。从评估结果来看，项目受到参与评估的各大高校专家较高的赞誉。评估组肯定项目的实施对维护社会和谐稳定的重要作用，及对加强社会管理创新的重要意义，特别是充分肯定了项目以“政府购买公共服务”的方式，真正做到了“做事不养人”，成为高瞄准度、高效益度和高满意度的以人为本、植根服务的法律援助民生项目。

在财政部和司法部的高度重视下，2013 年中央专项彩票公益金支持法律援助工作进展顺利。截至 2013 年 6 月 30 日，已使用项目资金 8 300 多万元（2012 年预算资金支持），资助办理老年人、农民工、残疾人、妇女和未成年人法律援助案件 49 348 件，有 78 750 人直接受益，为受援人挽回经济损失超过 30 亿元。预计 2013 年 9 月底 2012 年项目资金 1 亿元将全部执行完毕，2013 年第四季度将开始启动下一期项目实施工作。

（中国法律援助基金会供稿）

2012 年中央专项彩票公益金支持农村贫困母亲两癌救助项目组织实施情况

2009 年以来，在党中央的高度重视和财政部的大力支持下，卫生部、全国妇联推动实施农村妇女“两癌”（“两癌”指宫颈癌和乳腺癌，下同）免费检查项目。在检查过程中，发现有不少患病妇女因经济贫困而无法持续治疗或直接放弃治疗。为帮助解决这一问题，中国妇女发展基金会于 2010 年设立“贫困母亲两癌救助”专项基金，财政部继续给予大力支持，原计划“十二五”期间每年从中央专项彩票公益金中拨款 5 000 万元，用于救助贫困患病妇女，这一支持力度在 2013 年将增加为每年 1 亿元资金。三年来，中国妇女发展基金会充分利用妇联网状工作体系，规范运作、精心组织，确保农村贫困患病妇女得到及时救助，专项资金得以有效落实，并逐步形成规范化、长效化救治工作机制。

截至 2013 年 3 月，2012 年中央专项彩票公益金支持“农村贫困母亲两癌救助”项目的 5 000 万元资金已全部拨付到全国 31 个省（区、市）；6 月，各省（区、市）均已实施完毕，有 4 950 位贫困“两癌”患者获得救助。

一、统一部署，做好准备工作

2012 年，中央专项彩票公益金支持“农村贫困母亲两癌救助”已进入第二个实施年份，为持续做好这一惠及农村妇女的慈善项目，全国妇联、中国妇女发展基金会统一部署，积极做好如下准备工作：

（一）召开全国“两癌”检查和救助工作电视电话会议

2012 年 7 月，卫生部、财政部、全国妇联在京召开全国农村妇女“两癌”检查项目工作电视电话会议。原全国人大常委会副委员长、全国妇联主席陈至立，财政部副部长李勇和卫生部副部长刘谦分别作了重要讲话。北京、湖南、内蒙古、重庆等 4 个省（区、市）的卫生部门和妇联组织代表围绕扎实做好“两癌”检查与救助工作作了大会发言，介绍所辖地区的“两癌”检查与救助情况，其他各省（区、市）卫生、妇联等部门负责人在各地分会场参加会议。会上进一步部署了新一轮农村妇女“两癌”检查和救治相关工作。

（二）开展“两癌”检查工作信息员培训

2011 年，为切实掌握中央专项彩票

公益金支持“两癌”救助项目的实际成效，做好项目监测管理，全国妇联、中国妇女发展基金会开发设计了农村妇女“两癌”免费检查项目信息网络采集系统，将各省（区、市）项目负责人确定为信息员。2012 年 4 月，针对 2011 年各项目省（区、市）信息填报过程中存在的问题，对信息员进行再次培训，重申项目实施的重要意义，并特别讲解了申报系统数据填报的程序及要求等，为新一期项目顺利实施和及时反馈信息打下了坚实基础。

二、规范执行，管好、用好专项基金

2012 年，为做到管好、用好专项基金，确保农村贫困患病妇女及家庭切实受益，全国妇联、中国妇女发展基金会从以下三个方面开展工作。

（一）加强监督管理

提前下发了《关于拨付“贫困母亲两癌救助专项基金”的通知》，要求各级妇联建立项目财务专户和台账，做好项目资金记账、原始凭证等管理，做到专款专用。对每位救助者建立信息档案，内容包括姓名、身份证号码、患病情况、婚姻状况、联系方式、确诊医院情况、救助时间等等。

（二）下拨及时迅速

在收到财政部拨付的 2012 年度 5 000 万元中央专项彩票公益金后，全国妇联、中国妇女发展基金会根据对各地申报的核准情况，立即正式向各地下发拨款通知，并于两个月之内分批下拨资金 3 849 万元、1 101 万元。

（三）深入基层送温暖

项目款下拨时，各地严格按照有关要求，坚持以人为本、面向基层，采取集中发放与入户发放相结合的方式，及时发放救助金。特别是大多数地区都举行了中央专项彩票公益金“两癌”救助资金发放宣传仪式，有的省市还由妇联主席或分管副主席亲自带队，入村到户，将党和国家的关心与温暖送到贫困患者的家中。

三、依托网络，畅通信息沟通渠道

随着“两癌”免费检查项目试点地区的扩大，加之“两癌”检查人群年龄由 35—59 岁扩大至 35—64 岁农村妇女，“两癌”贫困母亲救助工作也面临患病人员增加，信息量增大，信息反馈困难的问题。为了做好项目监测管理，落实项目信息反馈和信息公开工作，全国妇联、中国妇女发展基金会借助网络媒介，建立了多层次的信息报送渠道。

（一）利用农村妇女“两癌”免费检查项目信息网络采集系统，动态管理救助项目

在继续强化完善系统网上申报和审批功能基础上，全国妇联、中国妇女发展基金会鼓励各省（区、市）妇联把数据填报系统看做“两癌”工作信息库，及时上传与项目相关的宣传材料，如文字、照片、视频等，使上级部门能够更加及时、全面、立体地掌握各地项目执行情况。

（二）利用腾讯工作群，反映困难和问题

全国妇联妇女发展部、中国妇女发展基金会建立全国农村妇女“两癌”免费检查项目腾讯工作群、贫困母亲“两癌”救助腾讯工作群，加强对工作的实时监控

和动态管理，形成“两癌”项目管理和运营的大团队。良好的工作方法被地方妇联纷纷效仿，如安徽、湖北等省也建立起省“两癌”工作群，有效提升了工作效率。

四、多形式宣传，打造项目公益品牌

为提升项目社会影响力，着力打造中央专项彩票公益金支持“农村贫困母亲两癌救助”项目公益品牌，各妇联单位充分发挥优势，利用广播电视、报纸报刊、网络等媒体，强化全国农村妇女“两癌”免费检查项目及救助基金宣传力度，广泛而深入地开展多层次、多形式的宣传活动。

（一）利用主流媒体，扩大项目影响力

2012年3月8日，在中央电视台三八国际妇女节专题晚会中，全国妇联、中国妇女发展基金会特别设置了“两癌”免费检查工作介绍及“农村贫困母亲两癌救助”项目专访环节。来自山东的贫困母亲王承珍现场讲述了受助经历，场面感人至深，使观众对中央专项彩票公益金支持的“两癌”救助项目印象深刻。同时，利用新一轮“两癌”检查项目启动的契机，在《人民日报》等主要媒体上发特稿，在《中国妇女报》、中国妇女网开设专版、专栏对“两癌”检查工作和救助成效进行集中宣传。

（二）开展“三送”活动，送温暖到妇女家中

三八国际妇女节期间，在全国妇联倡导下，各地纷纷开展送岗位、送法律、送健康（“三送”）活动，受到了广大妇女欢迎。特别是在北京郊区开展的“三送”活动中，吸引了500多名妇女参与，陈至立副委员深入贫困患病妇女家中发放救助金，为她们送去党和政府的温暖。

（三）各地妇联动员地方宣传力量，提升项目知晓度

贵州、甘肃、安徽、浙江等地充分利用地方电视台、报纸和网络等宣传力量，在黄金时段，主要版面，深入介绍“两癌”救助政策，报道救助情况，引发一定的社会关注，使更多妇女群众知晓中央专项彩票公益金支持“农村贫困母亲两癌救助”项目。

（中国妇女发展基金会供稿）

六、附　录

2013
中国彩票年鉴

主要彩票品种简介

传统型彩票（Draw games）：又称被动型彩票，指由彩票发行者事先在彩票上印好号码，通常是5至7位数字，并将固定编组、中奖规则、奖金等级和中奖金额或实物公布，彩票销售一段时间后集中公开摇奖，购买者所购彩票的号码与开奖号码比对，以确定是否中奖和中奖奖级的彩票游戏。传统型彩票有着悠久的历史，遍布全球，我国福利彩票早期主要是此类彩票。由于购买传统型彩票需要等待开奖时间，因此随着即开型彩票的出现，购买者更青睐即买即刮即兑的即开型彩票，对传统型彩票的兴趣逐渐减少。

乐透数字型彩票（Lotto）：指由购买者从M个号码中选取N个号码（M>N）的组合为一注彩票进行投注，并与彩票发行者在投注活动结束后某一时点从M个号码中随机抽取的N个开奖号码的组合比对，以确定是否中奖和中奖奖级的彩票游戏。如福利彩票双色球、体育彩票超级大乐透等属于此类彩票游戏。

数字型彩票（Number）：指购买者从由0至9个号码构成的N组数列中选取其中一组排列号码为一注彩票进行投注，并与彩票发行者在投注活动结束后某一时点从相同数列集合中随机抽取的某一组开奖排列号码比对，以确定是否中奖和中奖奖级的彩票游戏。如福利彩票3D、体育彩票排列3等属于此类彩票游戏。

即开型彩票（Instant Games）：指彩票发行者在某一固定奖组的彩票中，将中奖符号印制在彩票介质上加以遮盖，并事先公告中奖符号，购买者从同一奖组的彩票中选购后可即时刮开遮盖物以确定是否中奖和兑奖的彩票游戏。如福利彩票刮刮乐、体育彩票顶刮呱属于此类彩票游戏。

竞猜型彩票（Toto）：指以某种竞赛结果确定投注中奖结果的彩票游戏。相对于其他纯粹的幸运型游戏而言，竞猜型彩票具有更多的个人智慧因素。如体育彩票足球彩票、篮球彩票属于此类彩票游戏。

（财政部综合司供稿）

2012 年世界彩票销售情况综述

2012 年，全球彩票总销量达到 2 752 亿美元（不包括视频彩票 VLT)，比 2011 年的 2 618 亿美元增加 134 亿美元，增长 5%。视频彩票（VLT）共销售 245 亿美元，其中欧洲视频彩票销量为 167 亿美元，所占份额最大，达 68%；其次是北美，销售 78 亿美元。

2012 年，欧洲彩票销售额达到 1134. 1 亿美元，仍居全球绝对领先地位；其次是亚洲和中东地区，销量为 739. 9 亿美元；位于第三位的是北美洲，销量为 729. 5 亿美元；中南美洲和加勒比地区排名第四，总销量为 73. 5 亿美元，

在各类型彩票销量统计中，乐透型彩票销量为 1 132 亿美元，是最主要的彩票产品，占总销售额的 41%；其次，即开型彩票销售量为 760 亿美元，占总销量的 27. 6%，比 2011 年增长 6. 6%；传统抽奖型彩票销售 231 亿美元，比 2011 年略有下降；数字型彩票销售 176 亿美元，同比下降 2. 8%(2011 年为 181 亿美元)；基诺型彩票销售 118 亿美元，同比下降 3. 3%；体育竞猜型彩票销售 188 亿美元，同比增长 17. 5%。

2012 年，意大利洛托马提克彩票公司销售 250. 8 亿美元，在世界彩票发行机构中排名第一；中国福利彩票销售 203. 6 亿美元，排名第二；中国体育彩票销售 174. 9 亿美元，排名第三；法国游戏集团销售 160. 4 亿美元，排名第四；西班牙国家彩票公司销售 122. 3 亿美元，排名第五。

2012 年，新加坡彩票公司人均彩票销售额在全世界中排名第一，达到 1 019美元；美国马萨诸塞州彩票公司人均销售额排名第二，为 719 美元；希腊 OPAP 彩票公司列人均销售额排名第三，为 528 美元；芬兰 Oy 彩票公司人均销售额为 446 美元，列第四位；瑞士彩票运营商 LoterieRomande 人均销售额 410 美元，列第五位。

2012年世界彩票销售统计

单位：百万美元

地　区	乐透/乐透附加	数字型	基　诺	其　他	足　彩	抽签式	即开型/老虎机	总销售额
非洲	630.6	2.1	22.7	117.1	78.3	9.2	158.8	1 018.9
澳大利亚	5 606.1	10.1	123.2	13.3	12.6	93.5	643.0	6 501.8
亚洲/中东	35 319.0	6 005.5	544.1	6 071.5	8 381.4	9 633.5	8 032.5	73 987.4
欧洲	48 697.8	702.4	7 401.2	7 556.6	9 715.3	11 540.6	27 795.8	113 409.8
中美洲、南美洲、加勒比海	5 237.8	903.1	111.5	18.2	119.1	792.4	168.4	7 350.4
北美洲	17 735.4	9 969.5	3 576.6	911.7	532.6	1 029.5	39 194.9	72 950.4
总计	113 226.8	17 592.6	11 779.4	14 688.4	18 839.4	23 098.7	75 993.4	275 218.6
占总额百分比	41.1%	6.4%	4.3%	5.3%	6.8%	8.4%	27.6%	100.0%

2012年非洲彩票销售

彩票机构	国家	年份	人口（百万）	乐透/乐透附加（百万美元）	数字型（百万美元）	基诺（百万美元）	其他（百万美元）	足彩（百万美元）	抽签式（百万美元）	即开型/老虎机（百万美元）	总销售额（百万美元）	人均销售额（美元）	汇率
阿尔及利亚体育彩票	阿尔及利亚	2003	32.5	5.0			0.1		0.5	6.9	12.5	0	0.0140
国家彩票	贝宁	2000	6.6				3.4	3.7		5.1	12.2	2	0.0014
国家彩票	布基纳法索	2008	15.7				62.1			7.1	69.2	4	0.0022
国家彩票	布隆迪	2010	9.9							0.6	0.6	0	0.0008
COGELO	刚果	1995	2.5				17.7				17.7	7	0.0020
国家彩票	科特迪瓦	2003	17.0							67.2	67.2	4	0.0019
国家彩票	埃塞俄比亚	2012	96.8	0.4					8.6	18.5	27.5	0	0.0543
国家彩票	冈比亚	1997	1.2				0.8			0.4	1.2	1	0.0955
国家彩票	加纳	2008	23.4	67.5							67.5	3	0.7927
慈善彩票	肯尼亚	1996	27.8						0.00	8.6	8.6	0	0.0185
Sociéte d'Explotiation	马达加斯加	1996	14.1	0.8						0.7	1.6	0	0.0003
LONAMA	马利	1999	10.8					0.1		0.0	0.2	0	0.0016
政府彩票	毛里求斯	2012	1.3	61.5						20.8	82.3	62	0.0317
体育彩票	摩洛哥	2006	33.2					27.0		13.3	40.3	1	0.1189
国家彩票	摩洛哥	2006	33.2	29.3	0.9	22.7					53.0	2	0.1189
莫桑比克博彩公司	莫桑比克	2001	19.4		1.1			1.0			2.1	0	0.0000
国家彩票	尼日尔	2003	10.4					11.9		1.0	12.9	1	0.0019
国家彩票	塞内加尔	2000	10.3				32.8	0.8	0.1	1.9	35.6	3	0.0014
南非国家彩票	南非	2012	48.6	459.4				27.5		6.2	493.1	10	0.1178
国家彩票	多哥	1999	5.3	6.8			0.1	6.3		0.5	13.7	3	0.0016
津巴布韦国家彩票	津巴布韦	2010	11.7				0.0			0.1	0.1	0	0.0027
总计				630.6	2.1	22.7	117.1	78.3	9.2	158.8	1 018.9		
占总额百分比				61.9%	0.2%	2.2%	11.5%	7.7%	0.9%	15.6%	100.0%		

2012 年亚洲/中东彩票销售

彩票机构	国　家	年份	人口（百万）	乐透/乐透附加（百万美元）	数字型（百万美元）	基诺（百万美元）	其他（百万美元）	足彩（百万美元）	抽签式（百万美元）	即开型/老虎机（百万美元）	总销售额（百万美元）	人均销售额（美元）	汇率
中国福利彩票	中国	2012	1 349.6	13 778.2	3 318.8	66.9				3 198.7	20 362.7	15	0.1583
中国体育彩票	中国	2012	1 349.6	10 392.8				4 248.0		2 853.1	17 493.9	13	0.1583
中国香港马会奖券有限公司	中国香港	2012	7.2	1 022.8							1 022.8	142	0.1290
幸运彩票	印度	2003	1 049.7	1 369.4							1 369.4	1	0.0219
马丁彩票代理	印度	2003	1 049.7	2.3					759.7		762.1	1	0.0219
瑞穗银行彩票部	日本	2012	125.7	3 527.9	1 035.1				6 360.0	609.9	11 532.8	92	0.0116
日本体育彩票中心	日本	2012	125.7						982.1		982.1	8	0.0116
韩国彩票联盟	韩国	2012	49.0	25.5					202.0	97.7	325.2	7	0.0009
Nanum Lotto，Inc.	韩国	2012	49.0	2 663.2							2 663.2	54	0.0009
体育足彩公司	韩国	2012	49.0					2 672.9			2 672.9	55	0.0009
济州岛（彩票）	韩国	2007	49.2				65.5				65.5	1	0.0011
韩国彩票协会	韩国	2007	49.2						23.2	32.4	55.7	1	0.0011
汉城奥林匹克彩票	韩国	2007	49.2					1 460.5			1 460.5	30	0.0011
Libanaise des Jeux	黎巴嫩	2005	3.8	68.0					18.7	3.3	89.9	23	0.0007
Magnum 彩票公司	马来西亚	2010	28.3		1 162.9						1 162.9	41	0.3241
马来西亚体育足球彩票	马来西亚	2012	29.6				1 217.3				1 217.3	41	0.3214
慈善彩票	菲律宾	2012	105.7	441.4	417.3	25.2			1.0	26.3	911.3	9	0.0243
新加坡博彩公司	新加坡	2010	4.7				4 788.7				4 788.7	1 019	0.7744
中国台湾彩票公司	中国台湾	2012	23.2	2 027.5	71.3	452.0				1 211.0	3 761.8	162	0.0343
政府彩票办公室	泰国	2008	65.9						1 286.8		1 286.8	20	0.0291
总计				35 319.0	6 005.5	544.1	6 071.5	8 381.4	9 633.5	8 032.5	73 987.4		
占总额百分比				47.7%	8.1%	0.7%	8.2%	11.3%	13.0%	10.9%	100.0%		

2012 年澳大利亚彩票销售

彩票机构	国　家	年份	人口（百万）	乐透/乐透附加（百万美元）	数字型（百万美元）	基诺（百万美元）	其他（百万美元）	足彩（百万美元）	抽签式（百万美元）	即开型/老虎机（百万美元）	总销售额（百万美元）	人均销售额（美元）	汇率
金匣子彩票公司	澳大利亚	2012	4.6	965.8				3.3	1.0	234.8	1 204.9	264	1.0371
新南威尔士州彩票公司	澳大利亚	2012	7.3	1 366.9				6.9	92.5	146.6	1 612.8	221	1.0371
新西兰彩票公司	新西兰	2012	4.4	637.3		22.9	13.3			121.0	794.6	179	0.8196
南澳大利亚彩票公司	澳大利亚	2012	1.7	303.9		100.3		0.7		39.5	444.3	269	1.0371
塔特萨尔彩票公司	澳大利亚	2012	6.7	1 591.3							1 591.3	236	1.0371
西澳大利亚彩票公司	澳大利亚	2012	2.4	740.8	10.1			1.7		101.1	853.8	351	1.0371
总计			27.1	5 606.1	10.1	123.2	13.3	12.6	93.5	643.0	6 501.8	240	
占总额百分比				86.2%	0.2%	1.9%	0.2%	0.2%	1.4%	9.9%	100.0%		

2012 年欧洲彩票销售

彩票组织	国　家	年份	人口（百万）	乐透/乐透附加（百万美元）	数字型（百万美元）	基诺（百万美元）	其他（百万美元）	足彩（百万美元）	抽签式（百万美元）	即开型/老虎机（百万美元）	总销售额（百万美元）	人均销售额（美元）	汇率
奥地利彩票	奥地利	2012	8.2	1 508.1	22.7	0.1	1 523.7	11.2	40.0	194.2	3 299.9	401	1.3215
国家彩票	比利时	2012	10.4	1 335.8	7.0	17.0	0.3			295.3	1 655.5	159	1.3215
体育彩票	保加利亚	2011	7.5				94.0				94.0	13	0.6691
欧洲足球彩票	保加利亚	2003	7.5					42.6			42.6	6	0.6439
Hrvatska Lutrija	克罗地亚	2012	4.5	55.1		1.6	43.4	0.2		3.7	104.1	23	0.1743
政府彩票	塞浦路斯	2009	1.1	58.1	10.2	203.3		0.8	17.0	84.5	373.9	345	1.4332
SAZKA a. s.	捷克	2012	10.2	236.7		50.7	3.4	17.3		16.8	324.9	32	0.0526
Danske Lotteri Spil A/S	丹麦	2012	5.6	652.9		26.2	179.8			130.1	989.0	178	0.1772
D. K. Klasselotteri	丹麦	FY12	5.6						117.4		117.4	21	0.1772
AS Eesti Loto	爱沙尼亚	2011	1.3	36.3		3.1				7.2	46.6	37	1.2949
AS Spordiennustus	爱沙尼亚	2009	1.3			0.4	0.8	2.0		0.1	3.3	3	0.0916
Veikkaus Oy	芬兰	2012	5.3	1 065.5		484.1		627.8		169.3	2 346.7	446	1.3215
La Française des Jeux	法国	2012	65.7	4 455.2		2 518.9	77.8	1 904.4		7 083.5	16 039.9	244	1.3215
GKL（NKL & SKL）	德国	2012	81.1						162.3		162.3	2	1.3215
斯图加特足彩 - 乐透	德国	2012	10.8	852.1		24.3	89.3	31.3	56.8	42.9	1 096.70	102	1.3215
S. - Lotterie（巴伐利亚）	德国	2012	12.6	989.4		34.1	100.8	45.5	55.2	113.6	1 338.70	106	1.3215
D. Klassenlotterie（柏林）	德国	2011	3.5	284.2		10.4	23.7	6.7	10.0	3.5	338.5	97	1.2949
不莱梅足彩	德国	2004	0.7	76.4			8.6	7.8	2.2	1.5	96.4	145	1.3640
Nordwest Lotto, Kiel	德国	2007	2.8	319.9		8.3	58.7	18.6	8.6	6.9	421.1	148	1.4729
Lotterie Treuhand	德国	2012	6.1	538.5		20.8	53.5	18.0	29.1	49.2	709.1	116	1.3215
下萨克森州足彩 - 乐透	德国	2011	7.9	626.1		14.0	112.3	20.3	38.5	15.7	826.8	105	1.2949
Verwaltung. 乐透	德国	2003	1.8	125.0			24.0	6.4	3.1	4.6	163.0	91	1.2594
Westdeutsche Lotterie	德国	2011	17.8	1 646.0		33.5	173.4	67.2	57.6	60.0	2 037.7	114	1.2949
莱茵兰 - 普法尔茨州乐透	德国	2010	4.0	335.5		12.0	40.9	17.5	18.9	16.2	441.0	110	1.3252
萨尔体育彩票	德国	2012	1.0	112.6		4.2	16.2	4.4	6.1	4.4	147.9	146	1.3215
汉堡乐透	德国	2010	1.8	155.8		2.9	20.5	5.3	4.3	2.1	191.0	106	1.3252
L - Toto Sachsen - Anhalt	德国	2012	2.3	164.7			23.5	6.6	8.0	8.7	211.5	92	1.3215
Sächsische Lotto, Leipzig	德国	2011	4.1	279.4		8.7	28.2	7.1	5.8	13.9	343.1	83	1.2949
L. Brandenburg Lotto	德国	2011	2.5	173.4		6.4	20.9	6.2	3.4	3.2	213.5	86	1.2949
Loterie - Treuhand, Suhl	德国	2010	2.4	142.7		4.2	15.5	4.7	4.8	2.9	174.7	72	1.3252
直布罗陀政府彩票	直布罗陀	FY11	0.03						7.8		7.8	268	1.6031
OPAP	希腊	2011	10.7	387.3	301.3	2 903.9		2 051.0			5 643.6	528	1.2949
希腊国家彩票	希腊	2006	10.8						551.2		551.2	51	1.3203
Szerencsejáték RT	匈牙利	2012	9.9	437.0		84.4	16.4	246.9	22.4	158.9	966.1	97	0.0045
冰岛大学彩票	冰岛	2012	0.3						10.2	0.9	11.2	35	0.0078
Islensk getspá / getraunir	冰岛	2012	0.3	24.3				5.4			29.7	94	0.0078

续表

彩票组织	国家	年份	人口（百万）	乐透/乐透附加（百万美元）	数字型（百万美元）	基诺（百万美元）	其他（百万美元）	足彩（百万美元）	抽签式（百万美元）	即开型/老虎机（百万美元）	总销售额（百万美元）	人均销售额（美元）	汇率
国家彩票	爱尔兰	2012	4.6	698.8	17.3		39.2			212.8	968.1	211	1.3215
Rehab Lotteries	爱尔兰	2012	4.6		4.0		23.8			4.6	32.4	7	1.3215
以色列体育竞猜	以色列	2012	7.7					479.5			479.5	62	0.2677
米佛尔哈佩斯彩票	以色列	2011	7.6	283.9	316.9	90.5			104.8	341.0	1 137.1	150	0.2618
SISAL S. p. A.	意大利	2012	61.5	2 345.7			1 046.1	972.1		9.3	4 373.2	71	1.3215
Lottomatica S. p. A.	意大利	2012	61.5	8 220.9			2 821.4	1 141.8	44.7	12 856.7	25 085.4	408	1.3215
国家彩票	哈萨克斯坦	2012	15.6				7.1		1.0	4.5	12.6	1	0.0067
拉脱维亚乐透	拉脱维亚	2012	2.2	7.3	3.0	2.1	4.9			2.8	20.1	9	1.8868
OLIFEJA	立陶宛	2012	3.5	45.8		1.9	1.8			8.9	58.4	17	0.3829
Loterie Nationale	卢森堡	2011	0.5	73.4		28.7				22.0	124.1	244	1.3252
Lotarija na Makedonija	马其顿共和国	2008	2.6					9.6			9.6	4	0.0234
MALTCO	马耳他	2012	0.4	74.0		11.4	0.4	22.1		1.6	109.5	267	1.3215
摩尔多瓦彩票	摩尔多瓦	2012	4.3	0.4		0.0		0.7			1.1	0	0.0826
SNS	荷兰	2012	17.0	251.2	13.8	36.4		59.3		82.6	443.4	26	1.3215
SENS	荷兰	2011	16.7						1 063.1		1 063.1	64	1.2949
Norsk Tipping AS	挪威	2011	4.7	1 114.1		58.2	151.3	382.4		186.8	1 892.8	402	0.1666
总计 izator Sportowy	波兰	2012	38.4	682.1		274.5			42.2	109.5	1 108.4	29	0.3239
SCML	葡萄牙	2012	10.8	1 654.6				15.9	116.9	497.6	2 285.0	212	1.3215
罗马尼亚彩票	罗马尼亚	2011	21.8	136.3				16.8	0.8	6.8	160.7	7	0.2998
LLC TD Gosloto	俄罗斯	2011	138.1	117.7	1.4						119.1	1	0.0310
Tipos AS	斯洛伐克	2012	5.5	123.3		71.4	189.9	34.1		55.1	473.9	86	1.3215
Sportna Loterija d. d.	斯洛文尼亚	2012	2.0		0.1		19.1	112.8		2.6	134.6	68	1.3215
SELAE	西班牙	2012	47.4	5 098.6				500.8	6 629.0		12 228.4	258	1.3215
Loteria Catalunya	西班牙	2012	7.6	24.0	4.8	17.3	208.8			6.7	261.6	35	1.3215
ONCE	西班牙	2012	47.4	43.5		68.5			2 020.7	395.8	2 528.5	53	1.3215
AB Svenska Spel	瑞典	2012	9.1	638.4		194.1	39.4	734.8		566.6	2 173.3	238	0.1536
宾戈-乐透	瑞典	2011	9.1				100.4				100.4	11	0.1450
SwissLos	瑞士	2012	5.6	821.6		13.7	31.0	41.0		362.1	1 269.4	228	1.0942
Loterie Romande	瑞士	2012	1.8	309.5		45.3	122.0	8.5		255.4	740.7	410	1.0942
土耳其国家彩票	土耳其	2010	79.7	799.2					276.8	56.6	1 132.6	14	0.6430
国家彩票	乌克兰	2010	45.4	20.5		9.9					30.5	1	0.1239
英国国家彩票	英国	2012	63.4	8 038.7						3 253.6	11 292.3	178	1.6153
总计				48 697.8	702.4	7 401.2	7 556.6	9 715.3	11 540.6	27 795.8	113 409.8		
占总额百分比				42.9%	0.6%	6.5%	6.7%	8.6%	10.2%	24.5%	100.0%		

2012 年中美、南美和加勒比海彩票销售

彩票组织	国　家	年份	人口（百万）	乐透/乐透附加（百万美元）	数字型（百万美元）	基诺（百万美元）	其他（百万美元）	足彩（百万美元）	抽签式（百万美元）	即开型/老虎机（百万美元）	总销售额（百万美元）	人均销售额（美元）	汇率
国家彩票	阿根廷	2012	42. 6	70. 3	378. 2	6. 7		2. 3	10. 7	1. 2	469. 4	11	0. 2037
C. Economica Federal	巴西	2012	208. 0	4 841. 7				50. 1	126. 9	100. 9	5 119. 6	25	0. 4880
Polla 智利 na	智利	2012	17. 2	172. 5	6. 3			19. 0	5. 0	18. 8	221. 6	13	0. 0021
Lotería Concepcion	智利	2008	16. 6	7. 3		67. 5			6. 7	8. 6	90. 0	5	0. 0016
Junta de Proteccion	哥斯达黎加	2011	4. 6		0. 9				294. 8	6. 7	302. 4	65	0. 0020
国家彩票	萨尔瓦多	2007	7. 1						5. 0	0. 7	5. 7	1	0. 1165
Supreme Ventures Ltd.	牙买加	2009	2. 8	27. 6	242. 9	3. 6	16. 1			1. 5	291. 7	103	0. 0112
国家彩票	巴拿马	2001	2. 8						343. 1		343. 1	121	1. 0000
秘鲁 INTRALOT	秘鲁	2012	29. 5	38. 0	0. 8	1. 8	0. 1	41. 6		7. 2	89. 5	3	0. 3914
圣卢西亚国家彩票	圣卢西亚	2012	0. 2	1. 1	4. 8	0. 0	0. 4		0. 1	1. 4	7. 8	48	0. 3681
国家彩票	特立尼达	2010	1. 2	37. 8	191. 3	3. 4				17. 0	249. 5	203	0. 1548
Banco de Quinielas	乌拉圭	2012	1. 3	41. 6	77. 9	28. 5	1. 6	6. 1		4. 4	160. 1	121	0. 0520
总计				5 237. 8	903. 1	111. 5	18. 2	119. 1	792. 4	168. 4	7 350. 4		
占总额百分比				71. 3%	12. 3%	1. 5%	0. 2%	1. 6%	10. 8%	2. 3%	100. 0%		

2012 年北美彩票销售

彩票机构	国　家	年份	人口（百万）	乐透/乐透附加（百万美元）	数字型（百万美元）	基诺（百万美元）	其他（百万美元）	足彩（百万美元）	抽签式（百万美元）	即开型/老虎机（百万美元）	总销售额（百万美元）	人均销售额（美元）	汇率
大西洋彩票	加拿大	2012	2.4	281.3	1.5	11.9	14.1	33.2		312.0	654.0	277	1.0031
不列颠哥伦比亚彩票	加拿大	2012	4.6	518.4		237.3	79.6	53.5	28.3	212.6	1 129.7	244	1.0031
乐透－魁北克彩票公司	加拿大	2012	8.1	953.6	43.0	140.9	96.4	49.8	108.6	456.4	1 848.8	230	1.0031
安大略省彩票公司	加拿大	2012	13.5	1 935.0	119.7	83.0	100.3	258.5		957.7	3 454.2	256	1.0031
加拿大西部彩票	加拿大	2012	6.3	863.9	22.4	8.6		92.7		297.2	1 284.8	203	1.0031
Pronosticos	墨西哥	2008	111.2	386.0	113.7			44.9		15.6	560.2	5	0.0733
国家彩票	墨西哥	2009	111.2				1.2		431.8		433.1	4	0.0767
电子彩票	美国	FY12	3.7	108.1	283.5		6.5			54.2	452.3	123	1.0000
波多黎各彩票	美国	FY04	3.9						452.9		452.9	116	1.0000
维尔京群岛彩票	美国	FY10	0.1	4.6	1.1	0.2			7.9	3.1	17.0	154	1.0000
亚利桑那州彩票	美国	2012	6.6	235.2	8.7		8.9			425.4	678.2	103	1.0000
阿肯色州彩票	美国	2012	2.9	74.3	9.6		2.8			365.6	452.3	153	1.0000
加利福尼亚州彩票	美国	2012	38.0	1 227.3	167.1	135.3	13.0			2 909.0	4 451.8	117	1.0000
科罗拉多州彩票	美国	2012	5.2	196.0			6.4			363.7	566.2	109	1.0000
康涅狄格州彩票	美国	2012	3.6	222.7	222.8		5.4			661.4	1 112.3	310	1.0000
特拉华州彩票	美国	2012	0.9	50.5	43.4		0.0			46.8	140.7	153	1.0000
哥伦比亚特区彩票	美国	2012	0.6	47.8	116.6	11.7	13.9			59.0	248.9	394	1.0000
佛罗里达州彩票	美国	2012	19.3	1 342.7	566.7		50.4			2 796.0	4 755.7	246	1.0000
乔治亚州彩票	美国	2012	9.9	422.6	684.7	182.3	15.8			2 634.8	3 940.2	397	1.0000
爱达荷州彩票	美国	2012	1.6	64.2	1.9		2.5			127.7	196.4	123	1.0000
伊利诺伊州彩票	美国	2012	12.9	622.1	470.9		19.9			1 727.0	2 839.9	221	1.0000
印第安那州彩票	美国	2012	6.5	227.3	60.1		29.2			593.1	909.8	139	1.0000
爱荷华州彩票	美国	2012	3.1	109.8	9.8					209.7	329.2	107	1.0000
堪萨斯州彩票	美国	2012	2.9	83.4	5.9	21.7	8.5			139.0	258.5	90	1.0000
肯塔基州彩票	美国	2012	4.4	170.7	164.6					515.1	850.4	194	1.0000
路易斯安那州彩票	美国	2012	4.6	196.9	87.6		3.3			157.4	445.2	97	1.0000
缅因州彩票	美国	2012	1.3	56.8	9.4					165.1	231.3	174	1.0000
马里兰州彩票	美国	2012	5.9	268.2	516.7	369.2	146.4			508.8	1 809.3	307	1.0000
马萨诸塞州彩票	美国	2012	6.6	339.0	328.1	793.5	28.0			3 290.8	4 779.4	719	1.0000
密歇根州彩票	美国	2012	9.9	400.7	675.4	543.9	1.4			818.1	2 439.5	247	1.0000
明尼苏达州彩票	美国	2012	5.4	164.5	14.0		13.5			376.8	568.9	106	1.0000

续表

彩票机构	国　家	年份	人口（百万）	乐透/乐透附加（百万美元）	数字型（百万美元）	基诺（百万美元）	其他（百万美元）	足彩（百万美元）	抽签式（百万美元）	即开型/老虎机（百万美元）	总销售额（百万美元）	人均销售额（美元）	汇率
密苏里州	美国	2012	6.0	212.6	98.3	64.7	3.9			759.3	1 138.8	189	1.0000
蒙大拿州	美国	2012	1.0	33.1			7.3	0.2		17.3	57.9	58	1.0000
内布拉斯加州彩票	美国	2012	1.9	73.6	3.6					82.7	159.9	86	1.0000
新罕布什尔州彩票	美国	2012	1.3	76.6	10.3		1.2			190.0	278.1	211	1.0000
新泽西州彩票	美国	2012	8.9	677.9	695.5					1 441.0	2 814.4	317	1.0000
新墨西哥州彩票	美国	2012	2.1	68.4	3.5		0.8			68.0	140.7	67	1.0000
纽约州彩票	美国	2012	19.6	1 276.3	1 658.3	552.1	30.4			3 727.9	7 245.0	370	1.0000
北卡罗莱纳州彩票	美国	2012	9.8	325.0	344.5					970.4	1 639.9	168	1.0000
北达科他州彩票	美国	2012	0.7	28.8							28.8	41	1.0000
俄亥俄州彩票	美国	2012	11.5	408.0	573.5	240.5	49.7			1 495.8	2 767.5	240	1.0000
俄克拉荷马州彩票	美国	2012	3.8	107.2	6.3					95.3	208.9	55	1.0000
俄勒冈州彩票	美国	2012	3.9	107.7	1.3	92.9	7.3			120.0	329.2	84	1.0000
宾夕法尼亚州彩票	美国	2012	12.8	797.6	593.3		20.0			2 223.0	3 633.9	285	1.0000
罗得岛彩票	美国	2012	1.1	63.9	25.1	75.0	2.8			86.0	252.9	241	1.0000
南卡罗莱纳州彩票	美国	2012	4.7	182.2	212.4					781.2	1 175.8	249	1.0000
南达科他州彩票	美国	2012	0.8	32.3						24.1	56.4	68	1.0000
田纳西州彩票	美国	FY12	6.5	175.9	85.7					1 049.6	1 311.2	203	1.0000
德克萨斯州彩票	美国	2012	26.1	719.2	355.3		95.2			3 152.0	4 321.6	166	1.0000
佛蒙特州彩票	美国	2012	0.6	24.8	2.7		1.2			74.7	103.3	165	1.0000
弗吉尼亚州彩票	美国	2012	8.2	308.5	473.2		19.6			860.8	1 662.1	203	1.0000
华盛顿州彩票	美国	2012	6.9	191.0	28.6	5.6	1.2			334.7	561.3	81	1.0000
西弗吉尼亚州彩票	美国	2012	1.9	69.2	13.3	6.1				114.5	203.1	109	1.0000
威斯康星州彩票	美国	2012	5.7	202.3	36.0		3.4			327.5	569.1	99	1.0000
总计				17 735.4	9 969.5	3 576.6	911.7	532.6	1 029.5	39 194.9	72 950.4		
占总额百分比				24.3%	13.7%	4.9%	1.2%	0.7%	1.4%	53.7%	100.0%		

2012 年非洲彩票销售

单位：当地货币百万计

彩票机构	国　家	年份	货币	乐透/乐透附加	数字型	基诺	其他	足彩	抽签式	即开型/老虎机	总销售额
阿尔及利亚体育彩票	阿尔及利亚	2003	阿尔及利亚第纳尔	359			6		35	491	890
国家彩票	贝宁	2000	非洲金融共同体法郎				2 389	2 602		3 641	8 632
国家彩票	布基纳法索	2008	非洲金融共同体法郎				28 245			3 218	31 463
国家彩票	布隆迪	2010	非洲金融共同体法郎							780	780
COGELO	刚果	1995	中非金融合作法郎				8 738				8 738
国家彩票	科特迪瓦	2003	非洲金融共同体法郎							35 542	35 542
国家彩票	埃塞俄比亚	2012	埃塞俄比亚比尔	7					159	341	507
国家彩票	冈比亚	1997	达拉西				9			4	13
国家彩票	加纳	2008	加纳塞地	85							85
慈善彩票	肯尼亚	1996	肯尼亚先令						1	463	464
Sociéte d'Explotiation	马达加斯加	1996	马达加斯加法郎	3 393						2 813	6 207
LONAMA	马利	1999	西非法郎					95		2	97
政府彩票	毛里求斯	2012	毛里求斯卢比	1 940						657	2 596
体育彩票	摩洛哥	2006	摩洛哥迪拉姆					227		111	339
国家彩票	摩洛哥	2006	摩洛哥迪拉姆	246	8	191					445
Empresa de Lotarias	莫桑比克	2003	莫桑比克梅蒂卡尔		26 678			22 616			49 294
国家彩票	尼日尔	2003	中非金融合作法郎					6 292		523	6 815
国家彩票	塞内加尔	2000	中非金融合作法郎				23 286	573	68	1 331	25 258
南非国家彩票	南非	2012	南非兰特	3 899				234		53	4 185
国家彩票	多哥	1999	非洲金融共同体法郎	4 350			81. 741	4 023		290	8 745
津巴布韦国家彩票	津巴布韦	2010	津巴布韦元				11			43	54

2012 年亚洲/中东彩票销售

单位：当地货币百万计

彩票机构	国家（地区）	年份	货币	乐透/乐透附加	数字型	基诺	其他	足彩	抽签式	即开型/老虎机	总销售额
中国福利彩票	中国	2012	元	87 022	20 961	422				20 203	128 609
中国体育彩票	中国	2012	元	65 640				26 830		18 020	110 490
香港马会奖券有限公司	中国香港	2012	港币	7 929							7 929
幸运彩票	印度	2003	印度卢比	62 500							62 500
马丁彩票代理	印度	2003	印度卢比	106	1 921				34 675		36 702
瑞穗银行彩票部	日本	2012	日元	303 085	88 924				546 388	52 399	990 794
日本体育彩票中心	日本	2012	日元						84 370		84 370
韩国彩票联盟	韩国	2012	韩元	27 121					214 942	103 925	345 988
Nanum Lotto, Inc.	韩国	2012	韩元	2 833 159							2 833 159
体育足彩公司	韩国	2012	韩元					2 843 544			2 843 544
济州岛（彩票）	韩国	2007	韩元				61 183				61 183
韩国彩票协会	韩国	2007	韩元						21 704	30 317	52 021
汉城奥林匹克彩票	韩国	2007	韩元					1 364 945			1 364 945
Libanaise des Jeux	黎巴嫩	2005	黎巴嫩磅	102 000					28 000	4 900	134 900
Magnum 彩票公司	马亚西亚	2010	马来西亚元		3 588						3 588
马来西亚体育足球彩票	马亚西亚	2012	马来西亚元				3 788				3 788
慈善彩票	菲律宾	2012	菲律宾比索	18 158	17 168	1 037			40	1 083	37 486
新加坡博彩公司	新加坡	2010	新加坡元				6 184				6 184
中国台湾彩票公司	中国台湾	2012	新台币	59 042	2 076	13 163				35 265	109 547
政府彩票办公室	泰国	2008	泰铢						44 160		44 160

2012 年澳大利亚彩票销售

单位：当地货币百万计

彩票机构	国　家	年份	货币	乐透/乐透附加	数字型	基诺	其他	足彩	抽签式	即开型/撕开式	总销售额
金匣子彩票公司	澳大利亚	2012	澳元	931				3	1	226	1 162
新南威尔士州彩票公司	澳大利亚	2012	澳元	1 318				7	89	141	1 555
新西兰彩票公司	新西兰	2012	新西兰元	778		28	16			148	970
南澳大利亚彩票公司	澳大利亚	2012	澳元	293		97		1		38	428
塔特萨尔彩票公司	澳大利亚	2012	澳元	1 534				4			1 538
西澳大利亚彩票公司	澳大利亚	2012	澳元	714	10			2		98	823

2012 年欧洲彩票销售

单位：当地货币百万计

彩票机构	国　家	年份	货币	乐透/乐透附加	数字型	基诺	其他	足彩	抽签式	即开型/撕开式	总销售额
奥地利彩票	奥地利	2012	欧元	1 141	17	0	1 153	8	30	147	2 497
国家彩票	比利时	2012	欧元	1 011	5	13	0			223	1 253
体育彩票	保加利亚	2005	保加利亚列弗				140				140
欧洲足球彩票	保加利亚	2003	保加利亚列弗					66			66
Hrvatska Lutrija	克罗地亚	2012	克罗地亚库纳	316		9	249	1		22	597
政府彩票	塞浦路斯	2009	欧元	41	7	142		1	12	59	261
SAZKA a. s.	捷克	2012	捷克克朗	4 498		963	65	328		319	6 174
Danske Spil A/S	丹麦	2012	丹麦克朗	3 684		148	1 015			734	5 580
D. K. Klasselotteri	丹麦	2012	丹麦克朗						663		663
AS Eesti Loto	爱沙尼亚	2012	爱沙尼亚克朗	28		2				6	36
AS Spordiennustus	爱沙尼亚	2009	爱沙尼亚克朗			5	8	22		1	36
Veikkaus Oy	芬兰	2012	欧元	806		366		475		128	1 776
La Française des Jeux	法国	2012	欧元	3 371		1 906	59	1 441		5 360	12 138
GKL（NKL & SKL）	德国	2009	欧元						123		123
斯图加特足彩－乐透	德国	2012	欧元	645		18	68	24	43	32	830
S. －Lotterie（巴伐利亚）	德国	2012	欧元	749		26	76	34	42	86	1 013
Lotto Berlin	德国	2007	欧元	220		8	18	5	8	3	261
不莱梅足彩	德国	2004	欧元	56			6	6	2	1	71
基尔西北乐透	德国	2007	欧元	217		6	40	13	6	5	286
Lotterie Treuhand	德国	2012	欧元	408		16	41	14	22	37	537
下萨克森州足彩－乐透	德国	2006	欧元	484		11	87	16	30	12	639
Verwaltung. 乐透	德国	2003	欧元	99			19	5	2	4	129
Westdeutsche Lotterie	德国	2010	欧元	1 271		26	134	52	45	46	1 574
莱茵兰－普法尔茨州乐透	德国	2004	欧元	253		9	31	13	14	12	333
萨尔体育彩票	德国	2012	欧元	85		3	12	3	5	3	112
汉堡乐透	德国	2009	欧元	118		2	16	4	3	2	144
萨克森乐透－足彩	德国	2012	欧元	125			18	5	6	7	160
莱比锡 Sächsische 乐透	德国	2012	欧元	216		7	22	6	5	11	265
波茨坦勃兰登堡彩票	德国	2006	欧元	134		5	16	5	3	2	165
苏尔信托基金彩票	德国	2007	欧元	108		3	12	4	4	2	132
直布罗陀政府彩票	直布罗陀	2005	直布罗陀镑						5		5
OPAP	希腊	2010	欧元	299	233	2 243		1 584			4 358
希腊国家彩票	希腊	2006	希腊德拉克马						418		418
Szerencsejáték RT	匈牙利	2012	匈牙利福林	96 257		18 588	3 616	54 394	4 944	34 992	212 790
冰岛大学彩票	冰岛	2012	冰岛克朗						1 317	122	1 439
Islensk getspá / getraunir	冰岛	2012	冰岛克朗	3 141				694			3 835

续表

彩票机构	国　家	年份	货币	乐透/乐透附加	数字型	基诺	其他	足彩	抽签式	即开型/撕开式	总销售额
国家彩票	爱尔兰	2012	欧元	529	13		30			161	733
Rehab Lotteries	爱尔兰	2012	欧元		3		18			4	25
以色列体育竞猜	以色列	2010	以色列谢克尔					1 791			1 791
米佛尔哈佩斯彩票	以色列	2012	以色列谢克尔	1 085	1 210	346			400	1 303	4 343
SISAL S. p. A.	意大利	2012	欧元	1 775			792	736		7	3 309
Lottomatica S. p. A.	意大利	2012	欧元	6 221			2 135	864	34	9 729	18 983
国家彩票	哈萨克斯坦	2012	哈萨克坚戈				1 068		150	671	1 889
拉脱维亚乐透	拉脱维亚	2012	拉脱维亚拉特	4	2	1	3			1	11
OLIFEJA	立陶宛	2012	利特	120		5	5			23	153
Loterie Nationale	卢森堡	2010	欧元	55		22				17	94
Lotarija na Makedonija	马其顿	2008	代纳尔					409			409
MALTCO	马耳他	2012	欧元	56		9	0	17		1	83
摩尔多瓦彩票	摩尔多瓦	2012	摩尔多瓦列伊	5		0		8			13
SNS	荷兰	2009	欧元	190	10	28		45		63	336
SENS	荷兰	2009	欧元						821		821
Norsk Tipping AS	挪威	2010	挪威克朗	6 687		349	908	2 295		1 121	11 361
总计 izator Sportowy	波兰	2012	兹罗提	2 106		847			130	338	3 422
SCML	葡萄牙	2010	欧元	1 252				12	88	377	1 729
罗马尼亚彩票	罗马尼亚	2012	罗马尼亚列伊	455				56	3	23	536
LLC TD Gosloto	俄罗斯	2012	卢布	3 794	44						3 837
Tipos AS	斯洛伐克	2012	斯洛伐克克朗	93		54	144	26		42	359
Sportna Loterija d. d.	斯洛文尼亚	2012	欧元		0		14	85		2	102
SELAE	西班牙	2012	欧元	3 858				379	5 016		9 254
Loteria Catalunya	西班牙	2012	欧元	18	4	13	158			5	198
ONCE	西班牙	2010	欧元	33		52			1 529	300	1 913
AB Svenska Spel	瑞典	2012	瑞典克朗	4 156		1 263	257	4 783		3 688	14 147
宾戈 - 乐透	瑞典	2012	瑞典克朗				692				692
SwissLos	瑞士	2012	瑞士法郎	751		13	28	38		331	1 160
Loterie Romande	瑞士	2010	瑞士法郎	283		41	111	8		233	677
土耳其国家彩票	土耳其	2007	新土耳其里拉	1 243					431	88	1 761
国家彩票	乌克兰	2010	赫夫纳	166		80					246
英国国家彩票	英国	2012	英镑	4 977						2 014	6 991

2012 年中美、南美和加勒比海彩票销售

单位：当地货币百万计

彩票机构	国　家	年份	货币	乐透/乐透附加	数字型	基诺	其他	足彩	抽签式	即开型/撕开式	总销售额
国家彩票	阿根廷	2005	阿根廷比索	345	1 857	33		11	53	6	305
C. Economica Federal	巴西	2012	巴西雷亚尔	9 921				103	260	207	10 490
Polla 智利 na	智利	2012	智利比索	82 930	3 005			9 148	2 409	9 033	106 525
Lotería Concepcion	智利	2008	智利比索	4 573		42 374			4 197	5 397	56 541
Junta de Proteccion	哥斯达黎加	2012	哥斯达黎加科朗		463				149 632	3 411	153 505
国家彩票	萨尔瓦多	2007	美元						43	6	49
Supreme Ventures Ltd.	牙买加	2009	牙买加元	2 465	21 684	324	1 439			131	26 043
国家彩票	巴拿马	2001	巴拿马巴波亚						343		343
秘鲁 INTRALOT	秘鲁	2012	秘鲁索尔	97	2	5	0	106		18	229
圣卢西亚国家彩票	圣卢西亚	2012	东加勒比元	3	13	0	1			4	21
国家彩票	特立尼达	2010	特立尼达和多巴哥元	244	1 236	22				110	1 612
Banco de Quinielas	乌拉圭	2012	乌拉圭新比索	801	1 500	548	30	118		85	3 082

2012 年北美彩票销售

单位：当地货币百万计

彩票机构	国　家	年份	货币	乐透/乐透附加	数字型	基诺	其他	足彩	抽签式	即开型/撕开式	总销售额
大西洋彩票公司	加拿大	2012	加元	280	1	12	14	33		311	652
不列颠哥伦比亚彩票	加拿大	2012	加元	517		237	79	53	28	212	1 126
乐透－魁北克	加拿大	2012	加元	951	43	141	96	50	108	455	1 843
安大略省彩票和博彩公司	加拿大	2012	加元	1 929	119	83	100	258		955	3 443
加拿大西部彩票	加拿大	2012	加元	861	22	9		92		296	1 281
Pronosticos	墨西哥	2008	墨西哥比索	5 266	1 551			612		212	7 642
国家彩票	墨西哥	2009	墨西哥比索				16		5 631		5 647

2012 年欧洲视频彩票终端（VLT）机器净收入

彩票机构	国 家	年份	人口（百万）	乐透/乐透附加（百万美元）	数字型（百万美元）	基诺（百万美元）	VLT 净收入（百万美元）	足彩（百万美元）	抽签式（百万美元）	即开型/撕开式（百万美元）	总销售额（百万美元）	人均销售额（美元）	汇率
澳大利亚	澳大利亚	2012	8.2				605.5				605.5	74	1.3215
冰岛彩票大学	冰岛	2012	0.3				23.1				23.1	74	0.0078
米佛尔哈佩斯彩票	以色列	2011	7.6				114.8				114.8	15	0.2618
SISAL S. p. A.	意大利	2012	61.3				6 072.1				6 072.1	99	1.3215
Lottomatica S. p. A.	意大利	2012	60.7				9 210.7				9 210.7	152	1.3215
马其顿彩票	前南马其顿	2008	2.1				20.78				20.8	10	0.0234
哈萨克斯坦彩票	哈萨克斯坦	2012	17.5				0.29				0.3	0	0.0067
摩尔多瓦彩票	摩尔多瓦	2012	3.7				0.55				0.55	0	0.0826
Norsk Tipping AS	挪威	2011	4.7				67.8				67.8	15	0.1667
罗马尼亚彩票	罗马尼亚	2011	21.8				185.8				185.8	9	0.2998
AB Svenska Spel	瑞典	2012	9.1				309.3				309.3	34	0.1536
Loterie Romande	瑞士	2012	1.8				102.8				102.8	57	1.0942
总计			198.8				16 713.6				16 713.6	84	

2012 年北美视频彩票终端（VLT）机器净收入

彩票机构	国 家	年份	人口（百万）	乐透/乐透附加（百万美元）	数字型（百万美元）	基诺（百万美元）	VLT 净收入（百万美元）	足彩（百万美元）	抽签式（百万美元）	即开型/老虎机（百万美元）	总销售额（百万美元）	人均销售额（美元）	汇率
阿尔伯塔省博彩与酒类	加拿大	FY12	3.8				595.4				595.4	158	1.0027
大西洋彩票	加拿大	2012	2.3				402.7				402.7	172	1.0031
乐透－魁北克（SLVQ）	加拿大	2012	7.9				992.2				992.2	125	1.0031
曼尼托巴省彩票	加拿大	FY12	1.3				328.7				328.7	263	1.0027
萨斯喀彻温省酒类和彩票	加拿大	FY12	1.1				227.0				227.0	215	1.0027
特拉华州彩票	美国	2012	0.9				477.8				477.8	527	1.0000
马里兰彩票	美国	2012	5.8				155.7				155.7	27	1.0000
纽约州彩票	美国	2012	19.5				1 802.2				1 802.2	93	1.0000
俄勒冈州彩票	美国	2012	11.5				27.2				27.2	2	1.0000
俄勒冈州彩票	美国	2012	3.9				736.5				736.5	190	1.0000
罗得岛彩票	美国	2012	1.1				527.9				527.9	502	1.0000
南达科他州彩票	美国	2012	0.8				468.0				468.0	568	1.0000
西弗吉尼亚彩票	美国	2012	1.9				1 133.4				1 133.4	611	1.0000
总计			61.6				7 874.8				7 874.8	128	

2012年欧洲视频彩票终端（VLT）机器净收入

单位：当地货币百万计

彩票机构	国　家	年份	货币	乐透/乐透附加	数字型	基诺	VLT净收入	足彩	抽签式	即开型/老虎机	总计
澳大利亚	澳大利亚	2012	欧元				458				458
冰岛彩票大学	冰岛	2012	冰岛克朗				2 979				2 979
米佛尔哈佩斯彩票	以色列	2011	以色列谢克尔				438				438
SISAL S. p. A.	意大利	2012	欧元				4 595				4 595
Lottomatica S. p. A.	意大利	2012	欧元				6 970				6 970
马其顿彩票	前南马其顿	2008	代纳尔				887				887
哈萨克斯坦彩票	哈萨克斯坦	2012	哈萨克坚戈				44				44
摩尔多瓦彩票	摩尔多瓦	2012	摩尔多瓦列伊				7				7
Norsk Tipping AS	挪威	2011	挪威克朗				407				407
罗马尼亚彩票	罗马尼亚	2011	罗马尼亚列伊				620				620
AB Svenska Spel	瑞典	2012	瑞典克朗				2 014				2 014
Loterie Romande	瑞士	2012	瑞士法郎				94				94

2012年北美视频彩票终端（VLT）机器净收入

单位：当地货币百万计

彩票机构	国　家	年份	货币	乐透/乐透附加	数字型	基诺	VLT净收入	足彩	抽签式	即开型/老虎机	总计
阿尔伯塔省博彩与酒类	加拿大	FY12	加元				594				594
大西洋彩票	加拿大	2012	加元				401				401
乐透－魁北克（SLVQ）	加拿大	2012	加元				989				989
曼尼托巴省彩票	加拿大	FY12	加元				328				328
萨斯喀彻温省酒类和彩票	加拿大	FY12	加元				226				226
特拉华州彩票	美国	2012	美元				478				478
马里兰彩票	美国	2012	美元				156				156
纽约州彩票	美国	2012	美元				1 802				1 802
俄勒冈州彩票	美国	2012	美元				27				27
俄勒冈州彩票	美国	2012	美元				737				737
罗得岛彩票	美国	2012	美元				528				528
南达科他州彩票	美国	2012	美元				468				468
西弗吉尼亚彩票	美国	2012	美元				1 133				1 133

（国家体育总局体育彩票管理中心供稿）

七、彩票票样

中国福利彩票
巍巍井冈
井冈竹海
江西风景掠影(二)

中国福利彩票
巍巍井冈
江西风景掠影(二)

中国福利彩票
面值2元
巍巍井冈
井冈秋色
江西风景掠影(二)

中国福利彩票
巍巍井冈
江西风景掠影(二)

中国福利彩票
巍巍井冈
江西风景掠影(二)

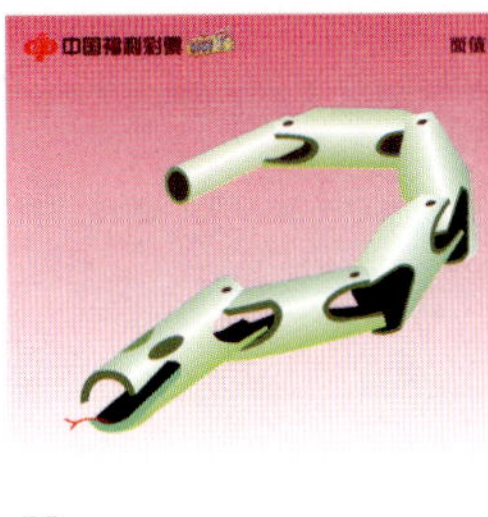
中国福利彩票
面值5元

玩具

中国福利彩票
面值5元

蚊香

中国福利彩票
面值5元

迷宫

中国福利彩票
面值5元

浪花

中国福利彩票
面值5元
大吉大利
最高奖金20万元
奖金区
吉
利
保安区刮开无效
000-0000011-023

中国福利彩票
面值5元
发奖金
最高奖金12万元
奖金
中奖号码
我的号码
保安区刮开无效
000-0000011-023

中国福利彩票
面值5元
永结同心
美好生活
10次中奖机会
最高奖金10万元
保安区刮开无效
000-0000011-023

中国福利彩票
发奖金
最高奖金3万元
刮开区
保安区刮开无效
000-0000011-023

中国福利彩票
100,000元
面值5元
8次中奖机会
黄河魂
保安区刮开无效

中国福利彩票
面值5元
群岛之彩
最高奖金5万元
11次中奖机会
保安区刮开无效

中国福利彩票
面值5元
企鹅探宝
10次中奖机会
最高奖金10万元
保安区刮开无效

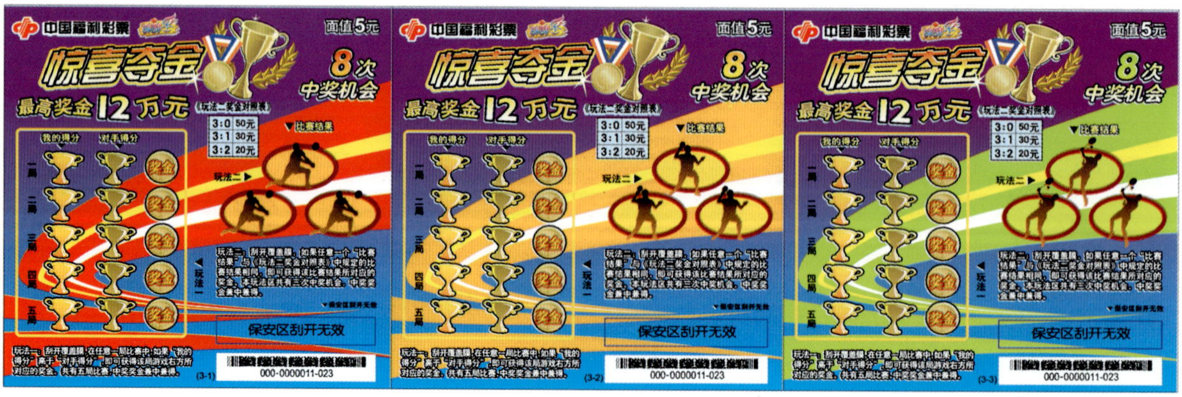
中国福利彩票
面值5元
惊喜夺金
8次中奖机会
最高奖金12万元
3:0 50元
3:1 30元
3:2 20元
保安区刮开无效
000-0000011-023

中国福利彩票
敦煌韵
300,000元
16次中奖机会
面值10元
保安区刮开无效

中国福利彩票
中华故事
老子经典
大道无为
孔子问礼
紫气东来
老子出关
最高奖金 250,000元
保安区刮开无效

中国福利彩票
面值10元
金龙贺岁
年旺家家喜盈门
福彩刮刮乐开怀
最高奖金30万元
14次中奖机会
保安区刮开无效

七彩盛世

中国福利彩票
面值5元
最高奖金15万元
宝峰湖(5-5)
张家界风光
保安区刮开无效

中国福利彩票
面值10元
最高奖金25万元
张家界风光
3个玩法,13次中奖机会

中国福利彩票
面值5元
最高奖金15万元
西海(5-4)
张家界风光
保安区刮开无效

中国福利彩票
面值5元
最高奖金15万元
御笔峰(5-3)
张家界风光
保安区刮开无效

中国福利彩票
面值2元
蚂蚁搬家
最高奖金3万元
保安区刮开无效

中国福利彩票
面值5元
最高奖金15万元
鬼谷栈道(5-2)
张家界风光
保安区刮开无效

中国福利彩票
面值10元
11次中奖机会
招财猫
最高奖金250,000元

中国福利彩票
面值10元
'节'大欢喜5
600,000
最高奖金60万元
共有12+1次中奖机会
保安区刮开无效

中国福利彩票
面值5元
存钱罐
8次中奖机会
最高奖金100,000元
保安区刮开无效

中国福利彩票
面值5元
跳房子
最高奖金10万元
保安区刮开无效

中国节

中国福利彩票
面值5元
福寿有余
FUSHOUYOUYU
保安区刮开无效
两个玩法8次中奖机会,最高奖金10万元

中国奥运军团
面值10元
最高奖金250,000元
共有13次中奖机会!
保安区刮开无效

面值10元
草原那达慕
中奖号码
你的号码
最高奖金250,000元!
共有12次中奖机会!
保安区刮开无效
35-0181-0000001-000

面值2元
宠物乐
奖金
保安区刮开无效

面值2元
黄金瓜
保安区刮开无效

面值3元
存钱罐
最高奖金60,000元!
保安区刮开无效

面值10元
铁人夺金II
幸运奖
最高奖金250,000元!
共有13次中奖机会!
保安区刮开无效

三国故事 面值5元
三顾茅庐
刮开覆盖膜，如果你的符号中的任意一个符号与中奖符号之一相同，即中得该符号下方所示的金额，兼中兼得。
共有8次中奖机会！
刮开区
中奖符号
你的符号
最高奖金100.000元！
保安区刮开无效
35-0193-0000001-000
千里走单骑
连环计
桃园结义
童年记忆 面值5元
共有8次中奖机会！
跳房子
抽陀螺
放风筝
指弹球
游戏一 游戏二 游戏三 游戏四 游戏五 游戏六 游戏七 游戏八
刮开覆盖膜，如果在任意一场游戏中，你的得分大于对手的得分，即中得该场游戏右方所示的金额，兼中兼得。
最高奖金100,000元！
保安区刮开无效
35-0192-0000001-000
金蛇添财 面值10元
共有12次中奖机会！
最高奖金250,000元
保安区刮开无效
小财神
最高奖金100,000元！ 面值5元
共有8次中奖机会！
刮开区
保安区刮开无效
35-0189-0000001-000
至尊钻石 面值10元
最高奖金250,000元！
共有12次中奖机会！
保安区刮开无效

面值10元
激情亚沙会
快乐在一起
沙滩足球
保安区刮开无效
35-0169-0000001-000

面值10元
激情亚沙会
快乐在一起
木球
保安区刮开无效
35-0169-0000001-000

面值10元
激情亚沙会
快乐在一起
沙滩藤球
保安区刮开无效
35-0169-0000001-000

面值10元
激情亚沙会
快乐在一起
沙滩卡巴迪
保安区刮开无效
35-0169-0000001-000

面值10元
激情亚沙会
快乐在一起
帆板
保安区刮开无效
35-0169-0000001-000

中国体育彩票
面值2元
神秘礼物
奖金
最高奖金15,000元！
共有2次中奖机会！
刮开区
刮开覆盖膜，如果在任一场游戏中出现两个相同的标志，即中得该场游戏右方所示的金额，兼中兼得。
保安区
保安区刮开无效
35-0148-0000001-000

中国体育彩票
面值2元
刮开区
三倍甜蜜
奖金
最高奖金15,000元！
保安区
保安区刮开无效
35-0152-0000001-000

最高奖金250,000元！
面值10元
情比金坚
奖金
幸运
共有12次中奖机会！
保安区刮开无效
35-0153-0000001-000

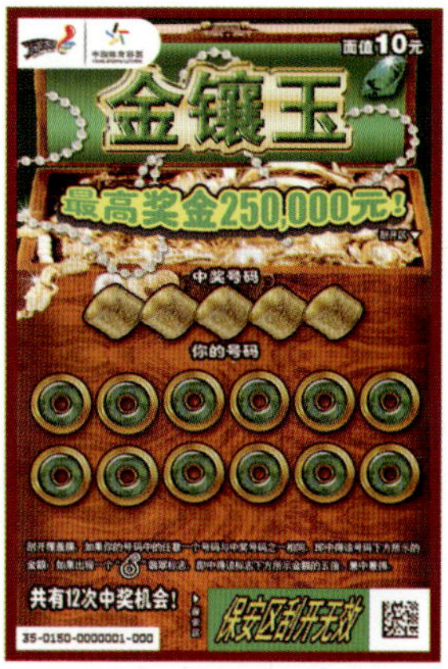
面值10元
金镶玉
最高奖金250,000元！
中奖号码
你的号码
共有12次中奖机会！
保安区刮开无效
35-0150-0000001-000

中国体育彩票
CHINA SPORTS LOTTERY
共有8次
中奖机会！
面值5元
龙年吉祥
刮开区
中奖号码
你的号码
奖金
刮开覆盖膜，如果你的号码中的任意一个号码与中奖号码之一相同，即中得该号码下方所示的金额；如果出现一个"龙"龙头标志，即中得刮开区内所示的8个金额之和，兼中兼得。
最高奖金100,000元！
保安区
保安区刮开无效
35-0149-0000001-000

中国体育彩票
CHINA SPORTS LOTTERY
甜蜜约会
面值5元
刮开覆盖膜，在任一次约会中，如果约会双方同时出现相同的标志，即中得该次约会下方所示的金额；如果约会双方同时出现"♥"爱之箭标志，即中得刮开区内所示的8个金额之和，兼中兼得。
刮开区
约会一
约会二
约会三
约会四
约会五
约会六
约会七
约会八
约会基金
最高奖金100,000元！
共有8次
中奖机会！
保安区
保安区刮开无效
35-0151-0000001-000

面值10元
2001-2011
冠军争霸
最高奖金250,000元!
共有12次中奖机会!
保安区刮开无效
35-0162-0000001-000
英雄会
最高奖金250,000元!
共有13次中奖机会!
35-0165-0000001-000
面值2元
黄金8
共有2次中奖机会!
最高奖金15,000元!
35-0142-0000001-000
快乐赢
最高奖金15,000元!
35-0139-0000001-000
三只猴子
最高奖金15,000元!
35-0185-0000001-000
北京国际赛事
赛事之都
最高奖金250,000元!
共有12次中奖机会!